羊城学术文库·文史哲系列

明清地域社会变迁中的广东乡村妇女研究
（上册）

A Survey of Guangdong Rural Women under Regional Social Changes in Ming and Qing Dynasties

刘正刚 著

社会科学文献出版社
SOCIAL SCIENCES ACADEMIC PRESS (CHINA)

2008年国家社科基金一般项目（08BZS012）
结项成果

羊城学术文库学术委员会

主　　　任　顾润清

委　　　员　马卫平　王永平　王志雄　朱名宏
　　　　　　　李兰芬　杨长明　杨清蒲　郑伯范
　　　　　　　郭　凡　徐上国　徐俊忠　马　曙
　　　　　　　谢博能　雷忠良　谭曼青

编辑部主任　陈伟民　金迎九

羊城学术文库
总　序

　　学术文化作为文化的一个门类，是其他文化的核心、灵魂和根基。纵观国际上的知名城市，大多离不开发达的学术文化的支撑——高等院校众多、科研机构林立、学术成果丰厚、学术人才济济，有的还产生了特有的学术派别，对所在城市乃至世界的发展都产生了重要的影响。学术文化的主要价值在于其社会价值、人文价值和精神价值，学术文化对于推动社会进步、提高人的素质、提升社会文明水平具有重要的意义和影响。但是，学术文化难以产生直接的经济效益，因此，发展学术文化主要靠政府的资助和社会的支持。

　　广州作为岭南文化的中心地，以其得天独厚的地理环境和人文环境，其文化博采众家之长，汲中原之精粹，纳四海之新风，内涵丰富，特色鲜明，独树一帜，在中华文化之林中占有重要的地位。改革开放以来，广州成为我国改革开放的试验区和前沿地，岭南文化也以一种崭新的姿态出现在世人面前，新思想、新观念、新理论层出不穷。我国改革开放的许多理论和经验就出自岭南，特别是广州。

　　在广州建设国家中心城市、培育世界文化名城的新的历史进程中，在"文化论输赢"的城市未来发展竞争中，需要学术文化发挥应有的重要作用。为推动广州的文化特别是学术文化的繁荣发展，广州市社会科学界联合会组织出版了《羊城学术文库》。

《羊城学术文库》是资助广州地区社会科学工作者的理论性学术著作出版的一个系列出版项目，每年都将通过作者申报和专家评审程序出版若干部优秀学术著作。《羊城学术文库》的著作涵盖整个人文社会科学，将按内容分为经济与管理类，文史哲类，政治、法律、社会、教育及其他等三个系列，要求进入文库的学术著作具有较高的学术品位，以期通过我们持之以恒的组织出版，将《羊城学术文库》打造成既在学界有一定影响力的学术品牌，推动广州地区学术文化的繁荣发展，也能为广州增强文化软实力、培育世界文化名城发挥社会科学界的积极作用。

广州市社会科学界联合会
2012 年 5 月

前　言

一　本书的缘起

广东地处南海边疆，背靠五岭，面向大海，既有山区丘陵和平原，又有广袤的海洋及海岛，早在秦汉时已成为中原大一统王朝疆域不可分割的组成部分。然而，直到唐宋时期，尽管广东早已被王朝纳入国家版图，并设立政区进行管理，但地处边疆的广东社会一直被中原士人视为"荒蛮烟瘴"的化外区域，士人对此的记录彰显了广东地域传统的鲜明特色。广东在中原士人的印象中以"烟瘴荒蛮"的自然环境和"妇人强男子弱"的社会环境而著称，尽管自两晋以来，北方战乱造成中原士人和民众源源不断地南下，但广东始终给人以"另类"的荒蛮印象。宋代以后，随着珠江三角洲地区开发的加快，儒家文化也逐渐在广东各地得以推广，明代广东士人集团成长起来，他们试图以改变广东的另类形象为己任，不断推行儒家教化。儒家文化开始向社会各个角落渗透，广东在观念和行动上逐渐与王朝保持一致，从乡村到城市都达到了儒家文化所要求的预期目标，至少表面上达到了这个目标。明清时期，随着大航海时代的到来，广东因有着漫长海岸线以及王朝政策倾斜的原因，成为中外商人聚集和货物交易最为繁盛的区域，清前期的广州更成为全球贸易交流的中心地。广东因商业化氛围的浓厚，又被人视为"腥膻逐利"的渊薮。[①] 外来士大夫到达广东后，仍以猎奇或别样的目

[①]《清高宗实录》卷1333，乾隆五十四年六月壬申，乾隆帝谕军机大臣等："广东地方紧要，且有洋行盐务，向为腥膻之所。"《清仁宗实录》卷1，嘉庆元年正月戊午，嘉庆帝谕军机大臣等："粤东素称腥膻之地。"

光审视并记录这里的一切,凸显了广东地域文化的独特性。

在儒家文化向广东社会渗透的过程中,广东本地士大夫起到了重要作用。明代以后,他们通过科举入仕获取功名,不论是在朝还是在野,都将自己所接受的儒家理念向本土民众推广,并试图改造广东原生态却不合"正统"观念的风土人情,推动着广东在文化认同上向王朝看齐。而女性作为社会大众最重要的组成部分,是宋明以来士大夫们推行教化的最重要对象。她们在社会变迁过程中对礼教认同与接受的程度,是判断地域社会与王朝整合度的重要指标之一,因此也是我们分析岭南社会如何与中原王朝逐渐整合的关键要素之一。

至少自汉代以来,传统社会就一直在强化男女在家庭与社会中所扮演角色的不同,多数男性士大夫不遗余力地将女性边缘化,唐代以后王朝推行科举考试选拔官僚,更是将女性排除在外,因而男性成为操纵和形塑地方文化的代表者。在男性士大夫的喧哗声中,女性的声音被掩盖,甚至处于失声状态。除了极个别的女性外,由男性士大夫书写的历史总是在有意或无意之间将与男性共同创造人类历史的女性加以忽略。应该说,男性士大夫们刻意而强势地推行的儒家文化,逐渐被女性所接受,如广东在明代之前流行的"妇人强男子弱"的社会性别结构,在明清官私文献中逐渐走向贞静柔顺、三从四德的理想模式。宋明以后,随着儒学和礼教在广东的日益渗透,女性被赋予了更多符合王朝意识形态的社会期望,除了对父母及公婆行"孝"外,"节""烈"也成为更多女性的生活选择。由于绝大多数女性不能读书识字,因而她们无法用文字来表达她们的生活体验,即使有少数女性可以书写,其内容也多是闺阁情愫,她们无法像男性士人一样拥有书写历史的主动权。

实际上,就广东社会发展的历史来看,女性始终是家庭和社会不可或缺的主力,她们在社会经济发展中有时甚至比男性的角色更为突出。因而,即使在男性士人书写的各类历史文献中,也无法抹杀女性创造历史的印迹。在由男性士人书写的历史文献中,由于广东女性生活在山区、平原、濒海地区乃至海岛等不同的地理环境区域,女性在不同区域所扮演的角色也有不同,她们对儒家礼教的接受程度也并非整齐划一。但总体来看,她们既有对儒家礼教不同程度的接受,又有对广东传统习俗的顽强延续,因而我们在阅读男性

前　言

士人书写的女性形象时，通过对书写者的心态和目的进行细致的考量，依然能辨析出广东女性在历史进程中的作为，尽管这一形象有时会很模糊，但毕竟能反映女性与男性共同创造历史的某些面相。

明清时期，广东经历了宋元以来士大夫的不断形塑，官府对广东控制进一步加强，行政区划和乡村社会组织逐渐得以完善。尽管中间有明中叶黄萧养事变以及明末社会动乱、清初迁海等重大社会变动，但每次事变之后，经过官绅的重新整合，广东社会都会在原有的基础上呈现新的变化趋势，如广东的宗族和民间信仰与王朝国家的整合度得以加强。尤其到了清前期，由于王朝规定广州一口通商，广东成为国内外商品交流的重要集散地，并日益融入全球贸易的体系中，广东社会的商业化倾向十分明显，广东沿海与内陆山区在开发之中的联系与交流不断增强，生活在其地域内的不同族群及外来移民之间互动频繁，不仅使得相互之间的身份变更加速，而且不同风俗也相互影响，渐渐演变为广东本土特色。在此过程中，乡村妇女扮演了重要的角色。

明代以后，随着王朝控制的加强以及大航海时代的到来，广东受到了中外文化的影响，乡村妇女在旧传统与新因素之间，既有对旧传统的坚持，又有对新因素的吸纳。在历代士人书写的正史和地方志等官方文献中的女性形象渐渐向王朝要求的规范看齐，但民间文献中的碑刻和契约又反映了女性争取权利、参与社会活动的"另类"形象，暴露了乡村女性坚守旧传统的面相。其实，广东社会文化结构的变迁过程是由王朝派遣到广东任职的中原士人和广东本地精英以及生活在广东的男人和女人们共同完成的。对于广大民众而言，外来官员和地方精英均是王朝国家的代言人，他们一方面努力向乡村社会推行儒家教化，将王朝的观念普及到民众之中；另一方面又将在本地民间社会流行的根深蒂固却不符合官方话语的习俗，通过重新包装加以整合，使之符合王朝国家要求的形象，从而使地方习俗得以延续和存活，并继续在民众生活中生长。地方精英对国家与区域的双重身份使他们成为国家与区域间的桥梁，这是一个动态的过程。[①] 在这一过程中，女性对儒家文化也由被动接受到主动

[①] 刘志伟：《地域社会与文化的结构过程——珠江三角洲研究的历史学与人类学对话》，《历史研究》2003年第1期。

吸纳，由士大夫书写的地方志与族谱文献显示，明清广东女性读书识字的人数有所增加，女性也开始书写自己的社会体验，而她们的书写又明显按照儒家的要求来展示自己的内心世界。[1]

　　海内外学者对华南区域史的研究一直兴趣不减，已有的研究成果更多关注制度层面，如以里甲、祭祀仪式、宗族等为研究对象，试图阐述华南地区与中原王朝在政治与文化方面的整合过程；也有少数学者以性别为研究对象来观察女性在岭南与中原整合的过程中的反应与体验。但有关广东女性史的研究，目前主要集中在对珠三角地区自梳女的研究，对广东女性的整体性研究却不多见。与方兴未艾的各种岭南文化研究相比，广东女性史研究处于一种较冷清的状态，即使有少量成果也不成系统。女性作为广东社会经济发展的主力军之一，她们在社会变革中发挥了巨大作用，她们对自身形象与价值追求的改变颇能体现她们所生活的那个时代的价值观，因此从女性史的层面来观察明清广东社会变迁无疑是一个好角度。诚如叶汉明所说："将妇女写进历史，就意味着历史的传统定义要改变。"[2] 本书以明清广东妇女在社会经济变迁中的地位变化为主题，研究女性在乡村社会发展中所扮演的角色，以及围绕女性活动而形成的习俗传统，这些习俗传统对王朝教化不时应变，既有接纳融通又有变通保留。明清广东妇女在社会巨变中的表现颇具代表性，她们在私人生活空间和公共活动场所都有自己的表达方式，呈现了妇女在社会变迁中的能动作用。

二　相关研究动态

　　傅衣凌先生是中国社会经济史研究的开创者之一，他在 20 世纪 40 年代出版的《福建佃农经济史丛考》一书，成为中国社会经济史学派的奠基之作。改革开放以后，傅衣凌先生主编的《中国社会经济史研究》杂志引导着学术界向区域社会经济史研究的方向迈进，并逐步形成了以福建厦门大学和广东中山大学为中心的两个区

---

[1] 刘正刚、乔玉红：《与正统同行：明清顺德妇女研究》，人民出版社，2011。
[2] 张妙青、叶汉民等：《性别学与妇女研究——华人社会的探索》，稻乡出版社，1997，第 108 页。

前 言

域社会经济史研究重镇。中国社会经济史研究更多关注区域的、民间的社会历史研究,关心普通百姓的历史,试图以区域发展历史作为研究对象,细致而多层面地展示普通人的生活体验,一方面可从区域历史中发现不同于国家或民族历史的某种独特性,另一方面期望从区域研究中发现一套取代基于国家文化霸权的话语系统,以建立新的历史研究范式和历史解释体系,其目的是为了回应在长期的历史过程中王朝与地方社会的互动关系。

科大卫、刘志伟、陈春声等近些年来一直致力于华南区域史的研究,在有关制度、宗族、地方信仰、乡村社会等领域取得了重大突破,展示了国家的制度和礼仪在华南社会推行与表达的历史过程。刘志伟透过研究明清里甲赋役制度在广东的实行及演变,考察了王朝制度与现实的社会变迁、经济发展、文化演变等过程相互影响和相互制约的关系。科大卫则以国家和宗族为中心分析了王朝在整合华南地域社会的过程中始终存在着国家法典条文与民间礼仪习俗交织互动的进程,华南与王朝之间的正统纽带不仅建立于里甲与祀典之上,也建立在宗族这套语言之上。宗族不仅是一种血缘、亲属制度,更是一种用礼与法的语言来表达的秩序和规范。士大夫们既运用这种规范应对朝廷的各项赋役制度,也运用其改造地方风俗,借此表达有利于获取更多资源的文化与身份认同,地方社会由此得以归入国家礼教程序中。贺喜则以广东西南部地区不同族群在不同的历史时期通过大一统的礼仪与文化推广,构建了以冼夫人和雷神为中心的信仰祭祀模式,表达这一区域对王朝国家的认同,从而形成自己的地域文化。程美宝把广东地域文化放在晚清中国国家观念变化过程中进行考察,当时的士大夫们在国家意识和地方关怀的二重奏中,着重从历史叙述、种族血统、学术传承、方言写作、地方民俗等方面书写地域文化,并以此来表达他们心目中的国家观念,在国家认同与地方认同之间建立起辩证统一的关系。①

---

① 刘志伟:《在国家与社会之间——明清里甲广东赋役制度研究》,中山大学出版社,1997;科大卫:《皇帝和祖宗——华南的国家与宗族》,卜永坚译,江苏人民出版社,2009;科大卫、刘志伟:《宗族与地方社会的国家认同——明清华南地区宗族发展的意识形态基础》,《历史研究》2000年第3期;科大卫:《告别华南研究》,华南研究会编《学步与超越》,2004;刘志伟:《地域社会与文化的结构过程——珠江三角洲研究的历史学与人类学对话》,《历史研(转下页注)

上述研究关注的问题是王朝制度与区域社会的互动所引起的区域社会变化，实际上关注的是乡土社会的变迁。20世纪以来，人们对乡村社会的关注，并不限于学术界，中国革命也基本上是从农村开始的，毛泽东、陈翰笙、李景汉以及日本满铁株式会社开创了中国乡村社会实地调查的先河，①以费孝通、林耀华为代表的学人通过田野调查撰写了被海内外学界奉为经典的中国乡村社会史研究论著。②20世纪80年代以来，美国学者黄宗智等致力于对中国乡村社会的考察，其代表作后被冠以"中国乡村社会研究丛书"出版；大陆学者秦晖等推动了多学科整合的"农民学"研究；以陈春声、科大卫等为代表的一批华南学者，发展了傅衣凌中国社会经济史的研究方法与问题意识，重视田野调查的现场体验与文献考辨、国家制度与乡村传统的结合，取得了一批重要学术成果。③但如何在乡村社会史研究中更多地关注妇女的历史地位与历史作用，特别是妇女在乡村社会变迁中既被动又主动地吸收并创造新的文化传统等问题，仍是乡村社会史研究可以继续发展的重要领域。因此，研究乡村社会妇女史，无论从方法还是问题意识上都必须回应关于乡村社

（接上页注①）究》2003年第1期；刘志伟：《从乡豪历史到士人记忆——由黄佐〈自叙先世行状〉看明代地方势力的转变》，《历史研究》2006年第6期；陈春声：《从地方史到区域史——关于潮学研究课题与方法的思考》，《潮学研究》第11辑，汕头大学出版社，2004；陈春声、陈树良：《乡村故事与社区历史的建构——以东凤村陈氏为例兼论传统乡村社会的"历史记忆"》，《历史研究》2003年第2期；贺喜：《亦神亦祖：粤西南信仰构建的社会史》，三联书店，2011；叶汉明：《明代中后期岭南的地方社会与家族文化》，《历史研究》2000年第3期；程美宝：《地域文化与国家认同：晚清以来"广东文化"观的形成》，三联书店，2006。

① 毛泽东：《毛泽东农村调查文集》，人民出版社，1982；陈翰笙：《解放前的地主与农民》，中国社会科学出版社，1984；李景汉：《北京郊区乡村家庭生活调查札记》，三联书店，1981；李景汉：《定县社会概况调查》，上海人民出版社，2005。

② 费孝通：《江村经济：中国农民的生活》，商务印书馆，2001；林耀华：《金翼：中国家族制度的社会学研究》，庄孔韶、林余成译，三联书店，1989。

③ 黄宗智：《华北的小农经济与社会变迁》和《长江三角洲小农家庭与乡村发展》，中华书局，2000；陈越光、秦晖主编"农民学丛书"，中央编译出版社，1996；中山大学历史人类学研究中心、香港大学香港人文社会研究所主编"历史·田野"丛书，三联书店，2006年陆续出版。

前 言

会研究的诸多研究成果。

学界对中国妇女史的研究,滥觞于20世纪初的一批男性学者,他们采用传统史学方法研究女性在历史发展中的地位与作用,或注重对制度的考量,或注重对女性生活、婚姻、缠足等问题的研究,侧重于揭示妇女从属性社会地位的形成过程与演变。这些研究虽沿袭了传统的学术手法,但都是在观照社会现实的基础上对妇女问题的思考,他们对中国女性历史的反思也是当时社会掀起人性解放的反映。① 新中国成立后,大陆妇女史研究除关注极少数女英雄外,几乎处于沉寂状态,但也有不朽著作问世,史学大师陈寅恪以诗文证史,呈现了柳如是、陈端生等女性的生平与精神世界,尤其通过前者勾勒出明清之交的大变局。②

改革开放以来,在海外妇女史研究蔚然成风的背景下,中国妇女史研究也呈复兴趋势,研究理念和思路也开始与国际学界接轨,海内外学人共同推动中国妇女史研究的发展,以美国高彦颐(Dorothy Ko)、中国大陆李小江、台湾李贞德、香港叶汉明等为代表的一批女性学者从社会性别的视角,力图对男性视角与男性书写所产生的规范历史予以新的解释,讨论了宋明以降直至20世纪的中国妇女在文化、医学、技术、婚姻等相关领域的活动,丰富了学术界对历史时期妇女社会生活的认识,对中国妇女史研究起了很大的推动作用,乡村妇女也逐渐进入了学界视野。③ 一些男性学者也介入妇女史研究,他们更多关注妇女与社会、家庭等问题,利用的材料

---

① 陈东原:《中国妇女生活史》,上海文艺出版社,1990;王书奴:《中国娼妓史》,上海三联书店,1988;赵凤喈:《中国妇女在法律上之地位》,稻乡出版社,1993。

② 参见蔡鸿生《"颂红妆"颂》,载胡守为主编《〈柳如是别传〉与国学研究:纪念陈寅恪教授学术讨论会论文集》,浙江人民出版社,1995。

③ 〔美〕高彦颐:《闺塾师:明末清初江南的才女文化》,李志生译,江苏人民出版社,2005(刘东主编的"海外中国研究丛书"女性系列包括〔美〕伊沛霞《内闱:宋代的婚姻和妇女生活》;〔美〕曼素恩《缀珍录:十八世纪及其前后的中国妇女》;〔美〕白馥兰《技术与性别:晚期帝制中国的权力经纬》等多部中国妇女史研究论著;〔美〕白凯:《中国的妇女与财产:960~1949》,刘昶译,上海书店出版社,2003;李小江等:《历史、史学与性别》,江苏人民出版社,2002;李贞德、梁其姿主编《妇女与社会》,中国大百科全书出版社,2005;叶汉明:《主体的追寻:中国妇女史研究析论》,香港教育图书公司,1999。

也以档案为主,出版了一批有分量的学术著作。① 既有的研究成果为明清妇女史研究奠定了基础,也给笔者提供了许多有益启示,鉴于传统中国所呈现出的基于地域、人群、时代等的复杂差异,以全国或某一朝代作为研究对象可能已不再是推动妇女史研究走向深入的主要方向,特别是当研究者的视角从学界有较多研究成果的才女、官宦及其眷属等相对上层的妇女或与上层社会有较多接触并受其熏染的妇女转向学界关注较少的普通乡村妇女时,区域社会史的研究取向就必须予以重视,因为上层妇女较易受到正统儒家规范与文人风格的影响而相对具有一致性,而不同地域的乡村妇女则更多受到地域传统文化和习俗的影响。

与此同时,学术界对妇女的研究由过去关注制度史和杰出妇女的研究,转向社会史、断代史、专门史和妇女运动史的研究,丰富了传统史学的研究领域。② 至于从妇女角度切入的单篇论文则更多,据统计,仅1996年至1997年关于中国古代妇女史的论文就有80余篇,这些研究涉及经济、政治、婚姻、教育、生活、伦理道德等层面,研究的切入点也更加细致,不仅范围广泛,而且方法也日趋多元,口述、考古、金文和文献综合运用,丰富了我们对历史上妇女生存状况的了解。③ 在中外学者的女性史研究中,明清女性节烈问题仍是重要领域,学人不但关注明清节妇、贞女现象的形成与发

---

① 郭松义:《伦理与生活:清代的婚姻关系》,商务印书馆,2000;王跃生:《十八世纪中国婚姻家庭研究:建立在个案基础上的分析》,法律出版社,2000;王跃生:《清代中期婚姻冲突透析》,社会科学文献出版社,2003;〔美〕史景迁:《王氏之死:大历史背后的小人物命运》,李璧玉译,上海远东出版社,2005;阿风:《明清时代妇女的地位与权利:以明清契约文书、诉讼档案为中心》,社会科学文献出版社,2009。
② 郑惠生:《上古华夏妇女与婚姻》,河南人民出版社,1988;刘士圣《中国古代妇女史》,青岛出版社,1991;曹大为:《中国古代女子教育》,北京师范大学出版社,1996;高世瑜:《唐代妇女》,三秦出版社,1988;段塔丽:《唐代妇女地位研究》,人民出版社,2000;陈弱水:《隐蔽的光景:唐代的妇女文化与家庭生活》,广西师范大学出版社,2009;方燕:《巫文化视域下的宋代女性:立足于女性生育、疾病的考察》,中华书局,2008;罗苏文:《女性与中国近代社会》,上海人民出版社,1996;夏晓红:《晚清女性与近代中国》,北京大学出版社,2004。
③ 王小健:《中国古代性别结构的文化学分析》,社会科学文献出版社,2008,"自序"第11页。

前　言

展轨迹，而且涉及国家和社会对其的反应，尤其关注这一现象的文化意义。① 随着区域社会史研究在大陆的开展，区域妇女史研究也引起不少学者的关注，有关江南、云南、台湾等地的妇女史研究论著陆续出现，引起了学术界对不同地理环境下妇女生活经验的认识。② 这些成果或从社会经济，或从文化、法律的视角，对明清时期区域社会妇女生活的某一侧面进行了较为深入的研究。但真正把妇女置于地域社会发展脉络中去较全面考察乡村妇女史研究的成果并不太多。以广东而论，尽管早在 20 世纪初已有学者关注岭南女性史研究，1928 年至 1933 年，中山大学民俗学工作者以《民俗》周刊为阵地，发表了一系列与冼夫人、龙母、金花夫人等相关的调查笔记，讨论了女性从人变成神灵的历程，拓宽了女性史研究的路径，③ 著名女学者冼玉清广泛搜集历史上的广东女性作品完成了《广东女子艺文考》一书；④ 但这些研究取向在新中国建立后却一度中断。改革开放以来，随着外来"打工妹"涌入广东，学界在关注当代女工问题的同时，又开始关注广东历史上的女性。明清广东妇女史是一个有待深入研究的领域，马建钊、乔健等主编的《华南婚姻制度与妇女地位》一书虽然重点讨论的仍是婚姻制度，但观照

---

① 〔美〕卢苇菁：《矢志不渝：明清时期的贞女现象》，秦立彦译，江苏人民出版社，2010；林丽月：《孝道与妇道：明代孝妇的文化史考察》，《近代中国妇女史研究》1998 年第 6 期；费丝言：《由典范到规范：从明代贞节烈女的辨识与流传看贞节观念的严格化》，台湾大学出版中心，1998。

② 李伯重：《从"夫妇并作"到"男耕女织"——明清江南农家妇女劳动问题探讨之一》，《中国经济史研究》1996 年第 3 期；李伯重：《"男耕女织"与"妇女半边天"角色的形成——明清江南农家妇女劳动问题探讨之二》，《中国经济史研究》1997 年第 3 期；戴庆钰：《明清苏州名门才女群的崛起》，《苏州大学学报》（哲学社会科学版）1996 年第 1 期；宋立中：《明清江南妇女"冶游"与封建伦理冲突》，《妇女研究论丛》2010 年第 1 期；李泳集：《性别与文化：客家妇女研究的新视野》，广东人民出版社，1996；谢重光：《客家文化与妇女生活：12～20 世纪客家妇女研究》，上海古籍出版社，2005；沈海梅：《明清云南妇女生活研究》，云南教育出版社，2009；卓意雯：《清代台湾妇女的生活》，台北自立晚报社，1993；邓小南主编《唐宋女性与社会》，上海辞书出版社，2003。

③ 招北恩：《广东妇女风俗及民歌一斑》，《民俗》1928 年第 9 期；容肇祖：《德庆龙母传说的演变》，《民俗》1928 年第 9、10 期；刘万章：《关于金花夫人》，《民俗》1928 年第 36 期。

④ 冼玉清：《广东女子艺文考》，商务印书馆，1948。

重心已转变为华南地区基层社会的女性地位。① 不过，这一时期的研究者仍多集中于广东特殊婚俗"自梳女""不落家"等研究，如李宁利从文化学角度深入剖析"自梳"现象，揭示了自梳女群体与常人不同的人生体验。美国人类学者珍妮丝·F.斯托卡德（Janice F. Stockard）通过在珠江三角洲地区的大量访谈，试图重建华南婚俗模式和妇女的经济策略。萧凤霞则将珠江三角洲地区特殊的女性婚姻状态与地域文化联系在一起重新思考，认为自梳女、不落家等婚姻形态不是经济因素使然，而是由华南地域文化所造成。刘志伟通过广州乡村祭祀女性祖先的研究，阐述了宋明时期中原传统文化对广东士人塑造女性形象的影响。② 可见，研究广东妇女史的学者不断将学术眼光下移，开始关注基层社会的女性群体研究，试图将女性的生活经验放入广东社会变迁的大环境中加以考察。

近年来，笔者指导的研究生完成了多篇对历史上广东女性研究的学位论文，讨论历史上广东女性的生存状态、社会地位及民间信仰中的女神崇拜等问题。如黄建华和郭文宇的着眼点在广东仕宦和民间社会共同制造的女性神祇祭拜，前者以金花夫人信仰为中心，考察宋元以来在珠三角社会逐步被纳入王朝正统观念的脉络时，金花夫人经历了由女巫到少女的形象变化、祭祀空间由公领域转向私领域再到公私领域并存等复杂变化，金花夫人最终转变为符合儒家正统化的女神形象；后者则以增城何仙姑为例，从唐宋何仙姑在佛道之间形象的不断变化入手，挖掘广东士人认同王朝正统，不断将何仙姑改造为正统神明的过程。魏霞则通过对清前期广东女性经济角色、家庭角色和社会角色的分析，关注广东女性在经济、家庭及社会生活中扮演的角色，展现她们对推动社会与经济发展起到的作用。罗彧以海南女性为中心研究妇女与地方经济发展的关系，认为海南女性在社会经济中的独特地位是大陆移民与土著居民互化融合

---

① 马建钊、乔健主编《华南婚姻制度与妇女地位》，广西民族出版社，1994。
② 李宁利：《顺德自梳女文化解读》，人民出版社，2007；J. F. Stockard, *Daughters of the Canton Delta: Marriage Patterns and Economic Strategies in South China, 1860-1930* (Stanford: Stanford University Press, 1989)；萧凤霞：《妇女何在？——抗婚和华南地域文化的再思考》，《中国社会科学季刊》（香港）1996年春季卷；刘志伟：《女性形象的重塑："姑嫂坟"及其传说》，载苑利主编《二十世纪中国民俗学经典·传说故事卷》，社会科学文献出版社，2002。

前　言

的结果，在向中国传统大文化看齐的同时保留了地方特色的传统文化。韩健则把重点放在清代广东女性的经济权益上，通过妇女在日常生活中对财产的支配和争取，从社会经济史的角度管窥了广东女性在家庭与社会中的地位。夏坤则从社会史的视角，观照了在晚清社会变革过程中，广州女佣独特的社会角色和生活模式。乔玉红以明清顺德才女群体为研究对象，通过她们的写作文本，探讨其生存状态，认为明清广东女性也以自己的书写表达对家庭、社会乃至国家的看法；后来又在此基础上从岭南社会变迁的大背景讨论了女性儒家化的过程，并因此获得博士学位。[1] 从某种意义上说，本课题正是在指导上述学位论文的基础上继续推进，从多个视角展示明清广东妇女在区域社会变迁中的角色演变之走向。

明清历史文献的书写包括碑刻、墓志铭等资料，多出自男性士人之手，这些书写几乎都有统一的范式，因此我们在研究中必须要考虑男性的言行及其背后所表达的信息，从这个意义上说，纯粹地追求单一的妇女史研究是不科学的，也就是说，妇女史研究必须同时观照男性，观照由男性控制下的王朝对女性设置的种种规则，强调不要人为地将男女两性对立起来进行研究，也即要求从事所谓的性别史学研究，而从妇女史到性别史的转变经历了一个较长久的历程。1988年美国妇女史学家琼·斯科特发表《性别：历史分析中一个有效范畴》一文，将性别作为分析范畴引入历史研究。她说："女性世界是男性世界的一部分，它产生于男性世界，由男性世界所创造。"她主张以"性别"作为"妇女"的代名词，表明与妇女相关的信息亦与男子相关，对妇女的研究意味着对男子的研究。[2] 近年来，大陆学界女性史

---

[1] 黄建华：《明清广东金花夫人信仰研究》，暨南大学历史学硕士学位论文，2010；郭文宇：《宋元以来社会变迁过程中的神灵塑造——以增城何仙姑为例》，暨南大学历史学硕士学位论文，2010；魏霞：《传统中的抗争——清前期广东女性角色探析》，暨南大学历史学硕士学位论文，2002；罗彧：《明清海南社会经济中的女性研究》，暨南大学历史学硕士学位论文，2007；韩健：《清代广东女性经济权益探析》，暨南大学历史学硕士学位论文，2008；夏坤：《晚清广州女佣研究》，暨南大学历史学硕士学位论文，2006；乔玉红：《明清顺德知识女性探析》，暨南大学历史学硕士学位论文，2008；乔玉红：《传统性别内化中的岭南社会研究》，暨南大学历史学博士学位论文，2011。

[2] 〔美〕琼·斯科特：《性别：历史分析中一个有效范畴》，载李银河主编《妇女：最漫长的革命》，三联书店，1997，第156页。

研究以李小江、杜芳琴等一批女性学人最为活跃，她们建立研究机构，开展学术论坛，摸索中国本土女性史研究的理论模式，对历代女性在社会生活中扮演的角色进行探讨。[1] 李小江曾说："妇女研究是世界性妇女解放运动蓬勃发展的直接结果，是 20 世纪妇女角色变迁所导致的社会结构变化的产物。妇女走上社会后，改变了人类生存方式的传统结构，诱发了诸多社会问题，促使人们对妇女的历史处境、现实生活乃至对整个文明史进行反思。"[2] 但中国的性别史研究仍存在着许多问题，如缺乏完整的研究体例，多以零打碎敲的方式进行研究，将妇女史分割得支离破碎。[3] 这就要求我们在研究性别史时既要挖掘新材料，又要以新的理论方法，将女性放在整体社会的大背景之下，与男性相互参照，多视角地进行解读。

相对于学界研究广东社会经济史来说，对历史上广东妇女研究的力度有待加强，深度有待深入，广东妇女在历史上的生存状态和体验仍有待我们去发掘新资料，运用新方法加以研究。妇女在广东乡村地域社会变迁中的形象到底是怎样的？她们在明清时期新旧环境交替中是如何扮演角色的？广东性别文化与其他区域相比有无自己的特性？广东妇女在宋明以后儒家文化逐步渗透的背景下如何面对本土传统习俗文化？本书拟通过对明清时期广东乡村社会变迁中的妇女进行研究，不仅尽可能地搞清楚广东地方性别文化的传统，还要试图揭示王朝与地方之间互动对地方传统习俗的改变。在地方社会与王朝国家的互动中，女性始终在场，她们的言行在一定程度上代表了广东社会对王朝认同的另类体验。从中我们或许能更好地理解广东社会与王朝国家融合的过程。

三　研究思路与方法

明代之前，岭南一方面因为地理环境而形成的炎热潮湿等气候原因，另一方面因社会存在诸如"妇人强男子弱"等的独特习俗，

---

[1] 杜芳琴、王政主编《中国历史中的妇女与性别》，天津人民出版社，2004。李小江则从 20 世纪 90 年代末开始编辑出版《性别与中国》辑刊。
[2] 李小江、谭深主编《妇女研究在中国》，河南人民出版社，1991，第 3 页。
[3] 王小健：《中国古代性别结构的文化学分析》，社会科学文献出版社，2008，"自序"第 1 页。

前　言

向被中原士大夫视为另类，"荒蛮烟瘴"成为岭南落后的代名词。随着中原王朝对岭南地区控制的逐步加强，礼教观念也渐渐渗透到岭南社会，作为社会成员的女性在这一变迁过程中逐步从早期的异类走向儒家教化的"节烈""闺媛"形象。其实，广东女性形象的转变只是主流合拍，本土习俗始终以各种面貌存在着。

本书是2008年国家社科基金项目"明清地域社会变迁中的广东乡村妇女研究"的结项研究成果，主要是以乡村社会史的研究视角和方法，探讨妇女在明清广东经济、社会变迁诸因素与传统影响之下的角色演变及其与乡村发展的关系。本书时间尽管限定在明清时期，但因考虑到地域社会变迁的连续性，所以在具体研究中不可能仅限于这一历史时期，时间跨度差不多从秦汉到清末，以期在一个较长时段的地域社会变迁中讨论女性的生存状态。本书涉及的地域以明清广东政区为限，广东独立设省始于明初，因此在讨论明代之前的广东社会时则以学界常用的岭南区域为限，包括今广东、广西、海南等地区。

本书研究的重心是乡村妇女，与乡村相对应的词是"城镇""城市"。但实际上，在传统社会中，所谓的城市也与现今社会一样，都是由乡村社会逐渐发展起来的，尤其在明清时期，一些经济交流的中心或一些乡村庙宇，因人流的聚集而渐渐发展成为人们社会经济活动的重要场所，最终形成城镇，广东的佛山镇即是如此。与城镇成长相伴的就是乡村社会的习俗也成为城市文化的重要组成部分，因而从这个意义上来讲，本书在史料的解读上并没有刻意去区分城乡之间的差别，而是把这些史料作为乡土社会的传统加以引用和解读。至于书中的"妇女"则是从自然属性进行考量，即将其作为与男性相对应的所有女性，而不刻意考虑其已婚或未婚、年老或年少。尽管传统社会对这些不同阶段的女性有不同的称谓与要求，最典型的即所谓"未嫁从父，即嫁从夫，夫死随子"的"三从"，但本书对妇女的考量既包括年龄也包括婚姻，实际上是对所有女性而言的。因而本书考察的是广东所有女性在各历史时期的人生体验。

岭南在地理位置上处于中原统一王朝的边疆地带，就文化习俗而言，岭南早期也一直游离在中原王朝主流文化的边缘；但王朝统治者始终没有放弃对岭南的征服，他们在科举考试中增设

"南选"①、贬谪或派遣士大夫到岭南做官、推行儒家礼教和国家制度。宋明时期,岭南士人也逐渐成长起来,尤其是明代还一度形成影响和左右朝廷政局发展的"南海士大夫集团",这些士大夫们又以儒家文化为标准,和外来士大夫一起重塑岭南社会。因而生活在岭南的男人与女人都开始逐步接受王朝的理念并将之贯彻到日常生活中来。在由男性主导的社会大背景下,广东女性在地域社会经济、文化变迁过程中逐渐进入王朝的统一体制之内,自觉主动地按照官方标准重新塑造和改造自己,以符合王朝统治的社会形象之需要。

本书立足于历史学本位,采用中国社会经济史的研究方法,首重文献的考证与辨析,同时走入乡村田野搜集文献。采取整体描述与个案分析相结合的方法,在揭示相关事实的基础上,分析不同时期、不同地域的广东妇女与社会经济变迁互动的情形,以深入阐释明清广东性别文化的发展内涵,重现广东妇女历史的发展过程与妇女形象的建构过程,以及妇女在国家力量、区域传统和海外贸易之背景下,在乡村变迁过程中的作用。

需要说明的是,笔者在关注文献的同时,十分重视田野考察,多次带领课题组奔走于广东各地及广西、福建、江西等省区,走进历史现场。这些田野考察有的走马观花,有的则多次深入历史现场挖掘、访谈、抄录与女性相关的各类资料,试图以下层社会现场的实物资料与口述记忆,来展现乡村社会妇女生活片段,通过这些乡村社会的原始资料,尽量还原妇女在明清以来的生存状态。在广东与王朝整合过程中,女性一方面对王朝宣传的理念由被动接受到积极参与,另一方面又始终顽强地保持着岭南地域社会某些固有的文化元素,因而在乡村社会中的妇女历来都是以多元面貌呈现在世人眼前,只不过后来的人因文字和书写问题,更多地习惯于从书本中了解被士大夫过滤后的妇女形象,而乡村社会最本色的妇女原生态的生活状态却被渐渐尘封起来。从这个意义上讲,本书利用士人书写的文献更多重视的是"孝""贞"等儒家观念,我们以此考察的是广东妇女在社会变迁中如何接触与接受这些观念,而通过对田野考察所得的各种资料分析,展现出的则是妇女在乡村社会变迁中仍

---

① 王承文:《唐代"南选"与岭南溪洞豪族》,《中国史研究》1998年第1期。

保持地域文化的传承，显示地域文化在融入正统王朝文化的同时仍顽强而可持续地得以生存发展。通过对官方文献和乡村文献的比对研究，或许可真实再现华南这个历时千百年的地域在文化构建过程中，始终在王朝国家的话语中有其独特的文化生存空间。

本书试图在妇女史和乡村社会史相结合的视野下，将乡村妇女置于明清广东区域社会经济发展、贸易国际化、文化传统的士大夫化等大背景下进行考察，揭示她们的生存状态、社会角色与地位、文化传统等的演变，对广东"女强男弱"的地域传统如何在明清新的政治与社会经济环境中调整与延续进行分析与揭示，这是本书主要的学术价值所在，从而可以为妇女史和乡村社会史研究做点贡献。研究传统中国区域社会的目的之一，就是要努力了解由于漫长的历史文化过程而形成的地域性社会文化特点，以及不同地区的百姓关于中国的正统性观念，地区如何在漫长的历史过程中通过士大夫的关键性中介，在国家与地方的长期互动中得以形成和发生变化。在这个意义上，区域历史的内在脉络可视为国家意识形态在地域社会的各具特色的表达，同样地，国家的历史也可以在区域性的社会经济发展中全息地展现出来。只有认识了这一点，才可能在认识论意义上明了区域研究的价值所在。[①]

改革开放以来，中国社会经济迅猛发展，乡村城市化步伐不断加快，学者们在研究明清区域史时，越来越关注深入城乡社会进行田野考察，笔者身在的广州新城区大多是由过去的乡村社会发展起来，"城中村"已经成为城市化过程中遗留下来的胎记，这些城中村依然保留有祠堂、庙宇、书塾等传统乡村社会的公共活动场所。从传统城乡社会的分界来看，除了县衙所在的城池内属于城市外，其余的皆可视为乡村社会。因此，本书所说的乡村妇女并不完全指远离城市的山区村落，而是指城池之外的更大范围的地域社会。

四　资料来源

本书的资料来源主要有两大类，一是文献资料，主要来源于国内各大图书馆、档案馆等，也有部分来自互联网上的共享资源；二

[①] 陈春声：《历史的内在脉络与区域社会经济史研究》，《史学月刊》2004年第8期。

是田野考察资料，主要来源于课题组成员在乡村社会的奔波调研。在田野考察之间，我们穿梭于城乡之间，不仅向地方文史专家请教，而且深入地方的文物管理部门、地方志办公室、寺庙、祠堂等，向年岁已高的老者问谈，甚至深入乡村山区的坟茔边依稀辨别与抄录模糊不清的碑文。因为我们相信这些遗留在乡村社会中的实物资料，可能会更真实地反映地方社会书写者的性别意识。总之，笔者充分挖掘正史、方志、档案、公牍、墓志、碑刻、文集、野史、笔记、族谱、契约等文献，包括西方人书写的广东文献，以期梳理出士大夫形塑的明清广东妇女形象以及妇女的日常生活面貌。

需要说明的是，为了较为完整地再现这些比较难得的诸如契约、碑刻等民间私家文献资料，笔者在正文中多会大段引用这些资料。这样做一方面是为了保证资料的完整性，以免给人以断章取义之臆测，另一方面也可以给学界在今后的研究中提供某些资料的便利。还有一点就是这些散落在乡村社会的碑刻资料，随着时间的推移以及现代化城市的推进，有些将会消失，因而保存这些资料也是历史学者应尽的责任与义务。

目 录
CONTENTS

上 册

第一章 明以前岭南乡村妇女的强势形象 …………………… 001
 一 龙母传说时期的岭南社会 …………………………… 001
 二 岭南妇女的剽悍形象 ………………………………… 006
 三 好巫环境下的岭南女性 ……………………………… 019
 四 "妇人强男子弱"的性别结构 ……………………… 028
 五 士大夫建构岭南女性正统形象 ……………………… 043

第二章 明代珠三角地区诉讼中的女性研究：以案牍为例 … 053
 一 女性对父家、夫家的财产继承 ……………………… 054
 二 妇女拥有对继嗣的选择权 …………………………… 064
 三 女性在各种纷争中的行为 …………………………… 074
 四 诉讼案件反映的女性贞节观 ………………………… 084
 五 珠三角重商风气下的好讼 …………………………… 093

第三章 清代乡村妇女的权利与地位：以契约文书为例 …… 101
 一 珠三角地区寡妇在契约文书中的角色 ……………… 102
 二 潮汕地区寡妇在契约文书中的权利与地位 ………… 122

三　客家山区女性在买卖契约中的角色 …………………… 133
　　四　妻子在田地买卖契约中的角色 …………………… 145
　　五　混合型家庭女性参与的土地买卖 …………………… 156

第四章　明清仕宦形塑的女性形象：基于地方志考察 ………… 170
　　一　女性姓名权与婚姻之关系 ………………………… 171
　　二　未婚女守节与行孝及其影响 ……………………… 176
　　三　孀妇守节的两难选择 ……………………………… 199
　　四　寡妇改嫁流行及其背后的利益之争 ……………… 217
　　五　乡村妇女的日常生活 ……………………………… 234
　　六　乡村女性的读书识字 ……………………………… 247

下　册

第五章　明清家族建构的女性形象：以族谱为中心 …………… 263
　　一　女性婚姻的地域圈考察 …………………………… 264
　　二　族谱所反映的女性智勇双全形象 ………………… 273
　　三　族谱对女性婚嫁态度不一 ………………………… 285
　　四　倡导女性节烈以寻求社会资源 …………………… 295
　　五　对女性读书识字的赞许 …………………………… 312
　　六　太婆崇拜凸显女性在家族的地位 ………………… 320

第六章　清代乡村妇女生活实态之考察：以档案为例 ………… 338
　　一　妇女田野樵薪之劳作 ……………………………… 339
　　二　女性结伙犯罪之考察 ……………………………… 348
　　三　妇女在田地等纠纷中的暴力现象 ………………… 356
　　四　妇女在家庭矛盾中的泼辣形象 …………………… 367
　　五　乡村妇女的婚外情及其贞节观 …………………… 378
　　六　乡村妇女参与商业贸易 …………………………… 401

第七章 明清庙会中的女性：以碑刻为例 413
  一 女性祭拜神灵的习俗 414
  二 南汉至明代女性捐施寺庙 423
  三 清前期女性捐施庙宇的多样化 434
  四 开埠后女性助金的活跃 472
  五 港澳及海外华人女性的助金 488

第八章 晚清乡村妇女的职业取向 494
  一 珠三角地区缫丝厂中的女工 495
  二 城市家政服务业中的女佣 508
  三 女佣市场和团体的出现 525
  四 走出国门"打洋工"的女性 532
  五 新式职业女性观念的变化 536

结 语 545

参考文献 552

后 记 574

第一章
明以前岭南乡村妇女的强势形象

岭南自秦朝开始就被纳入中原王朝的统治版图，秦始皇在这一区域设南海、桂林、象郡。岭南独特的物产也引起了中原人的关注，《史记》卷129《货殖列传》记载：番禺"处近海，多犀、玳瑁、果、布之凑"。由此带来了中原与岭南交往的日益密切，秦始皇"利越之犀角、象齿、翡翠、珠玑，乃使尉屠睢发卒五十万为五军"，进驻岭南各地。① 班固《汉书》也说番禺"处近海，多犀象、毒冒、珠玑、银铜、果布之凑。中国往商贾者，多取富焉。番禺，其一都会也"。② 然而，岭南社会经济在明代之前，与中原相比存在一定差距。岭南属中原王朝的边疆地带，在儒家文化全面进入前，其社会发展的地域特色相当明显，妇女也成为这一特色的重要载体。

一 龙母传说时期的岭南社会

岭南地处五岭以南，濒临大海，境内河流众多，早期土著多逐水而居，甚至以水为家，"疍民"即其例证。宋代文献对此有所记载，范成大《桂海虞衡志·志蛮》记载："疍，海上水居蛮也，以舟楫为家，采海物为生，且生食之，入水能视，合浦珠池蚌蛤，惟疍能没水探取。"③ 这是描述岭南西部海洋疍民的生活状况。宋代周去非在描述中则突出疍家妇孺，"以舟为室，视水如陆，浮生江

---
① 《淮南子》卷18《人间训》，杨坚点校，岳麓书社，2006，第404页。
② （汉）班固：《汉书》卷28下《地理志》，中华书局，1983，第1670页。
③ （宋）范成大：《桂海虞衡志校注》，广西人民出版社，1986，第118页。

海者，疍也。……夫妇居短篷之下，生子乃猥多，一舟不下十子。儿自能孩，其母以软帛束之背上，荡桨自如。儿能匍匐，则以长绳系其腰，于绳末系短木焉，儿忽堕水，则缘绳汲出之。儿学行，往来篷脊，殊不惊也。能行则已能浮没。疍舟泊岸，群儿聚戏沙中，冬夏身无一缕，真类獭然。"① 这一说法也为清初屈大均所继承。清初屈大均在《广东新语》卷2《地语》中说："古时五岭以南皆大海，故地曰南海。其后渐为洲岛，民亦蕃焉。东莞、顺德、香山又为南海之南，洲岛日凝，与气俱积。"因为大海环绕，所以居民主要以舟楫为生。《广东新语》卷14《食语》又说："广为水国，人多以舟楫为食。益都孙氏云：南海素封之家，水陆两登，贫者浮家江海。"

上述史料描述疍民的水上生活，并非始于宋代，至少从秦朝开始就已存在，"秦时屠睢将五军临粤，肆行残暴。粤人不服，多逃入丛薄，与鱼鳖同处。疍，即丛薄中之逸民也，世世以舟为居，无薄著，不事耕织，惟捕鱼及装载为业。齐民目为疍家。"② 这说明疍民的形成与中原王朝征服岭南有关。还有一种观点认为，疍民为晋朝卢循的余部，唐人刘恂在《岭表录异》中说："卢亭者，卢循前据广州，既败，余党奔入海岛野居，惟食蚝蛎，垒壳为墙壁。"③ 而据清代刘斯枢辑《程赋统会》卷18《外译》记载，卢亭在"广州城东南百里，以采藤蛎为业，男女皆椎髻，妇女许人，嫁始结胸带。相传为卢循遗种，故名"。无论疍民源于何时，其共通处是以水为生。直到20世纪40年代末，仅聚集在广州附近的疍民就有15万左右。④

疍民一般以渔业为生，世代居住在水上。黄佐在其编纂的嘉靖《广东通志》卷68《外志五》中说："疍户者，以舟楫为宅，捕鱼为业，或编蓬濒水而居。"疍民的数量十分庞大，清代雍正皇帝曾

---

① （宋）周去非：《岭外代答》卷3《外国门下》，广陵书社，2003，第94页。
② （清）范端昂：《粤中见闻》，汤志岳校注，广东高等教育出版社，1988，第232页。
③ （唐）刘恂：《岭表录异》卷上，《丛书集成初编》第3123册，中华书局，1985，第5页。
④ 黄向春：《从疍民研究看中国民族史与族群研究的百年探索》，《广西民族研究》2008年第4期。

第一章　明以前岭南乡村妇女的强势形象

在一个上谕中指出："粤东地方，四民之外，另有一种名曰疍户，即瑶蛮之类，以船为家，以捕鱼为业，通省河路，俱有疍船，生齿繁多，不可计数。"① 清初屈大均在《广东新语》卷18《舟语》中描述了疍家女性非同一般的形象：疍家"女大者曰鱼姊，小曰蚬妹，鱼大而蚬小，故姊曰鱼而妹曰蚬云。……疍妇女能嗜生鱼，能泅汩，昔时称为龙户者……今止名曰獭家，女为獭而男为龙，以其皆非人类也。……其妇女亦能跳荡力斗，把舵司罾，追奔逐利"。清人李调元也描写了他亲眼所见疍家女的劳动场景："又舟人妇子，一手把舵筒，一手煮鱼，囊中儿女在背上，日垂垂如负瓜瓠，扳罾摇橹，批竹纵绳，儿女苦襁褓，索乳哭啼，恒不遑哺。"②

事实上，珠江三角洲地区是经过长期的自然演变而成为陆地，直到明清时期仍有部分地区尚为汪洋，康熙《顺德县志》卷首《图经·潮汐》描写："邑以海为池，潮汐出入，一时穿贯都堡。"明末顺德陈村仍为水乡，其"周回四十余里，涌水通潮，纵横曲折，无有一园林不到。夹岸多水松，大者合抱，枝干低垂，时有绿烟郁勃而出。桥梁长短不一，处处相通，舟入者，咫尺迷路，以为是也，而已隔花林数重矣"。③ 顺德因近海而成为典型水乡，其地名也多以"海"命名，如黎村堡"南距桂畔海，北抵叠石海"。文中的桂畔海、叠石海等都暗示黎村堡临水的地理环境，水患也时常出现，"水径伦教，海趋桂畔，越鸡洲，亦直下潭洲，达横门。一遇西潦，势即汹涌，而腹背两夹巨浸，稍一阻遏，民即为鱼，水患之虑诚深。"④ 明代香山县主要由香山岛和黄粱岛构成，北部为洲岩不多的辽阔水域，但淤积已开始，南部连湾、文湾、皋兰和三灶尚是各自悬隔的屿山。香山与外界联系主要通过海道，尤以金星

---

① 《清世宗实录》卷81，雍正七年五月壬申，《清实录》第8册，中华书局，1985，第79页。
② （清）李调元：《南越笔记》卷16，吴绮等撰《清代广东笔记五种》，林子雄点校，广东人民出版社，2006，第386页。
③ （清）屈大均：《广东新语》卷2《地语》，载欧初、王贵忱主编《屈大均全集》第4册，人民文学出版社，1996，第39~40页。
④ 咸丰《顺德县志》卷3《风俗》，《广东历代方志集成》，岭南美术出版社，2009，第515页。以下所引广东历代方志，均为《广东历代方志集成》。

门、磨刀门、鸡鸣门和虎跳门为主。①

在水乡泽国的自然环境中,岭南早期传说中的龙母即与水有关。龙母生活在秦朝珠江支流的西江水域,因豢养龙子而出名,成为岭南民间社会信仰的重要女神。直到今天,广东各地城乡仍保存着众多的龙母庙。龙母故事最早出自南朝宋沈怀远的《南越志》,内容为:

> 昔有温氏媪者,端溪人也。尝居涧中,捕鱼以资日给。忽于水侧遇一卵,大如斗。乃将归,置器中。经十许日,有一物如守宫,长尺余,穿卵而出,因任其去留。稍长五尺,便能入水捕鱼,日得十余头。稍长二尺许,得鱼渐多,常游波中,萦回媪侧。后媪治鱼,误断其尾,遂逡巡而去。数年乃还,媪见其辉色炳耀,谓曰:"龙子,今复来也。"因蟠旋游戏,亲驯如初。秦始皇闻之,曰:"此龙子也,朕德之所致。"诏使者,以元珪之礼聘媪。媪恋土,不以为乐。至始安江,去端溪千余里,龙辄引船还。不逾夕至本所。如此数四,使者惧而止,卒不能召媪。媪殒,瘗于江阴。龙子常为大波,至墓侧,萦浪转沙以成坟。土人谓掘尾龙。今南人谓船为龙掘尾,即此也。②

《南越志》已佚,上述文字是后人辑录。从上述记载可以判断,龙母生活在今肇庆的西江流域,这与历史上岭南早期区域开发顺序相吻合。秦始皇在征服岭南就在粤西地区开凿了灵渠,显示粤西地区开发较早。作为水域社会,"捕鱼以资日给"已经成为当地居民的日常生活行为。龙与水不可分割,捕鱼又与船紧密联系,"南人谓船为龙掘尾",这是岭南水乡生活的写照。沈怀远的记载可能接近当时的现实,但后人却对此进行了修改。刘恂《岭表录异》则记载:

> 温媪者,即康州悦城县媪妇也。绩布为业。尝于野岸拾菜,见沙草中有五卵,遂收归置绩筐中。不数日,忽见五小蛇

---

① 王颋:《明代香山陆海形势与澳门开埠》,载郭声波主编《中国历史地理研究》第1辑,暨南大学出版社,2005,第207页。
② 刘纬毅:《汉唐方志辑佚》,北京图书馆出版社,1997,第275~276页。

壳，一斑四青。遂送于江次，固无意望报也。媪常濯浣于江边。忽一日，鱼出水，跳跃戏于媪前，自尔为常。渐有知者，乡里咸谓之"龙母"，敬而事之。或询以灾福，亦言多征应。自是，媪亦渐丰足。朝廷知之，遣使征入京师。至全义岭，有疾，却返悦城而卒。乡里共葬之江东岸。忽一夕，天地冥晦，风雨随作，及明，已移其冢。并四面草木，悉移于西岸矣。①

刘恂将温媪的籍贯由端溪改为悦城，抹去了温媪捕鱼的踪迹，将其描述成以织布为业的"孀妇"，又将原来在水岸遇一卵变为在沙草中发现五卵。但刘恂表述中的"野岸""东岸""西岸"等，以及温媪常在江边浣洗，还是露出了水乡生活的特色。《南越志》记龙母为秦始皇时人，对其家庭模糊处理，以致有始皇征召入宫，由水路前行；而《岭表录异》却含糊改为没有时代的"朝廷"，入京师路线不详。且温媪会巫术，"或询以灾福，亦言多征应"，而巫术活动正是秦汉岭南的主要风俗之一。此点笔者稍后再讨论。

龙母与秦始皇、与水的故事元素，因为历史久远，被明清时期广东士大夫所承袭，屈大均说："龙母温夫人者，晋康程水人也。秦始皇尝遣使尽礼致聘，将纳夫人后宫，夫人不乐。使者敦迫上道。行至始安，一夕，龙引所乘船还程水，使者复往，龙复引船以归。"他考证，"夫人姓蒲，误作温，然其墓当灵溪水口。灵溪一名温水，以夫人姓温故名。或曰'温者，媪之讹也。夫人故称蒲媪，又称媪龙'。"② 即认为龙母墓在水口，灵溪因此改温水。历代士人总是将"龙"和"母"联在一起，水始终是故事的主旋律。龙作为中华民族的图腾起源很早，水也是中华民族进入文明社会的主要标志之一，传说大禹治水即是典型。

龙母信仰可能在唐代才出现，宋初其事迹更加有象有征，康熙年间，龙母的父母、姐妹也清晰起来，甚至与龙母相关的具体时间也明朗了。③ 唐宋正是中原文化与岭南文化接触的蜜月期，龙母被中原王朝纳入到国家敕封的神灵行列，唐代天祐初年封龙母为永安

---

① （唐）刘恂：《岭表录异》卷上，《丛书集成初编》第3123册，第7页。
② （清）屈大均：《广东新语》卷6《神语》，《屈大均全集》，第4册，第193页。
③ 容肇祖：《德庆龙母传说的演变》，中山大学《民俗》周刊，1928年第9、10期。

郡夫人，第二年又改为永宁郡夫人，宋代元丰年间又敕封其为永济夫人，龙母祠为永济宫，大观年间又改称孝通庙。① 人们在祭拜龙母的过程中会潜移默化地接受中原文化。龙母传说反映了百越族群与中原文化接触冲突的侧影，"龙母是百越族群中生活在西江中游的一支氏族的头领，大约正处于母系氏族向父系氏族过渡的前夕"。此时西江中游一带已由渔猎经济向农耕定居转变。② 从唐代开始，龙母被王朝纳入祀典，取得正统地位。明以后，士大夫又在正统化基础上添加了历史和地方的话语，传说龙母姐妹三人，龙母居中，后又与邻居四女结拜为姐妹，故有七姐妹的由来。这一传说可能与珠三角流行女子结拜"金兰"习俗有关。③ 当然，龙母结拜七姐妹的附会，又可能与广东乞巧习俗有关。这种风俗盛行于广东乡村社会，每个村庄都有姑娘们自愿组合的"拜七姐会"，每人集资若干，五六月间就开始筹备，她们在闲暇时巧制各种展品，届时展览。④

人们将龙母传说与秦朝联在一起，可能意味着当时岭南社会与中原相比仍十分荒蛮，女性是户外劳动的主力，抑或也可以理解为女性在家庭中处于中心地位。而龙子对龙母的一度反抗以及朝廷的召唤，则可能隐喻男性对母系控制的抗争。与中原传说的母系社会相比，岭南地区或许因为水乡的缘故，定居的农耕社会始终与流动的渔猎社会并存，直到宋元，珠三角地区仍是以海洋文明为主，疍民成为后来上岸争夺居住权的主要力量。⑤ 在此之后，岭南女性经过历代的不断改造，才渐渐完成了与中原传统文化的磨合。

二　岭南妇女的剽悍形象

秦汉以后，随着岭南与中原的经济文化交流逐渐加强，各类文献对岭南女性的记载也多了起来。但早期文献记载的岭南女性多以

---

① 嘉靖《德庆州志》卷11《秩祀》，《广东历代方志集成》，岭南美术出版社，2009，第90页。
② 陈摩人：《悦城龙母传说的民族学考察》，《华南师范大学学报》（社会科学版），1987年第1期。
③ 叶春生：《岭南民间文化》，广东高等教育出版社，2000，第191页。
④ 叶春生：《岭南风俗录》，广东旅游出版社，1988，第54页。
⑤ 萧凤霞、刘志伟：《宗族、市场、盗寇与疍民——明以后珠江三角洲的族群与社会》，《中国社会经济史研究》2004年第3期。

强悍的形象出现,尤其在政治军事中扮演了重要的角色。其中最著名的就是冼夫人。

一般认为,冼夫人生活在南朝及隋朝。但史籍记载秦汉时岭南就有冼氏传说。① 从现存史料看,秦汉的冼氏妇人和南朝及隋的冼夫人家族有一定的渊源关系。

> 冼氏,高州保宁人也。身长七尺,多智谋,有三人之力,两乳长二尺余,或冒热远行,两乳搭在肩上。秦末五岭丧乱,冼氏点集军丁,固护乡里,蛮夷酋长不敢侵轶。及赵佗称王,遍霸岭表,冼氏乃赍军装物用二百担入觐,赵佗大慰悦,与之言时政及论兵法,智辩纵横,佗竟不能折。扶委其治高梁,恩威振物,邻郡赖之。今南道多冼姓,多其枝流也。②

上述史料为宋人《太平广记》抄录唐代刘恂《岭表录异》,秦汉时这位令赵佗"不能折"的冼氏也是高州人,并成为岭南冼姓之祖。明末屈大均对冼夫人的描述大概参考了《太平广记》,认为她"保障高凉,有威德。其知名又在侧、贰之先,故论越女之贤者,以冼氏为首。"③ 之后对冼氏的记载似乎都照抄《太平广记》,如范端昂《粤中见闻》卷19《冼夫人》④、康熙年间浙江嘉善人钱以垲的《岭海见闻》等。钱以垲在康熙三十六年曾任茂名知县,他在记载二冼氏后感慨:"二冼均女子耳,其勇略才识、保障功业皆同,而一则以功名显,庙食百世不绝;一则湮没而名不传,岂非赵佗伪号而陈、隋、唐皆正统欤?然则人之所托有幸不幸也。"⑤

钱以垲关于秦汉冼氏未能名传千古所做的原因推测是否属实,现已无从确知,但这位冼氏与冼夫人及冼氏家族之间有着极密切的

---

① 道光《广东通志》卷319《列传五十二》记载:"考之于古,惟《寰宇记》电白冼氏墓注云:高凉人,乳长七尺。语既近诞,事别无征。故兹编电白列女,惟以谯国夫人始。"
② (宋)李昉等编《太平广记》270卷《妇人一》,中华书局,1961,第2117页。
③ (清)屈大均:《广东新语》卷8《女语》,《屈大均全集》第4册,第232页。
④ (清)范端昂:《粤中见闻》卷19《人部七》,第214页。
⑤ (清)钱以垲:《岭海见闻》卷4,《四库全书存目丛书·史部》第250册,齐鲁书社,1996,第271页。钱以垲,浙江人,康熙二十七年进士,曾在茂名、东莞任职(《国朝耆献类征初编》卷62《卿贰》)。

关系却是事实。冼氏后裔冼宝干在清末编修《岭南冼氏宗谱》中认为，冼氏之先为沈子国的沈汭，与赵佗同乡，随赵佗领谪卒 50 万人戍守岭南，遂成冼姓入粤之始祖。但沈汭之事未见于文献。学者王瑞兴对道光《广东通志》否定《太平寰宇记》的做法提出了另类的思考，所谓"身长七尺，乳长二尺余"，反映古越族的体格与汉人有些不同，只不过转述者或记录者有意夸大或存有种族偏见而已。秦汉冼氏与赵佗的交往说明，远在秦汉之际，冼氏已据有高凉，且根基深厚，传到南朝冼夫人时，势力已由大陆跨及海外；冼氏与赵佗的谈话显示，冼氏是接受汉族文化较早、知识水平较高的南越土著，而且与汉人之间已建立了友好合作关系。"秦末汉初，赵佗据南越称王，应是以取得南越诸部落首领的密切合作为基础的，高凉冼氏当是大力拥护和支持他的一个。"① 虽然"乳长"之说怪诞不足信，但不应全盘否定。他推测是秦戍卒沈汭到高凉后与当地土著女首领联姻，入赘于越族俚人，并与冼氏一起拜见老乡赵佗。自此，高凉从女系氏族社会转为男系氏族社会，而冼氏也成为越人中最先确立的姓氏，成为高凉俚人的首领。②

岭南与中原沟通并缔结婚姻最早在秦代。秦始皇派数十万大军征服岭南，随后即设桂林、象郡、南海三郡，并应南海尉赵佗"求女无夫家者三万人，以为士卒衣补"之请，将中原未嫁女或丧夫女"万五千人"发往岭南，与留守士兵组成家庭，繁衍后代。据此推测，有部分士兵娶越女为妻。③ 这应是岭南女性与中原人建立关系之始。有了秦代戍卒与越女缔结婚姻的先河，又有龙母故事中包含越汉联姻的暗示，人们对这种沟通形式有了认同。异族通婚不仅可解决士卒婚配问题，更可以沟通感情、密切民族关系。为了巩固统治，最大限度地拉拢本地人，南越赵氏也与当地土著联姻，以稳固政权。南越王婴齐娶越女为妻，生子建德，成为末代南越王。南越国丞相吕嘉三朝为相，"宗族官仕为长吏者七十余人，男尽尚王女，

---

① 王兴瑞：《冼夫人与冯氏家族》，中华书局，1984，第 13～15 页。
② 钟万全：《〈冼氏族谱〉与冼夫人亲属》，载白雄奋等编《冼夫人文化全书》第 1 卷，中山大学出版社，2009，第 102 页。
③ 段塔丽：《秦汉王朝开发岭南述论》，《陕西师范大学学报》（哲学社会科学版）2000 年第 2 期；覃圣敏：《秦至南朝时期岭南民族及民族关系刍议》，《广西民族研究》1987 年第 1 期。

女尽嫁王子兄弟宗室,及苍梧秦王有连。"① 吕嘉在南越的势力相当庞大,其子均娶南越宗室之女为妻,女儿也全嫁给赵氏子,甚至还与远离番禺的苍梧王联姻。

南朝至隋时出现的冼夫人,被正史记载在案,且被中原王朝册封为谯国夫人,为王朝维护岭南的统一立下了汗马功劳。唐代官修《隋书》卷80对冼夫人记载颇详细:

> 谯国夫人者,高凉冼氏之女也。世为南越首领,跨据山洞,部落十余万家。夫人幼贤明,多筹略,在父母家,抚循部众,能行军用师,压服诸越。每劝亲族为善,由是信义结于本乡。越人之俗,好相攻击,夫人兄南梁州刺史挺,恃其富强,侵掠傍郡,岭表苦之。夫人多所规谏,由是怨隙止息,海南、儋耳归附者千余洞。梁大同初,罗州刺史冯融闻夫人有志行,为其子高凉太守宝娉以为妻。

冯家本是北燕后裔,从冯融的祖父冯业起三代羁留于岭南并担任守牧,因外乡羁旅,号令不行。冼夫人嫁给冯宝后,鼎力支持冯家对岭南的掌控,成为岭南地区最杰出的政治领袖人物。南朝灭亡后,岭南数郡共奉冼夫人为圣母,保境安民。后来她率众归附于隋,平定多起叛乱,被封为谯国夫人,朝廷又命她开谯国夫人幕府,置长史以下官属,给印章,节制诸部落及六州兵马,岭南地区得以稳定,她因此受封赐临振县为汤沐邑,食一千五百户。隋文帝仁寿初年,冼夫人去世,朝廷封赠谥号"诚敬夫人"。② 冼夫人的事迹在《隋书》之后,又被《太平广记》《广东新语》《粤中记闻》及广东地方志等屡屡记载③。

从上述史料记载的冼夫人传记来看,她的兄长冼挺为南梁州刺史,被封为汉官,也就是说冼氏家族与汉文化已经有了相当程度的

---

① (汉)司马迁:《史记》卷113《南越列传》,中华书局,1982,第2972页。
② (唐)魏征等:《隋书》卷80《列传第四十五》,中华书局,1973,第1800~1803页。
③ (宋)李昉等编《太平广记》270卷,第2116~2117页;(清)屈大均:《广东新语》卷8《女语》,《屈大均全集》第4册,第232~233页;(清)范端昂:《粤中见闻》卷19《人部七》,第214页。

接触。岭南的教育全面开始虽然较晚，但汉代岭南广信县已出现著名经学家陈钦、陈元父子，而番禺一带也出现杨孚《异物志》、王范《交广春秋》等著作。可见，汉文化已在岭南有所发展，并开始影响诸如冼氏等岭南大族。[①] 冼夫人嫁入冯家后，接受的儒家文化的熏陶估计会更多，所以后人认为她"解环质佩，善读阃外春秋"[②]，成了受儒家文化滋养下的岭南土著女性。

冼夫人去世后，冯家由于和唐王朝的矛盾，遭到唐朝的打击，家族势力开始衰落，唐代最后一位留名史册的冯氏后人是高力士。唐代魏征等编纂的《隋书》为冼夫人立传，宋以后，冼夫人由土著女首领变成了庇佑一方的神明，成为汉化与归附的象征。尽管高州是冯冼家族的据点，是冼夫人信仰的源头，宋代高州却没有受到王朝的特别关注。而在同时代，因为海南和雷州地处沿海、贸易繁荣，海南儋州宁济庙（冼太庙）受到了敕封。明代随着征讨广西大藤峡瑶乱，高州地位变得重要，此时冼夫人与冯宝故事又成为敬宗收族最有力的工具，祖先和神明合而为一。[③] 经过后人的附会与宣传，冼夫人从现实中存在过的"岭南圣母"，转变成一位身兼多种职能、有求必应的女神。在经过了国家主导、官方推广、士民接受并改造、国家的再认可和继续推广，冼夫人由人被形塑成了神，这是一种自上而下的互动创造模式。

岭南女性在政治军事中的表现，尚有不少被文献记录下来，如汉代岭南九郡之一交阯郡人徵侧、徵贰姐妹。交阯即今越南北部部分地区，秦时属象郡，后属南越国。东汉建武十六年交阯女子徵侧及其妹徵贰发动叛乱。"徵侧者，麓泠县雒将之女也。嫁为朱鸢人诗索妻，甚雄勇。交阯太守苏定以法绳之，侧忿，故反。于是九真、日南、合浦蛮俚皆应之，凡略六十五城，自立为王。"光武帝于建武十八年命马援为伏波将军，"发长沙、桂阳、

[①] 陈凤贤：《冼夫人与民族团结》，《中央民族大学学报》（哲学社会科学版）2002年第2期。

[②] 此评价是道光初年电白人崔翼周撰《谯国夫人庙碑铭》中文字，原碑不存。转引自王兴瑞《冼夫人的母家——冼氏》，载白雄奋等编《冼夫人文化全书》第1卷，中山大学出版社，2009，第97页。

[③] 贺喜：《土酋归附的传说与华南宗族社会的创造——以高州冼夫人信仰为中心的考察》，《历史人类学刊》第6卷第1、2期合刊，2008年10月。

第一章　明以前岭南乡村妇女的强势形象

零陵、苍梧兵万余人讨之"。次年四月，"斩徵侧、徵贰等，余皆降散，进击九真贼都阳等，破降之。徙其渠帅三百余口于零陵，于是领表悉平。"① 徵侧的形象是"甚雄勇"，能率兵打仗，且自立为王，说明她也是智勇双全的女性，与赵佗时的冼氏形象一致。明末清初，屈大均对徵侧的评价很高："古女子僭号为王，华戎皆所未有，可异也。"②

三国吴时，九真郡军安县又出现一位赵氏女。晋代刘欣期说："赵妪者，九真军安县女子也。乳长数尺，不嫁，入山聚群盗，遂攻郡，常着金蹋踪屐，战退辄张帷幕，与少男通，数十侍侧。刺史吴郡陆胤平之。"③ 此赵妪与秦汉冼妇颇类似，亦"乳长"，赵氏在儒家士人眼中远比冼氏出格，"与少男通，数十侍侧"就使她不同于儒家女性贞节的面相。她"着金箱齿屐，居象头斗战"④，更显得剽悍异常。清代钱以垲对赵妪的记载较为详细，说她勇敢善战，年长不嫁，"入山招集亡命数千人，攻掠城邑，其锋不可犯，真女中盗跖也。常着金蹋踶出战。退，张帷幕，骁悍少年数十人列侍左右，军令森然。后安南校尉陆胤结以恩信而招纳之，郡邑始平。"⑤ 钱的话中贬责的成分较少，多的是对事实的记载，但屈大均却直接表示了对赵妪的轻视和对正统的赞誉："（赵妪）此亦女贼之雄，然不足道。惟二冼氏及虞夫人、宁国夫人，可称女中豪杰云。"⑥

虽然在屈大均眼中，赵妪永远都是一个雄霸一方却脱不了贼寇本色的女性，但他却改变不了赵妪对后世的影响。赵妪日常生活的一个特点就是穿"金蹋踶"，她的这种习惯可能引发了后来岭南男女皆喜穿木屐的传统：

---

① （宋）范晔：《后汉书》卷86《南蛮西南夷列传第七十六》，中华书局，1973，第2836～2837页。
② （清）屈大均：《广东新语》卷8《女语》，《屈大均全集》第4册，第232页。
③ （晋）刘欣期撰，（清）曾钊辑《交州记》，《丛书集成初编》第3255册，中华书局，1985，第2页。
④ （清）屈大均：《广东新语》卷8《女语》，《屈大均全集》第4册，第232页。
⑤ （清）钱以垲：《岭海见闻》卷4，《四库全书存目丛书·史部》第250册，第272页。
⑥ （清）屈大均：《广东新语》卷8《女语》，《屈大均全集》第4册，第232页。

吴时粤有赵妪,常着金蹋蹑,或着金箱齿屐,居象头斗战。今粤中婢媵,多着红皮木屐。士大夫亦皆尚屐,沐浴乘凉时,散足着之,名之曰散屐。散屐以潮州所制拖皮为雅。或以抱木为之。抱木附水松根而生,香而柔韧,可作屐,曰抱香屐。潮人刳之为屐,轻薄而奭,是曰潮屐。或以黄桑、苦楝亦良。香山土地卑湿,尤宜屐。其良贱至异其制以别之。新会尚朱漆屐,东莞尚花绣屐,以轻为贵。史称邯郸女子,跕屐躧利屐。利者,轻也。广州男子轻薄者,多长裙散屐,人贱之,呼为裙屐少年。①

按照儒家文化对女性的要求来衡量,赵妪是一群不服官府管辖的、放荡的野蛮盗贼的女性首领,她身上拥有的一切特质都会成为人们唾弃的对象,她的穿着打扮更不可能成为一种时尚,人们只会避之唯恐不及。但我们看到的事实却是,她脚着木屐的习惯在岭南广为流传,甚至还演变出多种风格和花样的木屐。这说明赵妪在当时当地已经受到了民众的尊重,因此其衣装打扮才能流传后世,以至于下至婢媵,上至士大夫都对此进行效仿。

赵妪以下,粤西高州地区接着就出现雄踞一方的冼夫人,但冼夫人的选择和结局与赵妪不同。冼夫人身逢乱世,处在朝代交替的关口,而且隋是统一王朝,因此她投陈与投隋的决定对将岭南划入中原王朝版图有着重要意义,成为岭南稳定的基础。赵妪所处时代却是三国争雄时吴的统治之下,吴后来被晋统一,赵妪占山为王不会威胁整个王朝的安定团结,她的投诚被收编也无法影响到整个岭南,最多就是"郡邑始平"。这样的影响力自然不能和冼夫人相提并论,但她的存在仍然成为岭南女性充满雄霸之气的强有力证明。清代刘斯枢辑《程赋统会》卷18《外译》中的"俚"记载,居住在苍梧、玉林、合浦、宁浦、高凉五郡的俚人,"自古及今","不用王法","惟知贪利"。俚人妇女"不知蚕绩,惟事庖厨。若作乱,则男妇皆能军矣"。

从地域上看,上述岭南女性故事几乎都发生在今天广东西部地区。事实上,此类女性故事在唐代后还不时出现在岭南的其他区

---

① (清)屈大均:《广东新语》卷16《器语》,《屈大均全集》第4册,第410页。

第一章 明以前岭南乡村妇女的强势形象

域。唐末黄巢进军岭南,攻破西衡州,英德妇人虞氏的丈夫为西衡州寨将,与黄巢军队交战而死。虞氏继承丈夫的遗志,身披甲胄,率领乡兵迎战黄巢军队,最后也战死沙场。据说,虞氏战死后,"乡人徐志道辈立祠祀之,号寨将夫人祠。其后叛兵猺寇为乱,祷之辄应。或见虞衣红率兵而来,贼辄惊溃,其英灵盖不可泯云。"[①] 南宋嘉定年间,朝廷敕封虞氏为正顺夫人,"夫人生能摧黄巢之锋,殁能制峒蛮之寇,封为正顺夫人。立祠香炉峡中。"[②] 清人范端昂对虞氏的记载增加了更多的神异色彩,甚至附会虞氏拖枪上马交战的枪痕,说直到清代"今麻寨径中有点拖枪痕"。民间社会除不断附会她穿朱衣率兵御贼的传说外,将虞氏神化为"旱涝疾疫,祈祷必应"的地方神祇。所以才引起宋嘉定十五年朝廷敕封她:"生能抗黄巢之锋,殁能制峒寇之暴,况雨旸致祈,复利泽之随,著特封为显佑夫人。后加封正顺夫人。"[③] 在范氏笔下,南宋政府册封虞氏的具体年份有了,册封的原因和名号也多了。从显佑夫人到正顺夫人,意义上的变化更加明显。所谓"显佑"应是显灵保佑之意,"正顺"暗含着对国家正统的臣服与顺从。从显灵保佑民众到对国家的恭敬顺从,虞氏完全成为被国家肯定其意义和存在的地方女性神祇。至今仍在粤北北江流域民间社会盛行的曹主娘娘信仰,就是历代祭奠虞氏变化的结果。[④]

民间社会对英雄人物的崇拜,多在英雄死后将其塑造为神灵形象,潮州人尊奉的"双忠公",是唐安史之乱时以"忠义"著名的张巡、许远,两人在睢阳之战中立下大功,最后殉国而死。[⑤] 而虞夫人的形象与张巡、许远相类似,她与黄巢殊死搏斗,就是为保全家乡,也是为了保证王朝权力在地方的行使。但同样"酣战而亡"的虞氏之夫却没有得到张巡、许远的待遇,相反身为女性的虞氏不

[①] 万历《广东通志》卷 31《郡县志十八》,岭南美术出版社,2006,第 769 页;道光《广东通志》卷 313《列传四十六》,第 5006 页。
[②] (清)屈大均:《广东新语》卷 8《女语》,《屈大均全集》第 4 册,第 232~233 页。
[③] (清)范端昂:《粤中见闻》卷 19《人部七》,第 215 页。
[④] 参见林超富《北江女神曹主娘娘》,广东人民出版社,2009。
[⑤] 陈春声《宋明时期潮州地区的双忠公崇拜》,黄挺《民间宗教信仰中的国家意识与乡土观念——以潮汕双忠公崇拜为例》等,载郑振满、陈春声主编《民间信仰与社会空间》,福建人民出版社,2003。

仅被演化出众多神异传说、成为后人祭祀的神灵，还得到国家的公开敕封，被纳入官方祀典。这不能不引人深思女性在岭南社会所处的地位。

无独有偶，五代时，雷州也有妇人被民众推为主帅，以御强寇，据万历《雷州府志》卷11《秩祀志》中的"宁国夫人庙"记载："五代间，声教不暨，以强凌弱。郡有一女子或云姓李，勇敢强力，众咸信服，相与筑城御寇，女子为之帅。南汉归顺，余党剽掠，皆为女子所败，一方赖之。及殁，众号为宁国夫人，立庙祀焉。"李氏因稳定地方有功，被民"众号宁国夫人，立庙祀焉"①。梁廷枏则记载李氏为海康人，"勇敢有谋略，远近皆信服。后主时荒乱无政，民间孤弱者率为势家凌暴，无可申诉。谋共推李为帅，使保卫之。及宋师来讨，以后主入汴时，远州将士尚多握兵未服，四出剽劫。李统所部击之，皆败走各散。一方赖以安，称之曰李夫人。及卒，立祠，岁时奉祀不绝。"②看得出宁国夫人是民间私下封号。另有东安李漆妻詹氏，丁亥年，③李漆集兵勤王，以总兵官战殁。"詹氏代领其众，攻复泷东、西州县，以功得参将，未几病卒。自二冼氏至詹，粤人以为五女将云。"④

上述二位冼氏、虞氏、李氏、詹氏等女性由于在政治军事上的超然地位，被粤人尊称为"五女将"，范端昂将此归于粤地之风俗，"吾粤岷山襟海，素饶雄霸之气，妇女亦多知兵。自二冼以至虞、李、詹，皆勇略绝伦，称为粤中五女将云。"⑤这五位女性有四位分布在今广东西部地区，一位在广东北部地区，应该说在岭南地区有相当的地域代表性。

其实，五代时广东还流传有武婆的故事。但关于武婆的活动地则有兴宁、英德两说。⑥ 兴宁说最早见诸宋王象之《舆地纪胜》：

---

① 这一记载，被屈大均《广东新语》卷8《女语》，范端昂《粤中见闻》卷19《人部七》，道光《广东通志》卷320《列传五十三》所沿袭。
② （清）梁廷枏：《南汉书》卷14《女子传》，林梓宗校点，广东人民出版社，1981，第78页。
③ 雍正《广东通志》卷49《列女志》笼统地记载此夫妇在明崇祯末年。
④ （清）屈大均：《广东新语》，《屈大均全集》第4册，第232～233页。
⑤ 范端昂：《粤中见闻》卷19《人部七》，第215页。
⑥ 康熙《英德县志》卷1《名胜志》记载，该县弹子矶下五婆城，"古来相传，黄巢作乱时，有五仙婆负土筑城，未就，天明遂止。至今基址犹存"。

第一章 明以前岭南乡村妇女的强势形象

"武婆城，在兴宁西二里，可容千人。当五代扰攘，寇盗猖獗，而武婆者，乃能纠合村落之众屯堡自卫，故基犹存。妇人女子能为烈丈夫事，间巷流传数百载，名不泯没。"① 此后记载虽多同于此，但对武婆也说法不一，一说为武姓老妪，正德《兴宁县志》卷2《故迹》记载，武婆故城在城西河外里许，五代时县妪武氏团合村民筑城自卫，故名亦称武婆寨。以后历代方志几乎多沿其说；一说是五位寡妇，明末清初顾祖禹《读史方舆纪要》卷103《广东四》记载，武婆故城在兴宁县西五里竹山下，五代之季，四方云扰，"有五寡妇者富而才，纠合村落筑城自卫，因名"。清代梁廷枏的《南汉书》卷14《女子传》记载："武婆，齐昌府人，居府之西二里。有智略，为乡里所推服。值干戈扰攘……远近深以为患，共就武商之。武因纠合近村，敛资出丁，就其地筑一城。……（贼）不复敢犯，时号其城曰武婆城。"齐昌府设于南汉，兼辖兴宁县。武婆城筑于942年，城址不可考，仅知在县西五里范围内。② 但从武婆号令众人出财力建城看，她在当地很有号召力。

宋元之际，粤东地区还流传有许夫人率兵勤王的故事，但许夫人为何许人，历史上一直有不同说法，有说为宋宰相张世杰妻，有说她是潮州畲族妇人。但民国《新修大埔县志》卷第30《人物志十三·列女》开篇即记载许夫人，并对上述说法给予辨析，认为许夫人为大埔人，"吾埔妇女相传受宋帝昺封世代为孺人，得加银笄，盖由夫人之故。故夫人当为邑人"。宋代景炎元年，蒲寿庚叛，宋帝昺趋潮州，"张世杰遣人招纳义军，夫人倡率诸峒畲户应命"。景炎二年六月，世杰自将淮兵讨寿庚于泉州，夫人率所部往会，兵势稍振，寿庚闭城自守。后因寿庚暗中贿赂畲军中士卒，"得间道求救于索多"，索多派兵救援，元军占据上风，并进攻宋帝所泊之浅湾，"夫人复率兵海上援之，至百丈埔遇元兵，与战死焉"。当地人建许夫人庙而祀之。明督学魏校毁各属淫祠，夫人祠亦遭波及。但不管怎么说，宋元之际，在保卫宋朝抗击元朝的战争中，有一位女性在粤东地区十分活跃，应是不争的事实。

---

① （宋）王象之：《舆地纪胜》卷91《广南东路》，中华书局，1992，第2928页。
② 关于武婆城的考察，可参见兴宁市委办公室等编《天南一隅：兴宁》，兴宁市委办公室，2004，第54~55页。作者还列举了《明一统志》《正德兴宁志》的例子以证明《舆地纪胜》的说法。

岭南社会的这些女将、女首领故事，直到宋元时代还存在。宋绍兴年间，琼山黎人王日存之母黄氏抚谕诸峒，对付动乱，① 因功被朝廷封为宜人，"以为三十六峒都统领"。淳熙八年黄氏卒，其女王氏袭职，后世称王二娘，"峒中有王二娘者，黎之酋也，夫之名不闻。家饶于财，善用其众，力能制服群黎，朝廷赐封宜人，琼管有令于黎峒，必下王宜人，无不帖然。二娘死，女亦能继其业。"② 嘉定九年王氏卒，其女吴氏又承袭职位。后人评论黄氏说："凡三世效忠，更在石砫土司秦良玉之前矣。"③ 贺喜在谈到她们几人职位承袭时指出，"虽然黎峒各有首领，但是像三十六峒三代女首领这样的土官豪族又有别于一般的村峒首领，她们对于一个较大的地域范围有控制权和统摄权，称得上是群雄之首。官府不仅倚赖她们安靖地方，甚至连政令下达都需要借助这些财雄势大的土官。"④ 从三代均传职于女来看，时琼州应该是女性握有政治话语权的社会。元末琼州的蔡九娘系千户蔡克宪之女，有姿色，"谙书字，年十一丧父，择配不嫁，越三十，智谋勇略过于男子。值元末寇乱，统父兵保境。乡人赖之。"⑤ 明代士大夫为之作传，并专门强调她"谙书字"，以此显示她深受汉文化影响。但她打破儒家文化倡导的女性长大嫁人生子的常规，统率父兵保卫家乡，最后为保护一寨百姓的生存而牺牲。

当然，中国历史上早期或偏远地区的女性军事主帅始终不乏其人，内中包含着勇武成分在内，"女子从事战争实践的历史事实，说明了在当时社会意识中勇武精神曾经体现出主导作用的倾向，也说明了当时妇女曾经在社会生活中可能居于较其他时代相对重要的地位。尽管女子经历军事生活往往是一种被迫发生的社会行为，又每每被看作社会疾苦的表象之一，但是从社会史考察的角度看，对于妇女社会作用的实现，也应当肯定其值得重视的特殊意义"。⑥

---

① 正德《琼台志》卷21《平乱》，海南出版社，2006，第461页。
② （宋）周去非：《岭外代答》卷2《外国门上》，《中国风土志丛刊》第61册，第63页。
③ （清）程秉钊：《琼州杂事诗》，《丛书集成初编》第3128册，第7页。
④ 贺喜：《编户齐民与身份认同——明前期海南里甲制度的推行与地方社会之转变》，《中国社会科学》2006年第6期。
⑤ 嘉靖《广东通志初稿》，嘉靖十四年刻本，岭南美术出版社，2006，第307页。
⑥ 王子今：《中国女子从军史》，军事谊文出版社，1998，"引言"第2~3页。

第一章　明以前岭南乡村妇女的强势形象

岭南历史上的女统帅在政治生活中的影响力也较大，这可能和当地的社会结构以及岭南所处的偏远地理位置有关。所以尽管战争最终都以中原王朝对岭南的军事征服而告终，但中原王朝对岭南文化上的征服却步履维艰。直到宋代，岭南在中原来访士人眼中仍蛮风犹存，这些外来士人带着异样眼光观察、记载岭南女性尚武的生存状态。随着王朝对岭南控制的加强，之后的士大夫努力按照儒家文化来塑造岭南女性的理想形象。蔡九娘的死虽未必能终结岭南女性雄霸之气的传统，但明代以后的史籍已很少记载这类女性了。这一局面的出现，要么是史料撰写者的有意忽略，要么是在儒家文化渗入下，女性开始按王朝提倡的形象来改变自己。因而岭南在明代以后的列女数量持续上升。

岭南女性在政治空间中的作用，不仅仅限于冼夫人、李氏、武婆等女首领在地方政局变动中给社会带来的正面影响；其实，五代十国时期，位于岭南的南汉政权也出现了一批左右政局的女性，并最终加速了南汉政权的灭亡。南汉时期，无论是对外还是对内的大小政务决策，几乎都有女性参与，元代脱脱等修的《宋史》卷481《列传第二百四十》记载："（刘铱）委政宦官龚澄枢及才人卢琼仙，每详览可否，皆琼仙指之。铱日与宫人、波斯女等游戏。内官陈延寿引女巫樊胡入宫，言玉皇遣樊胡命铱为太子皇帝，乃于宫中施帷幄，罗列珍玩，设玉皇坐。樊胡远游冠、紫衣、紫霞裙，坐宣祸福，令铱再拜听命。……宫中妇人皆具冠带，领外事。"清代钱以垲对此记载更为形象，他说："（刘）铱乃与宫婢、波斯女等淫戏后宫，不复出视事。……国事皆决于（樊）胡子，卢琼仙、龚澄枢等争附之。"[1] 从这些记载来看，南汉政局已经被一批女性所左右。

据后世考证，卢琼仙是南汉中宗时宫人，受宠于中宗刘晟，与另一位女侍中黄琼芝均为南海人。[2] 乾和八年，两人一起被封为女侍中（一作女学士），"朝服冠带，参决政事。宗室勋旧，诛戮殆

---

[1] （清）钱以垲：《岭海见闻》卷4，载《四库全书存目丛书·史部》第250册，第206~207页。
[2] （清）刘应麟：《南汉春秋》卷2，《中国野史集成续编》第2册，巴蜀书社，1993，第619~620页。屈大均与刘应麟都说卢琼仙为南海人，但清人梁廷枏在《南汉书》卷7《后妃列传》认为她是今湖北咸宁人。

尽,惟宦官林延遇等用事,外内专恣,帝不复省"。① 刘铄继位,又封卢琼仙为才人,"复以朝政决于琼仙,凡后主详览可否,皆琼仙指之。琼仙与女巫樊胡子、宦官龚澄枢等,内外为奸,朝臣备位而已。"② 卢琼仙能迷惑两帝,因她不仅"体轻盈,肌肤雪白"③,而且还颇有才华。明代陈继儒说她"歌舞妍姣,书伎绝伦"④。屈大均说她"能诗。同时有苏才人者,亦能诗。南汉宫中称大家,刘龚宠之。至铱时,有女学士十余人,琼仙其一也,与苏皆南海人云"⑤。由于卢琼仙自身的条件加上女巫樊胡子的鼓吹,刘铱对其信之不疑,事无大小,全由她做决定,"每详览章奏,以琼仙言为可否,不复有所增减。琼仙遂结内官龚澄枢、陈延寿,专握朝柄。"⑥ 因卢和龚、陈等把持朝政,刘铱已成为摆设,后人感慨:"金柱银衣俨玉壶,采珠更置媚川都。寺人竞进才人宠,只合萧闲作大夫。"⑦

南汉后期皇帝的淫乱昏庸成为最终亡国的一个重要因素。屈大均在感叹卢琼仙等女性拥有卓越才华时,又认为她们是结纳宦官、掌控朝政的红颜祸水,他说:

> 生不能以其诗传,死而乃为人写其妖媚之句,才女精灵历数百年而不灭,亦可异也哉!彼夫素馨美人以嗜素馨而传,苏才人以宫中称大家而传。复有女学士十余人,波斯女、樊胡子二人。内太师李托之女,长曰贵妃,次曰美人,及李丽姬、宫媪、梁莺真之流,夫岂不能吟咏者耶?是皆刘铱女官,尝兼师

---

① (清)吴任臣:《十国春秋》卷59《南汉二·本纪》,中华书局,1983,第856页。
② (清)吴任臣:《十国春秋》卷61《南汉四·列传》,第879~880页;(清)刘应麟:《南汉春秋》卷2,第619~620页。
③ (清)梁廷枏:《南汉书》卷7《后妃列传》,第35页。
④ (明)陈继儒著,胡绍棠选《陈眉公小品》,《花蕊夫人宫词序》,文化艺术出版社,1996,第19页。
⑤ (清)屈大均:《广东新语》卷28《怪语》,《屈大均全集》第4册,第678页。
⑥ (清)梁廷枏:《南汉书》卷7《列传一》,第35页。
⑦ (清)虫天子:《香艳丛书》卷3《十国宫词》,人民文学出版社,1992,第416~417页。

傅令仆之名目者也。卢琼仙与龚澄枢尤相比，以亡银国。①

梁廷枏在撰《南汉史》时也曾感慨："琼仙、琼芝自中宗时久干外政，至后主而大恣狐威，党朋阉竖因之。李托二女鱼贯而前，媚猪妖邪，日倍游辇。以禁廷为宣淫之地，以宫婢为娼妓之流，污玷如斯，不亡何待？"②

南汉宫中女性对儒家学说已有较好的了解，她们和岭南早期女性影响政局的形式不同，之前女性多以氏族首领的身份雄踞一方，而南汉则同时出现女性统兵和在朝堂掌控政权两种形式。处于庙堂上的女性受到儒家文化影响较大，她们立身朝堂，成为"女学士"，一改民间女性身上所具有的雄浑之气，利用女性所拥有的美貌与心计，笼络了作为最高掌权者的南汉帝王，通过他们来发号命令，最终扰乱了南汉政权的运作程序。

三 好巫环境下的岭南女性

秦汉以来，随着中原人进入岭南社会，岭南人"好巫"的形象一直成为他们认识岭南的关键元素。粤人好巫历史悠久，司马迁《史记》卷12《孝武本纪第十二》记载："越人俗鬼……是时既灭两越……乃令越巫立越祝祠，安台无坛，亦祠天神上帝百鬼，而以鸡卜。上信之。越祠鸡卜始用焉。"这个记载也被班固《汉书》卷25《郊祀志》沿袭，但书中将"越"改为"粤"。岭南巫风盛行、祠庙林立，引起外来士大夫的强烈不满。唐代戴孚的《广异记》记载，唐高宗时，狄仁杰为监察御史，"江岭神祠，焚烧略尽。至端州，有蛮神，仁杰欲烧之。使人入庙者立死。仁杰募能焚之者，赏钱百千。时有二人出应募。仁杰问往复何用？人云：愿得敕牒。仁杰以牒与之。其人持往至庙，便云有敕，因开牒以入宣之。神不复动，遂焚毁之。其后仁杰还至汴州，遇见鬼者曰：侍御后有一蛮神。云被焚舍，常欲报复。仁杰问：事竟如何？见鬼者云：侍御方须台辅，还有鬼神二十余人随从。彼亦何所能为？久之，其神还岭

---

① （清）屈大均：《翁山文外》卷3《女官传》，《屈大均全集》第3册，第109页。
② （清）梁廷枏：《南汉书》卷7《后妃列传》，第32页。

南矣。"① 科大卫和刘志伟解读该史料说：这段故事把敕牒当成一种法力，狄仁杰之所以能烧毁地方庙宇，是由于他有这种法力的保障。用文字书写的敕牒有双重的意义：一是来自国家的权威，二是文字本身的法力。不过，庙宇被焚后，神灵并不因之而消亡，表明唐代官吏和地方宗教的冲突并非要在信仰上消灭对手，而只是在权力上压倒对手。因为官僚通过文字的运用，应付所谓"蛮神"的法力，在性质上其实与巫觋的法力无异。② 因为儒学此时没有渗透到乡村中去，教化不能大面积推行，所以对知识的隔阂造成对文字本身和拥有使用文字能力的人的崇拜，明清乡间普遍建有用于焚烧写有文字纸片的惜字亭便是体现。

无独有偶，唐代韦正贯也在岭南开展毁淫祠的举动，据嘉靖六年《广州志》卷44《名宦传一》记载，京兆人韦正贯擢岭南节度使，"南方风俗右鬼，正贯毁淫祠，教民无妄祈"。研究者指出，正因岭南淫祠盛行，狄、韦二人才大加禁止。在此背景下，岭南汉代早已流行的鸡卜类俗信大行其道。至唐，岭表的占卜种类较秦汉大为增加，延及明清，此风尤然。③ 但即便经过外来士大夫的打击，岭南好巫的习俗在民间仍顽强地存在着，嘉靖《增城县志》卷18《杂志》记载，"邑中有俗呼为圣者，男子称为圣公，妇人称为圣婆，能说人祸福及生前死后之事，以召集男妇，来问卜者肩踵相接，因获其利，邑人溺信者甚多。"明末屈大均观察了不少巫术活动，"予至东莞，每夜闻逐鬼者，合吹牛角，鸣鸣达旦作鬼声。师巫咒水书符，刻无暇晷，其降生神者，迷仙童者，问觋者，妇女奔走，以钱米交错于道，所在皆然。"博罗流行正月二十日以桃枝插门、以桃叶佩带童稚之身，"曰禁鬼"。广州也有巫术现象，妇女患病多使家中老妇"左持雄鸡，右持米及箸，于间巷间皋曰某归，则一姬应之曰某归矣，其病旋愈，此亦招魂之礼，是名鸡招。人知越有鸡卜，不知复有鸡招，亦曰叫鸡米云"。如果家中有刚去世者，

---

① （唐）戴孚撰，陈尚君辑《广异志》，载车吉心总主编《中华野史》，泰山出版社，2000，第844页。
② 科大卫、刘志伟：《宗族与地方社会的国家认同——明清华南地区宗族发展的意识形态基础》，《历史研究》2000年第3期。
③ 刘晓明：《岭南民间信仰与道教的互动——以岭南巫啸、符法为中心》，载赵春晨主编《岭南宗教历史文化研究》，天津古籍出版社，2002，第79页。

第一章 明以前岭南乡村妇女的强势形象

"则召师巫开路安魂灵，投金钱于江，买水以浴"。去世后"七七日、百日皆为佛事，破家以从，无贫富皆然"。① 据统计，新中国成立前，广州神诞收录的神明有40多位，金花庙尊神达98位，东莞城隍庙收录的神明也有65位之多。② 笔者在深入广东村落走访时，在大街小巷中仍随处可见民众尊奉各种神祇的招牌。

在广东众多神灵崇拜中，人们在不同节庆或不同事务活动时，祭拜的神灵也不一样，如急脚先锋神，"凡男女将有所私，从而祷之，往往得其所欲，以香囊酬之，神前香囊堆积，乞其一二，则明岁酬以三四"。又东山神，据说新兴县一处女采桑歌云："路边神，尔单身，一蚕生二茧，吾舍作夫人。"回家养蚕果然灵验。某夜狂风大作，该女失踪，后被发现在路边庙中坐化，百姓遂泥而塑之祭拜。又恩情神，传说番禺县昔有男女二人，"于舟中目成，将及岸，女溺于水，男从而援之，俱死焉。二尸浮出，相抱不解，民因祠以为恩情庙"。可见，广东神灵信仰十分广泛。清初屈大均感叹："此皆丛祠之淫者，民未知义，以淫祠为之依归，可悲也。"③ 男女"所私"，显示岭南社会男女对性的开放。广州城乡民谚云："女忌绿郎，男忌红娘。"据屈大均的记载说："广州女子年及笄，多有犯绿郎以死者，以师巫茅山法治之，多不效。盖由嫁失其时，情欲所感，致为鬼神侵侮。……又广州男子未娶，亦多有犯红娘以死。"所谓绿郎、红娘，皆是巫觋所说的"鬼"。屈大均对此批评："此甚妄也。咸之象，二少憧憧，则朋从其思。少女之思往，则绿郎之朋来，少男之思往，则红娘之朋来，皆婚姻不及其时所致。"④ 到清同治年间，民间仍流传"红娘、绿郎"之说，大多抄袭屈大均之作。⑤

在充满巫觋传统的岭南社会中，女性是积极的参与者与实施者，直到明末清初，在广东的一些地区仍盛行女巫活动："越俗今无女巫，惟阳春有之，然亦自为女巫，不为人作女巫也。盖妇女病辄跳神，愈则以身为赛，垂髻盛色，缠结非常，头戴鸟毛之冠，缀

---

① （清）屈大均：《广东新语》卷6《神语》，《屈大均全集》第4册，第197页。
② 叶春生：《岭南民间文化》，第217页。
③ （清）屈大均：《广东新语》卷6《神语》，中华书局，1997，第219页。
④ （清）屈大均：《广东新语》卷6《神语》，第217~218页。
⑤ 同治《番禺县志》卷54《杂记二》，岭南美术出版社，2007，第669页。

以璎珞，一舞一歌，回环宛转，观者无不称艳。盖自以身为媚，乃为敬神之至云。女巫琼州特重，每神会，必择女巫之姣少者，唱蛮词，吹黎笙以为乐。"①甚至于还有"平民妇忽有神附体，则谓之曰仙姑（粤人称问米婆），于清代著述屡见不鲜。明代广东以仙姑作灵媒，师巫问病，恐怕亦十分普遍。"②因为女性与巫术传统之间存在这种剪不断理还乱的状态，所以屈大均在《广东新语》卷6《神语》中才不无鄙夷地评论她们"人妖淫而神亦尔，尤伤风教"。

因巫术流行，一些与女巫有关的民俗也渐渐形成，如粤西的阳江县有每年六月跳禾楼习俗，"六月村落中各建一小棚，延巫女歌舞其上，名曰跳禾楼，用以祈年。"③民国《阳江志》卷7《地理志·风俗》在引述该记载后，编者按："俗传，跳禾楼即效刘三妈故事。闻神为牧牛女得道者。各处多有庙，今以道士饰作女巫，跣足持扇，拥神簇趋，沿乡供酒果，婆娑歌舞，妇人有祈子者曰跳花枝。"编者说，刘三妈疑为春州女仙刘三妹。屈大均在《广东新语》卷8《女语》中对刘三妹的记载较为详细：

> 新兴女子刘三妹者，相传为始造歌之人。生唐中宗年间，年十二淹通经史，善为歌。千里内闻歌名而来者，或一日或二三日，卒不能酬和而去。三妹解音律，游戏得道，尝往来两粤溪峒间，诸蛮种类最繁，所过之处，咸解其言语，遇某种人即依某种声音作歌，与之唱和，某种人奉之为式。尝与白鹤乡一少年登山而歌，粤民及瑶僮诸种人围而观之，男女数十百层，咸以为仙。七日夜歌声不绝，俱化为石。土人因祀之于阳春锦石岩。

可见，刘三妹的活动地域主要在粤西一带的土著地区。从屈大均记载来看，尽管刘三妹的故事属于传说，但也反映了粤西土著男女善歌的特点。阳江地区以道士饰女巫歌唱的仪式反映了这一区域保持了歌唱的传统。由此看来，明清以女性为主要角色的巫术活动

---

① （清）屈大均：《广东新语》卷6《神语》，第215页。
② 杜荣佳：《明代中后期广东乡村礼教与民间信仰的变化》，《中国社会经济史研究》1992年第3期。
③ 乾隆《阳江县志》卷8《风俗》，2009，第446页。

第一章 明以前岭南乡村妇女的强势形象

在广东仍较活跃,以广东西部尤为突出。明末雷州"合郡巫觋至三百余家,有病则请巫以祷,罕用药饵,有司虽申谕之不能易也。大家妇女不出闺门,日事纺绩;乡落之妇尤勤,其街市贸易皆使婢贱获。至有恶疠杂处不清而逐之,其为雷孽不浅矣"①。这一记载显示,雷州妇女以纺绩为主,但也有不少妇女从事巫术活动,还有妇女往来于街市从事贸易。从某个角度上看,广东西部以及海南地区,直到明清时期,仍有相当多的女性以巫术为职业。

在岭南巫风盛行的情况下,各种造神活动也应运而生,上述像龙母、冼夫人、虞氏等女性,因其特殊的社会地位而逐步转化为地方性神祇。其实,还有一些传说中的女性依靠自己的神异特质位列仙班而被人奉祀。这类女仙的身上充满儒家文化的因子,再罩上一层神话的外衣后,进一步与传统道家文化结合,构成中国几千年来代代相传的民间信仰的一部分。

何仙姑无疑是岭南民间流布较早也较广的女神。何仙姑的传说,最早见于唐前期谯郡戴孚撰写的志怪传奇集《广异记》,内容为:

> 广州有何二娘者,以织鞋子为业,年二十,与母居。素不修仙术,忽谓母曰:住此闷,意欲行游。后一日便飞去,上罗浮山寺。山僧问其来由,答云:愿事和尚。自尔恒留居止。初不饮食,每为寺众采山果充斋,亦不知其所取。罗浮山北是循州,去南海四百里,循州山寺有杨梅树,大数十围,何氏每采其实,及斋而返。后循州山寺僧至罗浮山,说云某月日有仙女来采杨梅。验之,果是何氏所采之日也。由此远近知其得仙。后乃不复居寺,或旬月则一来耳。唐开元中,敕令黄门使往广州求何氏,得之,与使俱入京。中途,黄门使悦其色,意欲挑之而未言,忽云:中使有如此心,不可留矣。言毕,踊身而去,不知所之。其后绝迹不至人间矣。②

---

① 万历《雷州府志》卷5《民俗志》。此外,这一说法在道光《广东通志》卷93《舆地略·风俗》中引康熙《徐闻县志》曰:雷州地区"大家妇女不出闺门,惟事纺绩,乡妇尤勤"。

② (唐)戴孚撰,陈尚君辑《广异志》,第836页。

《广异记》记载的何二娘出生在唐前期的广州，其灵异之处在于其集道教与佛教于一体，儒化色彩尚不强，但明清以后的士大夫却将何二娘的形象塑造成集道教、佛教与儒教于一体，而且名称也改为何仙姑，出生地变成了增城。有关她的传说也更加神异：

> 仙姑，增城人。何泰女。生时有紫云绕屋，所居产云母石，梦神教以服饵之法。久之，行动如飞，誓不嫁。唐武后召，至中途，忽不见。后常见于罗浮麻姑坛，又见于小石楼。仙姑善诗，清丽绝伦。有诗云：麻姑怪我恋尘嚣，一隔仙凡路远遥。去去沧洲弄明月，倒骑黄鹤听吹箫。又诗云：铁桥风景胜天台，千树万树桃花开。玉笙吹过黄岩洞，勾引长庚跨鹤来。又诗云：寄语童童问阿琼，休将尘事恼闲情。蓬瀛弱水今清浅，满地花阴护月明。仙姑又善书，曾有《题黍珠庵东壁》。其壁半毁，惟余"百尺水帘飞白虹，笙箫松柏语天"十三字，其下必"凤"也。字比晋人更清婉。[①]

此时的何仙姑不仅以道家女仙身份出场，还融合了早期何二娘佛教徒的原型，更突出强调她的儒化特质。何仙姑颇有儒学才华，诗作"清丽绝伦"，还善书，多处留有墨宝。明清时期，岭南各种文献记载的何仙姑诗作不一，今人收集有《罗浮道中口占》（三首）、《炼药》、《长逝之夕留诗砚屏》、《偶题》、《游仙诗》（二首）、《题黍珠庵东壁》等数首。[②] 儒释道三家的结晶造就了何仙姑最终的女仙形象，最终在民间社会得以广泛传播。

唐代岭南另一位女仙是卢眉娘，据唐代苏鄂记载，她于永贞元年入朝，史载如下：

> 永贞元年，南海贡奇女卢眉娘，年十四，眉娘生而眉如绿细长也，称本北祖帝师之裔。自大足中流落于岭表，后汉卢景祚、景裕、景宣、景融兄弟四人皆为帝师，因号为帝师也。幼而慧悟，工巧无比，能于一尺绢上绣《法华经》七卷，字之大

---

① （清）范端昂：《粤中见闻》卷19《人部七》，第215~216页。
② 陈永正主编《全粤诗》第1册，岭南美术出版社，2008，第203~207页。

第一章　明以前岭南乡村妇女的强势形象

小不逾粟粒，而点画分明，细于毛发。其品题章句，无有遗阙。更善作飞仙盖，以丝一缕分为三缕，染成五彩，于掌中结为伞盖五重，其中有十洲三岛、天人玉女、台殿麟凤之象。……上叹其工，谓之神助，因令止于宫中……至元和中，宪宗皇帝嘉其聪慧而奇巧，遂赐金凤环以束其腕。知眉娘不愿住禁中，遂度以黄冠，放归南海，仍赐号曰逍遥。……是时罗浮处士李象先作《卢逍遥传》，而象先之名无闻，故不为世人传焉。①

除了细节不同外，此后关于卢眉娘生平的描述多同于苏鹗，只是宋代张君房的《云笈七签》中将她改称为神姑，"神姑者，卢眉娘是也，后魏北祖帝师卢景祚之后，生而眉长且绿，因以为名。……顺宗皇帝叹其巧妙，二宫内谓之神姑。入内时方年十四，每日但食胡麻饭三合。……久之，不愿在宫掖，乃度为女道士，放归南海，赐号曰逍遥。数年不食，常有神人降会，一旦羽化，香气满室。"② 从记载看，永贞元年，14岁的卢眉娘入宫，以古人一般以虚岁计龄，她当出生于贞元八年。后世所记多同上述两书。诸书记载的卢眉娘，其神异不逊于何仙姑，心思之精巧则又在何仙姑之上。同样，后人着重强调她不仅是佛道兼修的女仙，而且是位才女。《全唐诗》录其诗三首为《和卓英英锦城春望》《和卓英英理笙》《附太白山玄士画地吟》。③

与《杜阳杂编》不同，宋代《太平广记》卷66《女仙十一》记载卢眉娘祖先是在大定年间流落岭南，只是在明钞本中"定"被改作"足"字。④"大足"是唐武则天年号，仅有一年即701年，"大定"是北周静帝宇文阐年号，也只有一年即581年。考《魏书》卷84《卢景裕传》，齐献武王"闻景裕经明行著，驿马特征，

---

① （唐）苏鹗：《杜阳杂编》，《丛书集成初编》第2835册，商务印书馆，1989，第11~12页。
② （宋）张君房：《云笈七签》第5册卷116《传》，第2565~2566页。
③ （清）彭定求等编《全唐诗》第8册卷863，中州古籍出版社，2008，第4357页。
④ （宋）李昉等编《太平广记》卷66，第413页。

既而舍之，使教诸子"①。也就是说，卢眉娘的祖先卢景裕应生活在北魏末年。581 年宇文阐外祖父杨坚代北周建隋，身为"帝师"的卢氏一族遭到打击，其后裔流落岭表就显得极为合理。卢眉娘在唐顺宗永贞元年为 14 岁，则其出生在唐德宗贞元八年前后，如此则卢氏是土生土长的岭南人。

唐代岭南女仙均没有与男性发生任何感情上的关系，似乎都凭一己之力以处女之身成仙，大异于同时代中原盛行的仙凡相恋的风气。② 当时的记载者对此一带而过，之后的岭南文人则有意突出这一特质，从而塑造了这些女仙童贞的特征。关于岭南女仙的具体情况，因时代久远，我们无从知晓更多，不仅她们的真实身份成为千古之谜，而且她们是否真正写有诗作也令人生疑。但她们无一例外地受到了广东士人的追捧，除了共同具有"仙"的特质外，无一例外都接受了儒家文化。她们已经成为岭南文明开化的象征，在某种意义上同广东士人对张九龄的偏爱情怀颇为相近。人们通过对张九龄的祭祀与形象的塑造，向世人展示岭南自唐代开始已成为文化之邦，而不是烟瘴之地。③ 岭南仕宦如屈大均、范端昂等人对岭南历史上几位传奇女性的津津乐道，不排除有夸大并过度向前追溯岭南开化之嫌。

在岭南巫风盛行的背景下，民间社会充斥着各式神灵崇拜，其中不乏女神，有些女神甚至进入王朝正统祭祀体系，龙母、冼夫人、何仙姑等即如此。其实，岭南民间尊奉的女神还有诸如禾谷夫人、西王母、金花夫人等。禾谷夫人被认为是后稷之母姜嫄，本居陕西武功，能在岭南立祠，反映华夏农业文明在岭南的传播中，珠三角应是一个首途之区。④ 禾谷夫人庙在广东乡村社会较普遍，嘉庆《新安县志》卷 4《山水略》、道光《新会县志》卷 1《图说》等皆有记载。道光《开平县志》卷 10《外纪志》云，"禾谷夫人庙

---

① （北齐）魏收：《魏书》卷 84《列传第七十二·卢景裕传》，中华书局，1974，第 1859 页。

② 霍明琨：《唐人的神仙世界——〈太平广记〉唐五代神仙小说的文化研究》，黑龙江大学出版社，2007，第 148~149 页。

③ 刘正刚、乔玉红：《宋明仕宦建构的岭南文化：以张九龄为中心》，《中华文化论坛》2010 年第 1 期。

④ 司徒尚纪：《岭南历史人文地理》，中山大学出版社，2001，第 287 页。

第一章 明以前岭南乡村妇女的强势形象

在城东南登名都龙塘村内,祀禾谷夫人,田家妇女春秋多往祈祷",明确说祀众为妇女。

妇女祭祀女神可能是求子,更可能是祈求神灵保佑子女平安,广州的西王母祠,"左右有夫人,两送子者,两催生者,两治痘疹者,凡六位。盖西王母弟子若飞琼、董双成、萼绿华之流者也"。在粤人的心目中,西王母为人注寿注福注禄,她的诸弟子亦以保婴为事,所以在西王母祠中摆放着送子、催生、治痘疹等六位女神,"人民事之惟恐后。……在壁上多绘画保婴之事,名子孙堂,人民生子女者,多契神以为父母,西王母与六夫人像,悉以红纸书契名帖其下,其神某则取其上一字以为契名,婚嫁日乃遣巫以酒食除之。"① 如此看来,西王母及其弟子在广州的主要职能是司生育子嗣和保佑平安。岭南地区流行的花王父母神,也是送子类的女性神祇,《广东新语》卷6《神语》记载:"越人祈子,必于花王父母。有祝辞云:白花男,红花女。故婚夕亲戚皆往送花,盖取《诗》华如桃李之义。诗以桃李二物,兴男女二人,故桃夭言女也,梅言男也,女桃而男梅也。"西王母和花王父母被岭南民众认定为送子神祇源于何时,难以确切知晓,但至少在明代已经较为流行。

明代广东又出现金花夫人的女神崇拜,据《广东新语》卷6《神语》记载,金花"少为女巫,不嫁,善能调媚鬼神,其后溺死湖中,数日不坏。有异香,即有一黄沉女像容貌,绝类夫人者浮出,人以为水仙,取祠之,因名其地曰仙湖,祈子往往有验。妇女有谣云:祈子金华,多得白花。三年两朵,离离成果"。金花夫人信仰出现在宋元之际的广州,明代信众更加普及。尽管在嘉靖初年,魏校在广东大毁淫祠,仙湖金花庙也难逃一劫,但乡民对金花夫人信仰热情不减,遂将仙湖金花庙移到广州城外的河南地区。清康熙年间,官府鉴于战后人口减少,强化了金花夫人的生育女神形象,仙湖金花庙再度复兴,金花夫人信仰由此逐渐蔓延到岭南其他区域。清乾隆年间,仙湖金花庙又被翁方纲捣毁,河南金花庙极盛一时。尽管金花夫人信仰在明代以后流播极广,信众较多,但仍不能改变金花属"淫祀"的局面,于是广东士绅、乡民在金花夫人传说的基础上不断改造,将其塑造成符合儒家礼制的女性形象,将她

---

① (清)屈大均:《广东新语》卷6《神语》,《屈大均全集》第4册,第194页。

与巡抚夫人生子联系起来,以其灵验来巩固其合法地位。① 此与何仙姑形象在明清时期经过士大夫的改造与粉饰一样,金花夫人最终成为能为士大夫或官府普遍接受的理想女神形象。

其实,女神在我国各地都存在,种类数量不一。岭南自古巫觋盛行,明清岭南既信奉全国较流行的西王母、观音、天妃等女神,也有本土女神如龙母、冼夫人、金花夫人等。于此可见,明清岭南在神灵信仰上有与正统重合的一面,但也保留本土文化的某些元素。无论是外来女神还是本土女神,其信仰者以女性为主。与生产活动相比,女性与女神的关系更多地反映在有关生育、婚姻和抚养婴幼等日常生活问题上。多数女神都具有保佑生育和儿童健康的功能。女神信仰之所以在妇女生活中如此重要,主要是由于她们具有相同的性别,女神从而在功能上可给女信众提供特定服务,体现了女信众对此心理上的需求。②

四 "妇人强男子弱"的性别结构

唐代岭南和中原的经济文化联系更加密切,广州成为唐朝最大的对外贸易港口,朝廷在此设市舶使管理对外商务。安史之乱以后,岭南是中原人口避乱的重要地区,岭南经济文化得以迅速发展。五代的南汉政权大力延揽岭北汉族士大夫,南汉主虽出自封州俚僚,却假冒汉族刘氏,攀附中原名宦后裔,进一步吸收先进的汉文化,加速了土著的汉化。③ 唐宋时期,王朝派遣或贬谪官员到岭南任职,也渐渐将中原文化带入岭南。与此同时,岭南士人也渐渐成长,出现了张九龄、余靖、崔与之、李昂英等精英人物,儒家文化慢慢向社会渗透。女性也在无意识中被卷了进来,部分女性开始以熟读儒家经典、才华横溢的形象出现。唐宋史籍对岭南女性的记载也渐渐多了起来。

然而,不可否认的是,唐宋时期,中原士人仍将岭南视为化外"蛮夷"之地,对岭南印象无多大改观,北宋初,大名人范旻说:

---

① 黄建华:《明清广东金花夫人信仰研究》,暨南大学历史学硕士学位论文,2010。
② 赵世瑜:《狂欢与日常——明清以来的庙会与民间社会》,三联书店,2002,第280~284页。
③ 刘美崧:《南汉主刘氏族属为俚僚》,《历史研究》1989年第5期。

"岭外十州，风土甚恶，县镇津口，税赋失额。"① 北宋时，狄青出征侬智高叛乱后说："岭南外区，瘴疠薰蒸，北方戍人往者，九死一生。"②《宋大诏令集》卷161记载，宋真宗景德四年下诏，赴岭南任职官员若在春夏任命，可推迟到秋冬就职，原因是"海隅之地，炎瘴实繁……如闻暑月，冒涉长途，或遭沉疴，岂忘矜恤？"南宋江少虞辑《事实类苑》中仍危言耸听地说："岭南诸州多瘴毒，岁闰尤甚。近年多选京朝官、知州，及吏部选授三班使臣，生还者十无二三。虽幸免死，亦多中风，气容色变黑，数岁发作，颇难治疗。"③

这些恐怖性的描述既有对前朝士人印象的继承，也有当时道听途说的夸张。这对没有到过岭南的士人而言，肯定会产生某种心理上的暗示：岭南是放逐与死亡的代名词。事实上，岭南确实存在着大量与中原"礼仪之邦"不同的风俗和观念，这在外来者的眼中难以接受和理解，于是有些风俗就被当作异闻记录下来：

> 南海男子女人皆鬈发。每沐，以灰投流水中，就水以沐，以麂膏其发。至五六月，稻禾熟，民尽髡鬻于市。既髡，复取麂膏涂，来岁五六月，又可鬻。
> 南海贫民妻方孕，则诣富室，指腹以卖之，俗谓指腹卖。或己子未胜衣，邻之子稍可卖，往贷取以鬻，折杖以识其短长，俟己子长与杖等，即偿贷者。鬻男女如粪壤，父子两不戚戚。④

南海人髡发以卖和指腹鬻儿女的习俗，对中原士人来说难以接受。儒家文化观念强调"幼吾幼以及人之幼"，即不仅要爱护自己的孩子而且要推及于他人之子女。上述《太平广记》引述的两条史料来源于唐代《南海异事》。而宋代《太平御览》转引唐代《南荒录》记载有些微不同："新州男子妇人，皆鬈发如云。每沐以灰投

---

① （清）徐松辑《宋会要辑稿》第4册，中华书局，1997，第3502页。
② 曾枣庄、刘琳主编《全宋文》第41册，上海辞书出版社，2006，第299页。
③ （宋）江少虞：《事实类苑》卷63，《文津阁四库全书》第289册，商务印书馆，2005，第662页。
④ （宋）李昉等编《太平广记》第十册卷483，中华书局，1961，第3979页。

水中，遂就水而沐之，以蚩膏涂其发。五六月秔秋未获，时民饥，尽髡，取发鬻于市。既髡，即复以蚩膏涂之，至来年五六月又可鬻矣。"作者将"南海"缩小为"新州"，地域上接近粤西地区。① 道光《广东通志》卷93《舆地略·肇庆府》还引述唐许浑《自广江至新兴诗》第三首中"洞丁多斫石，蛮女半淘金"及其注"端州斫石，浛洭县淘金为业"。道光志修纂者阮元按："岭南无浛洭县，疑是浛洸之误。"无论是开发端砚还是淘金，都发生在山区。所以明代肇庆府高明县进士区大相在《平圃妇》诗序中说："自黄塘趋平圃，山行二日，风俗淳朴。妇女道逢使车，采者弃筐，骑者下马，拥蔽旁立，爱其明分达礼，或通都大邑不如也。"② 这里描述的仍是肇庆府山区妇女的生活状态。

事实上，岭南贩卖人口的陋习久已存在，唐宪宗元和十二年，冀州人孔戣任广州刺史兼御史大夫、岭南节度使，任职期间，除正常俸禄外，绝无其他索取。但在当时却有一种恶习，即"帅南海者，京师权要多托买南人为奴婢"，孔戣坚辞不受托付。他在岭南"禁绝卖女口"。除此之外，孔戣勤于政事，成效显著，韩愈在潮州专门作诗赞扬他。③ 宋代岭南的人口买卖相当猖獗，《宋史》卷300记载，北宋真宗时，周湛提点广南东路刑狱，着力打击人口买卖，"初，江湖民掠良人，鬻岭外为奴婢。湛至，设方略搜捕，又听其自陈，得男女2600人，给饮食还其家"。南宋时，岭南已成为人口买卖最活跃之地，《宋史·高宗纪》记载，绍兴三十年十二月，朝廷下诏"禁掠卖生口入嵊峒"。直到绍熙四年朝廷仍下诏"禁邕州左右两江贩鬻生口"。笔者的研究表明，黄道婆就是宋代岭南与江南之间人口买卖的受害者。④

岭南民风与中原存在差距，在女性生活中也表现突出。中国传统礼法规定男女缔结婚姻要经过"三书六礼"的过程，即纳礼、问

---

① 道光《广东通志》卷93《舆地略·肇庆府》，岭南美术出版社，2009，第1573页。
② 刘正刚、乔玉红：《区大相诗三百首赏析》，齐鲁书社，2015，第288页。
③ （后晋）刘昫等：《旧唐书》卷158《列传第一百四》，中华书局，1975，第4097页。
④ 刘正刚、付伟：《黄道婆问题再研究》，《海南大学学报》（人文社会科学版）2007年第5期。

名、纳吉、纳征、请期、迎亲的程序,还要有聘书、礼书、迎书三种来往文书,一段婚姻才能正式缔结。这种婚姻形式从夏、商时出现,至西周时完备。① 汉代曾在岭南推行礼仪改革,据《后汉书》卷76《列传第六六·循吏》记载:东汉时,任延为九真太守,"又骆越之民无嫁娶礼法,各因淫好,无适对匹。不识父子之性,夫妇之道。延乃移书属县,各使男年二十至五十,女年十五至四十,皆以年齿相配。其贫无礼娉,令长吏以下各省奉禄以赈助之。同时相娶者二千余人。是岁风雨顺节,谷稼丰衍。其产子者,始知种姓"。这一说法明显有夸大之嫌,因为宋人笔下的岭南婚姻缔结并未遵从上述原则。相反,女性与男性之间并没有一道不可逾越的鸿沟,部分女性的婚姻更不像汉人一样需要父母之命,媒妁之言。适龄男女青年可以自由交往、唱歌互答,以歌相许,颇有《诗经》国风之遗风,其婚俗也与中原相异,一些地区的"送老"之俗即是例证:

> 岭南嫁女之夕,新人盛饰庙坐,女伴亦盛饰夹辅之。迭相歌和,含情悽惋,各致殷勤,名曰送老,言将别年少之伴,道之偕老也。其歌也,静江人倚《苏幕遮》为声;钦人倚《人月圆》,皆临机自撰,不肯蹈袭,其间乃有绝佳者。凡送老皆在深夜,乡党男子群往观之。或于稠人中发歌以调女伴,女伴知其谓谁亦歌以答之,颇窃中其家之隐慝,往往以此致争,亦或以此心许。②

送老之俗因周去非没有交代清楚,我们无法断定是哪个民族习俗。但从他们歌唱的内容来看,《苏幕遮》为宋代词牌名,唐代西域舞曲,情调苍凉。又为曲牌名。《人月圆》亦是词牌名,又名《青衫湿》,属双调。又为曲牌名。③ 无论是《苏幕遮》还是《人月圆》,均是处在巅峰时期的宋词文化的一部分,肯定不是岭南本土

---

① 高兵:《周代婚姻形态研究》,巴蜀书社,2007,第121~123页。
② (宋)周去非:《岭外代答》卷4《风土门》,《中国风土志丛刊》第61册,第133~134页。
③ 谷云义、冯宇等主编《中国古典文学辞典》,吉林教育出版社,1990,第1204、1199页。

所产而是从中原传入。可见中原文化已渗入岭南普通民众生活中。但在岭南强大的传统风俗下，这个初进入的儒家文化反被土著利用改造，成为民间男女交流的工具。女性出嫁唱歌送别的场景，在广东一直传承着，道光《广东通志》卷92《舆地略十》转引明嘉靖黄佐《广东通志》说："旧俗：民家嫁女，集群妇共席唱歌以道别，谓之歌堂。"明代这一风俗大约在城市"渐废，然村落尚或有之"。农家女子每耕种时以斗歌为乐，其中南海、顺德、新会、增城为最盛。

岭南土著的婚俗更不落于中原的俗套。如瑶族每年十月都会举行踏摇活动，以便青年男女婚配，宋人记载说：

> 瑶人每岁十月旦，举峒祭都贝大王于其庙前，会男女之无夫家者，男女各辨，连袂而舞，谓之跳摇。男女意相得，则男咿嚶奋跃入女群中，负所爱而归，于是夫妇定矣。各自配合，不由父母，其无配者，姑俟来年。女三年无夫负去，则父母或杀之，以为世所弃也。[①]

尽管中原也曾出现男女自择婚姻的习俗，但时间上推至周代。据《周礼·地官司徒》记载："中春之月，令会男女，于是时也，奔者不禁。若无故而不用令者，罚之。司男女之无夫家者而会之。"而岭南男女自择婚配则似乎一直延续，甚至还存在抢亲风俗，"缚妇民喜他室女者，率少年持白梃，往趋墟路值之。俟过，即共擒缚归。一二月，与其妻首罪，俗谓之缚妇也"。[②] 唐宋岭南还流行"卷伴"习俗，与中原婚俗不同，"南州法度疏略，婚姻多不正。村落强暴，窃人妻女以逃，转移他所，安居自若。谓之卷伴。言卷以为伴侣也。已而复为后人卷去。至有历数卷未已者。其舅姑若前夫访知所在，请官自陈。官为追究，往往所谓前夫亦是卷伴得之，复为后人所卷"。[③] 随着人口流动、经济交流，岭南土著开始与北

[①] （宋）周去非：《岭外代答》卷10《蛮俗门》，《中国风土志丛刊》第61册，第345页。

[②] （宋）李昉等编《太平广记》卷483，第3979页。

[③] 《古今说部丛书》3集，无页码，上海文艺出版社据中国图书公司和记1915年再版本影印，1991。

第一章 明以前岭南乡村妇女的强势形象

方人联姻,但在这个过程中仍没有中原三媒六聘的礼仪,据宋人记载:

> 深广俗多女,嫁娶多不以礼。商人之至南州,窃诱北归,谓之卷伴。其土人亦自卷伴。不能如商人之径去,则其事乃有异始也。既有桑中之约,即暗置礼聘书于父母床中,乃相与宵遁。父母乍失女,必知有书也。索之衽席间,果得之。乃声言讼之而迄不发也。岁月之后,女即生子,乃与婿备礼归宁。预知父母初必不纳,先以酒入门。父母佯怒,击碎之,婿因请托邻里祈恳父母,始需索聘财,而后讲翁婿之礼。凡此皆大姓之家然也。若夫小民有女,惟恐人不诱去耳。往诱而不去,其父母必勒女归夫家,且其俗如此,不以为异也。①

像这种先私奔后拜见岳父岳母,而且小民之女"惟恐不诱去"的情况,估计在中原地区是很难想象的。地处偏远的琼州,男女交往更加多样化。直到清代,类似现象未曾断绝,如琼州流传的《妹相思》便是男女交流的恋歌,"《妹相思》,粤中山歌名。略似苗蛮跳月词。风景不殊人事改,纺场一赋问谁知。琼俗,村落小民家妇女,多于月明中聚织,与男子歌答为戏,号曰纺场。洪武末,王文端公直从宦寓琼,曾往观之,因有《纺场赋》之作。"② 在男女婚姻的缔结上,琼州更多地保留了女性拥有主动权的遗存,这与之前所讲的首领世袭传女不传男,甚至到元末蔡九娘还以女首领的身份带领当地人保卫乡土是暗合的:

> 琼欲甚淫,外江人客于此,欲谋得妇者,琼人必先问养汉邪、汉养邪?如汉养,则女无外交,而平日亲串往来馈送,女之饮食衣服,皆取给男,所费不赀。如养汉,则受聘之后,男子坐食,其衣膳甚丰,往来馈送诸费,皆出于女,而不得禁其

---

① (宋)周去非:《岭外代答》卷10《蛮俗门》,《中国风土志丛刊》第61册,第352~353页。
② (清)程秉钊:《琼州杂事诗》,《丛书集成初编》第3128册,中华书局,1985,第9页。

外交。生子则携以归，生女则随母留琼，不肯渡海也。①

从这些记载中可知，宋代岭南女性并不完全在男人的羽翼下战战兢兢生活，她们独立又大胆，乃至在中原士人眼中成了另类。元代这一现象甚至出现在官吏之家，大德三年十一月，御史台根据湖广等处行省上报的海北广东道廉访司报告说：

> 李通等告：兄李荣充惠州路钞库大使，因病身故，抛下妻阿何，服内改嫁本路提控案牍郭克仁为妻。除另行取问外，切见广东烟瘴重地，北来官员离家万里，不伏水土，染病身死者不可胜数，抛下妻妾，不能守志，改适他人，将前夫应有资财、人口席卷而去。亡殁官员骨肉未寒，家私人口已属他人。况在广亡殁官员老小出广，已有应付站船定例。如蒙行移合属，严加禁约，今后在广仕宦官员若有身故，抛下老小，听从本处官司依例起遣还家，不得擅自改嫁。如有违犯，事发到官，断罪听离。前夫家私若有散失，勒令赔偿，可以绝词讼之源，亦正人伦、厚风俗之一端。②

这一申报得到了礼部的批准。该史料显示，元代岭南女性与北来官员通婚已较流行，但这些女性在丈夫病故后，立即就带着前夫的资财、子女改嫁他人。明代儒家教化尽管已开始渗透到岭南各地，但文人笔下的女性仍顽强地保持着本地的观念，请看两则史料：

> 端州深山中，妇人悉裸体浴溪中，见人仅掩其乳，了不为异。不知者见而哂之，则詈詈相随矣。大抵皆瑶民也。③
> 自肇庆至梧，路届粤西，即有蛮夷之习。妇人四月即入水浴，至九月方止，不避客舟，男女时亦相杂，古所谓男女同浴

---

① （清）吴震方：《岭南杂记》，《丛书集成初编》第3129册，中华书局，1985，第27页。
② 《元典章》户部卷4《广官妻妾嫁例》，陈高华等点校，中华书局，2011，第640~641页。
③ （明）王临亨：《粤剑编》卷2《志风土》，中华书局，1987，第77页。

第一章 明以前岭南乡村妇女的强势形象

于川也然。大约瑶僮山居者尔尔……浴时或触其私不忌,唯触其乳,则怒相击杀,以为此乃妇道所分,故极重之。①

明代王临亨和清代吴震方给这些女性的贴的标签是"瑶"或"瑶僮",而这一风俗其实是南越地区的文化传统,《汉书》卷27《志第七·五行》记载说:"刘向以为蜮生南越。越地多妇人,男女同川,淫女为主,乱气所生,故圣人名之曰蜮。蜮犹惑也。"这一记载,被宋代士人继续沿用,"南越夷狄,男女同川而浴,淫以女为主,故曰多蜮。蜮者淫女惑乱之气所生。"② 上述明清士人将男女同浴改为妇人裸浴,或许是这一风俗的变异,但亦令中原士人惊讶不止,其贬抑之情难以掩饰。但从另一个角度来看,岭南男女间交往并非壁垒森严,女性可以与男性身体相触,对身体的隐秘和羞涩感,远逊于中原女子。另据嘉靖《广东通志初稿》卷11《循吏》记载,北宋仁宗天圣八年,一个叫王益的人到韶州做官,其宦绩就是教化男女:"初,越俗男女无别,益穷治之。未几,男女之行别于途。"

岭南地处王朝疆域的边缘,境内土著族群众多,各族群都有独特的风俗习惯,有些直到20世纪初依然被传承着。1930年,有人对粤北曲江、乳源和乐昌三县瑶族进行调查,发现瑶女出嫁时,送嫁者尚有十女郎,号称"十姐妹"。瑶人结婚后,其妻在男家居住一月即返母家,与汉人女子结婚后经过一月回门礼同。但瑶女回母家后,可住一年,其夫亦可至其家与之同宿。瑶人亦有养女招郎者,其招郎后所生之子女,以其妻之姓氏为姓氏。瑶人多有姘他人之妇者,但其妇亦可与他人姘。瑶人夫妇不和者,其夫可将其妇价卖,此种风气甚盛。瑶妇姘夫者亦多,但多系其丈夫所弃置而不理者。此种妇人,可公开姘合。若系其夫未弃而甚喜悦之妻或妾,有他人秘密与之姘合,经其夫侦知,则必遭毒打,甚有将其妻或妾所姘之男人杀毙者。③ 而明清海南女性流行的"不落夫家"和"放

---

① (清)吴震方:《岭南杂记》,第18页。
② (宋)李昉等编《太平广记》卷478,第3938页。
③ 庞新民:《广东北江瑶山杂记》,《中央研究院历史语言研究所集刊》第2册,中华书局,1987,第498~499页。

寮"等习俗也一直在黎族妇女中保持着。①

　　对于宋儒推行女性不出闺门的规条，岭南妇女也并非完全遵守，甚至还有女性代夫诉讼、足蹑公堂的记载。北宋广州太守章槃在《广州府移学记》中说："（番禺）其俗喜好游乐，不耻争斗。妇代其夫诉讼，足蹑公门，如在其室家。诡辞巧辩喧喷诞谩，被鞭笞而去者无日无之。……嫁娶间有无媒妁者，而父母弗之禁也。"②此记载直到康熙年间仍可见于方志，③可以猜想这类现象或许到清代仍存在。其实，章太守看见的还不仅仅是这些，"时广人冒犯鲸波浩殖货利，不知有义，以制其欲。至于妇代夫讼，父子异居，兄弟骨肉急难不顾，男女嫁娶至无媒妁，丧葬之仪过礼越制"。④虽然其他地方也有类似情况，但都是处于历史上较早的阶段，如颜之推记载南北朝的北齐首都"邺下风俗，专以妇持门户，争讼曲直，造请逢迎，车乘街衢，绮罗盈府寺，代子求官，为夫讼屈，此乃恒、代之遗风乎？"⑤看得出颜氏强调的是鲜卑之旧俗。从某个角度看，岭南在宋代之前仍保持较为浓厚的越人风气，宋人庄绰说，"广州波斯妇，绕耳皆穿穴带环，有二十余枚者。家家以篾为门，人食槟榔，唾地如血。北人嘲之曰：'人人皆吐血，家家尽篾门。'又妇女凶悍，喜斗讼，虽遭刑责，而不畏耻，寝陋尤甚。"⑥颜之推笔下的情况尽管与岭南差不多，却是发生在南北朝时期，而岭南到宋代还存在类似情况，反映中华文化的发展存有地域上和时间上的差异。

　　缠足至少从宋代开始已流行于中原，但岭南却一直流行天足。宋王象之《舆地纪胜》卷117《广南西路》记载，高州"男女盛服，椎髻徒跣，聚会作歌"。明清广东各地方志在描述风俗时均会出现"椎发跣足"或"椎髻跣足"说法，如嘉靖《广东通志初稿》卷18《风俗》记载："男女皆椎发跣足。"清代仍流行天足："岭南

---

① 刘正刚、罗彧：《明清边疆社会的习俗互化：以海南女性生活为例》，《中国边疆史地研究》2008年第4期。
② 《永乐大典方志辑佚》，中华书局，马蓉等点校，2004，第2452页。
③ 康熙《新修广州府志》卷7《风俗》，书目文献出版社，1998，第45页。
④ 嘉靖《广州志》卷46《名宦传三》，嘉靖六年刻本，岭南美术出版社，2007，第535页。
⑤ 王利器：《颜氏家训集解》卷1《治家第五》，中华书局，1993，第48页。
⑥ （宋）庄绰：《鸡肋编》卷中，中华书局，1983，第53页。

妇女，多不缠足，其或大家富室闺阁，则缠之。妇婢俱赤脚行市中，亲戚馈遗盘榼，俱妇女担负，至人家，则袖中出鞋穿之，出门，即脱之袖中。女婢有四十、五十无夫家者。下等之家女子缠足，则诟厉之，以为良贱之别。"① 乾隆《潮州府志》卷 12《风俗》记载，山乡僻壤的妇女"仍椎髻跣足焉"。道光《广东通志》卷 330《列传六十三》记载合浦县山区妇女"喜以绣帛束胸，短裙跣足，常负藤囊至墟贸易"。道光《肇庆府志》卷 3《舆地志·风俗》记载，高要县"乡落男女多椎髻跣足"。②同治《石窟一征》卷 4《礼俗》记载广东客家地区"俗妇女不裹脚"。

纵观岭南早期历史，女性生活多姿多彩，从早期的女将、女仙到普通阶层中撑起家庭重担的劳动女性，再到勇于追求幸福的土著女性，在岭南本土人眼中一切都那么自然，但在外来者或士人的眼中，这些"蛮风异俗"却成为岭南荒蛮落后的象征。岭南较早接受儒家文化的学者们开始致力于改变本地"落后"面貌，努力使之成为礼仪之邦。这个过程从唐代、南汉时已慢慢开始，宋代以后典籍记载岭南女性贴近儒家文化的例子明显增多。

岭南社会中除了冼夫人和南汉宫廷中的女性拥有显赫地位外，真正在社会现实生活中的劳动妇女也处于重要地位，她们参与劳动，甚至承担大部分劳作，促进了岭南经济发展。唐代刘禹锡在粤北连州目睹男女插秧，遂作《插田歌》，其歌引云："连州城下，俯接村墟。偶登郡楼，适有所感，遂书其事为俚歌，以俟采诗者。"歌云："冈头花草齐，燕子东西飞。田塍望如线，白水光参差。农妇白纻裙，农夫绿蓑衣。齐唱田中歌，嘤伫如《竹枝》。但闻怨响音，不辨俚语词。"③ 宋人《太平广记》转述南唐徐铉《稽神录》记载了番禺一带妇女耕作的故事：

> 庚申岁，番禺村中有老姥，与其女饷田。忽云雨晦冥，及霁，乃失其女。姥号哭求访，邻里相与寻之，不能得。后月

---

① （清）吴震方：《岭南杂记》，中华书局，1985，第 9~10 页。
② 广东个别地区也出现以小脚为美，如光绪《梅菉志·风俗》记载："惟尚缠足，弓鞋织小。有土重者（脚大之称），父母亲戚以为耻，故俗有高州头、梅菉脚之谚。"
③ 黄雨选注《历代名人入粤诗选》，广东人民出版社，1980，第 57 页。

余，复云雨昼晦，及霁，而庭中陈列筵席，有鹿脯干鱼，果实酒醢，甚丰洁。其女盛服而至。姥惊喜持之，女自言为雷师所娶，将至一石室中，亲族甚众。婚姻之礼，一同人间。今使归返回，他日不可再归矣。①

这些故事的真实性如何，暂且不谈。我们关注的是故事传递信息为岭南女性参加田野劳动，而本应在田野中出现的男性却缺失了。女性参与户外劳动在岭南较普遍，宋代《太平御览》卷845《饮食部三》转引唐《岭表录异》记载广州人好酒，但卖酒者多为女性，"大抵广州人多好酒，晚市散，男儿女人倒载者，日有三二十辈。生酒行，即两面罗列，皆是女人。招呼鄙夫，先令尝酒。盎上白瓷瓯谓之瓵，一瓵三文。不持一钱，来去尝酒致醉者，当垆妪但笑弄而已"。② 由此可知，广州市场上当垆卖酒的都是女性。岭南女性在户外贸易的类型远不止此，曾有人在番禺墟市看到老媪公开叫卖相思药的场景：

有在番禺逢端午，闻街中喧然，卖相思药声。讶笑观之，乃老媪荷揭山中异草，鬻于富妇人，为媚男药，用此日采取为神。又云，采鹊巢中，获两小石，号鹊枕，此日得之者佳。妇人遇之，有抽金簪解耳珰而偿其直者。③

这是宋人转引唐代《投荒杂录》的记载，说明至少从唐代开始，岭南已有于端午时节在大街上公然叫卖相思药者，且买卖双方都是女性，这一现象使中原士人惊异不已。这其实意味着当地女性在两性关系中所处的主动地位以及对爱情和婚姻幸福的主动追求。岭南女性在户外贸易在广东西部的雷州半岛也颇盛行，宋人秦观在《雷阳书事》中描写当地妇女趁墟场景说："旧传日南郡，野女出成群，此去尚应远，东门已如云，蚩氓托丝布，相就通殷勤，可怜秋胡子，不遇卓文君。"所谓"东门已如云"出自《诗经·国风》

---

① （宋）李昉等编《太平广记》卷395，第3160页。
② （宋）李昉等编《太平御览》卷845《饮食部三》，中华书局，1960，第3778页。
③ （宋）李昉等编《太平广记》卷483，第3982~3983页。

第一章　明以前岭南乡村妇女的强势形象

"出其东门，有女如云"。《海康书事》又云："粤女市无常，所至辄成区，一日三四迁，处处售虾鱼，青裙脚不袜，臭味猿与狙，孰云风土恶，白州生绿珠。"① 可见，这些墟市皆因妇女聚集而成市。

除"负贩逐市"外，甚至屠牛也有女性参与，"南海解牛多女人，谓之屠婆屠娘。皆缚牛于大木，执刀以数罪，某时牵若耕，不得前；某时乘若渡水，不时行。今何免死耶？以策举颈，挥刀斩之"。② 南海杀牛风俗在南朝就有，梁武帝天监初年，东海郯人王僧孺出任南海太守，对"南海俗杀牛"现象明令禁制，即史书说的"至便禁断"。③ 王僧孺虽颁布禁令，但从后来南海女性屠牛来看，收效并不乐观。

岭南女性的这些形象可能是风气使然，岭南衡量女性好坏的标准不是儒家的德、言、容、工，而是能否"修治水蛇黄鳝"。唐代《投荒杂录》云："岭南无问贫富之家，教女不以针缕绩纺为功，但躬庖厨勤刀机而已。善醯盐菹鲊者，得为大好女矣。斯岂遐裔之天性欤。故偶民争婚聘者，相与语曰，我女裁袍补袄，即灼然不会，若修治水蛇黄鳝，即一条必胜一条矣。"④ 南宋时，广东的寿安院专门收留那些贫病无所依靠者，并为其治病。院内的工作者多"募夫妇愿俱庸者"。⑤ 这类男女混杂服役的现象或许也突出了岭南女性地位的不一般。

岭南地区土著直到唐宋时期还流行"产翁"制，这大约是母系社会向父系社会过渡的遗俗。宋人李昉《太平广记》卷483《蛮夷四·獠妇》中转引唐代《南楚新闻》说："南方有獠妇，生子便起，其夫卧床褥，饮食皆如乳妇，稍不卫护，其孕妇疾皆生焉，其妻亦无所苦，炊爨樵苏自若。又云越俗：其妻或诞子，经三日便澡身于溪河，返具糜以饷婿。婿拥衾抱雏坐于寝榻，称为产翁，其颠

---

① 黄雨选注《历代名人入粤诗选》，广东人民出版社，1980，第165、168页。
② （宋）李昉等编《太平广记》卷483，第3979~3980页。此风俗有可能与岭南土著有关，据乾隆《（广西）庆远府志》卷10《杂类志》引宋人《青箱杂记》云："解牛多俚妇，亦曰屠婆。缚牛于木，数之曰：某时牵汝耕田不得某时，乘汝渡水不行，今何以免。乃杀之。"
③ （唐）李延寿：《南史》卷59《列传第四十九》，中华书局，1975，第1460页。
④ （唐）房千里：《投荒杂录》，《古今说部丛书》第2册。
⑤ （宋）李昂英：《文溪存稿》卷2，杨芷华点校，暨南大学出版社，1994，第31~32页。

倒有如此。"宋人周去非《岭外代答》卷10《蛮俗门》转引唐人房千里《异物志》说，广西土著"僚妇生子即出，夫惫卧如乳妇，不谨则病，其妻乃无苦"。这些记载似乎都显示妇女是家庭经济生活中的支柱。

中原士人对女性在岭南社会中的特殊表现感到诧异的同时，也试图给出他们认为比较合理的解释，宋代周去非在《岭外代答》中就如此说：

> 南方盛热，不宜男子，特宜妇人。盖阳与阳俱则相害，阳与阴相求而相养也。余观深广之女何其多，且盛也。男子身形卑小，颜色黯惨；妇人则黑理充肥，少疾多力。城郭虚市负贩逐市以赡一夫，徒得有夫之名，则人不谓之无所归耳。为之夫者，终日抱子而游，无子则袖手安居，群妇各结茅散处，任夫往来，曾不之较。至于溪峒之首，例有十妻，生子莫辨嫡庶，至于仇杀云。①

周氏把岭南男女差异归结为气候所致，因阳阳相害、阴阳相养，所以男性卑小、女性"少疾多力"，妇女也因此在经济中占主导地位，"负贩逐市"成为岭南乡村特有的风景。从多女共赡一夫看，岭南的婚姻家庭并无中原严格的嫡庶之分。宋代岭南妇人贸易、男人守家的分工格局，在宋代《太平寰宇记》卷159《岭南道三》中也有记载，循州"织竹为布，人多僚蛮。妇市，男子坐家"。宋代《舆地纪胜》卷91《广南东路》记载："风俗织竹为布，人多蛮僚，妇人为市，男子坐家。"这一现象被明初南海人孙蕡归纳为"耕夫贩妇"。② 明末清初，广东一些地方仍是妇女劳作甚于男子，"厥夫畲，厥妇播而获之。农之隙，昼则薪烝，夜则纺绩，竭筋力以穷其岁年。盖有余粟，则其夫辄求之酤家矣，故论女功者以是为首。增城绥福都亦然。妇不耕锄即采葛，其夫在室中哺子而已。夫反为妇，妇之事夫尽任之。谓夫逸妇劳，乃为风俗之善云。"③

---

① （宋）周去非：《岭外代答》卷10《蛮俗门》，第351~352页。
② （明）黄佐：《广州人物传》卷12，广东高等教育出版社，1991，第290页。
③ （清）屈大均：《广东新语》卷8《女语》，《屈大均全集》第4册，第246页。

士大夫并不以此为陋俗,相反还说"乃为风俗之善"。女性经商的常态使是否善贾已成为评判女性好坏的标准,如海南土著市场买卖多由妇女主持,男子则守家:

> 黎村贸易处,近城则曰市场,在乡曰墟场,又曰集场。每三日早晚二次,会集物货,四境妇女担负接踵于路,男子则不出也。其地殷实之家,畜妻多至四五辈,每日与物本,令出门贸易。俟回收息,或五分三分不等,获利多者为好妾,异待之,此黎僚风俗之难变也。①

此风气反过来对以汉人为主体构筑的内陆卫所军人家属也产生了影响,电白县"军妇贸易充溢墟市,盐妇担负络绎道途,军余荡子群聚赌博,纠伙作盗而鼠窃尤甚"②。这一现象与中原风俗大相径庭。日本学者佐竹靖彦对宋人作品《清明上河图》的研究显示,在中原的都市中几乎看不到女性的踪影。③ 两相对比,岭南妇女形象与中原存在巨大差异。可见,岭南女性在社会经济中充当着极为重要的角色,她们与男性一起推动了岭南社会的发展。

宋代士大夫常用"妇人强男子弱"形容广东社会的两性结构,认为女性言行举止与儒家文化格格不入,"广州杂俗,妇人强,男子弱。妇人十八九戴乌丝髻,衣皂半臂,谓之游街背子。"④ 这一记载凸显了宋代广州女性常常出现在公众场合,其穿着引起了唐宋士人的关注,如时人周溃《逢邻女》云:"日高邻女笑相逢,幔束罗裙半露胸。莫向秋池照绿水,参差羞杀白芙蓉。"⑤ 这些描写显示了宋代广东文化风俗与所谓"中国文化"之间存在着差异。可能

---

① (明)顾玠:《海槎余录》,《明代笔记小说》第25册,河北教育出版社,1995,第445页。
② (清)陈梦雷:《古今图书集成》第168册《方舆汇编·高州府部》,中华书局,1985,第4页。
③ 〔日〕佐竹靖彦:《〈清明上河图〉为何千男一女》,载邓小南主编《唐宋女性与社会》下册,上海辞书出版社,2003,第785~824页。
④ (宋)朱彧:《萍洲可谈》,《南越五主传及其他七种》,广东人民出版社,1982,第102页。
⑤ (清)刘应麟:《南汉春秋》卷9《艺文》,《广州大典》第26辑第1册,广州出版社,2015,第437页。

是"朝廷之教化未孚",因而造成了广东女性形象与社会角色不同于士大夫文化的模式。① 岭南女性在社会经济中拥有较高地位还体现在宋代岭南流行的太婆崇拜,笔者在广州市杨箕村李氏祠堂调研时发现,入粤始祖安政公与其妻温氏分葬,安政公墓地大小、墓碑高度或其形制,与温氏墓比逊色不少。李氏族谱对温氏记载颇为详细:

> (安政公)先任宋职十承大夫,侯绍兴间授承事郎……钦选广州路刺史。配温氏,封一品夫人,卒于南宋乾道九年癸巳岁八月十六日,葬广州市白云山蒲涧御书阁……以父命将其女儿许配给安政公,攀官缘,其女舍命拒之,要其父将此空坟宝地陪嫁,方从父命,温氏无奈只允之。②

从这则记述可知,女儿的意见在家族中是有分量的,家长不可能违背她们的意愿要求她们做什么事,"在家从父"的定律在这里有所变通,父族有时会向她们妥协,接受她们的条件。这块地后来成为温氏太婆墓地,至今仍保留在白云山麓。李氏族人名之曰"温氏太婆墓",而安政公则一直葬在今从化市境内。

刘志伟的《姑嫂坟》是研究岭南祖姑(太婆)崇拜的力作。他通过对广州市北郊一处古代女性墓葬即"姑嫂坟"的故事及其后世的变化进行论述,重新梳理了宋明时期中原传统文化对广东士人塑造女性形象的影响。他认为:"历史上岭南地区的女性,无论在家庭和社会生活中,都扮演着十分引人注目的角色。无论关于近代珠江三角洲地区的自梳女的研究,还是谈到今天香港的职业女性,这一地区女性在社会上的角色都给人以深刻的印象,多数人很自然地会将这些现象与妇女解放联系起来。我不否认近代以来这一地区经济和社会现代化的过程为妇女解放创造了条件,但须强调的是,在本地文化传统中,女性在社会生活中的角色,本来就与中原地区的女性不同,牧野巽对此曾作过专门的讨论,这里想再补充一些事

---

① 刘志伟:《女性形象的重塑:姑嫂坟及其传说》,载苑利主编《二十世纪中国民俗学经典·传说故事卷》,第365页。
② 《广东李氏安政公族谱》,内部发行,2003,第29~30页。

实,以见如姑嫂坟这样的女性祖先崇拜现象与地方土著文化传统之间可能存在的联系。"①

可见,宋代及以前,广东文化与习俗和中原仍有相当大的差距,"妇人强男子弱"是岭南社会特殊的传统渊源,女性在社会与经济中拥有较高地位。即便因岭南女性"多且盛"而不得不共赡一夫,也不可小觑她们在经济生活中的重要作用,她们奔赴"城郭虚市"、"负贩逐市"参与地方市场运作,才会有明代广东社会经济的异军突起,她们和男性一起建构了历史上的岭南社会,直到清末地方志还有所记忆地说:"此邦旧殊俗,男逸而女劳,揆厥相夫义,井臼原当操。惟尔七尺躯,一一人中豪,奈何甘自弃,乳哺同儿曹。四体不肯勤,八口空嗷嗷,抚心傥自问,毋乃多郁陶。"② 这首诗本义是劝男人承担养家糊口的职责,却透露出女性在社会经济中的特殊角色。

五 士大夫建构岭南女性正统形象

由秦到唐宋,岭南虽一直与中原保持交流,但火候却不够,加上地理环境的影响,岭南不仅气候与中原迥异,连民风都在相当长时间保持着独特性。因此在中原士人的主观印象里,岭南的落后与野蛮让人闻之色变,甚至到唐宋时,还有官员视到岭南做官为畏途。③ 有研究指出,北宋早期,广州没有文人阶层可言,许多官员虽由本地人充任,但这些本地人在空间上对应管辖什么地方,也是不清不楚的。宋朝,岭南地区行政改革的推行、儒学的发展均相当慢,而且直至北宋末年,广州的知识精英仍然被省城的一小群北方长官压制,抬不起头来。后来由于宋朝经济重心的不断南移,岭南在王朝国家的地位逐渐重要起来,士绅阶层才慢慢形成。这些地方精英开始用理学武装自己,兴建学校,改变岭南蛮荒落后的面貌,

---

① 刘志伟:《女性形象的重塑:姑嫂坟的传说》,载苑利主编《二十世纪中国民俗学经典·传说故事卷》,第364页。
② 光绪《惠州府志》卷26《艺文·诗》收录《劝民十诗》,岭南美术出版社,2009,第552页。
③ 参见刘正刚、乔玉红《宋明仕宦建构的岭南文化:以张九龄为中心》,《中华文化论坛》2010年第1期。

将地方政府整合到王朝之内。随着进士人数的增加,被称为"乡绅"的文人阶层诞生了。随着乡绅这个文人阶层的诞生,儒家思想打了进来。[1] 在岭南社会整体儒化的进程中,作为社会组成的细胞之一,女性不可避免地被卷了进来,开始或多或少地接触儒家文化。这些受儒家文化熏陶并接受儒家文化的女性,成为广东在意识形态上进入王朝的"力证"。

据学者研究,汉代中原地区已经出现女性好儒的风尚,女性自身研习儒学,阶层广泛,底层女性也有对儒学颇为精通的,甚至担当起家庭教育实施者的角色,展现了女性对主流文化的关注。[2] 与此对照,岭南地区相传最早的女诗人为晋代的绿珠。宋代晁载之辑直史馆乐史所撰《绿珠传》详细介绍其生平说:

> 绿珠者,姓梁,白州人也。……生双角山下,美而艳。越俗以珠为上宝,生女名珠娘,生男名珠儿。绿珠之字由此而称。晋石崇为交阯采访使,以珍珠三斛致之。崇有别庐在河南金谷,涧中有金水自太白源来,崇乃即川阜置园馆。绿珠能吹笛,又善舞《明君》。《明君》者,汉曲也。……又制《懊侬曲》以赠绿珠。……赵王伦乱常,贼类孙秀使人求绿珠。珠于是坠楼而死。……今人间尚传,绿珠者椎髻。按白州风俗三种,夷妇人皆椎髻。[3]

绿珠能吹笛又善舞,说明她有音乐天赋。《懊侬曲》是否为绿珠所作,宋代以来的士人对此持有异议。宋人乐史《绿珠传》说石崇"制《懊侬曲》以赠绿珠",即《懊侬曲》为石崇所作,从诗中"游戏出孟津"句看,是石崇在绿珠到孟津后所作。而宋代叶廷珪撰《海录碎事》卷16《音乐部》说《懊侬歌》为"石崇绿珠所作",模糊地说是两人合作而成。但明末屈大均则明确说是绿珠所作:"考粤中妇女能诗者,始自白州绿珠。其《懊侬》一歌,至今

---

[1] 科大卫:《皇帝和祖宗——华南的国家与宗族》,第33~36页。
[2] 顾丽华:《汉代女性好儒风尚述评》,《妇女研究论丛》2008年第6期。
[3] (宋)晁载之《续谈助》卷5,《丛书集成初编》第272册,商务印书馆,1939年,第112页。

第一章　明以前岭南乡村妇女的强势形象

有光金谷。"①这一说法为清代学人所认可，清人吴兆宜在《玉台新咏笺注》（清乾隆三十九年刻本）卷 7 中即说"晋绿珠《懊侬歌》"。今人从《乐府诗集》中辑出绿珠《懊侬曲》全文："丝布涩难缝，令侬十指穿。黄牛细犊车，游戏出孟津。"②值得注意的是，宋人说绿珠生活的地区存在三种风俗，据乾隆《岑溪县志·风俗》序说，"岑有民、壮、瑶三者"，壮瑶为夷人，妇女喜"椎髻"，也就是说绿珠是岭南土著。传说绿珠善吹笛，传说其弟子宋袆在博白县双角山下及梧州皆建绿珠祠，乡村"妇女多陈俎豆"，祭拜绿珠。明代邝露还录有绿珠笛谱。③宋明士人对《懊侬曲》作者的讨论，无非是为了追溯岭南女性创作诗歌历史的悠久。

南朝时期，佛教在岭南盛行，从一些女尼的传记中也可以看出岭南女性的才气。南朝齐时，时有外国僧侣在珠三角地区弘法，时东莞仓法缘、仓法彩姐妹多次参与西域僧弘法活动。据梁朝人著《比丘尼传》记载："法缘，本姓仓，东官曾成人也，宋元嘉九年，年十岁，妹法彩年九岁，未识经法。忽以其年二月八日俱失所在，经三日而归。说至净土天宫见佛，佛为开化，至九月十五日又去，一旬乃还，便能作外国书语及诵经，见西域人言谑，善相了解。……刺史韦朗、孔默并屈供养，闻其谈说，甚敬异焉，因是土人皆事正法，年五十六，建元中卒也。"仓氏姐妹自幼信佛，多次失联而参与外国僧弘法，"佛为开化"，遂"能作外国书语及诵经"，最后出家为尼。④于此也可见姐妹俩具有语言天赋。

唐代岭南才女也引人瞩目，唐高宗时，南海无名女作回文诗《馨鉴图》。据屈大均考证："唐上元初，南海女子所制有《馨鉴图》，名曰《转轮八花钩枝鉴铭》，凡一百九十二字，回环读之，四字成句。其构思精巧，寓词箴规，似有得乎风人之旨，可与苏若兰《璇玑图》、范阳杨氏《天宝回文》诗并传。"⑤据说，《馨鉴图》⑥最

---

① （清）屈大均：《翁山文外》卷 3《女官传》，《屈大均全集》第 3 册，第 108 页。
② 逯钦立辑《先秦汉魏晋南北朝诗》，《晋诗》卷 4，中华书局，1988，第 646 页。
③ （清）屈大均：《广东新语》卷 4《水语》，《屈大均全集》第 4 册，第 140 页。
④ （梁）释宝唱著，王孺童校注《比丘尼传》，中华书局，2006，第 118～119 页。
⑤ （清）屈大均：《翁山文外》卷 3《女官传》，《屈大均全集》第 3 册，第 108～109 页。
⑥ 吴茂梁详细介绍了《馨鉴图》读法，见氏著《怪体诗趣谈》，湖南文艺出版社，1990，第 247～252 页。

早由王勃收藏并作序：

  上元一①年，岁次乙亥，十有一月庚午朔，七日丙子，予将之交阯，旅次南海。有好事者以《转轮钩枝八花鉴铭》示予，云当今之才妇人作也。观其藻丽反覆，文字萦回，句读曲屈，韵调高雅，有陈规起讽之意，可以作鉴前烈，辉映将来者也。昔孔诗十兴，不遗卫姜；江篇拟古，无隔班媛。盖以超俊颖拔，同符君子者矣。呜呼！何勤非戒，何述非才。风律句存，士女何算。聊抚镜以长想，遂援笔而作叙。②

  该段引文出自王勃《王子安集》，由清代蒋清诩编注。蒋清诩，字敬臣，江苏吴县人，生活在咸丰、同治、光绪三朝间，曾任知县等职。据考证，蒋氏为王集作注，耗时十二载，三易其稿，作注时遵循一字一句必追溯来源的原则。③ 据此，上述序文出于王勃之手应可信，如此则《鏧鉴图》的真实性也可确定。事过130年后，唐宪宗时的令狐楚又为之跋："元和十三年二月八日，予为中书舍人翰林学士，夜直禁中，奏进旨捡事，因开前库东阁，于架上阅《古今撰集》，凡数百家。偶于《王勃集》中卷末，获此《鉴图》并序，爱玩久之。翼日遂自摹写，贮于箱箧。宝历二年乃命随军潘玄敏绘于缣素，传诸好事者。"④ 王勃在唐高宗上元二年获南海无名女作《鏧鉴图》，这比张九龄在唐中宗时中进士还要早，显示了唐初儒家文化已在岭南传播开来。

  唐代另一位南海无名氏女性，7岁时就才思敏捷。据说，武则天在召见她时，令其当场赋送兄诗，她应声而就："别路云初起，离亭叶正飞（一作稀）。所嗟人异雁，不作一行归（一作飞）。"⑤

---

① 按蒋清诩注，"一"应为"二"，是讹记。唐高宗上元一年是甲戌年，二年才是乙亥。见（唐）王勃著，（清）蒋清诩注《王子安集注》，上海古籍出版社，1995，第289页。
② （唐）王勃著，（清）蒋清诩注《王子安集注》，第289页。此序还见（清）董诰等编《全唐文》第180卷，中华书局，1983，第1836页。
③ （唐）王勃著，（清）蒋清诩注《王子安集注》，"前言"第5页。
④ （清）屈大均：《广东新语》卷8《女语》，中华书局，1985，第258页。
⑤ （清）彭定求等编《全唐诗》卷799，第8册，中州古籍出版社，2008，第4029～4030页。

此诗出 7 岁女孩之口，被广为传诵，和《罄鉴图》一起成为岭南文人的骄傲。

唐代粤北地区女尼精通佛经，也与读书有关。唐人王维《王右丞集笺注》卷 25《碑铭》录有《能禅师碑》，清人引《传灯录》对之笺注说六祖慧能北上黄梅求法，途经韶州，与女尼无尽藏交往情形："慧能大师……直抵韶州，遇高行士刘志略结为交友，尼无尽藏者即志略之姑也，常诵《涅槃经》，师暂听之，即为解说其义。尼遂执卷问字，师曰'字即不识，义即请问'。尼曰'字尚不识，安能会义'。师曰'诸佛妙理，非关文字'。……唐咸亨二年也。"[①]韶州女尼无尽藏能与慧能讨论佛法，而且"执卷问字"，其中的"卷"应是佛教典籍，说明此时岭南男女都有读书的权利。这还可以从唐代乐昌县才女孙氏会作诗得到印证。据说，孙氏经常替出身进士的丈夫孟昌期作诗，宋代计有功《唐诗纪事》卷 79 记载，"孙氏善诗，每代夫作，一日忽曰：'才思非妇人事。'遂焚其集"。可见孙氏应该创作了许多诗作，否则不会有"集"。《全唐诗》收录了她的《白蜡烛诗代夫赠人》《闻（听）琴》《谢人送酒》三首。[②] 韶州、乐昌以及唐代张九龄生活地曲江县，都位于粤北山区。

尽管唐宋岭南部分地区仍存在着迥异于中原的"蛮风"，但事实上儒家文化已开始逐渐在岭南传播，通过上述唐代岭南才女和张九龄即可窥端倪。唐宋时代，一批以饱学著称的官员被贬往岭南，如苏轼兄弟贬官惠州，李德裕、李纲、赵鼎、李光、胡铨五位名臣贬谪海南，这些人在所居地积极推行儒家文化，带动了地方文化的变革。宋人已指出海南变化与中原士人之关系，李光《庄简集》卷 17《碑·儋耳庙碑》（四库全书本）记载：

> 昌化军，古儋州也。……妇人不曳罗绮，不施粉黛，女子自少小，惟绩吉贝为生，故多跣足，富者穿履鞾而已。……近年风俗稍变，盖中原士人谪居者相踵，故家知教子，士风浸

---

① （唐）王维：《王右丞集笺注》，（清）赵殿成笺注，上海古籍出版社，1984，第 449~450 页。

② 陈永正主编《全粤诗》第 1 册，第 247~248 页。

盛，应举终场者凡三百人，比往年几十倍，三郡并试时得人最多。……二广盖阴中之阳，故男子弱而妇人强，男子多坐食于内，而妇人经营于外，岂其然乎。

三郡指宋代在海南所设昌化、万安、吉阳三军。南宋与元在岭南交战失败，不少遗民流散岭南各地，加速了儒家文化的传播，正统忠君爱国和礼教观渐渐在岭南普及。经元朝对岭南文化教育的加强，岭南世风得到进一步转变，岭南男性科举入仕者增多，女性受儒教熏染也慢慢发生变化。从唐到宋元，岭南出现少数女性以诗作传世，已足成为士人的骄傲。

除了才女之外，儒家倡导的"忠、孝、节、烈"女性形象，也成为衡量地方文明开化的一种标准。据道光《广东通志》卷306～324《列传·列女》不完全统计，汉代至唐代，广东各类列女16例，宋代高达28例。广东列女被追溯到汉代珠崖二义：

> 二义者，珠崖令之后妻及前妻之女也。女名初，年十三，珠崖多珠，继母连大珠以为系臂。及令死，当送丧。法，内珠入于关者死。继母弃其系臂珠。其子男，年九岁，好而取之，置之母镜奁中，皆莫之知。遂奉丧归，至海关，关候士吏搜索得珠十枚于继母镜奁中，吏曰：嘻！此值法无可奈何，谁当坐者？……关吏执笔书劾，不能就一字，关候垂泣，终日不能忍决，乃曰：母子有义如此，吾宁坐之？不忍加文，且又相让，安知孰是？遂弃珠而遣之既去。后乃知男独取之也。君子谓二义慈孝。①

中间省略的部分是母女争相抵罪的对白，场景十分感人，所以连关吏也被感动。这个故事最早记载在汉代刘向《列女传》卷5《节义传》（四部丛刊景明本），刘向在故事末尾引述《论语》说："父为子隐，子为父隐，直在其中矣。若继母与假女，推让争死，

---

① （汉）刘向、（晋）皇甫谧：《列女传》卷5《节义传》，刘晓东校点，辽宁教育出版社，1998，第55～56页。嘉靖《广东通志》卷63《列传二十》，第1646～1647页。

哀感傍人，可谓直耳。"其实，对岭南士大夫来说，他们已经不在乎这对母女是否是本地人，重要的是此事发生在岭南，挖掘和宣传这个故事就是为说明岭南早在汉代就接受了王朝教化，岭南属于礼仪之邦。事实上，从汉代开始，中原文化已经向岭南传播。到了唐代，岭南进一步接触儒家文化，符合儒家品味的女性多了起来，尤其到宋代，人数剧增。

　　岭南女性贞烈人数随着时间推移而呈上升趋势，且后世记载节烈女性的全部类型在宋代都可以找到。以"孝"为例，俗云"百善孝为先"，经过文化交流，孝文化已经悄然影响着岭南社会，生活于南朝萧梁时的陈孝女即是一例。据嘉靖七年《惠大志》卷2《迹考下》记载："孝女祠在博罗县西五十里，梁大同中，沙河富民陈志，年八十，独有一女，志卒，女哀毁甚虑，居以营葬，毕，亦卒。广州刺史萧誉闻而异之，乃立祠焉，表曰孝女。南汉封为昌福夫人。今亦谓之昌福夫人祠，祷雨有应。"嘉靖戴璟《广东通志初稿》卷15《列女》更突出了陈氏行孝的形象，"陈妙圆，河东富民陈志女。志年八十而卒，妙圆年幼，痛父无嗣，哀毁骨立，不茹荤，矢志不嫁，乃舍其宅僧寺，以田为祀田，令僧世主其祀。大同二年，所司以孝闻。未几卒。广州刺史萧誉异之，乡人立祠寺侧，名孝女祠。"此书不仅记载陈孝女有了"妙圆"之名，而且添加了她"矢志不嫁"、施舍田宅的情节，由官立祠也变成了官民立祠。戴璟的说法成了日后地方志记录陈孝女的蓝本，嘉靖三十五年《惠州府志》卷13《列女》首列"梁陈孝女者，博罗沙河人，陈志女也。志年八十卒而无后，女幼，痛父哀毁甚，矢志不嫁，以礼营葬毕……"作者特别申明引文出自戴璟通志，并将"寺"明确为龙华寺。

　　宋代甚至还开启了岭南女性割股疗亲的先河，诠释了儒家"孝"文化的影响。南海刘氏二女家住西城折桂坊，宋孝宗乾道年间，其母病，二女一刳肝，一割股。乡间为之感动，经略使龚茂良上其事："考之韩愈《鄠人对》，虽未合礼，然亦岭海间所创见者。官司藉此以导编民，诏特旌表门闾。故今西城有双阙遗迹焉。"明成化间，南海进士张诩作《双阙行》以赞其事。①据考证，割股疗

---

① 嘉靖《广东通志》卷63《列传二十》，广东省地方史志办公室誊印，1997，第1623页。

亲始于秦，兴盛于唐宋以后，民国慢慢绝迹。① 唐宋以后，这种自残肢体的行为成为人们"孝亲"的实践之道。割股疗亲是"孝"观念极端外化和无限推衍的产物，"因此孝女、孝妇以近乎宗教的迷狂，不惜主动放弃个人利益，持刀戕害自我，产生严重的身体损伤和精神损伤，甚至付出生命的代价，制造出一个又一个孝道神话"。② 这之后，广东女性割股疗亲者也不断增多，对她们来说，为了换取亲人健康，她们无畏无惧地按照"孝"之所在、死不足惜的思路行事，损害自己的肢体乃至生命。

与此同时，宋代文献还呈现了唐代岭南的贞女现象，如至今尚在四会县民间社会流行的贞仙祠，就起源于唐代。据宋代《舆地纪胜》记载：

> 烈女山在四会县西南十里，高千余丈，昔有女子许嫁，而夫死于虎。女归其夫家，奉养舅姑三年，父母欲夺其志，乃潜遁此山，居于绝巘，人所不至。自艺蔗芋蕉竹，绩织蕉苁，以自给。亲党求之，莫知所在，传以为仙去。③

如果说宋人对烈女山的记载还较模糊的话，那么明代天顺五年刻本《明一统志》卷81《肇庆府》记载的烈女山相对明确，"贞山在四会县西南一十里，又名烈女山。相传文氏女许嫁，而夫死于虎，女归夫家，养姑三年，父母欲夺其志，乃潜于此山绝巘，艺苎麻蕉竹，绩织以自给，亲党求之莫知所在，传以为仙去"。可见，此山得名与文氏守节有关。晚明方志对文氏记载更为详细，出现了唐代建祠的说法，史料如下：

> 贞烈仙在贞山下，祀文氏女。宋主簿陈公奉记：……贞山烈女之祠。旧记唐贞观元年建妙虚宫，岁久为墟，没一百六十年，实贞元三年，有女文氏，父母已许鲍生，未嫁，生樵山毙于虎，文氏匍匐赴其丧，服衰三年，事公姑谨洁，忽然归遁于

---

① 王旭光：《陋习割股》，《文史知识》1999年第5期。
② 方燕：《宋代女性割股疗亲问题试析》，《求索》2007年第11期。
③ （宋）王象之：《舆地纪胜》卷96，中华书局，1992，第3022页。

第一章　明以前岭南乡村妇女的强势形象

山之阴，不与世接，影响冥邈，人莫迹其处。贞元十七年高秋九日，天气澄澈，俄有异云起西南，幡幢管磬，拥一妇人于杳霭间，欢谓文氏女仙去。今升仙坛具存，即其下为祠，晨香夕灯，岁时不懈，遇水旱祈祷，罔不昭答。①

另据康熙十一年《四会县志》卷20《艺文志》记载，四会主簿进士陈公奉撰《贞烈祠记》的时间在绍兴三年。类似这样的贞女在宋代出现得更多，但她们多经过明清仕宦的形塑与包装，笔者曾以顺德县宋代吴妙静为例进行过深入研究，此不赘述。②

宋元之际，岭南在儒家文化的侵染下，已经出现集才、节于一身的女性形象，万历年间《东里志》卷4《贞节》开头就记载宋代陈璧娘，其夫为都统张达，南宋景炎元年，皇帝驻跸南澳红螺港，次年又迁惠州甲子门，张达率众护驾，陈璧娘送丈夫到辞郎洲，辞别后作《平元曲》，其中有"无术平寇报明王，恨身不是奇男子"。后宋亡，张达也战死，陈氏寻找到丈夫的尸体安葬，最后绝食而死。因此人们以辞郎洲称呼夫妇离别的岛屿。③ 之后广东地方文人和其他文人均不断描述这一故事。

总之，明代之前，岭南妇女在地方社会和族群中占有举足轻重的地位，女性甚至超越男性而拥有地方掌控权，并在死后而成为保卫一方平安或身兼多种功能的女神。虽然秦汉岭南在官方层面上是赵佗等男性掌握政权，但在基层实际生活中女性则握有政治经济主导权，这种现象很晚还可以在岭南少数民族中找到遗存。岭南濒海，海河纵横，商业发达，在对外贸易中充满活力，女性家门之外的劳作较多。中原士大夫看到了她们的生活与中原迥异，并将之视为"蛮风"。虽然外来者记下这类奇异风俗有猎奇的心理，但主要还是为了显示中原文化的优越性。随着中原和岭南文化交流加深，中原文化对岭南慢慢起到作用，人们开始习诵儒家经典，岭南在出现科举入仕的士大夫同时，也出现了一些能吟诗写作的女性。她们一方面接受中原儒家文化，另一方面又自幼熏陶在岭南"蛮风"

---

① 万历《肇庆府志》卷21《外志》，第413页。
② 刘正刚、乔玉红：《与正统同行：明清顺德妇女研究》，人民出版社，2011。
③ 万历《东里志》，饶平县地方志编纂办公室影印，1990，第111页。

中，以性别的特殊优势，其中一些女性甚至左右了南汉朝廷政局。另外一些民间才女也成为士大夫津津乐道的故事。对士大夫来说，他们往往从儒家文化对女性的要求出发来审视女性，观照她们是否符合礼教标准，努力按照儒家的标准将她们改造成理想的女性形象，而且时代越前，则越能显示岭南文化开化早的历程。

第二章
明代珠三角地区诉讼中的女性研究：以案牍为例

明代是广东社会经济发展转型的重要阶段，社会经济充满了商业化气息，明代也是广东士大夫成长的重要时期。宋元珠三角地区"妇女强男子弱"的社会风情，经过明代士大夫们的形塑，以及儒家文化向基层的渗透，妇女在城乡社会的变迁中尽管仍相当活跃，但明显在不少方面受到了儒家文化的影响。明崇祯元年至七年，[①]浙江桐乡人颜俊彦出任广州府推官时编著的《盟水斋存牍》[②]为我们提供了某些证据。该书编著可能完成于广州任内，因书中有颜俊彦在"广李署之盟水斋中"所写序文，书中所记主要是他在广州任推官期间所撰的判语及公牍。广李署指的是广州府治之内理刑名的官署。广州府治的中心是正堂，正堂后边有知府廨，东边有清军同知廨、经历司，西边又有海防同知廨、督粮通判廨、捕盗通判廨、理刑推官廨、照磨所等。广李署可能就是理刑推官廨，内中有盟水斋。[③]目前学界已根据《盟水斋存牍》出现了多篇研究广东乡村社会以及妇女状况的论文。如有人通过对妇女财产继承诉讼案件的分析，认为明中后期，妇女的财产继承资格已成为一个普遍的现象，无论出嫁女或在室女都有一定的财产继承权。[④]有人从女性对娘家

[①] 姚莹在《〈盟水斋存牍〉研究》（中国政法大学硕士学位论文，2007）中考证颜俊彦担任广州府推官时间至少到崇祯七年。
[②] （明）颜俊彦：《盟水斋存牍》，中国政法大学法律古籍整理研究所整理标点，中国政法大学出版社，2002。
[③] 〔日〕井上彻：《明末广州的宗族——从颜俊彦〈盟水斋存牍〉看实像》，《中国社会历史评论》第6卷，天津古籍出版社，2006。
[④] 孟黎：《明代妇女的财产继承诉讼研究——以〈盟水斋存牍〉为例》，《黑龙江史志》2009年第16期。

财产继承、改嫁时奁产的处置权以及孀妇的财产权入手进行分析，指出女性在实际生活中拥有比法律规定更多、更大的家庭财产权。[1] 其他尚有围绕《盟水斋存牍》展开对明代诉讼史的研究。[2] 然而，这些论著着重从明代司法的视角讨论明代珠三角地区的社会变迁。本章主要从财产继承权、立嗣权、贞操观等方面讨论明末珠三角地区妇女在日趋浓厚的商业化社会中所扮演的角色。

一 女性对父家、夫家的财产继承

明代广东女性尽管没有像男性一样拥有对父亲遗产的明确继承权，但父家往往通过"奁"的形式变相地给女儿财产继承权。奁是古代女性的梳妆匣，为娘家必备的陪嫁物。广东女儿出嫁时，父家往往都会给予丰厚的陪嫁物，嘉靖《广东通志》卷20《风俗》记载："嫁女务以资妆糖果粉饵相高，甚至破产为之。"女家的嫁妆有时会远远超过男家聘礼，嘉靖《香山县志》卷1《风土志》记载："聘礼近有用百金者，女之嫁饰数倍之，有以田随奁者。"这一现象并不仅仅限于珠三角地区，万历《雷州府志》卷17《乡贤志》记载，雷州府海康孙棐少喜读书，抄至百余卷，但他的"继母官氏颇酷，能善事之，厚奁归继妹，得母欢心"。乾隆《潮州府志》卷12《风俗》记载，潮州"聘礼用金银纨绮羊豕酒果，男尚亲迎，女尚厚奁，每至崇饰过度，不得宁俭宁固之意"。女儿出嫁时可从娘家获得如此丰厚的嫁妆，表明女儿在家庭中的地位并不低微，这也为夫家解决了经济上的困难。珠三角地区的奁有时是田产，民国《开平县志》卷45《杂录》记载，明中叶，该县骊洞曹氏财雄一方，曹应鸾嫁女于楼冈吴继圣，就给女儿"以田百亩为妆奁"，民国时人们对此还有记忆，"今吴氏子孙犹守其业"。后来曹家"又嫁女

---

[1] 许克江：《明朝后期广东女性家庭财产权浅析》，《井冈山学院学报》2009年第7期。

[2] 刘涛：《明代的州县胥吏犯罪及其司法实践——以〈盟水斋存牍〉为考察中心》，西南大学历史文献学硕士论文，2010；孟黎：《从〈盟水斋存牍〉看明代财产继承权诉讼及其司法实践》，西南大学历史文献学硕士论文，2010；钱娜：《试论明代晚期广东立嗣制度的现状——以〈盟水斋存牍〉为依据》，西南政法大学法律史硕士论文，2007；何君：《晚明田宅争讼研究》，吉林大学法律史学硕士论文，2006。

于某姓，奁以沿河附近之地，人称曹婆渡"。① 这些陪嫁的奁产，实际上是女儿在诸子均分财产下间接参与了对父家财产的分配。女儿继承父家财产固然不能与儿子相比，但比男子又多了一个在夫家继产的机会，尤其在丈夫去世后，以守节为代价的寡妇换来了继管夫家财产的权利，妇女无继产之名却有继产之实。② 成化十七年佛山石湾《太原霍氏仲房世祖晚节公家箴》中有"女子最嗜利，每谋私己。俗谚有九女十贼之言，实不诬也"，并描述女儿在出嫁时，父家要给"资妆什物"，出嫁后，每逢时节又要给礼物打点。③ 从某种意义上讲，这些行为多属于女儿享受对父家财产的分割。

《盟水斋存牍》记录了多例父家在女儿出嫁时以田产作陪嫁品的实例，称奁田或奁产，如《争田朱胤隆杖》记载，朱胤隆以侄儿的身份给已故伯父朱介卿做嗣子，"受继业田十三亩"，朱介卿的女儿嫁给简正晖为妻，"受奁田五亩"，由朱胤隆和简正晖"各承管无异"④。又《争田谢克节等杖》说，谢克节姑姑谢氏嫁给崔应衢时，其父给姑姑6亩田地做"暂赡"之用，其实就是"奁田"，这些田产是谢克节祖父留下的。姑父应衢有子斯兴，但"非谢氏所出"。谢氏去世后，克节"以斯兴非己姑所出"，想通过"兴讼"来索回6亩田。斯兴则辩称6亩田"系明买，并非奁拨"⑤。这似乎暗示，若是"奁田"的话，女方的父家还可以索回，并不完全属于夫家所有。可见，女儿通过"奁"的形式参与了对父家财产的继承。一般来说，父家在女儿出嫁前，就已经准备好"奁资"，《争继马邦祚一杖》中即说，马氏家有田产共计40石，"马氏尚有四女未嫁，听十石为奁资"⑥。

---

① 这种风气在广东有普遍性，要给女儿大量嫁妆，这甚至成为粤人溺婴的一个理由，据道光《阳江县志》卷1《风俗》记载："顾富庶之家，每近于奢，嫁女以资妆相耀。或恐其嫁之足以耗财，至有生女而不举者。又矫枉过正耶。"
② 邢铁：《宋元明清时期的妇女继产权问题》，《河北师院学报》（社会科学版）1996年第1期。
③ 佛山石湾《太原霍氏崇本堂族谱》卷3，载蒋祖缘等编《明清佛山碑刻文献经济资料》，广东人民出版社，1987，第473页。
④ （明）颜俊彦：《盟水斋存牍》，第531页。
⑤ （明）颜俊彦：《盟水斋存牍》，第536页。
⑥ （明）颜俊彦：《盟水斋存牍》，第541~542页。

女子从父家继承的奁田,即使到了夫家,其田地的所有权仍属于女方。奁田甚至会随着女方的改嫁而被带走,并不归于丈夫及其家庭,从而给予女性更多经济独立的机会。女性携带奁田嫁到夫家,一旦遭到家暴而死亡,其父家有权讨回奁田。卷3《刁诬邵参吾》记载,邵参吾之女出嫁给何端胤为妻,"历有年所。今年四月念七,邵氏以病故,业已殡殓。而参吾穷老无赖,捏女死非命,起讼,盖垂涎已女之遗有奁饰也"。官府在审讯中,证人证实邵氏为病死。① 也就是说,如果女儿"死于非命",父家可以讨回"奁饰"。邵氏父亲捏造死因,表明当年的"奁饰"可能比较多。这些由父家划拨给女儿出嫁的资产,其所有权应属于父家及其女儿。一旦夫妻分离,父家有权要回"奁"。卷4《争产李氏》即是例证:

> 审得谈遇之妇陈氏,为冯维节奸而娶之,已有成案,真士类中之大不幸也。乃陈氏有奁田三十九亩,向归谈遇者,其母李氏思问遇索还,而并盗其自置七十一亩之契,谓亦系伊产,架词不休,李氏真裙钗中之神棍矣。女之淫奔,母实诲之,要非虚语,契未追出,黄册可凭。遇犹然青衿也,既为所玷,复失其产,肯甘心乎?今查蚊子洲七十一亩,委系陈氏未归之先,谈遇自置,不得混争。其□沙十四亩,鹅公岭岗尾涌二十五亩,据遇称系拨抵聘金,且妇虽弃,有二女在也。然不洁之妇,情义已绝,何复留此不洁之田为睹物思人,犹有余恨。遇稍有志气,不若掷还之,又洒然耳。李氏纵女鹑奔,又自恃老妇,妄告,抱告陈常,拟杖示儆,具招呈详……②

这个案件颇有意思,首先是谈遇的老婆陈氏因和士人冯维节通奸而改嫁冯家。陈氏母亲不仅没有为女儿的行为感到羞耻,而且还要争夺谈家的田产,可见,晚明广东婚后妇女并没有儒家理想模式中的坚守贞节,陈氏从通奸到改嫁,官府也仅仅是道义上的谴责而已。其次,陈氏在嫁给谈遇时,其父家有重礼陪嫁,即奁田39亩。这么大笔的"奁田"很明显已带有家产分配的格局。最后,奁田在

---

① (明) 颜俊彦:《盟水斋存牍》,第133页。
② (明) 颜俊彦:《盟水斋存牍》,第172~173页。

婚后似乎属于夫妻共有，但男方大约只有使用权，即"向归谈遇者"，而女方则握有产权，且在离婚后可以要求男家归还。从官府的判决来看，不同层级的官府对妇女改嫁后的奁田去向，态度有所不同，此在《讼婚冯维节一杖》中又有判词如下：

> 谈遇讼冯维节拐妻案，经府厅县三听之矣。县断其离异，法也；府断奁田归谈，而姑以陈氏属之维节，情也。……据遇称，妻未常休，偶外出，而忽属之冯，奸也，拐也。据维节称，遇弃之，而我取之，媒也，聘也。问其媒则无是公也，问其聘则无一人证之也。陈氏之族生员陈周兴、陈懋严、陈周宇毅然以为家门不幸，羞愤欲死，誓不肯以此妇属维节，则此妇在谈遇不过一杯覆水，而在陈诸生则为必洒之耻矣。奸而后合，事属暧昧，不欲遽污绝笔。然世间宁有一女改适，不闻之前夫，并不闻之亲族，而轻轻暗度？李氏老愈不足深诛，维节固名教中罪人矣。维节果无别情，天下岂少美妇人而必一失节之妇为恋恋乎！陈氏应从县断离异。谈遇所得李氏奁田既恩断义绝，无得业之理。其经府审断归谈遇之田，遇亦愿退还之矣。冯维节法应褫革，特念奸拐无证，姑开一面，罚银五十两，为修学之资，仍行学戒饬，以为青衿无行之戒。李氏橐中故饶，爱其女而尽归之。维节之罚镪仍取诸陈氏而足也。李氏老狐杀有余秽，但系女流痛饱桁杨而已，杖其抱告李亚三。①

这个故事显示，明代广州女性改嫁较为普遍，士人对此反应不一，案件中的冯维节本为名教中人，却以已为谈遇妻的陈氏为偶；而陈氏族中的生员却认为是"家门不幸"。其中的李氏当为陈氏之母，是她给了女儿陈氏出嫁给谈遇之奁田。不管出于什么原因，即使女方在婚姻中有过错，只要其婚姻关系有所变更，那么当初其父家赠予的奁田也会随之变更。都察院一个姓高的官员在阅览该案后批注："陈氏背夫自嫁，冯维节无媒而娶，此与奸拐何异！断离异而返奁田，情法斯当。"陈氏丈夫还健在，自己与丈夫的婚姻还在维持中，却暗中和冯维节勾搭，然而官府不仅断她和丈夫离异，还

---

① （明）颜俊彦：《盟水斋存牍》，第213~214页。

要求其前夫"返奁田",并指出这是情、法所然,大约指地方习俗和法律皆主张奁田随妇改嫁而变更。其实,从元代开始,国家对寡妇改嫁处理奁产已有规定,元代《通制条格》卷4《户令》云:"夫死寡居,但欲再适他人,其原随嫁妆奁财产,并听前夫之家为主。"即寡妇改嫁不再允许带走随嫁奁产,明清沿用此条文。不过,夫死寡居和夫妻离婚的不同情况,对随嫁奁产处理权利有很大的区别。

正因为在珠三角流行父家给女儿奁田的习俗,所以一些人为了争产,有时则伪造划拨奁田遗嘱,《争田黄观辛杖》记载黄观辛承继"故绝"黄荣芳,时荣芳所遗产业除蒸尝外,尚存田塘11亩。后来观辛姑夫刘时昭称荣芳有遗嘱拨奁田8亩,但族长黄太华对遗嘱书并不认同。官府也认为遗嘱书系伪造,"且止十一亩之产,而外戚据其八,所存有几?……应断田二亩给时昭,余则尽归观辛管业。倘田不便割,则以二十金抵之,以杜争端"。① 如果刘时昭的说法成立,则黄荣芳划拨的奁田属于哥哥给妹妹的遗产,而且远远超过给继嗣的产业。

一些女性在嫁入夫家后,因陪嫁"奁"太少,而受到夫家欺辱。《诬奸石恒祯等杖》讲述了石恒祯娶黄国琰兄长女儿为妻,尚未过门,"依然在室"。石家却捏造国琰"以压奸成孕",遂到公堂"起讼"国琰。官府判:"夫国琰抚兄女为己女,则于祯乃妇翁也。以此语相加,是尚有人理乎?"媒人林廷丽向官府指证石家"以奁薄起衅"。② 有些案件显示,女性似乎是通过赠予奁田而转移财产,《争田伦观持杖》记载伦观持接受外祖母池氏奁拨田28亩后,又将其明卖给生员梁鈜,"现出有契"。梁鈜称交银300两,而观持坚称只收到80两。官府判梁鈜再出银100两给观持,"田听鈜照旧管业",并强调说:"观持之外祖母池氏,向因争继,叠讼有案。当日之受拨而即转卖,亦虑有议其后者"。③ 从案情可看出,池氏因"争继"屡次打官司,她划拨给观持的奁田极有可能是在争继中获取。如果这个判断成立的话,那么池氏划拨奁田即是将在诉讼时获

---

① (明)颜俊彦:《盟水斋存牍》,第724页。
② (明)颜俊彦:《盟水斋存牍·署府谳略》,第378页。
③ (明)颜俊彦:《盟水斋存牍》,第724页。

得的田地进行转移。

　　明末珠三角地区妇女享有对父家财产继承权,《盟水斋存牍》中记载的司法实践表明,官府对女儿的继承权明确认可。在家庭无子的状态下,女儿可以和嗣子分配家产,此形式或是奁资,或是直接财产,不管在室女还是出嫁女都有权继承父亲家产,甚至女婿也有权获得家产。《刁讼李初奇杖》讲述了李敬山在世时将财产偏袒给女婿的故事,邓尚新是李敬山的"嫡婿",李初奇为李敬山之"抱子"。敬山死后,女婿和抱子因财产闹矛盾,官府判决:"敬山生前果有赀本私于其婿,亦非初奇所得而问。"粮储道的批语说:"李初奇以入继之子,必欲穷追不可问之物于嫡婿,得陇望蜀,安得不令邓尚新无词也。"① 事情的真相,已经无从知晓。但从官府判决的语气中可知,李敬山无子,以李初奇为继嗣,却将家中的"赀本"多赠予女婿,而非继子,表明女儿对父亲财产的继承权得到官府认同。《擅卖尝田刘克赡杖》讲述了蔡兆麟叔祖少斋"故绝",其妻邓氏将其遗产"拨夳田五亩与女婿刘克赡",剩余的田产作为其蒸尝田,由"各房轮祭"。其实,女婿获得田地,也是女儿对父亲遗产的变相继承。后其女婿刘克赡又以邓氏名义出卖蒸尝田二亩九分给刘子玉,地契只有刘克赡一人"佥证",蔡氏无人参与。官府审讯认为,克赡串通邓氏卖产瓜分,明显偏袒其女儿。②

　　妻子在丈夫死后,享有对夫家财产或夫妇共同创造的财产处置权。《奸吏罗万有杖革》记载,梁氏丈夫罗日雄和弟弟罗名贤及族人廉可、公可四人共同购买李裔昌田61亩均分。后公可妻周氏与儿子罗起潜将田一分为二,分别卖给梁氏、名贤。梁氏将买来的田地拨分给两个儿子守爵、守真,兄弟俩分家各爨。但守爵嫖赌"荡尽其业",守真则力耕自守。时罗起潜弟弟罗万有设计让守爵将守真分授之产回赎。守真中计后,让母亲梁氏诉诸官府,万有得知后统凶拦殴梁氏上诉。③ 可见,这桩田地的买卖和分产由梁氏和周氏两位女性经手完成。而在《争田罗应期杖》案件中,乡人刘清霞用价360两,凭生员郑廷瓒为中人,购买了已故罗元轼嫡妻叶氏田产

---

① (明)颜俊彦:《盟水斋存牍》二刻,第514页。
② (明)颜俊彦:《盟水斋存牍》,第725页。
③ (明)颜俊彦:《盟水斋存牍·谳略》,第149~150页。

四处，共租 254 石，手续完备，即"中券两明，无可推敲"。① 也就是说，叶氏在丈夫死后，自己做主将家中四处田产卖给了刘清霞。《商人黄贞杖》记载，黄贞与陈诚吾在异地合伙贸易有年，诚吾在贸易地纳妾冯氏，生育一子。不久，诚吾身亡，冯氏向黄贞索要丈夫合伙时的本银 481 两，以扶榇返丈夫故乡。但黄贞以冯氏只是诚吾之妾，"未必肯矢柏舟之节"，故只答应付与冯氏 50 金作为她"扶榇还乡"之资，其余的银两必须等"诚吾亲人至，即给之"。② 官府认为黄贞故意耍赖，妄图侵吞陈诚吾的资产。这一案例显示，女性即使是妾的身份，也有权利继承丈夫的遗产。一些妇女在丈夫死后，积极争取丈夫生前的经济权益，《息讼明惟存杖》说，严氏丈夫李君亮与明惟存"合伙贩鱼营生"，后丈夫客死异乡，严氏与惟存"结算帐目，中有龃龉，遂激而讼。讼而以杀夫为词，则拘状者之罪也"③。《息讼关伦杖》则讲述温氏丈夫黎斗琏和关伦"共本而商"，后因"斗琏远贩未归"，关伦屡次找温氏"对算"账目。温氏以"琏死无踪相抵"，关伦遂上控官府。④

  明末妇女对夫家财产的处分权，除了上述的田产、钱财外，还有房产。《负骗程氏杖》讲述的则是妇女处理房产的案例。闻诏帮弟媳程氏代理诉讼，"所费不赀"，于是"亲族"商议用程氏在"濠畔街房屋偿之"，并在官府备了案。但程氏在闻诏死后却"负心悔赖"，闻诏儿子必遇对此很恼怒，遂上控到官府。"今集两造之亲族而庭讯之"，大家都说程氏的不是，即使与程氏有"儿女密戚"的生员郑云秀也指责程氏。官府有鉴于此，将屋业断给必遇。程氏不服，又要上诉。⑤ 可见，程氏对自家房产握有完全的处分权。

  妇女在守节期间对财产的处分，也受到官府的依法保护，《占产霍彦雍等一徒二杖》讲述小吏霍彦雍擅作威福、鱼肉乡民的案件。寡妇何氏有尝田 11 亩，与四个未成年儿子相依为命，后次子伯显夭折，彦雍父子捏造伪契试图霸占何氏尝田。官府调出"历年何氏母子收租纳税种种可凭"，指责霍氏"父子一百长、一青矜，

---

① （明）颜俊彦：《盟水斋存牍·谳略》，第 194 页。
② （明）颜俊彦：《盟水斋存牍·署番禺县谳略》，第 419 页。
③ （明）颜俊彦：《盟水斋存牍·谳略》，第 231 页。
④ （明）颜俊彦：《盟水斋存牍·谳略》，第 233 页。
⑤ （明）颜俊彦：《盟水斋存牍·谳略》，第 154~155 页。

攫孤稚之血产而雄踞之"。① 而在《争产冯九玄等二杖》的案例中，郭文氏在丈夫死后，与不满 10 岁儿子郭象屏相依为命，生员黄泽鸿凭中人冯九玄、梁颍耳作中，在崇祯元年、二年两次购买文氏以儿子象屏名义出卖的田地，价值 1000 两，但买家却故意拖欠田款，文氏只好诉诸法律，要求买家支付余款。这里显现郭家田地买卖的主角是文氏，不可能是 10 岁的小儿。②

明代处理家庭未分割的财产，与前代一样必须由家长主持，至少须取得家长同意。父亲不在，则须经母亲同意。只要未分家，儿子就无权占有家里的财产，更不可擅自加以处置。如《费产荡子赵宁彦杖》说，何氏有两个儿子，长赵宗彦、次赵宁彦。"宁彦浪荡善费，一月之内，瞒母与兄，卖田三亩三分与凌荆玉，卖二亩二分与冯敏庵。"据说，"何氏只田十二亩"，作为自己养生送死之用，一旦死去则由两个儿子均分。官府的判案也颇为有趣，"荆玉、敏庵买人之田而不通其母兄何为？"也就是说，因为何氏尚健在，所以买田者应该告知何氏，否则即不合情理，所以"议依粤例，照契半价回赎，更减原价十之二以罚之，并仗"。宁彦则杖不可赦。③至于其他人盗卖家产，更是犯罪，如《息讼黄宅俊杖》记载，寡妇关氏无嗣，她的侄女婿黄宅俊暗中做手脚"立契"，将关氏的田地卖与雷万辰。关氏知道后，立即上控官府。在官府干预下，买卖双方同意将田退还，"仍为关氏故业"。④ 官府判决说："盗卖孀田，法应重拟，念其悔过，姑杖宅俊、万辰示儆。"

寡妇守节期间，对夫家财产享受完全的处分权，所有家产处理若得不到孀妇同意，交易即属无效。《盗卖继业仇炳先等杖》中说，仇福父子虽"故绝"，但"家颇素封"，族棍仇炳先与女婿林肖宇表里为祟，借孀妇陈氏名义将仇福家在大罗塘田地 26 亩卖给黎公辅，"契实出炳先手"。按察司批："仇炳先盗卖孀产，黎公辅明知故受，均属不法。"⑤《讼田胡世贞等杖》讲述周氏在丈夫死后，与养女婿生员胡世贞争田故事。周氏夫死，与尚"髫稚"儿子相依为

---

① （明）颜俊彦：《盟水斋存牍·谳略》，第 173～174 页。
② （明）颜俊彦：《盟水斋存牍·谳略》，第 179 页。
③ （明）颜俊彦：《盟水斋存牍·署府谳略》，第 394 页。
④ （明）颜俊彦：《盟水斋存牍·谳略》，第 233 页。
⑤ （明）颜俊彦：《盟水斋存牍·署府谳略》，第 395 页。

命,"家业悉托世贞经理,积有年所"。但财产处置权仍由周氏掌控,"今氏母子乏用,将田六十亩卖与生员刘洪翼",世贞却以此田为岳父拨给己妻奁田阻止交易,周氏并不承认丈夫拨田给继女为奁。官府最后以"两造不一其词,但既关瓜葛,当以七分法三分情处之"。在戚属谢宦调停下,周氏母子补世贞价银50两,但"田听刘洪翼管业"。二位生员"俯首无词,各愿求息,相应准从"①。这说明周氏对家中田产拥有处分权。又据《争继叶自新牍》记载,刘氏丈夫叶少璋无出而亡,"刘氏孀守,继嗣未定"。夫弟叶自新因哥哥"绝户"而垂涎其家产,遂讼嫂子以少璋"疏属"族侄叶伯生为继嗣。官府了解情况后,严责叶自新:"刘氏无立继之命,伯生无承祧之迹,逞强横生,诬妄可恨。"官府认为刘氏给丈夫办理丧葬之后,财产"所存无几,应听刘氏生膳死葬,自行执掌,亲族不得攘,日后所余,方许自新次子廷光承受"②。又《党诱废业刘绍德牍》记载,司徒氏早孀,儿子士鸥尚未成年,家中尚有"田十亩,以供朝夕"。村民何宪武看中她家田地,于是和同党刘绍德密谋,诱惑士鸥到青楼嫖赌,欠下大量债务,"唯宪武、绍德之所命,写契按银,以为锦缠角彩之费"。士鸥因此将自家田产分两次立契售卖,一契50两,一契20两。司徒氏知悉后上诉官府,在官府干预下宪武将50两购买的那块土地还给了司徒氏,但20两的未还。"今断士鸥速办二十金偿之,留其田以赡寡母。"③ 这一判决显示,妇女在丈夫死后,即使与儿子同居共财,但财产的处置必须有妇女在场,否则很难得到官府的认同。《争塘杨俏坤牍》记载寡妇陶氏将自家5亩鱼塘,以50两的价钱按给杨俏坤使用,后双方发生诉讼,官府判陶氏返还俏坤"原银五十两",塘听陶氏管业。④《讼产罗继芳牍》中说的何氏系已故生员罗汝俊妻子,丈夫无子,其继嗣在生育一子罗煜麟后也死亡。何氏和继孙煜麟相依为命,因"夫族无倚,归依本族"。她将自己和丈夫创立的屋产暂时交给夫家"通族守之",待煜麟长大后归之掌握。⑤

---

① (明)颜俊彦:《盟水斋存牍·署番禺县谳略》,第415~416页。
② (明)颜俊彦:《盟水斋存牍·署番禺县谳略》,第418页。
③ (明)颜俊彦:《盟水斋存牍·署香山县谳略》,第429~430页。
④ (明)颜俊彦:《盟水斋存牍·署府谳略》,第393页。
⑤ (明)颜俊彦:《盟水斋存牍》二刻,第528页。

第二章 明代珠三角地区诉讼中的女性研究：以案牍为例

从《盟水斋存牍》中可以看出，明末广州官府在审断守节寡妇涉及财产的诉讼案件中，基本上都偏向寡妇一方。这里除了含有官府通过此举鼓励寡妇守节的意思外，可能还与广东历史上妇女在财产分割中始终处于与男性一样的待遇，甚至高出男性的待遇有关。至少宋代珠三角地区的女性就具有很强的独立性与自主性，并享有对父家财产的继承权和处分权。宋代普遍存在女性享有对父家财产的继承权和处分权之法律，已得到学界较普遍认同，但珠三角地区似乎显得更为突出，以致日本学人仁井田先生得出宋代女儿继承权的法律多吸收了华南地方习俗的结论。[①]

出嫁女儿对父家的财产也拥有处分权，当然前提是父母已故以及家中继嗣年幼，这一信息在地方志中也有记载。永乐年间，揭阳县霖田人陈贞姑，嫁给魏谦为妻已有三年。不料，陈氏胞弟庠生陈寄早卒，遗腹子刚周岁，弟媳妇又卒。陈氏族人"利孤产，谋乳母危之"。贞姑发现此情后，向婆家"请辞归，抚孤"，并自己"出赀"为丈夫"更娶"，又"捐陈遗租五十石为魏舅姑祀田"。陈氏处理的这些财产应为其娘家所有，说明女儿对父家财产拥有处分权。陈贞姑的举动具有巨大的社会反响，陈家奉祀贞姑为不祧之祖，魏家亦感其义，"岁并祀焉"。[②] 这一记述表明在广东山区也有乳母的现象，与此同时，已出嫁的女儿为了母家的利益，甚至可以主动申请离婚回到娘家，对娘家的财产也可自由处置。

古代女性因性别问题而不能作为父家宗祧继承人，但其对父家财产却享有一定继承权，尽管她们与男子在财产继承权上有明显的不平等。只有在没有男性继承人即"户绝"情况下，未嫁女或未分得夫家财产的归宗女，在"无应继"的情况下，才能得到全部或相当数量的份额；即使是出嫁女也能分得不少财产。如《争继产陆嘉行杖》记载：原振玄女嫁给陆嘉行，振玄无子，"止遗田五亩二分"，其弟原象秋亦乏嗣。"嘉行之妻自谓嫡女，图得前产，情有可原。乃嘉行讵将自姑陆氏为象秋奸杀，无情之词令人发指，一杖何逃。其岳既无应继，所遗之田不多，即尽为公祀，未为不可。但有

---

① [美]白凯：《中国的妇女与财产：960～1949年》，上海书店出版社，2003，第9页。
② 乾隆《揭阳县正续志》卷6《列女》，1937年重印本，《中国地方志集成·广东府县志辑》第29册，上海书店出版社，2003，第421页。

亲女在，即使有继，尚不能忘情于父业。合断均剖一半入于公祠延祭，一半归于玄女，为四时飨父之资。庶生死两无憾耳。"① 可见，出嫁女原氏在父家"户绝"情况下，获得了父亲一半财产继承权。出嫁女在父亲病故，即使在有继嗣的情况下，若参与料理父家事务，也能继承父家财产。如《争继王嗣昌等牍》记载，王敬山无子且"亲枝乏人"，只好以远房族侄王嗣昌为继。因嗣昌尚年幼，继嗣之事在王敬山活着时尚未定下，他死时，"棺敛之费、哭泣之礼，一听其女若婿为之"。王敬山死后，遗有三间屋宇，嗣昌和他的二个女婿为分割财产闹上衙门，官府判决：将位于德宣街屋一间给大女婿刘珍，土地巷屋一间给二女婿戴天志，北隅里给王嗣昌。时二女儿已死，王嗣昌要求把戴天志财产分给自己，但广州府判则坚持财产三人均分，"职以（戴天）志妻虽死，犹半子也"。广东布政司同意广州府意见："王敬山夫妻物故无后，无亲枝，止有女婿。第令二婿葬之，些须遗业即充其费可矣，何必立后启争。但王嗣昌系其疏房，不有以塞其望，祸终不息，以屋三间分嗣昌、刘珍、戴天志三人，三分均任葬事，最为公平。"② 王敬山丧葬由两个女婿及嗣昌共同承担，遗产亦三人均分。从某种意义讲，女婿继承岳父遗产其实也是对女儿继承的变通。

二 妇女拥有对继嗣的选择权

　　传统社会强调"不孝有三，无后为大"。当一个家庭无儿为后时，一般都会从家族中由近及远地挑选男性作为继嗣。这一程序由夫家尊长选择，若男主人健在，一般由男主人做主，若男主人不在世，则由守节女性做主。《盟水斋存牍》记载了大量寡妻做主为夫家择嗣的案例。卷4《争继罗启善等牍》中记载，郭氏嫁到罗家后，与丈夫生育两个女儿后，丈夫病故。后长女嫁黄一骢，次女嫁郭承泽，剩下郭氏成为孤寡。万历四十七年，其兄郭起蟠给她出主意，"议立族侄罗志学入祀"，但郭氏没有接受哥哥的建议，理由是"志学远房，且族众有言"。她自作主张选择"立近侄罗联新为

---

① （明）颜俊彦：《盟水斋存牍》二刻，第206页。
② （明）颜俊彦：《盟水斋存牍》二刻，第206页。

嗣",却又引起族人罗启善不满。罗启善勾结郭氏内侄郭群右"占田占房",导致郭氏赴兵粮二道控诉。启善又和志学联手"诳宪混执",谎称是黄一聪作祟"易继"。官府判决"即使志学应继,亦郭氏愿立"才行。也就是说,立嗣首先要征得郭氏同意。从罗启善占田占房看,立嗣与财产继承紧密联在一起,于此可见,部分妇女对家庭财产拥有处置权。① 明末珠三角地区寡妇有选择嗣子的权利,但其权利受到一定限制,即择立嗣子一般要经族众或族长讨论,不过,最终决定权似乎还是寡妇本人。

明代法律把没有男性子嗣继承家产的情况叫"户绝"。一旦户绝,须紧急选嗣子继承。明初颁布的《大明令·户令》对此有相关规定如下:

> 凡无子者,许令同宗昭穆相当之侄承继,先侭同父周亲,次及大功、小功、缌麻。如俱无,方许择立远房及同姓为嗣。若立嗣之后,却生亲子,其家产与元立均分,并不许乞养异姓为嗣,以乱宗族。立同姓者,亦不得尊卑失序,以乱昭穆。②

也就是说,嗣子应从同宗昭穆相当的侄子中选择。按五服制,从同父周亲到大功、小功、缌麻,区别等级,如五服内没有符合条件的人,则可在远房、同姓中选择。违反这个规定,将被处杖六十的惩罚。《明律·户律·户役》的"立嫡子违法条"规定:"其乞养异姓养子以乱宗族者杖六十,若以子与异姓人为嗣者,罪同,其子归宗。……若立嗣,虽系同宗,而尊卑失序者,罪亦如之。其子亦归宗,改立应继之人。"夫死立嗣要由族长主持,《大明令·户令》规定:"凡妇人夫亡无子,守志者,合承夫分,须凭族长择昭穆相当之人继嗣。其改嫁者,夫家财产及原有妆奁,并听前夫之家为主";又对有女无儿家庭的赘婿做出规定:"凡招婿须凭媒妁,明立婚书,开写养老或出舍年限,止有一子者,不许出赘。如招养老女婿者,仍立同宗应继者一人,承奉祭祀,家产均分,如未立继身

---

① (明)颜俊彦:《盟水斋存牍》,第205~206页。
② 《大明律附大明令》,怀效锋点校,辽沈书社,1990,第239页。

死,从族长依律议立。"这些法规在珠三角地区得到了执行,如《荡费继产陈泰来杖》记载,何氏丈夫陈真"故绝",族人"议以陈泰来入继",并报官备案。但何氏有点不愿意,因为泰来为丈夫的远房,不过"舍泰来则无应继者",这也是不得已的办法。因丈夫"亲枝"陈承伟仅有一子,不能入继。经商议将陈真"田屋"分为三份:"一拨泰来,一拨育子李进先,一留以待承伟生育第二子,准其立继。"后来,承伟果然生育了第二子,但并未入继陈真,因此时承伟胞兄也绝嗣,"须以一子入继其亲伯"。时何氏已故去,"所遗之产听泰来管业",结果这些产业全被泰来出卖,以致"陈真夫妻无葬地矣"。①

当然,并不是所有妇女都能完全争取到遂愿立嗣的权利,《争继陈演瑚》即是一例。何氏为陈肖一的妾而非妻,肖一无子"乏嗣",陈家通族"公举"长房陈演素入祀,遭到何氏反对,因为她"欲另继演瑚"。但何氏的主张遭到了反对,官府判决说:"继祀之事,通族主之,非妇人所得问也。"何氏生有一女,嫁给生员卢象复为妻,女儿和女婿支持何氏立演瑚。此事因此闹上公堂。时何氏夫妇有田产一顷八十亩,官府判决"断三分之一与象复为奁业;再断二十亩与演瑚,以谢绝之;尚存一顷,演素世守之,以永肖一祭祀"。② 由于资料限制,我们不明白何氏主张遭到拒绝是否与其妾的身份有关。不过,官府的判决还是照顾了各方利益,何氏女儿得三分之一田产,陈演瑚尽管没有被立为继嗣,也分了20亩田产,剩下的1顷则由继嗣演素"世守"。

上述女儿、女婿和继嗣之间分享(继)父产业的情况,在明末珠三角地区时常可见。《争田薛抡祯等讞详》记载,郭骢为故宦薛宪副之女婿,宪副无子,立薛抡祯为继子。宪副活着时有田产200余顷,分给女婿郭骢1顷71亩,后又续拨摆水沙草坦2顷,"以滴血所留,止此独女,而百取其一"。但继子薛抡祯在继父死后试图收回这些土地,遭到官府反对。粮储道批:"二姓皆宦裔,薛无子,止一女适郭,遗产甚饶,分婿以百之一,原不为过。况管业已久,历案昭然。"布政司批:"薛宦无嗣,遗产颇饶,若以律论,女婿与

---

① (明)颜俊彦:《盟水斋存牍》,第592页。
② (明)颜俊彦:《盟水斋存牍》,第207页。

嗣子均分，亦不为过。今仅以百中之一分润嫡女，即薛抡祯等复思攘之，名教中人固如是乎？田照原断，付郭骢管业。"① 可见，在明末司法实践中，出嫁女对父家遗产继承权是得到保障的，"若以律论，女婿与嗣子均分，亦不为过"，即反映了出嫁女的继承权。女婿实际上是指女儿，"今仅以百中之一分润嫡女，即薛抡祯等复思攘之"。因为根据《明律·户律·户役》，"招养老女婿者，仍立同宗应继者一人，承奉祭祀，家产均分"。在有嗣子的情况下，只要是赘婿，女儿就能与嗣子平分财产。这个规定使女儿在父家没有男性继承人的前提下，实际上可以继承除丧葬等费用外的全部遗产。虽说是"奁业"，实际上与遗产无异。"其产久为骢管业"，而郭骢的"管业已久"，且早已成婚，因此所谓奁业即遗产别名。晚明沿袭了南宋以来的趋势，女儿在家庭中的经济地位得到一定的承认，对女儿的限制有所松动，实际上分享了男子的继承权益，与男子垄断继承的惯例产生了利益上的冲突。②

守节寡妇也会因立嗣而与父家发生争讼，如卷5《争继方钟棠杖》和《唆争继产赵叔箴等》两个案件，讲述的就是"宦裔"之家方最圆死后的继嗣问题。方最圆妻子陈氏在丈夫死后，"向以族人角继，几令最圆为不祀之鬼"。所谓"向"，表明这个案子经历的时间较长，主角是陈氏。最圆父亲方声骏生育四个孩子，最圆为独子，前有两个姐姐，后有一个妹妹。最圆与陈氏结婚时，两个姐姐已经出嫁，直到死时，妹妹已许字张鸿临，但尚未出嫁，"方氏为最圆亲妹，最圆绝矣，声骏止此嫡血，于情于理宜从其厚，除原拨田七十亩之外，合再加三十亩以足百数，亦不为过。其已嫁长姊，一适陈，一适萧，无论当年奁资已丰，而已经物故，子女俱无，不得援之为例也"。从此可以看出，方家三个女儿在出嫁时都得到父家的"奁资"，小女儿奁田达100亩田地。最圆无子也无女，方家在他去世后，有人提议以方象壁为最圆父亲方声骏之继嗣，这样的话，方最圆就成了"不祀之鬼"，因此陈氏不答应。她做主立了自己喜欢的方远昌为丈夫继嗣，两人"相依为命"，因此与方家

---

① （明）颜俊彦：《盟水斋存牍》二刻，第532~533页。
② 参见程维荣《〈盟水斋存牍〉及其反映的晚明继承制度》，载张伯元主编《法律文献整理与研究》，北京大学出版社，2005。

屡屡对簿公堂,她的行为得到了亲生父亲支持。据时任广东察院吴批语:"方远昌虽在五服之外,而叔侄名序秩然。况为茕茕未亡人所钟爱,则嗣最圆者,舍此谁属耶!"案件中的方钟棠为族长,他之所以受到官府的杖责,是因为"方氏之继,方姓者主之,非异姓所得问也。族长方钟棠漫无主张,而六亲哗焉"。时广东布政司批云:"钟棠不早定继嗣,致内外姻戚共效逐鹿。"所谓"异姓"则指陈氏的父亲,他对方家不给最圆立继表示不满,"不继最圆而继声骏,陈孝廉受甲,怜寡女无倚,所以有不平之鸣也。而方族称陈孝廉恃势吞产,夫陈孝廉虽与最圆为翁婿之亲,以方族视之犹然外人也"。地方官府判决,"将最圆所有财产载之印册者分为二股,俟象壁有子与远昌并继","至奁资惟量加于后嫁之妹,亦属妥当"。也就是说,除去三位女儿以奁田的方式继承了方声骏财产外,剩下的田产由最圆继承,而最圆死后的财产则由方远昌和方象壁的儿子共同继承。在两个继嗣成人之前,所有田产,"目下听陈氏掌管"。① 可见,方声骏的三个女儿以奁田获得了父家财产继承权。陈氏后来又受到"佃耕"其家田地的赵叔箴等唆使不断维权,也说明妇女在丈夫去世后对家庭事务的处置拥有相当大的权力。

  明代立嗣虽然规定要按照一定顺序进行,但为了防止嗣父母与嗣子之间出现嫌隙,《大明律·户律·户役》《万历问刑条例》等对立嗣顺序均进行了变通处理:"凡无子立嗣,除依律令外,若继子不得于所后之亲,听其告官别立。其或择立贤能及所亲爱者,若于昭穆伦序不失,不许宗族指以次序告争,并官司受理。"这一规定扩大了立嗣者本人的权利,上述陈氏即为典型例证。又如《争产伍于灿杖》记述伍肇平有女无子,他活着时和哥哥肇伊约定:自己死后"所遗财产"的一部分留给女儿作奁资,剩余部分留给肇伊儿子伍于灿,其实是把伍于灿当作自己继嗣。但由于伍于灿为人不太好,一直得不到婶婶陈氏欢心,肇平在临终之时,可能在妻子怂恿下改变了约定,"嘱立从房幼子大悦抚长承祧,立其所爱也"。由于肇平一方毁约,肇伊心有不甘,兄弟反目,闹到县衙,县官驳回肇伊要求,但也给予适当支持,"以五十亩为大悦继业,以二十三亩

---

  ① (明)颜俊彦:《盟水斋存牍》,第 208~209 页。

为于灿插花"。肇伊不服县衙判决,又向广州府申诉。官府几经调解,但"陈氏誓不欲得灿为后",官府只好尊重陈氏决定,却将肇平遗产进行平分,"现田七十三亩分为两股,以一股与于灿,一股与大悦"。但又规定所有田产,只要陈氏活着,就必须听她"掌管",于灿"不得问"。也即是说,于灿暂时获得了土地使用权,而非所有权。官府告诫于灿:"若复借父出头无礼于其婶,以不孝之罪治之。"① 官府允许立嗣者不按法定的顺序立嗣,同意她们直接在同宗侄辈中选择自己喜欢的人作嗣子,只要符合辈分,旁人不得干预,立嗣者因而有了一定范围内的选择权,个人意愿得到尊重。这就在一定程度上否定了法律所规定的立嗣不得舍近求远、"只合于近亲中择昭穆相当人"的死板原则,使立嗣行为有可能建立在继承人品行或其与被继承人感情的基础上。

明代珠三角地区一些有女无儿之家庭,按当时观念属绝嗣之户。如果"户绝"而有女儿,则女儿可继承财产,这在《大明令·户令》中有明确规定:"凡户绝财产,果无同宗应继者,所生亲女承分,无女者入官。"所谓"果无同宗应继",应该是指继嗣。也就是说,若无继嗣者,则财产由亲生女继承。即便有继嗣,但女儿毕竟是亲生骨肉,所以父家在女儿出嫁时,有时会拨更多财产作为"奁资"。《争继冯鸣敬等》就讲述冯鸣敬兄长冯政只有一个嫡女,嫁给李士龙为妻,"政既无嗣,女其亲骨血也,拨奁之资即稍稍加厚,亦不为过"。冯政后来以鸣敬儿子南芝为继子,家中尚有一个"螟子基虞",剩下的产业由南芝和螟子"各分管业"。② 《刁讼何诚元杖》则讲述了何联峰弟兄四人,联峰最小,他唯一的儿子何道齐在婚后生育一女即死去,属"冠婚故绝",族人为其"立二房次子承继,联峰又立族孙明信接继",但明信系"疏族",引起三房曙峰不满。道齐遗下28亩田在分割时,"内止七亩零与其亲女"。③ 可见,女儿有权继承父亲的财产。

所谓"螟子"又称为"螟蛉",其实就是收养异姓子女作为义子或义女。这些被收养的螟蛉有男有女,如兴宁县张氏17岁嫁刘

---

① (明)颜俊彦:《盟水斋存牍·署府谳略》,第389页。
② (明)颜俊彦:《盟水斋存牍》,第207页。
③ (明)颜俊彦:《盟水斋存牍》,第136~137页。

琳为妻,生育两个女孩后,丈夫病逝,时张氏20岁,"父母舅姑怜其少,讽令再适"。她拒绝说:"吾夫业儒知礼,不幸先父母死,既饮恨于地下,吾不终养,他日何面目见良人。"她将家中"薄田数亩"分给几位伯叔,自己纺绩养育女儿,家里的柴薪、用水则雇"老婢"为之。在她接近42岁时,两个女儿出嫁,她"仍螟蛉异姓女孩,曰:此吾第三女也"。60岁时,螟蛉女"及笄",赘婿在家。① 从上述冯政案中可知,螟蛉也有继承养父财产的权利。在卷5《争继谭挺勋》案中似乎也表明螟蛉有这一权利。据记载,陆惟楚死时尚"无嗣",遗产有塘一亩、屋一间。其妻孙氏择"侄陆挺光为继子",大约因遗产继承问题,陆挺光与陆惟楚的"螟儿谭挺勋起而争之"。经官府对族长陆朝望问责才明白,原来螟蛉谭挺勋为人霸道,应继嗣的"亲房惟亮次子二策",因"畏挺勋而不敢入耳"。官府最终否决了孙氏的择嗣,"杖挺勋而逐之,定二策为嗣,名正言顺,争端自息也"。布政司批示:"谭挺勋以非种而踞继业,锄而去之,情法允协。"② 由于陆二策不敢入继,所以寡妇孙氏亲自拍板丈夫的继嗣为陆挺光。这一现象至少说明妇女在丈夫死后有权选择继嗣,是得到乡村社会的认可的。寡妇对螟蛉的继承权有剥夺之权,《息讼张朝彩杖》讲述谭氏丈夫死后不久,儿子儿媳也相继亡故,只剩下一个孙子张永寿为伴,其螟蛉子张朝彩产生了"鹊巢鸠居之谋"。官府判曰:"朝彩依拟杖之,业听谭氏掌管,抚此藐孤。"③

其实,这些家庭收养的义子或义女,有时带有买卖行为,《刁唆区朝巩等杖》说,薛亚二系区万节育男,初卖身给雷广瑞,因广瑞"贫不能赡",又转卖给万节,后和万节一起往林村收租而发病身亡。亚二母李氏遂挟为奇货,以被打死上控官府。④《息讼周宪成二杖》讲述周宪成将育女卖给苏继州育男为妻,不久该女因病而死。宪成也以"女命"控于官。官府判为"青青子衿,何堪有市井之心乎?"⑤《人命许嘉进等杖》讲述的则是"陈氏之女亚婢,原

---

① 嘉靖《兴宁县志》卷4《列女》。
② (明)颜俊彦:《盟水斋存牍》,第208页。
③ (明)颜俊彦:《盟水斋存牍·署府谳略》,第405页。
④ (明)颜俊彦:《盟水斋存牍·谳略》,第144页。
⑤ (明)颜俊彦:《盟水斋存牍·谳略》,第232~233页。

鬻余姓为义女,媵嫁于许嘉进"。亚婢"年及破瓜"之时,尚未举行仪式,就被许嘉进诱惑发生性关系,引起嘉进妻余氏不满,亚婢被余氏"凌逼,投环而死"。① 这些义女既然可以被买也就可以被卖,《刁诬陈宗文杖》讲述"异乡孤客"陈宗文已届六旬,与"育婢梁亚瑞"生活,因"千里归心",他以亚瑞做抵押向吴举赊了50余金。过了不到10天,他认为不合算,"血本之不甘弃",遂叠告不休,"或以女命,或以谋妻,或以占婢"。但因他没有银子归还吴举,所以官府判"其婢听(吴)举携归",宗文又要求判吴举"量加婢价"。②《刁诬余腾苍杖》说福建商人余腾苍一直在广州经商,与冯钟奇关系很好,"两家婢女时相往来"。后来腾苍丢失1000两银子,怀疑是钟奇家婢女从喜等偷窃,又怀疑钟奇将其婢女藏匿起来。③

一些家庭因无子可能考虑后续香火和财产传承问题,既收养"螟男",又过继族人为继嗣,因而家庭财产继承就相当复杂。如《擅卖继产张上节杖》记载张公伦兄弟俱无子,以张公相子绍齐为继嗣,公伦死后,遗留田地30亩、屋3座,"除女奁及丧葬费半,余田应归继子"绍齐,已经县审断有案。但张公伦的"螟男"张上节与公伦妾刘氏"擅将田乱写与人"。官府对此判决:"应照原断追还绍齐管业",指出"张上节既非族类,敢擅典卖,杖不尽辜"。④

乡村妇女在丈夫死后不仅可以自择继嗣,而且对已经入门的继嗣,经过一段时间观察,若不满意还可重新更立。《讼继陆文炼等杖》记载,陆文炼为文灿之嫡弟,他们的叔叔陆纯礼因"故绝",哥哥应灿被叔婶看中,入继叔叔家,"奉祀有年"。但叔婶黄氏"忽以文灿忤逆为声,欲更继文炼"。官府在乡村调查文灿"何以忤逆"时,族人似乎都不知情。官府据此推测,可能是黄氏"心性不甚有恒",而文炼又能"曲意以得其欢心",并通过重新分割兄弟俩田亩财产继承分量,同意"兄弟不妨易继",满足了黄氏的自主行为。粮储道的批语为:"陆文灿入嗣已久,复为继母所弃,虽

---

① (明)颜俊彦:《盟水斋存牍》,第63页。
② (明)颜俊彦:《盟水斋存牍·谳略》,第133页。
③ (明)颜俊彦:《盟水斋存牍·谳略》,第133页。
④ (明)颜俊彦:《盟水斋存牍·谳略》,第210页。

曰不善事母，亦未必非其弟文炼觊觎取害而开之衅也。本当从前定嗣，但文灿既不得于其母，义难强合，姑如断割产更继。"① 这一事实表明，明末珠三角地区的寡妇享有对继嗣的更改权利。这类案件应该不在少数，《凶悍刘龙璋杖》和《搀继刘翀》讲述的也是寡妇更立继嗣的案件。寡妇欧阳氏丈夫刘懋勋和儿子刘启之"相继沦殁"，她以丈夫的远房族人，即"疏族"生员刘翀儿子廷瑚入继，但过了不久，由于廷瑚"不善于母欧阳氏"，引起欧阳氏"嫌怨"，遂以"废产"为由将廷瑚"退继"，同时拨给他插花田 15 亩作为补偿，但因为土地肥瘠问题，与刘翀闹上公堂。笔者关心的是，在退继之后，欧阳氏自作主张选择了亲支刘自期次子士昌"接承后之为嗣"，得到了族众和官府的同意。后继嗣士昌"又不禄"，刘翀又"挟疏族之众而争之"，被欧阳氏顶了回去。鉴于刘自期只存一个儿子"不堪再继"，她又瞄准亲支刘自绰余子茂松为继，也得到了官府的同意。②

有些女性因与继子生父关系不好，也会影响到与继子的关系。《争继马邦祚一杖》记载，百户马经纶"故绝"，其遗妻也称马氏，"应第三房马经济子邦祚入继，通族亦无异议"。但邦祚父"不能善恤其嫂"，也就是说继子生父因和过继家庭的养母关系不和，长房子邦奇"曲意"侍奉马氏，得马氏欢心。马经济因嫂子"私厚邦奇"，担心财产落空，于是让嫂子立契"正名定产"，马氏将家产田地 40 石分配如下：10 石留给四个未嫁女儿作奁资，2 石给马经纶"嫡弟"四房，其余 28 石及新街之园"授邦祚为祀业"。官府要邦祚"既定继嗣，亦须善事其母"。③ 女性作为家产的掌管者，对延续香火的继嗣和家庭财产的分割享有重要权力。据《乱继李衍庚杖》记载，梁逢南"故绝"，除了侄子衍祚可入继外，别无支派相应。但逢南妻陈氏很喜欢女婿李衍庚，将家中"细软之物"偷偷给了女婿，并产生"逐继"想法。后族长出面陈述逢南遗嘱，家产 40 亩作祖祠蒸尝田，剩下 30 亩田产和 2 座房产"付继子掌管"，

---

① （明）颜俊彦：《盟水斋存牍》，第 543 页。
② （明）颜俊彦：《盟水斋存牍》，第 151、394 页。
③ （明）颜俊彦：《盟水斋存牍》，第 541~542 页。

第二章 明代珠三角地区诉讼中的女性研究：以案牍为例

女婿则分到相应的银两，同时还留有部分好田地给陈氏，以备"分爨"时赡用，死后则作"夫妻蒸尝"，打消了陈氏和女婿"逐继"的念头。官府的批语为："衍祚既为人后，须奉养陈氏得其欢心，以慰地下，田房一照嘱书管业；李衍庚为人婿而唆其妻母不能安其嗣子，杖之。"①

妇女在丈夫死后，因继嗣关系发生变化，其对家庭财产管理即"管业"，会得到官府支持。据《挽继麦铭等杖》讲述，何氏夫麦明起在兄弟中排行第三，因无子，先过继大哥之子麦铭为嗣，麦铭与何氏生活"有年"，双方已有感情。不久，大哥家香火夭折，麦铭只好中断继嗣关系，又回到亲生父母身边。何氏遂以丈夫二哥次子承继。后因田产继承引起诉讼，官府判："其田听何氏管业，没后才许分授。"② 至于如何分授并未明说。而《嗣子黄良珆杖》则可看出官府对寡妇借故驱逐继嗣有一定干预权，黄道湛死后，其妻李氏以夫兄之子良珆为嗣，得到"通族佥同"，不料，丈夫死后十年，李氏"欲逐"良珆出门。原来李氏自己有两个亲生女，"妇人之爱女也甚于子，况女为亲女而子为继子乎。逐良珆而七十亩之产，可悉归二女之奁橐也"。官府从传统祭祀角度出发，认为"古未有衹妇翁于庙而祭者"，即若驱逐良珆，那么道湛就成为无后祭祀的野鬼。据说，黄氏通族对李氏做法均愤愤不平。官府判："今断所遗田四十亩付良珆管业，以为蒸尝之资，其有荡产，合族攻之；其三十亩听李氏嫁女为奁拨之产。"③《争产苏大伦等杖》记载，苏大伦过继给已故叔叔苏旭阳为后，已在官府备案。但他对守节的婶婶黄氏并无"顾恤"之情，据说旭阳生前"所典侯彦匡之屋，原契八十两，后黄氏再贴银一契二十四两为旭阳殡葬之费"，但大伦却"踞其屋而不认其银"。婶婶上控官府，得到判决："粤契例半虚其价，若大伦欲得屋，偿还原银，才许管业"，并规定旭阳家"其余产业还听黄氏掌管，没后交与大伦"。官府认为"大伦为人后而不母其母"，法应重创。④

---
① （明）颜俊彦：《盟水斋存牍》，第728～729页。
② （明）颜俊彦：《盟水斋存牍·谳略》，第211页。
③ （明）颜俊彦：《盟水斋存牍·谳略》，第212页。
④ （明）颜俊彦：《盟水斋存牍·署府谳略》，第390页。

三 女性在各种纷争中的行为

人们在日常生活中总会遇到这样那样的问题，而当问题出现时，有些人选择忍耐，有些人则选择反抗。《盟水斋存牍》中记载的妇女也是如此。《争屋苏朝光等杖》记载屈氏、黎氏系婆媳关系，共同守节抚育苏朝光等三子。朝光的两个"不肖"之兄龙光、国光偷偷将家中田地变卖，婆媳二人知道后并没有明显的反抗，而是和三个孩子一起"苦积"资本，将被卖出的一些田产陆续赎回。①《访恶谭期高徒》记载，谭期高"拥有多妾，旋取旋弃，始逼取良家子女，恣其淫虐，既勒索原聘财礼，诈害不休，是其故态，不止王华日一妹也"②。可见这些受害女性似乎没有反抗举动，所谓"旋取旋弃"，也没有明说她们被弃后的价值取向。而谭期高因为宠妾，甚至要弃妻杀子，据《争田谭观文杖》记载，谭期高之恶固不胜书，其妻孙氏与他"夫妻之谊早绝矣"，其"弃妻杀子"之计出于他所溺爱的小妾屈氏。孙氏将期高售卖的竹料等田地赎了回来，"已为孙氏私业"。期高和屈氏想将此田据为己有，官府没有答应，"原田听孙氏独执无异"。③谭期高为了杀子，污蔑儿子乱伦，据《访犯谭观文议释》记载，谭期高因"昵妾"而萌发"蔑妻杀子"念头，他诬陷儿子观文"蒸父妾"亚真，又说观文奸淫叔母陈氏。但番禺和南海官府审理后认为，期高"奸淫狠戾""败伦蔑纪"，参加庭证者也称："期高现拥五妾，遂弃其妻。妾有三子，遂仇其妻之子，不杀不已。"④官府最终释放了观文。期高的恶行还表现在欺辱家族成员，据《拨讼谭广馨杖》记载，生员谭上俟与谭期高为亲叔侄关系，"二家颇称素封"，天启五年两家因争产而诉诸公堂，七年上俟死。崇祯元年，在衙门为吏的族人谭广馨和期高联手欺凌上俟妻陈氏，捏称上俟生前将卖尝田银200两据为私有。官府比照号簿，认为是广馨伪造。⑤谭期高不仅多妾，而且还污蔑儿子

---

① （明）颜俊彦：《盟水斋存牍·谳略》，第186页。
② （明）颜俊彦：《盟水斋存牍》，第100页。
③ （明）颜俊彦：《盟水斋存牍》二刻，第585页。
④ （明）颜俊彦：《盟水斋存牍》，第101~102页。
⑤ （明）颜俊彦：《盟水斋存牍·谳略》，第145~146页。

第二章 明代珠三角地区诉讼中的女性研究：以案牍为例

奸淫长辈，这些被诬告的女性并没有反抗，从中也可以看出乡村社会对女性贞节的态度。

上述案件中的衙蠹在明末广州官场较多见，他们也不时欺辱女性。《衙蠹许明徒》讲述许明"借衙门为窟穴"残害民众，与妓院老板"土龟步少吾之妻"勾搭，弄死少吾后，将其妻据为己有，又将少吾遗下的六名妓女"变卖得价六百余金"，再重新置买妓女亚奇、亚细、崩耳、亚云、新喜五人，"现居竹栏为娼，每月勒交恶月钱三十两，共计得过月钱银一千有余"①。还有吏役纳妓院老鸨女儿为妾，《娶娼为妾何其元杖》说，吏役何其元纳乐户萧仰女亚五为妾。后萧仰死，其开设的妓院也解散。②明末的广州妓院多开在商业繁华的濠畔街一带，明末清初屈大均在《广东新语》卷17《宫语·濠畔朱楼》中记载说：

> 广州濠水自东西水关而入，逶迤城南径归德门外，背城旧有平康十里。南临濠水，朱楼画榭，连属不断，皆优伶小唱所居。女旦美者鳞次而家，其地名西角楼，隔岸有百货之肆五都之市，天下商贾聚焉。……是地名濠畔街。当盛平时，香珠犀象如山，花鸟如海，番夷辐辏，日费数千万金，饮食之盛歌舞之多，过于秦淮数倍。今皆不可问矣。

屈大均所言应是明中叶以来之事，到他写作的康熙年间因明清王朝在广州争战影响了妓院生存与发展。这些以妓院为家的女性，任由男性摆布，《争妓讹诬孟性翼等二徒五杖》讲述孟性翼、孙国柱等皆外省人，其实多为南下广州商人，他们聚集在濠畔街及其周围开设绸缎铺或酒店。国柱为楚之江陵人，有妻周氏小名亚金，实际上是妓女。国柱曾将亚金包给李小楼专用，得银16两，钱是李小楼从山西客人张少溪处转借的。后因国柱无银赎回，小楼和少溪遂将亚金转典于江巡简，江又转典于周龙孙，周又转典于孟性翼，"诸棍以阿金为花筹，亚金以诸棍为驿递，真可笑也"。孙国柱不愿

---

① （明）颜俊彦：《盟水斋存牍》，第92页。
② （明）颜俊彦：《盟水斋存牍·谳略》，第167页。

意因为 16 两银子而失去妻子,所以他首告最后的孟性翼。① 这个案件发生地在明代广州最繁华的闹市区,周亚金被男性不断转手并没有表现出不满之意。妓女在经营中因接客不周也会受到男性欺辱,《跳诈马尚义等一徒二杖》讲述"马尚义市井恶少,与狼仆李九、梅四等朋比为奸,平空跳诈,择人而食,若乐户则尤不足当其一怒也"。所谓"乐户"即妓院别称,时有"蔡凤家妓女失于应接,抄洗一空,伤及幼女,凤以惨杀之词控府,李九等倚侍宦仆抗不赴理"。②

类似周亚金被男人因金钱而不断转让的例子,在平民妇女中也有,《卖女郭滨杖》讲述郭滨夫妇将女儿秋至卖给霍天性,霍家又转手卖给俞念益,俞又将秋至卖给戴经历为婢,戴再将秋至转手卖给高懋枝。郭滨得知此情后才以女儿"被拐"向官府起诉。③ 应该说,郭秋至被买卖属于被动型。有些妓女为了从良而主动在男人间周旋,《娶妓施廷等杖》记述了妓女王三在两个男人之间的婚恋故事,她之前与年老者施廷相好,后贪恋年轻人邵鲁源,而与施廷分手,但鲁源已婚,其妻为"妒妇",王三难以忍受,只好又反过来"约施廷而私奔"。官府评曰:"以鲁源之犹在强壮不能锁铜雀之春,乃施廷之皤然老翁何克暖阳台之梦。去娼从良,原不具识英雄俏眼,朝来暮去,总是他弄狐媚生涯。"而鲁源在纳她为妾时,花费了一定的礼金,官府遂判施廷给予鲁源一定赔偿,"礼金十两,鲁源之婚契可凭。引粤中之例,断廷还其半(下残)"。④ 可见,王三与情人私奔追求新生活,得到官府批准,显示官府和民间在观念上接受了女性不贞的事实。女性在经历从良民到妓女再到良民的转变,也可看出官民对女性身体的看法。据《买良为娼黄元杖》案件,刘亚娥初嫁给程汝益为妻,后汝益因家庭窘用,就把她转卖给香山县役殷汉为妾。不久,殷汉又将她卖给乐户黄元为妓女。刘亚娥父亲刘碧沙不忍心女儿"落于烟花,鸣之清远县"。但清远县却判刘碧沙是"假父局诈",不予审理。刘碧沙不得已遂上控到广州府,颜俊彦接受案件后,"三面对质,黄元出上下手契甚明,即元亦称系碧沙之女,但买自殷汉耳"。官府在弄清了刘亚娥良民身份

---

① (明)颜俊彦:《盟水斋存牍·谳略》,第 115 页。
② (明)颜俊彦:《盟水斋存牍·署府谳略》,第 365~366 页。
③ (明)颜俊彦:《盟水斋存牍》二刻,第 544 页。
④ (明)颜俊彦:《盟水斋存牍·署府谳略》,第 398 页。

后，遂判决说："黄元买良为娼，拟杖枷号"。殷汉病故，不再追究。"亚娥归碧沙另嫁。"据说，当亚娥与父亲见面时"抱头哽咽，悲喜万端"。① 亚娥由妓女变为良家女后，居然又可以转嫁他人。

但官府对妓女的看法不尽一致——也许从良除外——在《唆诈姚思怀杖》中判词即有"以青楼之妇入梨园之场，门户相当也"，反映青楼与梨园中的女性地位低下。据说，苏氏养女那凤被"契卖"给王子茂戏班，后王子茂又以那凤"抵黄云我之债"，苏氏"复起而讼之"。官府审案显示歧视妓女，"即良家之女亦听夫得卖，况倡优人尽夫也，杨花飘泊，亦安定其所之乎？"接着又说："苏氏老娼不足深求，杖思怀以惩龟之强出头者。"② 梨园演戏使用女性在明末珠三角应不在少数，据《优人黄咬免拟》记载，优人黄咬花60金娶吕玉枝为女旦，合班演戏，"今玉枝老而倦"，想回到与前夫所生儿子处安度晚年。黄咬则想回原籍，不愿跟玉枝走。玉枝认下了黄咬欠下债务200余金，但黄咬还是不满足。官府在判词中说："野鸳萍聚，原未有情，场上夫妻，岂同结发。姑令玉枝再出银五两，以赠咬之行，可也。"③

上述案例中的妓女因为社会身份的低下，所以在受到各类侵害时，几乎都是顺从的态度。但在传统乡村社会中，普通人家的妇女并不完全如此，她们有时会因为一点鸡毛蒜皮的小事而产生纷争，妇女在纷争中的形象也呈现多元色彩。《人命李观华等杖》讲述李观华与潘献英"互相指奸"，李观华找了一帮人"聚殴献英及其妻母区氏"，导致区氏"仆踬而死"。潘献英妻李氏因母亲之死，"奔控宪台"。官府除了杖李观华外，还要他"再出银十两为区氏功果之资"。④ 至少在这个案件中，李氏为自己母亲争取了公道。《刁讼罗子昌杖》则讲述罗子昌妻潘氏死于母家，子昌以"杀妻匿尸"为由状告岳父潘宇秋，而岳父又"以逼死女命"起诉女婿。官府在公堂上传讯证人，众口一词说"失足堕井"。⑤ 据此推测，潘氏可能是因与丈夫子昌发生家庭矛盾才回娘家，因帮娘家干活而不幸坠

---

① （明）颜俊彦：《盟水斋存牍·署府谳略》，第399页。
② （明）颜俊彦：《盟水斋存牍·署府谳略》，第369~370页。
③ （明）颜俊彦：《盟水斋存牍》，第738页。
④ （明）颜俊彦：《盟水斋存牍·谳略》，第59~60页。
⑤ （明）颜俊彦：《盟水斋存牍·谳略》，第138~139页。

井身亡。《人命汤氏由详》讲述了汤氏与苏氏两家孩子因争一蟋蟀而发生矛盾,双方各护其子,汤氏殴打苏氏,致其毙命。①

夫妻、婆媳之间的纠纷有时甚至引发命案,《人命欧阳炳灿等二杖》说邓氏女嫁给欧阳炳灿为妻,生二女,夫妻感情"不薄",后邓氏女投水自杀。其死因有两种说法,一是因做饭晚而受丈夫或婆婆责骂,"乃以炊迟之故,殴詈反加,令愤而投水自尽";一说她撒泼"詈姑区氏",被丈夫毒打而自杀。②《诬命索诈赵乾宗杖》讲述王胜耕妻赵氏因"忤姑自经",但赵氏哥哥乾宗却想以妹妹之死敲诈钱财,他怂恿母亲区氏到衙门上诉说妹妹被"田主何清源逼奸"而死。③但也有婆媳相依为命的,《不孝区日科杖》讲述区日科"拥妾别居",既不顾其"罄母"左氏,也不顾其妻温氏。婆媳两人相依度日,全赖温氏纺织自给,有时甚至断炊,婆婆左氏最后自经身亡。但区日科却以妻子温氏逼死母亲诉官,目的想敲诈岳父温君凤。通乡之人闻此而对"日科切齿",左氏族人也不能"指温氏逼姑实据"。官府判决为:"日科不养其母,因而致母自尽",杖责日科并"枷示通衢三个月,以为不顾父母之戒"。④

婆媳关系历来是家庭中一个敏感的话题,理论上讲,这是女人之间的争斗问题,《息讼黄惠等杖》讲述的是黄惠与李于扩两个家庭之间"相讦",起因是黄惠孙女嫁给李于登为妻,进门后却与婆婆徐氏关系不和,经常吵闹,媳妇"不耐诟谇,短见投井"而亡。黄惠到孙女婿家"挟尸肆横",造成婆婆徐氏也自缢身亡,双方因此进入司法程序。官府批:"姑媳诟谇而投井,愚妇之常态耳。黄惠以为奇货而挟告,徐氏之缢,惠实致之。"⑤官府对媳妇因与婆婆吵架而投井自尽的做法,明显抱反对态度,而对婆婆被逼自缢则持同情心态,所以薄责了黄惠。《息讼区应友杖》说的是区嗣旦之女嫁给罗应捷为妻,与婆婆关系不睦,一日吵架后,"忿而自经"。区嗣旦本来没有诉讼的想法,但经不住族人子衿区应友的唆使而上控。⑥

---

① (明)颜俊彦:《盟水斋存牍》,第 624~625 页。
② (明)颜俊彦:《盟水斋存牍》,第 64 页。
③ (明)颜俊彦:《盟水斋存牍》,第 691 页。
④ (明)颜俊彦:《盟水斋存牍·谳略》,第 163 页。
⑤ (明)颜俊彦:《盟水斋存牍》二刻,第 551 页。
⑥ (明)颜俊彦:《盟水斋存牍》二刻,第 603 页。

在一些大家族中，不同家庭之间也会因为利益而发生纠纷，《人命朱氏、梁氏、陈氏凌迟改释》记载的是家族亲属之间矛盾，朱氏、梁氏、陈氏三人被人控告"同夫共谋毒死亲姑程氏"。官府经审问得知，麦文标等与麦裔祯为服族之关系，双方因"争田积仇"，后因发生"抢猪"事件，程氏儿子文标成为被告，程氏为了救儿子，遂"服毒抵赖"，目的是嫁祸上述三个"兄弟妯娌"。官府经过"再四研审"，三妇才"细吐冤屈，如梦初醒，而程氏服毒图赖之情始见"，官府释放了三个无辜妇人。①《刁讼邝伯启等杖》记载，李氏儿子邝伯启与舅舅李雅倩"合造枝圆"，后雅倩病故，其妻苏氏带着一帮孩子生活。苏氏要求外甥伯启支付"槟殓之费"，伯启则要求舅母以舅舅"生前之帐为抵"，双方闹得不可开交。伯启母李氏置同胞兄弟情于不顾，"代子出头以讼"，李氏父亲宗叔看见媳妇一家生活窘境，遂"挟其媳而诉"，最终出现女儿李氏"与父讼"的局面。官府最终判："伯启出银十两助苏氏丧费"，同时又"杖伯启，教之以亲亲之道也"。② 这个故事原本是两个男人之间的合伙生意，到后来演变为女儿和父亲之间的争讼，但从李氏代子诉讼的情节来看，女性在家庭中所处的地位相当重要。

也有妇女在守节期间，为了保护家产而与亲戚对簿公堂，《越占孀产董士昇等杖》讲述少妇方氏为"已故诸生谭万益之妻"，丈夫死时，她刚满20岁，只生育一个女儿，家中尚有两位"孀姑李氏、劳氏"。方氏"冰操自砺，誓不移天"，下抚其女，上奉两姑，引起乡民赞叹。然而丈夫还有一个弟弟谭万年"浪荡善费"，方氏"虑其费尽，无以自存，且无以奉两姑馈粥也"，遂出面赴府呈控，并把家产"分为两股，给有印单，氏与万年各执管业矣"。不久，万年就将自己分得的财产消耗一空。时有外戚董士升及生员李凤鸣、赵有权等与万年合伙捏造方氏印单中的产业尚有万年的份额。方氏在无奈之下只好再次到县衙诉讼，官府判断也倾向于她，一方面对董士升等"攘孀妇之产"，加以杖罚，另一方面又"委官阡明，有再强占，即拿究解库收缴"③。方氏以一个女流之辈的身份，

---

① （明）颜俊彦：《盟水斋存牍·矜审》，第315页。
② （明）颜俊彦：《盟水斋存牍·署府谳略》，第383页。
③ （明）颜俊彦：《盟水斋存牍·署府谳略》，第385页。

为了自己的利益,两次到衙门告状,用法律保护自己的正当权益,也体现了明末法律的普及已经相当深入。

有些女性在受到伤害时,则奋起反抗,《诬盗陈献吉等杖》讲述陈冲明、陈献吉父子因被盗,怀疑是同里杨元珍所为,里排卢以凤则持反对意见,并以非元珍所为"具结"上报,引起冲明父子不满,将里排殴成重伤。陈冲明父子又以元珍伯父杨挺南窝藏为由,率众到挺南家闹事,时挺南出外,其妻宁氏在家遭殴。宁氏被殴打后,反应强烈,据冲明称,宁氏跑到张亚敬酒铺抢刀,"杀差不遂,奔突明家,有庶母胡氏、又媪余氏、家人陈庆进夺刀,投吓约保,宁氏闭门悬缢,里邻拆屋解救不苏",就是说,宁氏持刀跑到冲明家报复,最后在冲明家上吊而死。冲明等以宁氏有图赖之意,但官府否定了陈家的说法。因据官府验尸,在宁氏持刀入陈家时,已遍身有伤。[①] 宁氏的反抗举动,一方面说明妇女对乡村社会各家各户的居住情况比较了解,所以从酒铺抢夺菜刀后直奔陈家,另一方面说明妇女在家庭或自身遭到危害时会奋不顾身地进行殊死报复。

妻子为丈夫报仇而诉求官府的案件在《盟水斋存牍》尚有不少,如《刁诬朱陈亚长杖》中的案情则显示,村妇何氏以丈夫朱陈秀中被王奇英打死,屡屡"抱告"朱陈亚长,但官府经过审断却认为其夫为自缢而死,所以杖责朱陈亚长。[②] 颜俊彦在多处判词中对受妇女委托的抱告者加以杖责,而对真正的控告人妇女则予以免罪,如《刁讼吴亚三等杖》说,李氏丈夫吴体能外出佣工,一直没有回家,她和吴亚三听到风言风语,遂遣吴亚三、抱告叶敬周诉叶正英等谋害了丈夫,但这些控告"总无所据"。官府"姑念李氏女流,惑于传闻,杖抱诉之吴亚三,以惩其妄"。[③]《息讼冯成志等杖》讲述黎荣俊因借债无法偿还,被债主逼债而服毒身亡,即"仰药毙命",其妻李氏遂将放利者冯成志告上公堂,后在两姓族长调解下和解。[④] 但似乎也不是所有的妇女都遭抱告的,《人命谭国鼎等批县审》说,翁氏以儿子廖成祖因"私奸露丑"而被人打死,但据谭国鼎等称是因为"挑泥压死"。颜俊彦亲自提审,"翁氏呼天抢地,

---

① (明)颜俊彦:《盟水斋存牍·谳略》,第130页。
② (明)颜俊彦:《盟水斋存牍·谳略》,第132页。
③ (明)颜俊彦:《盟水斋存牍·谳略》,第135页。
④ (明)颜俊彦:《盟水斋存牍》二刻,第551页。

几不欲生,而旁有少妇掖翁氏而进者,出一手本,词与翁氏矛盾,问之则死者之姐也。母为子索命,而女与母相左,其中情事大是可疑"。① 这个案件的最终审理结果如何,不得而知。从案例中至少可看出,女性是可以直接到衙门诉讼的,而不完全是"遣抱"代行。

也有身为人母的妇女为受伤害的女儿主动寻求司法帮助,严惩罪犯的案例。《人命张光启等一徒一杖》讲述梁氏为女儿杨亚二讨公道的故事。杨亚二系张光启妻的"随嫁之婢"。光启有病在身,"癫狂失心,每每遇刀则刀,遇杖则杖,或自砍击,或砍击人"。其父张德辉常把他幽闭一室。某日,德辉奉官差外出,疏于防守病中的儿子,致使光启杀死亚二。梁氏听说女儿被杀,遂以张家兄弟合伙奸杀女儿上诉,官府接案调查后认为,梁氏"驾词波澜",而且根据明律"故杀奴婢",例得免死。但鉴于"原告梁氏茕茕老寡,子方襁褓,不堪拖累,合断德辉出银二十两给梁氏,半作埋葬,半作赡养,而光启依律拟徒,此情法之平也"②。《人命陈玮二杖》记载,子衿陈玮因家庭矛盾殴打其妻,致妻自尽身亡。其岳母马氏上控官府,官府判决为:"陈玮系子衿,不能调琴瑟之好,而百年伉俪一旦殒于非命,五伦之中已乖其一。……更罚银二十两,同其岳母马氏修冥冥之荐,以谢亡妻于地下可也。"③

广东女性的撒泼在明代士大夫中有一定的影响。万历年间,浙江人张应俞曾将社会上收集到的种种骗术传闻编成《杜骗新书》,其中有一例广东男人怕老婆到苏州纳妾被骗的故事。广东人蔡天寿年已40岁尚未得子,"其妻泼甚,弗容娶妾"。他因贩广锡而往返于广苏之间,一日,对牙人萧汉卿说:"我未得子,意欲在此娶一妾,亦有相因的否?"萧汉卿爽快答应帮忙,带着他看了几位在室的年轻女性。蔡天寿以"年纪不相宜"为由拒绝,时寡妇邓氏33岁,容貌端好,丈夫死后遗留"家赀千金",被儿子国延纪赌荡罄空,还欠赌银20余两。国延纪遂谎称母亲为己妻,"欲嫁以偿债"。汉卿得知消息后,带着天寿相亲,"议身资银四十余两"。④ 当然,

---

① (明)颜俊彦:《盟水斋存牍》,第690页。
② (明)颜俊彦:《盟水斋存牍》二刻,第480页。
③ (明)颜俊彦:《盟水斋存牍》二刻,第482页。
④ 《杜骗新书》第16类《婚娶骗·异省娶妾惹讼祸》,上海古籍出版社,1994,第225~229页。

也有男性宠妾的事例,《争产欧兆谟杖》记载,欧延诏有二子,"长曰兴箕,为梁氏庶出,次曰兴策,为赵氏嫡出"。在兴策未满周岁时,母亲赵氏死了。欧氏本宗、外戚都认为是延诏"宠妾杀嫡"。赵氏父亲赵相如"念甥幼失母,曲为调停"。延诏将儿子托付给岳父,并拨田15亩"雇乳抚育"。不数年,延诏也一命呜呼。① 可以看出,明代广东人纳妾较普遍,从孩子排序来看,正妻可能长期不育,所以才有纳妾行为发生。而女性受雇充当奶妈也时有所见,《被诬梁氏斩改释》记载,梁氏丈夫彭绍德远出,她一个人与年幼孩子独居,因贫苦无聊,只好外出当奶妈谋生,即"出佣做奶"。后有人谣传其与人通奸,即"受人之桃桑间之约",但官府认为是诬陷,因为按照明朝法律"指奸勿论,必须奸所并获"。②

  寡妇为了捍卫自身的经济权利,也通过司法诉讼解决争端。《争屋卢我振等杖》讲述甘氏丈夫活着时,将自家房屋按银于卢我振,"得利有年"。后甘氏丈夫病故,卢我振试图霸占甘氏房屋。甘氏跑到县衙告状,"县仅断加银十两与(甘)氏,而房归于(卢我)振"。但这样的判决引起了广州府衙的不满,重新判决:"合断甘氏照原价清还我振,房听赎回管业。"按察司批云:"卢我振欺寡占屋,殊属可恨。"③《讼地梁瑜杖》则记载说,郑氏、叶氏二孀妇,将"祖遗塘地"凭中人梁舜积等卖与族人梁善闻为业,"中契甚明"。突然又冒出一个叫梁瑜的人,声称自己也有购买这块地的契约,"称为两氏之夫所立,买在善闻前"。如果梁瑜的话属实,则二氏在丈夫卖地之后又卖则为"重卖",善闻也为"重买"。但二氏坚决否认丈夫有过此行为,并说梁瑜"恃其子衿,鱼肉孤寡"。官府"取瑜契验之,见证并非梁族,不无可疑,或系暂按,亦未可知"。于是判决:"今断二氏照粤例契开二十二两,以实价十一两回赎,先断梁瑜之想,而后听其别售。"④《争继产罗德玄等杖》讲述的是寡妇陈氏因丈夫继嗣问题,与夫弟罗世繁、世登打官司。据陈氏说,丈夫罗世恭在世时曾许给罗政存为继嗣,但丈夫去世时,家中只有一个儿子会兆,按律不应继嗣,"曾许已非必然之事矣。今

---

① (明)颜俊彦:《盟水斋存牍·谳略》,第177页。
② (明)颜俊彦:《盟水斋存牍·矜审》,第316页。
③ (明)颜俊彦:《盟水斋存牍》二刻,第587页。
④ (明)颜俊彦:《盟水斋存牍》二刻,第590页。

世恭已故，长房无可继者，则舍世登、世繁又谁属也？"官府折中的解决办法是，将政存财产分割一部分给会兆，"量给田六十亩，屋一座，可以已矣"，陈氏不满意此判决。据罗氏族长称，"政存遗产将及五顷，则请再加给会兆二十亩，以塞其求，余听世登、世繁等掌业如故"。粮储道批："次房绝嗣，而长房独子，序应三四房承继。罗会兆不应继而享有插花之产，幸矣。何陈氏复为不已之讼耶？再给田二十亩，似属过情，但念其冢孙，厚之可耳。"①

上述案例显示，明代珠三角地区寡妇守节，与其家庭经济较为富有有一定的关系，明代江南昆山人王临亨于万历二十九年奉命到广东审案，其中有一个案件就讲述一孀妇与只有数岁的儿子同居，一无赖向她借钱，久不偿还，孀妇到无赖家索要。无赖借口让孀妇等待，自己偷跑到孀妇家哄骗其子取走首饰匣，并在途中试图溺死孀妇儿子。② 可见，寡妇守节有一定的经济基础，而寡妇只身到无赖家索要欠款，也表明节妇并非足不出户。

妇女有时甚至和男性一起合伙从事犯罪活动，《土豪梁台华等三徒》记载，梁台华开设赌局骗人，就雇用了妇人李六娘为"鸟之囮"，专门"诱引局骗"，其中黄栋被骗百两，陈礼则被骗70两，"倾囊不足，勒写田房"③。赌局应该是一个隐蔽的公共场所，李六娘穿梭于男人之间充当引线，完全没有传统"男女授受不亲"的概念。《吓诈梁绍宗三徒》讲述梁绍宗与"贼妇"蔡伯婆诡称寄赃，与衙蠹郑炳、陈确林一起敲诈蔡仲英，将蔡妻梁氏锁拿，要求仲英出银。而蔡仲英夫妇以"力耕度活"，因无银满足"诸奸"之要求，丈夫遂"服毒而死"。在庭审中，三犯面对仲英妻梁氏的指证无所置辩，三犯被分别定罪。④《局诈棍徒杨意存批县审》描述了杨意存和黄贵两人要合谋敲诈胡懿梅，他们找到一名区姓的"无赖丐妇"，利用她的女性身份设局行骗。据区氏在官府审讯时称，"杨意存、黄贵借其出注，已亦不知何事"⑤。尽管这个案件的内容不详，但是区氏与两个男人在一起设局欺诈却是成立的。

---

① （明）颜俊彦：《盟水斋存牍》二刻，第591页。
② （明）王临亨：《粤剑编》卷2《志时事》，中华书局，1987，第68页。
③ （明）颜俊彦：《盟水斋存牍·谳略》，第81页。
④ （明）颜俊彦：《盟水斋存牍·谳略》，第124页。
⑤ （明）颜俊彦：《盟水斋存牍》，第698页。

女性甘愿被男性诱惑从事犯罪,反映了明代珠三角女性的社会活动较频繁,且男女之间交往也较为随意。《讼地吴思孟杖》描述讼师吴思孟利用梁氏敲诈,据说村民黄廷秀从胡昱手上买了一段地拟作墓地,胡昱的这块地原来购买于封祖兰手上,"上下价契甚明,择吉营葬"。这件事被吴思孟获知,他想从中敲诈一笔钱财,于是从路上找了一位"淫泼之妇梁氏者,凿空架词,讼廷秀抛骸"。因梁氏的状告,官府只好介入,此时的"梁氏遁矣"。据官府了解,廷秀买的葬地很小,"所费不过八钱银耳,而讼费不啻几倍,土棍为祟,宁止蛇蝎耶?"①《争地许景荦等杖》讲述许景荦为了图赖也找了一个老妇人出头。许于旦凭中人购买了许景豪二分地,"中契两明",但在景豪死后,其弟弟景荦"遂思借端图赖,亦知中人许潜夫现在,上下手契甚明,讼必不胜"。但景荦还是试图做一番努力,他找了一个"老耄之许氏出头上控"。这个许氏是许家已出嫁的女儿,官府判决:"不思许姓之产,许姓之族得问,岂许氏出嫁之女所得主张?地听于旦照旧管业,景荦应杖,许氏女流免拟。"②这种"女流免拟"的说法在《盟水斋存牍》中多处可见,《息讼李蓁杖》记载,谭氏与李蓁为亲婶侄关系,两人因争地界发生口角,谭氏遂以侄儿有企图杀害自己的行为向衙门控告,后在生员李苍劝说下和解。③又据《息讼文来福杖》记载,梁达吾与文来福、亚石争砖哄殴,后达吾病死,其妻刘氏遂以丈夫被来福等打死上控。④可见,妇女正是利用了"女流免拟"的法律空隙,遇到矛盾就求助官府。这也许是男性在违法犯罪时找寻女性参与,而女性也愿意参与的重要因素。

四 诉讼案件反映的女性贞节观

妇女守节是宋代以来王朝国家一直倡导的主流话语。然而,直到明代,妇女改嫁在珠三角地区仍属常态,与此同时,官府也支持寡妇守节。《息词刘茂珍等杖》记载,刘茂珍岳父钱朝所以"巫术

---

① (明)颜俊彦:《盟水斋存牍》,第719页。
② (明)颜俊彦:《盟水斋存牍》,第720页。
③ (明)颜俊彦:《盟水斋存牍》,第742页。
④ (明)颜俊彦:《盟水斋存牍》,第742页。

为活",因岳父一家"向与陈木盛同居",后钱、陈两家因为琐事而闹出纠纷,官府在审问中有"朝所既故,妻已别适,无可对质"之说法。① 女性在丈夫死后,改嫁之事屡屡发生,《唆讼梁君常杖》的案件中讲述民壮吴文壁死后,其妻张氏"凭媒转嫁李仕奇已及半载"②。有的寡妇改嫁后,甚至还想侵占前夫家的财产,《债负余良相等杖》记述,黄嘉谏为嘉诏的嫡弟,身有残疾而未婚,兄弟三房皆"沦绝"。嘉诏在世时,于万历四十六年将自家的房子以45两银子按给余良相使用,"按也,非卖也"。作为弟弟的嘉谏在哥哥去世后想回赎房子,却被朱建义赎回。这个突然冒出来的朱建义,原来是嘉诏生前所纳的妾赵氏改嫁后的丈夫,朱建义声称此房应归嘉诏孤子世昌所有。而嘉谏则诉称:"世昌系异姓之子,已随妾赵氏改嫁有年。"官府不同意朱建义回赎。③ 妇女在丈夫死后就急着改嫁的现象,在广东方志中也有记载,嘉靖《德庆州志》卷7《提封志下》记载,当地风俗:"葬多火化而无砖灰。夫丧未终而辄改嫁,男子已娶而不冠巾。"可见,改嫁在广东属于正常的社会现象。

　　寡妇的改嫁也是光明正大地进行,并不顾忌会有任何社会的不良反应。据《唆讼何三楚杖》记载,何出图"以吏出差,殒于异乡",留下妻子周氏与"尚在襁褓"中的儿子吾寿,还有前妻生育的"方在髫稚"的儿子吾福。周氏于是带着自己的儿子回到娘家守制过活。为丈夫守制结束后,她由娘家人及夫家族人何可量、何殊做主改嫁,新任丈夫是客居广州的杭州人翁真之。出嫁之前,周氏答应,原来何家的"所有田产、婢仆、契券,悉归吾福掌管",她自己的孩子吾寿则随她出嫁。吾福的族伯何三楚与吾福父亲有世仇,遂造谣说周氏"三犯私胎,先通后嫁"。时吾福父亲的棺柩还未运到家,周氏却嫁给了翁真之,官府于是判决:"真之出银十两,以助丧费。"④《息讼岑参明杖》讲述了岑参明与岑懋登同族,懋登的儿子可能病故,其儿媳妇何氏也改嫁,他和孙子相依为命,但岑参明却勾引何氏,目的是通过何氏来诱惑其子,妄图霸占懋登家的财产。⑤

---

① (明)颜俊彦:《盟水斋存牍·谳略》,第227页。
② (明)颜俊彦:《盟水斋存牍·署番禺县谳略》,第412页。
③ (明)颜俊彦:《盟水斋存牍·署府谳略》,第396页。
④ (明)颜俊彦:《盟水斋存牍》二刻,第578页。
⑤ (明)颜俊彦:《盟水斋存牍》二刻,第552页。

一些寡妇在丈夫死后并不是因生活无着而匆忙要处理家中田产，相反是为了急于改嫁。《争田产刘原墨牍》记载，陈铤"身故无子"，其妻英氏欲将其所遗之产变卖，但作为女流之辈，她不愿出头露面，"断不能沿街求售"。陈铤妹婿刘原墨"居间"充当英氏鬻产中介人，试图从中捞取好处。据说，英氏之所以"急欲授田于人"，是想"脱产而嫁，不终守制"，因而引起陈铤兄长陈金上告。① 《绝产张兴祥牍》讲述卢惟超之继妇邓氏在丈夫死后，"以惟超故绝，急于改嫁"，遂将惟超所遗屋地议卖给张兴祥。然而卢家房屋一旦被售卖，邓氏公公、丈夫的神主牌位就无处存放，卢家收养的义男卢应龙求助于官府，"哀哀为存祀之举"。官府审断，"念屋已拆圮，整理为难，故仍责兴祥承买，而断价三十两交应龙，眼同族长卢崇亮等另买祭田五亩，以为惟超父子祔食香火之需"。② 可见，邓氏在售卖夫家财产时并没有和族人商量，从其义男诉求时房屋已被拆毁，估计他也不知情。寡妇甚至可带着孩子改嫁，《欺孤刘会衢牍》讲述姜氏丈夫在世时，曾与弟弟刘会衢"合开书肆有年"，丈夫死后，姜氏带着两个年幼孩子改嫁，并凭刘子明作中，与小叔"分帐有据"。然而，"改嫁已十余年"的姜氏又以账目不清楚为由，让两个儿子出面控告小叔。③

有些妇女为了利益甚至不惜名声，随意将陌生男人认作自己丈夫，于此也可见明末妇女对婚姻贞操的态度，《藉死掠诈张瑞牍》说黄盛佐又名张盛业，"一人而两名也"。有一流浪者在村边路上死了，已经"里老验收"。但一个叫张瑞的人却将死者认作兄长，并找了黎氏妇人充当死者妻子，"居死为奇，掠诈乡民"。村民们公举廖日生等团词上控，当官府介入时，"黎氏已化为乌有"，只捉拿到张瑞。④ 很显然，黎氏为了骗财而临时答应成为无名氏男人老婆，完全没有考虑自己的名节。还有的妇女则与丈夫家族的同辈人发生通奸行为，《人命卢邦佐绞改戍》讲述了卢邦佐与卢近仁皆卢尔湛之族侄弟，卢尔湛与缌麻服弟之妻刘氏通奸，被族侄卢邦佐、卢近仁等纠众捉奸在床。但他们抓住卢尔湛后并没有"送官正法"，而

---

① （明）颜俊彦：《盟水斋存牍·谳略》，第 192~193 页。
② （明）颜俊彦：《盟水斋存牍·谳略》，第 200 页。
③ （明）颜俊彦：《盟水斋存牍·署番禺县谳略》，第 411 页。
④ （明）颜俊彦：《盟水斋存牍》，第 67 页。

是私自捆缚，以图勒贿，导致卢尔湛死亡。察院批："卢邦佐拿奸擅杀，只凭一淫妇雌黄，未是信狱。"①

一些妇女即使丈夫在世也敢找寻婚外情，完全置名节于不顾。《奸情戚通储等杖》说萧氏丈夫戚应元因"挑奸"侄孙戚通储媳妇李氏，遭侄孙殴打而羞愧自缢。萧氏则以丈夫因与侄孙"争步"被殴致死上控，官府查访"李氏及戚之通族，俱同口"说，通储"因妻奸而殴叔祖，致其自缢"。李氏"自认从奸，法应离异"。②从"挑奸""从奸"的字眼来看，至少李氏在这场男欢女爱的过程中没有拒绝的意思。《市棍萧于苍杖》讲述赵氏丈夫何景福系狱后，自己被保歇市棍萧于苍诱骗成奸，两人"麀聚多年"，赵氏"色衰"，被萧于苍抛弃。赵氏无家可归，只好到叔叔赵彦明家靠"针指度活，亦将有年"。后"赵氏欲寻前夫及另他适"，赵家与萧家因此闹上法庭，官府对此判决为，萧于苍"初苟合，既离弃，卒勒诈，人之负心一至于此，杖惩之犹有余辜。赵氏听归前夫或另改嫁"。③更有甚者，有些女性因为婚外情，而把自己的丈夫毒死。《人命丘一恒等斩改杖》说，有人控告丘一恒将黎应昌妻子黄氏藏匿，试图占为己有，并毒死郑仁灭口。但丘一恒在公堂上则称："雇到黄氏为乳母。"官府经调查证实，该案件其实是郑仁之妻吴氏所为，"郑仁之妇冶其容，而绝无哀戚之状，疑有别情"。经屡次审讯，吴氏承认自己与汤之臣有奸情，因而毒死自己的丈夫郑仁。④

潮州平远县三都孟林村姜逢时，娶妻谭氏，家颇富厚，但子孙不旺。后谭氏生子姜启，自幼读书，16岁时，由父亲做主娶谭氏兄谭完之女为妻。谭氏死后三年，邻人季伯高劝姜逢时再娶，并介绍说，东村龙家有寡妇邵氏年方二十，无子女，才貌兼全。逢时动心，就给了伯高30两银子去说亲，"不想姻缘前定，一说便成"。邵氏初入姜家，小心曲奉丈夫与前子。一年后，逢时老迈，邵氏悒悒不快，与对门年方二十五六岁、"新丧妻"的喻吉通奸，并逼迫逢时与儿子媳妇分家。逢时被迫将儿媳安置于祖宅旧屋居住。邵氏

---

① （明）颜俊彦：《盟水斋存牍·矜审》，第311页。
② （明）颜俊彦：《盟水斋存牍·谳略》，第167页。
③ （明）颜俊彦：《盟水斋存牍·署府谳略》，第371页。
④ （明）颜俊彦：《盟水斋存牍》，第614页。

与奸夫合谋毒死了丈夫。①

不但已婚女性会发生婚外情，有些未婚女性也会发生偷情之行为，《和奸陈崇忠等杖》讲述生员黄时进诉陈崇忠强奸其妹妹之案。十二月二十七日深夜，陈崇忠乘黄时进外出，潜入其家强奸其异母之妹妹玉科。次日早，被母亲何氏发觉拿获。黄时进到官府投诉也称"寅夜潜入，鸡曙惊获"，官府据此判断是"和奸"。其妹妹因奸惭愧于正月初六日自缢身亡。官府据大明律例，"妇人与人通奸事发，羞愧自尽，奸夫止坐奸罪"，并指出，时进在妹妹死后才起诉，明显有敲诈之意。② 所谓的"和奸"则有男女两情相悦之事实。更为离奇的是，竟然有一对母女同时与一个男人保持奸情，《奸淫邝学鹏一杖》讲述陆氏与邝学鹏有奸，其女也与邝学鹏通。此事被黎寿喜看见，"女羞自缢"。陆氏痛失爱女，不仅不恨学鹏因奸致死，反而迁怒于寿喜的主人黎昌奇，说是昌奇强奸女儿，致其自缢身亡。官府经过调查得知，"昌奇双瞽，岂行奸之人哉！"因而判决说："淫妖母女聚麀，又架词渎宪，罪不胜诛。除陆氏痛饱桁杨外，学鹏杖不尽辜，请加责枷示，以狥国中之行淫者。"③

守节寡妇因与他人偷情被发现而遭到敲诈，《土豪沈化源徒》记载："孀妇陈氏与梁兆登有奸"，被沈化源"吓银十两"。这个案件重点是沈化源伙同莫扬敲诈勒索，女性成为不可忽视的导火线，如谢成业将女儿谢亚土卖给李倚云为育女，忽然病故，沈化源捏称是被倚云打死，吓银30两。④ 其实，莫扬是一名衙役，大约成为他们敲诈勒索他人的保护伞，《衙蠹莫扬徒》说的故事为：衙蠹莫扬与土豪沈化源狼狈为奸，欺诈百姓，并举例说，"陈廷谏弟媳守孀有孕，乘机吓骗银二十两"。⑤ 同样是孀妇，前者只是有奸，后者则因奸而孕，所以被敲诈的银两不等。《奸情冯正礼等二杖》讲述罗石正妻龙氏与冯正礼通奸，恰好这期间石正被人杀害。石正父亲罗余善认为是儿媳和奸夫所杀，官府"再四研质，杳无见证"，最

---

① （明）郭青螺：《郭青螺六省听讼新民公案》卷3《前子代父报仇》，上海古籍出版社，1990，第339~352页。
② （明）颜俊彦：《盟水斋存牍·谳略》，第155页。
③ （明）颜俊彦：《盟水斋存牍》二刻，第517页。
④ （明）颜俊彦：《盟水斋存牍》，第85页。
⑤ （明）颜俊彦：《盟水斋存牍》，第85~86页。

第二章　明代珠三角地区诉讼中的女性研究：以案牍为例

后定案为"通奸则真，谋杀则假"，对冯正礼、龙氏通奸则处以"除痛饱桁杨外，依律杖惩"。① 于此可见，在传统乡村社会，寡妇守节似乎并不完全都像地方志所描述的那样强烈地坚贞如一。

明末珠三角地区女性贞节观念的淡薄，并没有引起男性的不满，相反一些士人也加入到争聘寡妇的行列，《争妾黄龙起》讲的就是两名生员争相聘已故监生黎梁之妾陈氏的故事，据官府的判词，陈氏不仅有"殊色"，而且有"囊橐"，所以引起"人争为秦鹿之逐"的现象。生员黄龙起以四金投聘陈氏之母宋氏，另一生员黄剑雄"复起而争之"。结果龙起和剑雄两人争吵起来，"各驾污蔑，恶声相加，子衿若此，大为宫墙羞，可黜也"。官府最后断"宋氏还龙起原聘，另择人而偶之"。② 陈氏在黎家尽管是妾的身份，但似乎没有从"监生"丈夫处学到太多的儒家约束女性的条规，而两个黄姓生员竞价争抢，陈氏母亲宋氏坦然接受礼金，这些表象显示珠三角地区对婚姻、贞节的开放态势。官府最后的判决也只是将陈氏另外择人而嫁，并没有鼓励其守节。《诬命黄誉显杖》讲述三水县人黄仕隆先年入赘罗定州李氏家，"舌耕为业"。估计在此之前，李氏是寡妇，其女名陈金姐"亦已改适"，后金姐再嫁之夫又病故。③ 这里的"舌耕"表明黄仕隆为文人。

即使丈夫健在，但一些妇女面对男性的性侵害，并没有为了守住贞节而做出伤及生命的举动，相反她们任人摆布，以致在案发后才真相大白。《衙蠹李完五徒》讲述捕甲李完五的罪行即有"高惟有则以林尚汉告奸其妻"，被完五诈银3两。④《衙蠹谭初心徒》记载皂役谭初心乃衙门积蠹，其所犯罪行即有"包奸钟氏为妾"，而钟氏丈夫苏廷望却不敢告发。⑤《访犯祁静夫徒》讲述土豪祁静夫5款疑似罪中即有奸淫"侄妇寇氏"，又有"拐陈二娘为囮，局骗祁竖标、柳彦才"。⑥ 尽管起诉并未完全落实，但从中可看出乡村男女间的往来似乎较为随意。《土豪刘茂所徒》讲述刘茂所摧残女性，

---

① （明）颜俊彦：《盟水斋存牍》二刻，第517页。
② （明）颜俊彦：《盟水斋存牍·署府谳略》，第398页。
③ （明）颜俊彦：《盟水斋存牍》，第691页。
④ （明）颜俊彦：《盟水斋存牍》，第88页。
⑤ （明）颜俊彦：《盟水斋存牍》，第93页。
⑥ （明）颜俊彦：《盟水斋存牍》，第95页。

危害一方，"若夫强奸族侄女刘妙娘，通奸张仲达妻蔡氏，强奸张孔明妻杜氏"。这些妇女在案发后的处境如何，资料没有提及，但从案犯"年已垂尽，即有之亦成往事"看，她们在与刘茂所有肉体关系后，仍生活在乡村社会，既没有主动举报，也没有因名节受污而自残。《衙蠹徐奇等二徒》则讲述徐奇"巧肆阴阳，诈害有据"，深夜潜入孀妇邓氏室内，官府想给他定罪，"然对质无人，难以臆入"。①《息讼姚林举等杖》说姚林举在"诛逋"途中挑奸钟琼初之妻，其夫以"劫奸"状告姚林举，官府以无强奸证据拒绝受理，并说"至摸体强奸，鸡鸣脱放，又成何语也"。② 这一处理意见可能与钟氏态度有关，因而导致其夫诉讼失败。《人命林亚四绞监候再审》记载林亚四妻朱氏与蔡亚深通奸宣淫。林亚四因找不到朱氏，遂"迁怒于诱引之李氏以泄其忿"，致李氏死亡。③ 于此也可见，贞节观念至少在部分女性中并没有像地方志所记载的那样强烈。

但也不是所有女性在受到性侵害时都沉默不语，也有女性加以反抗。《恶犯陈梦祥详批惠弄厅提审》讲述兴宁陈梦祥在乡为非作歹、欺男霸女，以致出现"通邑而计，几无不被害之人"的现象，但潘六妹就予以强烈反抗。"潘六妹四岁而父母俱丧，其姑潘氏抚之，今十六岁矣。梦祥窥见其小有姿色，遂从潘族之亡赖潘士桥谋所以致之为妾。士桥贪其小利，畏其积威，弗敢违也，与之撮合且任主盟焉。而六妹不可，六妹之姑潘氏不可，潘之诸族众不可。梦祥遂拉其侄陈瑜等蜂拥潘氏家，劈门而入，欲抢而有之。六妹自经绝而复苏，剪其发，毁其容，始乃得免。职到通衢驿，离兴宁尚有百里，见老妇稚女哀哀道傍，髡顶破面，以陈梦祥奸占告，为之恻然……"④ 官府因此将陈梦祥捉拿正法。

明末，广东地方官府对女性贞节观的态度较为开明，既有支持寡妇改嫁的事例，也有维护寡妇守节的行为。《局诈周学义杖》记载，文重享以女婚配陈祯之男，因夫妻关系不和，重享领回女儿，再改适周学义。⑤ 文氏因夫妻关系不和而改嫁，官府并未反对。

---

① （明）颜俊彦：《盟水斋存牍》，第 96 页。
② （明）颜俊彦：《盟水斋存牍·谳略》，第 230 页。
③ （明）颜俊彦：《盟水斋存牍·矜审》，第 315～316 页。
④ （明）颜俊彦：《盟水斋存牍》二刻，第 565～566 页。
⑤ （明）颜俊彦：《盟水斋存牍》，第 697 页。

《负聘梁向宸杖》讲述一女性在两位男性间周转为妾，吴琦谎称自己是武生，以 20 两银子纳钟国卿女为妾，后此女"不安其室，而仍还之卿"，并向国卿索要 20 两聘金，国卿不愿返还，并将女儿转给吏役梁向宸为妾，吴琦因在官府留有犯罪案底，"不敢相抗"。①《讼婚徐太容杖》讲述陈仕魁年老时娶黄氏之女为妾，女方尚未生育，就凭徐太容做媒改嫁冯应垣为妻，女方也答应了。但女方父母担心女儿改嫁后生活"不得其所，遂相激而讼"。官府判决说："仕魁老，应垣少，去老就少，黄氏亦无遗憾"，并命冯应垣出银一两为黄氏父亲祝寿，"以通姻好"。② 与此同时，官府也支持寡妇守节。《人命缪恒迁等一徒二杖》记载缪、萧两家因争坟山而积有世仇，一次上坟拜扫发生打斗，缪家占了上风，致萧家一人死亡。缪家试图让缪子相一人"以下手独重"定罪，后子相在狱中毙命。萧家屡到官府上控，官府传子相妻黄氏"质对"，但主谋缪恒迁却"称黄氏改嫁"。其实，黄氏尚未改嫁，她到庭后"捶胸磕首，愿雪夫冤，相从地下。"③ 缪恒迁说黄氏改嫁被官府指为诬陷，即判词中的"称尸妻改嫁无戚容，守节而诬以失节，亦一冤也。"这说明官府对妇女守节的支持。

传统婚姻有烦琐的礼仪，经过媒人、礼金等形式的聘定，即算进入准婚姻阶段，即使男女尚未正式进入婚姻生活，也被视作事实婚姻，诚如嘉靖十四年刻本《广东通志初稿》卷 18《风俗》中御史戴璟《正风俗条约》所说："正婚姻。照得男女婚姻，以纳聘为定。"他对当时广东出现的"因先富而后贫，辄将聘女另行许嫁"现象，坚决予以打击。地方志书写的列女在此时期多会从一而终，但在诉讼案件中一些女方家庭因种种原因而悔婚，且悔婚得到了官府允许。《刁讼吴述祖杖》讲述生员黄虞运聘定吴述祖之女为妾，"已有成约，手镯现存，媒婆可证"。后来吴述祖家反悔，要将女儿"另适他人"。黄家自然不愿意，双方闹到公堂，官府判决："女已他嫁，姑不追求，原聘二镯追给虞运。"但黄虞运又声称吴家以赝品手镯归还，官府判决说黄家手镯"当日原未必真也"。④ 这一判

---

① （明）颜俊彦：《盟水斋存牍·署府谳略》，第 399~400 页。
② （明）颜俊彦：《盟水斋存牍·署番禺县谳略》，第 418 页。
③ （明）颜俊彦：《盟水斋存牍》，第 60 页。
④ （明）颜俊彦：《盟水斋存牍·署府谳略》，第 380 页。

决显然承认吴家悔婚的事实。《悔婚潘公瑞等杖》讲述潘公瑞之女已口头许配给柏家,但"未办有聘资"。后来,潘家毁约将女儿另字他人。柏家遂上控官府捏造此女已失身于其子,"词所云淫孕药胎等语"。官府对"公瑞之负婚,柏之之横词,均杖以儆"。但此女如何处置则没有明说。① 《息讼区达相罚谷》记述区达相将女儿许给冯希贤,尚未婚配,希贤突然失明,区家就想退婚,引起希贤家不满。后因官府介入而作罢。②

传统社会"父母之命,媒妁之言"的婚姻模式是青年男女婚姻必经的路径,一旦突破这一框架则会受到来自社会各方的压力,《奸情被累陈信华杖》记载麦芝元诱奸黄悦信之女亚瑞,并乘其父母外出,带亚瑞私奔,"转寄于母舅陈信华之家。信华以裁衣为活,时在外生理"。不久麦芝元就被悦信抓获送官,亚瑞则因被母亲林氏痛殴,羞恚自经死。③

明代乡村社会,一些女性率性而为,从不考虑社会的反应,连丈夫对她们也无可奈何,有些丈夫只能离开妻子,而非公开地休妻。《人命梁显荣绞改徒》记载的姚弘略妻关氏就是一个例证,颜俊彦说她"妖艳诲淫,人尽夫也"。她的丈夫姚弘略"无法驾驭之",只好"弃之而走粤西,亦不愿以为妻矣"。这里的粤西是何地,史料没有明确说明,但姚弘略肯定是离开了原来的生活地。所谓"人尽夫"应是夸张说法,由于此案为残卷,我们从中只看出关氏婚外有两个男人,一是小叔"姚弘谟与关氏有暧昧之事,不特弘略有词在案,现在张钟秀证之凿凿也";另一是梁显荣"伺其叔嫂同舟,乘机勒奸,并掠其衣镮以去,情近抢夺"。而后者似乎是强奸,但因关氏在十天后才报案,故官府认定其为和奸,"浃旬而乃闻官,其非强奸可知"。④《奸情丘崇荣请批县缉》记载,顺德梅氏状告其女儿因被丘崇荣强奸而自缢死,案发后,崇荣畏罪逃跑,官府将其父彦高拘拿在案。后梅氏念及女儿已死,就想报复丘家,于是又到官府诉说丘崇荣弟弟少权也参与了强奸。这一次官府没有采纳他的说法:"谚语有云:奸不通父母。岂有一人行奸而波及一族

---

① (明)颜俊彦:《盟水斋存牍·署府谳略》,第399页。
② (明)颜俊彦:《盟水斋存牍》二刻,第601页。
③ (明)颜俊彦:《盟水斋存牍》二刻,第598页。
④ (明)颜俊彦:《盟水斋存牍·矜审》,第318页。

之理？念女流无知，姑免究拟。"① 女性因被人强奸而自杀，本属官府表彰的对象。但笔者关注的是梅氏为了报复丘家，不断将女儿被强奸的事放大，这与传统社会对女性名节的看重趋势明显不符。

贞节是宋明以来王朝要求女性的主流话语，妇女将贞节名誉看得比生命还重。也正因如此，要败坏一个女性的声誉，玷污其名节无疑是最好素材。《捏词刘盛喜杖》记载丈夫因污秽妻子与人有染，而与岳父对簿公堂。刘盛喜诉其妻与李亚三有奸，其岳父俞惟登则反诉女婿"拷逼秽捏"。据盛喜称，他亲见其妻与亚三"交股畅饮于冯纯良之室"。官府在调查冯纯良寓所时发现，该屋由其岳父惟登"侨居"。换句话说，其妻是在父母家与亚三吃饭。"审惟登之女七岁，而育于亚三之父母"，已有兄妹之情。不过，惟登女容貌奇丑，"妻迩于鬼而远于人，其父称女貌不扬，非谦语也"。盛喜正因"憎其妻之奇丑，终朝反目，致其服毒求死，而复以蔑语相加，真无良之人哉！"② 这反映明代广东乡村寡妇是否守护贞节，社会并没有给予干预，即使干预也可能仅限于道义上的谴责而已。

五 珠三角重商风气下的好讼

明代是广东社会经济发展的重要转型期，经过唐宋以来源源不断的北方人口南下，广东社会经济获得了长足的发展，王朝的控制也在逐步强化，县级政区的建置越来越多，宋代在广东境内设立了17个州（府）49个县，明代广东独立设省，下辖10个府和1个直隶州，再往下则为85个县（州），到鸦片战争前夕改为9个府、4个直隶州和2个直隶厅，再往下为86个县（州、厅）。③

有明一代，广东社会经济发展突飞猛进，广东商帮跻身十大商帮的行列，粤商不仅与国内市场联系紧密，而且越洋参与世界性的贸易。在商业繁荣的大背景下，广东社会经济发展的商业化趋势愈益明显，并因此引起人们逐末求利的社会风气，作为社会精英的士大夫阶层也沾染上铜臭味。嘉靖以前，出身于广东的士人做官对自

---

① （明）颜俊彦：《盟水斋存牍》，第735页。
② （明）颜俊彦：《盟水斋存牍·署香山县谳略》，第434页。
③ 潘理性等：《广东政区演变》，广东省地图出版社，1991，第28~44页。

身的名节还颇为讲究,不太关心钱财的多少;但嘉靖以后,这一现象则发生了根本性的变化,士人把做官等于做买卖,计较做官能否赚钱以及赚钱的多与少。广东乡村社会衡量官员的标准也为钱财,对此,万历《新会县志》卷2《风俗纪》的记载颇有代表性:"正(德)、嘉(靖)之前,仕之空囊而归者,闾里相慰劳,啧啧高之。反是则不相过。嘉(靖)、隆(庆)以后,仕之归也,不问人品,第问怀金多寡为重轻。相与姗笑为痴物者,必其清白无长物者也。于此见今昔风俗之高下。"人们将做官和发财联系起来,读书为了做官,做官为了发财。士大夫出身的官员从事商业活动,自然有其有利的因素,《广东新语》卷9《事语·贪吏》描述广东"民之贾十三,而官之贾十七。……民之贾日穷,而官之贾日富。官之贾日富,而官之贾日多。……无官不贾,且又无贾而不官"。这说明在广东做官的人大部分都有经商经历,甚至达到"无官不贾"的地步。官员经商因有权力的笼罩,几乎都会"日富",进而又带动更多官员投身商海。所谓"权生钱,钱生权",权钱交易、官商勾结、亦官亦商,在广东社会表露得淋漓尽致。

明代成化年间以后,随着商业发展,南海县人文蔚起,宦绩京师,相连成势,参与制定国策国典,权倾朝野,后世学人称之为"南海士大夫集团"。[①]霍韬是其中最重要的一员。霍韬,号渭崖,由科举考试进入仕途,正德十六年,出任兵部主事,嘉靖十五年升礼部尚书兼翰林院学士,成为嘉靖朝的重臣。霍韬虽身在京城朝中为官,但他在亲撰的《霍渭崖家训》中开篇即大谈经济,强调本末并重,甚至强调说"居家生理,食货为急"。为此,霍家在家族中设立了"纲领田事者"和"司货者"两个部门,分别管理农耕和商业。就霍家的工商经营来看,范围相当广泛,左右着家乡冶铁、木材及食盐等买卖,"凡石湾窑冶、佛山炭铁、登州木植,可以便民同利者,司货者掌之"。霍家每年派"一人司窑冶,一人司炭铁,一人司木植",[②]成为南海工商业的大户。

明末佛山李氏家族也基本上与霍氏走了相同的亦官亦商发展道

---

① 罗一星:《明清佛山经济发展与社会变迁》,广东人民出版社,1994,第81~85页。
② (明)霍韬:《霍渭崖家训》卷1,《涵芬楼秘笈》第2集,北京图书馆出版社,2000,第3~5页。

路。据崇祯《李氏族谱》记载，李家在佛山的开山祖李广成以铸冶起家，世代以冶铁为业。到八世祖李壮时，冶铁作坊迅速扩大，实行产销一条龙服务。但在官宦辈出的佛山，李家商业上的成功难以改变家族受欺的境地。李壮遂以财力培养子孙读书进取，万历年间，李家科名鹊起。官职最大者为万历进士李待问，崇祯年间，官至户部尚书，李家在佛山地位扶摇直上。李待问的职位为其家族经商提供了强大后盾，他的族弟李崇问凭势射利，假座于佛山的广韶会馆，树立"李府"大旗，将四方运到佛山的米、铁，尽收其手，实行"包籴包铸"的垄断经营，还向佛山炉户"加勒米价、铁价"。但米、铁价格居高不下，引起了佛山民变，官府最后派兵干涉。李待问还依靠手中的政治权力，极力干涉佛山经济格局再分配，以稳定地方社会为名，在佛山建立忠义营和团练乡兵，权力均由李氏掌控，所有经费则向佛山冶铁富户摊派，李氏委派其叔父李芝出任忠义营会计，其胞兄李孝问为协理，实际上控制了佛山财税大权。

在类似于佛山这样的市镇不断专业化、规模化发展的同时，珠三角乡村社会商业化也更加明显，最典型的就是种植经济果木，以获取更多经济利益。《广东新语》卷22《鳞语》记载，广州附近各大县，农户往往将种植水稻的肥田改种果木，"广州诸大县村落中，往往弃肥田以为基，以树果木。荔枝最多，茶、桑次之，柑、橙次之。龙眼多树宅旁，亦树于基"。也就是说，在房前屋后也多种龙眼。《广东新语》卷2《地语》记载，顺德陈村居民多以种龙眼、荔枝致富，"居人多以种龙眼为业，弥望无际，约有数十万株。荔枝、柑、橙诸果居其三四，比屋皆焙取荔枝、龙眼为货，以致末富"。增城沙贝一带种植荔枝、龙眼，"岁收数千万斛，贩于他方"。广东生产的水果，通过粤商贩运到全国各地市场销售，广州商人在北京设立仙城会馆，广东干果是其贩卖的大宗商品之一，由此还带动了相关产业的发展，《广东新语》卷25《木语》记载："广人多衣食荔枝、龙眼，其为栲箱者、打包者各数百家，舟子车夫，皆以荔枝、龙眼赡口。"明中叶以来，种植果树、鲜花已成为珠三角农户的重要生产方式，番禺人"多以花果为业"，每田一亩，种柑橘四五十株。广州珠江南岸的许多农户多"以种素馨为业"，广州花市，"所卖止素馨，无别花"，素馨花已成为广州花业的拳头产品，广州歌谣云："附郭烟春十万家，家家衣食素馨花。"① 当然，人们对经济作物的种植，不同地区有不同的选择，如新会县就流行种植蒲葵，然后加工制作为扇子，由广东商人运销全国。据万历《新会县志》卷2《食货略》记载，新会"葵扇之制，几遍天下"，葵农也因此获利不菲。

广东商人北上江南经商，至迟在明代已较为活跃，明末清初广东人屈大均在《广东新语》卷14《食语》中说："广州望县，人多务贾与时逐，以香、糖、果、箱、铁器、藤、腊、番椒、苏木、蒲葵诸货，北走豫章、吴、浙，西北走长沙、汉口。其黠者南走澳门。至于红毛、日本、琉球、暹罗斛、吕宋，帆踔二洋，倏忽数千万里，以中国珍丽之物相贸易，获大赢利。"可见，粤商在国内和国外两个市场争相角逐，以获取更大的利益。明末广东商人除了在京城设立仙城会馆外，还在商业繁荣的江南苏州也设立会馆，早在天启五年，东莞商人在苏州半塘建立了东官会馆。此外，明末苏州还有岭南会馆。② 东莞商人北上江南地区经营，在明代已较为频繁。明末清初，屈大均在《广东新语》卷26《香语·莞香》中记载了明代东莞商人贩运莞香到今江苏销售的情况，"莞香度岭而北，虽至劣迹有馥芬，以霜雪之气沾焉故也。当莞香盛时，岁售逾数万金，苏、松一带，每岁中秋夕，以黄熟彻旦焚烧，号为薰月。莞香之积阊门者，一夕而尽，故莞人多以香起家"。莞香又名女儿香，是江南地区女性最喜爱的重要物品，据东莞人杨宝霖先生研究，明代秦淮名妓董小宛就非常喜爱女儿香。③

明代以来，广东社会商业经济的发展刺激了人们的消费欲望，尤其是在充满节庆喜庆的环境下，可以看到以经济发展作为后盾的地方文化繁荣景象。崇祯《东莞县志》卷1《舆地志·岁时》记载："上元夜游，观灯设乐、宴会演剧，为秋千之戏。"编者对此加按语说："灯有花灯、字灯、山灯之类，制极工巧，同族者庆于祠，同里者庆于社。"从字面上来看，这些庆祝活动应该在家族、里甲等不同层面举行。三月二十三日的天妃会是当地一项重要的地方文化活动，"建醮扮撬，各乡争胜，街衢男女哄然"。各乡对天妃祭拜

---

① 刘正刚：《广东会馆论稿》，上海古籍出版社，2006，第7~8页。
② （清）顾禄：《桐桥倚棹录》卷6《会馆》，上海古籍出版社，1980，第97页。
③ 杨宝霖：《"女儿香"今昔谈》，《岭南文史》1993年第1期。

如此热心,恰恰又显示了东莞商人是海商——粤商中的一支重要组成力量。五月端午龙舟竞渡,至今仍是珠三角乡民社会最重要的文化活动,这一活动在明代东莞往往持续10天左右,"五月初一日,饮菖蒲酒,食角黍,观竞渡"。编者在"观竞渡"后注曰:"士女倾城而出,箫鼓之声相混,自初一至初十方止。"这些规模庞大的文化活动是随着地方经济发展而日益繁荣起来的,至少是以经济作为这些文化活动的后盾。

广东经济商品化日趋加快,乡村社会不仅大量种植经济作物而且还多弃农从商,据康熙《东莞县志》卷2《风俗》记载,东莞茶园"邑之会也。寨城比邑加广,其地古多香木,其人至今业之。自石涌、牛眠石、马蹄冈,富室所营,动植千树。又其俗少农而多贾,度岭峤、涉湖浮江、走吴楚间,往往以糖、香牟大利"。而东莞石龙则是"又邑之一会也。商贾凑集,当郡与惠潮之冲,其民侨寓多而土著寡,东江自北岸而下,合增江、扶胥以达虎门……其地千树荔、千亩潮蔗(俗名白蔗,又有紫蔗),橘柚蕉柑如之,其民耕植之外,惟操舟楫"。这里的"耕植"与"操舟"显示,明清珠三角农业日益商品化。东莞濒临海洋,海滨居民就地取材,积极发展海洋产业,据雍正《东莞县志》卷2《风俗》记载,东莞的靖康为古盐场,"其土广漠,其水斥卤,其民惟业盐灶熬波煮海者,比户皆是"。靠近海洋的白双冈迤逦数十里,"皆海岸,其利鱼盐蠃蛤,其产卤草,其人捕鱼之外,日采莞以为生"。莞即"卤草",用以编织。东莞合兰海一带"有蚝田,岁凡两种蚝,其法烧石令红投海中,蚝辄生石上,千万相累,蔓延数十丈,潮退往取。渔姑疍妇咸出,谓之打蚝。……既至,凿蚝得肉置诸筐,遇潮长,相率踏歌而还"。渔姑疍妇出海养蚝打蚝在珠三角较广泛,"东莞、新安有蚝田,与龙穴州相近,以石烧红散投之,蚝生其上,取石得蚝……香山无蚝田,其人率于海旁石岩之上打蚝,蚝生壁上,高至三四丈,水干则见,以草焚烧,蚝见火爆开,因夹取其肉以食,味极鲜美。番禺茭塘村多蚝,有山在海滨曰石蛎,甚高大,古时蚝生其上,故名。"[①] 这些记载突出了女性在海洋经济中的地位。

珠三角地区商业的快速发展,吸引了海内外商人云集广州,出

---

① (清)屈大均:《广东新语》卷23《介语》,中华书局,1985,第557页。

现明代内地商人纷纷"走广"牟求厚利的现象,"闽商聚食于粤,以澳为利者,亦不下数万人",① 此仅澳门即有闽商万人。又据郑若曾《筹海图编》卷 12 记载:"浙人多诈,窃买丝绵、水银、水铜、药材,一切通番之货,抵广变卖,复易广货归浙……曰走广。"因利之所在,明清时期的"走广"已成为商人的一种时尚,以致广州南城的濠畔街,已是"天下商贾聚焉","番夷辐辏"之地。② 傅衣凌先生指出,明代福建海商"在国内,则与徽、浙、粤商人共同参加海上贸易的活动,它的活动地点,首为广东。我们知道,明代的广东为一冒险家的乐园,贾人欲得厚利者,皆相率南下入粤,号称走广"。③ 明代广州游鱼洲,"其民专驾多橹船只,接济番货,每番船一到,则通同濠畔街外省富商搬磁器、丝绵、私钱、火药违禁等物,满载而去,满载而还,追星趁月,习以为常"。④ 这里描述的是外省商人和粤商以及外国商人之间的走私贸易。明代官府为此在广州设立了三十六行,每行有专门的"客纲""客纪"作为经纪人,这些人主要由粤商、徽商和福建的泉州商人等组成。⑤ 至少在晚明以后,中外商人就在广州开展了连续不断的商品交易会。⑥《盟水斋存牍》中屡屡出现外省商人在广州与妇女之间的纠葛,在某种程度上就是对这一历史事实的呈现。

在商业化的过程中,人与人之间为了利益而锱铢必较,崇祯《东莞县志》卷 1《风俗》记载:"嫁女务以资妆相高,讼惟求胜,至于破产,酒肆群饮,沉湎成风。"夸富炫富成为人们生活的一种时尚,"唯是俗渐骄淫,流入于奢。宫室器服,竞相侈靡;富者错绣纨绮,妇女金珠翡翠,僭拟无度……"珠三角地区这一社会现象在明清沿海社会较为普遍。⑦《盟水斋存牍》显示的民间诉讼案件内容几乎囊括社会生活方方面面,有些则明显涉及商业交易的习惯,如卷 4《争祖祠业伦道溥》记载,冯、伦两家因祖祠田产买卖

---

① 咸丰《顺德县志》卷 24《胡平运传》,岭南美术出版社,2008,第 583 页。
② (清)屈大均:《广东新语》卷 17《宫语》,第 475 页。
③ 傅衣凌:《明清时代商人及商业资本》,人民出版社,1956,第 114 页。
④ (明)霍与瑕:《霍勉斋集》卷 12《上潘大巡广州事宜》,广西师范大学出版社,2014,第 633 页。
⑤ 李龙潜:《明清经济探微初编》,稻乡出版社,2002,第 380 页。
⑥ 汤开建、严忠明:《明中后期广州交易会始末考》,《学术研究》2005 年第 5 期。
⑦ 杨国桢、陈支平:《明史新编》,人民出版社,1993,第 343~356 页。

对簿公堂，官府判决："粤中契价例有虚数，契上一千三百二十两折半，追给于冯。"① 同卷《争产黄成龙》记载，李、黄两家因买卖土地争讼，官府判决也是"照粤东之例，照契还半价"。② 这一习惯应该是在长期的交易过程中才约定俗成的。因为商业交易的兴盛，盗铸钱币在广东有所蔓延，连妇女也参与其中，乾隆《广州府志》卷10《风俗》记载，"粤人盗铸最多，增（城）人尤甚，其南境虽妇孺亦颇习之，盖由墟市交易利用钱而重或不及五铢"。

随着社会经济发展，珠三角逐利争讼案件不断增多，几乎男女都有可能出现在诉讼场所，这一点与宋代岭南妇女好讼不无关系，且这一习俗一直被延续。元代泰定年间，曾任香山县尹的左祥在《劝学文》中说："近因听讼，见有父母另居，子不知养者，有兄弟子侄互相侵夺者，骨肉之间戕贼并吞，豺虎不如，莫非由当职为宰者，不能正己正人，移风易俗，以致是欤？"③ 正因为如此，《盟水斋存牍》收录有广州官府《禁沿街告状》："本厅兼视府事，告有告期，诉有诉期，合府厅而言，十日之内几无虚日，岂尚有下情不能上达者？每遇公出，棍徒、忿妇沿街叫喊，强半府前保歇包揽，雇倩一群亡赖，希图耸准谎状，以张诈局，殊可痛恨。"④ 这一方面反映广州诉讼案件的繁多，另一方面显示广州出现了专业诉讼人，"忿妇"等负责沿街叫喊。万历初，郭青螺出任潮州知府，时府北门瓦子巷饶庆家道富足，娶妻邓氏，生一子一女。子饶宁娶媳封氏，女娥秀许配南门关鲸，尚未过门。时娥秀18岁，与嫂朝夕不离，共习女工针指，但夜分各异睡。一日，饶宁从学馆回家，与封氏"交欢"，娥秀闻见"不觉欲火顿炽"。五更时，饶宁返学馆，娥秀求嫂模仿哥哥动作，封氏体内的丈夫阳精渗入娥秀子宫，两女同时怀孕，各生一子。关家知娥秀生子，大怒，往潮州府告状退亲。⑤ 这个故事最终以团圆结束。但至少说明明代广东诉讼的普

---

① （明）颜俊彦：《盟水斋存牍》卷4，第196页。
② （明）颜俊彦：《盟水斋存牍》，第174页。
③ 嘉靖《香山县志》卷7《艺文志》，《广东历代方志集成》，岭南美术出版社，2008，第104页。
④ （明）颜俊彦：《盟水斋存牍》，第667页。
⑤ （明）郭青螺：《郭青螺六省听讼新民公案》卷3，上海古籍出版社，1990，第321~329页。

遍性，这一现象与明初普法有关。①

明清时期，广东官绅纂修的地方志在"风俗篇"中多将经济发展与"健讼"联系起来，如嘉靖《广东通志初稿》卷3《政纪》记载："广州等处民性顽悍，词讼纷纭，抑钱粮奸弊百出，而贪官污吏因而播恶，以济己私。"该志卷18《风俗》记载，新会"小民好为健讼，刑扑屡加，略无悔色"。肇庆府各县"地有蔓草，争讼者辄服以诬人，此则刁薄之风也"。南海县城西则是"异省商人杂处，闽产尤多，陶冶之良亦甲天下。海洲、镇涌、金瓯、绿潭、沙头、大同、九江，鱼桑为业，尚气健讼"。② 嘉靖年间，广东出现专门"教唆词讼、鼓惑是非"的讼师，他们"大开卖状之门，每状一纸或索银三四钱一两不等，如争田土则架捏强盗重情，斗殴则加诬人命，大事则扛帮，越赴告理，惟图官司准受，罔顾归结涉虚，小民无知自罹法网，倾荡家产甚至累死狱中，皆由唆讼以致之也"。③ 这一现象在广东具有普遍性，嘉靖《潮州府志》卷8《杂志》记载：时潮州府"其在细民者，火葬饭佛，轻生健讼，邹鲁之风稍替焉。"嘉靖《广东通志初稿》卷18《风俗》记载："访得潮俗人民刁谲，素称健讼，或乘便附状而倩人代诉，或隐匿姓氏而投递鬼名，或妄称某爹某舍以骇动观听，或捏驾包围房屋、搜捡家财、掠缚妇女等项虚词，以计求准信。一遇准行，其附状者则推调不出，其匿名者则遍索无人，致使被告出官听理，负累经年，不得完结，此乃潮人陷人之故智也。其饰小为大、驾空害人者，其词皆出自《公理》一书，此乃潮人做状之根本也。"

总而言之，明中叶以后，珠三角地区诉讼的增多，与这一区域商业快速发展，人们竞相逐利有关，也与宋代以来本地好讼的传统密不可分。其实，无论是宋代还是明代，珠三角地区的妇女都是诉讼案件的重要参与者。

---

① 李琳琦：《朱元璋立法普法行法述论》，《学术界》1991年第3期。
② 乾隆《广州府志》卷10《风俗》，岭南美术出版社，2008，第239页。
③ 嘉靖《广东通志初稿》卷10《公署》，岭南美术出版社，2006，第225页。

第三章
清代乡村妇女的权利与地位：以契约文书为例

契约文书是民间社会流行的一种重要的私家文书，凡在社会生活中发生的种种物权和债权行为，大多会用契约文书的形式表达出来。因此，它既是一种法律文书和私家档案，又是特定时期特定地区社会经济关系的私法规范。[1] 契约文书因为发生在民间社会，涉及当事双方的切身利益，因而大多能真实地体现社会生活的原貌。在传统社会中，民间契约文书的书写具有一定的格式，而且约定俗成，除交易双方作为"法人"的"主立契人"要在契约中签字画押外，尚有"证人"，如在场人、在见人、场见人、中人、见价人、执笔等角色，交易一旦成交，在场诸角色均可收到一个红包或接受"法人"的宴请招待。一般认为，女性在传统社会和家庭中多处于从属地位，但事实上，她们在契约文书中也有自己的位置。对此问题，学界阿风和陈瑛珣的研究最有代表性，前者主要以徽州为中心，后者则以较广泛的地域为中心，两者讨论的中心议题都突出明清时期妇女在土地买卖中所扮演的角色。[2] 其实，明清时期，地处沿海的广东，随着商品经济和海洋经济的高速发展，民间买卖交易也十分频繁，人们在处理各类交易时也会使用契约，以免日后发生纠纷，但广东现存的契约文书多为清代文本。本章拟以收集到的这些契约为中心，讨论清代广东女性在处分家庭财产尤其是买卖典当土地中所扮演的角色，试图揭示广东女性在家庭与社会中的地位及其和其他区域的差异。

---

[1] 杨国桢：《明清土地契约文书研究》，中国人民大学出版社，2009，第1页。
[2] 阿风：《明清时代妇女的地位与权利》，社会科学文献出版社，2009；陈瑛珣：《明清契约文书中的妇女社会经济活动》，厦门大学历史学博士学位论文，1999。

一　珠三角地区寡妇在契约文书中的角色

阿风讨论明清徽州处理夫家土地买卖中的妇女多为寡居者，即"有子寡居"和"无子寡居"者，这些女性参与土地买卖的契约文书可分三类情况，一是文书中出现"同母亲商议""奉母亲指令""主盟母"等；二是文书中出现女性"中见人"，即"居间人""见证人"；三是文书中出现母舅、女婿等。[①] 这些情况在清代广东寡居妇女处置田地的契约中也有明显的体现。这些寡居者在家庭中多处于尊长的母亲角色，在买卖土地过程中处于今日法律术语中的"法人"地位，在签约时为主立契人，其子嗣只是处于一种辅助地位而已。如雍正年间宝安县苏黄氏的卖田契就是由寡母做主，儿子苏癸妹只是作为中人参与，引述如下：

> 立卖田契人黄氏、男苏癸妹，有祖遗下税田，坐落新安黄口田，土名围下沙里凹仔，丈得下则民税一十亩四分，中则民税八亩四分，共计载民米四斗零五合八勺一抄七撮；又有祖遗下无田虚米一斗二升，惨累多年，得钱斗一十九石，统共民米虚米五斗二升五合八勺一抄七撮。今因路遥，管理艰难，有违急公，子母商议，愿将前田出卖，凭中林明岳引至张贤友、翰友兄弟情允诺入头承买。三面言定，但税短米长，不合公例，今将田地中下二则米数及虚米之数变作中则之税……其银立契之日，当中交足与黄氏子母亲手接收……其田系黄氏子母之田，不是尝田赡学，亦不是先当后卖，亦未曾受佃批头顶耕银两。田有不明，系黄氏子母同中理明，不干买主之事。今欲有凭，立契为照。
>
> 　　　　　　　　　　　　作中见银人林鸣岳
> 　　　　　　　　　　　　苏癸妹　苏茂魁
> 　　　　　　　　　　　　代书祁和生
> 雍正十三年四月十九日立卖田契人黄氏[②]

---

① 阿风：《明清时代妇女的地位与权利》，第113页。
② 谭棣华、冼剑民编《广东土地契约文书（含海南）》，广东人民出版社，2006，第274页。

第三章 清代乡村妇女的权利与地位：以契约文书为例

这份订立于广州府宝安县的乡村契约，其开头和结尾都以母亲黄氏为立契人，作为母亲的黄氏显然是这桩交易的法人代表，契约中并没有提及黄氏丈夫，估计这个家庭是母子相依的单亲家庭。契约中的"当"，应指"典当"，指土地所有权人把土地以一定的价格出租给他人耕种，在一定年限后所有权人退回当初收取的价格，赎回土地所有权，而"卖"则是产权的完全转移，不能赎回。黄氏出卖的土地属于"祖遗"税田，出卖缘由是"路遥，管理艰难"，从中可推断黄氏家中应尚有其他较近的田业。尽管我们不清楚黄氏儿子年龄，但这个家庭属于孤儿寡母则是肯定的，黄氏之所以能守节，与其家庭富裕有相当大关系。

清代广东妇女在乡村社会中多肩负着操持家务的重任，尤其是在丈夫去世之后，寡妇守节，往往要上侍奉公婆，下抚育年幼子女，成为家中生计的主力。这部分寡居妇女在涉及家产交易时，往往都是契约中的"法人"，即"主立契人"。在传统宗法社会中，有"长子当父，长嫂当母"之说。按理说，家庭涉及产业交易完全可交给儿子去办理，但中国传统文化"孝"字当头，又将母亲推到前台。从契约可看出，有些母亲可能因孩子年幼或其他原因，尽管契约中有"子母商议"的字眼，但实际上是寡母一人完全操办，如苏癸妹母黄氏出卖田地契约即是如此；但也有母亲仅是参与者，并不是主立契人，此时契约中的"母子商议"，只能说明儿子在处理家产时绝不能忽视母亲存在而已，由此可见，女性在广东单亲家庭中享有一定的权威。

"子母"或"母子"商议之类的话语，在清代广东契约中时常可见，这一表述并不仅仅是寡居妇人家庭签立契约文书时的一种流行用语，同时也是乡村社会买卖田产或屋宇的真实意图之表达。也就是说，若父亲离开人世，而母亲处于寡居阶段，则儿子在处理大宗财产时，必须征求母亲的意见，否则难以成交。乾隆五十一年番禺县卫型端立明卖基地契约，也是"母子商议"，但在契尾的落款处其母亲则排在第一位。

> 立明大卖基地文契人卫型端，有承父遗下基地一段，土名围田，坐在西村第二枕尾，民税一亩，为因粮务急用，母子商议，愿将此基出帐召人承买，取要价银五十六两花钱司马，先

103

召房亲人等,各还价不前,次凭服叔亚英作中,引至本族佩苍叔承买,即日同中丈量明白,实地一亩一,实还足价银四十五两花钱司马,连签书酒食一应在内,三面言定,二家允肯,就日立契,交易地银,两相交讫,其银当中烧验明白,毫无低伪少欠,其银交与型母子亲手接回应用。自卖之后,听从佩苍叔在沥滘六图六甲卫退祖户割民税一亩,收入本图五甲卫吾盛户内,永远办纳粮务,所有基础头砖石及栘柚圆眼荔枝树松树等项,俱系买主所得,其基不是赡军祭流,亦不是债折典当,的系明卖明买,日后不得称言价轻收赎、输索供墨等语,今欲有凭,立此大卖基地文契一纸,交与买主永远收执为照。

　　一实接到基价银四十五两花钱司马,不再另立银领。
　　一实退出围田基地一段民税一亩,不再另立退税约。
同接银母亲王氏指模
中人亚英
立明大卖基地文契人卫型端的笔
乾隆五十一年十二月二十四日①

　　这份土地买卖契约由儿子签立,且所卖田地是父亲遗留下的财产。儿子不仅和母亲王氏商议,契尾还有母亲签字画押,而且田价银由母子两人共同亲接。王氏几乎参与了从动议到签约的所有环节。从契约中还能看出乡村买卖土地的程序,即"先召房亲人等",若房亲人放弃,然后再凭中人找其他人购买,这类大宗交易需请客吃饭见证,即契约中的"签书酒食一应在内"。卫家所卖"基地"是围田,需向官府缴纳赋税,故契约屡有"粮务急用""办纳粮务"等字样。

　　这种"粮务"并非完全因土地耕种而缴纳,有时家庭因难以承担官府粮务不得不出卖田地或房产,以筹集缴纳费用。乾隆五十一年东莞县张亚欢断卖屋契的原因即是"粮务紧迫",内容如下:

　　　　立断卖屋内偏廊契堂侄张亚欢、亚庆、亚安同母何氏,有承祖父遗下里仁坊,坐西向东,三间两廊屋一座,今内将屋内

---

① 广州近代博物馆藏,感谢该馆馆长杨琪教授提供相关契约的翻拍照片。

第三章 清代乡村妇女的权利与地位：以契约文书为例

天井之右边偏廊一带另卖……今因粮务紧迫，兄弟子母商议，愿将此屋内右边偏廊一带连篱墙瓦盖出卖与人，凭中张亚怀引至堂叔彤擢入头承买，三面言定，酬还时价银七两花马，就日立契，现银一色，欢兄弟与母亲手同接应用，其屋内右边之偏廊亦即日交与彤擢叔，任从起篱间截，另开门口管……此系价足断卖，日后毋得生端反悔收赎等情。上手远年遗失，未有交执，今欲有凭，立此断卖屋内右边偏廊契一张，交执为照。

此契系与长男曙光管业，父彤擢批笔。

见作中张亚怀指模

接银同卖母何氏指模

接银同卖弟亚安指模

接银同卖弟亚庆指模

乾隆五十一年十二月廿六日立
断卖屋内偏廊契堂侄亚欢笔①

这是一份张氏家族内部关于屋宇交易的契约文书，买卖双方及中人均为张家叔侄。买主张彤擢购买后又将屋宇批给长子曙光管理。卖主张亚欢出售时是"兄弟子母商议"，母亲何氏始终参与这一交易过程，不仅亲手接银，而且签字画押。

上述三份契约涉及女性参与的土地、屋宇买卖，均因"粮务"引起，反映了乡村妇女对承担王朝赋税的责任意识。这类契约进入晚清以后逐渐增多，兹举东莞县为例：咸丰元年十二月，张觋猷"因粮务繁急，无银应纳，母子商议"，凭中将父亲遗下蠔辣沙田八坵出卖，田价银为"母子亲手接受归家，应纳粮务"，契尾有母亲"同卖"画押指模；② 咸丰二年黄李成因"粮务紧迫，母子商议"，出卖石狗坎田地，契尾有"同接银黄李成指模、母黎氏"；咸丰五年三月，黄信初因粮务紧迫，"母子商议"，将麦金山一块田地出卖，其母梁氏"同接银"并按指模；③ 咸丰七年十一月，周达荣"今因粮务繁迫，无银应纳，生意并用等，子母兄弟商议"，凭中将

---

① 罗志欢、李龙潜主编《明清广东土地契约文书整理研究》，齐鲁书社，2014，第4～5页。
② 谭棣华、冼剑民编《广东土地契约文书（含海南）》，第260～261页。
③ 谭棣华、冼剑民编《广东土地契约文书（含海南）》，第228～229页。

祖父遗下的南田墩地一坵出卖，所得银两，"子母接受归家应用"，其母黎氏和儿子辉泰、达荣、达之均出现在"同接银"中；① 光绪十一年四月，叶兆龄、叶柏龄"因粮务紧迫，需银紧用，子母商议"，出卖冼屋沙田地，其母袁氏指模出现在契尾"同卖知见银"行列；② 光绪十四年正月，黎亚新"因粮务繁迫，母子商议"，愿意将祖父遗下三涌下田二坵出卖，亚新母林氏出现在"同接银人"中；③ 光绪十六年三月，李荫祥有冼屋沙第一洲田在海边，时常受海水侵害，"无银修筑"堤围，又因"粮务紧迫，需银急用，子母商议"，愿将此田出卖，契尾有"同卖接银人母方氏指模"；同年，陈广昌也因"粮务紧迫，需银急用，子母商议"，出卖冼屋沙良暗田，契尾有"同卖接银人母谢氏指模"；④ 光绪二十七年二月，东莞县三都十四图三甲的朱展滔也是"粮务繁用，母子商议"，愿将祖父遗下松元下田出卖，凭中卖给周桂兰，但契尾没有出现展滔母亲信息。⑤

值得注意的是，上述卫型端和张亚欢两例契约，都发生在乾隆五十一年珠江三角洲地区。此时广州作为中国对外贸易的唯一合法口岸，带动了珠三角的商业繁荣，咸丰《顺德县志》卷3《风俗》记载："在在皆水乡，舟航所达，川流四绕，阡陌交通，故力农尤便。至于桑田鱼池之利，岁出蚕丝，男女皆自食其力。贫者佃富者田而纳其租，惰安者盖少矣。其他为匠、为圬、为场师，又或织麻鸣机、编竹作器，一艺一业，往往遍于乡堡，相效成风。大率耕六工二，余则贸迁。其事诵读而试有司者不及十一焉。"既是"风俗"，就说明此现象由来已久，珠三角地区农业流行桑基鱼塘模式，蚕丝业是当地社会的主流产业。因工商业发达，读书应试反相对不被人重视。随着广东各地商业的繁荣，粤商开始在商界崛起，嘉庆《龙山乡志》卷4《物产》说："吾乡谬以饶富闻，大抵薄农重贾。或奔走燕齐，或往来吴越，或入楚蜀，或客黔滇。凡天下省郡市镇，无不货殖其中。"可见，广东商人的触角几乎深入国内各地市

---

① 谭棣华、冼剑民编《广东土地契约文书（含海南）》，第261页。
② 谭棣华、冼剑民编《广东土地契约文书（含海南）》，第241~242页。
③ 谭棣华、冼剑民编《广东土地契约文书（含海南）》，第263页。
④ 谭棣华、冼剑民编《广东土地契约文书（含海南）》，第244页。
⑤ 谭棣华、冼剑民编《广东土地契约文书（含海南）》，第264页。

场，并在全国许多通都大邑建立了自己的商业性会馆组织。①

广东人的重商与海外贸易密切相关，鸦片战争以前，广州享受一口通商的特殊政策，导致珠三角成为对外贸易中心地，广州和佛山成为岭南地区重要的工商业中心地，有学者称之为岭南区域的两个中心市场，前者是洋货和土特产的集散中心，后者是广货和北货的集散中心。② 与此同时，外地商人也进驻广东，明清著名的徽商、晋商、闽商以及江浙、湖广等省商人均在广州设立了商业会馆，长期从事商业贸易。③ 蚕丝是清代广州国际贸易市场上的大宗商品之一，妇女在种桑养蚕、缫丝等行业中扮演了重要角色。嘉庆时，顺德龙山堡竹枝词云："呼郎早趁大冈墟，妾理蚕缫已满车，记问洋船曾到几，近来丝价竟何如。"④ 嘉庆《龙山乡志》卷首"大冈墟图说"记载，墟期每月一、四、七日，"乡邻商贾交易其中，盖由来久矣"。这里交易的商品主要是蚕丝，"洋船"则意味着当地与国际市场发生密切联系。为了适应国际市场对生丝的需求，蚕桑业与缫丝业已成为珠三角农家普遍的家庭手工业，南海九江一带几乎家家种桑养蚕，竹枝词云："佃得东家数亩塘，阿侬耕种在家乡，四时力作饶生计，卖罢鱼花又采桑。"⑤ 随着蚕桑业发展，顺德龙山大墟成为远近闻名的"桑市"和重要的丝业交换场所。嘉庆《龙山乡志》卷4《田塘》记载，龙山乡"大墟有蚕纸行，养蚕者皆取资焉。每岁计桑养蚕，有蚕多而桑少者，则以钱易诸市。桑市者，他乡之桑皆集于此也。所缫之丝率不自织而易于肆"。所谓蚕纸，"蚕置于用芦苇编成的蚕箔上喂养，蚕箔之下垫以纸，清理残叶与蚕粪时中人需抽出垫纸，及更换新纸，两张纸轮流晒太阳起消毒作用，既卫生又方便"⑥。传统乡村社会中的造纸业少不了女性参与，嘉道时，顺德碧江苏鹤作《碧江廿四咏》，其中有多首诗描

---

① 刘正刚：《广东会馆论稿》，上海古籍出版社，2006。
② 罗一星：《明清佛山经济发展与社会变迁》，广东人民出版社，1994，第243页。
③ 刘正刚：《清前期广州社会发展与内地关系》，《暨南史学》第2辑，暨南大学出版社，2003，第351~355页。
④ 嘉庆《龙山乡志》卷12，张臣《竹枝词》，《中国地方志集成·乡镇志专辑》第31册，江苏古籍出版社，1992，第203页。
⑤ 光绪《九江儒林乡志》卷21《杂录》，《中国地方志集成·乡镇志专辑》第31册，第675页。
⑥ 王菊华：《中国古代造纸工程技术史》，山西教育出版社，2006，第243页。

绘了女性从事制纸业，如，"双峰连翠似屏环，家染云笺赛五蛮。借问浣花溪畔女，何如侬住碧江湾？"这里的双峰指碧江境内上、下村岗。又如"南北山头多鬼风，鬼风吹纸入云中。劝郎——勤收拾，且待明朝见日红"。此乃晒纸情景。[①] 乾隆时梁炜在回忆母亲李晚芳时说："幸吾乡有艺纸之业，妇女可家居力作，所获可食一二人。先慈督家姊并力从事。"[②]

清代妇女参与商业活动，已经成为不争的事实。[③] 在广东遗存下来的契约文书中尚能发现一些妇女买卖田地的目的是为家庭发展商业筹备资金，道光五年二月二十二日，顺德陈邓氏与其子振新一起签立的卖田契即是如此：

> 立绝卖断田契人陈邓氏，同男振新，今因贸易要钱使用，愿将夫遗经分自分膳田，载三都八甲夫启韶户，民米一斗五升，土名坐落陈村李姓门首，池塘见底大尅塘一张，内载田六邱……先问房族不受，后托中引至梁范四处应言承受。就日同中勘塘所分明。然后立契交易，中面言定，实取回价银一百三十两正。其银即日经中，交氏母子亲手领足，并无包写债贷准折等情。其田系氏自分膳业，亦无霸占兄弟他人田坵，以及重典叠卖等弊。倘有不明，系氏母子同中理直。自卖之后，任从耕批印税过户永远管业，不赎不续。……
>
> 中人梁式幹
道光五年二月二十二日立绝卖
断田契人陈邓氏　男振新笔[④]

很显然，这份以母亲邓氏口气书写的契约，目的非常明确，即"今因贸易要钱使用"，反映了广东商业化的发展对妇女观念

---

① 苏禹：《历史文化名村碧江》，《顺德文丛》第 2 辑，人民出版社，2007，第 196~201 页。
② （清）梁炜：《菽堂分田录》，乾隆三十八年刻本，载（清）李晚芳《李菉猗女史全集》，刘正刚整理，齐鲁书社，2014，第 348 页。
③ 刘正刚、侯俊云：《明清女性职业的商业化倾向》，《社会科学辑刊》2005 年第 3 期。
④ 谭棣华、冼剑民编《广东土地契约文书（含海南）》，第 166 页。

的冲击。这块田地名义上属丈夫遗产，即"夫遗"，实际上应是夫妻的共同创业所得，所谓"氏自分膳业"，大概是作自己养老的田地，表明这份田产的所有权人为陈邓氏，所以契约首尾都将陈邓氏放在第一位，于此也可见，陈邓氏作为母亲对这份田地拥有绝对的处置权利。而在广州高第街的商业区也有母亲率子处理丈夫财产的情况。道光元年四月二十六日广州高第街"立明永远断卖房屋人吴门张氏率男吴照的笔"契约，就是由母亲张氏率儿子签立的契约，"今有丈夫遗下房屋一间坐落高第街居仁坊口左边第二间……今因急用，母子商议，愿将此屋出卖。先召亲房人等，各不愿买，次凭中人傅名成引至三顺堂杨宅承买……"其售卖银两 225 两也是"吴门张氏同儿子吴照亲手收到"。这里的"急用"或许是商业的用途。更有甚者，还有以女性的名义在高第街购置产业。道光二十八年二月十三日"立明永远断卖房屋契人赵宝荣系番禺人，现住省城高第街。缘先母曾氏单生宝荣一人，本身又无同父异母兄弟。先母曾氏存日，有自置房屋一间，坐落高第街居仁坊，西向平排两间……前至街，后至旧临全，左至张宅，右至许宅，以墙为界。兹因急用，夫妻商议，愿将先母曾氏遗落房屋一间出帐召人承买，取要时价银三百五十两正……凭中人陈有会引至许宜和堂依口还足价银三百五十两正净元司码平兑……"①

这类由母亲作为"法人"主持的田地买卖契约颇多，可能因契约保存的关系，以晚清数量最多，如同治十三年十月，南海县大坦尾围田契记载：

> 立明永远断卖围田契人南海县金利司恩洲堡半塘三约顾刘氏、顾郭氏、子昌和、昌业、昌苍，今因急需银两凑用，母子酌议，愿将承祖父遗下经分名份围田一号，坐落半塘五约，土名大坦尾，该中则民税五分二厘三毫，出帐召人承受，每亩取回时价银五十五两正，签书酒席，一概俱在价内。先召房亲人等，各不愿受，次凭中人郭怀坡引至余庆堂看合承买，每亩依

---

① 此契约由香港徐子皓先生提供。许先生保留有其祖先在广州高第街发展的大量契约。特此致谢！

口还足价银五十五两正成员司码①平兑。此系三面言明，二家允肯，即日当中丈量，立契交易明白。其田价系刘、郭氏，子顾昌和、昌业、昌苍母子亲手接回家中应用，并无低伪少欠分厘。此田系刘、郭氏、子昌和、昌业、昌苍承祖父遗下经分名份之业，与别房兄弟伯叔无涉……

中人郭怀坡　黄照
昌业伯娘代指模
立明断卖围田契人顾刘氏指模　顾郭氏指模
子昌和　昌苍的笔
同治十三年十月初十日②

　　从这份契约中可看出，主立契人应是刘氏和郭氏，她们两人估计是顾家媳妇，属于妻妾之关系，她们率三个儿子断卖"祖父"遗下的围田。所谓"急需银两凑用"，也不排除从商之需。契约是"母子酌议"，也有"签书酒席"，可见，这些交易土地时的习俗在乡村社会一直传承。出卖田地总会有具体原因，且总有一个过程，但不少契约都模糊地表述因家中急需银两凑用而立马成交。光绪二十九年二月，新会县张林千妻也因急需银两用，"无处计备，是以母子商议"，将自置田二坵出卖，价银由"张林千妻子亲手接归应用"，契尾有"接银人莫氏指模、张亚炯指模"，③可知莫氏是张林千妻，张亚炯为其子，即对应文书中"母子"关系。

　　有的契约写明"母子商议"，实际买卖是以儿子为主，但母亲只有签字画押，契约才能成立，"立明永远断卖房屋契人杨允中，系番禺县人氏。缘允中有自置房屋壹间，坐落大南门外高第街居任坊内，左东向西……今因急用，母子商议情愿将此屋转卖与人，取要时价银四百两正……"契尾为"道光廿八年七月初四日立明永远断卖房屋契人杨允中的笔，允中之母杨马氏指模"。④还有的契约只有母亲作为主立契人出现，儿子则在落款处才签名画押在母亲后

---

① "司码"一词在契约文书中，由于书写者文化程度不同，而有所不同。为保持原貌，径直引用，不作统一。
② 谭棣华、冼剑民编《广东土地契约文书（含海南）》，第135～136页。
③ 谭棣华、冼剑民编《广东土地契约文书（含海南）》，第218页。
④ 此契约由香港徐子皓先生提供。

面，以显示契约文书中的"母子商酌"。如光绪五年十一月惠阳县的一份契约内容为：

> 立杜卖断粮田契字人黄门庄氏暨男协中、立中、大中、正中，先年承祖父遗下粮田一处，坐落土名仔埔田，土名波边岭田，大小共连三坵，载容种子一斗二升正。另肚垄湾秧地一坵……今因乏银应用，母子商议，情愿将此田出卖与人，先招亲房人等不就，后托中人问至寨头大围乡王肇武出首承买。当中三面言定……其银当中亲手交黄门庄氏母子接回应用，其田当中交王肇武收租管业，明买明卖。……
>
> 在场中人黄李妹
> 立杜卖断粮田契字人黄门庄氏　　协中　立中　大中　正中
> 光绪五年十一月二十七日 ①

又如宣统元年二月，中山县叶门王氏所立的卖田契约也是如此：

> 立明杜卖田契人叶门王氏，为因紧急，无银应用，母子商酌，自愿将先夫遗下经分田一段，坐落吉大村，土名深泥，大小二坵，中税九分正，一应出卖与人，取银应用。先招房亲人等，各不愿买。次凭中人廖平、张炼引至大姑驰廖成敦承买……即日随契交易，其银一色当中交足王氏亲手接归应用……
>
> 立明杜卖田契叶王氏　子叶观德
作中人廖平　张炼②

这份契约主立契人是叶王氏，从"母子商酌"判断，叶观德为其子，买地人则有可能是叶观德姑父廖成敦。所卖产业是王氏丈夫遗下，从"先夫遗下"判断，这份契约是叶王氏以妻子口气书写，

---

① 谭棣华、冼剑民编《广东土地契约文书（含海南）》，第294～295页。
② 黄永豪主编《许舒博士所辑广东宗族契据汇录》，东京大学东洋文化研究所，1988，第325页。

儿子只是充当见证角色而已。这份契约不仅呈现了民间习惯法的书写格式,而且得到了官府的肯定,在这份契约的红契中就注明了由广东财政司颁发的"断卖契纸"的批文,内有"业户廖成敦买受恭都一图十堡叶廷茅甲、叶王氏户丁、地二段、屋间、田垯 铺间、塘口,坐落深圳地方,共税……司颁腾字三十九号。业户廖成敦准此。"[①] 可以看出,在广东财政司批文中已经以买主廖成敦作为"业户",并将叶王氏丈夫叶廷茅名字也列出,说明这块田地是挂在叶廷茅夫妇名下,但契约中显示叶廷茅已去世,真正出卖田地的是叶王氏,而官府的认可则说明叶王氏在这桩土地买卖中已具备了法律术语所说的独立法人资格。类似例子还有宣统元年七月,中山鲍门吴氏两个妯娌签立的契约:

> 立明杜卖田契人鲍门长房吴氏、五房吴氏,全男宗彩,为因米饭不足,母子商酌,愿将承仰霭祖经分名下之田一段,坐落土名夏美村沙岗仔,大小一垯,该上税一亩八分正,出卖与人,取银应用……
> 立明卖田契人长房鲍吴氏指模、五房鲍吴氏指模,全男鲍宗彩笔。

这是一份由两位不同房的寡母做主所立田地契约,而"母子商酌"可能是鲍宗彩存在一身兼祧两房的角色,否则很难理解文书中"母子"的房支。这份契约也经过广东财政司审阅并签发了红契,其中有"业户甘绍泰买受 都 图 甲户丁鲍吴氏,地段、田垯、房间坐落土名沙岗仔等处。……布颁为七十三号。业户甘绍泰准此"[②]。可见,鲍吴氏成为这桩田地买卖中的决定人,而且与上一份契约不同,这份红契中并没有出现吴氏丈夫的名字,可能因为这份田地不是丈夫遗留下来,而是"祖遗"的缘故。又宣统二年二月,中山鲍门梁氏、林氏两位寡妇率子签立的"立明杜卖田契",也是"因家中急宜银应用,母子商酌,自愿将先父遗下之田出卖与人",凭中人徐旭诗引至本村鲍喜昭兄弟应允承买,该契尾落款为

[①] 黄永豪主编《许舒博士所辑广东宗族契据汇录》,第 324～325 页。
[②] 黄永豪主编《许舒博士所辑广东宗族契据汇录》,第 322～323 页。

"立明杜卖田契人鲍门梁氏、林氏，子帝根、留石"，以及"作中见交银人徐旭诗"。①

清代珠三角地区，即使儿子已成家立业，但只要母亲和他们生活在一起，母亲对家庭田地处置就享有发言权。这与传统社会强调以孝为先有关，为人子即使已成年婚配，父亲健在则由父亲全权处理家中重大事务。理论上讲，父亲去世后，儿子成为一家之主，但母亲尊长的地位在家庭不容忽视。因此，在田地买卖契约文书中，尽管儿子为主立契人，但母亲作为见契人和接契人均会到场，如道光十八年新会县莫有恒立断卖田契文书为：

> 立断卖田契人莫有恒，今因急用，无处计备，母子商议，愿将祖父经分名下之田，坐落礼乐村闸脚围，该上税二亩二分，出卖与人，共取田价花银五十七两三钱八分六厘。次凭中人陈琏儒、何维峻引至象岭文昌宫承买，依口酬还如价。三面言定，二家允肯，就日立契交易。其银一足当中交恒母子接归应用，分厘不欠。……此系明卖明买，实银实契……
>
> 中人陈琏儒　何维峻【押】
> 见契同接银母许氏
> 代书兄其炳（一生好心）
> 道光十八年十二月二十一日
> 立卖田契人莫有恒（一生好心）②

立契人莫有恒母亲在这次土地交易中起到了"见契同接银"的见证角色，买卖也是在"母子商议"后进行的。又如同治二年东莞县祖辉卖田契云：

> 立断卖田契人本族裔孙祖辉，有承祖父遗下世臣自置田大小共计七处，合共一十一亩七分九厘八毫，共计下则民税。今因粮务紧迫，无银应纳，母子商议，愿将祖父遗下田出卖与人。……价六十七两司码，其银即日与祖辉接受归家应用，其

---

① 黄永豪主编《许舒博士所辑广东宗族契据汇录》，第342~343页。
② 谭棣华、冼剑民编《广东土地契约文书（含海南）》，第172页。

田亦即日交与麦太邱管业，此田系祖辉名下之田，与别兄弟无干，明买明卖，亦非债折等情，如有来历不明，系卖主同中理明，不干买主之事，此系二家允愿，日后无得生端反悔，今欲有凭，立卖纸一张交执存照。

黄氏止莫（指模）
同治二年七月初二日祖辉笔①

类似的情况在珠三角地区较为流行，如道光二十年六月，新会县泷水都张德盛"今因凑用，母子商议，愿将自己名下之田，坐落泷水都十二图土名冲九略潮田一坵"，出卖与人，其价银有"张德盛接归应用"。契尾有"见银契母王氏指模"。② 道光二十八年十月，新会县柯均国立"永卖坑田契"，也是"今因急用，无处计备，母子商议，愿将承祖父遗下坑田十坵"出卖。所得银两则"当中交与柯均国母子接归应用，分厘不欠"。契尾有"见契同接银母施氏"。③ 同治十年十二月南海县张奇叨也"因急用，母子商议"，在接受价款时，"其银系张奇叨母子同收清楚"，契尾除写明中人外，还有"同收银母梁氏"。④ 又光绪三十年七月二十二日，东莞县"立断卖地场人袁葵住同母姚氏，承父遗下地场一段……兹因日给不糊，需银紧急，母子商议"，将该地场出卖，落款是"作中人李氏亚凤，同接银人母姚氏指模，立断卖地场人袁葵住的笔"。⑤ 笔者在广东革命历史博物馆参观"吾土吾民——近代广州契约文书与传统乡村社会"专题展览中发现一些契约文书，立契人多为家庭男性，但契约强调"母子商议"，在契约落款处特别标出女性姓氏及指模。兹将其中四份契约文书整理如下：

（一）

立明永远断卖田契人黄世恩兄弟等，系南海县神安司盐步蟾步堡庵前约住人，今因丧务急用，无处计办，母子商议，愿

---

① 罗志欢、李龙潜主编《明清广东土地契约文书整理研究》，第22页。
② 谭棣华、冼剑民编《广东土地契约文书（含海南）》，第177页。
③ 罗志欢、李龙潜主编《明清广东土地契约文书整理研究》，第66页。
④ 谭棣华、冼剑民编《广东土地契约文书（含海南）》，第152~153页。
⑤ 黄永豪主编《许舒博士所辑广东宗族契据汇录》，第270页。

将先父名份承念善堂学田遗下两熟潮田三坵……出账召人承买，每亩取要时价银六十三两司码，另签书、中人每两各三分算，先召房亲人等，各不就价，次凭中人问到本约潘经礼执帐看田，当中三面依口照价还足，每亩实银陆十三两司平，书中各三分。此乃三面言明，二家允肯，就日丈量立契交易明白，两相交执并无少欠分厘，其银母子即日亲手接回家中应用。……自卖之后任从买主管业收租，日后无得异言反悔，今欲有凭立写永卖田契一纸，并黄念善堂红契一纸，共成二纸交与潘宅收执存据。……

中人潘金玉　陈步云　□宅培
光绪二十年甲午十二月十八日卖田人黄颜氏指模
黄世恩　黄继文　黄继谦　黄继良的笔　黄存

（二）

立明典田离业契人何渭扬系西浦村人，今有承父遗下经分明份两熟潮田二坵，坐落西浦埠庙头一坵，土名大界，该税一亩六分二厘，又一坵土名荔枝园，该税一亩二分一厘，两共该税二亩八分三厘。今因银两急，无处计办，母子兄弟商议，愿将此田出帐召人承人承典，每亩取要时典价银七十二两正，先召房亲人等，各不就典，次凭中人，问到本房何建业堂承典，以六年为期，即日当中还实，每亩典价银七十二两正银水司码兑足，所有签书席仪俱在价内，三面言明，二家允肯，就日丈量，四至明白，立契交易，银契两相交讫，并无少欠分厘，其银系何渭扬母子兄弟亲手接回家中应用。此系明典明当，不是债折等情，亦无重典复当等事……其田订以六年为期，期满之日，任由备价收赎，赎时以收割清楚为准，银到田还，如不到期取赎，以限期未满之日，照计每亩每年补回田料银五两正，今欲有凭，立写典田离业契一纸，交与何建业堂收执为据。……

中人松柏
母亲何易氏指模
光绪二十八年二月初八日
立典田离业契人何渭扬的笔

（三）

立明永远断卖田契人潘遂安堂，今因岁暮，家中急用，母子商议，愿将承父遗下土田名鹿步司祥曜山脚田，大小九坵，共税七亩，召人承买，先招房亲人等，各不愿受，次凭中陈友培引至省城澄修书室踏看……依口还足价银一百五十两正，先经标贴，随后交易清楚……如有来历不明，卖主同中理明，不干买主之事。……恐口无凭，特立永远卖契一纸为据。

一实潘遂安堂母子即日收到澄修书室田价银一百五十两正口

一实交出土名祥曜山脚田七亩

中人陈友培
母王氏指模
光绪二十八年十二月十五日潘遂安堂的笔

（四）

立明断卖田契人何渭扬，系西浦乡人，今因急用，兄弟母妥商，情愿承父遗下经分名份潮田二坵，土名荔枝园一亩二分一厘，又土名大岭边税一亩六分二厘，二共实税二亩八分三厘，坐在西浦埠内庙头埠，出帐召人商户承买，每亩取要时价银六十两正，签书席仪俱在价内，先召房亲人等各不愿买，次凭中人引至何润登家下承买，每亩依口还实价银六十两正，彼此俞允，即日收定，徐郎标插，然后丈量，四至明白，当中交易，其银净员司码兑足，交与何渭扬母子兄弟亲手接回家中应用，此系明买明卖，并非债折等情，倘有来历不明，卖主同中理明，不干买主之事。……

中人何吉樵　何荫
光绪卅一年三月十六日立写
卖田契人何母易氏　渭扬的笔

这四份契约均出现子嗣与母亲商议的情景，母亲也在契约上摁下了自己的指模，最终使契约发生效力，意味着母亲对家庭田产交易拥有处置权。而在第二、第三份契约中，母亲由光绪二十八年在儿子立契买卖田地中只是中人的角色，光绪三十一年同样是儿子立契卖田，在落款处母亲何易氏则排在第一位，显示母亲在家庭财产处理中的重要性。类似于第四份契约的"兄弟母妥商"，道光二十七年十二月，新会县礼乐乡的陈萃贞、陈萃联"立永卖田契"，"今因急用，母子兄弟商议"，将自置潮田出卖，其田款"当中交足萃贞母子兄弟亲手接归应用，分毫不欠"。契尾有"见契接银母李氏指模"款。① 又咸丰三年十二月新会县陈兴和"因急用，无处计备，母子兄弟商议，将承父遗下经分田，土名南澳坑田围田，共税一十五亩"，凭中卖给本县义仓，价银三百七十二两，"当中（人）交陈兴和、陈仁和兄弟母子亲手接归应用"，契尾有"同签契接银母陈何氏指模，同接银陈兴和"②。

清代香山县也有不少私家田地买卖中有母亲参与同卖、见中等活动，例证如下：

（一）

　　立绝卖田文契人李琼书，有承祖父遗下短经分份下土名第三沙香税田二坵，共上则民税一十亩零一分。今因凑用，子母兄弟商议，愿将此田出卖予人，取银应用，共实要时价银九十两九七白司马，签书每两三分。先召房亲，各不愿受，次凭中人龚远宏引至孔昌汉，依口酬还实价银共九十两正。三面言定，二家允肯，就日亲诣田所，丈量明白，果合前税。归家当中立契交易。其银一色如细，交琼兄弟亲手接回应用，并无低伪少欠分□。……其田的系祖业，世远年久，日后倘有上手印契搜出，视为故纸。今欲有凭，立此绝卖文契一纸，与昌收执，永远管业为照。

　　　　　　　　　　同卖田接银弟俊骎□
　　　　　　　　　　同卖田母何氏指记□
　　　　乾隆十五年七月十二日立卖田文契人李琼书□
　　　　　　　　　　见卖田叔李晓江□
　　　　　　　　　　见卖田交银中人龚远宏□③

---

① 谭棣华、冼剑民编《广东土地契约文书（含海南）》，第178~179页。
② 谭棣华、冼剑民编《广东土地契约文书（含海南）》，第183页。
③ 萧国健、卜永坚：《广东香山县小榄华平社萧氏文献专辑》，载《田野与文献：华南研究资料中心通讯》2008年第50期，第9页。

(二)

　　立卖屋地文契人李润棒，今因凑用，母子商议，愿将承祖经分份下□自置土名大榄接龙社沙埔地一段，共上则民税二分一厘，连地面瓦屋一座，横过三间，挂廊、天井、照墙，屋外左侧房一间、门楼、围墙、屋内神台、阁板、门扇，地面街路，所有砖瓦木石各料、井灶，一应出卖与人，取银应用。凭中李绶彩，问到服兄李耀章永买为业，三面言实……从前并无典揭别人，如有来历不明，系棒母子身上理明。该地印契，因有别人税业相连，未便交执取出，批明存照。今欲有凭，立卖屋地文契一纸并上手契及分单，统交李耀章收执，永远为照。……

见交易中人李绶彩□
同卖屋地母萧氏指模□

道光廿年二月十六日立卖屋地文契人李润棒笔□①

(三)

　　立永卖屯田文契人陈泰邦，今因急用，母子商议，有承父遗下经分份下土名后卫任官所署步外沙屯田一坵，该减则屯税一十亩正，出卖与人，共要取时价银一百〇五两花边司码。先召至亲，各不愿买。次凭中人张正显，问到周俊良请愿买受，依口还足价银一百〇五两……归家立契交易，俊即备足价银，交泰母子亲手接回应用，并无少欠分毫。此田系泰承父遗下经分份下之业……此系明卖明买，实银实契，两无加写。今欲有凭，立永卖屯田契一纸并该田印契一纸，连尾统交俊收执，永远为照。……

见卖田见交易中人张正显笔
见卖田侄陈其成□
见卖田弟陈维邦笔□
同卖田接银男陈其祥□

---

① 萧国健、卜永坚：《广东香山县小榄华平社萧氏文献专辑》，载《田野与文献：华南研究资料中心通讯》2008年第50期，第13~14页。

第三章 清代乡村妇女的权利与地位：以契约文书为例

同卖田接银母陈黎氏指模□
道光 年 月 日立永卖屯田文契人陈泰邦笔□①

（四）

宣统二年十月七日岑阿炳卖墓穴地予合德堂的送山地帖

立送山地帖人岑阿炳，今有自置经迁吉地一穴，落在大榄飞驼岗小土名狐狸头……为因急用，母子商议，愿将此山出送与人，要取回花红银四大元。先召至亲人等，各不愿受，次凭中人麦新好，问至合德堂承受。依口还足花红银四大元，即日同中齐到山所，看明界址，耕锄明白，果无古坟、白骨等情。就日回家书立送帖交易。合德堂备足花红银四大员，当中交与岑炳母子亲手接回应用，并无少欠。……

见交易中人麦新好笔
同接银母黎氏指模□
宣统二年十月初七日立送山地帖人岑阿炳指模□②

这里涉及的田产买卖、赠送，不管是田地、房屋还是墓穴，在所有交易中都强调"母子商议"以及契尾有母亲"同卖田（屋）""同接银"等字样，说明母亲在这些交易中处于极重要的地位，对于家庭大宗财产的买卖，即使子嗣已可独当一面，但也不可忽视母亲的角色。

但也有契约在文书中并没有标出"母子商议"的字样，甚至文书正文几乎没有女性的影子，但在契尾则标有女性在场的信息，如道光二十七年二月，顺德龙山乡"立明断卖围田契人卢芸翘"住在广州城内海味街，"今因生理凑本急用，情愿将先人遗下"的围田出卖，在契尾就标出了"中人黎顺明、见收银胞弟云卿、同收银生母潘氏指模"。③ 光绪七年十二月，香山县立明永远断卖围田文契

---

① 萧国健、卜永坚：《广东香山县小榄华平社萧氏文献专辑》，载《田野与文献：华南研究资料中心通讯》2008 年第 50 期，第 14~15 页。
② 萧国健、卜永坚：《广东香山县小榄华平社萧氏文献专辑》，载《田野与文献：华南研究资料中心通讯》2008 年第 50 期，第 36 页。
③ 谭棣华、冼剑民编《广东土地契约文书（含海南）》，第 28~31 页。

人马桂森，在出卖"承父遗"围田时，契尾有"中人何心菩、李五峰""在堂母梁氏指模""知见人马竹珊"等，① 可见，上述潘氏、梁氏均以母亲身份参与了家里的围田买卖活动。又如光绪二十六年九月，香山县"立永远断卖草坦人马贞石、马子薪"在出卖自置草坦时，也是在契尾标出"中人冯连兴""在堂母梁氏指模"以及"知见人马竹珊"等。② 又光绪三十四年十二月，顺德县三桂乡何献琳在"立明断卖草坦文契"中，也仅仅在契尾有"在堂母梁氏指模"而已。③

珠三角地区寡母在家庭田产处理过程中拥有相当大的权力，似乎也是乡村社会的惯例。万历《新会县志》卷5《人物传下》记载元末明初新会陈氏在丈夫死后对家产的处置故事：

> 陈氏归德里李宗长侧室也，宗长生男女四，而陈无所出。宗长夫妇死，值元季乱，陈乃收世系契券，携子女佣于乡人以食之。至国初稍稍复旧业，数千百租无少丧焉。女求田于陈，陈笑曰：汝先人无遗命，妾安敢擅割主人田也。……其子与人博，陈屡痛哭戒之曰：妾艰关守先业以遗汝，汝奈何不自惜。博徒为之动，不复与其子博，子亦感悟。

陈氏在李家仅仅是妾的身份，她在战乱之时不仅抚养丈夫留下的四个儿女，而且保存了李家的土地契约，在明初社会安定时，可能通过原来的契约又收回了田地所有权。而这些土地最后的归属也由陈氏决定。不过从"女求田于陈"来看，女儿有继承父家财产的权利。

寡母参与明清广东乡村社会的土地交易占有多大比重，尚无法给出答案，但从清代珠三角地区寡母出现在立契现场来看，她们会以各种身份参与立契行动。其实，这也是官方法律赋予她们的权利，清代律例规定："凡同居卑幼，不由尊长，私擅用本家财物者，

---

① 谭棣华、冼剑民编《广东土地契约文书（含海南）》，第21~22页。
② 谭棣华、冼剑民编《广东土地契约文书（含海南）》，第24~25页。
③ 谭棣华、冼剑民编《广东土地契约文书（含海南）》，第26~27页。

十两，笞二十，每十两加一等，罪止杖一百。"① 也就是说，家中卑幼在处理家财时，必须经过尊长，父亲一旦去世，余下的尊长除了祖父母外，最主要的就是母亲。可见，法律对母亲处理家庭财产给予了明确的保护。这一现象在明清徽州地区、闽台地区的财产买卖中都有所体现。②

清代珠三角地区的女性做主买卖地产，还有一种情况就是仅有寡妇一人出面，似乎没有子女参与。笔者发现一份嘉庆年间高第街倪袁氏出售房屋，就没有与任何人商议，也没有子女在场的契约，但见证人是丈夫的兄弟。

> 立断卖铺屋契人倪袁氏，今因急用，有自名下受分铺屋壹所，坐落新城高第街居仁坊口，坐北朝南，深壹进，正铺屋阔七桁，楼上阔十五桁，前至官街，后至章宅，左至远芳鞋店，右至高元登笔店，神楼、户扇、瓦面俱全，问明亲族，均不愿承买，今凭中出卖于王姓，议定价银足重番面银捌拾两，即日当中，番银铺屋两相交清，并无短少，亦无债折抵债。此系自相情愿，明买明卖，亲族人等，日后不得另有别议。此铺屋系袁氏家公于嘉庆四年十二月买沈同人大屋，于十年三月拆大屋改造小屋二十四间，铺屋一间，袁氏于嘉庆十一年十二月初一日经亲族长分受养口，并无来历不明，所有上手原契现存长房收执，作为废纸，恐后无凭，立此为据。……
> 　　　　　见中伯公倪珏　亲伯倪廷纶　沈何氏
> 　　嘉庆十二年六月初五日倪袁氏的笔③

从契约内容判断，倪袁氏的房产由其家公购买，后由族长分割给她糊口的资产，所以房屋的出售完全由她本人做主。

---

① 《大清律例》，田涛、郑秦点校，法律出版社，1999，第625页。
② 阿凤：《明清时期徽州妇女在土地买卖中的权利与地位》，《历史研究》2000年第1期；陈瑛珣：《明清契约文书中的妇女社会经济活动》，厦门大学博士学位论文，1999，第36～40页。
③ 此契约由香港徐子皓先生提供。

二　潮汕地区寡妇在契约文书中的权利与地位

珠三角地区的寡母处置家产尽管得到了民间和官府的认同，但囿于礼法，女性的权利还是受到一种潜在的社会制约，大多数由寡母做主买卖田地的契约会写有"母子商议"字眼，这虽可看作是对母亲权利的尊重，但背后或许隐藏着对儿子作为家庭财产真正继承人的承认。清代潮汕地区有些契约就是以儿子名义出售，但母亲会在契约中以"在见人"身份出现。不妨引录几则契约为例：

（一）

　　立卖断根粮质契人族叔典切等兄弟五人，承祖父遗有支分应分粮田一坵二亩五分，坐址土名新堤头田。为因要用，情愿出卖，尽问亲堂不就，托中招到族侄先赋前来就买，三面言议……其银就立契日仝中秤收完讫，其田亦就付侄前去召佃管正，此系两愿，一卖千休，永为子孙己业，中间并无来历不明等情，如有，系叔自当，不干侄之事，口恐无凭，立契存照。……

　　　　　　　　　　　中人先炳　典爵　在见母陈氏
同治九年九月廿二日立卖断根契人典切等【押】①

这份契约是以买方先赋的口气书写，所以有"族叔典切"的说法，而"在见"的陈氏应是典切等人的母亲。但契约中并无"母子商议"之字眼，说明母亲仅仅是在场见证而已，对田产的处理只有参与权，或许没有决定权。

（二）

　　立卖断根粮质归乙田契人长房腾杰，承父遗有粮田四分正，坐址土名宅前，四至明白，沟水灌溉。今因家中乏银项，

---

① 蔡志祥编《许舒博士所藏商业及土地契约文书》，东京大学东洋文化研究所，1995，第54页。

情愿将此田出卖，先问至亲不就，托中招到本房内慈簧兄前来受买。仝中三面言议……其银即日仝中秤收归用完讫，其田就立契日即交慈簧兄前去召佃管正，耕作收租，以补利息，永为子孙已业。一卖千休，永断葛藤，日后不敢异言反悔，借口生端，中间并无生银挂数，亦非香灯祭业，以及先当后卖、来历不明、内外争阻等情之事，如有，系弟自当行理直，不干兄事……

光绪六年六月二十日
立断卖根粮质归乙田契人长房腾杰立契存照
在见母亲苏氏①

这份契约从内容来看是以儿子腾杰名义签立的，因为文书中有"承父遗"，文书中也没有出现"母子商议"的字样，但契尾的"在见"则说明母亲苏氏是见证人。

（三）

立卖断根粮质归乙田契人本房崇庆，承祖遗有粮田三亩四分，坐落土名竹沟头。为因乏用，情愿出卖，就问至亲不就，托中招到耆翁公前来就买，三面言议……其银就立契之日，仝中秤收归用完讫，其田即付公前去管正，永为祭业。一卖千休，此为两愿……

中人宗彰　沁点　信根……
在见人母亲黄氏
光绪二十二年丙申六月念九日
立卖断根田契人本房崇庆契存照②

（四）

立卖断根粮质归乙田契人，本乡本房崇陈惠贾，承祖遗有粮田三亩，大小二坵，坐址土名黄沙溪，四至分明。今因家中欠乏要用，情愿将田出卖，尽问至亲不就，托中招到本乡本房家黉利

---

① 蔡志祥编《许舒博士所藏商业及土地契约文书》，第20页。
② 蔡志祥编《许舒博士所藏商业及土地契约文书》，第28页。

宝号前来就买,三面言议……口恐无凭,立卖断根契存照。……

中人足雨 和调 慈模(照)

在见慈液(福) 在见母亲许氏

光绪二十四年十二月二十日

立卖断根田契人本乡本房陈惠贾等①

(五)

立卖断根粮质归乙田契人,溪尾乡陈江涛承祖遗有粮田四亩,大一坵,坐址本洋土名二相公坟后,四至分明。今因家中久乏,情愿将此田出卖,先问至亲不就,托中招到前溪乡家黉利宝号前来就买,三面言议……该银就立契之日,仝中秤收归用完讫,该田即日交还黉利前去召佃,管正收租,日后永为子孙己业。……

中见人陈足雨 家安 和调

在见母亲詹氏

光绪二十六年八月二十一日

立卖断根粮质归乙田契人溪尾乡陈江畴 陈江涛契②

(六)

立卖断根粮质归一田契人,澄邑鸿沟乡园内社林国家,承祖遗有粮质归一田三亩,坐址土名官坑口,四至分明。今因要用银项,情愿出卖,尽问房亲族戚不就,托中招到澄邑樟林埠塘西乡池基进前来就买,仝中三面言议……其银就立契之日,仝中秤收归用完讫,其田就交池家前去召佃,管正收租,永为子孙己业。……

中见人刘和合【押】 林添文【押】

代书人林添文【押】 在见母张氏【押】

光绪三十四年岁次戊申八月二十日

立断卖根粮质归一田契人鸿沟乡林国家【押】③

---

① 蔡志祥编《许舒博士所藏商业及土地契约文书》,第29页。
② 蔡志祥编《许舒博士所藏商业及土地契约文书》,第31页。
③ 蔡志祥编《许舒博士所藏商业及土地契约文书》,第82页。

第三章 清代乡村妇女的权利与地位：以契约文书为例

在潮州的契约文书中，女性作为见证人多以母亲身份为主。这些母亲因为丈夫不在人世或出洋长期不归，所以她们成为儿子处理家财的重要见证人。但也有祖母以"在见"身份出现，同治十一年七月初二日的"立卖断根质粮田契人大巷乡陈锦泉"，"因家中乏用"而出卖"承祖遗"粮田时，"在见人"为其祖母许氏。①

清代广东潮汕地区的契约文书中还经常出现另一类现象，就是契约完全由妇女独立完成，文书中没有出现"母子商议"等字样，大约是不需要与其他人商议，所卖田地多是夫家留给她养老之田，因而妇女也就成为土地处置的唯一合法人。例证如下：

> 立卖断根粮质归一田契人樟林乡黄周氏，承遗有支分应分中则低田五亩五分大小共五坵，坐址土名港畔，带港水灌溉，四至明白。为因乏用，情愿出卖，尽问亲戚不就，托中招到龙眼城乡张立杰叔前来就买，三面言议，出得时价花边银一百五十元正。其银就立契日，仝中亲收归用完讫，其田随即付张前去召佃管正，耕作收租，永为子孙己业。此系价足心愿，一卖千休，日后不敢异言，反悔生端。中间并无来历不明之事，若有，系黄自当，不干张事。口恐无凭，立卖断根粮质归一田契存照。……
>
> 　　　　中见人周创兴【押】　周创言【押】
> 　　　　　　　代书男黄光富【押】
> 　　　　　　　道光九年十二月十一日
> 　　　　立卖断根粮质田契人黄周氏②

这份田产的来源是"承遗有支分应分"，应属于丈夫或祖上遗留田地，立契人只有黄周氏本人，土地属于黄周氏所有，田产交易也由自己做主，儿子黄光富在契约中只充当了"代书"的角色，没有真正介入土地买卖。而儿子能"代书"，说明其有过读书经历，也说明儿子应该有相当大年龄，但契约中并没有"母子商议"的说

---

① 蔡志祥编《许舒博士所藏商业及土地契约文书》，第28~29页。
② 蔡志祥编《许舒博士所藏商业及土地契约文书》，第115~116页。

法。从契约中的"中间并无来历不明之事,若有,系黄自当,不干张事"一语,黄应为黄周氏,而不是其子或其夫家人,显示了女性对财产享有完全的支配权。

潮汕地区由妇女参与田地买卖的契约书写格式,在民间社会不尽一致,有的契约开头署名由儿子到母亲排列,但契尾书写顺序则由母亲到儿子排列,如光绪十四年十月,海澄县秋溪都大东山乡陈邹氏与子卖田契约的内容如下:

> 立卖断根粮质归一园契人,海邑秋溪都大东山乡陈顶福、顶平、陈母邹氏,承祖遗有粮园一亩,大小三坵,坐落土名林厝后头园,今因家中乏用,情愿出卖,尽问本乡至亲不就,托中招到饶邑隆都前溪乡家宣衣爷前来就买,全中三面言议,出得时价佛边银四十五元七兑,其银就立契之日秤收归用,其园随付家爷前去召佃,管正收租,永为子孙己业,一卖千休,永断割藤,中间并无来历不明等情,如有,系卖主郑氏,子顶福、顶平,自当理楚,不干家爷之事,口恐无凭,立契存照。
> 一批明粮米谷载在海邑秋溪五图陈光连花户国栋陈完纳,计开四至:东至泰松公扁头兄园、西至隆婶园,北至池,南至坎脚内,南北东至自己公埔。
> 该园并非卖与洋人及教民盖建等事。
>   代书见顶福【押】 中人首【押】
>   光绪十四年十月初五日
> 立卖粮园断根契人东山乡母 邹氏【押】 子顶福【押】 顶平【押】①

从契约文书的落款来看,这次断卖田地的"法人"为陈母邹氏,其两个儿子顶福、顶平只是参与而已。这份契约还显示,乡村土地买卖可以跨县进行,陈邹氏为海澄县人,她的土地卖给了饶平县人,且契约中还强调这块地没有卖给"洋人及教民",似乎洋人和教民购买土地受官民限制。还有契约开头和契约落款的子母标注一致,如光绪二十一年闰五月,澄海城内高绍清和母亲蔡氏卖地契约为:"立卖断根粮质归一田契人本城内高绍清、母蔡氏,承祖遗

---

① 蔡志祥编《许舒博士所藏商业及土地契约文书》,第19~20页。

有支分应分四升三合粮田一亩六分七厘,代塯一口……"契尾有"中见人叶业精【押】林振景【押】陈胜利【押】;立卖断根质田契人高绍清、母蔡氏、胞兄绍□"。① 也有母子标注一致,如宣统元年元月,澄海县有一契约内容为:"立卖断根粮质归乙田契人,本都西洋乡陈门曾氏偕子德坤,承父置有粮田二亩六分正,大一坵……今因家中要用银项,情愿将此田出卖……中人:广利、足雨、陈清爱,代书人:蚁文和,立卖断根田契人本都西洋乡陈门曾氏偕子德坤【押】。"②

清代潮汕地区的田地买卖契约中还有许多只有女性作为全权处理人出现,家庭或家族中的其他成员只是参与者而已。

> 立卖断根粮质田契人,东林尾乡林陈氏,承夫遗有支分应分上则粮田一亩八分,作一坵……今因丧费,情愿出卖,尽问亲堂服戚不就,托中招到程洋冈乡薛江利号前来买,凭中三面言议……中间并无香灯祭业书田,以及先当后卖,生银准质,内外争阻、来历不明等情,如有此情,系林陈氏自当理直,不干薛亲之事……
>
> 　　　　中见人黄喜吉(福)　　刘先芸(艺)【押】
> 　　　　代书子林声(奥)【押】
> 　　　　同治八年己巳十二月十九日
> 　　　　立卖断根粮质田人林陈氏(福)③

这份契约以出卖人林陈氏口气书写,所以说是"承夫",而代书人则是其儿子林声(奥),以此判断,其子年龄应较大,但家产处理权则在母亲,而且契约中也无"母子商议"的字样,显示完全是林陈氏一人所为。

> 立卖断根粮质归一田契人东林美乡林谢氏,承夫祖遗有支分应分上则粮田二亩六分,坐址东林美乡,土名篮兜。又上则

---

① 蔡志祥编《许舒博士所藏商业及土地契约文书》,第178~179页。
② 蔡志祥编《许舒博士所藏商业及土地契约文书》,第43~44页。
③ 蔡志祥编《许舒博士所藏商业及土地契约文书》,第149~150页。

粮田三亩坐址本乡土名胶竂，二处共田五亩六分，四至分明。今因家中要用银项，情愿将该田出卖，尽问亲房服戚不就，托中招到澄城内陈振裕号前来受买。仝中三面言议……中间并无香灯祭业、生银准折、重迭交关，以及内外争阻、来历不明等情，如有，系林谢氏自当行理楚，不干陈亲之事……

中见人林如合　林俊记　林石成　余源合
代书人林仁合【押】
光绪二十四年六月初九日
立断卖根粮田契人林谢氏【押】①

　　这份契约中还盖有地方官府"户房"的印章，以及"布颁虞字六十三号"的字样，应属于红契。从契约中"林谢氏自当行理楚，不干陈亲之事"来看，林谢氏享有这份承继"夫祖"遗产的所有权，又从卖田是因家中急用来看，林谢氏家里或许还有子嗣。但从中见人、代书人可看出，这些人均为林姓，或许是其夫家亲戚，或许为其子嗣，但他们并没有在主立契人中出现，只是起着见证及代书的作用，而且文书中也没有"母子商议"的字样。

　　类似的例子还有不少，兹列举数例如下：

（一）

　　立卖断根粮质归一卖田契人下外都澄城内蔡□□□承夫自置有上则粮田一亩七分，坐址土名竹篱池，四至分明。今因家中要用，情愿出卖，尽问房亲不就，托中招到上外都东林乡林球利表叔前来承买，三面言议，出得时价花边银一百六元七平足重，其银即日仝中秤收足讫归用，其田随即付表叔前去招佃，管正耕作，以补利息，永为子孙己业，中间并非香灯祭业，先当后卖……来历不明等情。如有，系蔡陈氏自当，不干林表叔之事，其银米载在下五陈辉盛户内，候大造之日，任凭林亲收割过户完纳，一卖千休，永断葛藤。……

中见人　秀士　秀教二房文（福）
长房涓号　三房文盛（福）

---

①　蔡志祥编《许舒博士所藏商业及土地契约文书》，第185～186页。

道光二十年十月初三日

立卖断根粮质归一卖田契人蔡陈顺宝[①]

（二）

　　立卖断根粮质归一田契人樟林乡南社陈郑氏，并长房孙阿就、次房子长镇，承夫有饶邑已分应分粮质归一水埭田三亩，大一坵，带堀一口，并沟水灌溉，四至分明，坐址樟林乡外，土名汀园埔。今因要用，情愿出卖，尽问房亲不就，托中招到本乡蓝明就兄前来就买……其银就立契日，全中秤收归用完讫，其田即日随付蓝亲前去招佃管正，永为子孙己业，中间并无来历不明，以及内外争阻等情，如有，系陈郑氏自当理楚，不干蓝亲之事，此系价足心愿，一卖千休，永断葛藤。……

　　　　　　　中见人陈连兴【押】　有福【押】

　　　　　　　　　　　　　　　　代书人付合

　　　　　立卖断根粮质归一水埭田契人南社

　　　　　长房陈阿就【押】　次房陈长镇【押】

　　　　　　　　　　　　　陈郑氏【押】

　　　　　同治六年岁次丁卯二月初二日

　　上述两份契约中都有"承夫"的字样，说明土地属于寡妇所有，立契者也是以寡妇的名义书写，且售卖后一旦出现纠纷，则由蔡陈氏、陈郑氏负责。而陈郑氏的契约在契尾还有官府颁给买者蓝明就的"布颁玉字七十六号"凭证，中有"业户蓝明就买受都图甲户丁陈郑氏（田）"，[②]并没有出现其儿孙的名字。可见，这块田地的主要处置者是陈郑氏。

（三）

　　立断根粮质归一田契人涵头乡陈邱氏，承祖遗有支分应分上则粮田一亩……为因家中要用，情愿出卖，尽问亲堂不就，

[①] 蔡志祥编《许舒博士所藏商业及土地契约文书》，第163页。该契约文书尾有官府户房的印章。

[②] 蔡志祥编《许舒博士所藏商业及土地契约文书》，第117页。

托中招到城口北口青园巷陈振裕号前来成卖,三面言议……即立契之日,仝中秤收足讫归用,其田随付陈(亲)前去招佃,管正耕作,永为子孙己业,无内外争阻、来历不明等情,如有系邱氏自当理直,不干陈振裕之事。此系价足心愿……一卖千休,永断葛藤。口恐怕无凭,立契存照。……

中见人张述善【押】　林仁忠【押】　陈有【押】

代书人松

光绪五年五月廿二日

立契人陈邱氏①

这份契约文书的契尾也有官府"户房"的印章,说明是经过官府备案的红契。从中也可以看出,整个契约的立契人就是陈邱氏一人而已,这份土地是她"承祖遗"所得,出卖则是因"家中要用"。

(四)

立卖断根粮质归一田契人陈麦氏,承祖遗有支分应分上则粮田三亩二分,坐址东林乡,土名大湖,四至分明。今因家中要用银项,情愿将此田出卖,尽问亲房族戚不就,托中招到澄城内陈振裕宝号前来受买,仝中三面言议……其银就立契之日,仝中秤收足讫归用,其田即付还陈振裕号前去招佃,管正收租,永为子孙己业,中间并无香灯祭业、生银准折、先当后卖、重叠交关,以及内外争阻、来历不明等情,如有,系陈麦氏自行理直,不干陈振裕之事。……

中见人陈胜利【押】　叶桢利【押】

代书人陈云鹏【押】　程【押】

光绪十七年六月廿八日

立卖断根粮质归一田契人陈麦氏【押】

上述陈麦氏卖田契开头和落款均为"立卖断根粮质归一田契人陈麦氏",其田产系"承祖遗",整个契约中没有显示陈麦氏的家

---

① 蔡志祥编《许舒博士所藏商业及土地契约文书》,第182页。

庭情况，只是说"因家中要用银项"。契尾所附官府户房"布颁闻字四十九号"中明确标出"业户陈振裕买受都图甲户丁陈麦氏田"。①

(五)

立卖断根粮质归一田契人陈黄氏，承祖遗有支分应分上则粮田二亩，计一坵，坐址东林乡土名塭下，四至分明。今因家中要用，情愿将此田出卖，尽问亲房服戚不就，托中招到高楷记号前来承买，仝中三面言议……其银立契之日，仝中秤收完讫归用，其田随付高亲前去招佃，管正收租，永为子孙已业，中间并无香灯祭业以及生银准折、先当后卖、内外争阻、重叠交关、来历不明等情，如有，系陈家自当理直，不干买主之事。……此系价足心愿，一卖千休，永断葛藤，日后不敢异言反悔……

中见人黄克合【押】 林致居【押】
代书人林致居【押】
立卖断根粮质归一田契人陈黄氏【押】
光绪廿五年四月初六日②

这份主立契人陈黄氏将"祖遗"上则粮田二亩出卖，但契约中事关买卖的只有她而已，且契约开头和结尾都是"立卖断根粮质归一田契人陈黄氏"，包括在契约上画押。中见人和代书人和陈家似乎没有关系，只有黄克合或许和黄氏有亲属关系。卖方应是一家商号。从中似乎可以推断，妇女对家产处置虽有独立权利，但一定要有族戚等人在场才算数。有的契约中并没有出现夫家任何人信息，如同治元年二月初三日潮汕东林头乡杨戴氏在"立卖断根粮质归田契"中契头和契尾都只有她一个人，其所卖田地为"承祖遗有支分应分上则粮田二亩"，原因是"家中乏用，情愿出卖"，中见人为张绍兴、林□，契约中不见夫家人。③ 光绪十三年樟林西社陈源兴

---

① 蔡志祥编《许舒博士所藏商业及土地契约文书》，第179~180页。
② 蔡志祥编《许舒博士所藏商业及土地契约文书》，第145页。
③ 蔡志祥编《许舒博士所藏商业及土地契约文书》，第146页。

号嫡房庶房在出卖"公共承祖遗有"中则田地时，在签字画押中似乎都是女性，"□氏【押】庶房□氏【押】郑氏【押】"。①

（六）

　　立卖断根粮质归一田契人林陈氏，承夫祖遗有支分应分粮田一亩七分，计一坵，坐址土名竹竿池。今因家中乏用，情愿将此田出卖，尽问亲堂不就，托中招到族内家侄肯智侄前来受买，仝中三面言议……即日仝中秤收足讫，其田随付家侄前去招佃，管正耕种，收租补利，永为子孙己业，中间并无香灯祭业、内外争阻、来历不明等情，如有，林陈氏自当理楚，不干家侄之事。粮米载在上都林球利号户内，候大造之日，任从侄前去收户割直。此系价足心愿，一卖千休，永断葛藤……

　　　　　　　　　　　代书人作高【押】
　　　　　　中见人基梓【押】　作学【押】
　　　　　　光绪二十九年十一月初九日
　　　　　　立卖断根田契人林陈氏【押】②

　　这份契约和前面的几则契约文书在书写格式上一样，开头和落款均为"立卖断根粮质归一田契人林陈氏"，说明只有她一个人处理这份田产，其田产"承夫祖遗"。

　　上述的六则契约文书中出现的妇女，从某某氏的字样判断，应该都是已婚的女性，但他们的丈夫并没有出现在契约中，因而可以判断她们多为守寡的节妇。这些寡妇有的可能有子女，有的可能无子女，但不管何种情况，上述契约显示，在处理家庭田产时，她们都是以个人的身份进行全权处分，即使家中有男性子嗣，也仅仅是参与一题名，或作中见证而已，对田产处分的决定权不在这些男性手中。

　　蔡志祥先生对230份潮汕地区契约（包括相当数量的民国年间契约）进行统计，其中有84份（即37%）106人次的女性记载，这些女性大部分是立契人或见证人。这些女性大多是家庭中辈分比

---

① 蔡志祥编《许舒博士所藏商业及土地契约文书》，第106页。此契残缺严重。
② 蔡志祥编《许舒博士所藏商业及土地契约文书》，第162~163页。

较高的，显示了该家庭是由辈分比较高的女性来维系的。潮汕地区是华侨出洋比率较高的地区，而出洋一般都是男性只身前往，因而家中的事务完全托付给妇女。因此，从契约也可以看出，妇女在侨乡社会尤其是家庭经济中扮演了非常重要的角色。① 又由于母亲在家庭中处于尊长地位，所以母亲在买卖田契中的角色非常突出，蔡志祥先生曾对潮汕地区妇女以见证人即"在见"身份参与的契约做过统计，详见表3－1。

表3－1 潮汕契约中的"在见"人和立契者之关系

在见人称谓	契数	立契者						
		母子	子	妻	孙	男性	女性	儿媳
祖母	2	0	0	0	2	0	0	0
母	19	4	14	0	0	0	0	1
母＋母	1	0	1	0	0	0	0	0
姑丈＋大婆	1	0	0	1	0	0	0	0
慈＋母	1	0	1	0	0	0	0	0
男（与立契者同姓）	6	3	0	1	0	2	0	0
女（与立契者同姓）	1	0	0	0	0	0	1	0
女（与立契者异姓）	1	0	0	0	0	0	1	0
男	2	0	0	0	0	2	0	0
妈	1	0	0	0	0	0	1	0
合计	35	7	16	2	2	6	1	1

资料来源：蔡志祥主编《许舒博士所藏商业及土地契约文书》，第271页。

从上表中可以看出，女性以尊长者的身份，参与和见证了家庭财产的买卖，这一现象与潮汕地区男性出洋不无关系。

三 客家山区女性在买卖契约中的角色

粤东客家山区的妇女历来是社会经济活动中的主角，乾隆《大埔县志·风俗篇》记载："妇女装束素淡，椎髻跣足，不尚针刺，樵汲灌溉勤苦倍于男子，不论贫富皆然。"光绪二十四年编纂的

---

① 蔡志祥主编《许舒博士所藏商业及土地契约文书》，第250～253页。

《嘉应州志》卷8《礼俗》记载:"村庄男子多逸,妇女则并臼、耕织、樵采、畜牧、灌种、缝纫、炊爨,无所不为。天下妇女之勤者,莫此若也。"实际上,不仅嘉应州如此,其他客家地区亦然。在后人编辑的《清稗类钞》中有更为详细的记载:

> （广东大埔妇女）向不缠足,身体硕健,而运动自由,且无施脂粉及插花朵者。而日出而作,日入而息,自奉俭约,绝无怠惰骄奢之性,于勤俭二字,当之无愧。至其职业,则以终日跣足,故田园种植,耕作者十居之七八。即以种稻言之,除犁田、插秧用男子外,凡下种、耘田、施肥、收获等事,多用女子。光、宣间,盛行种烟,亦多由女子料理。种烟、晒烟等法,往往较男子汉为优。其余种瓜果、种蔬菜等事,则纯由女子任之。又高陂一带,产陶颇多,其陶器之担运,亦多由女子承其役。各处商店出进货物,或由此市运至彼市,所用挑夫,女子实居过半,其余为人家佣工供杂作者,亦多有之。又有小贩,则寡妇或贫妇为多。又除少数富家妇女外,无不上山采樵者,所采之薪,自用而有余,辄担入市中卖之。居山僻者,多以此为业。又勤于织布,惟所织者多属自用耳。总之,大埔女子,能自立,能勤俭,而坚苦耐劳诸美德无不备具,故能营各种职业以减轻男子之担负。其中道失夫者,更能不辞劳瘁,养翁姑,教子女,以曲尽为妇之道,甚至有男子不务正业而赖其妻养之者。至若持家务主中馈,犹余事耳。①

这一说法在客家地区的历史文献中时常可见。当然,客家妇女的勤劳勇敢可能为生计所迫,男人或一心读书以求取功名或出洋谋生,最终形成了"女主外"的分工格局。1907年出生在广东省梅县丙村三乡黄坳村的廖安祥回忆说:

> 那时,梅县三乡重男轻女的风气很严重,只有男孩子才有书读……男人读了书之后,不是到南洋谋生,就是到军政界做官,男人平时穿鞋着袜留在家里,或有节日回家,也是到处行

---

① 徐珂:《清稗类钞》第5册,中华书局,1984,第2211页。

行走走，不干活的。有的男人想去帮手做，老婆也会骂你："个个人的丈夫都不用下田干活，你下田很羞人的。"所以说客家地方有一种习气，男人在家里看孩子，不用下田干活。①

妇女主外，与传统王朝宣传的"男主外，女主内"理想模式完全背离。客家妇女主外的角色在契约文书中也得到很好的体现。

梅州学者房学嘉先生长期利用地利之便，在梅县开展田野调查，发现了一大批契约文书，从中可以了解客家妇女在契约文书中所扮演的角色。② 以下有关客家契约文书均出自房先生已发表的论著。这些契约文书大多为白契，即由乡村社会村民私下签立的买卖文书，其中不少涉及女性参与买卖土地，如康熙六年丁未，今梅县松口镇梁伍氏独自做主卖出自家的屋宇和地基，契约的开始和结尾均为伍氏，"立卖契伍氏，有夫自置上堂右边瓦屋一间并地基厕厨，今因乏用，卖与本乡余继生出首承买，当日领得价银伍两二钱，立卖为照……康熙丁未年三月十八日伍氏立"。可见，这份契约自始至终仅有伍氏一人，从行文看，其丈夫可能已不在人世，或者外出未归。这一点在乾隆年间，今梅县白宫镇徐邱氏作为立契人书写的赠"质田租"契中有所体现：

> 立赠字徐邱氏，先年出退有质田租二处……今因夫故，无银使用，情愿请得原中见识，勤劝陈启伦手内增补价银壹两伍钱正，其田自增之后，不得再增等情……
> 乾隆三十一年十月廿一日立邱氏（画押）

这份契约自始至终都是徐邱氏一人所为，明确交代其夫已去世。契约所说的"质田"应是田产抵押之意。抵押田产是为了借贷，以解决家庭经济困境。业师杨国桢先生在研究契约文书时指出："土地的抵押借贷与典当活动是在民间层次私人之间进行的，不经过商业机构（如当铺）和官府……"③ 可见，订立抵押土地契

---

① 廖安祥：《梅州大侠香港六十年》，香港三联书店，1989，第52～53页。
② 房学嘉：《从文书中的女性尊长看梅县妇女的社会地位》，宋德剑主编《地域族群与客家文化研究》，华南理工大学出版社，2008，第76～85页。
③ 杨国桢：《明清土地契约文书研究》，中国人民大学出版社，2009，第323页。

约，是徐邱氏在丈夫去世后因生活困难而采取的不得已办法，但契约没有显示徐邱氏当时的家庭状况如何，所立契约是"质田租"，而不是土地买卖。徐家质田在其丈夫活着时可能就已经开始，所以这里显示的是徐邱氏为了经济急需而不得不继续抵押借贷，增加了银两，但其抵押借贷的担保物仍是土地的收益或地租。

上述契约的立约人和签字画押者为女性一人的现象，在嘉应州地区并不少见，房学嘉发现两份乾隆三十五年梅县松口梁姓售卖菜地和地基契约的主立契人皆为谢氏女性。现转引如下：

(一)

立卖地契，本昌妻谢氏承祖父流（留）传屋场门首菜地一长块，情愿将此地卖与族众，当日领得地价铜钱伍千文，任从族众建造，不敢阻抗……

　　在见　显和（画押）　依口代笔　元靖（画押）

　　　　　　乾隆三十五年二月初三日谢氏立

(二)

立卖契梁门谢氏，今有承祖遗下右片旧屋地基一块，今因乏用，托中送与余姓出首承买，当日凭中领得地价铜钱一万二千文正，其地基即交与买人架造为业……

　　　　　　乾隆三十五年三月初五日梁谢氏立

从契约内容的格式来判断，这两个谢氏似乎是一个人，即梁本昌的妻子，而梁本昌可能已经去世，所以两份契约均由谢氏一人完成，但其有无子女尚不清楚。

如果家庭中有男性子嗣的话，他们在契约中会与母亲一起签字画押。乾隆五十四年在今梅县白宫镇又有妇女钟黄氏和其子所立增"质田"契，性质与乾隆三十一年的徐邱氏"质田租"契约大致相同。不过，主立契人则为母亲钟黄氏与其子。

立增字钟黄氏，仝男文端等，先年退出质田一处……今因乏用无措，前来向得伦叔手内增过花边银伍员，即日银字，两

136

交明白,三面言定,自增之日不得再增等情……

乾隆五十四年十二月二十二日
立增字钟黄氏(画押) 仝男文端(画押)

从这则契约中可以看出,母亲与儿子共同签约处理土地抵押等事宜。此契约中的"三面言定",说明签立契约有证人或中人等在场见证。上述徐邱氏所立契约中的"原中见识"的"中",也是中人、证人的意思。这是乡村社会中民间签立契约的主要形式:一般都会邀请双方认可的亲朋好友或在乡村社会中具有一定威望的人到场作证。还是这个钟黄氏在三年之后,又率领文端等四个儿子签立抵押田地的契约,估计儿子文端读过书,所以契约由文端"秉笔"完成,该契为绝增绝赎质田契,立契主角为梅县白宫镇钟黄氏,其子大概只是按惯例罗列在契约中而已,因为契约的开头和结尾画押都完全由钟黄氏出面。

立绝增绝赎字钟黄氏仝男文元、文敬、文端、文进,先年退出有质田租一处,土名祠堂冈,又氏手退出质田租一处,土名三家村吕姓门首横坑塘下,与陈启伦为业,价银租垢,两契载明,前经增找,今因修整祖坟少钱,帮费不愿收赎,前来向得业人陈启伦手内共再增补足价钱柒千柒百文正,即日钱字两交明白……

秉笔男文端(画押)
乾隆五十七年壬子十一月廿日
立断增断赎字钟黄氏(画押)

"绝增绝赎"家中土地应该是由钟黄氏做主,四个儿子除文端外,其余的人在契约中似乎只是陪衬。于此也可见,妇女在失去丈夫之后,成为家庭财产处理的最重要的合法人。这一现象在客家山区应该较为流行,嘉庆初年梅县松口镇的曾刘氏也带领儿子主立契约如下:

立找断永远无赎无增契曾刘氏仝男曾添长,承祖遗下有本乡下牛角塘面上右手横屋一连四间,又横屋外添造一大间,共

有屋五间,并带门首屋外前后一带地基及屋后菜地一所,又屋后大路上粗(屎)缸一口,昔年俱活卖与善宝李大爷兄弟为业,四年限满……今自忖无力向赎,情愿找断,即日凭中见,三面估值,向印川李大爷兄弟手内找贴花边圆银肆拾柒大圆正……自找贴之后,其屋宇地基菜地粗(屎)缸等项,俱交印川李大爷兄弟永远管业,刘氏母子日后永不得言赎,亦不得言增……

嘉庆十四年己巳岁十二月二十四日
立找断永远无赎无增契曾刘氏(手印)
仝男曾添长(画押)

曾刘氏这次签立的契约是将原来的活卖变为绝卖,因为她们出不起赎回房屋土地的资金,所以索性将房屋及其土地卖断,当然在买卖中少不了中人。不过,契约强调的也是女性曾刘氏是第一买卖合法人,其儿子只是辅助而已。

还有少数契约是由家庭中几位女性共同签立完成,契约中不见任何男性成员的影子。梅县白宫镇有一份被房学嘉先生称为"借字契"的契约,其主立契约人即为刘阙氏、刘吴氏、刘梁氏三位女性,时间在嘉庆十七年,事由是绝卖田地,核心内容如下:

立借字刘阙、刘吴、刘梁氏三房人等,先年卖出有黄牛望岗沙坦一处,上下两隔……今因父口坟墓破,请得邻亲相劝恳来复借花边银肆圆正,又钱壹佰文正,即日领讫,三面言定,其沙坦开复,实在工本浩繁,三房等委愿交与瑞等永远为业,日后三房人等不得异言,再借滋事等情……

吴(画押)
嘉庆十七年十二月廿五日立永断字阙氏(画押)
梁(画押)

从该契约所涉内容看,"借字契"可能是绝卖土地的另一种表达。从主立契约的三位女性姓名书写格式看,她们应是刘家平辈间的媳妇,契约中的"父"应是她们的公公,估计早期借贷是为亡故的公公修建墓地，到后来因无法按期偿还，所以才不得不把先年卖出的沙坦进行绝卖。而在该份契约中既没有出现她们丈夫的名字，也没有出现她们儿子的名字。这一现象可能说明在某些时候，已婚妇女作为夫家的成员可以享有独立的财产处理权。

在缺少父亲的单亲家庭中，母亲在儿子成人后，尽管不一定是家庭合法的户主，却总会在涉及各类家庭财产买卖的交易中出现，而且她们扮演的角色仍然十分突出，或者是主立契者，或者是见证人或接银人。换句话说，如果没有母亲在场签字画押的话，交易往往很难完成。梅县白宫镇的熊云伯就是与母亲温氏一起成为家庭在立增质田契时的主立契人：

> 立增字人熊云伯仝母温氏，先年父宁生退出质田租三斗五升五合正……今母子……又向接吴友先手内增过田业价并银二拾三两正，其田业自增之后，交与接人自行耕住，即日银字两交。
>
> 　　　　　　　　　　　仝母温氏（画押）
> 乾隆十二年丁卯十二月十二日云伯立（画押）

熊云伯与母亲温氏一起完成了这桩田地抵押借贷交易，并共同签下了抵押田地的契约。类似这种契约的书写格式，在清代的嘉应州地区似乎较为流行，乾隆十四年梅县白宫镇的何清淑也是和其母亲吴氏一起，作为共同的主立契人和见证人与他人签订了增加抵押田价的契约，内容为：

> 立增字人何清淑仝母吴氏，因父仲兴丁卯年退质田柒坵内，不允过耕，经控州宪着词证人等押回，接主过耕，当日交割田租六升二合五勺，因载价不尽，众亲相劝，吴友先手内先年接得父仲兴退出间田横屋后上片质田租六升二合五勺，向友先手内增过质田价并银柒两正，即日银字两交明（白）……
> 　　就日批明实领到增字内价银柒两正……
>
> 　　　　　　　　　　　仝母吴氏（画押）
> 乾隆十四年己巳三月廿一日立增何清淑（画押）

从签字画押的顺序来看，母亲吴氏排在第一位，儿子何清淑则

为第二位。从字里行间来看，吴氏丈夫何仲兴已经亡故，而且在丁卯年即乾隆十二年还因这块田地的"退质田"问题与债权人发生过诉讼。这次经过母子两人共同签字的契约，是在"质田租"的基础上，又增加了"质田价"，可见，母子抵押田地的目的仍然是增加田地的收益。

房学嘉先生在田野考察中，从梅县松口《梁氏宗谱》中发现了一份买卖屋宇地基的契约抄件，该契约的主立契人为梁氏家族的梁叔淳，而见证人和领银人则是其母亲梁钟氏和兄长梁拔桂。

> 立卖契梁叔淳，有官坪上围里自置屋宇并地基二间，又带屋边龙眼树一条，托中送与子育余大公出首承买，言定价银二十六两正……
> 批明外酒食花押二两……
> 在见领银母梁门钟氏（画押）兄拔桂（画押）
> 乾隆二十四年六月十五日立

尽管主立契约人是男性，我们不知道契约中所说的屋宇和地基是梁钟氏丈夫遗留财产还是其儿子梁叔淳创业所得，但在这桩交易中，梁钟氏扮演了见证人和领银人的重要角色。在梅县松口《梁氏宗谱》中还有一件典当地基的契约，主立契人为儿子梁叔礼、梁叔华，而画押则由他们的"在堂母余氏"完成，"立当字梁叔礼、叔华，有祖父左边地基一块，当与余姓手内铜钱六千文，每月供利一百八十文，如至本年十二月不完，任从架造……在堂母余氏（画押）。乾隆二十八年五月初十日立"。

无论是屋宇还是地基都属于乡村社会家庭中的不动产，而且是村民家庭生活中最重要的大宗不动产，在这些大宗财产的抵押、典当和买卖过程中，妇女尤其是家庭尊长辈中的女性，均会成为其中不可或缺的成员。而在买卖田地等生产资料中，妇女也是交易的主要参与者，如乾隆三十六年梅县桃尧镇的张宗勋将田地卖给叔叔为业，在这份卖田契中立契人为宗勋，而在契尾的见证人则为其母亲李氏，"立卖田契侄宗勋……田产自卖之后，任从叔过手耕管为业卖人，不得异言阻挡……即日批明，实领到契内田价花边三十二大圆正，花边每员七钱二分算，共重二十三两零四分正……见价母李氏（画押）。乾隆三十六年辛卯岁二月二十四日立（画押）"。

晚清以来，客家地区女性参与家中不动产处置的行为，依然活跃，如在今梅县三乡小都村，同治五年，邱桂兴同母亲温氏一起与人签立卖"松杉苗山木地基契"，立契人为邱桂兴，见证人为其母温氏。

立卖松杉苗山木地基契人舅邱桂兴，今承嗣父遗下自种有松杉檀柯杂木地基一处……兹因父故，少银使用，前来托中出卖与外甥张新郎出首承买……
　　　　　　　　　　见收价母温氏（画押）
　　　　　　　　　　同治五年丙寅岁五月一十日
　　　　　　　　立卖松杉苗山木地基契人邱桂兴（画押）

又如同治九年梅县三乡小都村李国泰售卖"松杉苗地基一处"，立约人是李国泰，证人则是其母邓氏等人。

立卖字人兄国泰，今承祖父分授遗下有松杉苗地基一处……今因乏用，情愿托中出卖于进长弟出首承买……
　　　　　　　　　　　　在见母邓氏（画押）
　　　　　　在场男辛福（画押）　时添（画押）
　　　　　　中人弟汗元（画押）　代笔弟绍兴（画押）
　　　　同治九年庚午十一月初四日立卖字人兄国泰（画押）

尽管在契约中有时会出现母子共同出卖田地，母子均出现在契约之中的情况，如"立卖字人杨谢氏、仝男阿来，承祖父遗下杉脚地基……今因乏钱应用，情愿托中出卖于邻亲李荣发出首承接……同治元年壬戌岁六月初一日立卖契杨谢氏（画押）、阿来（画押）"；但也有契约开头写的是母子，契尾落款却仅有母亲一人而已，也就是说母亲是实际的主事人，儿子只是陪衬，其中原因或许是儿子年幼，将其写入契约，可免儿子成人后反悔。如同治九年梅县三乡小都村的一份契约内容为："立卖字人张廖氏、男阿庆，今先年接得陈广文松杉苗地基一处……今因乏用，情愿托中出卖于和长李亲出首承买……同治九年二月初一日立卖字人张廖氏（画

押)"。从落款的签字画押上判断,这份契约的主事人应该是张廖氏一人。

一些家庭可能因为男性劳动力缺失,整个家产的处置全部由女性承担。同治十一年梅县三乡小都村的一份契约表明,婆婆和媳妇是处置财产的全权代表,"立卖松杉苗地基字人张门邓氏,今有地基一处……今因乏用,情愿托中出卖与本村发伯李亲出手承买……在场媳廖氏(画押)、见孙福昌(画押)。同治十一年十一月十三日立卖字人张门邓氏"。可见,这份契约是由婆婆邓氏出面签订,媳妇廖氏和孙子为见证人。

光绪三年在今梅县白宫镇一份有关"赎回"质田的契约,立约人为妇女,见证人也是妇女,见下:

立批赎回字人叔姊林氏,情因承姑遗下接有东瑞伯质田一处……先年愚姑与瑞伯念属夫之胞兄未曾立有退契……嘉言侄备得银五十大员共重三十五两正赎回,自批以后,此田即交回于嘉言侄耕管,并无异言……

在场见嘉斌(画押)　媳钟氏
光绪三年十月初五日立批赎回字叔姊林氏(画押)

这个契约的特别之处在于林氏赎回的"质田"是其婆婆遗留下的,显示在客家山区妇女有自己独立的产业,但尚不清楚这份产业是女方娘家赠送的奁资还是她到夫家后劳作的成果,抑或是继承父家祖先的遗产。林氏做主赎回,而证人应该是其子与儿媳钟氏。

房学嘉在今梅县三乡小都村发现的一份光绪十九年买卖屋宇地基契约中出现的买方与卖方都是女性。[①] 卖方为房氏,证人为其子福郎及媳张氏,买方是林氏。

[①] 参见房学嘉《从李氏家藏文书看妇女在传统社会中的地位——以粤东梅县客家妇女为重点分析》,《中南民族大学学报》(人文社会科学版)2005年第6期。据房学嘉先生描述,梅县三乡小都村李清汉家藏契书有260多件,时间跨度从乾隆十四年至民国初年,依契约内容看,涉及买田契、买山契、买房契、买坟穴契等。在这批契约中不乏妇女的身影。

第三章 清代乡村妇女的权利与地位：以契约文书为例

立永远大卖无赠无赎字人媳房氏，今承父遗下有屋宇地基一间……系自己住屋，左片正间一间，今因乏用，情愿托中出卖于叔母林氏出首承接……

在场见　媳张氏、男福郎（画押）……
代笔姻弟郭定初（画押）
光绪十九年癸巳四月廿七日立
永远大卖无赠无赎字人侄媳房氏（画押）

从这份契约的内容判断，房氏将屋宇地基出卖给叔母林氏，这个屋基应是其公公遗留下来的财产。最有意思的是在场见证人的书写格式为媳妇张氏写在前面，儿子福郎则写在后面。这一微妙的细节变化，似乎表明妇女在处置家庭财产方面拥有很大的权力。

除了客家女性享受对家庭不动产的处置权，在田地租赁方面也出现妇女签订出资获取耕地使用权的契约。光绪三十年在今梅县白宫镇即有廖氏独立签约获取"右长弟"土地耕种权的契约，内容如下：

立白耕字人兄嫂廖氏，今因少田耕，前来向得右长弟手内写耕田一处，坐落土名安乐窝塘面上田大小三坵，即日言明，每年供纳田谷二石二斗五升正，丰荒不得少欠，如有少欠，即将此田交回右长弟，任从另招白耕……

即日批明每年早季供纳田谷一石，冬季供纳田谷一石二斗五升正……

光绪卅年甲辰岁二月初九日
立白耕字人兄嫂廖氏（画押）

这份契约产生于家族内部租赁田地耕种时，这一现象表明在客家地区通过契约规范利益双方的权益已经深入人心，即使是家族内部也不例外。

晚清客家地区的契约签立，与之前并没有太大的区别，母子若同时出现在契约中，一般以母亲为主立契人，儿子仅是证人或书契执笔人。也就是说，只要母亲健在，其在处分家庭财产中就具有重要的话语权。这在梅县三乡小都村存留的契约中颇常见，如光绪十七年邱姚氏和儿子邱竹生签立契约为："立卖字人邱姚氏，今承夫

祖父遗下腊月十六日有福龙宫三圣公王福会一眼……今因乏银应用，情愿托中引送出卖于文蹈李亲出首承买……代笔男竹生（画押）。光绪十七年辛卯岁四月十四日邱姚氏立（画押）。"从邱竹生"代笔"书写契约和画押来看，他不仅并非年幼无知，且具有一定的文化知识，但他在契约中仅是见证人角色，这份契约的法人应是其母亲邱姚氏。又如光绪二十一年邓氏母子立增字契，法人是邓氏，证人分别为其子龙华、旺华，执笔者则是其子质华："立增字人妇邓氏，今先年退有粪质田一坵……今因少银乏用，前来向得文蹈兄手内增补佛银八圆……在见男龙华（画押）、旺华（画押）秉笔男质华（画押）。光绪乙未二十一年九月初十日立增字弟妇邓氏（画押）。"

如果说母亲在契约中的出现是因为尊长身份，儿子在处理家庭财产时，出于社会流行的孝道观念，要把母亲请到处置现场，并让母亲签字画押，以示交易的严肃庄重。还有一些妇女即使丈夫健在，作为妻子也会在契约中出现，反映了在嘉应州地区的客家社会中，妇女因作为家庭经济生活来源的主要劳动力的地位得到社会的承认，她们在家庭财产的处分权上享有与男性共同支配的权利。如嘉庆十二年今梅县白宫镇吴九江在签订退质田契中，在场见证人就是其妻杨氏。内容如下：

> 立退契吴九江承分授有质田一处……今因乏银应用，情愿托中送与亲陈东瑞出首承接……自退之后，即交于接人任行耕种管业，退人不得异言。倘有他人争阻，系退人一力抵当……
> 在场见妻杨氏
> 嘉庆十二年十二月十八日立退契九江（画押）

又如道光二十八年在今梅县白宫镇一个叫正杰的男性在以尝田抵押借贷的契约中，其母亲和妻子均作为"在场"证人出现在契约中画押，内容如下：

> 立借字弟正杰，情因先年有尝田一处土名墩子上门首大小一坵，当日归于兄正敏承接，租声银声原契载明，今因父故乏银应用，前来向得兄正敏手内借过佛边一元重六钱八分正……

即日批明实领到借字内佛边一元重六钱八分正……

在场母古氏　妻邱氏（画押）
道光二十八年十二月十八日立借字弟正杰（画押）

从契约判断，弟弟正杰因"父故乏银应用"，于是把尝田抵押给哥哥正敏"承接"耕种，兄弟之间对这块土地的使用权和所有权发生暂时变更时，他们仍按当地乡村社会习惯，签订契约，而充当"在场"证人的不仅有母亲古氏还有正杰妻子邱氏。同治十四年梅县三乡小都村学元夫妻在共同售卖松苗地基时签立契约，立契人是学元，而见证人则是其妻房氏，"立卖字人侄学元，今承父遗下有松苗地基一处……今因乏用，情愿托中出卖于荣发伯出手承买……在场见妻房氏（画押）。同治乙亥十四年二月初七日立卖字人侄学元（画押）"。① 于此可见，妻子与丈夫一起出现在契约，在某种意义上体现了男女在有关家庭财产处分权上享受平等地位。如果说女性以母亲的身份在家庭财产交易中充当法人角色，是因为她在家庭中时日长久，对家庭贡献特殊、地位重要的话，那么为人媳、为人妻者在契约中充当立约人或见证人，则说明客家女性在家庭共有财产产权变更中具有举足轻重的地位。

四　妻子在田地买卖契约中的角色

夫妻是构成核心家庭最基本的细胞。明清时期，尽管主流话语一再强调女性在家庭中要坚守"三从四德"，但从民间社会买卖田地的契约文书来看，妻子在对家庭财产的处置中与丈夫共同享有话语权，这在清代广东乡村社会有关家庭财产处置中有明显的体现。妻子参与家庭财产交易和分割，在广东土地买卖的契约文书中常用"夫妻商议""夫妻酌议"等字样加以表述。如乾隆六十年广州高第街谭门麦氏出售房产，尽管是"夫妻姐弟商议"，但最终落款为麦氏一人，引述如下：

---

① 参见房学嘉《从李氏家藏文书看妇女在传统社会中的地位——以粤东梅县客家妇女为重点分析》，《中南民族大学学报》（人文社会科学版）2005 年第 6 期。

立明卖断屋契人谭门麦氏,自置房屋一间,坐落高第街中约广司厅左便巷内,西向,深一大进半,阔十五桁,四围墙壁、板樟、砖石、木料、瓦、门扇上盖连地,一应俱全……今因急用,夫妻姐弟商议,愿将自置业屋一间出卖与人,先召亲房人等,各不愿买,次凭中人问至周宅,取要价银番面银肆拾伍大员,当中收足重,签书洗业,一应在价内,三面言明,二家允肯,就日当中写立契约,交清银两,系麦氏夫妻亲手接回应用,并无少欠分厘,亦不是债折等情,亦无重叠典按,如有来历不明,系卖主同中理明,与买主无涉。自交银契之后,毋得异言,今欲有凭,立此断卖屋契一纸,并上手契一张,交与周永成收执为照。……

见交银中人麦卿□　伍祥
代笔中人麦瑞英
乾隆六十年五月十六日立卖断屋契人谭门麦氏指模①

　　从这份契约内容可知,不仅是"夫妻姐弟商议",而且是"麦氏夫妻亲手接回应用"。这至少表明,麦氏的丈夫尚健在,但在契约中始终处于隐身状态,一切均由麦氏做主。

　　当然,类似的契约并不多见,一般是丈夫在处理家产前,要与妻子商议,并在契约中明白写出,经过这样的程序,交易的契约才算生效。这说明已婚男性在处置家庭财产时,必须要有妻子的参与才能进行。从已有的契约来看,妻子在契约文书格式中有时并不显眼,在契约文书正文中有时会出现"夫妻商议"的字样,但契尾落款处并没有妻子在场的表达。如嘉庆四年正月十一日,南海县里水春晚坊"立明卖田契人麦起章","今因钱粮紧急,并前者借过别人银两,无得还回别人,自愿将田变卖,得银还清别人,夫妻兄弟商议,愿将承祖父遗下经分起章名份潮田一坵"变卖。契尾署名的中人为麦辅相,见证人为其兄麦起大,以及"立明卖田人麦起章的笔"。②尽管契尾没有出现任何女性,但契中的内容显示是"夫妻兄弟商议",可见,妻子在其中是不可忽

---

①　此契约由香港徐子皓先生提供。
②　谭棣华、冼剑民编《广东土地契约文书(含海南)》,第8~9页。

第三章 清代乡村妇女的权利与地位：以契约文书为例

视的因素。

类似上述情形在清代广东的契约中尚有不少，如嘉庆十七年十二月，惠阳县王继承"今因无银使用，夫妻商议"，将祖父遗下分给自己的一块田地出卖，所得银钱有"夫妻亲手接回应用"，契尾无任何女性信息。① 咸丰八年十二月南海县大沥堡大范乡李修仁在"立永远断卖田契"中，"今因急用，夫妻商议，自愿将承父遗下经分名份两熟潮田二坵"，招人承买。后凭中找到张翰章受买，"即日丈量立契交易，其银系李修仁夫妻亲手接回应用"。该契在结尾处除了有中人姓名和李修仁签字外，别无他人签名。② 同治三年二月，东莞县民张锦中因为"粮务急需，夫妻商议"，将牛栏头一处田地出售，而且卖田银两也是"锦中夫妻接受归家应纳粮务"，但契尾没有出现任何女性信息。③ 同治四年十一月二十日的"立明永远断卖田契人郑沛豪"契约中也是"今因银两急用，无处计办，夫妻父子商酌"，自愿将自置潮田一坵变卖，契尾为"中人麦贤佳"和"立卖田契人郑沛豪的笔"。④ 南海县里水村春晚坊的郑乐衡在同治十年十二月初十日"立明永远断卖民田契人"，也是"今因银两急用，无处计办，夫妻商议，自愿将自置潮田一坵"变卖。契约落款处有"中人麦贤佳"及"立明卖田契人郑乐衡的笔"等字，也无女性出现在契尾中，但文中显示"夫妻商议"。⑤ 又如光绪八年南海县大沥堡李竹君"立明断卖田契"，使用的模式也是"今因急用，夫妻商酌，情愿将承父经分名份两熟田五坵"出卖，凭中卖给了本族李俭耕堂，交易的银两，"系李竹君夫妻亲手接回应用，并无少欠分厘"。契尾处有"中人李昆、李亮"以及"李竹君的笔"等外，也无其他签名。⑥

另一种契约不仅"夫妻商议"在文书中出现，而且在契尾还有女性的签字画押等内容，前述的契约排除书写规范外，这种契约似

---

① 谭棣华、冼剑民编《广东土地契约文书（含海南）》，第289~290页。该书第293页的同治元年王永禄、同治三年王肇魁出卖田地等，都有"夫妻商议"，但契约中看不出其妻的任何信息。
② 谭棣华、冼剑民编《广东土地契约文书（含海南）》，第147~148页。
③ 谭棣华、冼剑民编《广东土地契约文书（含海南）》，第233页。
④ 谭棣华、冼剑民编《广东土地契约文书（含海南）》，第11页。
⑤ 谭棣华、冼剑民编《广东土地契约文书（含海南）》，第9~10页。
⑥ 谭棣华、冼剑民编《广东土地契约文书（含海南）》，第148~149页。

乎更突出妻子在家庭买卖中的权利。这类契约也有不少，嘉庆十二年广州董修会立明卖田契中即是"夫妻商议"，且在交易时，妻子潘氏在场"见银"，契约如下：

> 立明卖田契人董修会，今因无银凑用，夫妻商议，愿将经分名下田土名横坟双连三坵，民税一亩三分三厘，四置明白，出帐召人承买，取要价银二十三两，先召房亲人等，各不愿买，次凭中人董为海引至本族董修爱承买，一实还到时价银一十八两七钱二分银水番面色秀司马平兑，三面言定，二家肯允，就日立契，交易其田，银董修会亲手接回家应用，其税载在石牌二图一甲董元柱户内。自卖之后，任从买主割税归户，办纳粮务，收税管业，实银实契，不是债负，准拆亦无按当等情，如有来历不明，皆系卖主同理明，不干买主之事，日后无得生端反悔，今欲有凭，立此卖契一纸，交与买主收执为炤，连签书酒礼一应在内……
>
> 中人董为海
见银妻潘氏
> 嘉庆十二年正月廿八日立明卖田契人董修会①

又如嘉庆十五年二月，东莞县三都人麦席珍签立的卖地契约，也有"夫妻商议"，且妻李氏参与"见银"，并在契约文书中和契尾均有显现，兹节录如下：

> 立卖洲地契人是三都六图八甲户长麦国安户丁麦席珍，承祖父遗下税洲一段，计下则税一十亩零二分，坐落本乡黄岳洲，东至黄家水步，西至本宅水步，南至路，北至海，四至明白。今因粮务紧迫，无银输纳，夫妻商议，愿将此洲出卖与人。……其银即日当中交与麦席珍夫妻接受归家输纳，其洲亦即日交与麦太邱户管业推收过户，麦席珍永远不得收赎，如有

---

① 资料来源于广东革命历史博物馆《吾土吾民——近代广州契约文书与传统乡村社会》专题展览。

第三章 清代乡村妇女的权利与地位：以契约文书为例

不明，卖主同中理明，与买主无干，此是实银实契，并无债折等情，二家允肯，日后不得生端异说。恐口无凭，立卖契一张交执存照。自乾隆癸巳年洪水冲破房屋，遗失洲照，未有交执，再照。

作中麦德臣

代笔麦英扬　花押

见银妻李氏

嘉庆十五年二月十五吉日麦席珍立契①

可见，上述契约中，李氏作为麦席珍的妻子，从亲手接银到契尾的署名画押，都是重要的参与者，显示了女性在这桩交易中的权利和地位。又如同治元年三月，新会县民黄灿熙"因粮务紧迫，无银输纳，兼需银紧用，夫妻商议"，将"承父遗下田一坵"出卖，契尾有"同接银妻邱氏指模"字样。②

有的契约尽管是"夫妻商议"的结果，但在契尾又出现母亲的签字画押，如光绪十六年十一月，新会县民张林千"今因宜银急用，无处计备，是以夫妻商议，"将自置土名鸭草围田一坵出卖，所得银两由"张林千夫妻亲手接归应用"，契尾是"立永卖断田契人张林千的笔、妻莫氏指模"；③光绪十七年东莞县民人李荫祥，因为粮务紧迫，"需银紧用，夫妻商议"，决定将自置的土名洋芽涌田出卖，契尾为"同卖接银人母方氏指模、妻祁氏指模"。④又如光绪十八年东莞县麦宗灵与买家签立的一份契约文书，也是与妻子商议后进行的：

> 立断卖田契人麦宗灵，承祖父遗下之业，系三都六图八甲户长麦国安丁麦洪滔，坐落本祠前土名祠前，计下则民税一十四亩一分……今因洪水冲破，无银修整，并紧纳粮务，夫妻商议，愿将此田出卖与人。先招至亲人等，各不承受，次后托中人麦阿寿问到本都本图丁麦太邱入头承买。当中言明价银八十

---

① 罗志欢、李龙潜主编《明清广东土地契约文书整理研究》，第 6~7 页。
② 谭棣华、冼剑民编《广东土地契约文书（含海南）》，第 219~220 页。
③ 谭棣华、冼剑民编《广东土地契约文书（含海南）》，第 217~218 页。
④ 谭棣华、冼剑民编《广东土地契约文书（含海南）》，第 248 页。

四两六钱。即日银契两相交妥。……

同接银妻陈氏指模

见交银作中麦阿寿

光绪十八年十一月吉日

立永远断卖田契人麦宗灵的笔①

麦宗灵夫妻商议后决定卖田,妻子陈氏还在交易中在场"同接银",并摁下指模,以示负法律责任。光绪十九年十二月初五日,东莞二都陈亚勿因为"粮务紧迫,无银应纳,需银应用,夫妻商议",愿意将"承祖父遗下土名基下田一坵"出卖与人,其妻黎氏还作为"接银"者出现在契尾落款处。②

有的契约文书不仅体现妻子在场一同接受银两,而且妻子有代笔之嫌疑,道光二十五年南海县张俊章售卖屋宇的契约文书即是例证:

　　立永断卖屋地契人张俊章,系大沥堡西海村居住。今因急用,夫妻商议,自愿将在祖父遗下经分名份白屋地一段……出帐召人承买,取要时价银四十五两正。先招亲人,各不就价,次凭中人华章、汝章执帐问到房弟德章承买。还实时价三十五两正,另签书席仪每两三分。此地俊章经分名下所得,与别人无涉。即日立契交易,其银系俊章母子夫妻亲手接回应用,并无少欠分厘。此明买明卖,二家允肯,并非债折等情,亦非蒸尝留祭物业。自卖之后,任从买主德章管业,建造房屋,不得勒阻……

见卖屋地母周氏　妻黄氏措笔

中人张华章　张汝章

…………

道光二十五年八月二十五日立卖屋地人张俊章的笔③

---

① 谭棣华、冼剑民编《广东土地契约文书(含海南)》,第235页。
② 谭棣华、冼剑民编《广东土地契约文书(含海南)》,第264~265页。
③ 谭棣华、冼剑民编《广东土地契约文书(含海南)》,第146页。

第三章 清代乡村妇女的权利与地位：以契约文书为例

在这次房屋交易中，妻子黄氏参与其中，"措笔"契约文书，体现了女性在家庭中的地位。从契约中也可看到，虽然母亲周氏也在场，但主要还是由"夫妻商议"决定，可见这份财产是张俊章夫妻二人共同所有，母亲因有尊长权，所以在买卖中也亲自到场监督。而在光绪十七年东莞县李荫祥所签立的断卖田契中也有"夫妻商议"之说，但在契尾落款处却没有妻子字样，而是出现了"同卖接银人母方氏指模"的字样，[①] 表明这份契约也是家庭中的母亲和妻子都参与其中。

这种由"夫妻商议"出卖家庭产业的情况，在同治十一年电白县郑元贞"断卖瓦铺连地契"中也得到体现，内容如下：

> 立绝卖瓦铺连地契人郑元贞，今有自置遗落瓦铺一间，坐落水东墟打铁横街，坐南向北，为因母故，乏银埋葬，夫妻商议，愿将此瓦铺断卖，先问族亲兄弟人等，各称不买，后托中问到郑香阶处，应言承买，三面言定，实卖过价银三百口，其银立就契日，分毫交与贞亲手领足，不用另立足领约。其铺亦即日仝中齐至铺内踏明，尽交与买主起造修整。此系己铺己卖，亦无包写别人寸土在内，亦无先当后卖，一卖千休如刀割藤，日后卖家子孙人等不得反悔生端异论，言赎言续，此系两愿，并无迫勒包写债折等情，今欲有凭，立断卖铺契一纸，并交上手赤契一纸，交执为照。
>
> 　　　　　　　　　在场仝领价银人妻郑余氏
> 　　　　　　　　　同治十一年五月十二日
> 　　　　　　立断卖瓦铺契人郑元贞领足价银的笔[②]

在清代广东土地交易契约中，妻子除了在场见银接银、执笔等外，甚至还与丈夫共同成为主立契人，如同治广州地区的一则契约文书就反映了这种情况：

---

① 罗志欢、李龙潜主编《明清广东土地契约文书整理研究》，第41页。
② 罗志欢、李龙潜主编《明清广东土地契约文书整理研究》，第164页。

立明永远断卖围田契人李宽、妻陈氏，今因急用，夫妻酌议，愿将自置围田二丘，坐在南海县泮塘埠土名大坦尾对插，该中则民税三亩一分四厘四毫七丝，出帐召人承受，每亩取回时价五十五两正，签书酒席，一应俱在价内。先召房亲人等，各不愿受，次凭中人黄其照、李茅胜引至余庆堂看合承买，依口还足每亩价银五十五两正，成员司码平兑。三面言明，二家允肯，即当众丈量立契，交易明白，其田价银系李宽夫妻亲手接回家中应用，一平兑足，并无少欠分厘。此田的系李宽自置之业，与别房兄弟伯叔无涉。……

同治十三年三月二十三日
立明永卖田契人李宽的笔①

　　虽然妻子陈氏没有在落款的署名中出现，但契约一开始就表明夫妻二人共同签立，且强调"夫妻商议"，由此推测这份田产是夫妻二人共有财产，契约说"此田的系李宽自置之业"，但清代广东女性在家中广泛参与劳动，此田产应是夫妻共有，在立契人中署妻子陈氏之名，也说明妻子的经济权益在契约中得到了尊重。

　　妻妾在家庭经济中之所以能获得对财产的支配权，也与她们的劳动所得有密切关系，宣统《南海县志》卷23《列女》记载了南海桂文灿之妾黄氏对桂家发家的贡献：

　　　　桂文灿妾黄氏，潮州人，素有智略，常变不渝。咸丰甲寅之乱，城濒于危，家人欲举室以行，黄不可，后卒免。经营家计，以俭自将，课子以行善积德为训，御下以恩，治家有法。戚党中有贫乏者恒质衣物，周之。有里人质祖宅于某某，转让于黄而远游，其价固以贱值得之也，里人欲赎而力不逮，黄慨许以旧值还，曰：无以幸获贻子孙也。尝以钱贷人，负者中落，遂焚其券。喜览书史，能为诗文，暮年卧病，犹手不释卷。②

---

① 谭棣华、冼剑民主编《广东土地契约文书（含海南）》，第125页。
② 宣统《南海县志》卷23《列女》，2008，第450页。

黄氏虽为妾，但家中财产全由其处理，买卖田产、贷款与人、施惠于人都由其经手，她又熟读文史，可见其在家中起着主导作用。

有的契约签立，妻子虽然没有在其中署名，但契约中明确注明其对买卖田地的所有权，光绪五年广州地区的一则契约就明确说所卖田地属于妻子自置：

> 立明永远断卖围田契人李发彩，系番禺县墩硕村人氏，今有李霍氏胜堂自置围田一丘，坐落泮塘三约埠对插黎口石涌尾，该中则民税二亩七分一厘。今因急用，夫妻相议，愿将此田出帐召人承买，每亩取要时价银六十两正。先召房亲人等，各不愿受，次凭中人黄其照引至余庆堂承买，依口还足每亩价银六十两正，成员司码平兑，所有签书席金一应俱在价内。……此田确系李发彩妻李霍氏胜堂自置物业，并非蒸尝留祭之物……
> 　　一实李发彩卖出妻李霍氏潮田一丘，中则民税二亩七分一厘。其税载在城西图末开立李发彩户内。
> 　　一实李发彩同妻李霍氏亲收到余庆堂田价银一百六十二两六钱正，司码平兑。
> 　　　　　　　　　　　　　　光绪五年六月初七日
> 　　　　　　　　　　　　　立明断卖田契人李发彩的笔①

从这则契约中看，李发彩卖的田地属于妻子霍氏自置，买卖时为"夫妻相议"，虽然立契人是李发彩，但写明其田地属于其妻自置之田，显示妻子在财产上享有权利。从这个契约中也能发现，清代广东女性即使丈夫在世，也有买卖自置田产的权利。不过，也有一种可能就是这份田产是其嫁妆所得，但不管怎么说，妻子有自己的私财并有支配权利。

妻子参与田地买卖还有一种情况，即契约文书正文中没有出现女性的身影，正文中虽有"父子商议"，但在落款处留下了妻子画押指模的记录。如同治四年四月，东莞县梁迪光与其儿子梁懋周、

---

① 谭棣华、冼剑民主编《广东土地契约文书（含海南）》，第127页。

梁庞周，"因粮务紧逼，无银应纳，父子商议"，将"承祖父遗下土名眠床洼"田地出卖，凭中江润连找到江国勋承买，三面言定，"当中三面交与梁懋周、梁庞周亲手接收回家应用"。落款处为"同卖妻赖氏指模，同卖妻陈氏指模，见银中人江润连笔，同接银男懋周、庞周笔。同治四年四月初三日立卖断田契数人梁迪光笔"。①

潮汕地区女性以妻之身份在土地买卖契约文书中也时有所见。举例如下：

> 立卖断根粮质田契人东沟乡吴贞良妻陈氏，承翁遗有支分应分粮田二亩，坐址土名溪仔，四至明白。为先夫生理生到前沟乡吴质婶银项往暹（罗），不料财命无归，到今欠伊银项，追讨甚逼，愿将此田出卖。尽问亲戚不就，托中招到溪尾乡朱忠兄前来就买，三面言定，出得时价花边银九十二元，即日仝中秤收，以还生数。其田即日付朱家前去管正，招佃耕作，永为子孙己业……此系两愿，一卖千休，口欲有凭，立卖断根田契存照。计开四至……
>   代书吴利三叔（福）　在见（姑）丈朱太叔
>   中人吴贞文叔　在见大婆刘氏【押】
>   道光九年十二月十三日
>   立卖根田契人吴陈氏【押】②

很明显，这份契约开头和结尾皆显示是吴贞良妻子陈氏一人做主，因为丈夫生前借贷别人钱财前往暹罗做生意，却客死在暹罗。于是见证人中出现的"大婆"刘氏应是吴贞良的正妻，一起将公公留下的田地出卖，以偿还借贷。下则契约也能反映潮汕地区一夫二妻的情况：

> 立卖断根粮质归田契人，下外都澄城内陈黄氏、陈何氏仝等，承祖遗有支分应分四升三合上则粮田二亩六分，计一坵，

---

① 黄永豪主编《许舒博士所辑广东宗族契据记录》，第236页。
② 蔡志祥编《许舒博士所藏商业及土地契约文书》，第25页。

第三章 清代乡村妇女的权利与地位：以契约文书为例

土名蓝兜，四至分明，本因家中要用，情愿出卖，尽问房亲服戚不就，托中招到上外都东林美乡林球利号前来承买……

中见人陈利□　代书人陈荣
道光二十一年九月十六日
立卖断根粮质归田契人陈黄氏【押】　何氏【押】①

陈黄氏和陈何氏的丈夫应为同一人，她们售卖的田地是"承祖遗"财产。这次买卖田地的中见人和代书人都是丈夫家族的人。但契尾落款签名画押的则是两位女性。

其实，妻子在土地等大宗财产上享受处分权在潮汕地区是有传统的。雍正时期，蓝鼎元在普宁和潮阳任知县时审理过一起阿明、阿定兄弟争夺父亲田遗产案，经调解，两兄弟和解，但蓝鼎元却说："汝二人即有此心，二人之妻亦未必肯，且归与妇计之，三日来定议。"后阿明妻郭氏、阿定妻林氏在族长陈德俊等主持下发誓："自今以后，永相和好，皆不爱田。"蓝鼎元最后判定此田作祭产。② 蓝鼎元的审理可能是遵照了地方习俗，即女性在处分家产中享有参与权。而当家中突然遇险，女性更可以做主处理财物，道光年间有一则史料记载，"吴二缘事于法，丰顺令拘之，然其罪可外结脱也。吴本海阳桥头人，家有一妻二女，其妻携长女之丰，谋脱吴，乏食，鬻女张姓为媳，以食吴。继闻邑有彭氏妇能出入内署，归乃携其次女之丰，鬻于李家为媳，以所得金，结彭请脱……"。③ 吴二妻在丈夫入狱后，自作主张将两个女儿先后卖掉，以营救丈夫出狱，这一现象在某种角度上也反映妇女对家产享有处分权利。

在粤北山区也流行夫妻共同处理家财，笔者对曲江县53份买卖田地契约进行统计，其中以"夫妻商议"名义16份、"兄弟商议"11份、"父子商议"9份、"母子商议"4份，④ "兄弟夫妻商议""母子兄弟""叔母商议""兄弟叔侄商议"各1份，另有9份

---

① 蔡志祥编《许舒博士所藏商业及土地契约文书》，第187~188页。
② （清）蓝鼎元：《鹿洲公案》，文海出版社，1968，第101~106页。
③ （清）郑昌时：《韩江闻见录》，上海古籍出版社，1995，第108页。
④ 谭棣华、冼剑民编《广东土地契约文书（含海南）》第308、310、314页分别记载，道光五年潘四科、道光二十七年潘开城、咸丰十年潘辉宗，都是因为家中乏用，"母子商议"，出卖继承的祖上田地，以解决生计。

不详。① 于此可见，"夫妻商议"是粤北山区最为流行的一种买卖田地的方式。如果把涉及女性的契约集中起来则高达23份，差不多接近一半，体现了女性在家产处置中的权利和地位。当然，需要说明的是，契约除了简单列出"夫妻商议"等字眼外，几乎没有出现任何女性的具体信息，所有契尾也只是简单列出中人和立契人而已。乾隆四十三年二月，曲江县潘能礼"今因家下少钱应用，夫妻商议"，决定将自置的一坵田地出卖，后来凭中卖给自家的侄儿潘观上。契尾落款只有"代笔中人茂福万"和"立卖契人能礼"字样。② 嘉庆十九年二月，潘有能也"因家下少钱应用，夫妻商议"，将父亲遗下的一处田地出卖，后凭中也是卖给自家侄儿潘已贤。契尾有"代笔中人毓隽（一生好心）"和"立卖契人有能立"。③ 道光十三年二月，潘神锡"今因无钱应用，夫妻商议"，把自置的上高坝田地出卖。④ 道光二十九年四月钟富扬、十二月雷法高、咸丰元年二月潘擎云，皆是"因家下无钱使用，夫妻商议"，或将"己分祖遗"或将"父手遗下"的田地出卖，但均看不到他们妻子的角色。⑤

清代广东地区的妻子在家庭财产交易时有一定参与权，在丈夫交易时，见银接银，有时还起草契约文书，甚至自己作为主立契人，表现形式多样。妻子的经济权益在家庭甚至社会能得到承认。

五 混合型家庭女性参与的土地买卖

所谓的混合型家庭女性是指一个家庭中具有各种身份的女性诸如婆婆或祖母、儿媳、母亲、女儿等，她们或生活在同一家庭内或分居异处，但在涉及土地买卖的过程中，几乎都会参与其中，从而使土地买卖契约文书中出现了家庭中不同身份的女性。道光二十三年高明县冯秀琼签立的分家书，就充分考虑了三个儿媳的权利，分家书如下：

---

① 谭棣华、冼剑民编《广东土地契约文书（含海南）》，第303~329页。
② 谭棣华、冼剑民编《广东土地契约文书（含海南）》，第303页。
③ 谭棣华、冼剑民编《广东土地契约文书（含海南）》，第304页。
④ 谭棣华、冼剑民编《广东土地契约文书（含海南）》，第309页。
⑤ 谭棣华、冼剑民编《广东土地契约文书（含海南）》，第311~312页。

第三章 清代乡村妇女的权利与地位：以契约文书为例

　　立分单人冯秀琼，先室聚（娶）杨氏，生下三男，后娶邹氏，今巨（佢?）古稀之年，即将自置产业均分三分：长男维昌，次男成昌，三男能昌，当亲友子息（媳）均分三股，自分之后，无德（得）兄弟异言争论。设立分单三纸，列明产业分单之内，各执一纸为据。阖拾公当。自分之后，桐（定）必生枝盛开大业矣。
　　今将产业列明于左：
　　天字号，三男能昌拾得：
　　西宁约住屋壹间，此屋无业，佑买受。虎榜埠田壹丘，土名鸟芰洛，税贰亩零。此田与虎榜王志豪当的，价银玖拾伍两。倘日后王姓赎回，即补银地字号大小三两三钱，又补人字号银三两三钱。
　　虎榜埠田壹丘，税壹亩壹分式厘，土名湖涌基，价肆拾玖两，此田以为日后蒸尝费用，注明分单为据。
　　庵前约住屋壹间，亦是留尝费用，注明分单为据，价银式拾两（按："两"字原是俗写，今改正，下同）正。
　　太平埠田壹丘土名蚬壳，田税五分零。价银式拾捌两，注明邹氏养口为据。
　　虎榜埠田壹丘，土名三丫涌，税壹亩壹分零。价银伍拾两，注明邹氏养口为据。
　　庵前约住屋壹间，注明邹氏居住。
　　三圣铺约（屋）壹间，当价银玖拾两，租银每月捌钱，注明身后事费用，其余之银，补与长孙与弟并孙女表侄等项。
　　庵前约埠田式丘，土名亭子头，税五分，与梁怡初典受，注明予身后费用。
　　地字号，次男成昌拾得：
　　庵前约（屋）壹间，此屋与潘华日买，价银柒拾（两）正。
　　人字号，长男维昌拾得：
　　庵前约屋壹间，此潘与言德（得）价银捌拾两。
　　虎榜埠田壹丘，土名高丰，税三亩零，典价捌拾伍两。
　　媳梁氏指墓（摹）　　媳陆氏指墓（摹）　　媳范氏指墓（摹）①

---

① 同治《冯氏家谱》，转引自李龙潜《明清广东社会经济研究》，上海古籍出版社，2006，第361~362页。

很明显，冯秀琼主持的这份分家书指定的受益人为三个儿子，但在分割家业时，媳妇均在场，即契约中的"亲友子息（媳）"，最有意思的是在契约署名中却是三个儿媳按下的指模。据《大清律例》规定"妇人夫亡无子守志者，合承夫分"来看，① 这三个媳妇的丈夫估计已经不在人世，她们可能是节妇。媳妇在分割家产中居于重要角色，顺德县龙津冯氏丈夫欧池有兄长两人，但两兄皆庶出，公公晚年分割家产，最先即与媳妇冯氏商量，表示想把财产多分嫡子，但冯氏曰："三子皆大人所生，服既无别，财产其可有别乎？若是非妾所愿，亦非后人福也。"公公遂同意均分。② 公公最先和冯氏商讨而不是儿子，并采纳儿媳的建议，这至少说明大家庭在处理财产问题上颇注意女性权利。

在一些家庭中，对田地的买卖有时是由婆婆和媳妇共同参与完成的，嘉庆十二年东莞县黄陈氏的买卖土地契约文书如下：

> 立卖田契人三都三图七甲户长黄赞升，子扩绩、裕绩、侄莹重，同母陈氏，为因粮务紧急，无银应纳，母子兄弟双商议，愿将承祖父遗下土名柳树下五坵相连……共计下税七亩五分九厘八毫出卖。先招房亲人等不愿买，凭中人黄见斯、麦秀中、麦亚瑞引至三都五十图六甲户长植大伟丁溢林入头承买。当中言明时值田价银四十一两八钱司码。即日立契交易，当中验明，此银系扩绩母子兄弟亲手接受归家应用，此田亦即日交买主管业批佃，任由割税印契归户，此田系扩绩、莹重、裕绩之田，与别兄弟无干，亦非先典后卖折债情弊，亦非蒸尝赡口，断卖永不得收赎。如有来历不明，系卖主同中理明，买主凭契管业，二家情愿，临时毋得执拗，此田上手先年遗失，异日搜出是为故纸。今欲有凭，立断卖纸一张交执为照。
>
> 作中人麦秀中（指模） 黄见斯（指模）
> 麦亚瑞（指模）
> 同接银男黄裕绩（指模） 男扩绩（指模）

---

① 《大清律例》，第179页。
② （清）罗天尺：《五志山林》，《清代广东笔记五种》，林子雄点校，广东人民出版社，2006，第40页。

第三章　清代乡村妇女的权利与地位：以契约文书为例

孙莹重（指模）　　媳姚氏（指模）
嘉庆十二年十月初十日立卖契黄陈氏（指模）[①]

从这份契约的契尾落款处可知，主立契人为母亲黄陈氏，儿媳姚氏虽在契约正文中没有出现，却出现在"同接银"的署名中，说明在家庭财产处置中，婆婆做主买卖田地，也要媳妇的参与才能生效。

也有契约是由几个家庭共同签立，母亲是其中重要的参与者，如光绪二十九年东莞县张善述等出卖屋宇就是例证，张善述和张辉光、张灿光、张永年等四人"同承祖父遗下"屋宇，分领"四份同分之业"，而且永年一份内还"与胞弟华年、祺年同份"。后因"日给不敷"，四人"各人母子商议"，皆同意出卖该屋宇。出卖的银两"当中如数交与张善述、辉光、灿光、永年等母子亲手接银回家应用"。契尾有"同接银母张王氏、张叶氏"和"同接银弟张华年、祺年"以及"立断卖厅屋数人"张善述四兄弟名称。[②] 又光绪三十四年六月，东莞人黎承志断卖田亩之前，"母子兄弟商议"，所得款项也是"当中面交承志母子兄弟等接收归家应用"。契尾开列的"同接银人"四位女性，即黎廖氏、黎何氏、黎麦氏以及弟媳黎邓氏。[③] 但契约中并没有标出前三位女性与主立契人黎承志的关系。不过，大致可以肯定这是一份由已经分爨的兄弟们和母亲一起签立的卖地契约。

也有一些家庭中还存在着祖母、母亲、嫂子等众多身份的女性，她们在家庭处理田产过程中，也会以各自独立的身份参与。同治元年十二月二十三日，香山县李协和典田予萧显篪的典田契，就反映了不同家庭身份女性在其中的权利：

立典田离业数人李协和，今有承先祖遗下小榄土名第三沙田即新积沙田三坵……兹因急用，与祖母及母亲商议，愿将此田出典与人，要取典价银三百两正，连典十年为期，自癸亥年

---

① 谭棣华、冼剑民编《广东土地契约文书（含海南）》，第224页。
② 黄永豪主编《许舒博士所辑广东宗族契据汇录》，第7~8页。
③ 黄永豪主编《许舒博士所辑广东宗族契据汇录》，第11~12页。

起,至壬申年底止,银不计利,田不计租。先召至亲人等,各不愿承典,次凭中人冯礼中等,问至萧显麓承典。价银依还足,三面言定,二家允肯,就日亲至田所,并同中踏明界址,归家□数交易。显即备足典价银两三百两正,交协祖母及母亲亲手接收,同中验明,并无低伪少欠。……今欲有凭,立此典田离业数一纸,祖母及母亲□签,并该田印契一纸、上手印契一纸、福安围租部一本,统交萧显麓收执为照。……
见典田交易中人冯礼中笔　何□天□
同典田离业接银嫂冯氏指记□
同典田离业接银母张氏指记□
同典田离业接银祖母谭氏指记□
同治元年十二月廿三日立典田离业数人李协和笔□①

这份典田契约文书显示,李协和所典田地系"先祖遗下",在典地时,因其祖母、母亲均在人间,首先他"与祖母及母亲商议",得到同意后进入买卖程序;其次是交易银两也"交协祖母及母亲亲手接收";最后是契约落款有祖母和母亲共同签字摁指模,"祖母及母亲□签",嫂子冯氏也参与其中。估计此时的李协和尚未婚,这桩典田交易的真正策划人为家中女性,李协和只是挂名而已。

还有一些家族出卖田地的契约是以孙子的名义书写的,但从中可以看出,这些家庭明显为大家庭,道光七年南海县李恒谦签立的卖田契就是例证,如下:

立永卖民田契人李恒谦,南海县五斗口司佛山镇人氏。今因急用,兄弟祖母商议,愿将此祖遗下经分名下田三丘……出帐召人承买,取今时价银二百七十两。先招房亲人等,各不就买,次凭中人引至义仓承买,依口还实价银二百七十两正。所有签书折席俱在价内。三面言定,二家允肯……该田于道光六年十二月内典与李粹钰堂,今备足典价赎回,至上手印契,日久霉烂,不能付执,当中将分单注明为据。今欲有凭,立此永

---

① 萧国健、卜永坚:《广东香山县小榄华平社萧氏文献专辑》,载《田野与文献:华南研究资料中心通讯》,第16~17页。

卖契一纸,并赎回李粹钰堂典契一纸,付执为照。……

道光七年又五月,南海县主李验契,价银二百七十两,布颁棠字四十四号。

中人李锦章　何挺南
见卖田堂兄李泽沾
祖母黄氏　同卖田弟应堂　应柱
道光七年二月初十日立明卖田契人李恒谦的笔①

又如光绪十七年新会县何岳培所立"永断卖围田契"中说,"今因急用,祖母父子商议,愿将承祖父遗下经分之田"出卖,凭中卖给了何悦诚堂,田价银"当中交岳培祖母父子亲手接归应用,分厘不欠"。契约有"中人何廷灿,同卖同接银人男加强【押】,同卖同接银祖母张氏指模",以及光绪十七年十一月二十六日立永断卖契人何岳培的笔押。②可见,这份契约说明何岳培的祖母、父亲等均在人世,而且都在契约中签字画押。又如光绪二十八年四月,东莞县"立断卖荒园地基数人卢黎氏仝孙祐文、礼文,有承先夫、祖父遗下先年用卢我行堂名下买受张伟人自置园地一庄……今因需银紧用,祖母、孙商议,愿将此荒园地基出卖与人……此荒园的系卢黎氏仝孙承先夫、祖母自置名下之业,与别兄弟伯叔无干"。契尾除中人外,尚有"同卖接银祖母卢黎氏"以及"立断卖荒园地基数人祐文、礼文的笔"及"代书侄卢凤山"。③很显然,从契约中的"先夫"和"祖父"的字样来看,这是以卢黎氏和孙子各自口气签立的,实际能做出决定的应该是卢黎氏。光绪三十三年东莞县"立断卖地契人卢苏,今因粮务紧急,与祖母卢黎氏商议,愿将承祖父遗下之"荒地出卖,"先商请兄弟叔伯,各不就允",后凭中卖给了张明善堂,契尾是"见银作中人何纯夫、卢贺,祖母卢黎氏指模"以及"立卖地数人卢苏的笔"。④

还有一些家庭是父亲在世时,可能娶了两个妻子,在父亲去世之后,对家庭财产的处置中,子女们的两个母亲都会出现在契约

---

① 罗志欢、李龙潜主编《明清广东土地契约文书整理研究》,第101~102页。
② 罗志欢、李龙潜主编《明清广东土地契约文书整理研究》,第74页。
③ 黄永豪主编《许舒博士所辑广东宗族契据汇录》,第5~6页。
④ 黄永豪主编《许舒博士所辑广东宗族契据汇录》,第11、39页。

中，尽管我们不知道这种家庭是否已经分爨，但因为涉及子女的嫡庶之分，姑且算作大家庭。道光二十年新会县余炎、余浩兄弟所立契约即如此：

> 立断卖基底契人余炎、余浩系潮居七图三甲余隆户丁，住在三龙里，今因紧凑用，无处计备，母子兄弟商议，愿将祖父遗下基底一坵，坐落宣化都二图，土名南塘滘，该税一亩五分正，取要时价番银三十九两正……其银一足，当中交与余炎、余浩兄弟接归应用。其田亦即日随契交义仓永远管业。……后日有凭，立永卖基底契纸为据。……
>
> 中人黄厚安【押】
> 见银母钟氏　梁氏指模
> 见银弟亚荣　亚相
> 道光二十年正月初十日
> <p style="text-align:center">立断卖基底契人余炎　余浩　余亚【押】</p>①

这份契约正文中有"母子兄弟商议"，而在落款处却出现了母亲钟氏、梁氏两位女性。生活在大家庭中的妇女在家庭买卖田产时，和其他成员一样，也会在契约中签名画押，光绪三十一年香山县即有这样一份契约：

> 立永卖屋地数人李盛希，父子夫妻商议，为因凑用，愿将先父自置屋地一间一十七坑，门扇木石砖瓦一应在内，落在大榄宜男社内，坐北向南，长三丈一尺一寸，横一丈零八寸，出卖与人，要取回卖价银一百二十两正。凭中人萧启书问到桂生堂承买居住，依口还足，即日同中亲到屋内址明界至。三面言明，二家允肯，归家立数交易。桂生堂即备足买价银一百二十两正，当中交与李盛希父子夫妻亲手接收，并无少欠分。……此屋的系盛希先父自置屋地，与别房兄弟无涉。日后不得请说价轻收赎等情，倘有来历不明、界至不清及别人争论，与桂生堂无涉，系李盛希父子夫妻出身理明，仍交桂生堂居住建造等

---

① 谭棣华、冼剑民编《广东土地契约文书（含海南）》，第 175~176 页。

第三章 清代乡村妇女的权利与地位：以契约文书为例

情。父子夫妻沿签，恐口无凭，立永卖地屋地数一纸，并上手屋地数一纸，统交桂生堂收执为据。……

见交屋地银中人
同接屋地银妻黎氏指模□
同接屋地银男李汝培指模□
光绪三十一年十月　日
立永卖屋地接银人李盛希的笔①

这份卖屋地的契约显示，立契人李盛希为家中的主人，所卖屋地为"先父自置"，但在买卖过程中，一再强调是由"父子夫妻"商议、接银、签名，甚至日后若出现产权纠纷，也由父子夫妻解决。而在契尾落款处的"同接屋地银"，则把妻子黎氏排在首位。于此也可见，作为家庭妇女的黎氏在家庭处置财产中的地位非同一般。当然，还有一种情况就是妻子出现在文书正文中，但契尾却没有显示，如光绪八年二月十六日，南海县大范乡潘余伟签立的断卖田地契，也是"今因急用，夫妻父子商酌"，自愿出卖坐落在张宅埠内一处草坦，但契尾只有中人和潘余伟的字样。② 这里的"父子夫妻"或"夫妻父子"，足以说明这是两个复合式的核心家庭。

而在今粤西地区的阳春县，有学者发现一份光绪三十四年何声绵签立的断卖街铺契约，其中就有其祖母张氏和母亲黎氏，她们既作为"法人"也作为见证人出现在契约中。

立断铺契人何声绵、声华、声谦，祖母张氏、母黎氏等，有祖父遗下属铺一间，坐落土名洗马街福善社闸内右边第三间，坐北向南，一连二进，铺内水井一口，尖峰墙四面，后掩墙一面，俱与左右邻同搭栋口棚，二个铺窗板门扇灰牛俱全。今因需银应用，祖母、母子兄弟商议，愿将此铺出卖。先招亲房，各称不取，后托中人冯南兄问至李显驹处，入首承买，即日同中至铺看踏明白，众面言定时值，断卖价银一百两正，二

---

① 萧国健、卜永坚：《广东香山县小榄华平社萧氏文献专辑》，载《田野与文献：华南研究资料中心通讯》，2008年第50期，第34页。
② 谭棣华、冼剑民编《广东土地契约文书（含海南）》，第160页。

家允乐,择日立契交易。其银当中一足交声绵母子兄弟亲手接
讫,不欠分文,其铺亦即日交李显驹处管业,任从修整开张居
住,或另批别客,无敢异说。……恐口无凭,立永远断卖铺契
一纸,并上手契一纸,俱交李显驹处执据。

中人冯南押
祖母张氏指模
母黎氏指模
同接银声谦指模
同接银声华指模

光绪三十四年七月初八日立永远断卖铺契人何声绵的笔[①]

以嫂子身份参与家族田产典卖的事例,在同治三年九月二十三日香山县的周绰藩与萧遐与之间的买卖屯田文契中也有显示:

立正永卖屯田文契人周绰藩等,为因凑用,母子叔侄商
议,思有先父遗下土名罟步外沙田一坵,该后卫任官所减则屯
税一十亩,出卖与人,取银应用,共要取时价银八十两,连签
书、席金在内,先召至亲人等,各不愿受,次凭中人朱祥和,
问至萧遐与承买为业,价银依口酬足,三面言定……遐即日备
足价银八十两正,当中交与绰藩等母子亲手接回应用,并无低
伪少欠。……

见交易中人朱祥和笔
同卖田同接银嫂朱氏指模□
同卖田同接银侄周湛荣笔□
同治三年九月廿三日
立永卖屯田文契人周绰藩笔□[②]

这份契约的正文中有"母子叔侄商议",交易银两主要是周绰藩等母子接收,田地属于"先父"遗下的共有财产,所以在契尾有

---

① 罗志欢、李龙潜主编《明清广东土地契约文书整理研究》,第158页。
② 萧国健、卜永坚:《广东香山县小榄华平社萧氏文献专辑》,载《田野与文献:华南研究资料中心通讯》,2008年第50期,第18页。

"同卖田、同接银嫂朱氏指模"。而侄周湛荣或许就是嫂朱氏的儿子。但不管如何，周绰藩母子在售卖先人遗留下来的田地时，考虑到了寡嫂的权益。三个月后，即同治三年十二月，周绰藩又将"先父遗下"的一块沙田，典给萧遐与，契约文书中涉及的人仍是同一帮人，契尾仍有"同典田同接银嫂周朱氏指模、同典田同接银侄周湛荣笔"。①

有的寡嫂在做主买卖丈夫的田地时，也会让小叔子参与其中，如咸丰元年四月十五日南海县里水村春晚坊元玄社的杜氏因丈夫郑玉衡去世，即做主将一份田产出卖，以解决丈夫的丧葬费用，不过，契约是以丈夫胞弟的口气书写：

> 立明永远断卖民田契人，系里水村春晚坊元玄社。先兄郑玉衡妻杜氏今因谓夫殡葬丧费，银两急用，无处计办，自愿将承祖父善亭公插花田与长子的孙郑玉衡名份潮田一坵，土名盟海涌……出帐招人承买，次凭中人问到胞弟郑乐衡入手……其银即日交回田价银五十一两七钱五分与家嫂杜氏接回应用，其田亦即日退与郑乐衡永收租管业……属在同胞兄弟，毋庸多写。今欲有凭，故立明断卖民田契一纸……交与郑乐衡银主收执为据。
>
> 中人麦信山　见卖民田人
> 胞弟秀衡　乐衡　俊衡　富衡
> 咸丰元年四月十五日
> 立明永远断卖民契人杜氏指模②

从这份契约的开头和契尾来看，主立契人是杜氏，她因丈夫突然去世，无力丧葬，只好自作主张将家中从祖父手中继承的田地出卖，契头与契尾都是杜氏签字画押，且接回银子应用者也是杜氏，决定权肯定在杜氏无疑。而道光二十七年六月，东莞县民陈显能"因粮务紧迫，无银应纳，叔嫂商议"，将"承父遗下并自置之田六坵"，土名麦金山出卖，"作中人麦镇南、麦亚苍，同接银嫂黄

---

① 萧国健、卜永坚：《广东香山县小榄华平社萧氏文献专辑》，载《田野与文献：华南研究资料中心通讯》，2008年第50期，第20页。
② 谭棣华、冼剑民编《广东土地契约文书（含海南）》，第9页。

氏"。① 同治八年三月，南海县大沥堡李彤士在立契卖田时，也和嫂子商量，"今因急用，叔嫂商议"，愿将兄长"承父遗下"的熟田出卖，交易的银两"系李彤士、利氏亲手接回应用"。不过，这份契约的落款中没有出现嫂子利氏的署名。②

也有叔嫂在落款处同时签字画押的现象，如光绪十七年正月东莞县钟莫氏断卖田契：

> 立断卖田契人钟门莫氏、的叔贮英，系二都十七图四甲户长钟瑞翔丁金旭，有先年芷英承父遗下经分田，坐落冼屋沙土名良暗田一坵，中税二亩一份一厘。惟因去年二月丈夫芷英去世，无银殡葬，需银紧急，挂借银两未还，叔嫂商议，愿将此田出卖。先招至亲人等，各不就买，后凭中人钟连登、钟兴财引至十三都七图末甲户长何乾初丁敬福堂入头承买……两家情愿，立契交易，现银齐足，当中同交与莫氏亲手接受归家应用清还。其田并契亦即日交与买主割税归户，永远管业。……
>
> 莫氏指模
>
> 作中人钟积英　钟连登　钟兴财
>
> 光绪十七年正月二十八日
>
> 立断卖田契人莫氏　叔贮英的笔③

有的家庭则由妻子、庶母等与家中男性一起售卖田地，但立契人是女性，新会县一份契约显示如下：

> 立永卖断田契人系潮居都六图又二甲双水口白社里居住马亚烈妻郑氏、子亚锦、庶母郑氏共三人，今因宜银紧急，无处计备，是以母子三人商量，愿将祖父经分遗下马亚烈面份之田，该税七亩六分五厘正，出卖与人。先招房亲人等，各无银取，是以凭中引至白龙里张祥益堂承买，依口酬还价银……其银一足交与马亚烈妻郑氏、子亚锦、庶母郑氏三人亲手接归应

---

① 谭棣华、冼剑民编《广东土地契约文书（含海南）》，第 227~228 页。
② 谭棣华、冼剑民编《广东土地契约文书（含海南）》，第 159~160 页。
③ 谭棣华、冼剑民编《广东土地契约文书（含海南）》，第 247 页。

用，分毫无欠，其田随契交与张祥益堂永远管业收租。……

　　　　　　　光绪二年正月二十八日
　　　　　　立永卖断田契人马亚烈妻郑氏指模
　　　　　　庶母郑氏指模　子亚锦的笔①

还有嫂子和小叔夫妇一起签立的契约，如咸丰七年十一月，东莞县陈显能"今因粮务紧迫，无银应纳，叔嫂妻商议"，将"承父遗下田一坵"土名麦金山出卖，在契尾除了"作中人麦阿苍、麦镇南"外，还有"同接银嫂黄氏、妻熊氏"。②

有的田地买卖契约在开头有母亲和儿子的名字，接受银两也是母子一起，契尾落款中也有母亲在"见交银人"的行列，而且庶母也出现并一起摁下指模。母亲并没有和儿子一起出现在执笔行列。光绪二年番禺县林简氏率子卖田契约即为例证：

　　立明永远断卖田契人林简氏，男广辉、广珠、广容，系番禺茭塘司河南居住人氏。今有承父遗下田一号，坐落大东门外土名崩坑，该田一十四亩，相连二十七坵……今因急用，母子商议，情愿出卖与人。先召房亲人等，各不如意，次凭中人许岭、曾容、苏全引至陈明远堂看合承买……其银系林简氏、男光辉等亲手接回应用，与别房兄弟无涉。……此系明买明卖，一卖千休，永无收赎，日后毋得反悔。今欲有凭，立明卖契一纸……
　　　　　　　中人许岭　曾容　苏全
　　　　　　　见交银人潘仕祥
　　　　　　　在堂嫡叔林应茂
　　　　　　　在堂母林简氏指模
　　　　　　　庶母陆氏指模
　　　　　　　光绪二年三月初四日
　　　　　　立明永远断卖民田谷子地两岗竹园地契人
　　　　　　　林光辉　广珠　广容的笔③

---

① 谭棣华、冼剑民编《广东土地契约文书（含海南）》，第215~216页。
② 谭棣华、冼剑民编《广东土地契约文书（含海南）》，第231页。
③ 谭棣华、冼剑民编《广东土地契约文书（含海南）》，第112~113页。

清代广东女性不仅参与处置夫家田产的买卖，并在契约中以各种身份出现，而且可以自己的名义购置田产，如南海《黄氏族谱》记载，黄帝荣的女儿黄珍出嫁后，因生父和兄长均早逝，她遂用私财购田置地，把已逝亲生父亲的牌位附祭在黄家的祠堂中。族谱记载：

> 祖姑讳珍，十四世讳帝荣公之女也。适芙蓉南村梁姓，勤俭纺织，蓄有私财。兄讳广英早卒无子。祖姑以父嗣为念，乃归外家谋附祀于德孚公祠。先呈父遗屋不足，复捐私蓄购田，遂得如例附食且禀官存案，以为久远之图而父与兄之灵，千秋永安矣……①

黄珍出嫁后为了父亲祭祀牌位问题，先将父亲遗产屋宇呈给宗族，显示她有权自由支配父亲遗产。因份额不足，她又动用自己的"私蓄购田"，并"禀官存案"。尽管没有发现黄珍购置田地的契约，但以女性身份购置田地也为社会习俗所允诺。咸丰元年广州霍刚立娶妻梁氏、副室李氏，梁氏生一女一子，李氏生一女。李氏所生女嫁香山翠微乡韦松圃为妻。刚立子鸿昌跟随姐夫韦松圃学习洋务生理。韦霍氏与鸿昌共同出资为霍家建祠堂一座。韦霍氏母李氏也将"自置之业"送入霍家祠堂，"批佃收租，永为蒸尝留祭及抵纳虚粮费用"。② 由此可见，霍家祠堂及其祭产都是由女性参与完成的，更引人注意的是李氏还自置田地产业。这一现象在广东其他地区也较常见，澄海庠生蔡刚妻魏氏，"年二十夫亡守节，常捐田入祖祠充祭业，因以夫配享，卒年四十"。③

总之，清代广东女性在家庭财产尤其是大宗财产处置中拥有很大自主权，她们在族权、父权和夫权的传统社会中，处置家产有较大的活动空间。如上述黄珍在丈夫尚在人世时，就可以自由支配自己私蓄的田地买卖。清代广东契约文书中出现的立契买卖田产的女

---

① （清）黄任恒编《南海学正黄氏族谱》，《北京图书馆藏家谱丛刊·闽粤家谱》，第4册，北京图书馆出版社，2000，第903页。
② 冼剑民、陈鸿钧编《广州碑刻集》，广东高等教育出版社，2006年，第846~848页。
③ 嘉庆《澄海县志》卷19《列女》，2009，第527页。

性，既有寡母也有妻子等多重身份，其财产既有夫妻共同创业，即"承夫"等，也有继承夫家祖上田地，即"承夫祖""承祖"等。通过上述妇女在契约文书中买卖土地的现象可以看出，妇女主持买卖土地在清代广东已是一种被国家和地方社会认可的行为。这一现象与徽州地区乃至全国其他地区具有类似性，反映了在清代地权变动日益频繁的大背景下，妇女已参与到土地买卖中来。妇女对财产的处置是其家庭财产权利得到尊重的表现。然而，必须看到，妇女处置财产的权利是不完整的，她们对财产的处分权与继承权、所有权密切相关，而且其尊长权也不容忽视。根据阿风的研究，在徽州土地买卖文书中，有两种情况是丈夫在世而妇女直接参与土地买卖，一是丈夫在外经商或求功名而长期不归，妻子不得不处置家产以应付官府赋役或维持家庭生活；另一情况是丈夫与妻子共同立契出卖土地，妻子为同卖人，这种情况在徽州文书中仅零星存在。[①] 然而，作为妻子的角色，即使丈夫在家，广东女性也会处置家庭的田地。本章的第四点显示，妻子作为家庭重要成员，她们有权利和丈夫一起处理田地买卖，至少丈夫在买卖田地时，不能让妻子在现场缺失，这一现象在广东的珠江三角洲地区和潮汕地区以及粤北的山区都较为流行，甚至居于主流的地位。这说明宋代广东流行的"妇人强男子弱"的情况在乡村社会仍有遗存。

---

① 阿风：《明清时代妇女的地位与权利》，第89页。

第四章
明清仕宦形塑的女性形象：
基于地方志考察

明清时期，编纂地方志已成为地方各级官员与士人联手建设地方文化工程的一种重要手段。地方志编纂由地方官员挂名，实际编纂、采访乃至筛选材料等则主要由当地士人完成，这些士人即使不是官吏，也多为各级学校生员。因此，地方志在某种意义上体现了官府意志，属于官修文献范畴。这些地方志修纂者均接受过儒家正统教育，而且王朝有纂修体例或模板，所以不同的地方志在体例上整齐划一，对女性描述也几乎呈模式化倾向。[1] 应该承认，纂修方志的官员与士人也可笼统称为仕宦，他们从贯彻王朝教化的目的出发，对地方各类文化资源分门别类地整理，然后将其中对地方教化有积极意义的资源精心编织，使其既符合地方教化的需要，又能与王朝意识形态相一致。这样编纂出来的地方志，既可以增强地方民众的自豪感，也能为后来的官绅了解地情民风提供重要依据。

明清时期纂修的各类地方志都少不了"人物传"，列女又成为"人物传"不可缺少的组成部分，尽管这些"列女"在不断修纂的地方志中被重复抄录，但总的趋势是人数不断增多。透过列女的事迹，可以发现她们在社会变迁过程中面临着来自家庭和社会的困扰。明清理学家倡导的女性守贞守节已成为王朝的主流意识形态，随着明代广东士大夫群体的崛起，贞节观念也在广东逐渐推行，但妇女并没有完全按照这些已设定的标准行事。明清方志记载的列女并不能代表全部妇女的生活实态。我们在阅读列女传时，仍可从中感受到列女在面临殉节或守节时的心态以及她们与社会之间的冲

---

[1] 刘正刚：《明代方志书写烈女抗暴"言论"模式探析》，《暨南学报》（哲学社会科学版）2014年第2期。

突,展现地方志中的乡村社会女性与士大夫所倡导的理想女性形象的统一与矛盾之处。

需要指出的是,"列女"与"烈女"并不是等同的概念。"列女"最早出现在西汉刘向《列女传》,包括七类不同的女性,尚未强调贞操至上。宋明以后,理学家倡导女性"饿死事小,失节事大",女性的贞操被提升到生命之上,各地方志于是在"列女传"中增加了"烈女"内容。也就是说,"列女"包括守节、行孝、烈女等在内,而"烈女"仅指以死殉节的女性。

一 女性姓名权与婚姻之关系

人类进入父系社会后,几乎多按照父系血统来传承姓氏。明清时期,随着理学的成熟与普及,女性在婚后几乎过着嫁鸡随鸡嫁狗随狗的生活。有学者认为,传统社会女性"甚至连名字也没有。汉代以前女子无名,只称姓。后来虽然有了名,但常常省略不称",只是以某某妻、某某氏之类称呼,完全成了丈夫的附属品。[①] 但事实并不尽然。至少就明清时期来看,女性有无名字,要视具体情况而言,不能笼统地模糊处理。

笔者在阅读明清时期广东仕宦纂修的地方志时发现,位于粤北山区的连州地区与湖南、广西等省交界,历史上曾是岭南与中原经济文化交流的必经地。2005年9月3日,笔者奔赴连州考察,在连州市文联主席曹春生先生的陪同下,参观了连州的星子墟和东陂墟。其中星子墟为连县、阳山、连山、连南以及湖南临武、宜章等周边地区的交汇地,历来是粤湘边陲的经济文化交流中心,也是湘粤物资交流的重要集散地,至少从宋代开始已出现星子市,明清以来,星子墟吸引了广商、楚商和赣商等在此建立楚南、八邑、广同和豫章等商业性会馆。商业的发展,也带动了当地文化建设的发展,康熙、乾隆和同治年间三次纂修《连州志》,这些地方志都有女性的记录,其中康熙时修过2次,即康熙十二年《连州志》卷5《列女纪》、康熙四十九年《连州志》卷5《人物·列女》,从列女所在的卷数完全一致来看,估计康熙四十九年版是对十二年版的补

[①] 陈锋、刘经华:《中国病态社会史论》,河南人民出版社,1991,第336页。

刻。笔者根据这两部地方志将连州女性守节或殉节的情况罗列成表4-1。

表4-1 历史上连州节妇一览

姓　名	朝代	守节年龄	事　迹
莫筌	五代	20余岁	夫周渭被俘,二子幼,家贫,父母欲嫁之,遭拒
杨妙贞	明初	20余岁	邵守琪妻,夫早死,抚孤邵诚领,永乐庚子乡荐
严贞彦	明代	20岁	16岁守寡,遗腹生子。父欲再嫁,拒绝。弘治年间旌表。81岁卒
黎淑贞	明代	17岁	夫死无子,人讽之再嫁,遭拒,为夫立嗣,万历六年旌表
欧锦桂	明代	未嫁	易服奔丧守节。以家圃艺植桃李纺绩棉胎为活,80岁卒
石氏	明代	22岁	夫卒,子4岁。家贫,有劝之改适,遭拒,78岁卒
文玉贞	明代	21岁	庠生石彦荣母,夫亡,食贫抚孤,万历二十七年旌表之
罗香贞	明代	21岁	夫卒,矢志训孤事姑,终身不归,知州表其门
李闲英	明代	19岁	生子仅三月夫死,孀守40余年。绅士具呈郡守旌表其门
熊淑英	明代	不详	嘉靖四十年流贼寇州,她抱其女赴水死
邓氏	明代	不详	隆庆五年大龙贼寇州,氏投水死
李子秀	清初	不详	顺治四年避乱骂贼被杀
江氏	清初	不详	顺治四年避乱,城破,投水而死
莫达君	清初	20余岁	顺治四年寇乱,她将幼子付娘家人,自己却投井而死
李兰玉	清初	20余岁	生一女,夫逝,孀守10年,顺治四年之变,抱女投水死
邓兰玉	清初	不详	顺治八年土寇肆虐,她带着两个女儿避难,忍饥而死
邓瑞姬	明末	22岁	夫亡,遗一子一女。明末兵起,奉姑携子女随父避难
陈阿贞	清初	22岁	邓孕奇妻,夫亡无子女,依伯姊同居,侍奉老姑

诚如康熙十二年《连州志·列女纪》开篇云,"治理之原基于门内……连之闺范颇称严肃,女子亦多贞信,然无非无仪,在常时以无攸遂为正,惟于逆境相值变故,偶临而奇节显焉。今录旧乘采舆论,其有慷慨从容,合于成仁取义者表著之,作列女纪",共录取16人,其中节妇9人,烈妇7人。康熙四十九年《连州志·列

女纪》又增加了2人，共计18人，节妇10人，烈妇8人。除石氏、邓氏、江氏外，大部分女性婚后都有自己的名字。在这些女性的名字中，以"贞"命名的频率较高。她们守节的年龄都在20岁左右。

女性在婚后仍拥有姓名权，并非连州独有，在粤西德庆州也如此，据嘉靖《德庆州志》卷15《列女传》记载，明代该州节烈妇女计8人，仅1人无名字（见表4-2）。

表4-2 德庆州明代节烈妇女一览

姓 名	时 代	守节年龄	事 迹
罗 氏	明代	24岁	父罗回。夫冯杲死，无子，仅二女。守志不移
严妙玄	明代	20余岁	谢英妻，生一子3岁，守寡。姑欲夺其志，誓死不从，80岁卒
彭亚光	明代	20余岁	刘英妻，婚后二载，遇天顺三年流贼入城执亚光，乃尽奁饰求脱，贼见其姿色不释，乃号哭骂贼，被贼斩死
陈妙娘	明代	24岁	千户张鉴妻，天顺三年流贼入城，其夫杀贼而死，时一子周岁。孀居抚育，誓死不嫁。85岁卒
陈秋光	明代	19岁	生员邓世源妻，婚后四个月，夫死。哀毁失容。公婆因家贫而把她送回父家，"后欲夺其志"，秋光投水死
熊佛娘	明代	23岁	陈子聪妻，生一子万雄方周岁而夫死。佛娘孀居抚育
冯康妹	明代	21岁	陈万雄妻，婚后三年而夫死，无子。与婆婆熊氏相守为命，纺织度日。弘治元年开报
黎细保	明代	23岁	赵昌妻，生一子方二岁而夫死，守志不移，"甘贫课子业儒"

从粤北连州和粤西的德庆州来看，传统社会的女性并不是完全在婚后都以某某氏的名字出现。这一情况在清代发生了变化，康熙十二年《德庆州志》卷4《节烈》共计收录了18位妇人，在记载明代"节烈"时则以完整的姓名形式出现，即彭亚光、陈秋光、罗回女、严妙元、陈妙娘、熊佛娘、黎细保、何老妹、梁正娘、戴满相，可见，上述嘉靖州志中的"罗氏"竟被改为"罗回女"；但在介绍"国朝"节烈时，则为陆氏、李氏、何氏、何氏、戴氏、孔三娘、温月娇、李氏等。应该说，女性在清代姓名称谓有所变化，但仍以多样化形式出现，并不是绝对的全名或略称。乾隆《连州志》

卷8《列女志》在开篇对缘起做了修改,"治理之原,基于门内,后世彤史职废,妇训不及于家,贤女可纪者遂寥寥焉。我朝风化陶淬,连遂边徼山岖,妇女咸知礼义垂名不朽,寒如雪霜。今采获尤显者著之篇,以绪正夫夫妇妇之懿云。作列女志"。该志记载的"节妇"共计44人,其中有名者17人,无名者27人。也就是说,到了乾隆以后,女性无名字的现象开始增多,但也不是全部。

不过,广东也不是所有地区都是如此,位于明代广东地方政治经济文化中心的广州地区,似乎情况就有不同。笔者在披览万历《南海县志》卷11《人物列传二·列女》(残本)和崇祯《南海县志》卷11《人物列传三·列女》中发现,这两部纂修于明代的地方志所记载的本地节妇烈妇,除了少数为明代之前的人物,绝大多数都是明代人。仔细阅读会发现,这两部志书在记载已婚女性时皆以父家姓氏称之某氏,然后说是谁人的妻子,如"国朝万氏,王受祖妻",这类女性占了"列女"的绝大部分;但已聘而未婚者则有自己的姓名,如"邵女褅廉,未笄,许嫁郡庠生潘濂……",又有刘祖满、黄二娘等也都是类似于邵褅廉的情况。而在较早的嘉靖《增城县志》卷8《人物志六》的"节妇类"和"贞烈类"中收录的女性也全为已婚者,其名录出现于万历、崇祯《南海县志》时相同。

在广东东部沿海地区,雍正年间在潮州一带任职的福建人蓝鼎元在《鹿洲初集》卷9专门为烈女节妇作传,这些女性多生活在明清时期,且大多有完整的姓名,其中书中广东籍女性有6位,她们中5位有全名,分别为:郭真顺,潮阳周伯玉妻;陈宝娘,海阳人;陈菊娘,潮阳人;陈贞娘,海丰人;张慎娘,海丰人。只有澄海人郑烈妇没有出现名字。[①] 蓝鼎元记载的这些女性要么是未婚妻,要么是已婚妇,她们的贞烈都与对丈夫的从一而终相关联。也就是说,她们在婚后,也保留了自己的名字。

其实,明清时期女性在婚后对姓名的使用问题,早在明代中叶广东士人已有讨论,这一说法在嘉靖十七年刻本《增城县志》卷18《杂志》中有记载,内容如下:

---

① (清)蓝鼎元:《鹿洲全集》,蒋炳钊点校,厦门大学出版社,1995,第175、188~193页。

第四章 明清仕宦形塑的女性形象：基于地方志考察

伊吾先生之妻顾氏名锦。时妇女鲜有名者，锦幼名也。先生尝呼其名，则戚然不悦。先生解之曰：习俗之移人甚矣。盖妇女之有名自古然也，妇女之不名则自今始多耳。使妇女而皆以古之有名为非，今之不名为是，则数世之后，姑妇同氏而不可辨，曰某氏某氏者，何以区伦序，而传久远耶？乃强顾氏而名之，寖且不觉而乐受之矣。先生曰：习俗不名妇女，则妇女耻名，宁没其身而逃名以自晦也。而世之男子至有巧饰百端，以要虚名者，名得而实耻矣，乃恬然自处，其与妇女之见犹反，后焉可哂也哉！

从此段议论看，妇女无名乃由"习俗"造成。"伊吾先生"为谁，方志没有说明，只是含糊地交代说："伊吾先生，不辨其名氏，亦不详其出处，或曰明时人或曰宋元以上时人。"但从广东的习俗看，此人大约生活在明代，也就是说，从明代开始，广东妇女把自己与婚姻捆绑在一起，未婚时有"幼名"，一旦结婚则称"某氏某氏者"。但是，这一观念在广东各地的推广似乎不能划一，至少在上述连州、德庆州等地仍有士大夫使用女性的姓名。

其实，广东女性的姓名权始于何时已难判断。1954年广州建设大马路北唐姚潭墓内发掘的"大唐故吴兴姚氏墓志铭"，落款为唐大中十二年。墓主姚氏名潭，字启真，为朝议郎广州都督府长史上柱国第廿四幼女，大中十一年十二月廿七日遘疾死，时25岁。[①]可见，唐代珠三角地区女性享有姓名权。宋代文献记载中广东女性在婚前婚后都有姓有名，崔与之为家族墓地撰《欧阳氏山坟记》说："绍兴年间，经官买到番禺县管下永泰里地名马家园金液池岗地三段，约计三顷七十五亩五步，逐年送纳地基钱四百二十九文。"这一地段实际上是崔家祖墓所在地，"宗族皆葬其旁"。他特别记载说："祖妣欧阳夫人十四娘，余祖不具；外祖欧阳二助教，外祖妣二十五娘，余祖不具。"到嘉熙三年立碑已历90余年，当年买地的小松苗已成参天大树，"今皆合抱也"。崔家这块祖墓地曾被"有力之家"侵占，后来随着崔与之入仕，嘉熙三年七月，他以"观文殿大学士、正议大夫、提举临安府洞霄宫、南海郡开国公、食邑三

---

① 冼剑民、陈鸿钧编《广州碑刻集》，广东高等教育出版社，2006，第543页。

千八百户，食实封六百户"的身份树立石碑。① 明代海南临高人王佐在《先母行状》中记载其母、两个姐姐都有姓名，"母姓唐氏，名朝选，琼山县南桥人，前山东兖州府金乡县知县瑶次女也……适父原恺为继室，生女二男一。女长曰村，适澄迈县下岭谢教；次曰兰，适本县西黎土官主簿倪通男晟"。唐氏生于洪武二十四年，卒于成化五年，享年79岁。《冯氏墓志》中记载："冯氏名银，字汝白，琼山那邕都人。……归同邑东厢唐氏善继。"而这个冯银生卒年代在明宣德至成化时期，她与丈夫生育二男二女，"女二：曰贵珍，适训导陈敬；曰贵瑜，适谭某"。② 于此可见，明代海南的女性不仅有名，而且有字。事实上，在我们下面讨论的各类女性故事中，有不少都是有姓有名的。

因此，在明清时期理学日趋占据社会意识主流之时，广东女性仍然享有与男性一样的完整姓名权，至少在明代是这样。

二　未婚女守节与行孝及其影响

《礼记·昏义》说："昏礼者，将合二姓之好，上以事宗庙，而下以继后世也，故君子重之。"可见，传统婚姻已不仅仅是男女当事人的事，更多涉及了"宗庙""后世"香火等事关家族发展的大事。所以，传统婚姻的缔结，历来是乡村百姓最为重视的大事。婚姻与人口、赋税、徭役等紧密相关，因此家庭的维系与社会稳定关联密切。地方志多不惜笔墨书写列女，通过宣传列女事迹向社会推广教化，进而落实儒家提倡的修身齐家、治国平天下的理念。

上文所说的宋代记载的唐代四会文贞女故事，到了明代成为府县地方志记载的重要内容，成为广东最早的未婚守贞女性。明清广东方志记载的未婚守贞行孝女性不胜枚举，她们因各种原因而没有真正出嫁，或留守父家或进入婆家守节，从中可管窥当时社会对贞节观念的态度。正德《兴宁县志》卷4《杂纪》记载，李宣之女未嫁而未婚夫死，"乡之富子求为室，女号泣欲死，父母诘之，对曰：

---

① （宋）崔与之：《宋丞相崔清献公全录》，张其凡等整理，广东人民出版社，2008，第90~91页。
② （明）王佐著、王中柱校注《鸡肋集》，中山大学出版社，1995，第426~431页。

第四章　明清仕宦形塑的女性形象：基于地方志考察

'既受其聘即其妇也，乌可二志，愿终不事人，但得温饱，以教诸侄女妇纺绩，足此生矣。'"看得出，李宣之女是在父家为未婚夫守节，其父母通过观察，意识到女儿守节意志坚定，也就作罢了。她一直守节到73岁才去世，"乡里称为老女"。这一行为有点类似于珠三角地区的特殊婚姻形态——不落夫家、自梳女。

类似的现象在乾隆《兴宁县志》卷7《列女》中记载得更为明显，明代何得胜有大姑、二姑两个女儿，后得胜夫妻双亡，儿子康保幼小，两姐妹"乃相约不嫁，抚弟长成，依以终老"。但在嘉庆《兴宁县志》卷9《列女》中，何氏姐妹又被改写为陈氏姐妹，其父为陈日新。两姐妹有一幼小弟弟陈善，"父母俱亡，孤而无倚。大姑、二姑形影相吊，惴惴焉以宗祀为忧。因同心坚誓，终身不配，纺绩为活，抚弟成立，勉以诗书，洎弟登贤书、膺仕版，得为一乡善士。式谷教诲，二女与有力焉。而二女终老闺门，不与人事，数十年如一日，其艰苦备尝，尤有人之所不及尽详者"。陈善在两位姐姐教诲下，最终考中举人。嘉庆年间，时任兴宁知县仲振履听到这个故事，以"抚孤遗芳"旌表陈氏姐妹，还在《戒溺女焚殇文》中以两姐妹事迹为例，劝诫社会不要溺女，"兴邑俗多溺女，或谓生男可资奉养，生女终适他姓，因而溺之。……古人有死而无子，赖七女负土葬者，有父死九子不能葬，赖一女编荆为棺以葬者。即县志所载何大姑、二姑，父殁不嫁，相约抚孤，卒延其父血食，是皆内利亲亲者也。况兴邑妇女颇能纺绵削篾（扇子）为生，女生七八岁，即不能如健妇把锄，而纺绵削篾尚能供养甘旨。"[①] 这一说法与今天所说生男生女都一样如出一辙。到咸丰《兴宁县志》卷9《列女》，何氏两姐妹又被时人称为"双贞"。明代嘉应州童二姑三姑姐妹"父早逝，家贫，母患残疾，两弟尚幼，姊妹约效北宫女子故事，撤环瑱，至老不嫁，以养母抚弟。及弟成婚，两姑年近四旬，逮殁，合葬黄竹峰下"[②]。

不过，仔细辨析上述材料可以发现，明代社会大众对女性贞节看法并不一致，李宣夫妇一开始对女儿守节并不赞成，乡里富家求婚又增加了他们的期盼，一个"诘"字和女儿"号泣欲死"，显示

[①] 嘉庆《兴宁县志》卷11《艺文志》，2009，第353页。
[②] 光绪《嘉应州志》卷26《列女》，2009，第482页。

了守节与改嫁间的冲突达到高潮。换句话说，李宣之女对抗包括其父母、富家等改嫁的要求，似乎改嫁才是当地的主流。地方志编者还添加了该女的言语，以凸显其守节的坚定。从某种意义上讲，该女仍属在室女，按儒家"三从"原则，她应听从父母安排。从其终身守节来看，在嫁与不嫁之间的选择，主要还是看女当事人的意愿。而何（陈）氏姐妹及童氏姐妹压根就没有动过婚姻的念头，她们替父母行责，为家族发展牺牲了自己的幸福。

类似李宣女儿未婚守节在客家地区当然不是孤证。长乐县廪生曾近光女儿曾伯凤，自幼读书知大义，幼许钟氏子，14岁时未婚夫溺死，她闻言欲为之殉节，因父母严防，并答应她在家为未婚夫"素服，私设夫灵，朝夕上香"，成为钟家名义上的媳妇，她才作罢。但她毕竟未真正成婚，更多的人希望其进入下一场婚姻，"媒妁来议婚"者、同辈劝改嫁者络绎不绝，都被她拒绝。其公婆看到她如此坚贞，就想把她接回家"守义"，但女方父母"以年幼志恐未定"予以拒绝。曾氏因此对父母"恚甚"。其实，其父母拒绝女儿到婆家守节的真正意图，还是希望女儿能成家，故在她16岁时，父母瞒着她"阴与媒商有成议矣"，暗中给她找了另一婆家。曾氏以死抗争，留下绝命书："虚借残阳二八春，此生命运实艰辛。今当大难君无托，却恐高堂泪眼昏。"她死后，钟家"迎其神主以归，为之立后"，将她与未婚夫合葬。当地县令、士人乃至潮州知府等闻讯，或作诗或作传，歌颂曾氏的忠贞。[①] 这个故事说明仕宦与普通民众对女性守贞的不同看法，普通大众更关心女性拥有一个完整的家庭，而仕宦则更关注女性的守贞行为。女性守贞在一定意义上保证了未婚夫家的延续，如兴宁刘氏6岁即许字罗应贵，19岁尚未婚而应贵死，她的父母阻止其"易服归夫家"，她以"妇人之义从一而终"，与父母争辩，迫使父母同意她的要求。她在罗家守节，承担起照顾公婆、抚养夫弟两个幼子的职责，直到60余岁去世。乾隆时，广东督学翁方纲以"孝慈贞淑"旌表她。又钟氏幼许张瀚，"识字知大义，及长，将届婚期而瀚卒，有为之议婚他姓者，氏泣谢绝之"。她请求父母允许她到未婚夫家"素服奔丧"，"代夫以供甘旨"，父母许之。她在婆家以纺织为生计，赡养公婆，又

---

① 道光《长乐县志》卷10《人物传下》，2009，第619~620页。

第四章　明清仕宦形塑的女性形象：基于地方志考察

"抱族人子金魁为嗣"。①

在广东西部也有未婚女因守节与改嫁的选择，而与亲人发生冲突，乾隆年间，阳江县西濑人王冬姐，"幼从父授书，知大义"，许字陈鹏。未嫁而鹏卒，"闻讣，女欲奔丧"，父母没有同意，"母怜其少将改字"，她坚决反对，"闭户自经"，被家人发现救下。过了一段时间，又有媒婆上门提亲，"媒氏复有以世家子来议婚者"，得到母亲认可。当母亲征求她意见时，母女再次争吵，女正色曰："母奈何不教女以正，女知从一而已"。母亲闻言语塞。她知道母亲不会放弃将她嫁出去的想法，遂决志以死守贞。乾隆十五年春二月十七日夜，她给母亲留下一封血书，要求死后"以尸归陈氏"，穿着"素服"跳江自杀。陈王两家将其与陈鹏合葬。嘉庆十六年知县李澧录实详报，二十二年奉准旌表建坊。直到民国年间，在三区朝狩陂之龟山近牧湖屯处还遗留有烈女墓及墓碑。② 从王冬姐故事看，广东西部改嫁之风也颇流行。冬姐自幼随父读书，说明其父受过教育，对女儿改嫁持认同态度，至少从未看见其制止妻子的行为。而媒婆介绍的则是"世家子"，说明社会允许寡妇再嫁。阳江儒垌乡陈阿娇，因守节与父母对抗，她"幼聪慧，能读女箴，知大义，事父母及大母，皆得其欢，"表明从小和父母关系融洽。道光十二年闰九月时，19岁的她正要出嫁给电白县黄景光时，未婚夫突然死亡，"娇恸甚，请奔丧，父母弗许，于是投缳者三，入井者再，俱遇救"，父母被逼无奈，只好答应。但黄家没有答应陈家的要求，阿娇知悉后，"益求死，家人防护备至"。最终还是悬梁自尽。黄家"感其义迎榇归"，与景光合葬。道光十七年受旌表，并建坊于儒垌墟。③ 杜庚姐10岁时由父母作主将她许同里高天如，17岁时未婚夫殇，她成服如礼住在夫家，公公婆婆见她年轻，"劝之改适，终不可"。公婆"以田赡女，高之族夺之"，守志40年，始立嗣，崇祯十二年按察院李云鸿题旌贞节，73岁卒。康熙初，生员谭布机5岁的女儿被许字林万化之子，12岁而未婚夫夭，"及笄，父母欲为

---

① 嘉庆《兴宁县志》卷9《人物志·列女》，2009，第319页。
② 民国《阳江县志》卷33《人物志稿》；而道光《阳江县志》卷6《列女》记载王冬姐在未婚夫死时，主动去婆家要求守节，但婆家"不纳"，她母亲才开始为她另行择配。
③ 民国《阳江县志》卷33《人物志·列女》，2009，第623页。

另字,女严词拒绝",遂往夫家恪守妇职。时公婆、父母在迁海中相继死亡,兄弟离散,她依舅氏家,"纺绩以糊其口",37岁而终。①

其实,还有一些未婚女性因执意守节而不惜与父母断绝往来。长乐白兔坑人江氏,幼字刘升宽,17岁将完婚而升宽突然死去。父母阻止她奔丧,并和她商量改嫁,她说:"女不二夫,古之训也。儿已许刘郎,不幸夭折,若改适他人,不祥莫大焉,儿虽死不从也。"父大怒说:"汝若不从我命,要过门守节,非五十不许归宁,且刘家贫,何能养汝终身?"父亲以断绝父女往来相威胁,但江氏还是"潜制麻衣,至夫三七时,偕邻妇往夫家拜灵成服,愿守节以事翁姑,抱夫兄子为嗣",60岁去世。族戚称她为"女中丈夫"。②

此外,还有在父家守节的情况。兴宁县陈细姑幼许张善行,16岁时未婚夫死,她誓"不再字,独居一室以至老焉"。这里的表述比较含糊,但一般来说,若女性到夫家守节,往往会和侍奉公婆联在一起,因此,细姑可能是在父家守节。③ 又如永安县樟槎人叶宽得许字邹姓,夫家贫不能娶,她27岁时夫故,也在母家守节到70岁身亡。④ 乾隆《河源县志》卷13《人物志·节烈》记载,诸生邝天相之长女,幼许谭家,19岁时尚未出嫁而夫暴卒,她悲痛欲赴谭家奔丧,被父母"力禁"而不得往,遂将"奁饰衣服一炬焚之",表示绝不再嫁。后父母相继亡,家中弟妹稚弱,"未谙家务",全靠她照顾,"强为经理,历十余年,为弟娶妇,又嫁其妹"。在这些大事完成后,她又生为未婚夫殉节之念,"食饮顿减,羸瘦日甚",弟弟"请医诊视",也遭到拒绝,一个月后病逝。应该说,邝贞女因父母"力禁"而不得不在父家为未婚夫守节,在父家挑起养育年幼弟妹的工作,其行为既为未婚夫守了节,又对父母尽了孝,最后仍自虐式绝食,只能说明其对从一而终的执着。

而在珠三角地区也有类似女性行孝不嫁的故事,同治《新会县志》卷7《列传二》记载多例:何六姑"邑城监生何贻溪六女也,十七矢志孝行,终身不嫁,朝夕侍养,得父母欢心,闺范谨严";

---

① 康熙《阳江县志》卷3《贞女》,2009,第121页。
② 道光《长乐县志》卷10《人物传下》,2009,第640页。
③ 乾隆《兴宁县志》卷7《人物志·列女》,2009,第162页。
④ 道光《永安县三志》卷5《人物·列女》,2009,第411页。

第四章 明清仕宦形塑的女性形象：基于地方志考察

又有林四姑、五姑两姐妹，新会五显冲监生林昌五之女，"少失怙，兄明佩，娶妇陈，举二子，尚幼稚。兄以家贫游幕外省，嫂旋故。母梁寻患瘫疾，常在床褥。时四姑年十五，五姑年十二，奋然以儿子自待……矢志不嫁，事母终老，抚侄成人。……道光三年兄归……戚族钦慕，奉为闺范"；又何二姑为"监生何才华之女，年十七，怙恃双亡，弟年幼弱，矢志不字"，抚育幼弟成人。

清代蓝鼎元记载的海阳贞女陈宝娘添加了对话场景，可以更直观了解贞女守节的心态。陈宝娘12岁时许字邑人黄士振，18岁未嫁而士振卒，讣告传到陈家时，宝娘正在纺织，"失梭昏仆"，苏醒后就要去未婚夫家奔丧，父母不答应。女叹曰："夫者天也，既失所天，有死无二。然必亲治三年之丧，始尽未亡人之礼。今二亲既不我行，死且留余憾矣。"母亲刘氏哭着劝慰她，她对母亲说："儿非不念父母，自甘不孝，顾妇人以贞信为节，亏节辱亲不孝尤大。"她的伯母侯氏也是孀妇，劝她在家守义，因为这样既可慰父母心又可完贞志，"节孝两得"。女曰："伯母苦节乃为孤弟在怀，宗祀为重，儿所处不同。"后乘间自杀，留下遗诗一首，内有"奔丧违妾愿，迅步逐郎踪"之句。夫家将她和未婚夫合葬，此事发生在康熙四十一年六月。① 蓝鼎元以贞女"言论"来显示她到夫家守节的心情。

值得注意的是，明清广东士大夫已经不满足于对当时人节烈的收集记载，开始将目光聚集于更久远的历史女性事迹的挖掘，似乎要反映广东女性较早就接受了儒家文化，以此说明广东的儒家化早已开始。他们通过发掘整理，也确实发现了一批与王朝提倡贞孝一致的女性，嘉靖七年《惠大记》卷2《迹考下》和嘉靖三十五年《惠州府志》卷13《列女传》记述了南朝梁大同年间博罗陈孝女，也是父"无后"，矢志不嫁，奉养父亲。她的行为与儒家重孝吻合，时广州刺史萧誉"闻而异之，乃立祠焉，表曰孝女"。南汉时封昌福夫人，直到明代还有昌福夫人祠，后在嘉靖魏校毁淫祠时，改名孝女祠，成为地方百姓祈雨的场所。

类似陈孝女不嫁而尽孝父家的故事，到宋代明显增多。尽管我们不知道地方志编纂是如何挖掘出这些资料的，但清代地方志明显

---

① （清）蓝鼎元：《鹿洲全集》上册，第188~189页。

181

沿袭了前代的做法，尤其是对能显示地方教化开明较早的女性加以发掘，如宋代东莞蔡心元女"幼聪慧，能诵《女孝经》，颇知大义，父母许聘陈氏子，及亲迎，飓风覆舟而没，女闻之泣叹曰：'父母已纳其聘矣，今其死也，为我而来也，可更他适耶？况吾父母兄弟沦亡，止遗一侄，甫四阅月，且当乱离，若一举足则吾父母一线之绪绝矣，吾又何忍焉！'遂与嫂梁氏共抚其孤"。[①] 宋代高要甚至出现梁门"五孝女"不嫁，即梁聪的四个女儿和其儿子南正的一个女儿，原本居南雄，咸淳年间，梁聪挈家避乱于高要宝查村，"五女并誓不嫁，以事母"，并在住宅东建梅山寺，大家一起共同生活。[②]

明代不仅地方官绅关注当地女性文化资源的挖掘，连硕学大儒湛若水也积极参与其中。万历《顺德县志》卷8《人物志·第七之三》记载：

> 吴妙静者，龙江吴南金道遗女也。南金，宋进士，为国子助教，无丈夫子，独女妙静，许新会李氏子。至期，所许子以车迎渡龙江，溺焉。妙静矢不他适，遂以装桥于所溺之处。又以田十三顷入光孝寺，今沙富村积善庄，其田庐也。后乃立叔父南老次子邦杰，后其父。邦杰官至员外郎，而妙静八十余卒。

吴妙静未婚夫死的情节与东莞蔡氏女颇相像。故事重心是吴妙静未婚夫在迎亲中溺水身亡，她发誓在父家守节，并捐嫁妆建桥。她的守节与行孝都在父家完成。明清广东地方志中类似老女桥的故事颇常见，如万历《新会县志》卷6《桥梁》记载，吴妙静未婚夫李氏所在的新会也有一座"老女石桥，在张村，昔有女老而不嫁，悉以奁资建"。这里没有说明"老而不嫁"原因，但以"奁资"建桥则与吴妙静一致。那么，宋代女性的嫁资情况如何？学者研究表明，到11世纪中期，嫁女比娶妇要花更多的钱财已成理所当然。有些宋代官员感叹办嫁妆花费太大，以至于有的姑娘不能结婚。一

[①] 嘉靖《广东通志初稿》卷15《烈女》，2006，第301页。
[②] 道光《肇庆府志》卷19《人物二·列女》，2009，第701页。

位官员甚至把杀女婴的原因归结为负担不起过高的嫁资。[①] 类似吴妙静施田寺庙,万历《新会县志》卷6《仙释传》记载了一个差不多的故事:

> 宋黄道姑,归德都人,生于皇祐己丑,其父母富而无子,惟道姑承之。性少慧,因看芭蕉有感,遂不适人,工纺绩,买田万顷,施于广之光孝、韶之南华及开元、东禅、西禅、仁王、龙兴等寺,而光孝尤多。绍兴元年卒,年八十三。光孝寺僧为立祠墓左,即圆明庄聚宝庵也。

黄道姑与吴妙静相同之处是两家均有良田,都是有女无子。不同的是吴妙静是订婚而未婚夫卒,黄道姑似乎就是独身。可见,宋代珠三角女性并不完全是男性传宗接代的工具,也不符合宋儒所规范的"三从四德"的形象。与之相反,她们具有很强的独立性与自主性,对婚姻享受选择权,并享有对父家财产的继承权和处分权。明清文献所描述的宋代珠三角女性的类似形象,应该是宋代实际生活结构化以后,沉淀到了明清文献中。从这一角度出发,我们可以将这些故事中的结构化内容,看成是对宋代珠三角地区女性形象的一种表达。

明代官绅对吴妙静建桥、守贞、行孝的形塑,无非是要女性从一而终和行善积德。湛若水晚年乡居期间,撰写《宋贞女吴氏墓表》,表达他借此改革社会风气的愿望:

> 甘泉子曰:贞女大节已表表矣!且不言节妇而言贞女也何?曰:未成其为妇也。未成其为妇也,则何以谓之贞?贞也者,正也。正而固也,未成夫妇而固誓不嫁焉。……夫世固有夫在而反目,夫朝死而夕为他人妇者,多矣。……使为妇而失节者过之曰:彼未成妇者犹然,而吾即同室生育者何如?则必愧死于墓下矣;使为父子悖戾者过之曰:彼未成妇者犹然,而吾天属遗体者何如?则必愧死于墓下矣;使为臣不忠者过之

---

① 〔美〕伊沛霞:《内闱——宋代妇女的婚姻和生活》,胡志宏译,江苏人民出版社,2006,第89~90页。

曰：彼未成妇者犹然，而吾策名受禄于君者何如？则必愧死于墓下矣；其兄弟之相戕者过之曰：彼未成妇犹然，而吾同胞共乳者何如？则必愧死于墓下矣；其朋友交兵者过之曰：彼其未成妇犹然，而吾拜贽定交，出示肺腑者何如？则必愧死而墓下矣。一振举而万化从之。今督学因张世美之举，慨然表章，大有助于风化，起人心于既死，是宜大书出之，以告于世世云。①

湛若水为吴妙静撰墓表的重心即通过表彰其贞孝，以改变明中叶社会风气的颓废，诚如他所言："夫世固有夫在而反目，夫朝死而夕为他人妇者，多矣。"通过对吴妙静故事内涵的提升与宣传，可促进全社会树立贞节风气，他一连用了五个"过之曰"，涉及夫妇、父子、君臣、兄弟、朋友等理学家倡导的人伦纲常，其用意就是借此让全社会人只要看到吴妙静的墓及牌坊，就会自觉检讨自己的言行，以收"一振举而万化从之"的社会效果。湛若水身兼朝廷大员和硕学大儒的双重身份，他书写的墓表基本上给吴妙静的节孝下了定论，他将吴妙静的节孝与王朝的意识形态结合阐述，使吴妙静节孝形象在官民间迅速传播。吴妙静经过官宦和乡绅的不断渲染，终于进入到贞女行列。吴妙静对夫家的贞和对父家的孝，具有重要的教化意义，成为后来各种文献的蓝本。嘉靖以后，吴妙静被仕宦塑造为节孝双全的人物，乃至成为当地女性模仿的一个标本，万历《顺德县志》卷8《人物志三》记载：龙江水藤人罗世娘，"年十六受聘麦氏，未归而麦氏子死，父母改议，世娘以死矢之，独居室中六十八年，卒"。罗世娘与吴妙静均属未婚守节，但吴氏还有为其父立嗣的情节，显示其节孝并举的行为；罗氏只专注于守贞，故编者认为"罗世娘不从吴妙静者，妙静悯父无子，实主宗祐，不徒以夫故也"。可见，仅仅守节还不够，还要尽孝，这个"孝"就是为父家立嗣。

吴妙静为父立嗣，与同时代邓六娘不同。据万历《顺德县志》记载，邓六娘父为宋代上舍邓梦槐，"生子伯瑜，早卒，有女六人，六娘最少。叹曰：父无宗属可后矣，矢不适人，乃取姐子李元为其

----
① （明）湛若水：《湛甘泉先生文集》卷31《墓志铭表》，《四库全书存目丛书》集部第57册，第237~238页。

父后，改名履元。履即李也"。方志编者对她取李氏子为邓家后表示异议，"右二人皆不字者，李承箕不传六娘，而见于邓宝传。且曰：《春秋》书莒人灭鄫，六娘取李氏子后其父，不嗣同矣。能誓不适人，节亦有可取焉"。方志录入邓仅因其"节"，而不是孝，认为她不能与吴妙静相提并论。[①] 但清人为了使吴、邓在标准上一致，又修正了邓六娘的行孝，雍正《广东通志》卷49《列女志》记载，邓六娘，"理宗时龙江人梦槐女，解首伯瑜女弟，性仁孝，梦槐既殁，伯瑜夫妻连丧，遗子甫周岁，赀产饶裕。六娘年十六，痛邓宗将绝，日夜涕泣，誓抚藐孤，终身不字。洎兄子长命名履元，参广州路吏。履元感姑之德，终身敬养。今邓氏宗支繁衍，皆六娘遗泽也。卒年六十。累代祀之，私谥曰贞孝"。邓六娘抚养的子嗣由原来姐子变为兄子，其行为赢得了家族及官府肯定，被列入节孝祠。

这些女性为了父家的千秋大业，在父家守贞而不嫁，完全牺牲自己婚姻生活，实际上也说明她们对婚姻享有自主权，这一现象从上述所列史料看，至少在宋代广东已较普遍，元代仍然存在这一现象，嘉靖时黄佐编纂《广州人物传》卷20《列女》记载，元代何坤庆嫁给张一龙，生一子秉阳后而夫死，至元六年，有黄同知者"利何氏赀，挟势欲娶之"。何氏衰服，携幼子行哭于市，誓死不从，黄遂止。乾隆《潮州府志》卷30《人物·列女》收录了两则故事，一则标明为宋，一则为元，内容如下：

> 宋翁真姑，揭阳人，年十六丧父母，弟舆权孤幼，族人利其产，包藏祸心。真姑知之，自誓不嫁，携弟避远方抚之成立。舆权登绍兴壬戌进士，主真阳簿。真姑结庵莲花池，食淡以终余年。今翁氏子孙岁祭用素品云。
>
> 元吴正女，字来庆，潮阳峡山都溪头乡人吴良玉之女，父母早逝，女年十八，许字郑姓，有弟四人，长邦仕十二龄，次邦宁、邦式、邦杰尤幼。女迨吉，将于归，彩舆已临门矣。见诸弟幼者尚鼾睡，长者不谙整衣裳。女泣曰：吾去，如此诸孤

[①] 万历《顺德县志》卷8《人物志第七》，2007，第90页。

何？于是却聘，劝郑另娶。卒不适人。教养诸弟皆成立。年八十以寿终，葬尖山之阿。族人题其碣曰：孝女吴氏之墓。

这两则故事叙述的模式几乎一样，都是讲述传主失去父母，在即将出嫁时，面对家里年幼的弟弟，临时改变出嫁主意，坚守父家，将弟弟抚养成人，最终赢得父家后代祭拜。

明清时期，这种为父家而不嫁的女性也不时见诸方志记载，显示士大夫对此的继续关注，如潮州府潮阳县峡山之和平里的樊贞女，在即将成年需要婚配时，其父母突然离世，剩下她作为家中的大孩子，不得不挑起家庭生活的重担。地方志记载如下：

> 樊贞女者，峡山之和平里人也，年及笄而失所怙恃，二弟一妹俱幼，女因永矢弗归（妇人谓嫁曰归），以抚育弟妹为己责，一时里中大姓闻而求婚者，媒妁相望于道，女一无所许。第曰不幸家世中衰，弟妹尚未成立，惟有相依为命而已。闻者义之，及弟妹婚嫁毕，女时甫三十，求者未已，乃遂屏去媒氏，绝不令往来，虽诸姑娣姒非大故，无相过也。至弟辈或不事事，辄为涕泣道之。弟辈闻诫亦必跽而听教，其严慎如此，后妹亦守节，还与同居，先女而逝。女年至七十余卒。弟侄以下为服齐三年，而缙绅先生姚瑗、刘纲、柳彧辈咸共谥之曰贞。①

可见，樊贞女自誓不嫁，抚育弟妹的做法，在地方社会引起了巨大反应，村中大姓纷纷派人前往求婚，"媒妁相望于道"，均遭到樊贞女的拒绝。她30岁时，为弟妹们"婚嫁毕"，仍有人上门求亲，她矢志不移。后妹妹因夫死，回娘家与她同居生活。嘉庆《潮阳县志》卷17《列女》记载，洋乌都福潭乡蔡大娘16岁时，父母相继去世，家里"上有八旬老父，下有五岁孤儿"。她遂"守正不字"，曲尽孝养，祖父活到97岁才去世。她将弟弟文镐"教养成立"，自己"食贫茹苦"长达36年。她死后，弟弟文镐"为丧三年"，村民称之为"孝女"。

---

① 隆庆《潮阳县志》卷13《列女传》，2009，第120~121页。

第四章 明清仕宦形塑的女性形象：基于地方志考察

这一叙述贞女的模式，几乎是明清时期广东各地方志描述本地贞女时的范本，只是在情节上会有细微变化而已，如嘉庆《潮阳县志》卷17《列女》记载：

> 庄姑婆者，胜前乡举人隆姑母也，父母兄嫂俱逝，遗隆三岁，姑择吉将归，亲迎到门，隆牵衣啼哭不舍，姑遂毅然解妆割发归夫，以示志决，视侄如子，教育备至，后隆登乡荐，而姑已老矣。将终，嘱隆曰："余死，题墓曰胜前乡庄贞女之墓，余愿足矣。"隆如命。其墓尚存。惜当时无为请旌者，故补志之。
>
> 蔡贞女者，龙仔乡蔡恂夫之女也，父母早逝，其兄南宙娶郑氏，生子云岩甫六岁，兄嫂相继亡。姑侄相依。姑择吉于归，迎舆在门，侄牵衣不舍，姑毅然剪发归夫，誓以不适，事与庄姑婆略同。殁葬双髻猫金星顶，题碑曰贞姑海田蔡氏墓。

明代或清初的郑贞姑也是潮阳人，刚"及笄"，父母突然去世。不久兄嫂也相继亡故，遗留下刚满3岁的孤儿。家族中的一些人觊觎其家产，"有贪其产业者，将不利于孤"。贞姑遂"矢志弗适，以抚养遗孤"。等侄儿长大，她已30余岁。她的事迹感动乡人，"闻名求聘者接踵"。贞姑回绝说："父兄早亡，一孤相依，至于今日年已将老，尚复为人妇耶？"。她活到67岁才离开人世，她的侄儿按最重丧礼为之戴孝，"遗孤为之服齐三年"，地方官府封她为"金质贞姑"。这个故事最早收录在康熙二十六年《潮阳县志》中，直到光绪年间，郑家仍"合族衬姑于祖庙"祭拜。① 她的事迹被府志、通志不断采用，如道光《广东通志》卷315《列传四十八》引《潮州府志》说："郑贞女，诸生郑大铭嫡祖姑也，年及笄，失怙恃，兄嫂继亡，遗子甫三岁，家颇丰，族人多觊觎之。女曰：吾家三代单传，不绝如缕，吾将与此儿同命。遂矢志不嫁，抚侄成立。"

清代发生在永安县务石乡的赖七妹守贞故事，属另一种类型。乾隆八年，赖文镛将10岁的七妹许字黄阿三，但黄阿三还有哥哥黄阿二。当地土俗："请庚止有女年岁行次，无书婿者。"乾隆九

---

① 光绪《潮阳县志》卷19《列女》，2009，第336页。

年,黄阿三父亲说七妹是许配给阿二为妻,而非阿三。一开始,媒婆也力争说七妹是许配阿三,后因接受了黄家的贿赂也改口说许配阿二。赖家和黄家为此"互控"12年之久,历任知县将七妹断"归阿二",让阿三别娶李氏。乾隆二十年四月,阿二"盛服乘马挟壮勇径到女家逼迎",七妹闻讯遂"截发易服潜遁",时知府临县查案,"七妹随母赴诉",知府以"媒氏初辞为断",黄家败诉,"愿退婚"。七妹怒曰:"吾一女子许阿三矣,黄负我,我不负黄,有死无二。"不久父母双亡,七妹依兄嫂为活。哥哥疼爱妹妹,时有族人迁徙入川谋生,哥哥遂让七妹跟族人迁蜀,"蜀人欲娶之,七妹誓志如故",千里返乡,"终身不改其节"。哥哥拨给她二亩田,让她"耕以自给",她居住的门前有一株柚树,果实累累,色香迥异,"人争购之",称为姑婆柚,76岁离世。道光元年署县叶廷芳予以旌表。① 可见,赖七妹的守贞不是因为自己不嫁,而是对抗婆家故意调包的不得已办法,在父家守节期间,她曾随族人到四川谋生,又因拒绝他人的求婚而只身回到永安,独自守节直到去世。

有的未婚女性为了坚守对未婚夫的感情,而公然与父家对抗。道光十四年,开建县一对姐妹甚至联合起来对抗父亲的悔婚。故事男主人是珠三角的顺德人谭显畅,其父亲谭品佳在开建县南丰墟贸易,与该墟郭奕舆女儿结为儿女亲家。不久,谭品佳病故,而"奕舆方雄于财,有悔婚意。商之女,女誓不二"。郭奕舆大怒,不顾女儿反对,接受了覃家聘礼,并将婚期定于9月24日。女儿得知消息,每天以泪洗面。不久,其出嫁的姐姐回家,姐妹俩商讨对策:覃家迎亲时必从谭显畅门店经过,姐姐暗中叫人通知谭显畅准备好花烛,待妹妹花轿经过,"闻有大呼此谭显畅家者,妹自舆中出,方能如愿"。届期,姐先在谭家附近等候,"如前策"。妹妹果然闯出花轿,跑入谭显畅店,与之成婚。郭奕舆怒,"遂以夺姻控之官"。郭、谭对簿公堂,时顺德在开建的商人"感氏义,公呈确证";郭家女儿也随婆婆"亲到公堂,自首为谭氏妇,事得白,遂与显畅偕归原籍"。② 这个故事显示,女儿为了能从一而终,不惜

---

① 道光《永安县三志》卷5《人物·列女》,2009,第410页。
② 光绪《广州府志》卷147《列女六·顺德》,第2305~2306页。

第四章 明清仕宦形塑的女性形象：基于地方志考察

违背父命，其至在公堂之上公然承认为谭家媳妇，导致父亲败诉。于此也可见，女性在婚姻面前已将传统社会所倡导的"三从"抛之脑后。她们通过抗争维护了自己的婚姻选择权。

也有一些贞烈女性会选择在父家、夫家之间互动守节，其行为也赢得了士大夫赞誉。蓝鼎元作《贞烈张女传》讲述海丰张慎娘故事，其父张有惠与未婚夫谢锡川父亲谢复开"同痒"，属门当户对的书香之家。慎娘 18 岁将出嫁，锡川因病而死。慎娘闻讣即生"殉亡志"。她说服父母，蓬头易服到夫家"执丧礼"。由于考虑"夫嗣未立"，且父亲又有"痼疾"，她勉强饮食。百日后，她请求公婆为夫立嗣，公公答应"以次子之子继之"。她又回到父家，"侍父汤药"，一年后父亲疾有好转。她又回到夫家央求公婆为夫置墓地，在一切都办妥后，遂上吊殉节，时在康熙五十六年冬，死时 19 岁。两家父母将之合葬。蓝鼎元评论说："巾帼为名，教之于城，吾于张女见之。为夫立节，贞也；不忍伤父心，孝也；汲汲求为夫立后，为夫择墓地，仁也；夫有后而墓有地，慷慨赴死，烈也。"[①] 这个故事在日后的地方志中被不断转载，乾隆《海丰县志》卷7《列女传》记载张慎娘的内容与上大同小异，最后她"从容整妆，投环自尽，与川共穴而窆。"而道光《广东通志》卷 314《列传四十七·列女九》中收录张慎娘的内容与蓝鼎元记载一致，只是多了"雍正十二年旌"的字样。

但在实际的生活中，许多女性在年幼时，已被父母按传统婚姻程序许配他人。这些已名花有主但尚未出阁的女性，一旦遇未婚夫突然故去，除了悲痛欲绝外，就是决意到夫家尽孝尽节，至少地方志编者选择的故事是这样的。明末东莞人尹守衡作《三贞女记》记载水南林女许字陈家，周塘黄女许字西湖张家，菉湖陈女许字赤磡叶家。她们三人均未嫁而夫死，都坚持到婆家守节，并都受到父家阻挠，但经过抗争最终都进入婆家守节终身。作者认为三贞女故事"可以风矣"。[②] 这些贞女由此造成与父母之间关系的紧张。明代番禺板桥人黎道娘，人称"贞姑"。因父英瑱去世早，时弟黎庶"方

---

① （清）蓝鼎元：《鹿洲初集》卷9，《鹿洲全集》上册，蒋炳剑点校，厦门大学出版社，1995，第193页。
② 民国《东莞县志》卷75《列女略一》，2007，第817页。

在襁褓"。尚未及笄的道娘发誓照顾弟弟,"矢不字",母亲坚决不同意女儿的想法。但道娘劝母亲说:"母孤弟幼,何忍言字?"洪武末,有寇劫掠乡村,她扶母挈弟奔山谷间避难,平日则"拮据,纺绩,以供弟娶"。母亲去世时,她伤心欲绝,但仍"黾勉以助弟妇,家业渐起",弟媳连生三子。她84岁逝世时,黎氏子孙"建祠祀之,以报德"。①

女性为了娘家而主动不嫁,似乎成为明清士大夫特别关心的议题之一。四会县相魁铺西门孝女陈指娇,其父为太学生,早逝。母亲吴氏带着她和两个弟弟一起生活。不料,在陈指娇16岁时,两个弟弟先后故去。母亲吴氏每天以泪洗面,指娇遂决心与母相依为命,她长跪在母亲面前坦陈:"母无苦,母无男有女。"母亲鉴于男婚女嫁,随说:"女不如男。"女儿接口说:"今女幸未字人,立志不嫁,女不犹男乎!"母亲闻言以责骂语气说:"咄,女呆矣,女不嫁,母心安乎?"女曰:"母不安,患女志不坚耳。"她当着母亲的面,焚香告天,发誓终身不嫁。从此以后,尽心尽力侍奉母亲。时间久了,母亲也习惯了,"久亦安之绥"。在和母亲相处岁月中,每逢乡村"赛会演剧",男女皆前往观看,"岁恒有妇女往观,习为常",但陈指娇"绝迹不与,贞静其天性也"。在母亲去世后,她"独处,粗粝",直到59岁去世。方志编者把她与《战国策》记载的齐国孝女"北宫婴儿子"相媲美。②

这类故事在粤西肇庆府地方志也有记载,而且叙述模式也几乎一样,道光《肇庆府志》卷19《人物四·列女二》引述《高要志》讲述清初陈孝女故事如下:

> 陈孝女者,沙步村人,父季循晚年举子杏甫及孝女。杏甫年十四,偶随父至羊城,道遇术者相之曰:郎君貌当天,年十八岁必亡,然急取妇当生两男而后卒,不然将绝嗣。季循从之。明年为取妻吴氏,连举两男,而杏甫死矣,果十八岁也。是岁为顺治之庚子年。逾年,吴氏亦殒,遗二子,长者才四龄,少则仅及周岁,季循年益衰老,两雏失怙恃,惟孝女是

---

① 乾隆《番禺县志》卷16《列女》,2007,第363页。
② 光绪《四会县志》编七上《人物志》,2009,第394页。

第四章 明清仕宦形塑的女性形象：基于地方志考察

赖。孝女时方及笄，许字苏坑张姓，亲迎之期至矣。孝女手百金，自断发置彩轿中，退立庭前语曰："吾父老，兄嫂不幸并亡，所遗二幼孤谁托？吾决不嫁，抚两侄续父之嗣，今手剪发自誓，幸归为我语张家，将金改聘他氏，勿夺吾志。"孝女既矢节奉老父，以寿卒。抚两孤，长栋肄文，次彪肄武，并游庠，又各抱子。孝女耋老乃辟静室号陆修，奉佛以终，庵址犹存。

这个在顺治十七年发生在高要沙步村的陈孝女故事，因强调是为父家延续烟火，所以对其母亲是谁，方志没有交代。从叙述方式来看，她也是在未婚夫家的迎亲队伍已到门口，才果断决定剪发不嫁，还出百金给未婚夫家，以弥补自己的过失，并劝夫家另聘她人为妻。这种因孝而拒绝婚姻，并最终在信佛中度过一生的事例，在乾隆《佛山忠义乡志》卷9《人物志》也有个案，"女释悟几，陈元佐女，性至孝。以父母贫而无子，矢志不嫁，纺绩为养。及父母殁，或谓子今可字之矣。女泫然曰：'吾去谁奉父母祀者？'已而劝者益众。女曰：'此难以口舌争也。'削发为尼，密处长庆庵中，岁时祀其父母。因静生悟，妙解禅机，遂自名悟几。年既老，始往人家为妇女演说孝义，申以果报，闻者感动"。明代东莞有三位不嫁的贞女，其中水南村林翼龙之女幼小许字东莞城西陈元耀，后未婚夫死，她入婆家守节，侍奉有"宿疾"的婆婆，并崇佛守贞，"独处一闺阁，家人时见香烟缕缕起阁中，乃女对一大士像，诵《观音经》云"。[1] 明清时期，珠三角某些地区的女尼甚至超过男僧，据乾隆《佛山忠义乡志》卷9《人物志·仙释》记载："乡之习尚素正，惑于二氏者寡，道士栖止惟洞天宫一区，余皆家居巫耳。僧庵虽有二十余处，而合计不过百僧。又贫无寺业，每为人作斋醮以自活，鲜有安居餍饫者。惟尼颇繁，视僧几四倍。"[2]

在所有这些贞女出嫁的过程中，冲在第一线的似乎都是贞女本人，即使她们的双亲尚健在，似乎看不出双亲在女儿结婚时的表

---

[1] （明）尹守衡：《三贞女记》，康熙《东莞县志》卷13《艺文志》，2007，第707页。

[2] 乾隆《佛山忠义乡志》卷9《人物志·仙释》，《广州大典》，第34辑第11册，广州出版社，2015，第119页。

现，也看不出女方有婚姻代理人出面处理这种临时改变婚姻的危机。地方志编者抱着一种为列女作传，以弘扬地方正义文化的态度，全然不顾传统婚姻在嫁娶过程中那些烦琐的程序。而这些女性在婚姻中的率性而为，不仅没有引起社会乃至当事人的反感，相反赢得社会一边倒的喝彩——只要女性的出发点是为了行孝，其他的一切都姑且不论。

明清贞女到夫家守节，并侍奉公婆，有时还为故去丈夫立嗣，是地方志较乐意记载的内容。乾隆《番禺县志》卷16《列女》记载了众多列女，就有几位贞女到夫家守节的事例：

> 屈氏，新汀人，少许字蓼涌郑谦士，其父祷于神而生，甚聪慧，年十七而亡。屈恸哭奔丧，父母止之不得。至则望灵哭绝声，起则拜舅姑曰："妇今来，则舅姑有子矣。"奉事甚谨。舅以年老落产。氏曰："勤纺绩赖以存活。"舅先卒，氏年五十病笃，"出所积，半与姑，半与嗣子"。强起拜姑曰："妇今从夫地下，不获事姑矣。"言讫而终。氏能诗，每孤灯荧荧，笔与泪下，或传其一二，皆和平婉静，无怨声焉。
>
> 欧氏，顺德清臣之女，少娴姆训，知大义，许字龙湾乡冯达兆。未婚而达兆亡，欧携婢奔赴事翁姑，守义四十余年。康熙二十八年，有司疏达雄表，其嗣子文进以母教得补诸生。后有黄氏女，沙亭人，父德安，则冯超廷之聘妻也，超廷早卒，黄欲奔丧，兄弟以夫家贫不许，后自抵冯，翁姑具以贫节之苦告，黄意决，乃纳之。孝顺贞洁一如欧，历三十余年，以夫侄华可为嗣，旌于乾隆二十六年，并建坊于乡。
>
> 屈贞女者，沙亭之族也，少字于莫生，未嫁而生卒，女奔丧不返，誓于天地，以死守志。其姑及祖姑皆早寡，无子，赖女以养。族人既为柏舟说以示女，复题其堂曰"三黄鹄堂"，以比古之陶婴①，而为琴操，以写其悲名曰三黄鹄操。

---

① （汉）刘向：《列女传》卷4《贞顺传》记载，"陶婴少寡，纺绩养子，或欲取焉，乃自修理，作歌自明，求者乃止"。其歌即为古乐府曲名《黄鹄曲》，《续修四库全书》史部第515册，上海古籍出版社，2003，第703页。

第四章　明清仕宦形塑的女性形象：基于地方志考察

上面三个事例反映了四位女性守节的共同点：一是自幼许人，即"少字""少许"等，年龄不大；二是皆未过门而未婚夫亡，矢志赴夫家守节，尽管中间有亲人劝阻；三是守节期间侍奉公婆，甚至祖姑婆，且多为丈夫立嗣。不过，她们守节期间的家庭生活不尽相同，新汀屈氏以纺绩存活，且颇有剩余；欧氏带着婢女生活。可以说她们在生活上并不艰难，且屈氏、欧氏还是读书识字者。但也有家贫守贞者，如周氏幼许区姓，"未嫁夫死，女持服三年，誓不他适。家贫甚，纺绩自食，六十年如一日。……后女族裔周演贞聘湾头林氏女，演贞死，林往执丧，哀毁尽礼，奉翁姑克尽孝道，人以为周贞女风化云"。[①]

一些地方志编者甚至将女性为犯罪的未婚夫守节也收录在案。海丰县林莹自幼许同村人黄璟，未嫁而璟因犯罪被发配到广东廉州服刑，后死在那里。即便如此，林莹还是为未婚夫服三年丧。期间有人托媒上门求婚，林莹绝食抗议，其父母反复规劝，也未能改变女儿的主张，最后只好同意女儿在家为未婚夫守节，76岁才去世。[②]

明清广东各地方志对女性因节孝而不嫁的各类记载，使我们联想到珠三角流行的特殊婚姻形态——自梳女与不落夫家。自梳女是珠三角较流行的一种民间独特婚姻习俗，未婚女子无论年龄大小都梳着一条长辫子，且只能梳辫不能梳髻。结婚时由母亲或女长辈等把辫子拆了挽成一团紧贴在脑勺后，称为髻，这是当地婚嫁习俗新娘"上头"仪式。梳髻表示出嫁，终身不嫁女子则自行把头发梳成发髻，称"自梳"或"梳起"，独身终老的女子就被称为"自梳女"。自梳习俗始于何时，至今无定论。不过，从上述描述看，明清地方志记载女子终身不嫁，多少有自梳女的影子，但她们毕竟没有经过自梳仪式。不过，与自梳相关的金兰结谊及相约不嫁的习俗在清初已成风气，据乾隆十五年《顺德县志》卷3《舆地志·风俗》记载："女多矫激之行，乡中处女与里女结为姊妹，相为依恋，不肯适人。强之适人矣，归宁久羁，不肯归夫家，甚或自缢自溺，至其夫家贫貌陋，偶有诟谇，从而轻生者，不可胜数。……夫妇为

---

① 道光《广东通志》卷306《列女一》，2006，第4888页。
② 嘉靖三十五年《惠州府志》卷13《列女传》，2009，第507页。

193

人伦之首，其亟规于礼义而戒其矫激也可。"乾隆《广州府志》卷10《风俗》几乎完全抄录这一内容，但又有按语曰："妇女轻生之习，各县皆有之，积习难返，化导之方良非易易也。"① 道光年间《香山县志》卷2《舆地志·风俗》编者据"采访册"说，当地女子"其贫者习劳苦，躬操作，惟土物是爱。即或失其所天，耕樵纺绩，多以节自完。黄圃、小榄、海洲诸乡，略染顺德余风，既嫁尚多不肯归其夫家者"。但乾隆《香山县志》无此说法，之后光绪《香山县志》则抄录此说。晚清江南人张心泰游历广东对此记载："广州女子多以拜盟结姊妹，名金兰会。女出嫁后归宁，恒不返夫家，至有未成夫妇礼，必俟同盟姐妹嫁毕。然后各返夫家，若促之过甚则众姐妹相约自尽，此等弊习为他省所无。近十余年，风气又复一变，则竟以姊妹花为连理枝矣。且二女同居，必有一女俨若藁砧者。然此风起自顺德村落，后传染至番禺沙茭一带，效之更甚，即省会中亦不能免。又谓之拜相知，凡妇女订交后，情好绸缪，逾于琴瑟，竟可终身不嫁，风气坏极矣。"②

正因为如此，晚清广东地方志编者对这一社会风气明显抱有鄙视的心态，他们继续沿用过去方志编者的态度，对孝与节的女性进行褒奖，对当地特殊婚俗表达不满。同治《南海县志》卷22《列传》不仅记载多位与社会风气相左的女性婚姻，且加按语表明编者态度，兹选录两例及按语如下：

> 明振贻妻关氏，九江关富山女，年十九归于明。九江地界连顺德，风气略相等，妇女嫁者归宁恒不返。值时节，循例到夫家一宿，晨即飘去。羁留之，辄自尽，其肯安心为妇者，少则五六年，多则十余年。其终身居母族，至老始归，死者亦间有之。独关氏既嫁，事姑嫜，悉执妇道，姊妹嗤笑之不恤也。愈年，振贻客粤西行，有日氏曰：吾查历书是日不宜出行。世人多信阴阳小数，人皆止而君独行，途中得毋有意外。振贻曰：期已定，不便改矣。遂往，未及一年果客死。榇返，氏哭

---

① 光绪《广州府志》卷15《舆地略·风俗》也几乎照录此内容，岭南美术出版社，2007，第279页。
② （清）张心泰：《粤游小志》，王锡祺辑《小方壶斋舆地丛钞》第九帙，杭州古籍书店，1985，第307页。

第四章　明清仕宦形塑的女性形象：基于地方志考察

之恸，间以好言慰解夫父母，若无意殉夫者，而私谓所亲曰：吾无子不足守宗祧，留此未亡之身作何了局？会其家以子在外夭折，作佛事谓之超度。氏伏灵前哭极哀，事毕沐浴更衣，出家人不意，自经死。始知其志殉死者素也，族人联名请旌如例。

郭荣章聘妻何氏，夏㴐堡人。荣章贾粤西，年十七将归，娶有日，遽以疾死。女家本丰赡，闻讣至，尽斥钗钿衣服与姑姐妹，而奔丧焉。父初闻婿死，为女计甚忧，至是大喜曰：女在家从父，前许郭氏者，父命也，女从我前命，我安得违？妇归郭事舅姑、待妯娌、抚嗣子，各得其当，内外无闲言。勤俭所积以周贫乏，尤难者，其族有虚税恒困追呼，妇罄己所有代完之，享年六十余乃卒。道光廿六年旌表祀节孝祠。

论曰：室女未嫁而守节，与未嫁而殉夫，今用不准褒嘉，礼教未尝称许，此循蜚疏仡以来，上而秦汉，下迄宋元，未之有变焉者也。明代偶然行之，必著其文曰后不为例。国朝善善从长，经督抚题奏请旨，多恩准施行，而著之律文条例，仍未有增改也。若是者何哉，夫妇有三从，以从父之年而为从夫之事，非正也。女重六礼，不守礼以峻其防，而径情以行，其意非中也。过中失正之行，尤而效之，将为厉阶焉。且世情之变幻不可测矣，有嫁已聘之殇者，即有嫁未聘之殇者，有以殇嫁殇，合婚于冥漠者，即有以人娶殇，颠倒乎幽冥者，甚至有已聘者绝其夫而不嫁，已嫁者弃其夫而不归，结伴群居，托言学佛，且美其名曰静修者。……未嫁而守，较之已嫁而不守，既守而又嫁者，不犹莛楹之相远，冰炭之不相入哉！应曰然。国家准予旌表，以风励末俗者，意或在斯乎？因择清声素闻者著于篇。

上述中的关氏是已婚殉节，何氏是未婚守节。两者都是到夫家完成人生旅程。很显然，这与当时流行的自梳女、不落夫家的社会风气完全不同。所以编者在按语中主张对这些女性都应加以旌表，以期形成一种良好的社会风气，"以风励末俗者"。

方志编者显然没有以此为满足，他们不仅对自梳女与不落夫家的婚俗持反对态度，而且对女性不守节也持反对态度。他们要求女性进入婚姻，且对丈夫从一而终，以下故事颇有代表性。

烈妇朱氏者，九江堡人朱殿良女，嫁关达林之子掖衡为妻。关氏亦九江人也。九江习俗，初嫁者三年内不肯居夫家，逢时节则强归谒姑嫜，信宿即返，几循为故事。惟氏既嫁即在夫家执妇道惟谨，不与俗同。会其夫完娶后，往贾粤西，逾年身故，氏闻信恸哭，如不欲生，默矢从一而终之志。母家以氏正当妙年有姿首，必再嫁乃有所依归，父母亦可沾结缡之润，乃诱氏归宁而羁縻之，且使旁人曲为开导。氏屹不为动，而恐家人之不谅己也，特爪破颜容以示意，母家迫不及待，已许聘于人有吉日矣。氏闻之而未察，因沐浴梳洗，言夫家有要事，必于归数日以觇之。母果不许，且多为防闲，不俾动移寸步。氏乃知身在陷阱中，非急自引决不可矣，即于母家缢而死，其年才二十云。①

可见，朱氏不仅是反对不落夫家的代言人式的人物，而且在丈夫死后，能矢志不移地守节，最终在父母强迫改嫁的过程中，以死明志。

据方志记载，清代珠三角地区的官宦也一直在努力改变这一社会风气，有时还伴随着激烈的惩治措施。嘉庆十八年浙江人李湒出任顺德知县，对顺德的金兰会采取严厉制裁措施，咸丰《顺德县志》卷21《列传一》在李湒传记中有如下内容：

旧习：女子未嫁，与邻姊妹处，谓之金兰。嫁则视夫如仇敌，率数日返。岁以时节至，必食母之食，强之则以死誓，非嫁三四年成孕，不守妇道也。父母畏其轻生贻讼累，亦即听之。湒出，有就舆前诉其子妇者，初以为琐屑，笑逐之去。以语邑绅龙廷槐，始畅悉其故。自是凡有诉者，亟逮其父兄至，墨涂其面以辱之，不以门第恕也。一时民俗警动，以被迫横死告，遽令殓埋，不诣验。妇女知徒死无益，三十余年来不复有自弃其生者，皆湒力也。

---

① 同治《南海县志》卷22《列传》，2007，第704页。

第四章 明清仕宦形塑的女性形象：基于地方志考察

咸丰志编者所说的"三十余年来不复有自弃其生者"，即自杀女性减少了，但金兰会的风气仍在蔓延。道光年间，九江堡人冯汝棠因屡屡参加科举考试落第，"遂绝意进取，主乡局，以整饬风俗自任"，其中就包括打击不落夫家，"九江旧俗，女子不乐返夫家，强迎之则自尽以图陷，多有因致破家者。汝棠悬为厉禁，有犯者许夫家藁葬之，母家无得过问，由是俗渐革"。方志编者也加按语痛斥这一陋习：

> 谕曰：《传》曰女内夫家，外父母家谓嫁，曰归言归其家也，故女嫁而母命之曰往之。女家祝之必曰勿返。父母在则以时归宁，父母殁则使人宁其兄弟，惟被出则大归。大归者永归母家而不返也。从未有既嫁而不返夫家者，不返夫家即为大归，不祥孰甚。而顺德之俗，大率以返夫家为耻，常有还夫聘金，使之买妾，遂与夫绝者矣，九江与顺德为邻，恶俗所渐习为风气，间有不囿于俗者，则群聚而笑之，其因逼还夫家忿而自尽，以图陷者比比也，嘉耦而成怨耦，婚媾而为寇雠，相沿不革，风俗尚可问哉！汝棠深痛其弊，有自尽者许夫家藁葬，母家不得追问，由是恶俗遂变，其转移风气、造福乡间，伟矣。

一些地方志记载的列女，给人感觉就是将不落夫家的女性进行了隐晦的改造，如民国《恩平县志》卷20《人物·列女》记载：

> 梁氏，歇马人，堡城村吴锡宇之聘妻也。粗知文翰，性贞静，年二十一未婚，锡宇死，闻丧恸哭，易妆废食，矢志自守。母以夫家贫，思易婚，志不为动。二十五归吴，时翁姑已故，先往祭夫墓，哭声酸怆，四方来观者弥望山中，莫不感泣。家贫以女红度活，然只缝女衣，以男衣进者婉词拒之。深居简出，里人罕见其面。族绅吴元杰嘉其志，而怜其遇，醵金以助并析祖尝恤之，为立后置婢，侍奉至今。乡人谈及氏者，均肃然起敬。年五十四卒。

梁氏21岁尚未完婚，和方志记载女性20岁之前大多完婚不同。她在未婚夫死后，并未立即到夫家守节，而是在25岁才到夫

家守节。惠州府张氏也如此,其未婚夫温德昭因贫,一直到死也未迎娶,时张氏25岁,她泣辞父母,到温家"守志",公公"命抚幼孙为嗣",张氏"藉女红自给",贞守40余年卒,乾隆十二年获旌表。① 清初屈大均讲述的孝陈也有自梳的意味,孝陈为恩平文安寨人,年及笄,因其父"甚贫而无子",每天与父"织作藤筐竹筲诸器具,以为衣食计。媒妁数数来陈言于父",但均为孝陈谢绝,她要留下奉养父亲。在她25岁时,父亲强行让她出嫁何家,"亦贫,佃山田数亩以耕"。孝陈在婚后仍每天走20多里路给父亲送吃喝。数年后,其行为感动神灵而变成男性。②

其实未过门的女性在父家守节尽孝,在一定程度上可以反映明清时期广东社会对女性婚姻权有一定的尊重,乾隆时,番禺县猎德乡李恒摄妻姚氏对婚姻的选择完全出于自愿,据说她的未婚夫在即将成人时,突然得了瘫病,公婆认为儿子"得此疾,误人儿女何为也?"就让媒人劝她改嫁。姚氏父母"谋于女",但姚氏不同意改嫁。其父母接受女儿意见,将她嫁入李门。③ 应该说,姚氏对夫家、父家都尽了孝。

上述未过门的女性在父家或夫家守节尽孝,被地方志书写者视为道德楷模,④ 成为国家和文人向社会推广教化的重要资源之一。地方志在搜罗这些故事时,甚至将一些已婚女性对父家尽孝而与夫家反目成仇的故事也予以收录,最典型的事例是清代粤西电白县的李氏族人为其明代祖姑在李氏宗祠中建孝女祠,并得到地方仕宦的积极支持。光绪时茂名举人许汝韶在《李孝女祠堂记》中说,明代李氏为电白岁贡李长春之女,嫁给同县邓某为妻,夫族与父家因墓地发生争执,李氏暗中帮助父家到县衙"兴九字狱"而赢得官司,最终死在父家,故族人葬之且建祠以祀。⑤ 光绪时高州知府杨霁专门撰《明李孝女传》,较详细讲述了这个故事,李氏为明天启岁贡

---

① 光绪《惠州府志》卷41《人物·列女上》,2009,第753页。
② (清)屈大均:《翁山外钞》卷4,《屈大均全集》第3册,人民文学出版社,1996,第366页。
③ 光绪《广州府志》卷145《列女四》,光绪五年刊本,2007,第2268页。
④ 〔美〕卢苇菁:《矢志不渝:明清时期的贞女现象》,秦立彦译,江苏人民出版社,2010,第10页。
⑤ 光绪《重修电白县志》卷23《人物八·孝女附》,《中国地方志集成》,《广东府县志辑》第41册,上海书店,2003,第240页。

候选教谕李长春长女,"读书明大义",嫁同邑邓生,克尽妇道。其父曾在高州教书,邓氏子弟"多从受业",她的公公也是其父门生。李邓两家比邻而居,后李氏父病殁,卜葬久义山,这里有邓家的祖坟。李氏父坟距邓家祖坟只有四丈许。邓家认为李家破坏其祖坟风水,要求李家迁坟。李家没有答应。邓家于是偷偷挖李氏父冢,"盗匿其棺"。两家为此对簿公堂,官府因拿了邓家贿赂,"左袒邓",将李家三兄弟全部逮捕入狱,"孝女闻变,求解于婿"。邓家没有答应她的说情。李氏因三个弟弟都在狱中,遂决定"暗求棺所在",以帮助弟弟打赢官司。后来在"海旁菜圃"深草中找到父亲棺柩,将棺木中一角砍下,"径返母家",自己出面,"誓死为父伸诉"。她向当地缙绅求援,但他们"皆畏邓,无肯秉笔者"。正当她走投无路之时,其父门人陈礼从京师回乡,听闻此事,"始为具词"。讼词中有"诵师书、平师坟、灭师骨"之句,这就是后来传说的"九字狱"。不久,有巡按使过境,"孝女易男子装,至三桥驿膝行舆前呼冤",被巡按随从驱赶,她遂跳入三桥河自杀,被众人救起,引起巡按关注,经巡按过问,县衙重审邓李之争。其实,在孝女归父家时,邓家已发现孝女砍棺,于是又偷偷将李氏父棺沉在海边污泥中,再用他棺放在原处,官府经拷问邓家,"始得真棺",案情大白,李家获胜,"出孝女诸弟于狱,而置罪人如律"。但李氏已"不复归邓",不久就因忧劳成疾而在父家去世。咸丰年间,李氏族人为她建专祠,解元崔成霖题"孝女祠"额。杨霁对此评论说:"区区一女子,当伦常之变,独能舍其燕好之私,以急父难,视古之缇萦赎罪、曹娥负尸,尤为事处其难,世有私其妻子,而漠视天亲者,须眉愧巾帼矣。明季迄今垂二百余年,轶事如新。余来守此邦,李生树苞乞为立传。余旧史官也,阐微显幽敢以不文辞?时方重修郡志,亟命载笔者登之,以为末俗劝。"可见,李孝女的行为,得到了官府与家族的肯定,对社会有"为末俗劝"的意义。

三 孀妇守节的两难选择

宋代以来理学家宣扬"饿死事小,失节事大",一味要求处女守贞,寡妇守节,把守节视为妇女生存的最高道德标准。元大德八

年，朝廷规定旌表贞节妇女，"今后举节妇者，若三十以前夫亡守志，至五十以后晚节不易，贞正著明者，听各处邻右社长，明具实迹，重甘保结……申闻本县并依上例体覆，申呈省部，以凭旌表"。① 应该说，这些观念与举措在明清广东社会引起了不同的反应。明初确立"以农立国"的根本方针，稳固小农家庭成为社会安定的重要环节，寡妇守节，上可赡养老人，下可抚育幼孤，从而保障小农家庭不至于因男性死亡而骤然解体。所以，明初屡屡颁布有关政策，大力倡导女性贞节，洪武元年，朝廷在元代旌表列女基础上又增加了物质奖励，"民间寡妇，三十以前，夫亡守制，五十以后，不改节者，旌表门闾，除免本家差役"。② 王朝这些奖励政策，不但使守节者本人受惠，而且连带其家庭乃至家族都享受了优免差役的权益。《明史》卷301《列传·列女一》记载："明兴，著为规条，巡方督学岁上其事。大者赐祠祀，次亦树坊表，乌头绰楔，照耀井闾，乃至僻壤下户之女，亦能以贞白自砥。"根据政策要求，各地大员每年都要将地方贞女烈妇事迹上报，王朝根据她们的事迹决定旌表规格，更重要的是在乡村社会大张旗鼓褒奖贞女烈妇，目的就是要教化更多女性以引导社会风气。

但应该看到，明初有关寡妇守节的政策，只是鼓励性的倡导而已。既然是鼓励，就说明当时社会并没有盛行守节的风气。所以朝廷试图通过精神和物质两个层面来引导社会，将妇女引向守节这个方向。这一点至少还可从明弘治十四年大理寺官员的奏折中得到印证："妇人夫亡无子，志甘守节者，亲族人等或利其资产，谋侵夺之，乃巧肆诋辱，勒令改嫁，间亦有因而致死者，请皆严为之禁，毋使有伤风化。礼部覆奏，从之。"③ 这说明，明代寡妇为了保有资产而愿意守节，这大约就是张彬村所说的理性选择；但寡妇一旦做出这样的理性选择，就会引起亲族不满，他们会联合起来以各种借口强迫寡妇改嫁，这又恰恰暴露了寡妇改嫁在明代是得到社会认可的。三年后的弘治十七年，大理寺在"弭灾革弊"诸事宜中有一款是关于寡妇再嫁，"子于继母有三年之丧，女于嫁母有期年之服，

① 《大元圣政国朝典章》卷33《礼部》，文海出版社，1974，第16~17页。
② （明）申时行：《明会典》卷79《旌表门》，中华书局，1989，第457页。
③ 《明孝宗实录》卷173，弘治十四年四月己亥第31册，"中央研究院"历史语言研究所，1962，第3161页。

同居继父有齐衰之制。而近来妇人再嫁，以前夫之女与后夫之子成婚，人伦风化由此以乖。"① 这里出现的"嫁母""再嫁"等字样，至少反映寡妇改嫁在当时社会经常发生。从再嫁妇人可以将前夫之女做主许配给后夫之子来看，寡妇的社会地位似乎并不低。广东士大夫对此也有响应，霍韬在《霍渭崖家训》卷1《冠婚第八》中说："凡女嫁被出者，有罪则居之别室，闭其出入，为窍以通饮食；无罪则为择配改嫁。"霍韬是明代南海士大夫集团的核心人物，他对寡妇改嫁的规范具有普遍影响。

其实，在明清时期士人的观念中，也不是要求所有寡妇都守节终生，而是根据她们的实际生活状况有所区别，《明史》卷301《列传第一百八十九·列女一》记载，明初官府规定百姓要自行输送赋税到南京，时浙江慈溪黄谊昭的寡妻及其守节的儿媳妇"输赋南京"，与尚书蹇义陈述海潮之害，蹇义带着责备的口气询问婆媳二人为何不改嫁，原文如下：

> 孙义妇，慈溪人，归定海黄谊昭，生子滑，未几夫卒，孙育之成立，求兄女为配，甫三年生二子，滑亦卒。时田赋皆令民自输，孙姑妇相率携幼子输赋南京，诉尚书蹇义言：县苦潮患，十年九荒，乞筑海塘障之。义见其孤苦，诘曰：何为不嫁？对曰：饿死事极小失节事极大。义嗟叹久之。

从这段史料可推测，孙氏应是中年妇女，儿媳妇小孙氏是少妇，她们从慈溪风餐露宿地到达南京，说明明初女性包括寡妇皆可以在社会上抛头露面。蹇义之言又表明仕宦对寡妇再嫁持支持态度。这一观念在《明史》卷302《列传第一百九十·列女二》的记载中再次得到印证，时有桐城高文学妻王氏在丈夫死后，绝食七日而死。在死前，她与前来吊唁的生父有一段对话："父道美来吊，谓王曰：无过哀，事有三等在，汝自为之。王辍泣问之。父曰：其一从夫地下为烈，次则冰霜以事翁姑为节，三则恒人事也。"王道美的说法应是明代社会普遍的心态，说明妇女在丈夫死后有三种生

---

① 《明孝宗实录》卷212，弘治十七年五月己酉第32册，"中央研究院"历史语言研究所，1962，第3978页。

活选择,"恒人事"尽管排在末位,但毕竟是一种选择,而且这或许是当时社会现象的反映。明代广东镇平人谢氏,21 岁时丈夫曾以伟病故,儿子若珮只有 5 个月大。婆婆劝她改嫁,谢氏跪泣:"吾初不与夫同死,实为姑老子幼耳,今抛老姑幼子别适,心何忍?"婆婆劝年轻媳妇不要守节,应代表了民间社会的普遍看法。地方志接着说,"适有豪家逼之,氏遂割耳裂面自誓"。① 一个豪家居然逼着一个带有 5 个月大孩子的寡妇嫁给自己,足以反映人们对贞节的看法与王朝意识形态相差甚远。

万历年间,饶平人嘉靖十四年进士陈天资纂《东里志》卷 4《贞节·烈女附》记载了东里列女情况,开篇记载宋代陈璧娘送夫张达抗元,夫死后也绝食死,余下 20 位女性皆为明代节妇、烈女(见表 4 – 3)。②

表 4 – 3　明代饶平东里列女一览

序号	姓氏	列女事迹	社会反应
1	许氏	大埕经历陈家冢妇,17 岁归陈,一年后夫死,守节教子。70 岁卒	死后,乡士大夫挽诗
2	陈氏	磁窑解元陈珧孙女,庠生许光泰妻,24 岁寡,唯有一女,矢志守节,奉养公婆	
3	岳氏	大埕宦家女,下湾吴重嘉妻,19 岁寡,遗腹一子,励志抚孤,73 岁卒	
4	林氏恬娘	上里生员林际芳女,神前刘兴文妻,26 岁夫死,后二年公公死。奉养婆婆,毫无怨言。34 岁病故	邻人为之流涕不休
5	杨三娘	大港人,嫁生员吴振玉弟,22 岁寡,遗孤 3 岁,奉公婆,育孤成人,娶媳陈氏,无子,又纳妾李氏,产男而子卒。姑媳母子四命相依	人称一门三节
6	张氏旬娘	霞绕人,大港杨家媳,生三男一女,25 岁寡。甘心孀守抚幼孤。第三子为邑庠生	
7	杨氏淑娘	大港生员杨朝斗女,黄冈余启韬妻,22 岁夫死,姑老,子周岁,养姑抚幼,不贰其志	乡里咸称之

---

① 康熙《镇平县志》卷 4《人物志》,2009,第 90 页。
② 汕头市地方志编纂委员会办公室、饶平县地方志编纂委员会办公室,1990 年 10 月印行,第 111 ~ 116 页。

第四章 明清仕宦形塑的女性形象：基于地方志考察

续表

序号	姓氏	列女事迹	社会反应
8	汤氏	大埕生员陈文珙妻，21岁守寡，遗孤三月。继祖母怜其少，劝再醮。她自矢守节，48岁卒	死后，邑庠生具闻于督学蔡可泉
9	邹氏	柘林汤诞妻，19岁守寡，婆婆怜其少，劝其改嫁，遭拒。29岁因父病笃，她归宁途中舟覆溺死	乡士大夫为之立传
10	余氏	大埕知州陈诚斋子勋梧妻，家贫如洗，夫死抚孤，纺绩以自赡。有言改嫁事，她辄碎一器以自矢	士夫咸怜其幼寡，服其知礼
11	陈氏贞娘	上里生员陈明举女，15岁许聘沈国梁。继母因沈家甚贫而欲悔婚。陈氏绝食抗议。母益恚詈。她跳井自杀	夫家具牲礼为文祭之，父悉陪女妆答之
12	张氏	生员张经资女，上里陈应魁妻，24岁寡，事公婆抚遗孤。媳吴氏25岁生二男而寡。婆媳相依守节	君子谓之一门双美
13	刘大娘	所城人，里人杨公白妻。夫死，家甚贫。父母要她改嫁，遭拒。她典衣饰养姑，且为夫立嗣	乡里好义者给粟助之
14	杨氏娘子姑	大港人，黄冈许晋若妻，24岁寡，公婆老，儿女幼。她励志孀守，事老抚幼	
15	杨氏珠娘	澄海人，下湾吴景岳妻，18岁夫死，遗孤10月，家无立锥，孀守事姑，其父欲夺其志，涕泣不从	乡人嘉其苦节
16	周氏	大埕人，乙卯倭陷大城，10余岁的她随父避难城中被掳，义不受辱，遂遇害	士夫莫不伤之
17	陈氏二娘	上里人，年20归唐闵为妻，被乡贼张阿贺掳，欲污之，她詈骂反抗，遂遇害	士人莫不为之愤懑
18	张氏	上里人，南山生员洪有执妻，被贼掳，因攀树拒走，被贼碎尸	士人哀之
19	杨开娘	大港生员杨良宏女，16岁时遇寇，义不受辱，詈贼自刎	
20	林氏	上里生员陈南苣妻，劝夫励志读书。25岁时，夫死，她也不食而死	乡耆师生具以闻，以俟论定

从表4-3可知，在明代东里20个列女中，节妇15人，烈女5人。在节妇中有8人面临改嫁的压力，显示明代妇女改嫁得到社会的认可。

203

也许正因为明代寡妇再嫁拥有较为宽松的社会环境，所以清代基本上继承了这一政策，雍正年间，皇帝下诏明确反对以死殉夫，要求寡妇守节，以保存小农家庭的完整：

> 至若妇人从一之义，醮而不改，乃天下之正道。而其间节妇烈妇亦有不同者，烈妇以死殉夫，慷慨相从于地下，固为人所难能，然烈妇难而节妇尤难，盖从死者取决于一时，而守贞者必历夫永久，从死者致命而遂已，守贞者备尝夫艰难，且烈妇之殉节捐躯，其间情事亦有不同者，或迫于贫窭而寡自全之计，或出于愤激而不暇为日后之思，不知夫亡之后，妇职之当尽者更多，上有翁姑则当奉养以代为子之道，下有后嗣则当教育以代为父之道，他如修治苹蘩、经理家业，其事难以悉数，安得以一死毕其责乎？……俾愚民咸知孝子节妇自有常经，而保全生命实为正理，则伦常之地皆合中庸。①

表面上看，雍正强调寡妇守节不嫁乃是正道，寡妇守节代夫尽职，保全了家庭生计。但只要能保全人的生命，寡妇改嫁自然也属"正理"，符合中庸之伦常。雍正明确表示以后只旌表节妇而不旌表烈妇，"是以节妇之旌表载在典章，而烈妇不在定例之内者"。实际上，这一政策明显把生存困难的节妇推向"恒人事"的行列。节妇改嫁大约已成为社会风气，这一结果在乾隆年间得以显现，乾隆四十三年有官员奏称各省节妇较以前减少，并分析缘由说：

> 近日各省题旌节妇较少于前，其意若有未慊者，所谓知其一未知其二。守节本闺门庸行，多出于殷实之家，足衣食而惜颜面，自不肯轻于改适，虽多亦无足为异。且节妇即多千余，亦不抵偶有一逆伦之犯，若以节妇多为风化之美，则逆伦者宁不当有所归咎，曷亦权其轻重而计之乎？②

---

① 《清世宗实录》卷67，雍正六年三月壬子，第1册，中华书局，1985，第1018~1019页。
② 《清高宗实录》卷1051，乾隆四十三年二月甲寅，第14册，中华书局，1986，第48页。

第四章 明清仕宦形塑的女性形象：基于地方志考察

这一奏折说明，真正守节不嫁的寡妇是因家庭经济较殷实，清代中叶，南海大榄堡陈明兆妻孙氏不到 30 岁就守寡，"事老姑抚幼子"，因"先世遗产甚丰，内鲜伯叔周亲，同族婪劣之徒共凌藉之，希图染指"，据说，孙氏广为包容，不与计较，因经营有方，"付托得人，十年间富益巨万"。她为富仁义，"每年施棺椁赈贫乏，恒费数百金"。道光九年，地方水灾，她"雇小艇拯淹溺存活多人"，并对露宿野处者按口发放蔬菜米柴，直到洪水退去才停止。① 这一现象当然不是清代才有，万历《琼州府志》卷 4《坊表》记载，明代大学士江西人彭时在为邱濬母李氏贞节坊撰碑铭说，李氏 28 岁（一说 22 岁）"孀居守节"。她本是澄迈县"富家女"，与丈夫邱传生育儿子邱源、邱浚。根据广东出嫁"厚奁"的风俗，她守节应不会有生活困难。道光《广东通志》卷 316《列传五十一·列女十三》记载，明代开平县劳大进妻黄氏，婚后七年夫殁，她才 25 岁，尚未生子，他的嫂子暗中受彭姓聘礼。黄知后哭曰："辱身再醮，有死不从。所不即自裁者，欲俟叔生子以继夫后耳。"彭因看重黄的"厚奁"而讼于官。换句话说，家境不好的寡妇可能会走上"改适"的道路。乾隆时新宁县修纂方志时引用旧志记载妇人冯氏，她是海宴庠生罗一缉妻，结婚两年守寡，时才 20 岁，"贫而无子，父母与姑俱令再适"，她表示拒绝，矢志孀守 30 余年。地方志编者议论说："夫守贞于有子易，而无子则难，完节于丰厚易，而淡薄则难，若冯氏者可风矣。"②

寡妇可以改嫁也得到一些官员的公开认同，嘉庆二十四年二月，肇庆府高要发生一起婆婆控告媳妇毒杀丈夫案件。在案件审理完毕后，地方官竟然问媳妇是否愿改嫁。谢何氏早年守寡，有子谢熙焕，后娶媳陈氏。媳妇 19 岁时生育一子，孩子刚两月，其夫病故。谢何氏以为是陈氏毒杀，遂向官府告发。因谢何氏不能提供任何证据，县令韩际飞一时难以判决，只好在夜晚向城内包孝肃庙求助。此事引起肇庆知府金兰原关注，两位地方官再阅诉状，"疑益甚"，于是召集谢家"邻人反复核之，皆云不知"。谢陈氏却供认

---

① 同治《南海县志》卷 22《列传·列女》，岭南美术出版社，2007，第 701~702 页。
② 乾隆《新宁县志》卷 4《人物·女节》，岭南美术出版社，2007，第 452 页。

不讳。金知府于是单独提审陈氏,要求她详细说出"毒杀情状",陈氏迫不得已只好供出丈夫乃得"阴症死",以前之所以承认毒杀,是"县役谢昌"教授。两位官员立即对死者尸体"检验,果无伤",于是当着"观者数千人"宣判陈氏无罪。陈氏"大哭失声,数千人莫不叹息垂泪"。知府鉴于谢家"贫甚,饔飧不自给",于是问陈氏"汝年少,将他适乎?"妇闻言大哭说:"一夫死,冤几不可白,倘再适不幸而夫又死,安得青天重如公者?"最后,知府罚"前教承役出金",府县"复以金五十"授谢家婆媳为生产、生活之用。①

一些节妇通过自身的生活经历,劝妇女守节要谨慎,乾隆五十七年刊沈起凤《谐铎》卷9《节母死时箴》记载,一位从18岁守节至80余岁临终的老寡妇召集家中女眷,讲述自己守节之艰难,并让其子记下其遗言:"尔等作我家妇,尽得偕老百年,固属家门之福,倘不幸青年居寡,自量可守则守之,否则上告尊长,竟行改醮,亦是大方便事。"其家将此言"垂为家法"。后家族宗支繁衍,"代有节妇,间亦有改适者,而百余年来,闺门清白,从无中冓之事"。也正因如此,我们在一些方志中甚至可以看到男性屡次娶寡妇的信息,雍正九年刻本《揭阳县志》卷6《节烈》记载,清初蓝田人张氏,"少孤,母改适卢尚玉",张氏随母亲与养父生活,长大后嫁给吴朝觐为妻。后来张氏丈夫病死,她矢志守节。不久,生母去世,养父尚玉又再娶寡妇卢氏。张氏回家看望养父时,继母要求她嫁给自己儿子阿满,张氏坚决不答应,却遭到阿满的强暴,遂自杀殒命。而同治《南海县志》卷22《列传》记载金利司人汤氏母亲在劝女儿改嫁时的话也颇有代表性,汤氏嫁给郑迪为妻,夫家有兄弟五人,生活贫苦,不数年丈夫病故。汤氏父家前往吊唁,其母对女儿说:"前误嫁汝于此,致汝受穷苦,我久不安,今婿死正汝脱难时,况汝未有子,仅一女,何难抛下。汝年少有姿首,聘汝者不忧无好人家,吾为汝破涕为笑,汝不笑而反哭何为者也?"氏闻言不答,但促母早还家。在办完丈夫的葬礼后,她担心母家再威逼自己改嫁,遂决定自杀。②

---

① 道光《肇庆府志》卷22《杂记》,岭南美术出版社,2009,第867~868页。
② 同治《南海县志》卷22《列传·列女》,岭南美术出版社,2007,第702页。

第四章 明清仕宦形塑的女性形象：基于地方志考察

从上述社会大环境中可看出，王朝的贞节观并非铁板一块，在许多时候存在着张力。而这一张力的形成在地方文献中表现最为突出。明清地方志记载的女性大多为贞女节妇，她们被视为中国传统女性正面形象之典型。这些女性的形象其实乃士大夫根据宋明理学的道德观念塑造出来的。其实，明清士大夫塑造的贞女节妇形象，在他们书写、编纂的各类著作中，似乎又总是透露出各种矛盾的信息，地方志是士人与官府合作的产物，在一定程度上体现了国家话语与地方知识的结合。地方志《人物志》设"列女"目，在书写内容上很程式化，但由于这些女性个体生活的地域、家庭等环境不同，生活中的境遇也有很大不同。所以即使在同一模式的书写体系中，列女们的表现仍呈多元状态。

按照儒家的观念，女性尤其是年轻女性在丈夫死后，最好的办法就是留在夫家侍奉公婆，抚育子女，直到老死，如果熬的年代长久的话，可能会从官府换回一块匾额或一座牌坊，最终皆大欢喜。但众多材料显示，这些守贞一生的寡妇，在年轻时几乎都遇到过娘家或夫家的改嫁要求，她们对之反应激烈，甚至因此断绝和亲人的来往，这一方面反映寡妇再嫁具有社会环境，绝大多数人支持寡妇再嫁，另一方面又说明部分年轻寡妇确实捍卫自己的守寡权，赢得了社会与家人的尊重。其实，按照传统礼法以及五服制度，这些年轻寡妇们为了守寡，甚至不惜与亲生父母或公公婆婆决裂，又使他们陷入了不孝的境地。

已婚女性在过门不久夫死守节时，因为守节与再嫁的问题，与亲人之间发生隔阂，在地方志中时常出现，尽管方志编纂者是为了张扬女性守节的决心，但又流露出她们对长者的不敬之处。据嘉靖《兴宁县志》卷4《人事部·贞节》记载，曾以礼妻张氏18岁时死了丈夫，"亲党讽再适，张誓死乃止，居五十余年，操范坚白，年七十八终"。洪武二十八年受朝廷"旌表其门"的待遇。这里记载的张氏与上文所说的李宣之女不同，已婚无子，生活年代为元朝，守节也从元代开始，且大部分是在元代。其"亲党"劝其改嫁也应在元代。据研究，中国传统婚姻制度在元代发生了历史上最大的变化，妇女的权利由之前不完全到大量转移到夫家，明清几乎完全转移到夫家。这种转移恰好给寡妇守节创造了最适宜的条件。守节的寡妇不仅免于被收继，而且继续享有财产权和子女抚

养权。① 正因如此，寡妇才有可能不嫁。明初寡妇守节是一种利益的考量，也说明改嫁在当时并不是一件不光彩的事，人们在行动上是支持年轻寡妇改嫁的。

明代社会对寡妇守节还是改嫁，明显存在不同的态度。寡妇自身要求守节，但亲党又往往要求其改嫁。据嘉靖《兴宁县志》卷4《人事部·贞节》记载：陈妙聪在出嫁前，"遵姆训，间习女工"，16岁嫁给罗渊为妻，18岁丧夫，婆婆及亲属"怜其年少无子，劝之再适"。陈没有答应。估计夫家的经济条件不会太差，据说她和公婆、妯娌子侄相处很好，"俱得其心"，但和父母几乎失去联系，"虽父母庆礼，亦未尝往来"，51岁去世。作为一个女性，守节30余年，她的生活来源如何，不得知之。从逻辑上讲，她不轻易与人见面，说明其有稳定的生活保障，那么这个保障要么是父家的嫁妆，要么是夫家的资产，另据嘉靖《增城县志》卷8《人物志六·节妇类》记载，顾观全妻郑氏在成化八年22岁时守寡，遗腹21日生下儿子，"一切华饰服物悉屏之，孀居寂如也"。看得出其家境尚好。她婆婆去世后，"有邻妪悯其苦，谕之改嫁"。郑泣曰："吾生死顾家耳，妪曷为此言？"自此以后，母子相依为命，80余岁才去世，霍韬为之写了《咏郑节妇》。像郑氏这样有儿子的寡妇，也有人劝其改嫁，显示在珠三角地区人们对寡妇守节并不严格要求。从方志记载看，郑氏一旦改嫁，势必带走儿子，从而人为造成顾观全无后。湛若水的第二个女儿18岁时嫁给增城西洲刘鉴为妻，"止举一男倪"，而夫卒。"姻族有谕之改适者，湛厉色谢曰：吾虽无知，然节义之训则闻之素矣。与吾苟生以辱庭训，固不如死。"据说她真的绝食累日，"女党有强之，乃再食"，自是苦志孀居，"纺绩自效，闺范肃然"。乡邻于是向上呈请，最终得到国家旌表。②

粤北山区连州人陈才美之妻严贞彦在宣德九年20岁时守寡，父亲"怜其少，欲再嫁之"。她哭着说："舅姑春秋高，儿在襁褓，未亡人背之不祥。"终于没有听从父亲的安排，守节到90余岁才逝

---

① 张彬村：《明清时期寡妇守节的风气——理性选择的问题》，《新史学》第10卷第2期，1999年6月。
② 嘉靖《增城县志》卷8《人物志六·节妇类》，2007，第64页。

世。这一事迹被连州志记载,后被黄佐收入《广州人物传》。① 连平州谢平冈妻卓氏,23 岁守寡,子甫 3 岁,公公婆婆逼她改嫁,"氏窥公姑有夺志意,遂破而毁容以见志,抚孤成立,孙枝蕃衍,有司旌其门曰:节寿延祥"。直到 95 岁才去世。② 明代清远县黎瓒妻谭氏婚后,23 岁守寡,时女刚出生百日,"父母欲夺其志,谭以死自誓,侍姑事葬如礼,仍立夫弟之子时泰为嗣"。南海潘淑净嫁给清远王政为妻,21 岁守寡,子方 2 岁,"姑逼改嫁",她哭着说:"自幼曾读烈女传,已知守节靡他。"③

郑氏系潮阳萧守镇妻,婚后两年 18 岁,丈夫病故,因公婆年老又无子女,她"忍死事之"。郑氏父母因女儿年轻,"欲夺其志,氏遂不复归宁"。母亲假装病重,要求她回娘家看望,她了解母亲的心思,就带着婆婆"操舟同往",又与婆婆同归。她还"割股"为病中的公婆疗亲。公公去世后,她和婆婆商量,立堂弟的儿子为嗣。万历初,建坊旌表。④ 这个故事最早来自嘉靖三十五年进士、揭阳人郑旻撰《节孝郑氏传》。⑤ 郑氏对夫家"节孝",对父家则明显不孝,因为"归宁"探望父母也是传统礼俗中的重要一环。可见母家和婆家对寡妇改嫁态度的不同,也反映社会对再嫁看法的不一。

连平州吴氏守节的故事则另有寓意,据雍正《连平州志》卷 7《列女》记载,其父死时,其母石氏 24 岁,"惟氏兄妹二人尚稚,寡母石坚正守志,纺绩为活,抚训子女,皆成立婚嫁"。19 岁的吴氏嫁给儒士叶廷开为妻,刚过门,丈夫病笃,"氏调汤药日夜不离侧"。丈夫鉴于她尚未生育,对她说:"我无子不能相强,我死其善事后人。"丈夫在她 27 岁时病死,她"视丧事尽哀尽礼",因没有生育,不久亦服毒自尽。时其母石氏仍孀居人世。这个故事的特别之处是吴氏既没有从夫之言,也没有学母亲守节之举。吴氏的自杀或许与其对生活失去信心有关,依据是雍正《连平州志》卷 9《艺

---

① 黄佐:《广州人物传》中卷 20《列女》,广东高等教育出版社,1991,第 496 页。
② 雍正《连平州志》卷 7《列女》,2009,第 124 页。
③ 康熙《清远县志》卷 10《人物·节妇》,2007,第 96 页。
④ 乾隆《潮州府志》卷 30《人物·列女》,光绪十九年重刊本。
⑤ 广东征编印委员会编《广东文征》第 3 册,香港中文大学出版部,1976,第 303 页。

文志》记载当地文人颜希圣撰《叶烈妇传》，叶廷开妻吴氏婚后，公婆在堂，且丈夫"兄弟五人皆同爨"，由于家贫，丈夫又拖着病"读书攻苦"，全家生计主要依靠吴氏劳动，"以资给之"。随着丈夫病情不断加重，吴氏日夜侍奉，备尝艰苦。因此，丈夫死后，面对着夫家的生存环境，除了改嫁，殉节也许是最好的解脱。但连平州另一位儒士何世芳妻陈氏在苦节中走了一条与吴氏不同的路，雍正《连平州志》卷7《列女》记载，陈氏14岁嫁给何世芳，21岁时公婆去世，不久，唯一的儿子也在出生数月后夭折，又过了一年丈夫病死，她在夫家"旁无伯叔，颠连孤苦"。其母"念其少寡无依，劝再适"，遭到她反对。她守节，抚育继嗣，到雍正修志时，已54岁，尚健在。

吴氏和陈氏都是嫁给儒士为妻，但两人在丈夫死后所走的路不一样，这是否与两人生活年代不一样有关，尚未有史料佐证。因为明清时期女性的节烈到雍正年间发生了变化，王朝强调女性在丈夫死后要主动承担社会与家庭责任，抑制女性动辄寻死以逃避人伦之殉节，代之以中庸平和的节孝，上述雍正六年诏书已经明确反对殉节，提倡寡妇要勇敢担当家庭职责，催生了社会节孝新风尚。王朝强调女性丧夫之后，以守节为至重，将女性对家庭与社会所承担的责任发挥到了极致。

女性在丈夫死后因守节问题，甚至和要求其改嫁的亲人发生冲突，嘉靖《增城县志》卷8《节妇类》记载，陈雍妻顾氏22岁时夫死，"遗妊四月生子峤"，其生母王氏"悯其少寡，欲改醮他姓"。顾氏"变色语母曰：人之所以异于禽兽者，信义存焉耳。吾忍以一身践二庭乎，吾忍以孤儿呼他人父乎？夫生许以偕老，死而违之非信也；事夫不终其守，鞠子不终其养，非义也"。母亲见其志向坚定而作罢。顾氏夫家是大家庭，她孝事公婆、教养子峤，"与诸姊娌相对恂恂如也"。儿子陈峤娶妻吴氏，身体羸弱，顾氏"每代为综理家务"，终日闭门以纺绩为业，其行为被"宗党傅之为阃范"，自然也受到王朝旌表。从顾氏母女二人的冲突看，守节和改嫁完全视乎当事人的态度。番禺崔启妻姚氏婚后半年，丈夫死去，她才20岁，过继"夫兄子焕为嗣"，丈夫丧期满后，她带着养子"归宁"探望父母，"父欲夺其志"，不允许其养子行跪拜礼。自此以后，"遂不复往"父母家。儿子长大后娶妇不久也死，她又

第四章 明清仕宦形塑的女性形象：基于地方志考察

为儿子选择子嗣，与媳妇守节，人称"一门双节"。① 新会白沙人李广顺妻何氏16岁时未婚夫"病剧"，她匆忙与其结婚，婚礼当日夫卒。时婆婆已不在人世，公公尚存，家里很穷。为了避嫌，她"招一乞妪为侣，纺绩清苦"。邻妇劝其改嫁，她很愤怒，并让家公告邻妇丈夫，邻妇被醉酒丈夫暴打，跑回娘家诉苦，其叔在县衙任役，"以诉官相恐"。事情越闹越大，何氏为了保持贞洁而自缢。② 新宁黄汝弘妻张氏婚后第二年只有17岁，丈夫病故。她产下遗腹子，"育子事姑"，父母因其年少，"令改适"，她没有答应。但父母还是私下接受了别人聘礼，一日，父母托病将她骗回家，"强之再醮"，她夺命奔回夫家。从此"蓬头垢面，勤纺绩，以抚孤幼"，断绝与父母往来。③ 陈富麟妻曾氏21岁守寡，儿子不满1岁，母亲以她"年少且贫，强之嫁"，她也是从此不再踏入娘家一步，"终身遂废归宁之礼"，一直活到95岁去世。④

在客家山区的河源县也有类似的故事，康熙二十八年刻本《河源县志》卷6《烈女》引用"旧志"记载，当地诸生何浩妻赖氏婚后一年，丈夫亡故，她才24岁，母亲"以其少寡且贫，欲夺之"，她竟"引刀自刎"，最后在家人救护下才免于一死，留在夫家照顾公婆，抚养遗腹子，70余岁才辞世。另一位女性江氏系李琮妻，婚后不久，丈夫生病，她尽心侍汤药照顾，19岁守寡，家中尚有一位守寡的婆婆颜氏，她拖着身孕"营葬"丈夫，不久产下一子，其父见之，"欲夺其志"，但竟遭到其辱骂，"氏厉声詈之，遂止"。在她的抚养下，儿子以文行名于时，顺治十七年奉旨建坊旌表。她的事迹也被县志、府志、通志收录。当然，她之所以扬名，与其培养儿子成才不无关系。其子李子昇对江氏"纯孝遵教，承颜终身弗怠"。他屡次参加科举考试皆不中，最后不得不以"教授生徒"为业，"邑中子弟受业成名者百余人"，尊称他为晦雪先生。正因如此，他的母亲在顺治末年"奉旨旌表"，乾隆时其牌位又被地方士

---

① 乾隆《番禺县志》卷16《列女》，2007，第366页。
② 道光二十一年《新会县志》卷10《列女》，2007，第29页。
③ 康熙十一年《新宁县志》卷9《人物·节妇》，2007，第151页。
④ 光绪《惠州府志》卷41《人物·列女上》，2007，第759页。

人放入节孝祠祭拜。①

　　一些女性即使经常饱受丈夫虐待，也不愿听从亲人的改嫁意见，清初高要徐氏17岁嫁何赤常为妻，丈夫"得狂疾"，且"无人道"，一发病就拼命殴打她，公婆劝她改嫁，她却"坚志不可，以死自誓"，全家生活靠她"纺绩给食"。她孀守30多年，为公婆及丈夫"殡葬如礼"。这种自虐式的生活方式在清代新兴县也有。姚氏17岁和丈夫叶宜万结婚，家贫夫病，姚氏"纺绩度日"，竭力服侍病中丈夫。在她和丈夫生育两个孩子后，丈夫病故，不久，婆婆也去世。她以纺绩"得米，奉翁饱饭以及二子"，自己"常数日不食，汲水眼花，昏跌井栏，乡邻灌以粥复生"，她母亲见状就苦劝她改嫁，姚氏却"截食指自誓"，终于使二子成立。② 晚清阳江县苏氏幼许那栋村施恩，后未婚夫"得瘫痪疾"，两家父母及未婚夫都愿"退婚"，但苏氏不答应。16岁时嫁入施家，时丈夫"偃息在床，饮食溲溺"皆由她料理。公公去世后，家益贫，全靠她"樵采度活"。丈夫在她的精心护理下又活了40多年。宣统初，已进入暮年的她寄食在邻村的女婿家。③ 应该说，这类事例已不多见，所以方志编者评论说，之所以要记载苏氏，是因她"守从一而终之义，挽近女德堕落"之风。这里有苏氏"幼许"之说，据该志记载，阳江有"贫家欲得妇者，每娶童媳，俟抚育成年，然后为酒食召亲友，行合卺礼"之风俗，并收录了垱尾村林中光妻莫氏、那贡村吴东安妻关氏，皆为童养媳，均未合卺而未婚夫卒，然皆"矢不再嫁"，均守节长达47年。惠州府9岁童养媳毛氏，未婚夫死，她"依姑以居，姑怜其幼而未婚，屡遭媒议字他氏，毛不可"。④

　　清代广东山区流行童养媳风气，这些童养媳又因守节而被地方志屡屡记载，光绪《嘉应州志》卷8《礼俗》记载："州俗婚嫁最早，有生仅匝月，即抱养过门者，故童养媳为多。"光绪《嘉应州志》卷26《列女》和卷27《节孝表》记载的童养媳情况见表4-4。

---

① 据康熙《河源县志》卷6《人物志·孝仪》和卷6《人物·列女》综述之，2007，第249~254页。
② 道光《肇庆府志》卷19《人物四·列女二》，光绪重刻道光本，第714~715页。
③ 民国《阳江志》卷33《人物志四·列传·列女》，第647~648页。
④ 光绪《惠州府志》卷41《人物·列女上》，2009，第778页。

第四章 明清仕宦形塑的女性形象：基于地方志考察

表4-4 清代嘉应州童养媳列举表

姓　　名	婚姻年龄	守贞情况
温宜兰妻谢氏	幼年于归，18岁，宜兰贸易桂林，置侧室	
邱贵三妻陈氏	幼为童养媳，11岁，夫往南洋，一去不返	守节数十年
夏嘉慎妻潘氏	生甫数月归，12岁，夫往金山，音耗断绝	守贞61年
张远筠妻王氏	甫生六月归，12岁，夫随父远贾身故	守贞76年
谢荣安妻罗氏	自幼归，12岁，夫卒，家贫无依	91岁卒，督学汪旌
古登琅妻谢氏	7岁，许字登琅	现年65岁
温嘉树妻王氏	幼为童养媳，12岁，夫往外洋，身故	现年63岁
何天保妻廖氏	自幼抱为童养媳，11岁，夫往越南身故	现年63岁
宋荫谦妻陈氏	未及笄，夫往南洋不返	卒年65岁
赖添常妻李氏	生三月抱为童养媳，夫客南洋不返	卒年58岁
温奇妻李氏	自小抱为童养媳，8岁，夫往外洋不返	守贞50年，督学汪旌
邹三妻李氏	数岁归为童养媳，7岁，夫亡	守贞43年
温石华妻钟氏	生五月抱为童养媳，7岁夫殇	守贞51年
叶仁秀妻刘氏	幼为童养媳，11岁夫卒	现年68岁
杨其发妻梁氏	生四十日抱为童养媳，10岁夫殇	现年51岁
吴旺元妻饶氏	自幼为童养媳年，4岁夫死	卒年46岁
梁见凤妻沈氏	自幼抱为童养媳，3岁夫殇	66岁卒
李壬英妻杨氏	周岁为童养媳，3岁夫殇	87岁卒
卢天养妻李氏	甫生四月为童养媳，10岁，夫随父客死广宁	现年50岁
王凤崧妻何氏	年三岁为童养媳，7岁夫殇	现年50余岁
王存礼妻温氏	幼即归，20岁夫殁	
梁圆瑞妻邱氏	童养媳，9岁夫故	光绪七年旌
钟杜公妻熊氏	3岁为童养媳，12岁夫殁	
杨奎泉妻萧氏	3岁于归，8岁夫逝	66岁卒
俞南万妻李氏	周岁于归，夫亦幼年，随族人客广西	
李凌云妻梁氏	甫周岁归，11岁夫殁	
邹翼森妻林氏	10岁归，16岁夫故	
夏日腾妻郑氏	幼许，18岁夫殁	71岁终
陈题琅妻杨氏	二岁归，3岁夫殁	抚宪刘旌
谢景岳妻张氏	幼许，未嫁而景岳殇	督学汪鸣銮旌

213

表 4-4 中的所有童养媳都因为在未婚夫或丈夫外出或病死后守节而被方志收录。清代客家地区流行童养媳，可能因为男性外出经商，也可能是因为女家嫁妆。

也有童养媳为了贞操而自杀殒命的，嘉靖《广州志》卷 33《陵墓》记载的明人张诩撰《彭烈女墓表》说，成化间，南海彭氏甫笄聘，就被刘家"储为养子妇"。但其公公因彭氏美貌而不顾人伦，"悦其色，挑之"。彭氏大怒。公公遂设计将养子杀害，暗中让人劝喻彭氏，"若夫亡矣，若何望？若可就翁，翁当置若侧室……"。彭氏闻言大骂："名正则分定矣，分定则夫妇矣。"是夕，自刃其颈而死。彭氏兄向番禺知县高瑶诉冤，葬烈女于北郭大道左，傍石曰"彭烈女墓"。弘治十三年，彭家又重修烈女墓。另据道光《广东通志》卷 307《列传四十》记载，万历时，知县冯渠又为彭烈女勒石旌表。

在隔海相望的琼州府，寡妇守节也较常见，据万历《琼州府志》卷 10《贞节》记载，明内阁大学士邱濬母李氏 22 岁守寡，"矢志无二"。[①] 海瑞母谢氏 28 岁守寡，"家计萧条，谢矢志鞠育，日夜勤女红"，口授 4 岁海瑞《孝经》《大学》《中庸》诸书。当然，琼山守寡女性也会受到来自外部改嫁的压力，如举人张玉妻王氏粗通文墨，20 岁结婚，26 岁丈夫在会试途中病卒，"或劝再醮。氏抱遗孤用拯哭而拒之曰：石烂海枯，方始移耳"，她"绩纺不辍，横经教子，严明淑慎"，62 岁卒。儒士陈銮妻林氏 28 岁守寡，家中上有翁姑下有幼子，生活十分拮据，其母"悯其困苦，劝以他适，氏持刀刺臂"，以示不嫁。陈菊芳妻韩氏 19 岁孀居，"父母窥其家窘，倍与资奁，强之改适"，她却"痛哭抚孤，誓不再醮"，其父母并不甘心，暗中接受林家聘金，然后装病要求女儿回家探亲，结果被女儿识破，"至门不入而返"。临高生员冼乐沂妻王氏 23 岁寡，"父母欲夺其志，不从"。定安县吴邦光妻李氏 22 岁时，其夫也死在应试途中，"姑以贫，听其改适"，但她矢志守节，抚育

[①] 乾隆《琼州府志》卷 7《人物志》记载，邱濬"母李氏守节抚训。濬生有异质，读书过目成诵，日记数千言。六岁矢口为诗，歌多警语"。又乾隆《琼州府志》卷 7《人物志·列女》记载，邱濬母李氏 22 岁守节，"矢志无二，抚育幼子，母兼父道"。

第四章 明清仕宦形塑的女性形象：基于地方志考察

三个年幼儿子，"俱入庠"。又澄迈县水北都人韩氏16岁寡，"遗腹一女，或怜氏幼，家贫，劝之改适，峻拒之，坚志守孀"，她既侍奉翁姑，又善待嫛娴，还抚养孤侄，成为家中经济支柱，93岁仙逝。会同县王标妻杨氏24岁寡，"父母强之嫁"，她"截发毁容"抗议，一心抚育儿子，"常课读耕，勤女红，足迹不逾阃外"。另一位会同县积善都寡妇黎氏20岁时"夫故孀居，父母欲夺之嫁，以死自誓"。乐会县符于均妻王氏22岁寡，儿子文铎幼小，"有表兄陈姓强其再醮"，她大骂拒绝，把文铎培育为"邑廪生"。万州廪生曾绍荣妻王氏，其父为会同教官王嘉宾，17岁时，绍荣入赘女家。婚后与岳父家关系可能不融洽，"未期，氏父京行，荣以身病未及送往。氏母骂辱，不与氏见。荣忿归，另娶叶氏，又娶杨氏。父母迫之嫁，矢志靡他"。后丈夫病卒，杨氏也死，她以妻子身份安葬丈夫，并抚育杨氏遗孤如己出。儋州生员萧巩妻符氏25岁寡居，"事姑孝，严训遗孤汝仁"，某日回本家探望父母，其母要她改嫁，她当即拒绝，守节22年死去；庠生萧文庆妻林氏29岁守节，"奉姑抚孤"，其本家"父母欲夺其志"，她以死相抗，父母只好作罢，卒于70岁；贡士胡允谦妻陆氏25岁守寡，"夫故，无子，奉翁孝"。公公要求她改嫁，她以"改节玷名"拒绝，寿70余岁。[①] 顺治十六年，广东巡按赵之麟在上奏中就有会同县王家翰妻杨氏16岁守寡，"守志不改适，以家翰弟之子挥抱为嗣，抚养成立"，时83岁；崖州生员萧士彦妻慕容氏20岁守寡，"夫母欲夺其志，氏断发自誓，以示不二，抚子正传成立"，时年60岁，俱请照例旌表。[②] 海南地方志编者选择的节妇烈女多为士人身份的妻子，她们被要求改嫁，只能反映出明清对寡妇守节仅是提倡而非制度规定。

当然，官府有时也会以各种方式鼓励和支持寡妇守节，以承担社会责任，光绪年间，广东西部罗定州城20里外某乡村，一位婆婆起诉其守寡的媳妇不孝养自己，知州曾纪渠派人传唤婆媳俩到公堂，媳妇背着3岁孤儿和婆婆一起入城。曾知州说："尔姑媳行远路，腹必饥，每人赏钱五十文食午餐"。两人吃饭后回到衙门，曾

---

① 万历《琼州府志》卷10《人物志·贞节》，2009，第527~536页。
② 《清世祖实录》卷123，顺治十六年正月辛丑，《清实录》第3册，中华书局，1985，第950页。

知州问婆婆:"尔食何物?"对曰:"食馄饨二盌,用钱四十八文。"又问其媳:"尔母子食何物?"对曰:"食油榨棕四件,我食二件,阿儿食二件,共用录八文。"曾知州检验属实后,大声斥责婆婆:"尔大饮大食,虽本州不能养得尔饱,况担柴卖木之寡媳乎?"复诫其媳曰:"尔要尽孝奉姑,方养得尔儿成人。"遂赏钱 2000 文给寡妇,"以厉守节",并亲自将寡妇送出衙门说:"此送节妇孤儿之礼。"① 曾知州的这些做法无疑向社会宣传了官府支持妇女守节的行为。

方志编纂者对妇女守护贞操的态度,明显有支持妻子不能让丈夫之外任何人侵犯的意味。徐闻县庠生钟天精妻黄氏,某日,天精外出,妹夫劳廷荐宿于家,夜间闯入黄氏房间"强逼之"。次日天精至家,黄将此事告之,天精慰之。又次日告知婆婆,然后自缢死。但方志编修者对黄氏之死仍持异议:"黄氏义不辱身而死,其事可嘉。然不死于次早白夫之时,而死于又次日姑言之际,似有一段迟回光景。语之于烈,果当情否?今徐邑议论异同,事系纲常,不敢没人善行,亦不敢随声附和,日久论定,姑留以俟。"② 很显然,徐闻县志的编纂者就因为黄氏在受到他人侵犯之时,没有及时自杀,对其是否为"烈女"持怀疑态度。

明清王朝还在各地修建节孝祠和坊表,以表彰节妇烈女的感人事迹,道光二十一年刻本《新会县志》卷 7《坊表》记载,截止到道光年间,新会为明代以来女性建立 39 座坊表,数量居全县各类坊表之首。女性坊表因事迹不同,命名也不同,如孝义坊、节孝坊、乾坤正气坊各 1 座,贞女坊、双节坊各 2 座,旌节坊 3 座、贞节坊 29 座。这些坊表遍布在城乡的街、巷、渡口或墟市中,最早建于明成化二十三年,分别为李伯瑾妻谢氏所建的孝义坊和为陈琮妻林氏所建的贞节坊,其余大部分没有具体建筑年代。当然,有些节孝祠可能是按王朝布置而不得不为之,一旦风潮过去,也就无人问津,如道光《长宁县志》卷 10《艺文志》记载,道光二年署县事杨骅《重修节孝祠碑》记载,"予摄篆斯土,见东街有节孝祠残破污积,不堪入目,询两祭亦不修久矣。心甚悯之。遵查节孝祠系

---

① 民国《罗定志》卷 9《杂录》,2009,第 917 页。
② 万历《雷州府志》卷 19《贞女志》,明万历四十二年刻本,2009,第 276 页。

雍正二年奉旨特建于各省府州县，以该处贫乡僻壤间，有富贵不移，茹苦守志之妇，生则标题于坊，死则入主于祠，春秋二祭，着地方官动项祀之。此乃圣天子阐扬教化，使普天之下贞节妇女，生虽无闻，殁能传世，恩至厚也，典至巨也，安可以具文而视之也耶？"他于是倡导"捐廉"重修，使之焕然一新，并于祠中手栽松柏二株，以表岁寒之意。

有些家庭守节的妇女不止一个，甚至一堂三代守节，如贡生黎允吉继室尹氏，16 岁结婚，26 岁守寡，自己没有生育孩子，"有前妻子民化，教育备至，游泮未几，民化卒。幸遗三孙玉成、大成、学成，课督成人并列学宫，奈夭折重遭，仅存三孙学成，元孙衍曾，氏偕子媳李氏、孙媳邝氏，孀守一堂，芳全三代，行年六十，贞操始终如一，学校公呈上闻，康熙二十五年奉旨建坊旌表"。[1] 当然，并不是所有守节的寡妇都是为了获得旌表，有些节妇就拒绝旌表。据乾隆《河源县志》卷 13《人物志·节烈》记载，黎玉成妻子的胞妹邝氏为生员李廷采妻，29 岁守寡，有一子刚 5 岁，其夫尚有一妾曾氏，育有二子俱稚。邝氏偕曾氏一起守志，"视诸子平均如一"。尽管家里甚贫，但她和曾氏"纺绩织纴，以奉老姑"，及诸子成立。婆婆去世时，她"哭泣尽哀，理丧事无缺失，乡党称之"。雍正二年下诏采民间节孝，"里中绅士欲列行以请，邝自以养姑贫薄，不敢虚受孝名，嘱其子力辞乃已"。56 岁亡故，但她儿子"不敢遽背其命，迄今未及上闻"。[2]

四 寡妇改嫁流行及其背后的利益之争

明清寡妇改嫁已是一种普遍的社会现象，从同治十一年刻本《南海县志》卷 21《列传》记载可窥见一斑，南海县伏隆堡黄贵长，其父黄燕昌"以布衣教读"，晚年谢绝门徒后，"往市集卖卜效君平故事，得百钱足自食即止，惟因问者趋利避害之见，引以逆凶慧吉之分，不愧隐君子"。贵长承父"家学，恒受徒为生，正直严明，以训俗型方自任"，据说乡人在外犯错，一回到村里，"必到

---

[1] 康熙《河源县志》卷 6《烈女》，第 254 页。
[2] 同治《河源县志》卷 13《节烈》也有记载，第 279 页。

其馆请罪受责，乃敢还家"。当地"妇人非掩面穿裙，不敢出里巷"。他36岁"丧偶，不愿再娶"。友人劝他续娶说："妇以持家，中馈无人，谁襄祀事？且半珪未弄，谁续宗祧？"又说："汝年逼艾耆难寻新，特似娶再醮者为宜。"这说明娶寡妇和寡妇再嫁在南海是一种正常的社会现象。贵长拒绝说："是何言，吾家世传清白，岂敢娶失节者，以败门风，且他日无以为媳妇辈法也。"十余年后，黄贵长再婚，新妻陈氏"仰其品行，以处女归之"。但黄贵长的话反映了寡妇在南海再嫁比较流行。与南海毗邻的顺德也是如此，据民国《顺德县志》卷1《风俗》载："邑内妇女最重名节，妇人青年夫死者，多不改嫁，有再醮者，乡俗皆非笑之，即许字而夫死者，亦多到门守节。"这里含糊说"多不改嫁"，说明也有再嫁者。可见，嫁与不嫁在乡村社会因人而异、因家庭状况而异，并非步调一致。

　　同治十一年刊本的《南海县志》卷22《列传》记载的另一则故事则表明这一现象具有普遍性。道光五年南海县西成乡陈炳修的二儿媳黄氏因守护贞节而自杀，意图侵犯她的不是别人，而是她的公公。黄氏原为南海县小瀛乡黄孝子才晖之女，"性贞静，明义理"，志书称之为"黄烈妇"，嫁给西成乡陈炳修次子扩猷为妻。他的公公和婆婆都属于再婚重组家庭，"翁年壮，有禽兽行，所娶后妻乃再醮，妇善导淫"。可见，其婆婆即是改嫁女，且"善导淫"。黄氏的公婆不仅置贞节于不顾，而且毫无社会伦理观念，其长媳就因公公"欲加无礼"而服毒亡。黄烈妇嫁入陈家后就听说了此事，常常"私自涕泣"，她一方面"婉娩顺从"侍奉公婆，另一方面"于嫌疑之际尤深自防闲"，即时刻防护自己不受侵害。她的父母在她出嫁时，还给她派了一位"随嫁婢"，但因"夫家贫"，她为了节省口食而把婢女打发回父母家。公公暗喜这样就有机会对媳妇"可恣所欲"了。一次公公病初愈，声言"气弱须培补"，并说吃"鸡鸣饭"最有效。黄烈妇了解了公公的"醉翁之意"，每次"五漏下"做好羹汤，总是"呼后姑进食"。某日，婆婆借故外出，她不得不亲自端汤进公公房间，公公果然"以柔语挑之"，她"伪为不闻"。据此可看出，这是公婆两人合伙诱奸黄氏的图谋。第二天黄氏就托故回父母家躲避。之后，公公变本加厉，一日，黄烈妇在厨房煮饭，公公趁无人，"伪来取火，欲有所为，妇夺门狂奔乃

第四章 明清仕宦形塑的女性形象：基于地方志考察

免"。她再次回到父母家，请求祖父劝自己的公公"租屋别居"，这样就可以避免公公的骚扰。但她的建议立即遭到公公反对，"翁以妇主中馈，远隔不便为辞"。黄氏无奈只好又返回夫家，夏季某日，黄氏因天热晚浴，因陈家院落小，公婆先出门避让，但公公半途又"暗返匿房内，待妇解衣，突然含笑出"。妇掩衣大呼有贼，邻居立即赶来，公公也伪装追贼而逃。当晚，她上吊自尽。志书评价说："彼乡人士谓烈妇始则包羞含垢，务全伦纪之恩，继则赴义捐躯，划人禽之界，其有功于彝则甚巨，非寻常自洁比也。"

黄烈妇故事尽管独特，但从其公公再娶寡妇来看，民间对寡妇改嫁至少是认同的。上述案例显示，在明清主流话语强调贞节的时代，确有一些女性为了追求幸福，而置舆论于不顾，也有坚贞而自尽。不过，地方志在讲述这些故事时，并没有脱离与女人身体最隐秘部分的性。同治《南海县志》卷26《杂录》记载，南海西樵山麓有隔山乡，地故湫隘，每到夏季炎热之时，人们在夜晚多在外露卧纳凉，妇女也不例外。其中有一妇人晚上睡在户外的布席上，一觉醒来后，"忽觉阴户蠕动，似有蛇钻入"，到处求医问药，就是取不出蛇，数月之后，蛇死妇亦死。而此妇人之所以受到如此惩罚，是因"此妇虐前妻之子惨无人理，疾视其姑，摈不与食，夫又懦为所制"，言下之意是罪有应得的报应！不过，这个故事还说明女性在乡村为了纳凉舒适可经常性夜宿户外，这与文献中描述贞烈妇女足不出户的景象相反。可见，地方志在记述女性坚守贞节时，无意中又暴露了另一些女性不一样的贞节观。

而男性逼迫寡妇再嫁，也说明社会风气对寡妇再嫁的默认。万历《雷州府志》卷19《贞女志》记载，徐闻郑浩妻黄氏，在丈夫死后，抚遗孤，事舅姑。但乡里一个豪强叫陈粪"悦其姿，强委禽焉"。被黄拒绝，陈粪遂"逮其舅姑于讼"。黄氏以"妇人之义从一而终"为名，自缢而死。四会白沙烈女梁氏，家甚贫，和父亲"织竹器"为生，许陈氏子。崇祯初，梁氏18岁尚未嫁，未婚夫"以事系狱"。村民彭朗甫"闻女美，欲谋为妾，女誓不他适"。彭家暗中买通狱卒在狱中打死其未婚夫，"以绝其望"。梁氏仍不从，彭家就公开抢夺，其父在争夺中被打死，女也自刎死。知县张绍文理其冤。[①] 有

---

① 光绪《四会县志》编七上《列女》，2007，第401页。

学者指出，明代基层社会部分女子的贞节观并不强烈，她们中的女棍、牙婆、卖婆利用女性弱点行骗，其行为加速妇女的"商品化"。明清下层民众的生活与道德观念，与士大夫有着相当的不同。[1] 尤其在正德、嘉靖以后，明代社会变化与此前有四大不同："一是逐利，二是纵欲，三是僭越，四是不守妇道。"而"妇女活动的增多，一定程度上也反映出了传统礼法的破坏"。[2] 也有寡妇主动改嫁，鹤山雅瑶冯达能在徐闻买雷州余廷万为仆，并将婢女邬氏许配给他。达能妻胡氏"久居故里"，生子显觉。达能派廷万夫妇回故乡帮妻子，后胡氏死，廷万夫妇出佣资为显觉娶妻李氏，时达能在徐闻身故，廷万扶榇归葬。两年后，显觉又亡，遗腹生子阿毛，甫周岁，李氏"携之他适"，余氏夫妇和冯氏族人将阿毛强留下来，由余氏夫妇抚养，等阿毛稍长，就送他到外求学，时余氏70多岁，"仍日贩烟槟榔，取锱铢利，以供阿毛"。[3] 道光年间，海康县安苗社调龙村何绍发妻符氏30岁孀守，食贫抚孤，后子死媳改嫁，她独自纺织为生，直到81岁去世。[4]

寡妇再嫁显然与王朝提倡守节风气相左。明清广东一些地方又出现了某些女性不守贞操的事例。明万历年间，兴宁有奸夫奸妇合伙谋杀亲夫后，又将尸体乘夜移弃仇家塘中，被里人叶大看见，但他胆小畏事，不敢向官府告发。次日，"奸妇指告仇家，以为杀其夫也，而无证，狱久不决"。官府最终通过叶大审断此案。[5] 笔者关心的是此"奸妇"不仅杀夫而且图赖，王朝提倡的贞节观在她身上完全消失。康熙《平远县志》卷6《职官》记载，万历三十六年，江西万载人喻子贤，以举人身份出任平远知县，任内处理一案件反映了客家地区对贞节观的看法，"程乡民有女嫁矣，诡诱女回，复嫁与兴宁某家，诈为女死，藏石盖棺，乃告其婿。阳痛哭同埋之。后有知其事以告，婿闻之官，久讯未白，贤乃密令人往谓女母

---

[1] 林丽月：《从〈杜骗新书〉看晚明妇女生活的侧面》，（台北）《近代中国妇女史》第3期，1995年。

[2] 商传：《明代文化史》，东方出版社，2007，第26页。

[3] 乾隆《肇庆府志》卷28《杂记·附义仆》转引鹤山志，岭南美术出版社，2009，第794页。

[4] 民国《海康县续志》卷22《人物·列女》，民国二十七年铅印本，岭南美术出版社，2009，第872页。

[5] （明）王临亨：《粤剑编》卷2《志时事》，中华书局，1987，第69~70页。

第四章 明清仕宦形塑的女性形象：基于地方志考察

曰：汝女实嫁，汝夫已供矣。妇惊吐实，乃启坟举棺，果石也。遂置夫妇于法，令女还故夫，人惊为神"。从此故事可看出，某女在父母唆使下，背叛已婚丈夫，以诈死手段，与另一男性结婚，始终处于淡定的状态。而官府处理的结果竟将某女又归还原夫。乾隆三十六年粤北连州知州曾萼在处理的众多案件中有一件妇女与人通奸案，"一妇素与某通，改醮后，某遇于途，逼求旧欢，不从，杀之"。从中可看出，该妇女不仅常与人通奸，而且还改嫁。[①]

当然，这类有损于地方形象的案例在地方志中并不多见，方志记载多是女性在受到侮辱时会选择自杀，以显示自己对贞节的看重。乾隆二十年河源知县张起麟作《廖烈女赞并序》云："廖烈女居沥仔围，父如桂母赖氏，俱早殁，兄业农，许叶氏子，未嫁，年十七，诣场晾谷，失髻珥，往觅未得，有邻子黄水养戏之曰：如相从，当购佳者以赠。烈女怒斥骂之。归诉其兄并邻族，咸为劝慰。女愤不止，是夜投缳逝，乡邻白其事于官，戏言者如律。"[②] 其兄及邻族对赖氏受到调戏积极"劝慰"，而赖氏本人则采取自杀这一极端方式显示清白。这种比较过激的手段在地方志中时有所见，乾隆《清远县志》卷10《人物志》记载："卢烈妇，本船户人，与其夫日弄船送客为活。"康熙四十二年，因有某官家人在乘船时看见她有姿色，"欲污之，妇不从"，官家遂杀害其夫，妇也因此自到死。在这部《清远县志》的卷首收录有康熙十七年《重修清远县志序》，该序显示当地妇女呈现的也不是柔弱的社会形象，"民强而性悍，即妇人女子亦皆思斗，向之以命案报者日不暇给"。作者将妇女与"性悍""思斗"联系起来，说明当地妇女的强悍。当然，女性剽悍有时也会以正面形象出现，康熙年间，南海金瓯堡余氏，"田家妇也，粗蠢负大力，勤操作，事翁姑极孝顺"。时地方多盗，一日有"悍贼十数人入其乡，连劫数家"，余氏"操田器，间道出贼前"，出其不意，与悍贼搏斗，"盗惊溃，妇穷追，贼用炮遥击之"，余氏受伤而卒。里人塑像庙祀之，一直到乾隆年间，庙还存在。[③]

[①] 同治《连州志》卷5《名宦》，板藏州署礼科，2009，第155页。
[②] 乾隆《河源县志》卷15《艺文志二》，2009，第540页。
[③] 同治《南海县志》卷22《列传》，2007，第694页。

嘉靖、万历年间，潮州广泛流行的民间戏剧故事中的主角黄五娘，就表明妇女可以对自己命运自主选择。这个故事今日尚可见于两个古本，一个是《重刊五色潮泉插科增入诗词北曲勾栏荔镜记戏文全集》，卷末有嘉靖丙寅年落款；另一个为《新刻增补全像乡谈荔枝记》，后记为"万历辛巳岁冬月朱氏舆耕堂梓行"。故事中的女主角为黄五娘，为潮州员外郎黄九郎的独生女，美貌、聪慧。但在选择婚姻上，与父母及其亲人有很大差异，父母做主将她许配给当地富家子弟林大为妻，但黄五娘却主张"富贵由天""婚姻由己"，坚决要求嫁给自己在观灯时遇见的泉州人陈伯卿。父女关系极度紧张，后来，陈伯卿化名陈三，卖身到黄府为奴，五娘对陈三以身相许。林大催五娘出嫁，五娘遂和陈三私奔。①

这个通过戏剧在乡村公开演出的陈三与未婚妻私奔的故事，对乡村女性应有促动作用，嘉靖《广东通志初稿》卷18《风俗》记载戴璟在广东巡抚任内整饬社会风俗，其中第11条就是"禁淫戏"，尤以潮州为重点，他说：

> 访得潮俗多以乡音搬演戏文，挑动男女淫心，故一夜而奔者不下数女。富家大族恬不为耻，且又蓄养戏子，致生他丑，此俗诚为鄙俚，伤化实甚。虽节行禁约，而有司阻于权势，卒不能着实奉行。今后凡蓄养戏子者，悉令逐出外居，其各乡搬演淫戏者，许各乡邻里首官惩治，仍将戏子各问以应得罪名，外方者递回原籍，本土者发令归农。其有妇女因此淫奔者，事发到官，仍书其门曰淫奔之家，则人知所畏，而薄俗或可少变矣。

因为看戏而触动情愫，乃至一夜而私奔者不下数女，可见戏剧对人的影响很大。如果我们把戴璟的说法和明末潮州的黄五娘戏剧联系起来看，则至少自明中叶至明末，潮州地区的自主择婚有一定的比重。

清代潮州地区的这一习俗仍呈活跃态势，乾隆《揭阳县正续

---

① 黄挺：《嘉万间潮州寇乱与妇女故事》，《全球化下明史研究之新视野论文集》，2007年10月，台北，第149~170页。

第四章 明清仕宦形塑的女性形象:基于地方志考察

志》卷7《风俗志》记载:"揭民不习工商,惟士与农,其余或游手好闲,习赌为业,搬戏海淫,其流至于为偷为盗。尤可恨者,乡谈陈三一曲,伤风败俗,必淫荡亡检者为之,不知里巷市井,何以翕然共好?崇正间邑令陈鼎新首行严禁,亦厘正风化之一端也。"据该志《职官》记载,陈鼎新于崇祯五年任揭阳县令。编修者对"乡谈陈三一曲"尤为痛恨,大约其对女性自主婚姻有很大影响。清初潮阳县"乡间俗朴无纷华,惟春社蜡腊,梨园歌舞,妇女群趋,视为游乐",一旦有妇女拒绝看戏,就会受到士大夫的吹捧。官府对民间的唱戏积极加以引导,试图将其内容纳入王朝规定的范围内,嘉道时广东官宦程含章即说:"唱戏本属浮靡,然忠孝廉节及作善降祥、作恶降殃之戏,观之亦足以感发人之善心,儆戒人之恶念。乃粤东之戏,外江班则好唱淫戏,令无知之幼童少女神魂飘荡,遂致钻穴踰墙,是教人以淫也。本地班则好唱乱臣反贼之戏,不顾伦常天理,徒逞豪强,终日跌打,百本一律,而愚民无知反同声叫好,是教人以乱也。着地方官严行禁止,传到各班长,谕令以后,止准唱劝化人之戏,不准唱淫邪叛乱之戏,如有不遵,枷责示众,并遍查书坊市肆,将淫词小说及山贼反叛犯上作乱之书,连版起出,当众烧毁,如敢匿留售卖,严拿重处。"① 当然,官府的引导收效似乎不大,晚清时郑观应还说:"我粤神会之盛,梨园之多,甲于他省。……梨园之设也,则一村之神诞,亦必捐资开演三昼夜,以答神庥,动费数百金。"演戏内容"事有涉乎风流,最易动人情欲。此种淫戏多出于小班,而小班价廉,乡间易演。文士以为风雅,淫人以为得法。不知真男真女当场卖弄,凡淫艳之态,人所不能为于暗室者,彼光天化日之下公然出之……乡间妇女因而改节者有之,密约幽期因而成就者有之。诱人犯法,莫此为甚!"②

明中叶以来,广东各地寡妇改嫁似乎已成风气,嘉靖《德庆州志》卷7《提封志下》记载:"远村之民,悉多轻生,与人相争,或负债或征捕,辄取胡蔓草服死以诬之,官府里长稍过求,辄竖旗称激变。葬多火化而无砖灰,夫丧未终而辄改嫁,男子已娶而不冠

---

① (清)程含章:《岭南续集》卷10《程月川先生遗集》,《丛书集成续编》第133册,上海书店,1994,第235页。
② 夏东元编《郑观应集》上册,上海人民出版社,1982,第34页。

巾。"嘉靖时戴璟《广东通志初稿》卷18《风俗》描述潮州地区"父子或至异居，夫妇之间亦有轻相背弃者"。妇女改嫁这一社会现象，直到清初依然在广东一些地方流行，康熙《海康县志》上卷《民俗志·习尚》云：之前的雷州风俗较淳厚，"今日则有不然者，雷俗之最嚣者有四……失家之妇有矢志自守者，有愿他适依人以乞赡者。亡夫之肉未冷，奸人之计已售，谋持槟榔一盒，投进其门，不问彼妇之允否。倘有别嫁，以夺婚为口实，嚣二。……诸如此类，不可枚举。而四者其最相效尤者也，岂非世风不古、人心日涡之故？"而在澄海，即使丈夫健在，已婚妇女也会因贫富差别而主动要求改嫁，康熙《澄海县志》卷5《风俗》记载："井里之家，婚姻论财，厌贫爱富，有始富终贫者，即求他适，虽已产男女不顾，年貌不称亦如是。官法不畏。"康熙二十二年上任的知县王岱"俱治以律，其妇女弃夫改适者，悉断归原夫，愚顽始稍敛迹"。可见，伴随着民风剽悍，妇女改嫁速度之快也颇惊人，"夫丧未终"以及"亡夫之肉未冷"即谋求改嫁。其他地区尽管没有这样的表述，但从贞节人数也可知守节情况，嘉靖《南雄府志》下卷《贞烈》在编纂当地贞节烈妇时，编者仅在府属范围内搜集到宋代至明代"贞烈"12位，编者感叹："雄得十有二人，八人常也，可以励再醮之妇；四人变也，可以愧偷生之臣。"所谓"常"指女性在社会稳定时守节而终；"变"则指女性在动乱年间因坚贞而被杀。这一数字到乾隆《南雄府志》卷15《烈女》达到202人。清初屈大均在纂《永安县志·烈女》时有如下评述："永安自立县百余年来，妇女之烈者得五人焉。叶春及云：贼起嘉靖庚申，历十三四年，横行六七百里，破寨几百，妇女掳者几千人矣。惟余母姨二方氏及黄五姐烈而死，岂非难哉！是皆正气郁于胸中，莫邪为钝矣，岂非难哉！二方氏者，方世景女，长者陈子明妻，次者诸生王国祯妻，皆嘉靖年殉节。"①

改嫁其实与社会的性观念有一定的联系，宋明理学提倡"饿死事小，失节事大"，要求女性坚守贞节，尤其要克制自身的生理欲求。但地方志在记载广东社会风气时总有矛盾之处，一方面说广东

---

① （清）屈大均：《翁山佚文》，《屈大均全集》第3册，人民文学出版社，1996，第453页。

第四章 明清仕宦形塑的女性形象：基于地方志考察

"好儒"，另一方面又说男女杂处，如嘉靖三十五年刻本《惠州府志》援引《天顺志惠州》记载，惠州府各县风俗相当芜杂，概述为："习俗多信鬼神，好淫祀，凡有疾病却医而用巫，乡落之民每遇月夜，男女聚于野外浩歌率俚语。……郡人颇好儒，为商者少，务农者众，市井买卖，早聚晏散，多系贫下细民妇媪担负薪蔬出市交易。"以下又细分各县情况，其中归善、博罗、龙川等为"读书好礼"和"月夜男女聚歌"，长乐和兴宁则"女无老少，与男同力耕获樵采"和"男女饮酒混坐，醉则歌唱"，互相答和。① 男女夜聚、混坐的现象皆显示社会风气的宽松，也有可能带来性观念的开放。明代兴宁女张隆娇，"嫁于陈姓，其姑通外人萧。隆娇知姑不可谏，请归宁，缢死"。官府旌表了张氏，而将萧氏正法。又有明代兴宁女罗嫡金，"幼丧父，其母有丑行，嫡金长而惭愤，一日火其衣，缢死"。其行为也得到官府的表彰。② 所谓"有丑行"在嘉庆《兴宁县志》卷9《列女》中改为"不安其室"，即指不守妇道，与他人发生性关系。从罗嫡金自幼丧父判断，其母与其他男性的非婚性关系大约在守寡后不久，当嫡金长大后，出于羞愤而自杀。明隆庆《潮阳县志》卷13《列女传》记载，庄坚妻姚氏23岁守寡，"家贫，衣食不继，乃身任机杼为业，佣女工以自给"。她的姐姐"赋德不淑"，她就与之绝交而保持贞节。《广东新语》卷4《水语·亚姑井》讲述万历罗定界石村有"妇善淫，人或犯其小姑，小姑沉东井而死，妇惭悔亦沉西井死。今东井水至清，居人汲饮，称亚姑井；西井则甚混浊。东莞马蹄冈李氏许字西溪尹家，未婚在婆家守贞，时同村有妇因丈夫"久客于外"，与人偷情生一子，为掩盖奸情，遂将婴儿杀死，准备抛尸野外，结果在路上遇到"乡巡"查问，这位妇女谎称此孩为李贞女生。乡巡信以为真，集众议罚李氏。李氏很平静，大家怀疑其被奸妇诬告，命老妇验奸妇下体，"血污犹湿"，众人要求严惩奸妇。但奸妇亲属不服，到官府起诉，官府传唤李氏入后堂，"令老媪亲验之，犹处子"。于是重惩奸妇，并命衙役以"花红鼓吹送贞女"。一年后，贞女愤郁死，年

---

① 嘉靖三十五年《惠州府志》卷5《地理志》，2009，第380页。
② 乾隆《兴宁县志》卷7《人物志·列女》，2009，第162页。

仅 20 余岁。[1]

晚清时期，广东花县人任文灿曾任翰林院编修，他在为仁化县黄氏撰写的《夏富李母黄太宜七旬晋一寿叙》一文中有这样的话：

> 同乡李公占元差次都门，以祖母黄太宜人七一生辰，将概略行事，授文灿以奠斯之颂。……尤可佩者，同村孀妇谢氏，翁姑欲再醮之，以备养老之资。谢氏以不愿再醮，诉之于太宜人。太宜竟以八十金赠之，因以顾全……[2]

这里透露的信息表明，在粤北山区仁化县不仅流行寡妇可以再嫁的风气，而且公公婆婆通过将守节的儿媳再嫁，还可从中获取一笔较丰厚的养老金。而从黄老太婆赠送其八十金来看，寡妇再嫁获得的彩礼相当丰厚。这大概是地方风气所使然。

其实，女性再嫁不仅仅限于寡妇，正德年间，南海贞女邵氏订婚后，其父母屡想毁约，与女儿发生冲突，也突出了改嫁的盛行。邵氏讳谛廉，南海平溪村人，为衣冠族，"年未笄，凭媒黎妪许嫁郡庠生潘濂"，订婚后，才知潘濂"素病瘵"，其父母"欲悔亲"，但她坚决不同意，私下对人说："吾闻墟场买物有定钱者尚不食言，矧婚配耶？"正德五年潘濂赴京科考，南归时病死于仪真。她父母得知噩耗后，"分梳"给潘家。"分梳"即当地悔婚的表达方式，"定聘后，男或死，女家遣奠，取木梳折而为二，以与死者决，而别议婚。女死亦如之，俚俗所为也"。邵氏却决然对父母说："梳可作两段，身不可许两姓，苟若此，有死而已。"与此同时，"众人"也站在其父母一边，好言慰之："夏溪潘宅门阀素劣，濂虽得一第，然世有传尸病，幸其死，安知非福邪？"面对父母和"众人"的规劝，邵氏"指日自誓"绝不改嫁。她听说未婚夫的父母俱老，"欲往事之终身"。其父母和亲友皆斥其愚。她最终选择了自杀，死时22岁，"家人怒其死，焚而瘗诸路"。黄佐以邵贞女之死，"关于风化纲常甚大"，斥责众人迫其改嫁，乃"风俗薄恶"之表现。[3] 从

---

[1] 民国《东莞县志》卷77《列女略三》，2007，第834页。
[2] 民国《仁化县志》卷7《艺文·叙》，2009，第531页。
[3] 黄佐：《广州人物传》卷20《列女》，第518页。

第四章 明清仕宦形塑的女性形象：基于地方志考察

"俚俗"和"众人"要求一个自愿守节女性改嫁的态度看，守节至少在明中叶之前并没有形成一种风气。这个故事直到光绪五年刊刻《广州府志》卷142《列女一》中还有相当篇幅的记载。

台湾学者张彬村运用经济学中的理性选择原理，认为明清寡妇的守节是社会和人文环境发生了某些变化，使她们更容易守节和更难以再嫁。元朝以来推行的婚制使得寡妇的权利几乎完全从寡妇以及她的本生家族中流失、转移到夫家手中，守节几乎成为符合寡妇利益的最佳选择。① 也有学者认为，明清贞女、节妇和烈妇确实流行，但寡妇改嫁在民间社会也同样盛行，寡妇改嫁与守节并存依然是民间社会流行的一种婚姻行为。②

从上述分析中可知，寡妇的改嫁确实存在各种利益的考量，这源于其家庭贫富的千差万别。光绪《吴川县志》卷2《风俗》和《梅菉志·风俗》在讲述当地妇女守节与改嫁时说："妇人重守节，稍温饱家，青年失偶罕再醮者，或不能守，其姐妹多耻之。家实贫窘，无以为活，始不得已而再嫁。间有室无亲人，遗孤乏养，招人入赘，谓之上门，市井小户偶一见之。"可见，守节与改嫁和家庭经济状况紧密相关。守节与改嫁的主动权还是在女性自己手上，方志记载已有所透露，清代海康县淡水社榄桑村某氏，在丈夫去世后，为了避嫌就把家中的雇佣辞退，其中有个未婚男佣一直暗恋她，于是就到孀妇父亲家问："妇女再嫁从父母乎，抑由已也？"其父曰："妇女一嫁由父母，再嫁则由已耳。"这位男佣闻言后遂不时往孀妇家求婚。③ 方志借用寡妇父亲之口说出妇女改嫁"由己"。

当然，也不是所有的寡妇不愿改嫁都是因为家中有足够的经济支持，更多的节妇在守节期间，要通过自身的劳动养家糊口。据嘉靖《兴宁县志》卷4《人事部·贞节》记载，明代该县黄岭的刘琳妻张氏，17岁出嫁，20岁时夫死，遗下两个女儿。其父母和公婆的第一反应就是"怜其少，讽令再适，张不可，断发示信"。她的生活来源就靠她每日"惟纺绩抚女孩"，并将家中"薄田数亩分授

---

① 张彬村：《明清时期寡妇守节的风气——理性选择的问题》，《新史学》第10卷第2期，1999年6月。
② 陈剩勇：《理学"贞节观"、寡妇再嫁与民间社会——明代南方地区寡妇再嫁现象之考察》，《史林》2001年第2期。
③ 民国《海康县续志》卷22《人物·列女上》，2009，第873页。

诸伯叔而食,其入薪水取给诸老婢"。这期间,不断有"媒妁至门"提亲,她为表示不嫁之心,持刀自残,不断封闭自己的生活圈子,"闭然一室,虽归宁父母之礼亦废",即断绝了与父母的往来。年近40岁时,两个女儿出嫁,她收养"螟蛉异姓女孩"作为第三个女儿,60岁时为养女赘婿。嘉靖二十二年春,96岁去世,亲族合力将其与夫合葬。客家地区守节寡妇收养螟蛉似乎较有传统,据嘉庆《兴宁县志》卷9《人物志·列女》记载,廖氏很小就许配给薛世锦为妻,丈夫死时,她才13岁,婆婆70余岁,她"矢志事姑",为其养老送终,又"抚螟蛉子亦教育有成"。嘉庆十六年知县仲振履以"女德闺师"旌之。南湖赖其猷妻黄氏20岁守寡,无子女,"外父母以亲老家贫,尝阴劝改嫁,氏曰:'从一而终,女子之正,父母何出此言也。'由是日夕纺绩,奉养翁姑",70余岁创租百余石,"凡伯叔子孙进庠补廪及登科甲者,各给若干",余则为公婆春秋祀典。[1] 永安县刘清资妻钟氏,19岁结婚,26岁守寡,儿子2岁,她"坚贞守志,忍饥寒,勤绩纺,不以贫穷改节",乾隆二年受旌表。[2]

在珠江三角洲地区的守节寡妇也有以纺绩为生的,万历《肇庆府志》卷20《列女传》记载,德庆州罗回女16岁嫁冯杲为妻,婚后四年,尚未生育而夫亡,"家贫,不自给,专以纺绩养姑,誓不再适",守节37年卒;又有戴满相系德庆李大章妻,22岁守寡,"家贫,一子在抱,翁姑俱老,纺绩仰事……母欲以富家夺之。满相不从。课子业儒";又有高要龙氏18岁嫁梁谥为妻,新婚刚一年,丈夫暴毙,办完丧事后,"所亲讽其再适",龙氏坚决拒绝,"务勤纺绩,翁姑赖焉。视夫诸侄如子,给其不足。夫弟谏坐罪,鬻奁田以赎之"。出卖"奁田"显示陪嫁的费用丰厚。明代高要龙洁娘20岁时,丈夫陈滨去世,时儿子才两个月大,她矢志守节,"勤女红,以养姑鞠子"。生员冯其昌妻叶氏26岁守节,"家贫,氏勤纺绩,孝事翁姑,尤孝事祖姑",立侄为嗣。[3] 明代南海人何氏嫁给清远县民王普,21岁时夫殁,儿子仅4岁,她"誓不适人,

---

[1] 同治《河源县志》卷13《节烈》,2009,第281页。
[2] 道光《永安县三志》卷5《人物·列女》,2009,第409页。
[3] 道光《肇庆府志》卷19《人物三·列女》,转引自雍正《广东通志》,2007,第701页。

第四章 明清仕宦形塑的女性形象：基于地方志考察

惟事纺绩终身，不出门户"。① 顺德妇女因刺绣而衍生出日娘诞的故事，咸丰《顺德县志》卷3《舆地略·风俗》记载，每年八月二十五日，当地妇女有祭拜日娘的风俗，"识者笑其不典，盖既日而又娘之故也。然据故老相传，则别有故实。先是县东门外，有某妇名日娘者，素工刺绣，小女子从学者多，既死无子，其徒遂相率于其生日致祭。八月二十五即其生日。故他县皆无之，因其为女红师故，其祀事遍一邑也"。

这种记载妇女以纺织、刺绣为生的事例在方志中相当丰富，嘉靖《南雄府志》下卷《贞烈》记载，明代许多节妇以纺织为生，如萧氏17岁嫁给保昌县李贵崇，23岁时，丈夫客死豫章，一子5岁，又遗腹生一子，"家贫四顾无倚，昼夜绩纺为业"，二子稍长，遣从师游，脱簪珥助束脩。屈氏16岁嫁给保昌汪佺，26岁守节，儿子7岁，婆婆萧氏也是寡妇，"家业萧条，勤绩纺以资衣食"，80余岁卒。林氏系宝昌东隅人，16岁嫁给彭睦，9年后，夫卒，遗腹生一子，四顾无依，"抚孤绩纺为生"，82岁卒。李氏年十九嫁给保昌汪溢为妻，20岁生子，28岁夫卒，"家世亦贫，绩纺育子"，69岁卒。另据嘉靖《南雄府志》下卷《食货》记载，南雄有葛布、苎布和麻布三种。在食货部分并无棉花、桑麻等记载。

笔者对此的理解是，明清地方志编者在许多时候可能采用一种程序化的编著，为了显示地方文化与王朝提倡的吻合，就极力向王朝话语靠拢。如乾隆四十八年刻本《南澳志》是第一部较完整的南澳岛志。南澳岛在明清主要是军事防御地，从《人物·列女》记载看，这些人多和军人有关，女性多为军人配偶，地方志在记载她们守节时，也说她们大多"勤纺绩，教养孤儿"，并在卷10《风俗》中说，岛上居民"有田则耕，无田则渔，女勤织纴，不任樵汲"。可当我们仔细再看卷10《物产》记载，则几乎全为各类海产品的介绍，这些东西与纺织完全没有关系。卷11《艺文志》记述明清官员与士大夫论著则强调岛上粮食奇缺，守土官"筹积贮、招商贾，为政之先务，莫切于此矣"。纺织似乎不是岛上女性生活的来源。因此，明清地方志对地方事务的记载，多为刻板的程序化而已。还有的地方志在抄袭前人说法时并没有加以说明，让人误以为

---

① 康熙《清远县志》卷10《人物·节妇》，2007，第102~103页。

是当时的情况，如正德《琼台志》卷9《土产》转引《宋史·崔与之传》说："琼人以吉贝织为衣衾，工作皆妇人。"这其实是说宋代的情形，至于明代是否如此，方志则没有给予说明。

从地方志记载看，明清广东乡村妇女流行纺绩，万历《雷州府志》卷5《民俗志》记载，雷州府"大家妇女不出闺门，日事纺绩，乡落之妇尤勤"。这说明雷州半岛不同阶层妇女都存在着纺绩的行为。粤东潮州地区也是如此，据乾隆《海丰县志》卷7《列女传》记载，明代卫所千总郑子培女郑氏，幼许游击吴许龙子珍宝，未嫁而未婚夫卒，16岁的郑氏奔丧，泣求公婆为夫立嗣，全家生活靠她"以针黹纺绩"供给。纺绩是传统社会守节妇女的经济来源之一，其纺绩品多通过墟市交换米粮，尽管地方志一再强调她们不和人交往，甚至连至亲也不见面，但仔细分析似乎并非如此，如兴宁张凤英妻吴氏20岁守寡，"堂有耄姑，周岁儿在抱，家故贫，而氏垢面蓬首，纺绩易米以度日"。她还以此安葬婆婆，"抚子成立"。但方志说她"足不履门者六十年，虽至亲罕见其面"，又说："邻里敬而恤之，卒年八十。"这一矛盾说法似乎是为了突出吴氏贞节。[①] 其实吴氏安葬婆婆应花费不菲，她只有与墟市保持着经常性的联系，才能有相当积蓄。知县仲振履在《戒争坟洗骸文》中说，兴宁县素有重视风水习俗，屡屡发生争坟诉讼，甚至酿成命案，与此同时还流行二次葬的风气，他曾颁布《禁止挖骸溺女停棺告示》。[②] 据此可知，洗骸、挖骸应是男性的工作，吴氏因此也要与人接触，她为此还要支付这些男工的报酬。所以崇祯《廉州府志》卷2《风俗》记载说："廉俗淳朴，衣无华彩，虽妇人亦负担贸易以为活计。"康熙《廉州府志》卷2《地理志》几乎一字不差地重复这一说法，说明到清初这一风气仍被保持着。这些贸易品应该包括女性的纺绩品。

按照传统的五服制度，出嫁女为本家父母与夫家公婆的丧服均为"齐衰"，这似乎表明父家和夫家对守节寡妇来说，具有相同的权力。据台湾学者陈弱水研究，出嫁女子以夫家为主家不仅是个根本性的伦理观念，显然也是她们最基本的现实处境。女子结婚后，

---

① 嘉庆《兴宁县志》卷9《人物志·列女》，2009，第317页。
② 嘉庆《兴宁县志》卷11《艺文志》，第348~349页。

第四章　明清仕宦形塑的女性形象：基于地方志考察

绝大多数都住进夫家，担负起为妻、为媳、为母，乃至为嫂、为妯娌的责任。本家亲属死亡的时候，除了少数的例外，服制要比在室女所服降一等。但出嫁女虽以夫家为主家，她并未完全脱离本家，因此，本家对出嫁女仍有相当程度的保护权与干涉权。①

明清时期，为何会出现父母逼守寡女儿再嫁，公公婆婆又为何规劝守寡媳妇再嫁？这些媳妇为何又坚决反对再嫁？这些问题也许从广东习俗入手或许能找到答案。一些守妇因夫家拥有大量资产，成为夫家族人逼嫁的重要因素之一。根据上述张彬村先生的理性选择理论，这些寡妇因为有大笔财产可以继承与支配，守节可能比再嫁要生活得更好，所以这是她们捍卫守节权利的不可忽视的因素。明代正德年间，粤东北山区兴宁县石昂妻刘氏，年十八夫死，"得遗腹子，族人利其产，数逼嫁，以针刺儿脐，觉，得勿死，氏将田园尽散族人，忍饥教子。子名介夫，十六游泮，十八食饩，善事其母"。正德十四年知县祝允明旌之曰母节子孝。② 这个故事中的寡妇刘氏因族人妄图霸占财产，不得已只好将家中田园散给族人，自己一心教子，以寄望于儿子中举入仕再图复兴家业。据嘉庆《龙川县志》卷37《列女》记载，黄氏系龙池约监生钟复成的儿媳妇，15岁嫁给钟鏊裕为妻，婚后未满一年，丈夫死亡，"矢志孀守二十余载"，其间，公公婆婆相继身亡，她以礼服丧，又专心侍奉仍健在的祖婆张氏。乾隆三十二年，丈夫的堂兄钟朝礼为了图谋她的财产，一直想把她嫁出去，她坚决不答应，钟朝礼于是找来一帮人强制把她捆绑到一男家，"氏设法脱身，捐躯自缢"，祖姑张氏与夫叔钟廷振向官府状告钟朝礼，龙川县令率领衙役亲自调查黄氏自杀案件，除将人犯捕获判罪外，又将黄氏行为申报旌表，此事被《清高宗实录》卷831记载，乾隆三十四年三月，下令"旌表守正捐躯之广东龙川县民钟鏊裕妻黄氏"，并给银建坊，入节孝祠。河源县利阿义妻廖氏30岁守寡，一年后，"夫兄长妹欲夺其志，阴属媒孽说与昏主富室，某受金数十，威逼益甚，氏终不可，拒益坚"。长妹遂约媒者率无赖强行抢婚，廖氏不得已而服毒自杀。官府得其情况

---

① 陈弱水：《隐蔽的光景：唐代的妇女文化与家庭生活》，广西师范大学出版社，2009，第23页。
② 乾隆《兴宁县志》卷7《人物志·列女》，2009，第162页。

后,"逮长妹于狱"。①

在粤北和粤西也有逼嫁争产之案件。嘉靖《翁源县志》不分卷《节妇》记载,长安乡人丘妙全17岁嫁给同乡郭明全,逾10年无子而夫卒,她"誓不再适",抚育丈夫5岁弟弟明玉并赡养其垂老的婆婆,二年后婆婆身故,"族人有利其产者亟欲夺之"。她防卫甚严,族人也只好作罢。明玉16岁时,她做主为其娶妻胡氏。胡氏生育两个儿子"尚在襁褓",明玉亦卒。婆媳俩"相守无二",抚子成立。嘉靖二十年受到旌表。又万历《雷州府志》卷19《贞女志》记载,徐闻陈氏,其父为庠生,14岁嫁给庠生黄凤采为妻,生一男二女而丈夫卒。她孀居抚孤,但伯叔"每欲改嫁陈而渔其产",陈氏砺志弥坚,纺绩拮据,"迨孤渐长,而家难乃释",60岁时去世。晚清咸丰时,在海康县英风社古蓬村的吴氏嫁调贤社睦堂村陈某,20余岁守节,"其夫兄陈谦图并家业,密贿媒私作伐南坡村某"。又买通舆夫谎称父家让她回家探亲。吴氏不知情,遂被舆夫抬走,却改道往南坡某家走,吴氏下轿入门后,才看见某家中庭设有"告神娶妻香案"。她怒即净截髻发掷之堂上,决志寻死。南坡人拘其媒,复送吴氏回夫家,吴父到县控告陈谦,县令罚谦"白镪巨千,赡吴终身",又以陈谦子济川为吴氏继子,拨田地四十石给吴氏。②嘉庆年间在广东封川、南雄、惠州等地任过职的程含章曾记载说:"李岑氏,夫死守志,养姑不嫁,先立一孙,氏夫堂弟武生李某觊其产逐,氏复择立一子,李某复逐之,尽霸其产。氏诉于余,余痛责李某还其产,断令立继,作此旌之。"③

广东东部潮州府海阳县梁至良妻郑烈女也在守节期间,被夫家强迫改嫁,其缘由主要是家产分割。郑烈女本为澄海人,其夫至良母为继室,也姓郑,与其同居的还有一位同父异母的哥哥,"继母亦郑姓,孀守抚孤,视前子如己子"。郑烈女18岁与至良结婚,夫妇二人"艺圃力田",全力支持夫兄读书,夫兄考中秀才,"得采芹列于士类,俨然诗礼人家"。烈女"事姑尤谨,睦娣姒,并臼操

---

① 同治《河源县志》卷13《节烈》,2009,第282页。
② 民国《海康县续志》卷22《人物·列女》,民国二十七年铅印本,2009,第872页。
③ (清)程含章:《岭南集》卷1《孤燕吟·节妇》,《程月川先生遗集》,《丛书集成续编》第133册,第18页。

作、浣濯扫除之役，皆独力为之"。雍正三年至良病死，遗孤女3岁，时烈女又已怀孕5个月，婆婆"虑妇年少家贫，必不留"。但郑烈女却矢志奉养婆婆。然其夫兄却强迫怀有身孕的郑烈女改嫁，"不能容，迫改醮，妇不可"。不数月，烈女产下一子，夫兄"复迫益力，以为必将累己"。烈女承诺"自求食"，并答应将家中的8亩田产全部分给夫兄，自己只"分得圃亩许"，她带着一双年幼的儿女，既"荷锄种溉"，又"间为针黹，为磨舂，易龠米，以奉姑养子，而自食糠秕"。雍正四、五年间，潮州发生饥荒，米斗至数百钱，人们纷纷外出逃荒，烈女精打细算，渡过了难关，"姑及子女皆无恙"。夫兄仍百计迫其改嫁，一件意外的小事，使夫兄对其大打出手，雍正六年六月，夫兄之女与族人女斗殴，族女跑到她身边寻求保护，她阻止了夫兄之女的行凶行为，夫兄夫妇以此为借口，对郑烈女大打出手，甚至"擢妇鬈毛，用猛力连拔之"。烈女回家默坐，"念所亲毒虐无已，势不可以复留"，遂将平日所绩麻及敝衣裳投之火，又以衣裳各一付女。晨起，与婆婆诀别，"姑哽咽不能语"。遂被"一原媒偕之去"，在经过广济桥时，烈女仰天呼夫者三，投韩江而死。① 郑烈女的故事表明，婆婆在儿子去世后，首先想到的是儿媳有可能改嫁，似乎反映了当地寡妇改嫁颇为常见。正因如此，郑氏夫兄尽管饱读诗书却屡迫弟媳改嫁，其意图可能是侵占财产。从蓝鼎元的记载中可以看出，郑烈女家有田产、菜圃等财产，而在灾荒岁月，全家数口人能安然渡过难关，估计还有不少的积蓄。道光《阳江县志》卷6《列女》记载，生员陈图淑妻苏氏，29岁守节，"族有妒其产者，谋嫁之"。她柏舟自矢，备极艰辛，养姑尽道，抚子以慈，复督其孙如文游于庠邑，县令胡承谋旌之，孀守以寿终。

寡妇守节不嫁，有些明显是因为夫家财产继承问题。阳江县白水冯时可妻姚氏，18岁结婚，19岁生育一子，22岁时丈夫就病故了，不久"姑卒子殇"。公公在去世前，已将家产分给丈夫及其夫兄。丈夫胞兄系武生，分家后"另辟新村以居"。时姚氏无依无靠，尚未立嗣，"族人觊觎其财产，多加陵辱，夫胞伯武生某尤鳌"。姚氏一面诉诸父老，一面准备鸣官状告胞兄，"于是亲族夺产之心稍

---

① （清）蓝鼎元：《鹿洲全集》，第190~191页。

戬，因择从侄立基为嗣"。姚氏家庭经济比较富裕，方志描述她"性喜周恤，贫家告籴，必以大斗量之，岁饥，称贷者接踵，积久族党逋负累累"。① 女性对已有婚姻的执着，可能还包含着对财产继承权的控制，所以姚氏面对强势的丈夫胞兄，甚至准备诉诸法律，当然其代价是从 22 岁开始不得不与青灯相伴，度过自己漫长人生。

五 乡村妇女的日常生活

明清广东乡村妇女在日常生活中主要从事各种生产劳作，这在明清地方志中多有记载。明人黄佐在《广州人物传》卷 20《列女》中引述《新会志·列女外传》说，新会东村卢华萼 16 岁嫁林宗为妻，"与邻合纱，召工织之"，在丈夫外出时，"工以鄙言挑卢，卢变色斥之"。但这位男工并不死心，又让邻妇为他向卢氏说情。卢氏把这件事告诉丈夫，希望丈夫出面制止男工的性骚扰。但其丈夫"素怯，又畏工之无赖，而力不相敌也，不与较"，卢氏因此投江自杀，时 25 岁。黄佐评价说，"此妇之耻，耻之过者也"。这个故事在乾隆《肇庆府志》卷 21《人物志·列女》中则为卢氏被男工"秽言"骚扰后，"欲控于官"，却被胆怯的丈夫阻止，遂投江死。从这个故事中可看出，女性和男性一起挑起家庭生活的重担。

康熙年间，广东名僧成鹫法师晚年自编年谱《纪梦编年》，回忆其家世说，他是番禺县韦涌乡方氏子，其祖父在明末曾官至湖北襄阳府参军，迁光化县令，卒于任。其父即生于湖北，为明季举人，母亲为顺德碧江苏氏。接着讲述苏氏操持家务之艰辛：

> 先君少孤食贫，与先从伯正庵公同居省城之东门内，少读书，有文章名。先母二十于归，事孀姑孝谨，先君砚耕糊口于四方，罐无贮粟，糟糠不饱，绝无交谪之言。明崇祯丁丑年三月二十一日亥时不孝子降生……次年戊寅，舍弟临生。一母乳两儿，纺绩养姑，备奉甘旨，殊不易也。先母每言至此，流涕沾臆。……四岁时，甫能行走，便学长跪礼拜。先母自少至

---

① 民国《阳江县志》卷 33《人物志四·列女》，第 644 页。

第四章　明清仕宦形塑的女性形象：基于地方志考察

老，崇信三宝，晨夕焚修，顶礼观音大士。儿时见而效之。母拜亦拜，斋素从之，未尝杂以荤酒。①

成鹫法师的回忆显示，方家男女在职业上确实存在分工，父亲以教书为生，但实际上几乎不能给家里任何经济上帮助，母亲苏氏通过纺绩支撑家庭生计，当然，这其中不排除苏氏从父家带来大量奁资。康熙末年，番禺潘二姑的自杀也与奁资有关，二姑祖籍山阴，其父旅寓羊城做盐业生意，家境较富裕。父亲去世后，母亲刘氏带着一男三女生活，家境开始衰落。二姑生于粤，也长于粤，14岁时许配袁氏子，袁家一开始以为二姑家很有钱，"利其奁，故图是婚"。康熙四十五年，袁家得知二姑家贫，就反对这门亲事，到处渲染潘家门风不好，"构秽语榜其门"。刘氏十分恼怒，但二姑却"佯若不闻"，于夜间投井死。官府尸检后证实二姑为处女。道光时入祀节孝祠。②乾隆以后的广州一口通商时期，商人们带头讲究婚姻奢靡，也影响了社会风气，嘉道之际担任过广州知府、广东巡抚的程含章描述广州婚姻奢靡时说："粤东婚嫁最为奢靡，其先始于洋盐二商，其后渐染搢绅大夫，而书随差役亦从而效之。嫁一女娶一妇用银至数百两、数千两之多，金珠绸缎炫烂于道，甚至烧猪果饼多至数十抬，轿伞租钱多至数十千，将以是为体面乎？"③其实，直到晚清，广东仍存在给出嫁女送厚礼的风俗，光绪二十七年十二月二十五日澄海县所立《遏制奢风告示碑》记载，"目前最甚者，莫如姻戚馈遗一事。考城厢内外以至大小村落，无论富家贫户，一女嫁出，则父母首数年必破探正送节等费，逐年又必以四季食物挑送婿家应酬，多则为荣，少则为辱，即或家贫无力，也得百计经营"。④看来这是另一种女儿变相从父家获取奁资的形式。

不过，方志在记载女性日常生活时，多数还是强调她们如何因地制宜地外出劳动，嘉靖黄佐纂《广东通志》卷20《民物志》记

---

① （清）成鹫法师：《纪梦编年》，载蔡鸿生《清初岭南佛门事略》，广东高等教育出版社，1997，第104～105页。
② 同治《番禺县志》卷51《列传》，同治十年刊本，2007，第614页。
③ （清）程含章：《岭南续集》卷10，《程月川先生遗集》，《丛书集成续编》第133册，第233页。
④ 谭棣华等编《广东碑刻集》，广东高等教育出版社，2001，第296页。

载,潮州府"良家妇女勤于织纺,依山之妇代夫樵采,濒海者或拾海错以为生,而插秧割稻,凡农妇皆然也"。① 强调所有农妇皆通过不同劳作为家庭提供帮衬,山区农妇上山樵采,沿海农妇赶海采集海鲜。雍正九年刻本《揭阳县志》卷4《风尚》对当地妇女劳作如此表述,"依山之妇且代夫樵采,濒海者或拾海错日鬻以给。至于插秧刈稻,凡妇皆然"。蓝鼎元在《鹿洲初集》卷14《潮州风俗考》中也说:"海滨之妇,或捕鱼虾,拾蛤蛎,以资生计。山城闺阁,日陟冈峦,樵苏为业,蓬头赤脚,多力善耕。虽昧逾阃之戒,然瘠土民劳,亦其势然也。"这些表述还见诸官员的实际见闻,乾隆《揭阳县正续志》卷7《风尚》记载,时知府叶元玉诗云:"太守行春到揭阳,村村男妇事耕桑,道旁野老无拘束,笑指公家马足忙。"这里强调"村村男妇事耕桑",反映了这一区域男女在职业上并没有区别。在一般的观念中,上山砍柴和下海捕捞本属男性职业,女性只是待在家中纺绩而已,但上述的表述显然颠覆了这一说法,士大夫对此也表现出支持的态度,乾隆年间,百侯人例贡生邱占仑曾向县衙呈请取消妇女的镰刀税,时三河、大麻、黄坑诸山"有豪强把持其间,妇女入山樵采者,必纳镰刀税"。② 邱氏并没有要求官府禁止妇女外出,而是要求取消镰刀税,实际上支持妇女外出劳动。道光《南海县志》卷8《舆地略·风俗》记载:"西樵号茶山。今山中人率种茶,其采摘亦多妇女,甚守礼法。有问路者,茶人往往不答。"这种男女两性平等的劳作方式,在士大夫的书写中演变为男女分工合作的情形,嘉靖时戴璟《广东通志初稿》卷18《风俗》说,潮州地区"小民则尽力农亩,其次则为工为贾,其妇女则勤于织纺"。但上述事例显示这只是戴璟的想象而已。

因为田野劳作,广东妇女多不注重打扮,"妇女不施脂粉,不尚艳妆,不入寺烧香",她们一年四季都会出现在各种劳动场合,"春夏治家,田则夫耕妇馌,秋冬纺绩,夜以继日,缫车之响与笑语之声,每每从灯影流出";播种、插秧等繁重的劳动也离不开妇女的参与,"立春后十日播种,其妇女锄地,苛粟、麦、薯、芋种,

---

① 广东省地方史志办公室誊印,1997,第509页。
② 民国《大埔县志》卷29《人物志十二》,2009,第2127页。

第四章 明清仕宦形塑的女性形象：基于地方志考察

至清明前后分秧插田……四月耘田，妇女种络谓之下麻"。① 屈大均在《广东新语》卷12《诗语·粤歌》中记载潮州地区妇女的劳动景象："潮人以土音唱南北曲者，曰潮州戏，潮音似闽……农者每春时，妇子以数十计，往田插秧，一老挝大鼓，鼓声一通，群歌竞作，弥日不绝，是曰秧歌。"广东妇女因劳作，故"多不缠足"，而天足更利于妇女从事体力劳动，四会县"俗知耕而不知织，乡间妇女皆力田，绅衿家人亦为之，故鲜裹脚者。经咸丰间发逆之乱，虽城厢大家妇女亦多不裹脚矣。城厢妇女不尽工针黹，每肩挑，博升斗，佐男子作家，故各步头有担妇，无担夫也"。② 东莞章阁乡"妇女不缠足，具有天成之趣"。③ 可见，天足和妇女参加田野劳动连在一起，凸显了妇女在社会经济中的作为。

明清时期，妇女从事工商业活动也日益增多，明代有士人在梅关古道看到男女分工之现象，"南雄山多田少，而民颇力业。山中妇人跣足而肩柴入市者，趾相错也。讯其男子，则皆担客装度岭去矣。余阅南雄守所送须知册，其孤老食廪饩者，仅仅数人耳。噫！孰谓务本力作不足免饥寒哉？"④ 乾隆中叶，潮阳知县李文藻作《樵妇》诗，记录了惠州府一带妇女劳作情形，"循州惠州路，樵采女为群。茧足担秋雨，蓬头斫乱云。丁男竟安往？若辈太辛勤！"⑤ 道光年间，进士黎吉云著《黛方山庄诗集》有一首名《岐岭曲》，"为途间负担者皆女子作"，反映的是龙川县妇女生活之侧面："十里上蓝关，对面相逢笑。欢声歌入云，知是龙川调。"⑥ 蓝关古道有5公里长山径小路，四周无人家，行人路过往往纵情放歌以解疲乏。黎吉云这首诗引人注目的是作者在题目中所记，在山间古道里做脚夫的都是客家女性，她们用柔弱的肩膀撑起家庭重担，以替人背负货物来挣钱糊口。"至于惠州水城门外妇女，日日汲江水而卖，大埔石上丰市妇女挑盐肩木，往来如织，雇夫过山，辄以女应。"⑦

---

① 道光《开建县志》卷7《风俗志》，2007，第351页。
② 光绪《四会县志》编一《风俗》，1925年刊本，2009，第112页。
③ 光绪二十一年（佚名）《岭海丛谭》，第17页，广州，翰文堂藏板。
④ （明）王临亨：《粤剑编》卷2《志风土》，中华书局，1987，第75页。
⑤ （清）李文藻：《岭南诗集注》，栾绪夫注，大连海事大学出版社，1994，第146页。
⑥ 龙川县地主志编纂委员会编《龙川县志》，广东人民出版社，1994，第697页。
⑦ （清）吴震方：《岭南杂记》，中华书局，1985，第9~10页。

在粤东北山区，妇女勤劳一直是客家人引以为豪的大事。嘉靖《兴宁县志》卷4《人事部》记载，"兴宁岩邑也，俗习固陋，男不技艺，女不蚕桑，服食朴菲，无盖藏，无华屋。然多力农，有田者耕人，无田者耕于人……不工不商，齐民率为氓畯，斯亦事之美也。生用百物，咸资旅人。女不朱粉髻服，大异中州，多务耕采，戴笠徒跣。"这些"旅人"是明初从"汀吉抚州之民，城中皆客廛"。该县"信鬼神好淫祀"，民众"吉凶礼仪，大都荒鄙，病不知医，酷信巫觋"。嘉靖时，兴宁县仍保持农耕传统，民生百物则由外地商人运销。女性在习俗上与中原存在差异，她们不蚕桑，不朱粉，而且戴笠徒跣从事耕采劳动，即使是"巨室之妇亦督子妇业田，以辰出酉归为贤"。遇到"姻娅庆吊"之事，"男女饮酒，混坐无别者也"。当地流行早婚，"恒早婚既生子犹椎髻"，又有好讼的风气，"恶少嚣讼甘于破产……"。她们在操持家务之余，必须下地耕种，由此也引发了一些不必要的麻烦。嘉庆《龙川县志》卷37《列女》记载一位自杀而亡的女性袁氏，是县民杨开生妻，一天早晨，她在耕地时，遇"族人某欲污之，不从。九日，饮药死，事闻，奉旨旌表建坊"。仅从这一点来看，女性的辛劳和独自承受的劳动之重可见一斑。又有兴良约人王黄氏，"家贫采薪，被强暴所污，羞愤自尽"。所有这些都表明，客家地区的所有妇女都有参加劳动的习惯。

然而，这一风俗到清初发生了变化，出现重视耕读的描述，康熙《镇平县志》卷1《风俗》记载："重本薄末，其衣租食税之民，粮差依时输纳，无积逋抛荒之累，子弟习诗书者秀，而文有江浙之风。然亦重自爱惜，不屑外务。"这种表述突出了士大夫极力将客家地区的风俗文化向中原正统靠拢的心态。而对妇女的劳作也含糊其辞，"妇人女子质而勤，终岁苦以自食其力"。但妇女在社会经济中扮演的重要角色，也为某些方志所突出，乾隆《兴宁县志》卷8《习俗》记载："民间妇女与男子均劳苦，采薪运水道路不绝，有褓负提孩，任肩担之重者，盖习以为常矣。"① 上文所说的重文读书在这里却是相反的表达，"乡村人民多聚族而处，围墙环绕数十

---

① 这一说法在客家地区相互沿用，如乾隆《河源县志》卷11《民风》有与此完全一样的话语。

户皆一姓,每村必有书馆,延塾师课之开讲,堂设梆子,族之子弟群萃诵习,书馆虽多,然修脯甚薄,业儒课徒不足以糊其口,故贫人畏学而富户无师,是可患也"。嘉庆《兴宁县志》卷10《风俗志》记载,当地已出现重商风气:

  商贾大列肆小负贩,终日营营,作客者多贸易于川广湖湘间,工作多以扇为业,老幼皆能之,乡村妇人被襫茅蒲,与男子均劳苦。惟近市者或刺绣或绩纺,守闺门而不出。

  传统农商观念已在客家山区发生了很大变化,客家人远行到四川贸易,其商品多为本地加工的扇子,而制造扇子的工匠则为村庄老幼、妇人,也就是说,妇女也被卷入了商品生产之中。而靠近市场的妇女则以刺绣、绩纺为业,很难说,这些手工艺品不是为市场而生产。尤其是男性可能为了商务而远行,只有女性在家操持家务,兴宁人黄亮彩远赴四川,留下妻子杨氏在家,"一日,其子女往探外祖母,遭服侄黄三瑞强奸,不从,乱刀斫死三瑞,自刎。申报法司,以强奸不从,捐躯全节,贞烈可嘉,题奉建坊入祠"。[①]
  粤西妇女在婚姻中的地位也颇突出,她们在丈夫离世后,既要管教孩子,还要负责家庭的经济来源,新宁县梁国乾妻余氏17岁结婚,29岁守寡,时长子11岁,次子2岁,"赡口无资,破屋半间"。她苦节60余年,靠"自磨豆腐,命子出卖"和"勤于纺绩",解决家人生活。但若遇凶年,全家就"屡致失爨"。[②]阳江嫁女时,女方母亲罄其所有陪嫁,男方母亲出面亲迎新娘,"嫁女妆饰奁产、糖果粉饵、随从仆婢,称家有无,母氏爱女或竭所有弗顾。娶妇日,母氏代男子亲迎"。女子生育子女时,"亲朋聚饮,以片姜送酒,谓之饮姜酒;弥月,亲朋各馈牲米酒果麟镯致贺,谓之暖月"。这种相贺除了庆祝男家添丁外,无形中也提高了新妇在男家的地位。若干年后,因家庭人口增多而分门立户,女家也会赠送物品,"娶妇数载,子妇多者必分爨,女族闻之必馈以瓦铁器物牲

---

① 乾隆《兴宁县志》卷7《人物志·列女》,2009,第164页。
② 乾隆《新宁县志》卷4《人物·女节》,2007,第454页。

米酒食，谓之润纛"。① 一些女性在丈夫去世后，家庭内外全由寡妇操持，据嘉庆海康人陈昌齐《三苦坟志铭》说，海康恩贡生邓启南葬其祖妣梁孺人、考道五公、妣廖孺人之坟，"三苦"指其父读书苦及梁氏、廖氏持家苦。邓启南祖父先娶吴氏，生道五，五年后，吴氏卒，又继娶梁氏。道五10岁时，父亲去世。时邓家"自高祖以下六柩未葬，季祖父及两祖姑未婚嫁，梁孺人以寡嫂统内政，以寡母抚前孤，拮据六载，送先人各棺下地，婚嫁事以次就理，乃与诸叔祖异炊，而食数亩薄田、半楹老瓦，惟谆谆恳恳勉道五公以读书成名，则其节苦"。廖氏与道五婚后，梁氏"以家计委之"，她操持井臼，鸡鸣执爨，灯下缝裳，"尝谓吾家生事无多，非俭无以济贫，断丝碎帛破瓮缺壶，一经调停皆适于用综计"。梁氏、廖氏均生活在18世纪。②

明清方志编者始终跟随王朝主流的价值观，但我们从中仍可发现明清广东妇女在社会经济活动中所占据的重要地位。嘉靖《广东通志初稿》卷15《烈女》记载，伍氏和丈夫刘细奴婚后，家境甚贫，永乐十一年，她"偕夫往翁源县佣工"，某日傍晚，丈夫外出汲水，被藏在草丛中老虎"所噬"，伍氏听到喊叫，徒手与虎搏斗，虎"弃其夫又伤伍氏"，两人皆死。翁源教谕伍聪"义其死，收养其孤子，而葬其夫妇"。此事被以后方志不断记载。所有地方志在记载时都强调伍氏带着丈夫外出佣工，女性似乎是家中的真正主人。粤西阳江县也有记载说，清代北宿梁可成妻林氏27岁守节，一子仅6岁，又遗腹生一女，婆婆已先逝，公公年老，她"主持家政，以一身肩之"，晚年家计渐裕。③ 一些寡妇在危难之际对家族的责任感甚至超过男性，乾隆五十一、五十二年，广东发生大饥荒，佛山黄氏居然有人要把位于兰台里的祠堂卖掉，族中寡妇彭氏携幼子哭于父老之门曰："饿死命也，奈何使祖宗无所栖止，且瓜分之得几日饱耶？"父老根本不听她的话，仍坚持卖祠堂，并与买家达成协议。彭氏闻讯又带着孩子到祠堂哭诉："妇将与祠共存亡，誓不独生也。"族人尽管感动，但还是坚持卖祠堂。彭氏于是到官

---

① 康熙二十年《阳江县志》卷1《风俗》，2009，第32页。
② 民国《海康县续志》卷43《金石》，2009，第1519页。
③ 民国《阳江志》卷33《人物志四·列传·列女》，2009，第651页。

第四章 明清仕宦形塑的女性形象：基于地方志考察

府哭诉，终于阻止了族人卖祠堂的行为。①

明清孀妇在失去丈夫及其家中主要劳动力后，不得不以个人的艰辛劳作，养家糊口，光绪《清远县志》卷11《列传·节孝》记载，何氏与丈夫向上仁婚后生育3个女儿，28岁守节，"事寡姑以孝闻"。时丈夫有两个弟弟在外佣工，"衣食之资多所取给"。后来丈夫两个弟弟"夫妻相继而亡"，分别留下遗孤，"长者龀，幼者褓裸，啼号左右"。全家7口生活全寄托在她身上，除了看护孩子，她不分昼夜劳作，"日为族人佣，夜则纺绩，怠顿万状"，维持了一家人温饱。据说，向氏子孙在她去世后，为她修墓置祭，"勒石以记其事"，到光绪时仍没有中断。外出佣工在明清广东乡村妇女中并不少见，惠州府城项李氏因丈夫"浪游不返"，和婆婆在家相依为命，家里原有的一间房屋在风雨中坍塌，她和婆婆一起"筑室"，但所筑"破屋"一遇阴雨既不避风也不避雨。她和婆婆的生活来源也靠她外出"佣力"。乾隆五十二年，婆婆80多岁卒，进入不惑之年的她也哀毁而卒，而她丈夫最终也没有回家。道光二十八年获得旌表。同样也是惠州府的叶氏，27岁丈夫赖东彩死亡，"家贫甚，遗孤三人"，公公不仅垂老且"夙疾"，又"旁无伯叔亲"，叶氏"惟佣力以给，更日市药物"。有时家里"断炊"，她忍饥外出"鬻薪"以奉养公公和孩子，78岁才离世。②

如果说上述事例多为个体的话，那么嘉庆中叶，姚莹作为两广总督百龄幕僚，在入粤第一站就目睹了妇女作为挑夫在梅关古道上的身影，"余初至广东，过大庾岭，见妇人担负者，首戴席帽如草笠，空其顶以出髻，有帷四垂，深约四寸，轩其前，轻其后。嗣至闽中，妇人担负者亦然"。③ 在广东西部广宁，据道光《广宁县志》卷12《风俗志》记载，"乡落居民多近林麓"，生活来源也以山林为主，"凡贫民妇女率以破竹谋食，其贫而犹有竹业之家，留其大者发卖竹客，日斩其细小之竹，令家人妇子剖破为篾，即可入市换米食，而其弃余又足以供薪火。其贫无竹业者，各铺户买竹常多，需人不少，就近男妇多赴焉。以故村落山庄，群聚而破竹者所在多

---

① 同治《南海县志》卷25《杂录上》，2007，第784页。
② 光绪《惠州府志》卷41《人物·列女上》，2009，第760页。
③ （清）姚莹：《康輶纪行》卷14《蛮妇席帽》，中华书局，2014，第397页。

有"。妇女不仅破竹，而且肩挑入市。《宁阳竹枝词》云："勤苦尤亏健妇人，终年担子不离身，半肩犹把婴儿负，何处偷闲惜艳春。"① 嘉庆时，封川知县程含章面对该县三甲民"苦役久矣"的事实，下令"除之"，三甲民众"共备牲币酒礼，跻堂致谢"。程有感而作诗答之，诗云："人声溢海潮，鼓乐何喧闹，村醪备三爵，越锦各一端，扶老携幼稚，长跪启堂前，嗟我三甲民，离城十里间，朝朝送竹木，月月出缗钱。妇女任徭役，包羞群不完，贫家典儿息，中户鬻田园，使君实活我，鸡犬夕安眠。"②

这些妇女外出佣工在方志中也不时见诸记载，光绪《惠州府志》卷41《列女上》记载多个事例，如黄张氏18岁刚结婚四个月，丈夫就死了，她"卖薪养翁姑"；张荣兴妻梁氏26岁守寡，3个儿子年幼，"家婆甚，樵薪哺子"；郭亚琼妻陈氏守寡时，"怀抱二子，卖薪自给"。实际上，妇女几乎参与了一切养家糊口的经济活动。嘉庆二十年十二月，两广总督蒋攸铦在一份制止贩卖私盐奏折中说："盖因行销粤盐地面，本属畸零，并有一州县而分设数埠，各自拆盐销卖者，村墟则犬牙交错，路径则水陆纷歧，巡缉实属难周，且有妇女腰缠、老人零买，即多设巡丁亦不便。"③ 女性的这些活动多与市场发生关联，明嘉靖年间，海瑞针对琼州妇女经商撰《禁妇女买卖行走约》，要求故土"乡士夫亲友诸先生"行动起来，"禁妇女出街市行走买卖"，要求"大小买卖，各以男子充之；妇女止做门内工，不外出"，从而使"琼俗转陋为雅"。④ 明中叶以后，在广州附近的南海县九江地区的乔涌墟即专门为妇女趁墟而设立，地方志记载说："嘉靖之季，乡中贫妇竞携棉纱渡海趁卖，遭风覆没，曾刺史为文祭告海神，设纱墟于此。期三、六、九日。趁鸡鸣，纱妇咸集，每墟以数百计，经趁数十年。今废。"⑤ 而明代香山县东北柏桠斜一带因设有校场，附近妇女多集山下为墟，留下

---

① 道光《广宁县志》卷15《艺文志》，2009，第327页。
② （清）程含章：《岭南集》卷1《孤燕吟·三甲民》，《程月川先生遗集》，《丛书集成续编》第133册，第18页。
③ 道光《两广盐法志》卷19《转运六》，《稀见明清统经济史料丛刊》第一辑，第41册，北京：国家图书馆出版社，2009，第525页。
④ 陈义钟编校《海瑞集》下册，中华书局，1962，第445~446页。
⑤ 旅港南海九江商会重刊《南海九江乡志》，1998，无页码。

第四章 明清仕宦形塑的女性形象：基于地方志考察

了"妇女墟"这个历史名称。①

实际上，前文所说的孀妇纺绩，也多与市场发生关系，即她们的纺织品多在市场出卖，然后从市场购买家庭生活的必需品。道光《开平县志》卷9《列女》记载，司徒熙锦妻周氏年二十结婚，锦卒时，儿子才6个月，"氏守节抚孤，儿常病，家贫无药资，氏纺织得钱买药调治，俾至成人，苦守四十余年卒"。又梁循培妻甄氏，"朝夕勤麻，以易米盐，每饭必劝二姑饱餐，后收其余以自啖，无则忍饥强绩"。墟市交易成为个别女性勤劳致富的契机，民国《开平县志》卷35《列女》记载，司徒荣妻关氏未满30岁守节，"翁姑先逝，家徒四壁，一子仅六岁，氏矢志抚孤，勤劬操作，以谋度活，子名扬稍长，因贫辍学，暂淫于赌，一日遣名扬以雏鸡十余只鬻于市，竟以所得赀付赌场，逡巡不敢回。氏闻讯，使人诱之归，请服尊，施以鞭责。名扬悔悟，发奋自立，氏出薄资俾作小商贩，犹日以勤俭戒之，家渐充裕"。农村墟市数量也在逐渐增多，康熙《开平县志》卷6《城池》记载墟市仅9个，道光《开平县志》卷4《建置志》记载则有墟市26个，民国《开平县志》卷12《墟市》记载墟市数量则上升为58个。这一情况也许与妇女参与商品交换不无关系。

乡村妇女劳作日趋多元化，彰显了广东女性的勤劳个性，万历《东里志·艺文》收录《题女人插秧二首》："六幅乌裙半是泥，斗篷斜戴日斜西；只愁春雨随云去，辜负前村布谷啼。""六幅乌裙半是泥，绿秧插水水平堤；伛偻日晚未归去，那管家中稚子啼。"②客家妇女劳作更为辛苦，康熙《平远县志》卷10《艺文志》记载知县刘骏名收录的5首《远山竹枝词》，大多描述妇女日常活动，如《春雪悯田妇种田》云："寒洌风飕雪欲冰，荒田牛脚绊锄根，淋漓指血何为者，布谷飞鸣唤早耕。"很显然，这是描述妇女冒着初春的寒冷进行春耕的场景。而在秋季收获之后，妇女又投入纺织中，且这种纺织多半为市场服务，《秋夜听促织》云："号寒无力可持穷，卖尽新丝只急公，俯听终宵吟络纬，惊心促织到昆虫。"这些乡村妇女还时常参与开采矿业，他在《见妇女络绎负矿》中

---

① 光绪《香山县志》卷4《舆地志》，2007，第42页。
② （明）陈天资：《东里志·艺文》，饶平县方志办公室印行，1990，第377页。

说:"居无寸艺足晨昏,逋负新租两蹙门,邻妇起呼各努力,呻吟道左不堪闻。"此外,尚有无题一首曰:"养蚕娘织茧黄,怎知南国有缥缃,旧衣不舍三梭布,敲尽砧声对月光。"作者自注:"此地少桑树,近九乡学养蚕作茧,色黄而厚,然不多,岁成数匹而已。各乡妇女多种棉织布。予荏平六年,家人率服布,九月捣布衣砧杵声比他处尤响焉。"在该志卷10《艺文志》收录的邑人林丛撰《募建漳门桥序》讲述漳门渡山溪水流湍急,"三年前吴某溺死其处。今又妇人梅氏者携三女耘苗,晚归,适风雨骤至,途人请扶之渡,梅坚辞谢去,卒襁负提挈渡溪,母女四人同时殒命"。河源县黄氏22岁守寡,"家贫,灌园食力,奉养翁姑"。① 地方志在记载妇女外出劳动时显然有所矛盾,诚如乾隆《嘉应州志》卷1《风俗》记载:"中上人家妇女,纺织缝纫,粗衣薄妆,以贞淑相尚。至村乡妇姬槌髻短裳,任田园诸务,采山负担,蓬跣往来,未免鄙野,然而甘淡泊,服勤劳,其天性也。"作者用"鄙野"与"天性"相对照,实际上在矛盾中倾向于褒奖。但嘉庆《大埔县志》卷12《风俗》则赞美倾向更明显,"妇女妆束淡素,椎髻跣足,不尚针刺,樵汲灌溉勤苦倍于男子,不论贫富皆然",强调妇女的付出倍于男子,实际上是肯定女性的地位。越到后来,士人对客家妇女的野外劳作就越推崇,同治《石窟一征》卷5《日用》记载:

> 村庄男子多逸,妇女则井臼、耕织、樵采、畜牧、灌种、纫缝、炊爨,无所不为,天下妇女之勤者莫此若也。盖天下妇女劳逸,尚分贵贱贫富,吾乡即绅士素封之家,主母与婢妾种作劳逸均之,且天下妇人即勤苦,亦或专习一事,吾乡则日用饮食皆出其手,不独田工、女工已也。

晚清随着客家山区人纷纷出洋谋生,妇女在地方社会几乎包揽了一切工作,光绪《嘉应州志》卷8《礼俗》对此记载较为详细:

> 州俗土瘠民贫,山多田少,男子谋生各抱四方之志,而家事多任之妇人,故乡村妇女耕田、采樵、缉麻、缝纫、中馈之

---

① 同治《河源县志》卷13《节烈》,2009,第284页。

第四章 明清仕宦形塑的女性形象:基于地方志考察

事,无不为之。系之于古,盖女功男功皆兼之矣。自海禁大开,民之趋南洋者如鹜……其近者或三四年、五七年始一归家,其远者或十余年二十余年始一归家……田园庐墓概责妇人为之经理……古乐府所谓"健妇持门户,亦胜一丈夫",不啻为吾州言之也。其或番银常来(俗谓往南洋者为番客,故信曰番信,银曰番银)则为之立产业、营新居、谋婚嫁、延师课子,莫不井井有条……凡州人之所以能远游谋生,亲故相因依,近年益倚南洋为外府,而出门不作悒悒之状者,皆赖有妇人为之内助也。向使吾州妇女亦如他处缠足,则寸步难移,诸事倚任婢媪,而男子转多内顾之忧,必不能皆怀远志矣!其近山诸乡妇女上山樵采,负薪入市求售,以谋升斗者,尤为勤苦,然皆习之而安。

所以光绪《嘉应州志》的编纂者温仲和在序言中用"妇女身兼百役岂惟机杼"高度概况了妇女在当地社会经济中所扮演的全能角色。光绪《嘉应州志》卷32《丛谈》记载,同治初年,大立堡发生虫害,"妇女渡河樵采入邻堡,凡三四十里,鸡鸣出门,午后返屋,肩两束草,值数十钱,其苦甚矣"。有意思的是,外来士大夫对客家地区这种风气则极力予以否定,1882～1884年曾国荃署两广总督时,在"镇平县余令禀批"中说:"阴阳之气不相陵,内外之职不相素,故男耕而女织,人伦之制,亦王化之基也。今嘉属之民男逸于内,而使其妇沾体涂足,力作于外,易阴阳之位,乱男女之别,伤化薄俗,莫甚于此,且非所以劝勤也。"[①]而清末黄遵宪更对客家妇女极力赞誉说:

(客家)妇女之贤劳,竟为天下各种类之所未有。大抵曳鞔履,戴义髻,操作等男子。其下焉者,蓬头赤足,帕手裙身,挑者负者,提而挈者,阗溢于廛肆之间、田野之中。而窥其室,则男子多贸迁远出,或饱食逸居无所事。……无论为人女、为人妇、为人母、为人太母,操作亦与少幼等。举史籍所

---

① 王定安编《曾忠襄公(国荃)批牍·年谱》,沈云龙主编《近代中国史料丛刊》第11辑,文海出版社,1967,第399页。

称纯德懿行，人人优为之而习安之。黄遵宪曰：吾行天下者多矣，五部洲游其四，廿二行省历其九，未见其有妇女劳劳如此者。①

在濒海地区的开平县，妇女也是乡村劳作的主力军，道光《开平县志》卷10《艺文志·那溪即事》有"时见绿鬓锥髻妇，腰镰驱犊出前庄"的诗，应是女性田野耕作的写照。清代开平县沙岗孝廉张天存女，因家贫，"常与其嫡母同操井臼，随其庶母耕耘、樵薪，学习女红，夜分忘寝"，这是女性耕织结合的典型反映。②晚清广东男性掀起出洋谋生热，宣统《开平县乡土志·政绩篇》记载，清末"本境地瘠民贫，生计艰难，谋食外洋者十之七八"。出洋谋生多是男性，留守妇女职业也因此发生变化。据民国《开平县志》卷5《风俗》记载，原本流行"男务耕耘，女勤纺织"的生产与生活模式，到了光绪中叶后转变为"男多出洋，女司耕作"的社会状况，当时北方人到达开平，认为当地"妇女裸足不袜为异事，何况裸足至两膝以上，今不独田间然矣"。留守后方家园的妇女为了生活，也成为乡村社会生活的多面手。所以晚清附贡生出身的赤溪县朱玉銮作《竹枝词》夸说当地妇女对社会之贡献："田园耕种任勤劳，樵采之余井臼操，莫道兴家男子力，算来还是女功高。"③

妇女因为单身外出劳作，有时还会受到心怀叵意的男性侵害，四会县河西铺陈有德妻徐氏，咸丰十一年只有21岁的她，随邻居妯娌结伴登山刈草，半途腹痛，一个人蹲卧山坳休息，被疯人闯至"强暴"。她于是在山上寻断肠草，"仍就近刈取草柴，束不满担，俟同伴至，乃偕归，以病不能多取告其姑"。料理完晚饭后，她偷偷煎服断肠草而死。从随后四会知县颁布告示可知，当地患麻风病者人数较多，当地传说治愈此病的最好办法就是男女交合，"凡有

---

① 《李母钟太安人百龄寿序》，黄遵宪著，吴振清等编《黄遵宪集》，天津人民出版社，2003，第386页。
② 民国《开平县志》卷35《列女》，2009，第366页。
③ 民国《赤溪县志》卷1《舆地志·风俗》记载："县属男子多逸，妇女则井臼、耕织、樵采、畜牧、灌园、种蔬、纫缝、炊爨，无不躬亲，天下妇女之勤者莫此若也。盖天下妇女劳逸，尚分贵贱贫富，吾乡即绅宦之家，主母与侍妾孝逸均之，且天下妇人即勤劳，亦或专习一事，吾乡则日用饮食皆出其手，不独馌饷织纴而已也。"此与同治《石窟一征》卷5《日用》一致。

246

男子新染斯疾，每在荒郊僻地要截强淫，其在妇人之新染者，亦多向生面外人故意调奸，谓可以减去疠毒，损人利己"。① 这个告示暗示无论男女患麻风病者都会在荒郊僻地寻求交合对象，而这些地方可能是妇女劳作之地。同治《连州志》卷8《列女》记载，星江塘下村唐成赐妻何氏，家贫，"入山采蔬，遇凶某将强污之，氏不从，投石触某，旋遭殴毙"。后家人获尸，鸣于官，将凶某正法。这些在野外劳作的单身女性肯定不是个别现象，在一定程度上反映广东女性野外劳作的普遍性。

六 乡村女性的读书识字

明清时期，广东士人辈出，这其中就侵染着女性的心血。一方面是女性对子女教育的重视，另一方面是一些女性本身就读书识字，她们更加关注儿子的教育与成长。明代官员海瑞对母亲谢氏十分孝顺，他在为官期间，一旦遇到不顺心之事，总会以奉养母亲为由请辞，事实上，他的母亲大多数时候，都跟随海瑞住在其任职地方的官衙，其母晚年回到海南，也是海瑞陪伴她走完了人生的最后旅程。海瑞曾在给家乡士绅的《与琼乡诸先生书》中讲述母亲对他的成长是母道、父道兼于一身，尤其是督促自己的学习。他说：

> 瑞甫四岁丧父，时母谢氏年二十八，承父志励节确守，经今三十有四春秋矣。……盖母幼粗识书史语，瑞少学，口授孝经、学、庸等篇。质禀近刚一，父性警敏不羁，不事家人生业，相励护持，能使内外不致乏绝。先后苦针裁、营衣食、节费资，督瑞学，至今虽衰疾相仍，不能一息少暇女事……兼有父道。瑞今日稍知礼义，勉自慎饬，若非冲年背父者，尽母氏谆谆开我力也。持家有纪法，教子有义方，律身以正义。②

---

① 光绪《四会县志》卷七《列女》，2007，第400页。
② 陈义钟编校《海瑞集》下册，中华书局，1962，第415页。

从海瑞描述可知，其母应是乡村社会有文化女性，能口授儒家经典，似乎表明这些著作已成为乡村社会的基础课本，所以谢氏才会对这些经典熟记于心。我们很难判断谢氏是否读书识字，但他对儿子的教育十分重视却是不争的事实。

明清时期，广东确实存在许多女性读书识字的现象。我们可从清代康熙年间顺德女性李晚芳的读书生涯得到印证。李晚芳于康熙三十一年生于顺德县龙津堡，后嫁给与龙津堡毗邻的龙头堡碧江梁家，卒于乾隆三十二年。她6岁的时候就跟着姐姐学习文化知识，"晚芳少从姐受经"，所读皆为儒家经典。梁炜在追述母亲读书生涯时说：

> 一读辄成诵，《论》、《孟》、《戴》、《记》亦然。其诸描绣、镌镂、女红等事，入手即精妙无比。然性独乐《书》、《史》，在阁十数年，自《左》、《国》、秦汉及唐宋大家之文，无不遍览，自龙门扶风以下诸史，无不淹贯。时或出其特见，评论古人，详究文义，多前人所未发。①

这里透露了李晚芳跟姐姐阅读的书籍几乎囊括了经史子集。梁炜的说法从李晚芳的著述中也能得到肯定，她在《读史管见·自序》中云："余本村落一女孩尔，女红是欺，何暇齿及学问。幸五兄一姐俱读父书，织纴之余，窃随诸兄姐后，留心稽古，雅慕昭之为人，奇其志，嘉其遇，喜读其书。因溯源而读龙门之书。索玩久若渐知门径，不揣孩见，随所得而识之先哲之评，惬鄙怀者悉登之，仍不敢自信也，以之示人敢乎哉！"她因待字闺中，自谦为乡村女孩，但骨子里又仰慕班昭，由读班昭书又溯及司马迁书，进而提出一己之见，遂成《读史管见》一书。乾隆时梁景璋在李晚芳墓志铭中说："在阁十数年时出特见，注释经史、评论古今，多前人所未发。"②魏爱莲认为，广东才女独特之处是对历史的强烈兴趣，

---

① （清）梁炜：《菽堂分田录》，（清）李晚芳《李菉猗女史全书》，刘正刚整理，齐鲁书社，2014，第347页。
② （清）李晚芳：《女学言行纂》，《李菉猗女史全书》，第317页。

第四章 明清仕宦形塑的女性形象：基于地方志考察

她以嘉庆九年新兴举人陈在谦为乾隆东莞林兰雪①《小山楼诗草》作序："吾乡近代所称才女者，顺德陈静斋，阳春谢小楼最著。静斋固能诗，而其学多见于批《史记》。"② 但魏爱莲同时指出，谢方端之后的其他女性对历史的兴趣变得难以追索，在随后的几代人中这些兴趣可能消失。③

从李晚芳《读史管见·自序》看，她15岁开始写作，18岁大致完成，此时她尚未嫁人，是她读书最愉快的时期。她晚年编《女学言行纂》"自序"即说："男子终身皆学之日，女子自成童以后，所学不过十年，即于归而任人家政、事舅姑、奉宗庙、相夫子、训子女、和娣姒伯叔诸姑，齐家之务毕集，皆取给于十年之学。故学于女子为尤亟。"这应是她自己读书生活的真实写照。李晚芳既有作为女性的女儿、媳妇、妻子、母亲等身份，又有作为男性的士人、师者、父亲等身份，其子梁炜在她去世时云："人之丧母，独母而已。炜之丧母则举父也、师也而并丧焉"；又曰："母也、父也、师也，一时并丧，此痛曷极耶！"④ 可见，她在儿子心中具有母亲、父亲、业师三重身份。李晚芳姐姐也是读书人，据《顺德县志》卷29《列女二》记载：

> 李氏姊妹者，龙津处士心月女。长受碧江苏某聘，将嫁而苏卒，奔丧守节，终身动循礼法。生平博极群书，富著述，而未尝以文墨示人，惟其妹晚芳时得见之。乾隆间旌。将卒，使预为殓具，召妹属曰："吾气绝，汝即亲扶入棺，不可从三日礼，女子示人以亵，非全妇矣。"越日，晨起，力疾栉沐，竟曰："吾一妇人受恩旌表，当望阙叩谢。"乃强起北面，肃拜返寝，从容而逝。妹遵遗命盖棺而后受吊焉。晚芳少从姊受经，及长，适碧江梁永登，守礼严密，以圣贤之学自期，研究经

---

① 林兰雪，乾隆时东莞人，侍读学士林蒲封女，御史邓大林妻，工声律，著《小山诗草》一卷。25岁卒。见（清）温汝能《粤东诗海》卷96，吕永光整理，中山大学出版社，1999，第1810页。
② 冼玉清：《广东女子艺文考》，商务印书馆，1941，第28页。
③ 〔美〕魏爱莲：《18世纪的广东才女》，赵颖之译，《中山大学学报》（社会科学版），2009年第3期。
④ （清）梁炜：《菽堂分田录》，《李菉猗女史全书》，第351页。

史，着论多前人所未发，尤能事舅姑，相夫子，虽食贫艰苦，而生事死葬并能如礼，老更好学不倦，教其子炜成立，家稍裕，即割备祖尝，又分数百亩以赡亲族，并及子师，他如救荒、养老、恤孤诸善举，皆筹及之，远近称为女宗。以所居园曰箓猗，晚自署箓猗老人。著有《女学言行纂》、《读史管见》、《乡俗居丧辟谬》、《续女诫》诸书，并刊行。

与李晚芳同时代的顺德陈广逊，出身仕宦之家，父陈次文曾任香山、海阳训导，她自小随母罗临①习声律，"诸体皆工，又善画兰竹草，草有生致。能琴及卜筮，辄验"，因号静斋。② 乾隆四十一年，陈广逊《静斋小稿》刊行，父亲为其作序曰：

> 广逊以生甫数龄，喜弄笔墨，读书声琅然，予与室罗顾而乐之。稍长，学拈韵为诗，先室欣然指授诗法，用是解声律焉，后予以亲老挈家归里，而广逊年十二矣，性益嗜书。予因为之讲解经义及史记两汉文，听受悉有所得。……诗颇多，一一名流索观者。或课见推许。而老友潘丈景最尤有昌黎之嗜，去年冬，潘君慨然谋付梓，而广逊屡止，特书来请命于予。……今广逊年逾三十，所作诗藉潘君力荐，克有成书，而先室不及见矣。

时山东益都人李文藻③为《静斋小稿》作序说："顺德陈君次文司训海阳，与予为同官，数相见论诗，予将它迁羁羊城，君忽寄其女静斋诗一卷嘱序，其古体纵横有揩柱，近体清峭，绝不类妇人，读而异之。既从其里人张君药房闻静斋事翁姑甚孝，与夫子何

---

① 罗临，字福五。其先河南怀庆人，寓居广州。庠生罗日阳女，才女陈广逊之母，著《猗兰小草》，《粤东诗海》录其诗四首。见《粤东诗海》，中山大学出版社，1999，第1825页。
② 咸丰《顺德县志》卷29《列传九·列女二》，2007，第684页。
③ 李文藻，字素伯，号南涧，益都人，乾隆二十六年中进士，三十四年先后任广东恩平、新安、潮阳等知县。（清）李文藻：《岭南诗集注·前言》，栾绪夫注，大连海事大学出版社，1994。

君文宰闭户相倡和,有偕隐之风。"李文藻在结尾专门提到张锦芳①对陈广逊所做评价:"静斋工画梅兰竹,不恒以示人,其殆恶世俗之名者。"②张锦芳才华出众,与黎简等人是好友,对诗书画都有造诣,他对陈广逊的推崇极有分量。陈广逊婚后和丈夫隐居羊额村,其夫外出授徒,"广逊亦应巨室聘,教其女子。每撤帐归,同居一室,吟和无暇晷"。③

其实,广东女性读书始于何时,已经难以判断,但从本书第一章分析可知,至少唐代岭南才女已经引起了朝野的关注。宋代之后,广东女性读书依然如故,嘉靖《广东通志》卷63《列传二十》记载的广东籍数位女官多为识字女性,她们大多出生于元代末年。

> 叶女官者,番禺人,少有淑质,通《列女传》。洪武二十四年闻其孝敬,选入宫,擢为女官,因召其父叶碧山、弟叶祖道诣阙赐宴,俱授锦衣卫镇抚,赉以币条素里,与免子孙永远差役。

> 王司彩者,郡之河南村人,永乐二年选入宫为女官,时年尚少,权妃方见宠幸,特推同辈之爱,固辞曰:臣妾,媭妇也,安敢充下陈哉!上重之,亦从其志。司采有文学,能诗。盖宋昭容之流而持操过之。所作宫词至今人犹传诵,以为类唐句云……

这里记载的明初叶氏、王氏均是乡村中有文化的女性,万历三十年郭棐编纂《广东通志》,将女官放在卷26《郡县志十三》,记载了女官陈司彩的故事:

> 陈氏二妹,字瑞贞,番禺仲裕女也,貌端庄,在乳不啼,睟日设物以验,则左取印右取笔,以是知其不凡。甫能言,窥

---

① 张锦芳,字药房,龙江人,乾隆间人。与钦州冯敏昌、同县胡亦常称"岭南三子",又合黄丹书、黎简、吕坚为"岭南四家",著《南雪轩文钞》等。咸丰《顺德县志》卷26《列传六》,2007,第632页。
② (清)陈广逊:《静斋小稿》李文藻序,清乾隆刻本《中国古籍珍本丛刊》第57册,国家图书馆出版社,2015,第137页。
③ 咸丰《顺德县志》卷29《列女二》,2007,第684页。

父书指数字教之皆不忘,至六七龄示以女工过目辄晓,就女师,闻爱亲敬长之言,必反复致问。《孝经》《内则》《列女传》《女诫》诸书,莫不潜心究之,深居闺阃,足迹未尝至中门。洪武二十年诏选民间淑女入宫,分司六尚,陈与焉。入见使兼六尚事,陈善六书,晓大义,精女工,嫔嫱皆师事之。人称为女中君子。二十四年命为司彩,赐归省,仍给禄养其家。……文皇即位,以司彩熟知典故,召复原职,年四十病终于宫。遣中使护丧归葬。

从此记载来看,陈司彩六七岁接受儒家教育。明初对女官硬性规定之一就是识字,洪武十四年规定"民间女子年十三岁以上十九岁以下,妇人年三十岁以上四十岁以下,无夫者愿入宫备使,令各给钞为道里费,送赴京师。盖女子以备后宫,而妇人则充六尚也"。[①] 即20岁以下女子入后宫备用,30岁至40岁无夫"妇人"充六尚备使。永乐元年(原文为洪武三十五年)下诏"补六尚官,令礼部出榜,不分军民之家,但有识字妇人年三十至四十,愿来者,有司起送。若女子识字,虽容貌丑陋,年十七八以上,愿来者听"。[②] 她们都是乡村良家女子。

潮州地区在明初就流传郭真顺以诗挽救一寨百姓性命的故事。郭真顺,潮阳周伯玉妻,其父为教谕,训之以诗书。她博通五经旁及诸家子史,尤精于数学,长于诗文,遇事多有奇策。她在婚后写出的诗多为丈夫焚毁,丈夫认为"此非分内事也"。夫妻二人育三子,每当暮夜,她让3个儿子坐于己前,各与铜钱百文,每人前置一铜盘,每读书一遍则放一钱于盘中,后三子皆成名。周伯玉在元末之乱时,寨众推他为王,被郭真顺制止。时明朝已定天下,朝廷命指挥俞良辅征讨广东,寨人亦在征讨之列。大军压境,郭真顺审时度势作诗一首上俞良辅,举寨遂安。郭真顺身为女性,却博通五经、旁及诸家子史,暗示儒家文化在广东的普及。但她像许多女性一样,承担督促教育子女的职责,不同的是许多女性是在男性因故

---

① (明)沈德符:《万历野获编补遗》卷1《选江南女子》,中华书局,1985,第804页。
② (明)申时行等修《明会典》卷67,万历朝重刻本,中华书局,1989,第405页。

第四章 明清仕宦形塑的女性形象：基于地方志考察

缺失时才承担起这个职责，她却越过丈夫直接成为"闺塾师"。可以说，她对子女是亦师亦母，在家中不是夫言必从，相反不仅为丈夫出谋划策，还由幕后直接站到前台，为丈夫解决难题，俨然有"妇言夫从"的架势。郭真顺《上俞指挥引》全文如下：

> 将军开国之武臣，早附凤翼攀龙鳞。烟云惨淡蔽九野，半夜捧出扶桑轮。前年领兵下南粤，眼底群雄尽流血。马蹄带得淮河水，洒向江南作晴雪。潮阳僻在南海濒，十载不断干戈尘。客星移处万里外，天子亦念遐方民。将军高名迈前古，五千健儿猛如虎。轻裘缓辔踏地来，不减襄阳晋羊祜。此时特奉时王恩，金印斗大龟龙纹。大开藩卫制方面，期以忠义酬明君。宣威布德民大悦，把莱一笠谁敢夺。黄犊春耕万陇云，牦龙夜卧千秋月。去岁壶阳戍守时，下车爱民如爱儿。壶山苍苍壶水碧，父老至今歌咏之。欲为将军纪勋绩，天家自有麒麟笔。愿属壶民歌太平，磨崖勒尽韩山石。①

郭真顺接受教育应在元末，所受教育内容几乎都为儒家经史类，说明潮汕地区在元末已有较为普及的儒家文化教育。清初蓝鼎元在《鹿洲初集》卷9首列《郭贤妇传》，并评价她说："郭真顺，闺中豪杰也，其贤智则合陈婴母、辛宪英为一人，文学礼法曹大家之流，亚也，其志行清高则老莱陈定、王霸之妻差堪上下。"② 这里讲述的五位女性都是历史上传说的智识超群的女性，以此显示郭真顺文韬武略的儒家形象。郭真顺在明清各方志中都有收录，内容几乎大同小异，光绪《海阳县志》卷44《列女上》记载郭真顺夫妇"相敬如宾，时称海滨冀子"，而在讲述她读书生活时，将黄佐通志中的"精于数学"改为"能为诗，尤长于古"。这样的记述使得郭的形象越来越向儒家文化靠近。关于潮州女性知识的来源，除了郭真顺由父亲教导外，还有的女性通过旁观而获得知识，海阳陈宝娘为潮州府小吏陈子颖女儿，"幼聪敏，有弟读书，旁观辄成诵，

---

① （明）黄佐：《广东通志》卷63《列传二十》，岭南美术出版社，2006，第1652~1653页。
② （清）蓝鼎元：《鹿洲全集》上册，第177页。

通《孝经》、《内则》,以古贤女自期"。18岁时因要求去未婚夫家守节被父母拒绝而自杀,临死前将自己的"书籍笔墨付诸弟,勉以读书"。可见,在这之前,她一直在读书,似乎陈家也允许她读书学习,而且专门给她买了书籍和笔墨。①

明代潮州才女诗作已引起江南士人关注。顺治《潮州府志》卷10《轶事部》记载,万历间,潮州女子谢五娘作《读月居诗》一卷。附其诗3首,一为《小园即事》:"翠竹碧梧手自栽,芙蓉禾秀菊先开,小轩睡起日将午,黄叶满庭山雨来。"二为《感怀》:"百岁因缘一旦休,三生石上事悠悠,无梁双陆难归马,恨点天牌不到头,千里月明千里恨,五更风雨五更愁,东风去后花无主,任尔随波逐水流。"三为《春暮》:"杜鹃啼血诉春归,惊落残花满地飞,惟有帘前双燕子,惜花衔起带香泥。"编者特别强调她的诗为明清之际江南士人领袖钱谦益《列朝诗闺集》收录9首,钱赞谢氏诗"风流放诞"。乾隆《潮州府志》卷42《艺文志·诗》收录谢五娘诗作11首,分别为《小园即事》《感怀》《春暮》《春日偶成》《感怀》《春晚》《七夕遇雨》《柳枝词》《秋日得书》《竹夫人》《寄怀》。

明代客家地区也有女性读书而被地方志记载。嘉靖《南雄府志》下卷《贞烈·明》记载,谢氏乃保昌南隅人邹永泰妻,她"少尝读《孝经》《小学》《书》,通达义理,故能尽妇道"。明初翰林学士金华宋濂专门为她作《谢节妇传》。内中有"节义,人性之所有也,岂以所居而变哉?南雄在岭之南,山毒海悍,风气与中州殊。论者或从而訾其习俗,其言陋矣。若谢节妇者,安可轻耶?节妇谢氏女,南雄人……"。② 据嘉靖《兴宁县志》卷4《人事部·贞节》记载:何惠廉"幼从父训",学习《论语》《孝经》等书,21岁时嫁给庠生黄郆,黄家很穷,何氏"脱簪珥以置书,甫三载,郆卒,亲戚悲其无子,劝令更适,何以死自誓,终无异志"。此在嘉靖二十一年《惠州府志》卷11《乡贤传·贞烈》也有相同记载。嘉靖三十五年《惠州府志》卷13《列女传》记载的归善陈

---

① (清)蓝鼎元:《鹿洲全集》上册,第188~189页。
② (明)宋濂:《文宪集》卷11《传·谢节妇传》,《文津阁四库全书》集部,别集类,第408册,商务印书馆,2005,第667页。

第四章 明清仕宦形塑的女性形象：基于地方志考察

幼贞，嫁给郭钊为妻，从小父亲教她读《女经》《传》《书》，21岁守寡，拒绝乡里"豪富家易其守"的请求，纺绩自给，63岁时去世。又有长乐县张僖妻陈玉珍，"少纯慧，知书"，16岁结婚，"四年无子，夫纳妾生子"，23岁时夫亡，她与妾守节"鞠孤，为宗祀图"，孀居53年，以清白终。

明代珠三角也有女性读书著述的实例，据道光《新会县志》卷10《列女》记载，余玉馨，字芳卿，顺德人，性聪慧，知书能诗，后嫁新会许炯为妻。许炯为爱妻《玉馨集》作序云："予妇余氏有诗二百余首，史论几百篇，如论西施破吴，与范蠡相表里，非褒姒、太真比，论项羽处太公，贤于高祖，留侯追项羽，诸葛取刘璋，图大计不顾小信，论伊川恶子瞻，激成党锢之祸，论晦翁按唐季友，激成伪学之禁，皆贤者之过，诸论多类是。"据考证，余玉馨生于正德十二年，卒于嘉靖十四年，娴于词翰并淹通经史，著有《箧中集》行世。① 余玉馨所著史论均有独特见解，清代顺德人罗天尺评价其史论"真曹大家之流亚也"。② 余玉馨因此被顺德、新会、开平等县志收录。顺德刘祖满，字兰雪，也是才媛，嫁南海生员何允衍为妻，著《丛桂剩稿》《梅妆阁诗》。康熙十三年《顺德县志》评其诗均"出自胸臆，字字庄雅，是才而得性情之正者也"。③ 24岁去世，顺治二年其夫请虞启昆为刘祖满著作写序："吾以是益奇兰雪诗，每一读一叫绝，竟欲与忠烈古贤诸集并笥藏之，不仅作女史观。……则《梅妆阁》《丛桂轩》诸稿将为十五国风续编乎、古烈女外传乎？一语流传，可泣鬼神，可镂金石，不在国门，亦在名山。"④

明万历末年，阳江县马恭姐3岁时许配给比邻而居的林昂。马的祖父曾任泗州同知，"女幼机敏，祖课其兄《鲁》《论》，倾耳能诵"。后祖父与父及兄相继去世，家道衰落。林家想悔婚，再娶富家女黎氏，遂到处"以蜚语中马"。马闻其故，自缢而死。⑤ 道光

---

① 黄昏：《岭南才女》，广东人民出版社，2002，第52页。
② （清）罗天尺：《五山志林》，《清代广东笔记五种》，林子雄点校，广东人民出版社，2006，第77页。
③ 康熙《顺德县志》卷9《人物》，康熙十三年刻本，2007，第423页。
④ 道光《南海县志》卷26《艺文略二》，同治八年重刻本，2007，第536页。
⑤ 崇祯《肇庆府志》卷20《列女传》，岭南美术出版社，2009，第612页。

《阳江县志》卷6《列女》记载马氏在父兄死后,"姑嫂相依最为酸楚,女十有七,昂游泮,女以为于归有日矣。乃昂父子爱富嫌贫,阳以飞语中马,阴为爱子聘黎,盟遂寒"。从故事来看,马氏虽未接受专门教育,但有机会以自己的方式获取知识。女性在年幼时由家人或专业塾师指导读书。幼童时期的男女接受教育其实没有多少性别上的差距,相反有可能小女儿会获得比男孩更多的关爱。①

清前期珠三角地区出现女性读书热潮,不少女性作品被刊印传世。康熙时,番禺人方采林,名洁,初名京,字采林,工诗,得父之家法,"古体必宗汉魏,近体必宗唐人",著《方采林诗集》。康熙间南海(也作番禺)人王瑶湘,能诗,嫁李孝先为妻,未几夫卒,她矢节,自称逍遥居士,著《逍遥楼诗》。②嘉庆时陈霞浣,字雪心,其父为庶吉士陈炎宗,其母吴氏也是才女,通书史文辞,却早卒。陈霞浣每出其遗稿辄对之涕零。③她"事庶母以孝闻,善女红,沉书史,许字本乡冯氏子。及笄而夫亡,奔丧守节,嗣子炘继夭。氏读书稽古以自遣,能背诵《康熙字典》全部,识疑难字及切法兼工韵语,合河康基田为粤藩时,欲延教其女,氏以寡守畏清议不就,晚年家有余赀,常赒恤冯陈二族之贫者。著有《续古事苑》、《雪心诗钞》、《字海辨似》"。④嘉道时,顺德才女邱掌珠开始对岭南历代名媛诗歌收集整理。她在出嫁之前,父亲命她抄录岭南诗,她颇为有心地将其中的闺秀作品辑为《岭南名媛集》,并赋诗云:"今录岭南诗,名媛辉藻翰。时得诵清芬,珠玑足珍玩。自愧学殖荒,骚雅失淹贯。庭训义有疑,徘徊几问难。闺阁寡交游,行不出里闬。心羡卷中人,尚有空长叹。"⑤

在工商业重镇佛山有李萼妻左氏,其父为康熙时副都御史左必蕃。地方志并没有交代左氏有无读书识字,但说她一直从事文化工作,"能书翰,临摹古书,得其神采,尤工针绣,所作花卉人物,

---

① 熊秉贞于2010年3月26日在中山大学做了《记得当时年纪小——再访近世中国的性别与童年》的报告,其间反复强调了这一观点。
② 道光《广东通志》卷307《列传四十·列女二》,岭南美术出版社,2006,第4914页。
③ 冼玉清:《广东女子艺文考》,第2页。
④ 道光《佛山忠义乡志》卷9《人物》,道光十年刻本,第54页。
⑤ (清)邱掌珠:《绿窗庭课吟卷》,龙山邱园刊本,清光绪丙申年,《广州大典》第57辑第36册,第37页。

第四章 明清仕宦形塑的女性形象：基于地方志考察

妙入毫芒不减，绘画作字，以针代笔……又能篆刻，仿汉印章，饶有古意。尝有方寸小物刻《归去来辞》全文及前后《赤壁赋》两篇，虽多至千百言，而细致玲珑具有笔意，画圣针神未之过也"。[1]吴川的黄之淑也是女画家兼诗人，其弟黄之驯说："女兄名之淑，字耕晚，晚年自号兰嫏老人"，年幼"习颜平原书，因得画竹法"，她用宋人赵子固的双钩水仙法，"写双钩墨兰得时名"，对"水仙画竹尤擅长。工吟咏，不多作，非所好也"。她的画被《历朝画史》收录，诗入选《国朝闺秀诗选》。40岁守寡，咸丰二年61岁死于太平天国之乱。黄之驯将她的遗稿整为《兰嫏女史诗》传世。[2]清人恽珠等辑《国朝闺秀正始集续集补遗》（道光十六年红香馆刻本）将她误记为南海人。

乾嘉道时，广东西部也出现不少知识女性，道光《广东通志》卷319《列女》记载，茂名梁纯素，字云虚，邹瑞熊妻，"读书识大义"，21岁守节，"藉纺绩以事孀姑"，著《傲霜吟》。光绪《茂名县志》卷2《节孝坊》记载，乾隆五十三年官府为她建牌坊；该志卷8《艺文志》还录梁纯素《傲霜吟前后集》自序："盖闻香闺丽句，绣阁宏文，咸羡谢姬，首推班氏，或号宫中学士，或称朝内大家，此皆识通今古，学究天人，岂初解涂鸦，仿吟黄鹄者可同日而语哉？"丈夫死后，她"女工之暇，不意披章，药饵之余，靡疏笔砚，续以竹枝之调，谱为薄命之词。或短句或长篇，只凭胸臆而洒泪，或五言或七字，多因景物以抒怀，鸟语花香，聊把琴书为伴侣，更阑人静，应同明月作知音，冷雨凄风，聊以代歌而代哭，盈箱充箧，只应供笑而供嘲，何图宗工哲匠破格怜才，宿学鸿儒披沙采砾，亦知付诸剞劂，未免贻笑于方家。窃欲借此枣梨，始可就正于君子"。时元和蒋棠主高州书院，读《傲霜吟》后为之作序，"尝闻之粤中前代有潮阳周伯玉妻郭氏，以才略称，三水葛高行妻文氏以苦节称，皆有撰述行世，而近百数十年间，南海王氏瑶湘、番禺方氏采林，所为诗亦多脍炙人口"。嘉道时，茂名岁贡招元储女8岁丧母，其父"携与诸兄同砚席，授书辄通晓，稍长工女红，暇辄手一卷，吟哦不辍"。父常说："使为男也，当为吾家衍书香

---

[1] 同治《南海县志》卷22《列传》，岭南美术出版社，2007，第696页。
[2] 光绪《吴川县志》卷9《艺文志》，岭南美术出版社，2009，第609页。

矣。"后嫁给吴川李鹤祥为妻，婚后"所处私室，列书案置笔砚，或与夫子对坐论诗如学侣"。21岁守寡，道光十五年36岁病重，临终前，"检诗稿付仲叔抄存"。有《招节妇诗》传世。① 化州李氏幼通《孝经》《列女传》，嫁到梁门后，25岁夫故无子，"以侄淮嗣"，并为之娶媳李氏，不久儿子去世，媳妇27岁，"两世孤鳌，媳勤女红以奉姑，姑亦设帐教女弟子，博修脯以资养赡"，即通过教书养家。② 乾隆末，高要余贞女自幼被其父教《孝经》《列女传》，14岁许都司武应升，次年应升溺水亡，她遂到夫家守节，祖母"喜听人说古书，女乃朗诵《列女传》，以悦其志"。乾隆五十四年祖母去世，她又尽心侍奉公婆。乾隆间，阳春贡生刘宗衍妻谢方端，字小楼，其父仲芫出身解元，"幼从父宦游，授以书，聪颖强记。通鉴史、工韵语"。嫁给丈夫后生子世馨。后丈夫置妾"亦举一子"。又三年而夫亡，她和夫妾养育孩子，"勤夜纺绩，篝灯课之读"。晚年"就养其子世馨学署，诸生争贽问诗法。时人比之宣文君"。广东学使李调元为她所著的《小楼诗草》作序。时有梁文娴为杨始然妻，也"少娴《内则》，习礼明诗兼精星学"，曾与谢方端同学三载，其诗名仅亚于谢。③

少数民族聚居地也出现女性读书现象，连山生员唐仁海女嫁石升为妻，她幼时接受父亲口授儒家典籍，但并未教她识字，她"性强记，不识字，能解说书义"。丈夫去世后，与婆婆相依为命，"纺绩课子，篝灯之余，书声与车声相接，儿书未熟，唐窃听之，已能朗诵矣"。这说明传统女性读书可能不完全识字，她们通过他人口授或戏剧表演获取知识。又有连山"马氏者，生员朱瑞凤之母也，少聪颖，嗜诗书，皆上口。夫亡，课子读书。家贫，有劝其子废学逐末者。马曰：名教中自有乐地，且书不负人，今虽贫，安可弃本逐末乎？"她告诫儿子说："读圣贤书，当行圣贤事，非弋取科名具也。"④ 这些事例反映儒家文化已深入到少数民族聚居区。但道光《连山绥瑶厅志·风俗第四》记载，"妇为夫纲……妇无为夫出者，

---

① 光绪《吴川县志》卷8《列女》，光绪十四年刊，第565页。
② 光绪《化州志》卷9《列女》，光绪十六年刻本，第283页。
③ 道光《肇庆府志》卷19《人物四·列女二》，第711页；道光《阳春县志》卷11《列女》，第454页。
④ 道光《连山绥瑶厅志·人物第七》，道光二十八年刻本，第371页。

第四章 明清仕宦形塑的女性形象：基于地方志考察

而夫则为妇出有二条：一曰夫惰、一曰夫反目。……至寡妇则听其所为，曰当与人共之也"。这也说明儒家文化与民俗文化有同生共存的特性。

明清时期，广东女性潜在的读书风气，与宋代以来士人有意识向女性灌输儒家知识有关。宋代胡寅在《斐然集》卷26《进士梁君墓志铭》中记载：梁观国于五代从陇右迁徙到番禺，著述颇丰，其中有《壶教》15卷，"付其女弟为女师，训闺巷童女以守礼法，勿徇俗溺也"。① 这一记载为以后各版本广东地方志承袭，如嘉靖《广东通志初稿》卷14《儒林·梁观国》的记载除措辞略微不同，几乎照抄胡寅之说。而胡寅所说的"勿徇俗溺"，可理解为《壶教》对粤人"俗"文化的淘汰。故戴璟说，"自梁观国以礼敦俗，故其民重正道"。② 元初顺德区适子著《三字经》也在儿童中广泛传播，"故老传今《三字经》适子所撰也，童蒙多诵之"。③ 当然，这一现象出现，也与元代推行社学刺激女性读书有关，"每社设立学校一所，择通晓经书者为学师，于农隙时月，各令子弟入学。先读孝经、小学，次及大学、论、孟、经史，务要各知孝悌忠信"。④ 乾隆时，著名经学家邵晋涵用诗歌讲述浙江水上人家读书识字，将江南和海南连在一起："全家生计渔舠上，识字才教记姓名。读得黎贞三字训，便称渔浦小书生。"他在诗后注："《三字经》为南海黎贞所作。赵考古自琼山携归，以授村塾。"⑤ 赵考古为元明时浙东大儒赵谦，他于洪武年间到过海南，黎贞为元明时新会人。可见至少在元明之际，海南已流传《三字经》。崇祯《东莞县志》卷1《舆地志·风俗》记载，元代教育在当地有了一定的发展，该志引元代东莞判官郭应木《劝农文》云："田夫野老亦曾读书，樵童牧儿多解识字。"这与元代普及社学不无关系，雍正《东莞县志》卷2《风俗》记载：东莞"历宋及明，弦诵遂甲南海"，读书识字者

---

① （宋）胡寅：《斐然集》卷26，《文津阁四库全书·集部》第380册，商务印书馆，2005，第224~225页。
② 嘉靖《广东通志初稿》卷18《风俗》，第339页。
③ 万历《顺德县志》卷7《人物志第七之一》，岭南美术出版社，2006，第62页。
④ 《通制条格校注》卷3《户令·婚姻礼制》，方龄贵校注，中华书局，2001，第461页。
⑤ （清）邵晋涵：《南江诗钞》，《续修四库全书》第1463册，上海古籍出版社，2002，第616页。

明显增多,"是以数百年之间,田夫野老与儿童妇女,往往皆能读书识字,家说诗礼,人敦揖让,不独士大夫为然也"。这可能有夸大成分,但反映了儒学在珠三角的传播。

明代南海士大夫集团崛起,他们通过权力与学识,热心向民众推广理学与礼教。① 士大夫以王朝主流话语为标准撰写女教书,嘉靖时归善人叶时"著《阳教书》训男,《阴礼书》训女及妇也。训诸女,则妇屏而听,诸女妇皆醮戒辞于笲,令习之。故为妇称良"。② 香山黄佐撰《姆训》以教女性,此书被收录在广东各地方志中,甚至官修《明史》也有提及。光绪《香山县志》卷21《艺文》收录黄佐自序《姆训》云:"《姆训》胡为而辑也?成于朱子之意,以教内治而正风化也。……予乃辑此书,以《内则》《典》《礼》《诗》《传》为主,而《列女传》《女诫》《家范》皆采焉。一曰内范,二曰昏礼,三曰妇德,四曰妇言,五曰妇容,六曰妇功,七曰孝顺,八曰贞节,九曰相夫,十曰教子,为女为妇为妻为母之道,略在是矣,名之曰《姆训》者,庶使女师教之,婉娩听从,习与性成,必能修德宜家,临难守节,于关雎麟趾之意,或小有裨。"③ 可见,这些书籍在乡村的传播,对规范女性的言行,起到了指导作用。

清代女教书在社会上发挥很大的作用,乾隆时有"粤中士大夫家《壸教》最修"之说,包括宋梁观国《壸教》、明叶时《阴礼书》、黄佐《姆训》等,"今粤中女子多知书,能文词,虽小家儿女亦识字,能读歌曲本"。④ 既然"识字能读",就意味着接受了儒学文化,且"小家儿女亦识字",明显具有普及性。据道光《广东通志》卷306~325《列女传》统计,明代广东列女约1056名,而宋元之前数千年才62名。屈大均在《翁山文外》卷2《福州府烈女烈妇传序》表示要仿而作《广州府烈女烈妇传》,并推荐这本由高子所作的书为妇女必读,"高子所书……为妇女者不可以不知此书,虽与《女论语》《女孝经》《女诫》,合为闺阁四书,人各一

---

① 罗一星:《明清佛山经济发展与社会变迁》,广东人民出版社,1994,第81页。
② 雍正《归善县志》卷17《儒林》,2009,第594页。
③ 嘉靖《香山县志》卷4《教化志》记载,黄佐《乡礼·正内则》云:"凡礼必谨……其有贞节妇女,众共歌扬,以为世劝,以闻于有司。"
④ 乾隆《番禺县志》卷17《风俗》,2002,第397页。

第四章 明清仕宦形塑的女性形象:基于地方志考察

编,日尝诵读可也"。他又在《西屈族祖姑韩安人遗诗序》中赞扬女子读书著述,但从中也看出明清对女性所读书籍有一定的规范,他说:"吾祖家约,女子惟许读《女孝经》《列女传》《女诫》诸书,不得旁及词赋,以是闺阁罕为诗мин。"① 李晚芳在编《女学言行纂》"自序"中说:"近世所传虽有班氏《女诫》、刘向《列女传》、郑氏《女孝经》、若华《女论语》以及《女训》《女史闺范》《女范》诸书,类皆择焉弗精、语焉弗详,即经有宋周程朱张诸大儒皆以风俗人心为已会者,间亦议论及此而卒未有全书,是亦闺教一缺憾事也。余不揣固陋,谨纂周汉以来名儒淑媛之嘉言善行,可以补《周官》、《戴记》之阙,而有裨于齐家之助者,采辑成书,间附以己意,名曰《女学言行纂》。自知辞义浅俚难登大雅之堂,但世俗女孩浅则易入,俚亦不厌,将少而习之,长而弗忘,老而弥笃,可以尽子道,可以尽妇道,可以尽母道。三道尽而家齐矣。余固以之自勉,亦愿推之一乡一国,凡为女子皆知所勉而各齐其家。"② 她的目的是通过女教书,使女性懂得修身齐家治国的道理。这一观念显然出自儒家思想。

据冼玉清《广东女子艺文考》统计,广东女性著述 106 种,作者百人以上,其中明代 10 人,清代 90 多人。事实上,明代岭南才女至少在 30 人以上。③ 清代珠三角许多女性均能参与文字工作,"广东顺德县剞劂手民,多系十余岁稚女捉刀。余之初集,友人寄刊,以其价廉而工速也。惟讹误之字,殊不少耳"。④ 这些女性主要分布在马冈,"今马冈镂刻书板,几遍艺林,妇孺皆能为之。男子但依墨迹刻画界线,余并女工。故值廉而行远。近日苏州书贾往往携书入粤,售于坊肆,得值则就马冈刻所欲刻之板。刻成,未下墨刷印,即携旋江南,以江纸印装,分售海内,见者以为苏板矣"。⑤ 一些文人通过诗歌评价马冈女工刻书,如李应中《梓人诗》

---

① 《屈大均全集》第 3 册,人民文学出版社,1996,第 56~57、82~83 页。
② (清)李晚芳:《李菉猗女史全书》,刘正刚整理,齐鲁书社,2014,第 197 页。
③ 乔玉红:《传统性别内化中的岭南社会研究》,暨南大学历史学博士学位论文,2011,第 158~160 页。
④ (清)孙坛:《余墨偶谈节录》,虫天子:《香艳丛书》第 5 集,人民文学出版社,1992,第 1494 页。
⑤ 咸丰《顺德县志》卷 3《舆地略·物产》,2007,第 81 页。

云："红闺新样纷迭出（今顺德马冈村人多刻字为业，而女工尤盛），唐版宋刻无光辉"；"还闻异物不胫走，良迁远地无残坠（今江浙板多粤刻）"。还有何惠祖的"马冈攻木亦绝技，可必尺寸师公输"。① 文人诗作透露了女工具有一定的文化素养。

  总之，明清仕宦联合修志，目的是资治与教化，他们有目的地选择各地符合儒家标准的女性进行包装和形塑，使其言行更加符合国家的意志。但这些记载或多或少又透露女性生活的另一面，寡妇守节既有利益的考量，又有对王朝和仕宦鼓噪贞节观的响应；而妇女的日常劳作与读书识字，使妇女根本不可能与社会隔绝，"女主内"只能是士大夫的想象。过往研究者往往因明清守节妇女人数上升，就认为明清妇女从一而终较普遍，其实本章分析表明，守节与改嫁始终并行，有时改嫁者的呼声可能还高过守节者，郭松义也从官府和士大夫提出守节和民间社会寡妇再嫁两个层面讨论过清代妇女生活问题。他认为在清代，尽管妇女从一而终的思想已是多数人耳熟能详的事实，且旌表节妇的人数也达到空前的境地，但仍不能抑制许多寡妇再嫁的事实。如果我们只看到一部分妇女献身守节、"从一而终"的事实，而没有看到众多下层民众从现实出发，同情并支持寡妇再嫁的强大行动，那就是不全面的了。②

---

 ① （清）阮元等辑《学海堂初集》卷14，《广州大典》第57辑第33册，第723页。
 ② 郭松义：《清代妇女的守节和再嫁》，《浙江社会科学》2001年第1期。

羊城学术文库·文史哲系列

明清地域社会变迁中的广东乡村妇女研究
（下册）

A Survey of Guangdong Rural Women under Regional Social Changes in Ming and Qing Dynasties

刘正刚 著

社会科学文献出版社
SOCIAL SCIENCES ACADEMIC PRESS (CHINA)

目录
CONTENTS

上　册

第一章　明以前岭南乡村妇女的强势形象 …………………… 001
　一　龙母传说时期的岭南社会 ………………………………… 001
　二　岭南妇女的剽悍形象 ……………………………………… 006
　三　好巫环境下的岭南女性 …………………………………… 019
　四　"妇人强男子弱"的性别结构 …………………………… 028
　五　士大夫建构岭南女性正统形象 …………………………… 043

第二章　明代珠三角地区诉讼中的女性研究：以案牍为例 …… 053
　一　女性对父家、夫家的财产继承 …………………………… 054
　二　妇女拥有对继嗣的选择权 ………………………………… 064
　三　女性在各种纷争中的行为 ………………………………… 074
　四　诉讼案件反映的女性贞节观 ……………………………… 084
　五　珠三角重商风气下的好讼 ………………………………… 093

第三章　清代乡村妇女的权利与地位：以契约文书为例 ……… 101
　一　珠三角地区寡妇在契约文书中的角色 …………………… 102
　二　潮汕地区寡妇在契约文书中的权利与地位 ……………… 122

三　客家山区女性在买卖契约中的角色 …………………… 133
　　四　妻子在田地买卖契约中的角色 ……………………… 145
　　五　混合型家庭女性参与的土地买卖 …………………… 156

第四章　明清仕宦形塑的女性形象：基于地方志考察 …… 170
　　一　女性姓名权与婚姻之关系 …………………………… 171
　　二　未婚女守节与行孝及其影响 ………………………… 176
　　三　孀妇守节的两难选择 ………………………………… 199
　　四　寡妇改嫁流行及其背后的利益之争 ………………… 217
　　五　乡村妇女的日常生活 ………………………………… 234
　　六　乡村女性的读书识字 ………………………………… 247

下　册

第五章　明清家族建构的女性形象：以族谱为中心 ……… 263
　　一　女性婚姻的地域圈考察 ……………………………… 264
　　二　族谱所反映的女性智勇双全形象 …………………… 273
　　三　族谱对女性婚嫁态度不一 …………………………… 285
　　四　倡导女性节烈以寻求社会资源 ……………………… 295
　　五　对女性读书识字的赞许 ……………………………… 312
　　六　太婆崇拜凸显女性在家族的地位 …………………… 320

第六章　清代乡村妇女生活实态之考察：以档案为例 …… 338
　　一　妇女田野樵薪之劳作 ………………………………… 339
　　二　女性结伙犯罪之考察 ………………………………… 348
　　三　妇女在田地等纠纷中的暴力现象 …………………… 356
　　四　妇女在家庭矛盾中的泼辣形象 ……………………… 367
　　五　乡村妇女的婚外情及其贞节观 ……………………… 378
　　六　乡村妇女参与商业贸易 ……………………………… 401

第七章　明清庙会中的女性：以碑刻为例 …… 413
一　女性祭拜神灵的习俗 …… 414
二　南汉至明代女性捐施寺庙 …… 423
三　清前期女性捐施庙宇的多样化 …… 434
四　开埠后女性助金的活跃 …… 472
五　港澳及海外华人女性的助金 …… 488

第八章　晚清乡村妇女的职业取向 …… 494
一　珠三角地区缫丝厂中的女工 …… 495
二　城市家政服务业中的女佣 …… 508
三　女佣市场和团体的出现 …… 525
四　走出国门"打洋工"的女性 …… 532
五　新式职业女性观念的变化 …… 536

结　语 …… 545

参考文献 …… 552

后　记 …… 574

第五章
明清家族建构的女性形象：
以族谱为中心

日本学者田仲一成在研究明清江南宗族时，对宗族内的妇女角色有如下说法：

> 宗族社会在男性外出，致力于扩大宗族的网络之时，主妇承担守护家庭、侍候公婆、训育子女的角色。在没有丈夫的大家庭中，主妇往往是孤立无援的。特别是在丈夫长期不归或者成了不归客时，留下的妻子没有再婚的自由，陷入极为困难的境地。难以忍耐其重压而自寻短见者也屡见不鲜。可以说，这种宗族体制，就是由这种主妇的忍耐和服从而支撑着的。惟其如此，宗族被迫必须不断地对主妇奖励贞节。社祭演剧中，节妇、烈妇的故事甚多，就是基于这个理由。[1]

明清宗族组织是乡村社会基层组织之一，族长、族正对乡村社会发生的诸如户婚、田土、盗窃等寻常案件，多协助里长、地保进行调停处理。成书于崇祯初年的《盟水斋存牍》显示，广州从明代中叶以后已经开始建设宗祠，明末以宗祠为中心的宗族体制发挥了作用。在承继问题纠纷中宗族以"公举"的形式干预，同时，"公举"之际，族长站在宗族的立场维持公论，发挥统一族内议论的调整能力，或者说，他被期待具备这样的能力。明末以宗祠为主的宗

---

[1] 〔日〕田仲一成：《明清的戏曲：江南宗族社会的表象》，王贵彬、王文勋译，北京广播学院出版社，2004，第168页。

族体制已经在广州地区扎了根。① 明清广东家族组织发展较为完善，至今仍可在乡村社会看到祠堂建筑。笔者曾多次深入乡村进行考察，感性地理解乡村妇女的实际生活，并收集不少民间族谱，从中管窥乡村妇女的生活面貌。笔者也一直在思考田仲一成所描述的江南宗族中的妇女角色在广东情形如何。本章依据的族谱文献多由各家族士人修纂，他们均受过系统的儒家教育，有的还有功名，其编修族谱的目的原本是慎终追远，凝聚家族向心力，属于民间私人间的公领域。族谱一般不对外姓人开放，即使是本族人也不能轻易翻阅传播，具有很强的隐秘性。因此，族谱中对女性的记载十分谨慎。从族谱记载的女性来看，她们的形象基本上与王朝要求的形象一致，或者说编纂者在描述她们的形象时，基本上按王朝话语进行有选择性地勾勒。在这种情形下，族谱中的女性事迹与地方志会有许多合拍处，但也有自己的特色。族谱与方志尽管都是由乡绅一类的文化人编纂，但两者的不同之处在于族谱以私家力量修纂，一般不轻易示人，地方志则以官府名义修纂，一般积极向世人推销，以收资治、教化功能。

一 女性婚姻的地域圈考察

笔者在佛山市南海区的田野调查中，在南海区图书馆发现一部编纂于清末但具体年代不详的《林罗冈祖族谱》（残谱），无谱序，全部为世系。这一情况与珠三角世家大族纂修的具有完整谱系关系的族谱不同，基本上可以判断为普通家庭士人修纂的族谱。该家族直到28世——实际为迁入罗冈13世——才有一个人且是唯一一个人参加了科举考试，即谱中的27世学贤子升恒，他生于康熙十五年六月，卒于乾隆三年五月，族谱说他"每试辄显，考新会籍小试，序排第五名"。可见，这一小试，还是冒新会籍参加地方科举考试。

不过，林家的世系又与一般族谱的世系不同，基本上较详细地记载了谱主的生卒年、婚配对象及配偶生卒年、子女婚配情况等，

---

① 〔日〕井上彻:《明末广州的宗族——从颜俊彦〈盟水斋存牍〉看实像》，《中国社会历史评论》第 6 卷，天津古籍出版社，2006，第 21~31 页。

第五章 明清家族建构的女性形象：以族谱为中心

且男女兼收，从中可以管窥乡村女性的婚姻生活常态。笔者将谱中以男性16世至26世为主体的记录，改为以女性为主体，且以罗冈1世至11世为序罗列成表5-1。

表5-1 明清南海林氏家族女性婚姻分布地域

世系	女性姓氏及籍贯	生卒年	配偶名字	配偶生卒年	子女情况
1	陈氏，恩州堡沙涌村陈恒季女	1347~1409，寿63	华，字尚文	1354~1396，寿43	子吁，女四[①]
2	蒲氏，甘蕉人	1377~1433，寿57	吁，字叔磐[②]	1371~1458，寿88	子瓘、灿、瑛、瑗、琏、珣、锟、屺，女一[③]
2	李氏，羊城西濠街人	1394~1474，寿81			李氏未育
3	关氏，塘涌人关通可女	1406~1474，寿69	瓘，字元玉	1403~1477，寿75	子孟芳、季芳、真斋，女一[④]
3	叶氏	不详		不详	不详
3	颜氏，恩州人	1407~1483，寿77	灿，字成光	1407~1448，寿42	子肇孙，女二[⑤]
3	徐氏，大新街徐佛祖女	1410~1461，寿52	瑛，字世珍	1409~1460，寿52	子杉，女二[⑥]
3	陈氏，陈村刘税真女	1409~1491，寿83	瑗，字应奎	1411~1481，寿71	子著，女三[⑦]
3	周氏，大榄村周广女	1411~1482，寿71	琏，字宗器	1413~1460，寿47	子万青、永青、润青
3	周氏，百滘周络三女	1413~1471，寿59	珣，字世宝	1416~1485，寿70	子盛
3	吴氏，丰冈吴永绩女	1419~1472，寿54	锟，字汪玉	1418~1499，寿82	子孟琛、仲琛、秀琛
3	刘氏，大力蛇龙乡刘坚女	1419~1455，寿37	屺，字良玉	1421~1487，寿69	子雨继
3	黄氏，大新街黄尚礼女	1429~1494，寿65			黄氏未育
4	白氏，塘头白复五女	1433~1505，寿73	盛[⑧]，字廷柱	1438~1489，寿52	子端、崑、嵩，女三[⑨]

265

续表

世系	女性姓氏及籍贯	配偶生卒年	配偶名字	配偶生卒年	子女情况
5	何氏，流潮何浩光三女	1463~1551，寿89	端，字以正	1460~1527，寿68	子钢、镨、铎
	莫氏，平洲莫养浩六女	1463~1504，寿42	岜，字宗镇	1462~1532，寿71	子锐、钺
	马氏	1470~1536，寿67			马氏未育
	梁氏，佛山人	1462~1514，寿52	嵩，字世乔	1464~1510，寿47	子（俊）杰、良、荣、性
6	范氏，三江乡范石湖长女	1488~1564，寿77	钢⑩，字邦用	1485~1529，寿45	子霈、滋、润、泽
	杜氏，甘樵杜东山长女	1488~1549，寿62	镨，字邦器	1492~1568，寿77	子之湜
	刘氏，珍竹冈刘南治长女	1497~1554，寿58	铎，字邦敬	1496~1553，寿58	子汉、渐，女二⑪
7	陈氏，平洲堡半塘陈白叟三女	1518~1588，寿72	之湜，字逢⑫	1515~1576，寿62	子槐、桧，女三⑬
8	莫氏，平洲人	1542~1622，寿81	槐，字瑞参	1545~1630，享86	子初炳、初焕、初灿，女二⑭
	邝氏	1566~1637，寿72	桧，字彦参	不详	子初炜
9	潘氏，芦村潘敬轩次女	不详	初炳，字晓乾	1568生，寿不详	子鼎新、鼎盛，女二⑮
	黄氏，月窟人	1569~1628，寿61	初焕，字晓阳	1572~1649，寿78	子培栋、培翠，女二⑯
	吕氏，大涌人	不详	初灿，字晓登	1577生，寿不详	子（培）嵩、坚、植，女四⑰
	叶氏，大圃人	1578~1641，寿64	初炜，字晓昇	1574~1626，寿53	子培茂
10	不详	不详	鼎新，字广规	不详	子屏，少殇
	邝氏	不详	鼎盛，字广献	不详	无嗣
	叶氏	1602~1635，寿34	培栋，字广基	1604~1649，享46	子凤奇、秀奇
	李氏，大范人	1604~1692，寿89			子信奇，女二⑱

第五章　明清家族建构的女性形象：以族谱为中心

续表

世　系	女性姓氏及籍贯	配偶生卒年	配偶名字	配偶生卒年	子女情况
10	钟氏，钟边人	1605~1676，寿72	培翠，字逢基	1607~1684，寿78	子仕先、仕龙，女三⑲
	梁氏	不详	培嵩，字广聚	不详	子良
	邹氏	不详	培坚，字广生	不详	子雄，女三⑳
	不详	不详	培植，字广居	不详	无嗣
	吴氏，大圃人	1601~1660，寿60	培茂，字文耀	1601~1656，享56	子昌、奇，女一㉑
11	不详	不详	屏，字秉均	不详	无嗣
	侯氏，坑口侯五玉女	1627~1694，寿68	凤奇，字景超	1627~1697，寿71	子思学、思贤，女一适力头曾姓
	梁氏，潭村人	不详	秀奇，字祐超㉒	1631~1718，寿88	梁氏未育
	冯氏，新街人	1634~1716，寿84			子智贤，女一适塱头陈章平
	邓氏，大亨邓上尊次女	1638~1716，寿79	信奇，字诚超	1640~1702，寿63	子觉贤、明贤、达贤
	关氏，街口人	1639~1666，寿27	仕先，字拔超㉓	1638~1709，寿72	关氏未育
	潘氏，大范人	1631~1673，寿43			子孟贤、仲贤、季贤、进贤，女二㉔
	关氏，塘涌人	不详			女一适大范阮姓
	许氏，塘基头人	1641~1668，寿28	仕龙，字华起	1645~1685，寿41	子象贤
	陈氏，罗村人	不详			子见贤、爱贤、悦贤，女一适坳头潘
	不详	不详	嗣良	少殇	不详
	黎氏，沙扶社人	不详	嗣雄，字弈超	不详	不详
	李氏	不详			不详
	何氏，同村何象成次女	1634~1693，寿60	嗣昌，字采嘉	1635~1699，寿65	子镇兴，女四㉕
	冯氏	不详	嗣奇，字采标	1638~1676，寿39	无子，女二㉖

①女，长适陈村陈姓，次适陈村区姓，三适大槛佛子迳村唐姓，四适陈村黄姓。
②因他长寿至88岁，族谱说："凡乡有讼则推陈义理，讼者悦服。凡自愿罚者贮其

267

续表

所罚，以重建圣妃祠。邻都金口堡达者张希贤等慕公之德，撰碑立石以纪其事，今碑存圣妃祠之左。公积田口十六顷，分子八人，又拨田四十余亩以为尝业，至今春秋二祭血食不绝。"

③女适边泌冲邹道继。
④女适大沥表彭氏。
⑤女长适罗荒村黎姓，次适刘洞村刘姓。
⑥长适沙坑周屑仁，次适虎噉王瑞。
⑦长适大市街萧鸢，次适半仙冈易文盛，三适米市街郭俊。
⑧盛公积德好善，置地一段建三进之宗祠。
⑨长适李村高文钟，次适颜立颜珍，三适麻奢陈发（登甲科赐进士）。
⑩公平生刚直信义，才猷敷于远近，孝友著于乡间。其父端公被人诬陷遂下狱，公痛亲年高，无辜罹狱，孝心勃勃，挺身诉官代罪替父，出狱期载，终于狱内，时嘉靖八年己丑十一月。……范氏为人贞静幽娴，持家有法，守身有礼，教子以义。方公虽早逝，综理家政，克勤克俭，建屋置产，以遗留祭，迄今土名花地田二坵大水缺田一坵……俱属留祭，诚孟母之流亚，女中之丈夫也，至今啧啧称道焉。
⑪长适南井刘仲纲，次适大范曾白江。
⑫充南海学生员，嗜学博古。
⑬长适联镰关姓，次适扶南邝姓，三适罗村王姓。
⑭长适罗村陈姓，次适盐步简姓。
⑮适月窟周姓。
⑯长适甘焦杜姓，次适鹤园关姓。
⑰长适沙贝陈姓，次适荔庄吴姓，三适扶南邝姓，四适官窖黄姓。
⑱长适山南关姓，次适爪步彭姓。
⑲长适边右步刘姓，次适扶南邝姓，三适邵边邵姓。
⑳长适庙前陈姓，次适冈头何姓，三适水边许姓。
㉑适白冈某姓。
㉒公清净闲逸，黜浮夸而崇诚懿。年高德劭，康熙乙未圣天子恩加耆硕，公沐栗帛之赐，受以冠带，颐养天年，优渥殊深焉。
㉓公春风可人，处事有方，胸罗青囊，以济世多年，再造者多有扁赠。
㉔关氏未生育，潘氏生四子二女，其中长适新村曹姓，次适大沥梁姓。
㉕长适新街李姓，次适扶南邝姓，三适水头关姓，四适张边张姓。
㉖长适中心堂吴姓，次适仙人岭罗姓。

从广东省立中山图书馆收藏的《林氏昭兹堂族谱》（不分卷）可知，该谱为南海林梁于道光二十二年主修，抄本1册，书名据版心题，书根题南海林氏世系谱，为五修本，谱主籍贯为南海雅瑶罗城，始祖为宋代林国钧，字公秉，号濯缨，又号四年居士，行一。而罗城的始迁祖为元代的林尚文，字孟博，行三。这个谱与《林罗冈祖族谱》中族人拥有同一祖先，据《林罗冈祖族谱》记载，林华，字尚文，别字孟博，"元至正十四年甲午八月十三日，终于明

第五章 明清家族建构的女性形象：以族谱为中心

洪武二十九年丙子十月三十日"，元至正二十六年丙午"挈家就田而居于雅瑶罗城焉，今遂为罗城之始祖也"，时尚文虚14岁。林尚文妻陈氏为思州堡沙涌村人，元至正七年生，明永乐七年卒。以此推算，至正二十六年，其妻陈氏20岁，比丈夫大6岁。族谱将其世系列为16世，应是以入粤祖计算的。本文将其列入罗城一世祖。从1366年入居罗城开始，到12世绝大部分族人为1666年以后出生止，林家在罗城生活了超过300年时间。需要说明的是，表5-1中男女寿命以族谱记载为准，并非笔者换算所得。估计因为传统乡村社会计算生卒年有虚一二岁的情况。

从表5-1可以看出，男性若娶几房女性，可能是因为前面的妻妾没有生育或生育女儿，所以为传递家族香火，不得不再讨一房女性。从女性婚姻来看，她们大多在25岁左右才生育第一胎。表5-1显示，就林氏家族男女婚姻圈的姓氏和地域范围中的姓氏看，罗城林氏落籍后，就不断与当地人缔结婚姻，涉及陈、蒲、李、关、叶、颜、徐、周、吴、刘、黄、白、何、莫、马、梁、范、杜、邝、潘、吕、邹、侯、邓、许和冯等姓，女儿外嫁有区、唐、黄、邹、黎、王、陈、周、颜、高、曾、杜、简、彭、刘、邵、何、许、白、罗、吴、张、关、李、梁、邝、曹等姓。于此可见罗城周边姓氏分布及相互间的联姻关系。就地域看，由于笔者无法将族谱所涉村落名称还原到具体地点，因此难以判断罗城与这些村落的距离，但大体主要在南海县境内。

林氏族谱没有交代为何记载女性，但民国《粤东简氏大同谱》对此则有说法："娶妇，书妇父里贯、姓名，使子孙知母氏所自出。晏子为齐相，三族无冻馁者，此其志也。嫁女，书婿里贯、姓名，使知女所生者。妾有子则书，无子不书，母以子贵也。此其为议，大抵各系诸谱议同，今犹有酌焉。族谱者，以同姓之族而言也。三族谓父族、母族、妻族。不惟同姓也，泽及三族，其志当然矣。惟泽及之非，遂书之妇父与婿，谱中宜详略不同。"[1]

天宝行在清代十三行中并不非常显赫，该行由清代番禺县黄埔乡茺西里梁经国于嘉庆十三年创建，梁经国为梁家入籍番禺第

---

[1] （清）简宾侯等修，简竹居等纂《粤东简氏大同谱》卷12《艺文谱》，北京图书馆出版社，2000，《北京图书馆藏家谱丛刊·闽粤侨乡卷》，第44册，第2010页。

15世。① 梁家祖先有确切历史记载的是北宋中期的梁文斾，为梁家入粤始祖，地点在今广东南雄市。传至入粤第四代祖梁大器，他的三个儿子由南雄迁往珠江三角洲地区，其中庭琚迁入广州。南宋末年，入粤第五世庭琚儿子廷干又由广州迁往番禺县茭塘司属北亭（今新造）居住。入粤第六世廷干孙子永成于洪武初年由北亭迁至番禺县茭塘司属黄埔乡荣西里居住，地点在今天广州海珠区新滘镇黄埔村。② 梁永成为入粤第八世，并成为入籍黄埔乡荣西里一世祖。

《番禺黄埔梁氏家谱》（10卷）是目前所知十三行中较完整的一部族谱。这部族谱显示的家族男女婚姻状况从第五世开始有明确的婚姻嫁娶地点，时间涉及明清两个朝代。据族谱记载，明清两代，梁家男性有1642人，女性735人，荣西里开基祖至第11世，均无生卒年记录，从第12世开始出现较详细的生卒年记录，且12世祖出生大多是在康熙中叶。笔者为了行文方便，将第11世祖作为明代的最后世系，以第12世作为清代世系的开始。族谱记载梁家自五世开始的婚姻大多有明确的地点，自明代至清代有明确婚嫁地点的人数为754人，婚嫁范围绝大部分以梁家生活的番禺县茭塘司为主。但清代以后，即从第12世开始，逐步向茭塘司周边的鹿步司、捕属以及南海县扩展。

明代梁家有确切嫁娶地点记录的共71人，主要分布在梁家所在茭塘司周围的金鼎、北亭、琶洲、小洲等地。梁家经常与周边村落保持着婚姻关系，至少显示了明代这一区域的村落关系较为和谐。而稳定的地方关系会促使不同家族间维持良好的交往。女性每年会在节庆及其他重要节日携带儿女回娘家看望父母亲戚，进一步加强了村落间的相互沟通。2008年10月2日下午，笔者和研究生在广州天河区石牌村进行田野调查，被访谈的68岁男性潘姓老人说，他小的时候，经常在母亲的带领下，从石牌村出发到广州三元里的外公外婆家探亲。

清代梁家除了茭塘司及一名和驻防汉军联姻的记载外，作为番禺、南海以及广州府、广东省等衙门所在地的捕属人数明显增加，

---

① 梁嘉彬：《广东十三行考》，广东人民出版社，1999，第232页。
② 黄启臣、梁承邺编著《广东十三行之一：梁经国天宝行史迹》，广东高等教育出版社，2003，第1~2页。

第五章 明清家族建构的女性形象：以族谱为中心

基本在广州城池范围内，说明梁家与城市的交往进一步加强，梁家在清代通过婚姻的方式扩大了对外交往的边界。我们可以从15世梁经国的个人经历窥见一斑，据《先曾祖左垣光禄公家传》记载："公讳经国，字调礼，号左垣，云逵公之子也。少倜傥，四五岁时，日随父云逵公上学问字……及七岁，父殁，哀毁如成人，人始异之。……方是时，无立锥之地，无担石之储，母子相依，零丁孤苦。吾乡距省三十里而遥，且夕可往返。公日则出省负贩，夜则母子织作，机声灯影，恒达于旦。稍长，佣工于外，尺累寸积，渐获盈余。"① 另据梁嘉彬先生考证，梁经国在18岁时，就到了广州，在冯氏洋行做伙计，学习洋行商务，也即"稍长，佣工于外"。② 从梁经国开始，梁家不仅参与了商业活动，而且跻身于十三行，成为十三行之一员，从此在广州城内外的活动日益频繁，因而与南海县以及捕属的婚姻圈明显增加。

我们将清代梁家的男女婚配分别进行统计，将会出现什么情形呢？清代梁家男性配偶来源地情况见表5-2。

表5-2 清代梁家男性配偶来源地一览

单位：人

地点	12世	13世	14世	15世	16世	17世	18世	总计
茭塘司	38	39	42	34	23	13	9	198
鹿步司	3	4	13	12	16	8	3	59
南海县	2	2	11	9	10	5	2	41
捕属	0	2	5	8	9	12	3	39
沙湾司	1	1	0	0	0	0	1	3
慕德里司	1	0	0	0	0	1	0	2
总计	45	48	71	63	58	39	18	342

从表5-2可看出，清代梁家男性配偶有明确来源地者共342人，这些被娶或纳入梁家的女性，以茭塘司为主，其次为鹿步司，地域范围多为番禺县境内。清代梁家从南海县及其捕属地区迎娶的媳妇数量基本呈增长趋势，南海县作为番禺茭塘司的毗邻地，一直

---

① （清）梁庆桂：《式洪室诗文遗稿》，文海出版社，1984，第34页。
② 梁嘉彬：《广东十三行考》，广东人民出版社，1999，第323页。

是梁家婚娶的主要地域，而捕属是广州府属番禺和南海两首县各自管辖一部分的城内区域，这一情况说明，清代梁家与城市的接触愈益频繁，而且从第 15 世开始基本呈增长势头，此时正是梁家从事商业活动的重要阶段，说明梁家随着商业的推展，其社会交往圈尤其和居住在城市中的家族的交往在不断扩大，但仍是有限度的扩大。

清代梁家女性出嫁地域情况见表 5-3。

表 5-3 清代梁家女性出嫁地域一览

单位：人

地　　点	12 世	13 世	14 世	15 世	16 世	17 世	总　　计
茭塘司	24	27	41	70	65	13	240
鹿步司	2	5	10	18	8	2	45
捕属	0	4	7	4	9	8	32
南海县	0	0	0	1	4	4	9
沙湾司	0	0	1	4	2	0	7
慕德里司	0	0	0	0	2	0	4
合　　计	26	36	61	97	90	27	337

梁家族谱从 12 世开始记录了家族女性外嫁的具体分布地点。从表 5-3 可看出，从 12 世至 17 世，梁家女性有较确切出嫁地者为 337 人，出嫁地也以茭塘司为主，其次则是鹿步司和捕属，其情形与男性娶进的女性地域在比例上基本一致。表 5-3 中捕属居第三位，再次说明梁家的婚姻圈向城市倾斜的现象。

梁家通过一世祖到 18 世的娶进和嫁出，不断与其他家族编织社会网络。一世祖永成配何氏，二世祖恒久、恒长配偶均为区氏。从第三世开始，梁家与其他家族联姻交往的范围越来越广，其配偶来自外姓者达 80 人以上，且在 12 世以后明显增加。梁家与陈、凌、黄、林、李、黎、冯、简、郑、徐等家族通婚最为频繁，这些家族与梁家差不多保持着世代通婚的传统。与此同时，梁家从第三世开始出现女儿外嫁，涉及的通婚姓氏达 60 个以上，比例较高的也是凌、冯、郑、黎、李、陈、简、黄等家族。这一数字表明，梁家的女性与男性一样，婚姻交际圈总是在一定的地域和一定的姓氏范围内进行，但都呈现不断扩大的趋势。

清代梁家婚配的地域不断向番禺县以外延伸,尤其是 14、15 世纪以后,随着社会经济的发展,地域之间的交往不断增多,梁家的婚姻状态无论从女性嫁出地域还是从男性娶入地域来看,都明显地向外发展。从族谱的粗略统计来看,地域涉及广东省内的南海、顺德、新会、东莞、增城、肇庆、香山、惠州、连州,省外包括福建、安徽、盛京、浙江,乃至国外的越南等地。据梁家族谱记载,梁家六世祖时开始与番禺县以外的地域有了婚姻往来,即五世祖梁璟之女嫁给了南海县捕属麦栏街关家。此后尽管也与番禺以外的地域有婚姻往来,但都是零星的,直到 12 世祖以后,梁家才连续地与番禺县外的地域建立婚姻往来关系。尤其是道光以后,梁家通过各种关系进入仕宦行列的人数增加,其家族男性婚配对象的地域愈益遥远,梁家通过婚姻关系构筑了地缘的和社会的双重网络,对梁家发展有重要意义。[①]

二 族谱所反映的女性智勇双全形象

明清时期,广东掀起私家纂修家谱热,修纂者本身文化程度不同,各家族对女性的记载也不尽相同。一些大家族,如南海冼氏、朱氏、黄氏等族谱都模仿地方志,专设《列女传》等栏目。《增城小楼何氏族谱》女贞第六开篇即说:"族系之谱皆传丈夫,其配则附纪内,明有纲也。然风自火出曰《家人》,其占为利女贞,是以大任大姒,周公表为周德发祥,阃范实有足风,何可无传以纪之。至若遭家不幸,节烈自矢,而上事姑嫜,下教其子,是即女中丈夫,可愧须眉,又不特从一之贞矣,作女贞纪。"这里的"风自火出"出自《周易·家人卦》,大意讲家庭和睦,柔顺互动;而"大任大姒"则出自《列女传·母仪》,大任为周文王母,大姒为周武王母。无外乎是说,女性在家庭中所处角色及对家庭的重要作用。透过这些栏目及其他有关家族女性的记载,既可管窥广东士大夫形塑家族女性的价值取向,是向王朝国家意识形态看齐,又可管窥在

---

① 刘正刚:《明清时期家族通婚构筑的社会网络——以〈番禺黄埔梁氏家谱〉为个案》,载陈春声、刘志伟主编《遗大投艰集:纪念梁方仲教授诞辰一百周年》,广东人民出版社,2012。

这些记述背后无意之中所彰显的女性社会形象。

香山黄氏家族是明清时期广东著名大族，从刘志伟先生《从乡豪历史到士人记忆——由黄佐〈自叙先世行状〉看明代地方势力的转变》①中可知，黄家早期历史并没有多少可靠文字记录可据，其家族历史到了明代黄佐的祖父黄瑜时才有专门文字记录。道光二十七年黄培芳编《香山黄氏家乘》，几乎将黄家女性与男性一起亮相，据该谱卷3《小传》记载，元代黄宪昭，字元昭，在元世祖至元三年累官至西台御史，"会禁南人不得蓄兵器，抗疏极谏，忤旨，贬岭南，逾岭，卒于途"。他死后，其夫人率领家人继续向南前进，"携子间关，至南海家于西濠，后葬芙蓉乡"。至于这位始迁祖妣的姓氏、生卒年，"俱阙"。②尽管黄家对这段历史记忆十分模糊，但族谱编者还是给予了这位女始迁祖一定笔墨。黄家真正入粤始祖应是这位无名太婆。黄家在香山发迹从入粤六世祖黄瑜开始。黄瑜，号双槐，生于明宣德元年，卒于弘治十年，享年72岁。他"弱冠补邑庠，治《尚书》"，30岁中举，到京师游太学，天顺七年抗疏言六事，遭朝廷忌恨。成化五年授惠州府长乐县知县。有《双槐岁钞》传世。族谱还说，黄瑜被"崇祀惠州名宦（祠）、广州乡贤（祠）"。

然而，黄家引为自豪的黄瑜，他的成功与妻李氏有极大关系。据族谱记载，李氏为香山县大榄乡人，生于宣德八年，卒于正德二年，享年75岁。她从小就受到来自父亲的良好教育，嫁给黄瑜后，承担治家重任，"严而有恩，亲姒娣如姑，育从子如己子"。她善于处理家庭中的各种关系。她首次赢得社会好评并获"女中师"称号，是婚后因陪同丈夫黄瑜赴京城读书，途中遇洪水，所乘船发生危险，她临危不惧，蔽面随大家上岸避险，完全以儒家要求的女性形象出现，"相随仕途，斯须不违《内则》，江涨舟几溺，舟人请援，叱之曰：吾溺尚可，援即污我，蔽面登岸，无惧容。缙绅闻之咸曰：女中师也"。③这里强调李氏对王朝倡导的女性必读书——《内则》颇熟悉，即使在最困难时候，也一面"蔽面"，一面拒绝

---

① 参见《历史研究》2006年第6期。
② （清）黄培芳纂《香山黄氏家乘》卷3《小传》，《北京图书馆藏家谱丛刊》闽粤侨乡卷，第5册，北京图书馆出版社，2000，第163页。
③ （清）黄培芳纂《香山黄氏家乘》卷3《小传》，《北京图书馆藏家谱丛刊》闽粤侨乡卷，第5册，2000，第172页。

男性的援救，赢得在场士大夫的称赞。李氏陪着丈夫在北京生活了八年，两个儿子也在北京出生。她悉心照料小家庭的一切，南方人大约很不习惯在北京过冬，所以儿子刻意描述母亲在寒冬季节对丈夫和孩子们的精心照顾。

不过，我们若认真读一下族谱中收录的黄瑜长子黄粤洲（生长于京师）为母亲所写的墓志铭，其内容似乎是对上述李氏儒家正统形象的否定，或者说真实地再现了李氏在男性世界中的特立独行的性格。兹将黄粤洲撰《先妣孺人李氏圹记》照录如下：

> 先妣孺人李氏讳观娘，世家香山之大榄乡，为著姓。曾祖觊祥、祖原逊、父英妙，母周氏。宣德癸丑闰八月二十九日生，孺人性严重，有智识。方黄寇乱，草盗乘时窃发，谏父请迁居避之，父不肯，遂为所害。孺人易服逃匿以免。事定后，与兄智间关求父尸葬焉，时年十七。先考闻其贞烈聘之，甫笄归于黄氏。先考举乡进士，如京师，维舟江西水暴，至乱流，避之岸，极斗峻，舟人请援。叱曰：吾溺尚可，安以援为？蔽面而登，无惧态，万目所属，讶以为难。邻舟士夫啧啧曰：女中师也。及居太学八年，穷冬供爨不以委婢仆，十指冰裂为之流血，其相与也如严宾焉。及任长乐，先考以张方伯提去，孺人请曰：勿仓卒，当理会印信文书。乃以先考命库吏收领县印及阴阳医学诸印，凡六颗而自收其钥，又取案卷箱匦，以铁长锁连环锁之。先考遂行，未几，仇民黄新欲率人行劫，其谋中沮，署印经历黎献闻其事，以为丈夫有不如云。孺人性默然，善应变，类如此。故先考得以循良称者，其襄助多矣。正德丁卯十月卒，寿七十有五，子男二，长畿（字宗大，号粤洲），老于庠序，娶宪副提学陈公政女，生男佐为郡庠生；次广，娶阮氏，先孺人卒己巳十二月，癸酉启先考之藏而合葬焉。①

从碑记中可看出，李氏未出嫁时已属"有智识"女性，在黄萧养叛乱时，17岁的她规劝父亲外出避乱，父亲因坚守家园而遇害。

---

① （清）黄培芳纂《香山黄氏家乘》卷5《事迹下·志铭表记》，《北京图书馆藏家谱丛刊》闽粤侨乡卷，第5册，第493~495页。

她本人遂抛弃父亲,"易服"出逃。这与地方志描述在战乱期间为保护家中男性出逃而主动留守家中或自杀殉节的烈女明显不同。在官府平定黄萧养之乱后,她和哥哥李智回家找到了父亲尸体并埋葬。事情至此,撇开其扔下父亲不管,自己易服出逃求生不谈外,即使说她出逃带有害怕在战乱中受到性侵害的元素,[①] 尚可纳入"贞"的行列,那么"烈"则几乎看不出来。但粤洲却说其父亲因听说母亲李氏"贞烈"后,才决定娶她为妻。这一点多少可以反映作为晚辈的儿子,有为亲者讳的味道。

我们从李氏在父家以及夫家时所作所为,大约可以理解儿子为何说她"性严重"了。其实,她不仅管理家庭的所有事务,不轻易让婢仆插手,而且对丈夫的公务也插手。成化年间,黄瑜任广东长乐县知县,在离任之时,李氏对象征权力、"公文"以及"印"的处理,再次凸显其非凡的眼光。她告诫即将离任的丈夫"勿仓卒",要把"印信文书"处理好。估计黄瑜并没有把这些当一回事,所以她只好亲自上阵,打着丈夫的旗号,处理县衙的重要事务,"乃以先考命库吏收领县印及阴阳医学诸印,凡六颗,而自收其钥,又取案卷箱匣,以铁长锁连环锁之"。这些事务的处理本来应该是知县的职责,因为随后要与下一任进行交接。而她对公务的插手,不仅没有引起男性们的责难,反而受到男性的赞扬,"署印经历黎献闻其事,以为丈夫有不如云"。她的儿子粤洲则称赞母亲这样做是"善应变",并说父亲黄瑜之所以能得到"循良"官吏的称号,主要是因为母亲"襄助多矣"。

南海鹤园冼氏也属大族,六世冼月松妻谭氏为同乡澜石谭典吏之女。黄萧养之乱时,谭氏勉励儿子"相父并力御贼"。时大良吴萧因避难到鹤园,村里人疑心他和黄萧养同"里闾",是黄萧养派来的间谍,"疑探动静,将杀之"。谭氏力排众议,叫儿子竭力营救,使吴萧免于一死。吴萧获救后,乞求谭氏帮自己保管从大良带来的两千金,谭氏让儿子带着他在自家院内自埋隐藏。黄萧养之乱被平定后,吴萧又来到鹤园谭氏家,掘地获金,"封识宛然",他拿出一半酬谢谭氏,被她拒绝。据说,在黄萧养叛乱期间,其亲戚邻

---

① 刘正刚:《明末清初战争中女性遭受性暴力探析》,《妇女研究论丛》2004 年第 1 期。

里有不少妇女拖儿带女到她家"避贼",她"罄储给之,赖以存活甚众"。直到清末,鹤园还传说谭氏救人的故事。她也因此入选历代乡志。谭氏第三子冼刚庵媳陈氏为佛山人,出身仕宦之家,"少从父任于莆田,父见其聪慧,教之书,过目辄成诵"。16岁与刚庵结婚,26岁守寡,时二子"尚幼,家又贫,族人或难其守,安人以死自誓,毁膏沐,恶衣服,独处一小室,纺绩自赡,即同舍姒娌罕见其面"。她督促儿子"习字读书学礼,长乃遣就外傅",后二子皆有成,其家为乡党称重。进士冼桂奇评论:"今人语男子者必曰:毋以为妇人女子态,以余观之独不然,世有号称伟男子,诵诗书、说仁义,初未尝不以忠义自许,至遇难则避,见利则趋矣。乃谭安人则相夫成义,守金不取,陈安人则寡节终身,贫无怨言,谓男子能逮否耶?"① 而冼桂奇母亲陈氏也是一个与众不同的女性,平生"不信巫觋",嘉靖初,广东提学副使魏校在广东大力推行"毁淫祠"。陈氏闻言,取出家中"先人旧所奉佛像,投诸水火,姒娌大怖异",害怕遭到鬼神报复。陈氏却说:"有祸吾自当之。"后其子桂奇举进士,入京师"官工曹,迎养京邸",她仍像平时一样"早起治菽水,如寒素时"。② 屈大均说她"性方正,不喜世俗非鬼之祭"。③

岭南硕学大儒湛若水母亲陈氏也是有见识的"女中豪杰"。陈家本住增城甘泉都沙村,到陈氏之父始迁西洲村,"以赀雄于乡",与沙贝村的湛家门当户对。陈氏嫁入湛家后,和"刚强少款曲"的丈夫以及"性悍戾"的庶姑相处很好,孀居之后,长主家政。④ 她善于理财,湛若水"凡交际礼币俸入,必以归陈。及病革,遗命罗(谷七)百石,为建义仓于坟所,以赈甘泉、清湖二都之贫者。时耕而贷,时获而敛,贷以平斗,而蠲其息,敛以尖斗,以补亏耗。又金公正乡老,以掌出纳之数。其约:若九人不完,甲长催并之,

---

① 宣统刊行《南海鹤园冼氏家谱》卷6之三《人物谱·列女》,宣统刻本,第1~2页。
② 宣统刊行《南海鹤园冼氏家谱》卷6之三《人物谱·列女》,其中的列女资料多摘抄于乾隆《佛山忠义乡志》卷9《人物志·列女》,第2页。
③ (清)《广东新语》卷8《女语》,《屈大均全集》第4册,人民文学出版社,1996,第238页。
④ (明)蒋冕《湘皋集》卷29《明封太孺人陈氏墓志铭》,嘉靖三十三年刻本,第14页上~16页上。

277

一人逋负，九人共督之，其有捐匿者，九人代赔。例以为常，民甚德之"。这个义仓名叫"荷塘义仓"，在甘泉都，"具为条约，请里中耆艾之雅行者主之，而湛氏不得私焉"，是湛母"虽垂殁而犹有遗惠以及夫乡鄙"的一个社区福利基金，她公正而认真，对贫穷的乡邻有莫大帮助。陈氏又命湛若水"出其家粟，市田若干亩，岁入谷二百斛，立小宗义田。其法：凡小宗之亲，婚嫁丧葬，则给助之有差。又置宗子田若干亩，岁入粟二十斛，为祭服具，俾世守之不替。乡人翕然称重，以为女中豪杰"。[1] 这是一个宗族性的福利基金。湛母对于湛若水的成功，居功至伟。她命中举后的湛若水到江门师从白沙陈献章，已是极高的见识，维持了湛家庞大的产业，赢得了乡人宗族的爱戴，更是湛若水得以安枕无忧的依靠。湛若水之能"增田宅庄店，岁入数千金"，也能在南京、溧阳、扬州、池州、徽州、福建武夷、湖南南岳以及广东多处众建书院，广置馆谷，看来受了母亲的达识和乐善行为启发和影响不少。他兴学养士，也可以说是其母惠爱宗族、乡党的延伸推广。[2]

在粤北地区，明清王朝鼎革之际，民众生存维艰，女性形象在此时也表现得很突出。据《乐昌黄圃斗湾白氏族谱·节孝录》记载，雍正年间，乐昌县儒学廪生廖伯慈、增生黄维曜、附生扶朝纬，以及里邻白万镒、欧升闻、张昭谷等向县学呈报给节孝妇邓氏建坊入祠。查邓氏系乐昌县城南都七甲里民邓光斗之女，生于天启七年十月，崇祯十六年17岁，嫁给扳下都一甲廪生白云阶之子府庠白世蕃为妻，顺治八年十月其夫遇贼被杀，遗孤润文仅7岁亦被掠，时年25岁的她奉孀姑张氏匿破屋中获免，闻家凶惨，她泣血数日欲死，"吾夫死贼手，子陷贼营，何以为生？"婆婆劝她："子死孙陷，吾乃依汝以终，余言若亡，吾亦亡矣，且死者不可生，而陷者或可出，盍忍死以延吾宗。"她听从了婆婆的劝解，"勉进糜饮，力疾扶姑，至山佃耕，勤苦纺绩"。据说，某夜梦其夫告其子所在，她立即"变尽家财，并负所纺布，诣贼营告赎其子，贼感其义"，将其子归还了她。此后，她奉姑教子。婆婆死时，她丧葬

---

[1] 嘉靖《增城县志》卷7《人物志·贤母类·湛母陈氏传》，《广东历代方志集成》，岭南美术出版社，2007，第57页。
[2] 朱鸿林：《明代嘉靖年间增城沙堤乡约》，《燕京学报》新8期，北京大学出版社，2000，第116~117页。

第五章 明清家族建构的女性形象：以族谱为中心

"一如其礼"。族谱称赞她"节孝兼全，堪膺旌典"。康熙十九年身故，享54岁，孀居30年。

上述不同姓氏的地方士人或乡贤为邓氏请旌，可能与邓氏孙子庠生白乐凯等和官府往来密切有关，雍正十年特授韶州府乐昌教谕张衍载题《白王母邓太孺人节孝录序》，乾隆元年特授韶州府理瑶军民分府加三级杨国栋撰《白门太母邓孺人节孝序》，乾隆二年敕授文林郎、知韶州府乐昌县事加一级纪录二次、充丙辰恩科同考官王发枝题《白门太母邓孺人节孝序》，内有"张氏虽无子，有媳可以代子，邓氏虽无夫，有子可以承夫，一人经纬，主持三代，骨肉团圆"，邓氏乃"女中丈夫也"。邓氏儿媳廖氏教子有方，"其子乐凯、乐成谨遵母命"，为祖母在祖居之彰应山建节孝坊，落成于雍正十二年。① 很显然，邓氏在丈夫死后行子职、父职之道，符合雍正帝的指示。

其实，在现实生活中，并不是每一位节妇都能及时受到官府旌表，因为申请旌表需要有一定的财力作为基础，岭南大儒陈澧在《黎母洪氏墓碣铭》中说："国家旌表节妇，请旌者，自学官、县官，历府司院，具题奉旨建坊。然家贫不能请，而湮没者多矣。"他的门生黎永椿之母即是例子，永椿因家贫不能为母亲请旌表，只好求陈澧为母亲撰写墓志铭，刻于墓石。永椿母洪氏，南海人，嫁给番禺处士黎国栋为妻，丈夫去世后，儿子永椿才5岁，"家无一金之产，母为女工养永椿"；而且夫兄自"幼聋哑，且有狂疾，无妻子"，也由洪氏"奉养防护"。据说，"永椿稍长，附里塾读书"，洪氏则"键门入室，趺坐为女工，买蔬若薪则启一扉，以一扉自蔽门，外人莫见其面"。洪氏因为每日"趺坐"而得足疾。②

被后人称为岭南硕学鸿儒的朱次琦，其母幼小聪明，婚后还胆识超人。朱次琦父朱奋之先后两娶，原配张氏，继配关氏，皆同乡人。次琦生于嘉庆十二年，生母关氏。张氏父国沧以行医和风水术为生，据说他在游历海南时，得异人传授秘术，精于"风角壬遁杂占"之术。张氏"生而奇慧，授之书，讽诵略，皆上口。凡妇工组

---

① 《乐昌黄圃斗湾白氏族谱》，沈云龙主编，笔者于2009年4月在斗湾考察，于村民家中获此谱。
② （清）陈澧：《东塾集》，《近代中国史料丛刊》第461册，文海出版社，1966，第405页。

绁、术家占相,学之辄能"。国沧对女儿关爱有加,"公怜之过于诸男,数叹曰:阿谁当创门楣获吾女矣"。她嫁朱家后,某日,一群盗贼上门勒索,她支走丈夫和儿子,率婢与盗贼周旋,"容止端详,遇非常不乱",智胜盗贼,化解了危机。族谱记载如下:

> 盗魁黄毛闰者,族子也,横行劫掠垂十年,瞰公(奋之)省墓归,大言于公从兄林长曰:若弟富,当犒吾白金千,咄嗟未能,先输五百,不然白刃,无亲情也。兄以告,孺人不为动。公入,孺人出之,并遗儿俱出。比莫,盗党挟兄至,呼门索公。孺人从容抚媪持烛出,阳诘曰:呼叔者谁,何遽也?叔偶出,盍人而待之为何?纳盗魁,余人俟于门外,呼婢子沦茗,盗昂然入,拱手踞上坐,已解佩刀置案,铮然作声。孺人复诘呼叔何居?盗曰:捕急,假数百金亡命耳。门外盗亦群噪曰:亡命耳。哄声若雷,屋瓦皆震。孺人正容曰:女称叔属虽远犹骨肉也。果有急,当告我。今乃亲而自疏,汹汹然聚不逞之夫,戴不祥之器,欲将何为?为人子弟当悖乱如是邪?叔固不恒归,即归岂旦旦豫为女谋者。于是盗遽麾止其众,且怒曰:徐之何惊人若是。孺人乃入,探钗珥数事,约值十余金,又解腕中条脱益之,陈几上。谓之曰:汝将去,不足可复求,何待叔也。盗大惭,唯唯不敢受,逡巡持械出。当是时,盗党二三十人露刃如林,势将用武。公兄倚户震怖,环索索作响,媪候火薪,爇其手不知也。而孺人色夷气温,吐词泉涌,阳阳如平常。盗出,语人曰:吾日杀人不转眴,出没海洋波涛烽火,未尝动心,今胆落于某家妇矣。

张氏在家庭危难之际,首先让家中男人外出避难,自己面对持械盗贼,临危不惧,冷静应对危局。据说她"聪强善记,昏丧宾祭诸器数,经目不忘",考虑问题十分周到,"必臻贴妥"。正因如此,家族中遇到大事,男性都会主动找她商量,"族党绅儒若处士祥麐、太学光宇、武举凤扬等,时登堂榷商,孝廉尧勋尤严重之进,止谘而后行,事之如母"。可见,张氏并非像其他家族女性那样强调与男性隔绝,而是时常和他们一起讨论族中大事。道光元年54岁病故。同治元年,因朱次琦曾担任过山西襄陵知县,恩旨赠两母皆为孺人。①

也有女性在丈夫去世后,沉着稳健地处理家庭所面临的各种危机,保全了家庭,也因此受到后代的香火祭拜。恩平县大江乡人岑柏彦生于乾隆五十六年,长大以"服贾"为业,因喜施与,经营十余载,家道不仅没有改善,"反中落"。他于道光十一年去世,时儿子12岁,留给妻子吴氏的是"债负累累"的烂摊子。吴氏"既思所以抚遗孤,又思所以保先业,乃鬻产偿欠,夙负一清,所余薄田三十余亩,力崇节俭,佐以纺绩,家小康"。因此,吴氏应该有精明的商业经营智慧,不仅偿还了丈夫生前欠下的巨大债务,还通过耕织改变了家庭经济状况。孤儿寡母且又是富裕之家,因而她遇到了来自村中豪强的嫉妒,他们总是千方百计要谋夺吴氏家产,吴氏"御之以智,折之以辩,卒不得逞,家藉以保"。吴氏"颇知书,解医卜,尤喜象棋,熟识古今小说,每暇,辄举事之可为劝戒者,为妇女辈谈之,叠叠不倦。晚年屏绝俗务,专以拜佛、课孙为事,每唪经必命孙诵于侧,书诗之声与梵贝之音达旦,常相和诵"。后终于因孙中举,岑家成为富贵人家。吴氏生于乾隆五十六年,终于光绪四年,寿88岁。光绪二十四年孟冬,夫妇被岑氏子孙合葬于恩平南路梨埇庙左长坑村后鸭驰山。②

冼宝干母亲何氏与资政结婚时,"家徒壁立",且资政的姐姐"早寡,养于家,有痼疾",全由何氏护理。为了家庭经济来源,她建议丈夫把家中好房出租以养家,"先代虽无余积,今厅屋完好,亦中人产也,计当以正屋租赁与人,我与大姑住旁厅亦足自给,君第努力上进,勿以家计为念"。她感人事迹有二,一是救活一木材商贩,据说某天晨曦,她起床提瓮外出汲水,在井旁见一奄奄垂毙之人,审视后认出是街首经营木柴生意的某商人,她"急负出巷口号救,视其流涎有烟膏,亲搏豆浆灌救之,逾时复苏"。何氏作为大户人家的媳妇,似乎没有男女授受不亲的观念,不仅将木贩亲自

---

① (清)朱次琦等修,朱宗琦纂《南海九江朱氏族谱》卷11《十四世奋之公元配张孺人继配关孺人》,《北京图书馆藏家谱丛刊》闽粤侨乡卷,第23册,2000,第2096~2099页。
② (清)岑兆瑞等纂《恩平岑氏家谱》卷1《墓志铭·例赠文林郎柏彦公暨配吴孺人墓志铭》,《北京图书馆藏家谱丛刊》闽粤侨乡卷,第30册,2000,第899~901页。

281

背出巷口，还亲自擂豆浆灌救。这一举动不仅没有引起非议，反而"邻里以此重太夫人之义"。二是邻里黄姓妻妾口角，其夫护妾，妻伤心至极，夜半吞烟自杀。何氏听到"喧嚷声，排闼径入，抚其心尚暖，以救某木贩法救之，久之闻咯咯声。比明，呕吐而苏"。同治三年，资政公举于乡，逾三年卒，家益窘，何氏尽力于家中事务。长子宝桢、次宝干先后进郡邑庠，宝干旋捷乡试，家计稍给。光绪九年宝干成进士。编谱者感叹："我家代有妇德，自谭安人佐忠义公庇难民，却藏金，为乡里重。厥媳陈氏习文史，能以顺正事刚夫，少汾之母助提学毁淫祠，皆巾帼所难，其他节义高秀未可一二数也。太夫人克嗣徽音，当贫苦时造备种种福德"，施及子孙。编者在何氏传后还附了一件讲述她在乱世之际拖儿带女逃难的故事。咸丰四年，红巾军占据佛山，掳掠不少知名绅士，并图谋劫掠资政，资政得到消息，"乘间走之省垣，家中未得耗"，何氏不久收到资政信，于是带着儿女，"崎岖贼卡，就公于省垣"。① 此时她大约36岁，带着儿女从佛山走到广州城内，这本身已经与过去方志记载的女性在战争期间因害怕失节而自杀的情形完全不同。

咸丰四年的红兵起义，在广东地方社会产生了巨大的震动。女性受到影响，不单单只有冼宝干的母亲何氏，也有其他一些妇女，如番禺县沙湾荟塘村人就出了一位黄义妇，其夫家为陈氏，红兵起义时，"乡落震慑"，其夫某附贼，黄氏屡屡劝止，丈夫就是不悔改，黄氏乃言曰："今所谓洪兵，实逆贼耳，汝附之即贼，我不为贼妇，我必死。"但其夫"愕然不顾，径去"。她见丈夫没有悔改的表现，遂投池自杀，被村人救起，村人劝她二子尚幼，不要自杀，"妇瞠目不语，人稍稍散去，如他屋饮鸩焉，惧不死，复投缳以绝"。作者陈璞评价说："吾粤自夷变后，下轻其上，士去礼让，民弃廉耻，朝骛夕骛，惟利是市，洎乎乱作相率，揭竿帕首，攻城斫吏，至有衣冠之族、富赡之家蜂起蚁附，以从悖逆。当此之时，几于三纲陵夷，天理泯灭，妇人女子独能于抢攘之中，正名定分，深辨顺逆，致命遂志，不徇其夫。噫，维大义于将隳，挽人心于不

---

① 宣统刊行《南海鹤园冼氏家谱》卷6之三《人物谱·列女·十九世苏卿公配何太夫人传》，第3~5页。

死,余将于义妇乎归之矣。"①

新会朋乐乡简氏家族 21 世简树德的妻子袁氏在危急关头也显得从容不迫,化解危机,保全家人,据族谱收录的《旌表节孝简母袁孺人墓志铭》记载,袁氏为鹤山平地岭乡人,18 岁时嫁给简树德为妻,"礼事姑嫜,于姒娌戚眷间"相处融洽。树德去世时,她屡欲殉节,但亲戚"以姑老子幼"不断劝慰她,才"隐忍而止",并挑起管理家庭的重担。她生前有三件事一直被族人传颂,一是丈夫在世时,被族人"群举司蒸尝之籍",袁氏"有先见,每劝公早出数目,免贻后累",丈夫去世后,果然有人"群噪"丈夫的数目不清,她出面"力与辩,卒以无隙消其谋"。二是咸丰初"红巾寇乱,诸乡群不逞者乘时肆扰,孺人家颇裕,寇党涎之,屡诱其子入会为诈财计",但她沉着机智与对手周旋,族谱编纂者说,在当时的情形下即使"健丈夫"处之,也或无万全策,而她则竭力筹划,"送花红阳贺其魁,而婉言拒入会之请。其魁悦而免之,遂以保全其家"。据说,时乡邻诸族也不时乘机想劫掠她家,"孺人慎守户庭,命家人毋动,姑毫而虑,幸无所惊"。三是积极帮助戚里有难者渡难关,她借贷给他们,但"时有负至数十年不偿者,其家虽赡,其券虽存,孺人亦不过问焉"。②

清代十三行著名行商同文行潘家四世祖潘仕扬,拥有一妻(卢氏)二妾(彭氏、陆氏),小妾陆氏在主持家政时期,对潘家的家族发展起到了巨大的作用。据族谱记载,卢氏于道光二十四年去世,仕扬于咸丰七年去世,彭氏于咸丰十年去世。时陆氏 33 岁,时潘家已经衰败,族人涣散,甚至盗卖家族公产,她挺身而出,力保家族公产。族谱记载如下:

> 陆氏年三十三岁守节抚孤,治家有方,应变有才。会族人乐齐与荃青,盗卖祭器、祭田净尽。复将祖祠变卖,有成议,标贴祠前。当时族人之善良者,悉畏彼等凶横,莫敢与较。随

---

① (清)陈璞:《尺冈草堂遗集·遗文》卷 2《黄义妇传》,光绪十五年刻本,《续修四库全书》集部,第 1547 册,上海古籍出版社,1995,第 631 页。
② (清)简宾侯等修,简竹居等纂《粤东简氏大同谱》卷 7《坟茔谱》,《北京图书馆藏家谱丛刊》闽粤侨乡卷,第 43 册,北京图书馆出版社,2000,第 1194~1196 页。

由陆氏挺身至祠,将标贴毁去,力向买主禁阻,其事遂寝。祠中香火久不供奉,只由氏一人亲往执役。后因族人盗卖祭田,未经割税,积欠钱粮约数千金。番禺县尊以欠粮之故,将长房兆銮公捕入署内,责偿粮务。旋由陆氏将经分长房菽庭公名下之塘一口(即今日祠前之塘也),向溪峡伍少溪之太夫人处按银三千两,亲旨县署,清纳粮务,兆銮公始得释。至光绪初叶,椒堂公兴复祖尝一切事宜,均请陆氏权理,井然有条。陆氏者虽属巾帼,实不愧为我族之栋梁也。①

这段史料的记载说明,在晚清巨变的社会过程中,随着广州行商制度的瓦解,行商家族也在社会巨变中走向没落,族人甚至中断了对祖先的祭祀,只有陆氏一人前往祠堂供奉香火,无良族人不仅盗卖祭器、祭田,而且竟发展到公开变卖祖祠。祭田尽管被无良族人盗卖,但税粮没有过户,官府只按照册籍征税,所有这些难题的处理都由陆氏出面,而且确实处理得"井然有条",所以潘家的"祖尝一切事宜",最终委托给陆氏"权理"。女性对夫家宗族事务的关怀,在简氏家族中又有个案,据民国《粤东简氏大同谱》编纂者依据"崇祯旧谱"及采访册描述,简岸系六世乐隐公妻梁安人为顺德伦教乡人,"为妇知大义,以为世祭宜有尝田则先筹之矣。纺绩辛勤买田六亩以具尝田,庶几垂之资世祭也"。梁氏于弘治十年78岁时去世,"迄今闻者称妇孝焉"。②

晚清岭南大儒陈澧的姐姐嫁给盐商汤尔泰为妻,婚后参与丈夫经商策划,据陈澧在《亡姐汤宜人墓碑铭》中说:"澧之姐适候选郎中汤尔泰,诰封宜人。"姐姐"幼而明慧",不仅"女红精巧绝人",而且"通晓世务"。其姐夫汤氏本为浙江仁和人,"家于粤,为盐商"。时商家多豪侈,"郎中年少,性益豪"。姐姐婚后不久,其公公就去世了。姐夫继承父业,姐姐尽心相助,"是时盐事已坏,宜人佐郎中计划之,凡运道之险易,吏牍之繁杂,宾友之书问,酬酢恩怨争讼,了若指掌,卑幼入白事,皆受宜人指挥,唯诺惟谨,

---

① 《番禺河南龙溪潘氏族谱》,民国九年刊行,第35页。
② (清)简宾侯等修,简竹居等纂《粤东简氏大同谱》卷11《家传谱》,《北京图书馆藏家谱丛刊》闽粤侨乡卷,第44册,2000,第1847页。

然事竟不支，逋负巨万"。姐夫因此一病不起，姐姐也因此患疾。姐夫临终前立兄子兹鼎为后，姐姐为债家所迫，"典卖衣装略尽，赁居于外"，病益笃，于道光十九年卒，享年52岁。①

广东族谱呈现的女性智勇双全形象，在一定程度上反映了广东女性在家庭与社会的真实生活状况。由于族谱具有一定的私密性，不会向外界传播，仅限于向族人彰显祖先的光辉形象，因而在记述女性祖先时，可能更能直接叙述其对家族发展的贡献，此与地方志书写女性有一定的不同。

三 族谱对女性婚嫁态度不一

道光二十七年刻本的《香山黄氏家乘》谱序显示，黄氏家族到道光时共编修族谱三次，分别是嘉靖十年修"老谱"，康熙五十年重修族谱，道光十年黄培芳再修族谱。黄家族谱记载了黄瑜哥哥黄瑄迎娶寡妇冯氏，并因此引发父子绝交的隐情。据老谱记载，黄源远的长子叫瑄，字廷华，号友梅。黄瑄是黄瑜的哥哥，族谱记载他生于永乐十五年，卒于成化二年，享年50岁。据说，黄瑄"性散诞，不治家产"，与妻李氏生育两个儿子思、异。因为黄瑄不务正业，闹得父子绝交，黄培芳在修谱时加按语说：

> 老谱云：瑄字文瑄，纵酒荡业。源远府君不以为子，数常曰：继我者，第二子也。责瑄，日杖之几死，然终不悛。娶魏氏失爱，乃以冯总旗寡妇李氏为次妻，孕五月而生一子，收育之。子男二，先生者名思，继生者名异。又老谱云：异，李氏出也，则思当为魏氏出，明也。

从这个记载判断，黄瑄被父亲赶出家门，除了"纵酒荡业"外，估计还与娶寡妇李氏有关，因为李氏入门5个月就生下儿子异。那么这个叫异的儿子，应该是冯总旗的后代。这里涉及明代在地方的军事组织——卫所，据《明史》卷90《志第六六·兵二》记载："天下既定，度要害地，系一郡者设所，连郡者设卫。大率

---

① （清）陈澧：《东塾集》，沈云龙主编《近代中国史料丛刊》第461册，第385页。

五千六百人为卫，千一百二十人为千户所，百十有二人为百户所。所设总旗二，小旗十，大小联比以成军。"黄家本身也与卫所有密切关系，据黄佐在《自叙先世行状》中说，其入粤四世祖黄温德在明初即被纳入军户，"弱冠，英发善谋，上书永嘉侯朱亮祖，亮祖奇其言，留辕门，言之平章廖永忠，俾长百夫，慷慨辞不就。永忠怒，系诸尺伍，由广州右卫，已而调南海卫，以困苦之，居无何，又徙隶香山守御以卒"。[①] 可见，黄温德在洪武初年即被籍为军户，先后发往广州右卫、南海卫和香山卫守御。也许第六世黄瑄承继了祖上军户的身份，因而才会和总旗的寡妇有了往来。不过，从这个情节中可以看出，在珠三角的乡村社会，寡妇改嫁应该是一件正常的现象。只是让黄氏家族不能忍受的是寡妇所怀之子为冯氏后代而已。

明中期以后，珠江三角洲地区兴起的许多著名大族，相当多是籍隶军户。尤其明代广东一些著名的士大夫，如梁储、海瑞、黄佐、庞尚鹏、何吾驺、黄士俊等，都出身于军籍家族，这一现象并非偶然。而明代科举入仕是脱免军役的一种机会，所以也成为明中期广东地方社会朝着士大夫化的社会转变的一种重要动力。还有一些军户在明代可能因为不堪重役而以其他方式逃脱军籍。明代军户以逃役甚至脱籍为幸，与通过科举攀上提升社会地位的阶梯，在明中叶以后是同时并存的两种动向。[②]《粤东简氏大同谱》卷9《家传谱》记载，莞井系七世用耕，"籍南京卫屯田军"，70岁时，"其晚岁脱军籍"，回到故乡，"筑一室以为读书讲道之所，曰居隐轩，时称居隐先生"。接着又说："当是时，天下苦军籍。自明初设兵卫，未久而弊生。故吾宗南海湖涌系五世宽斋公配廖氏，以智术为宗人脱军籍，子孙称之。"可见，脱离军籍，可以给家族免除军役之烦扰。但是这里的"智术"为何，族谱没有明言。而在该族谱收录的列女传中显示的这个"智术"则出自宽斋的妻子廖氏，"湖涌系五世宽斋公配廖安人，安人以冢妇相家，有女君子治事之才略。明洪武时，天下既定，度四方要害地，在一郡设所，在连郡设卫，是为

---

① （明）黄佐：《泰泉集》卷58《行状·郡志自叙先世行状》，《广州大典》第56辑第7册，第704页。

② 刘志伟：《从乡豪历史到士人记忆——由黄佐〈自叙先世行状〉看明代地方势力的转变》，《历史研究》2006年第6期。

军屯制,族人曾占军籍,赋役之烦,边戍之苦,族人恒患之。安人先几远虑,筹脱军籍,遂除三百年来大患,贻后人以燕翼之安,其锡福为无疆矣"。所谓"冢妇"即指嫡长子之妻。廖氏筹脱军籍给整个家族解除了大患。从她在明宣德九年 60 岁去世的记载看,简氏脱离军籍应该在明代前期。①

而黄瑄的两个儿子,长子思,字契道,"勤敏才能干练,从长乐府君至京师,朝夕不懈,南归卒于家。生卒失考"。也就是说,思跟随黄瑜到京师,返回香山县后就去世了,似乎没有留下一儿半女。次子异,字宗同,生母为李氏,他也"嗜酒,不事产业,人以无赖目之"。他生于天顺元年正月,卒于正德三年五月,活了52岁,娶妻柳氏,生育侨、倬、信三个儿子。而黄培芳在《黄异传记》后,也加有按语说:"老谱云李氏出,此特笔也。李氏即冯总旗寡妇,为李氏出,即孕五月而生子矣。其后派有居香山之灶背乡者,闻家谱为人窃去,于是有疍民冒为我族,真赝莫辩。总之其始既不端,其末弥乱真,则灶背一支可毋庸续修入谱矣。"② 也就是说,道光年间的黄氏族谱已经把灶背乡的黄异一支剔除了。但黄培芳在三修族谱时又从宗支大义出发,将这一支系从老谱中抄出,"俾后人得详其实"。③ 冯总旗寡妇李氏是否与疍民存在某种关系,族谱没有给予说明。但黄家因为她而与疍民发生了关系,却成为族谱最忌讳的地方,所以灶背乡的族人被踢出了。

那么疍家人为何在明代以后要偷陆上人家的族谱,并加以改造进行冒籍呢?刘志伟和萧凤霞两人对此有深入的研究,他们认为,明代以后,在珠三角一些地区涌现了不少强宗大族,他们拥有大面积的沙田,控制市场和庙宇,举办各种士大夫的活动。这些经济和社会活动,是地方上正在攀升的人群使用的文化手段,用以排斥被他们标签为"疍"、居住于沙田区的人群。而沙田区的居民也建立起自己的市场,使之成为水上居民的活动中心,其后更在居住于陆

---

① (清)简宾侯等修,简竹居等纂《粤东简氏大同谱》卷11《家传谱》,《北京图书馆藏家谱丛刊》闽粤侨乡卷,第44册,北京图书馆出版社,2000,第1841页。
② (清)黄培芳纂《香山黄氏家乘》卷3《小传》,《北京图书馆藏家谱丛刊》闽粤侨乡卷,第5册,2000,第174~175页。
③ (清)黄培芳纂《香山黄氏家乘》卷3《小传》,《北京图书馆藏家谱丛刊》闽粤侨乡卷,第5册,2000,第170~171页。

上的强宗大族的社区活动中,担当起一定的角色。① 疍民被陆上居民吸收而进入他族,在珠三角地区的族谱中有所反映。如番禺赤山戴氏族人就曾吸收疍民入族,据说清朝中叶时,番禺地方经济发展快速,吸引了沙田地区的不少水上居民(艇家、疍家)以及他姓(何、李、麦)兄弟在赤山辖区周边地带定居。时宗族观念浓厚,若非戴姓,即使住在本村,也绝不可能从公尝中分一杯羹。于是,不少外姓兄弟纷纷提出要入村随俗,改为戴姓,以获得与赤山房宗亲同等的待遇。经各祠堂值事研究,决定以抽签办法,接受部分外姓入村。凡愿意入房者集中抽签,抽到戴字即可改为戴姓,享受赤山房宗亲同等待遇,否则仍用原姓。就这样,赤山房在清中叶吸纳了一批外姓兄弟入宗,并让他们就近在各分支祠堂入宗。当时赤山东涧房最肥,所以加盟的外姓最多,入宗者很高兴。②

香山黄氏家族是否是疍民出身,已经无从查证。但黄家构建的远祖入粤是在太婆率领下完成的,而且一下子就跑到南海西樵安家,但直到明初,珠三角仍是水乡泽国,为疍民在水陆之间改变身份创造了条件。刘志伟和萧凤霞在上述文中说,他们在新会县天马乡"疍家陈"的田野考察中发现了一部编纂于1923年的陈氏族谱,为陈氏定居天马乡第七世所修,其始祖传说也是一位女性。兹将内容转引如下:

> 我祖之始基也居石溪北角……仰潮公以孤身乡居,娶妣梁氏,生守常祖,才四岁,有强徒遇仰潮公于本乡接龙桥,起意谋害,阴挤之。时西水涨急,飘末无踪。祖妣梁氏闻耗,即携子逃于小乔舅家。强徒欲绝根株,多方侦索。舅以小乔人弱,不能庇,潜呼小艇载往长熊,匿于其戚属渔人郭公处。长熊、马熊、鼠熊村屋连接,依山临水。马熊村本冯姓人,因有毕林姓命案徙避者,遗屋招售,祖妣以贱值得之,遂安居焉。……天马乡渐为我族所有。长熊钱百益户丁逃亡,我族承充之,改为陈进户,乃潮居都五图五甲也。

---

① 刘志伟、萧凤霞:《宗族、市场、盗寇与疍民——明以后珠江三角洲的族群与社会》,《中国社会经济史研究》2004年第3期。
② 戴国雄主编《戴氏岭南乾公天则世系番禺赤山房史考》,2003年印行,第16~17页。

288

这个说法没讲明陈梁氏生活年代，估计也应是在移民大规模南下珠三角的宋元时期。很显然，这个故事其实讲述的是生活在水上的流动居民获得陆上户籍的过程。至今，天马陈氏族人一直祭祀的祖先就是定居祖的母亲，称之为伯婆，同时祭祀郭姓渔民。

岭南著名学者简朝亮曾记述家族内有妇女改嫁之事例。光绪十六年冬月，简氏家族有一户人家的男人长期在越南未归，家中留下妻子与一个8岁女孩位兰。后位兰丢失，其母到简朝亮家哭诉："家贫甚，位兰午出拾落叶，人有闻邻妇呼之反者。邻妇，妾也，以盗窃出，改嫁宗人。失女之日邻妇怜泣。"简朝亮认为，邻妇哭泣是伪装的，这件事就是邻妇所为。他严讯邻妇，终于证实了自己的结论。原来邻妇与邻乡一个妇女合谋，时位兰尚在北滘窖乡"未鬻"，被解救出来，两名拐卖者则被押解官衙处置。[①] 这个"邻妇"原来是一个离过婚而又嫁给"宗人"的妇女。光绪年间刻本《南海吉利下桥关树德堂家谱》卷首"凡例"中也隐约地说明，清代妇女再嫁颇为常见，"螟蛉异姓者、随母带来者、弃家为僧为道者、妇人更适者、犯大辟之律出族之条者，均不入谱"。这里的"随母带来者"中的母应为嫁入关氏家族的妇女，而"妇人更适者"则是指关家的媳妇嫁给外人。可见，族规之所以不断强调寡妇的改嫁问题，恰恰说明社会上存在较为普遍的寡妇改嫁现象。

民国纂修的《粤东简氏大同谱》记载了各地简氏家谱对"出母改适"是否入谱的讨论，从中也可感受到妇女改嫁并非孤证。其中《小迳华坑家谱》议云："螟蛉子不书，非礼娶不书，不遵名教、宗族共摈者不书，妇改适失节者，其卒不书。斯议严矣。"但也有支谱要求对"改适妇"酌情考虑，如湖涌系渭源公为谱议云："出母改适，母例不书，以义绝于夫也。若乃有子在室，或子随母改嫁，是天下有义绝于夫之妇人，断无有父无母之人子。今于其夫之叙录不书，而书于其子之叙录，曰出母某氏。出曰改适。母某氏出，俾子得知其母氏，以子无绝母也。"族谱还记载说："近世有母弃子改适，至老无依，其子迎养于家者；或言携子出适，可同子来

[①] （清）简朝亮：《读书堂集》卷4《复友人问宗人失子事书》，《清代诗文汇编》第774册，上海古籍出版社，2010，第247页。

归者，是皆以私恩废公议，其不知得母而仇父矣。修谱者毋妄书，以为名教之玷，斯议亦严矣，然犹有酌焉。"这里讨论的改嫁妇女几乎都有儿子，只是存在弃子还是携子改嫁而已。①

明清妇女在丈夫外出杳无音信时，也会做出改嫁行动。这在清代移民台湾的客家地区有记载，如新修梅县石扇蕉东村《张氏广德公族谱》记载：12世（约乾隆早期），槐臣，乔禄公三子，客寝台地，妻江氏，嫁；13世（雍正时期），俊仁，彦臣公长子，客寝台湾，妻黄氏，嫁。可见，张氏家族12世、13世中的男性均有长期客居台湾者，他们的妻子在大陆家乡可能因生活原因而不得不改嫁。又据《梅县嵩山钟氏族谱》记载：15世（乾隆中期），永彩公，批郭氏，公在台湾安居不回，郭氏改嫁。这几个例子反映了当时大量男性迁台后造成了家庭破裂。当然也有丈夫在台湾死后而守节不渝者。如乾隆《嘉应州志》卷11《人物志》记载：张氏，平远县小拓人，幼年许配坝头李某为妻，李因父丧家贫，往台湾佣工，日久未回。张氏父屡欲将女儿另配，遭到女儿的反对。乾隆《镇平县志》卷3《节孝》记载，李氏在21岁时，丈夫赖君恩死于台湾，她矢节训子，虽家徒壁立，终无怨言。②

黄挺在潮州发现1989年誊印本《龙江蔡氏家谱》，根据谱前的《潮州海阳分入澄海辟望蔡氏家谱引》可知，该谱初修于明正统二年，后正德十年、嘉靖二十三年、康熙九年和同治七年数次续修。该谱特别之处在于对一般族谱回避的家族孀妇改嫁问题没有回避，从中可看出在日常生活中，蔡家选择改嫁的孀妇远比愿意守节的多。龙江蔡氏自宋末卜居辟望岭亭，明初隶属海阳县下外莆都，嘉靖四十一年澄海县建置，辟望为澄海县城。蔡氏第12世到14世的资料统计显示，大约在弘治到万历年间，家谱记录孀妇27人，其中守节者3人，改嫁者高达24人。在改嫁者中，有儿子者10人，有女儿者6人，无子女者才8人。可见，孀妇有子也并非必须守节。虽然受各种变数的影响，但最后决定孀妇命运的还是她的自主

---

① （清）简宾侯等修，简竹居等纂《粤东简氏大同谱》卷12《艺文谱》，《北京图书馆藏家谱丛刊》闽粤侨乡卷，第44册，2000，第1993～1994页。

② 夏水平：《明清粤东石窟河流域的社会变迁与对台湾的移民垦殖》，南昌大学硕士学位论文，2006，第63～64页。

选择。① 至于寡妇再嫁的程序，大约成书于道光年间的抄本《粤东例案》曾记载，乾隆年间，广东官府曾下令，"夫亡再嫁，由夫家主婚，仍通知女家，若夫家并无期亲尊长，听本妇自行择配"。

其实，珠三角地区后人纂修的家族族谱对家族中的女性改嫁也并不忌讳，如新会县三江镇赵氏 18 世孙赵汝英的传记称，汝英生于弘治五年，"幼年丧父，随母育于继父之家，长成归宗"，后参与赵氏家族在当地开发沙田的争讼活动。② 妇女改嫁似乎也得到了官府的认可，《粤东例案》记载粤北保昌县民人刘应棠状告胞伯刘上举娶寡妇一事。刘上举原配身故，续娶已故江西民人张朝选之妻陈氏为继室，陈氏随带前夫之子张应魁入刘家抚养。刘上举父亲刘士祥因上举无子，而应魁自幼孝顺，深得老人欢心，遂令更姓为上举养子，与其婚配，载入族谱。刘应魁成人后帮同养父生理，陆续购置 80 余石田租的土地。刘应魁生子四人，长子刘起章于乾隆五十七年间以刘姓三代考入官学，"唯时刘姓族人并无异议"。刘上举担心死后族姓欺凌争夺，遂持遗嘱赴县呈明存案。嘉庆三年刘上举物故。刘应棠因觊觎伯父田产，屡到县衙争继，被地方各级官府驳回，刘应棠不甘心，又暗中赴京师在西城察院衙门呈控，被递解回粤。此案最终闹到北京。这个案件显示，至少广东的地方官府是认同刘上举娶寡妇的，而且认同其继室所带前夫孩子入宗族。③

刘翠溶先生通过族谱研究明清家庭人口，对族谱记载改嫁 10人以上妇女占家族婚娶女性比例统计进行排列，第一是福建永春郑氏改嫁者 52 人，占家族婚娶女性 605 人中的 8.6%；第二是湖南衡阳魏氏改嫁者 850 人，占家族婚娶 10212 人中的 8.3%；第三是广东番禺潭溪凌氏改嫁者 295 人，占家族婚娶女性 4289 人中的 6.9%；第四是南海学正黄氏改嫁者 112 人，占家族婚娶女性 2254人中的 5%。寡妇改嫁既与家族恤嫠办法有关，也与家族态度有关，寡妇守节可给家族带来声望，有的家族通过发放抚恤金支持寡妇守节，南海学正乡黄氏家族就设立"恤寡金"，规定："诒谋堂该房

---

① 黄挺：《嘉万间潮州寇乱与妇女故事》，《全球化下明史研究之新视野论文集》，第 162 页。
② 民国《赵氏族谱》卷 2，转引自科大卫《皇帝和祖宗：华南的国家与宗族》，卜永坚译，江苏人民出版社，2009，第 164 页。
③ （清）佚名辑《粤东例案》，《广州大典》第 37 辑第 30 册，第 93～94 页。

寡妇，每年每名给银四毫；泽长堂该房寡妇，每年每名给银六圆，此系芰棠公送田议定之例。"同时在家族祭祀中举行的"颁胙"中专设"寡妇胙"，规定"凡妇人夫死守节者颁胙一份，若无夫有子及有继子者则不颁胙"。① 寡妇再嫁有可能是迫于经济需要，番禺潭溪凌氏族谱在"凡例"中说："幼稚早孤，家贫无藉，随母外适，必书明随母居某处，冀其长而归宗者。"无论如何，改嫁妇女是传统婚姻市场上所需要的；对那些毫无经济能力的寡妇而言，改嫁更是现实所必要的。② 番禺、南海两县属珠三角经济发展中心区，经济发展水平应居于同地区的上位，当然不能排除这些寡妇改嫁是出于经济贫困的需要，但这也可能与当地流行自梳女和不落夫家的特殊婚俗而导致的婚姻市场女性缺失有关。

寡妇改嫁可能在珠三角地区已经成为一种风气，美国有学者通过民国《香山铁城张氏族谱》（1934年刊）统计，在1269～1800年间，张氏家族婚娶女性527人，这些女性中有3人注为"节妇"，改嫁寡妇多达57人，占总数的10.8%。不过，这个不能代表全部，有些寡妇可能未能活到获得旌表的年龄，而且有许多改嫁寡妇甚至一些招夫的寡妇，很可能以"正常"婚姻的名义入谱。③ 可见，明清时期，广东妇女守节者非常稀少。有学者曾对闽粤桂三省"客家妇女民俗"田野调查，得出的第一手访谈资料显示，客家妇女在丈夫死后，若没有儿子大多会改嫁，有儿子的寡妇也有人会选择改嫁，妇女改嫁现象并不是"极少数"，她们不仅可以普遍改嫁，而且在改嫁中还具有相当的自主权和自由度。④ 至于寡妇招夫，应属于改嫁之一种形式，这在广东似乎也较普遍，乾隆年间，广东官府曾出台"严禁坐产招夫，如暮年子死，寡妇招夫以养余年，仍从民便"的规定，从其名称即可看出，官府认同寡妇再嫁。规定指出：

---

① （清）黄任恒编《南海学正黄氏家谱》卷12《杂录谱·乡规》，《北京图书馆藏家谱丛刊》闽粤侨乡卷，第4册，2000，第913～915页。
② 刘翠溶：《明清时期家庭人口与社会经济变迁》，"中央研究院"经济研究所，1992，第48～49页。该书"参考文献"显示，《番禺潭溪凌氏族谱》初刊于1918年，《南海学正黄氏宗谱》初刊于1911年。
③ 〔美〕特德·A.特尔福特：《中国家谱中的社会人口统计资料概观》，沈建太译，《谱牒学研究》第4辑，书目文献出版社，1995，第90～92页。
④ 赵剑：《客家妇女与"二婚亲"——兼与房学嘉先生商榷》，《中华女子学院学报》2001第2期。

"夫妇为人伦之始，婚媾为人道之源，从一而终，礼有明训，夫亡守节例得旌扬，所以厚风俗也。其有青年嫠妇茕子无依，因而再醮，或遗子女，例所不禁，亦所以顺人情也。"但接下来就批评"粤东旧俗"，寡妇"坐拥前夫之遗产，遽招后夫以共享，巧其名以养翁姑抚子女"，认为这是大坏社会风气，要求各地"照例查禁"，但"查禁又恐滋扰"，所以采取办法是"通饬州县随事随时广为化道，俾旧俗渐渐淳厚"。但对贫穷家庭则仍表示许可，"既属穷民，则原无财产，而暮年子死，欲将寡媳招夫养其余年，则主持在于翁姑，仍应听从民便"。①

根据文献史料记载和现代学者的实地调查研究来看，客家地区不仅允许寡妇改嫁，而且妇女在改嫁中还拥有相当的自主权。在客家地区，寡妇改嫁被称为"二婚亲"，再嫁妇女被称为"再醮之妇"。流传于兴宁民间的《二婚亲歌》记载了寡妇再婚的种种凄楚："吾乡夫死可嫁人，美名叫做二婚亲。琵琶再抱非完璧，只爱聘金两三百。亦有冰人来作媒，不得亲迎鼓乐吹。归屋未能坐红轿，无需拜堂与谒庙。室女初婚合卺筵，今夜相见食肉圆。年少青春莫孀寡，此为人生最苦情。任讵再觅有情郎，何异补天女娲皇，他年儿子腾达后，金黄一样赐高堂。"② 这首民歌虽然表现出对再嫁之妇的种种歧视，反映出再醮之妇不再享受初嫁女坐红轿、敲锣打鼓、大办婚宴、拜堂、参拜宗庙等待遇，但的确说明，"夫死可嫁人"是客家地区一种普遍的社会现象。③ 民国《大埔县志·礼俗·人群志》中描述寡妇再婚时情景："再醮之妇，由媒引到男家，谓之查家门，若二人合意，则相授默定之物……成议后……夜间偕媒至新夫家，略择时日，办牲敬祖，是夜亦或有拜花烛者，但不如初婚时之闹洞房耳。"同时在该文附注中声明："吾邑礼欲大抵相同。"这说明寡妇再嫁虽不如初婚那样隆重，但同样有媒妁之言、定情之物、择定婚期、烧香敬祖和洞房花烛等婚礼程式，并不因是寡妇再婚就省略婚姻程序。客家寡妇再嫁主要取决于她们自己的主

---

① 佚名辑《粤东例案》，《广州大典》第37辑第30册，第103页。
② 谢癸卯：《粤东客家民间文学与民俗》，《嘉应大学学报》（社会科学版）1994年第3期。
③ 廖胜、王晓南：《太平天国寡妇再嫁问题辨析——兼论寡妇再嫁不能作为太平天国解放妇女之论据》，《史学月刊》2004年第7期。

观愿望,并不任人摆弄和宰割。同时,男子对寡妇也"多不忌讳",娶寡妇并非不体面和有失尊严的事情。①

明清尤其是清代,珠三角民间流行女性自梳与不落夫家。这在族谱中也有隐晦的表达。增城小楼何氏族谱收录的何桂林为未婚妻麦氏作《麦姝墓志铭》可能即属此,"桂林原聘麦氏女,讳贞,小名倩良,幼聪慧知书,长慕牛应贞之为人,因名曰贞"。这里的牛应贞为唐代女作家宋若昭撰的传奇《牛应贞传》中的主角,牛为唐代牛肃长女,生活在唐代贞元、元和年间,在世只有24年,据说她少年聪颖,13岁能诵佛经200多卷,儒家经史子集数百卷。麦氏以牛应贞为榜样,"茹斋奉佛学,穷三教,针纻之旁,卷端盈帙,每日写《莲华经》一篇,诵观音普门品百遍"。她家先世为顺德人,后居广州德仁里,遂籍番禺。她的父亲与兄弟,和何桂林父子为至交,均从业于香山李蓉卿。因为这个缘故,何家请求将麦氏许字于桂林。本来两家约定在道光二十六年二月完婚,不料时桂林祖母病殁,婚期暂终止。道光二十九年初夏,麦氏嫂子婚后长期居住在娘家,直到怀孕生子时,才回到夫家,待产,且与麦氏共处一室,"兄妻久居外室,将妊子,恐他处不利产育,遂归与贞共一室,卒然而产,贞欲移他处不及,次夜,贞身如火炙,乃谓家人曰:案头经卷想畏污亵,罪戾实深,清净之室,忽为产户,于我不利,然兄为后嗣计,却之不义,我事尽矣"。卒于道光二十九年闰四月,24岁恰符牛应贞之算。桂林应麦家邀请为未婚妻撰写墓志铭。② 麦氏嫂子应属不落夫家。

族谱有时可能会隐晦地记载当地的一些风情,但显示了女性在家庭中的地位不一般,如南海学止乡黄氏家族不仅有《列女传》,而且对家族外嫁的女性还附录有"外传",族谱说:"列女传:出嫁女子未便与入门妇人同列,故别为外传,附此编后。"该家族为15世珍姑立传,说她已嫁给芙蓉南村梁家,因为哥哥早逝又无后,她回到父家将父亲的屋宇捐给宗族,目的是将母亲牌位放入家族的德孚公祠,而且到官府备案,"夫延先祀,仁也,存官案,智也,

---

① 《广东之多妻》,胡朴安:《中华全国风俗志》下篇,河北人民出版社,1986,第373页。
② 《增城小楼何氏族谱》卷4《艺文志略》,同治七年刻本,第88~89页。

美德两全，丈夫子犹以为难，而祖姑能之，谓非女中孝子哉!"①珍姑有可能是不落家女。这一现象似乎在黄家的媳妇中也时有所见，族谱记载黄藏之聘妻潘氏，"本邑雅瑶乡人，公卒时，安人二十六岁，闻讣奔丧守志，凡七十二年，嘉庆九年以寿终，道光二十七年得旨旌表。举人何又雄题其遗像，有'贞纯勤俭、壸范白莲'等字。"② 一个26岁的女性居然还是聘妻，合理的解释应该是自梳女或不落家。

而冼宝干修纂的《南海鹤园冼氏家谱》卷1《宗约篇》对外嫁女因各种原因返回本家，似乎持反对态度，"女子在室，与男子同，重一本也。出嫁降等，从一之义也。既嫁被出，与嫁而无夫与子者，皆得大归，服制与在室同，生养死葬一是如礼，仁至义尽，亲亲之道备矣。……平日家教则责在父母，族中诸女无论贫富，必须习女工、娴烹饪、知书识算，足以相夫教子，是为女学之正家，有淑女不患不得佳婿，若娇养性成，他日适人，必遭摈弃，族中亦置之不齿，尚何收恤之有哉？"③ 不过这里的"嫁而无夫"，似乎带有不落家的元素。也有族谱对不落家持坚决反对态度，光绪年间刻本《南海吉利下桥关树德堂家谱》卷首《家规》有："有女出嫁，不送归夫家者，将其父停胙三年，如无父者将兄弟停胙，限一年为率。"但实际上的运作情形如何，族谱并没有说明。

四　倡导女性节烈以寻求社会资源

上述香山黄氏入粤无名祖妣和新会天马梁祖妣，都属于从一而终的女性。她们在丈夫去世后，抚育儿女，主导家庭发展，最终使本族成为一方大族。这些女性符合儒家所推崇的贞节形象。这在明清时期广东人修纂的族谱中最为常见，当然，这与修谱者多少接受过儒家教育，因而在选择入谱的家族女性形象上，会与王朝国家宣传的要求相契合有关。

---

① （清）黄任恒编《南海学正黄氏族谱》卷11《家传谱·列女》"外传附"，《北京图书馆藏家谱丛刊》闽粤侨乡卷，第4册，北京图书馆出版社，2000，第903页。
② （清）黄任恒编《南海学正黄氏族谱》卷11《家传谱·列女》，2000，第892页。
③ 宣统刊行《南海鹤园冼氏家谱》卷1《宗约篇》，第9~10页。

香山黄氏四世祖温德,字朝贵,生于元至正十二年正月,卒于明洪武二十五年七月。黄佐在《自叙先世行状》中说,温德14岁失去父亲,由继母抚养,不仅刻苦"读书成儒业",且"事继母以孝闻"。继母生病,"思食柿",且想见自己兄嫂。时温德才10多岁,不顾元末明初广东社会兵荒马乱的现状,一个人走百里往舅舅家求柿,"时兵燹后,郊野皆荒榛,无居人,冒星雾走百里,往舅家求之,邂逅一妪,携柿一筐来,乃其妗也。母食柿而愈,人啧啧以为难"。① 一个孩子走百里是否属实,姑且不论,但距离远应是真实。而他在半途遇到送柿子给母亲的舅母,其舅母作为妇道人家孤身外出,与儒家提倡的女不出阃有很大距离。不过,从此故事可知,包括黄佐在内的士人为了显示温德的孝顺,而又忽略了妇女的儒家形象。当然,从黄佐的记述中也可看出,温德继母为守节女性。在黄培芳纂修的黄氏族谱中又记载了四世温德妻关氏守节的事迹,与温德舅母大相径庭。关氏为南海山南人,生于元至正十三年十二月,终于永乐十六年三月,享年66岁。尽管她出身"巨族",却能像普通农家女一样"服勤习俭",自洪武二十五年丈夫死后,她"足不逾阃,惟闻纺织声",不仅自己守寡,而且还鼓励她人也守寡,"有舅氏女寡居,欲改适,诲而止之"。这个记载透露了妇女在丈夫死后是可以改嫁的,即"欲改适",但被关氏教育后放弃了改嫁。可见,守节与改嫁在明初并存。当然,士人对妇女守节是肯定的,黄培芳说,关氏因守节而得上天厚爱,永乐元年仲冬,"民舍大火,将及所居,他物不遑携,惟持谱牒拥蔽其面,吁天哀号,风反火回,得免煨烬"。关氏在生命悬于一旦之际,首先想到的是保护黄家族谱,这种舍身为大家的做法,体现了对大家祖先的行孝观念。永乐十七年,黄家子女将关氏与其夫合葬于大北山之原。②

南海九江大族朱氏家族也有不少节妇,据同治刊本《南海九江朱氏族谱》卷11《八世正斋公配张安人》记载,张氏24岁时丈夫正斋去世,膝下有一男一女幼儿,她"啮指剉发,誓死卫孤,缟衣藿食,五十年不变"。乡邑称之为"全节"。其女嫁给顺德龙山冯

---

① (明)黄佐:《泰泉集》卷58《郡志自叙先世行状》,《广州大典》第56辑第7册,第704页。
② (清)黄培芳纂《香山黄氏家乘》卷3《小传》,《北京图书馆藏家谱丛刊》闽粤侨乡卷,第5册,北京图书馆出版社,2000,第165页。

第五章 明清家族建构的女性形象：以族谱为中心

氏，张氏亲见外孙显忠中天启七年丁卯举人。70多岁才离世，获旌表，并崇祀节孝祠。其事迹也为地方志所采入。阳山县七巩乡千总王国器女21岁嫁给简正宝为妻，第二年丈夫"遽卒"，节妇"志不欲生"，夫家祖母刘、婆婆陈流涕劝她说："吾子既不幸，今汝又殉之，吾二老将何依？"节妇遂纺绩养姑，足迹不出大门。如是者历有年，悲瘁而卒，闻者哀之。这是族谱"据旧谱、阳山县志、采访册参修"。①

贞女守节更是受到家族高度褒奖，康熙三年秋，南海吉利下桥关氏16代修谱时，收录了关用琅聘妻罗氏故事。罗氏为南海罗百光女，年方及笄，突然未婚夫染病，"累治不效"。她听说后，吃素持戒，私祷夫痊。两年后，未婚夫病死。她闻讣，坚意奔丧，并私下对母亲说："不令奔丧，有死耳。"母亲知道女儿守节意志不能夺，就和她一起到未婚夫家。据说，到了未婚夫家门口，她换上结婚应穿的礼服，拜见夫家亲人，并"入谒家庙"，意味着自己已是关家媳妇。接着穿上丧服，"披发缟素哭夫侧"，帮助公婆经营丈夫的殡殓，一尽妇道。远近闻者、观者皆啧啧叹息。后就留守夫家，夫家贫穷，糊口尚不足，族人时常接济之，"世德祠祖每岁略助香油金，以供其斋素"。族谱自豪地宣称，关家代有节妇，如卢氏已膺朝廷旌奖，芳流万世，又有霍氏26岁而孀，吴氏、黄氏、卢氏、霍氏，"俱年二十五而孀"。不过，族谱编纂者认为这些固然是家族的荣耀，但她们和罗贞女相比还有些微不同，"俱既字而贞，且有子有家，比之罗女差易。特当年未遇大有力者闻之于朝，故而旌节弗及"。②

番禺小洲简氏家族在记载节妇时，对贞女守节也是极力赞颂。番禺北亭乡人梁氏嫁给简氏小洲系14世翰侣为妻，婚后9年而寡，儿子惠潜4岁，家境较好，族中不良者为了谋夺其家产，甚至谋杀其子，梁氏"守节抚孤，其时家小富，谋夺者不利遗孤"，将惠潜

---

① （清）简宾侯等修，简竹居等纂《粤东简氏大同谱》卷11《家传谱》，《北京图书馆藏家谱丛刊》闽粤侨乡卷，第44册，北京图书馆出版社，2000，第1953~1954页。
② （清）关蔚煌等纂《南海吉利下桥关树德堂家谱》卷2《艺文·节孝传》，《北京图书馆藏家谱丛刊》闽粤侨乡卷，第29册，北京图书馆出版社，2000，第161~163页。

推入井中，恰巧被梁氏看见，为了救子，她也自投是井。婆婆和村民闻讯急救之，"母子幸不死"。她获救后，为了避免家产再带来不必要的麻烦，她"散财绝觊觎，淡泊抚孤"，终于使儿子成人。乾隆四十二年，她60岁而卒。惠潜孙光煜聘番禺东边头乡人李氏为妻，李氏会读书，"既聘而公卒"，李氏要求去未婚夫家奔丧，"其亲党执近世儒者之议，以为守贞非女道，共止之"。但李氏还是坚持"奔丧守贞"。族谱编纂者评价她："盖贞女天性之厚，读书之明，粹然见守贞者礼也，非儒者妄议所能移也。"其实，李氏的行为只是对宋代以来珠三角地区未婚女性守贞的继承而已。她代夫供子职，"事公婆惟孝"，并以夫兄的次子叔琳为嗣子，"稍长，嗣母勤教诲，中宵母机声不辍，子书声未敢停"。咸丰六年，贞女44岁而卒。①

《增城小楼何氏族谱》女贞第六记载，明代何子经妻王氏，尚未成婚，子经在赴广州参加考试途中，"舟覆溺死"。王氏闻讯，恸哭不辍，急切要去未婚夫家守丧，遭到父亲坚决反对。她于是"毁容断发"，发誓"不再醮"，父亲不得已而同意她的要求。她到达未婚夫家后，发现公婆家"贫甚"，她拿出自己的簪珥变卖，为未婚夫购置葬具。丧葬完成后，她就在夫家"执妇道，事翁姑如父母"，并为未婚夫立嗣。公婆去世时的所有丧葬费用也由她筹办。之后，"家事无大小，躬自料捡，食贫三十年，以纺织自给"。她的事迹在康熙二十五年和嘉庆《增城县志·人物志》中均有记载，内容与此如出一辙。

在粤北山区的乐昌县，也有族谱记载节妇的生活状况。民国五年刊本《乐昌楼下邓氏族谱》卷1《宜毂公黄氏孺人节孝传》讲述了乾隆十七年赐进士第、翰林院编修、陕西道监察御史、兵科给事中胡定为外祖姑黄氏撰写的传记，黄氏系南雄城东人，年甫十六，就嫁给乐昌县东乡邓戬字宜谷为妻，结婚两年后，丈夫病逝。黄氏"从容守节"，上有垂白老翁，下则哺乳孤儿，全靠她一个人支撑家计，苦节数十余载，从来没有回娘家看望过父母。她曾自言："既为未亡人，一切铅华俗态，早已消归乌有矣。"时任乐昌县的侯知

---

① （清）简宾侯等修，简竹居等纂《粤东简氏大同谱》卷11《家传谱》，第1878~1880页。

县为她题"矢志冰霜"匾额旌表。雍正四年黄氏的儿子怀瑾长大成家，到南雄探访亲戚，才将母亲守节之事告诉了胡定母亲，胡定闻言，遂为外祖姑作传。黄氏从19岁守节，直到74岁仙逝。她的事迹被地方志所收录，同治《乐昌县志》卷10《列女志》记载，邓宜谷妻黄氏，19岁时夫死，"以有孤存，势不克殉，几历艰苦，矢志靡他，年介花甲，人犹罕识其面，壶范之肃，有足称焉"。地方志所言的人罕识其面，在胡定撰写的传记中并没有出现。其实，一个19岁就守寡的女性，很难不与外界打交道，否则是根本无法养家糊口的。又如乐昌黄圃石溪邓钟奇之原配谭氏，湖南宜章县人，出身官宦之家。20岁守寡，双亲白首无依，孤子伶仃，"因以誓志霜守，备历辛勤、甘焉如饴，奉菽水以承欢，媳可代子，画荻灰而垂训，母能兼师允矣"。46岁时因"尝药而奔月殿"。尽管没有获请于朝廷建坊旌表，但当地士大夫"咸相与钦服无斁，类多歌诗，以揄扬其苦节"。①

一些节妇不仅侍奉老人，养育儿女，甚至还照顾孙子辈成长，雍正十年壬子科举人、拣选知县邓林城在乾隆三年为其高祖母王氏作传。邓其翔原配李氏生一子后忽仙逝，其翔继娶湖南宜章县赤石司王氏为妻。王氏"持家勤俭"，尚未生育，丈夫就去世。王氏柏舟自矢，抚育李氏所生子及童养媳雷氏。儿子与雷氏成婚后，生育一女一子，也因故离世。时孙女方7岁，孙"尚在黄口"。王氏和雷氏"共凛孀居"，不久雷氏"又中年先背"。王氏"以祖而兼母"，且又兼父，"外而乡里酬酢，内而租税经营"，全部依靠王氏维持，"其不以艰苦移志，不以初终易操如此，族党咸钦服之"，他操持孙子、孙女的婚姻大事，69岁逝世。② 乐昌武生林登相之次女弟妇，18岁嫁给黎俊旸为妻，道光七年20岁守寡，时膝下子名天祥尚幼。天祥长成，娶妻余氏，于道光二十三年生一子，未周而夭，次年又生一女名淑鸾。弟妇年未四十，已为二次祖婆。③

类似的童养媳在粤北较流行，乐昌宋水洞邱氏是家庭生活的顶梁柱，30多岁守寡，其苦节、甘节在九峰地区最为典型。道光二

---

① 民国《乐昌黄圃石溪邓氏族谱》卷2《钟奇妇谭氏传》。
② 民国《乐昌黄圃石溪邓氏族谱》卷2《高祖妣王氏传》。
③ 新修《乐昌黎氏族谱·林弟妇节传》，2003，第220页。

十二年,"屡奉诏书,诏举天下烈节行谊,有司着实授例奏闻,准予旌典,恩甚渥也。例以年三十内而守节,必守节过三十年乃称是,不然即曰发丹心,亦格于例而不得上闻"。根据规定,邱氏自然不合旌典条例。地方文人"姻晚生菊村黄秀彪"在为她立传时认为,"苟非笔之家乘,昭示来兹,其奚以补盛国之人心,而懋型家之风范也哉"。据传记说:邱氏系家中独女,其丈夫蓝占梅自幼"因贫出赘"邱家,"入赘之年,两少无猜",邱家还供养占梅"幼读书",占梅因病而残疾,不能料理家务,"长弗能供半子职"。邱氏不忍伤父母心,和丈夫一起回归夫族。丈夫因残疾而在村上塾馆授徒,"远近亦争聘致之于上馆也"。因身体残疾,每次往返,均由邱氏接送,有时因病情加重,邱氏只好"襁负以归",族中姒娌诸姑"有非笑之者而置若不闻"。乾隆三十七年生长子彩章。按当地流行童养媳的习惯,第二年就为之择配李氏,"孺人一乳两育之"。不久,又诞次子瑞香,"逾年又为之择良配薛氏,亦如前此之所为",但薛氏很快夭折,她又为次子"聘之,又不禄而又聘之,此皆孺人因贫急远计也"。36岁生育三子福昌,"未弥月而所夭",就在此时,丈夫也撒手人寰。她"鬻簪珥市衣被,购汤塘之山而耕之",养育诸孤成立。后因火灾毁家,邻人出力为她"鸠工筑削,以庇风雨",不久又再遭火灾,邱氏痛不欲生,节衣缩食,"计力则并两日为一日计,食则分一日为两日,忍寒不肯衣,忍饥不暇食"。年过半百后,为次子娶妻,但不久次子与儿媳"同月而亡"。晚年家境才渐有好转,"诸孙次第卜婚于淑德,田园岁入饶有余资,鸡犬桑麻亦多蕃息,孙曾绕膝,阡陌连云",但邱氏安不忘危,一粥一饭必指示诸少曰:"是从血汗中得来",半丝半缕亦指示诸少曰:"是从物力中做出"。80余岁才驾鹤西去。①

举人邓林城在乾隆三年撰《仲元妇曹氏墓志》记载,曹氏嫁给其仲兄为妻,康熙二十八年生子永吉,康熙三十年末,丈夫病故,又遗腹生一子,不久夭折。时曹氏20岁,"矢志冰霜,抚侄永吉",家业也渐渐扩大,"淡泊以勤俭持家,恢扩田园"。儿子成婚后,她又照顾孙子成长,"殷勤不辍"。直到雍正十二年64岁去世,苦节45年。林城评价说:"粤稽女史所载节义,类皆卓然自矢,不以盛

---

① 新修《乐昌蓝氏族谱》卷1《节妇邱太君蓝老孺人传》,1999,第33~34页。

衰险彝易志，故节妇几与忠烈比伦焉，盖千百中而仅见也。"① 又据民国《乐昌黄圃石溪邓氏族谱》卷2《汝瑞妇白氏传》记载，白氏系邓汝瑞之妇，婚后"事翁姑蘋蘩堪荐，和睦妯娌，灯绩无愆"。24岁时，生育两个儿子，不料丈夫突然去世，她以未亡之身，"抚黄口之子，内而养老送终，外而理家持世，备历辛勤，甘焉如饴"。二子成年后，她张罗为儿子"求婚媾"，但不幸的是，数年后，其子孙"接踵而逝"，但族谱没有介绍其媳妇去向。乾隆三十四年，其表侄贡生曾德珪为她作这篇传记时，白氏年61岁，"诸侄犹子，痛其苦节"。有些女性守节抚孤兼之，且又尽孝，甚至抚孙。粤北乐昌黄圃斗湾白自得妻邓氏21岁守寡，儿子锦灿1岁，"矢志柏舟，誓以死报"。事婆婆"孝敬无违"，抚幼子以养以教。后为锦灿婚配，锦灿在35岁时身亡，孙子5岁。时邓氏54岁，"复含泪以慰媳，隐忍以抚孙"。63岁离世。②

乾隆年间，邓骆氏也因守节而受到地方士大夫关注，骆氏出身乐昌书香之家，康熙三十三年出生，其父坤为邑庠生，弟弟则敬为太学生，自幼"素娴《内则》，无烦姆教之规"。18岁嫁给乐昌东乡太学生邓求达字嘉亮为妻，孝顺公婆，事必躬亲，被人称为贤内助。越十年，丈夫溘然去世，骆氏"痛失所天，泣至气绝，如不欲生"。后来幡然悟曰："死节易，保孤难，幼儿在褓抱之中，而抚养之而教诲之，俾至于成人，是余之责也。"其子讳宰者长大后登太学生，众人皆说："邓氏有子，而实太君和丸画荻之功，不亚昔之贤母。"所谓"和丸画荻"，出于《宋史》卷319《列传第七八》，讲述欧阳修四岁而孤，其母郑氏"守节自誓，亲诲之学，家贫，至以荻画地学书"。骆氏守节育子，既有"守节之苦"的艰难，也有"得节之甘"的欣慰，乾隆九年乐昌本地的"名公巨卿为诗文以祝之"，可能因为士大夫们的造势，乾隆十一年官府为骆氏"请建节孝坊，以旌表之"。乾隆十七年去世，享寿59岁。次年季春，其侄孙骆哲仕为她写了这篇传记，哲仕为乾隆三年戊午科举人，叙选知县。③

---

① 民国《乐昌黄圃石溪邓氏族谱》卷2《仲元妇曹氏墓志》。
② 《乐昌黄圃斗湾白氏族谱·自得公德配邓氏孺人节孝传》，无页码。
③ 民国刊本《乐昌楼下邓氏族谱》卷1《节孝骆太君邓母传》，第89~90页。

南海九江的冼武英妻霍氏，妾黎氏，生子有文，三岁而丈夫卒。两氏矢志同守，抚子成立。武英的妹妹嫁给庠生伦仁凤，也早寡，因家贫而携子女归依父母本家，不久就抑郁而死。霍、黎两氏代为鞠育，长成婚嫁，一如子女，按察使题所居曰节操同志。① 宣统《南海鹤园冼氏家谱》卷六之三《人物谱·列女》还专门罗列了"三节妇传"，分别为：李氏，冼善永妻，年未三十，夫死，矢志守节以终；梁氏，冼殿英妻，21岁夫亡，守志抚孤成立，按察使宋玮题匾曰"节义可风"；梁氏，冼广平聘妻，佛山分府田弘祚给"贞操奇节"匾旌表。

《增城小楼何氏族谱》最早修纂于乾隆二十年，嘉庆十四年重修，同治七年续修。该谱专设"女贞"目，收录了家族妇女从明到清的守节故事，如明末13世龙续妻孙氏，18岁结婚，24岁夫亡，遗腹生子泰来，"家苦贫，复有亏粮累，惟以洴澼絖自活，且延师教子，勉具修脯，视古画荻者为尤难"。起初，丈夫的兄嫂因她"寡弱，岁给盐米周恤"。后兄嫂去世，她的生活更加困苦无依，守节41年，死时69岁，子孙皆补弟子员。顺治元年县令旌其门曰完贞启后。族谱关于孙氏的事迹与嘉庆《增城县志》卷15《人物·列女》记载完全一致，估计从方志中抄录。13世永明妻姚氏也在婚后不久，丈夫就去世，她"遗孕诞子应桓，抚摩教育，卒底成立，居常，足不逾阃"。② 16世耀宗妻梁氏，结婚时，家里很穷，夫妇并力而作，勤俭持家，在生育四个孩子后，丈夫突然病逝，其父亲"怜其贫且年尚壮，欲易其志"。她拒绝父亲说："家虽贫，纺绩可度，子虽幼，成立可期，且未闻有四子而犹改事他姓者。"她节衣缩食，"勤俭课子，循次生殖，各致丰饶"。16世奕文妻林氏，21岁才结婚，25岁时孕子上怀，"甫四月而奕文死，尽市簪珥，以营殡殓，事姑舅尤加谨"。在儿子成长的过程中，她严格要求儿子以义为上。孀守40年，以勤俭起家，儿孙满堂。而16世谦皆妻梁氏27岁守寡时，"家徒四壁，罄衣被以为葬具"，林氏日常靠纺绩抚养两个年幼的孩子，到84岁去世时，已经是孙辈绕膝。

---

① 宣统刊本《南海鹤园冼氏家谱》卷6之三《人物谱·列女·十四世武英公配霍安人传（副室黎氏附）》，第2~3页。
② 《增城小楼何氏族谱·女贞第六》，同治七年刻本，无页码。

第五章　明清家族建构的女性形象：以族谱为中心

汤氏在19岁时嫁给何家18世征确为妻，"半载失偶，即坚矢栢舟之志"，与其已孀守的婆婆一起生活，其伯叔委婉"以青春难守之意"，劝她改嫁；汤氏泣曰："从一之义，素闻之祖若父且有姑在堂，二釜谁供，孤坟谁扫？予之所以勉留残喘者正为此，若不然早从亡人于地下矣。"何氏戚族见其志如此坚定，将懋新立为其嗣，汤氏对嗣子"画荻殷勤"，终于将懋新培育为名诸生，文品见重于士林，家产也积置甚多。①

李氏为18世启邦妻，28岁守寡，矢志抚孤，家计萧条，"纺绩度日"，直到78岁离世。18世观赞淑配汤氏，"姆训素娴，身兼四德，及笄而字于归"，21岁丈夫去世，"堂前既无侍奉之翁姑，膝下又鲜瞻依之儿女，孀闱独守，室謦空悬，影只形单，饥寒交累，其苦况有不堪言者矣"，死后被放入节孝祠。黎氏为19世国学生应时续配，东莞凤涌乡人，18岁入室，28岁守寡，时子圣祐甫8岁，"氏惟勤纺织，守俭约，孝事姑嫜，慈抚孤嗣，夙兴夜寐，艰苦备尝，卒能教子成立，家亦小康，居常足不踰阃，贞静之德洋溢乡邻，年至七十余，犹自操持不倦"。赖氏及笄，嫁给19世观奕为妻，"越数寒暑，夫先见背，孺人矢志守孀，冰操自凛，不以贫苦易，形影相吊之余，惟勤纺绩，卒能为丈夫立嗣，且教以成立"。姚氏为19世月华原配，婚后数载，丈夫病逝，只有21岁的她"以女红自给"，生活艰难，但她坚贞数十年如一日，里人将其事迹呈报县令，"蒙详文申奏，准崇祀节孝祠，并钦赐坊额曰彤管流徽"。20世积禧淑配韩氏，17岁结婚，时公公和丈夫外出"逐什一之利"，氏在家"奉姑司中馈，惟勤纺织以佐饔飧，亦常得姑欢"。26岁时，丈夫弃世，遗子甫3岁。她矢志守孀，抚孤待老。公公晚年"扰于病魔，疗治每需参桂，氏家无长物，减口粮，脱簪珥，以办之，孝思所凝，沉疴立起，子亦成立，习祖父业，产具中人"。韩氏节孝双全，受到乡村社会舆论的一致好评，阖族绅衿于同治七年十月十三日备录行述，呈请旌表，蒙增城县令夏公批示据呈大宪。20世梁氏，17岁嫁给洪广为妻，"越两寒暑，夫先见背，氏矢志守孀，纺织自给"。其本家父母"怜其孤苦"，屡次要求她改嫁，

---

① 《增城小楼何氏族谱·女贞第六·国朝》，同治七年刻本。

但她"以从一而终之义婉喻,母家谋遂寝"。①

小楼何氏家族中年轻的寡妇们在没有子嗣的情况下,主动为丈夫立嗣,其实也反映了她们拥有一定的权利,尽管我们没有在该族族谱中发现专门的族规规定寡妇立嗣的程序,但珠三角一些家族的族规对此有明确的规定,如简氏家族"正立嗣"规定:"凡立嗣以嫡,古今定论。若无嫡可立,则立爱立贤,不乱昭穆,亦为世所共许,惟不可抱养异姓,俾气不相感,是阳有继而阴实无也。"立嗣的出现或因夫妇没有生育儿子,或因夫亡尚未有子,而后者则往往由女性主之,"立继者,夫亡妻在,则妻承夫分。其妻告于族长,择昭穆相当之人入继,则立贤、立爱皆可也,即乾隆时制,独子兼祧,亦由夫亡之妻取具阖族甘结,乃可兼祧以继也。其夫亡,嫡亡,由妾立继之义亦同。且独子兼祧者,以族中实无昭穆相当可为继之人,不得已而兼祧耳"。② 于此可见,在立嗣过程中,妻子和妾都握有重要的权利,尤其是"立爱",即立自己喜欢的人选。

从一而终的极致就是殉节,南海九江关氏嫁给同乡大族朱衷一,刚过门,丈夫因尽心攻读科举而身患绝症,临终前,流着眼泪默默注视妻子,大约是担心妻子的今后去向。关氏明白丈夫的心思,泣告曰:"君脱不幸奄忽,若犹有襁褓物,妾当忍万死守全之。今若此,惟有相从地下耳。"丈夫闻言,随即咽下最后一口气。关氏痛不欲生,在料理完丈夫的丧事后,她请求公公婆婆为丈夫立嗣,并叮咛小叔子夫妇善待公婆,做好殉节的准备。家中戚友都安慰规劝她放弃自杀的念头,但她哭着说:"毋久留我死,令亡者久待。"遂放声大恸,肠断殉夫。居高门楼。所谓高门楼,朱烈妇者也。③

明清时期,随着广东社会经济的发展,尤其是商业经济的发展,男女之交往并不完全限于传统的"男女授受不亲"的模式,因为妇女在社会经济生活中,几乎与男性一样要参加田野劳作,她们与男性的交往绝对不是地方志所记载的节烈妇女那样严守于闺阁之

---

① 《增城小楼何氏族谱·女贞第六·国朝》,同治七年刻本。
② (清)简宾侯等修,简竹居等纂:《粤东简氏大同谱》卷8《家训谱》,第1281页,卷12《艺文谱》,《北京图书馆藏家谱丛刊》第44册,第2014页。
③ 《南海九江朱氏族谱》卷11《八世衷一公配关安人》,《北京图书馆藏家谱丛刊》闽粤侨乡卷,第23册,2000,第2089~2090页。

第五章 明清家族建构的女性形象：以族谱为中心

中，因此，男女在交往之中，有时难免会发生私情。所以族谱中几乎都有"严闺阁"之类的条目。民国《阳山县三婆洞冯氏族谱》中涉及女性的族规就有以下三条：

> 一戒奸淫。奸淫妇女，律有明文，况同宗共祖，非姑嫂之亲，即姊妹之谊，尤当尊崇伦纪，砥砺名节，敢有行同禽兽，伤风败俗者，革除清明外，并从重公罚。
>
> 一戒溺女。乾道成男，坤道成女，男女虽异，同为父母所生，家纵贫寒，幼抱与人作媳，未尝不可，何苦做此忍心悖理之事，令呱呱者初离娘胎即置之死地乎？假如人有女而亦溺之，己之子又何从得媳，恐天地生生之机，自此绝矣。倘有愚夫愚妇，甘心溺害者，以故杀儿女论。
>
> 一戒逼嫁。妇女果犯七出之条，固不能不嫁，若身无失德，而又能贫贱相安，不愿下堂求去，为夫者断不可逼之改嫁，有乖夫妇之伦。如有夫死子亡，甘心守节，操凛冰霜，不肯再醮二姓者，更不可利其资产，贪其财礼，逼令改嫁，以堕其名节。

尽管我们不知道冯氏族规何时出台，但从第一条可看出，族内男女间有时会违背伦理发生恋情，第三条内容则显示在阳山县妇女改嫁并不少见。而族内男女间所谓"奸淫"，在海丰县也有类似现象，该县浪清乡徐氏家族在乾隆四十四年立《族规碑》内有"奸淫族内妇女，集合三大房立即捆缚沉海，倘伊父母不肯，族长、族正及各房长联名禀官究拟，并将犯者本家革出，不许入祠，决不宽宥"。[1] 从这个规定来看，当地应出现过族内男女奸淫现象，本书稍后讨论的档案中屡屡可见。对犯者惩罚则先家族后官府，前提是犯者父母不同意沉海，似乎反映乡村贞操观念仍较为松弛。而从某些家族镌刻在祠堂中的规条也能了解妇女在家族立嗣中的角色，如今深圳市南头大新涌下村升平里郑氏祠堂内有乾隆五十八年二月郑洪斌、郑洪曦等共同立下的《养子不得入祠以乱宗派碑》："我族先年宗支别派历无混杂，近因听妇人言，不择本家兄弟之子立继，

---

[1] 谭棣华等编《广东碑刻集》，广东高等教育出版社，2001，第 837~838 页。

招取外姓外乡之子归养作子,此大违律例,有玷宗族。斌等不忍坐视其弊,即邀本族襟耆集祠公论,嗣继不得外取螟蛉,以乱宗派。即外乡同姓之子,亦不得择取。如有外取者,其子孙永远不许入祠,所有产业胙肉不能颁领。若敢持顽抗拗,许我族合志攻讦,执规鸣官究治。"可见,妇女在立嗣上拥有一定的支配权。①

明清以来,广东各地民间修纂族谱,也记载女性与丈夫共同创立家业的故事。万历时,东莞人、进士邓云霄在《岳父海月赵翁同岳母钱孺人七十又一双寿序》中说:"翁系出赵宋王孙,世为望族,冠绅赫奕,甲吾邑人……人有贷翁子母金,或公田收息,贫而不能偿者,翁还券。市义不计锥刀,平居无妄言妄动。……口不问家人生产,家内外政,一委于钱孺人。而孺人肃穆拮据,衣粗啖苦,如丈夫烈操。家渐隆隆起,仲子能克承之,益亢其宗。"② 可见在赵氏家庭中,赵海月对家中之事几乎从不过问,而妻子钱氏则成为实际的管理者。

明代乐昌黄圃石溪邓柳塘妻欧氏,生于弘治十五年,及笄即与丈夫成婚。婚后与丈夫勤俭持家,"荆钗布裙、鸡鸣盥漱,勤俭以修内政,姒娌群奉贤声。家资初年颇歉,不多载而积金数万,竟成巨富之门。虽云姑祖之营谋尽善,要亦内庭相克之力不少也"。80岁时才去世。其后裔在天启四年为之重立墓碑,铭文由欧氏内侄孙岁贡生欧明熏撰写。③ 从碑文看,邓家在短短数年变为巨富,欧氏起到了很大的作用。一些寡妇在守节期间,成为家中经济振兴的支柱,乐昌黄氏与丈夫华成书成家时,夫家已开始衰落。道光十八年,成书离世,她"主家政,殚力维持垂廿余年,家业鼎兴,宏建栋宇,经之营之,能谋能断,其训子也兢兢以为善",其子行医为生。"今孺人年届八旬,寿且康,履丰席厚,诸福骈臻,孙枝森森竹立,回溯五十年前所遭际,甘苦悬殊,族邻姻娅莫不歆羡。"④ 乐昌户昌李氏家族先祖妣白氏婚后,与丈夫胤瑜"食贫作苦",咸丰二年其曾侄孙为她撰写的小传记载:"每当力作,担簦唱随,惟

---

① 谓棣华等编《广东碑刻集》,第194页。
② 《邓云霄诗文集》卷12《漱玉斋文集·序》,东莞乐水园,2003年8月印行,第679页。
③ 民国《乐昌黄圃石溪邓氏族谱》卷2《柳塘公妣欧氏墓志铭》。
④ 光绪《乐昌华氏族谱·贡生胡冠南祝黄孺人八十寿序》。

第五章　明清家族建构的女性形象：以族谱为中心

恐公之独劳过伤焉，宗族称之。"她平日与丈夫同出入田野劳作，时乡间习俗："农家恒于山隅邃壤间种麻，年于四、六、八三月获息，可充半载之资，故男妇益力。"某年四月，白氏夫妇早起到离村二里许山上割麻，正当两人埋头苦干时，一只老虎偷偷潜伏到她丈夫身后，丈夫"回视骇喊，虎怒扑啮公右肩，复攫伤左臂，不能抵格"。邓氏见状，"执茅钎，奋喊击虎，虎负痛竟含公去"，她此时30多岁，正身怀次子在有，但完全不顾个人安危，紧紧追赶老虎以抢救虎口中的丈夫，"虎迫急向百丈岩跃去，切虎虽猛也，口含公于前，孺人迫于后，尽力直奔，孺人随落虎前，衣裙翻飏，虎悚然惊，直前脱公于口焉。更负之归，虎亦如有所失，咆哮数声而去，其夫即以是终。虽不能保夫身于生前，却能全夫尸于死后。古有男子称搏虎，今妇人亦与虎搏，非烈而何？"丈夫死后，她守节抚育两个儿子成人，族谱称之为"健妇持门"；又说她"以母道而兼父道"。75岁去世。①

明代增城小楼何氏六世祖妣徐氏，少归茂堂，时家计淡薄，她亲操井臼，纺绩不辍，"酌盈缩，度出入"，终于改变了家境，"竭力匡襄，循至饶裕"。据说，她勤俭持家而致富，成为村民学习的榜样，大家都说找媳妇就"须似何徐姑"。这一说法一直流传到清代。而何家15世祖妣郑氏知书识礼，及笄，嫁给增广生我愚，父家给了她一笔丰厚的嫁妆，"奁饰颇厚，而俭约自持，荆钗布裙，日事纺绩。时增邑八筒细葛盛行，其上者每匹值钱四贯，他手经岁乃就，孺人三月而成，外佐膏火，内勤中馈，故公得安于肄业，文名日显，家计亦日以丰"。她80岁时，五代同堂，但每与孙辈见面，她都"必教以勤俭力学"，族人将她和六世祖妣相媲美，以致有"前有何徐，后有何郑"的说法。② 据广西平南知县、族人何我骥撰《伯母郑氏孺人墓志铭》，郑氏与丈夫一起打拼，才使得家庭经济蒸蒸日上：

郑氏幼娴内则，晓大义。于归吾家为我愚淑配。叔采芹时年二十有一，高才博学，工制艺识者，谓取科名如拾芥，无何

---

① 《乐昌户昌李氏族谱·烈妇白孺人小传》，咸丰二年刻本，第252~253页。
② 《增城小楼何氏族谱·女贞第六》。

数奇不遇,遂决意堂构。孺人同心戮力,劳苦经营,循致饶裕,遂开西郭弘基。每岁时晏集,必进子若孙而勖之曰:汝曹勿自画,宜益加振奋,研经史弋高科,庶上可以继前休,下可以慰吾愿。……卒今雍正元年三月十四日,享寿八十有二。子孙辈进学多有所成。初拟合葬于我愚叔父之墓,以山在绥福庆头约土名蚺蛇岡壬山丙向,止宜独穴,未易再加穿凿,故分葬于此山。①

《增城小楼何氏族谱》卷3《族规》中专设"正闺阃之范",强调"男正乎外,女正乎内,才是好人家。……大抵妇人之道,总以不出闺门为是,古严男女之别,以远嫌耳。若夫长舌阶厉、冶容诲淫,或祈祷于庙中,或嬉游于月下,有一于此,即败家风。正家者,须晓以大道,严加禁止"。这些规定或说教在珠三角的族谱中颇常见,如民国《粤东简氏大同谱》也有"端闺门"条:"古称四德三从,女子褆躬之准绳也,未字则为淑女,相夫则为令妻,教子则为慈母,女子入世之美名也。若乃帷薄不修,长舌为厉阶,惟女德未娴,毋亦观刑之或缺欤,齐家者其以身先之。"其实,这些写在纸上的东西,与社会现实并不完全相符。

族谱记载一些女性因丈夫长年在外谋生,家中生活几乎由其操持。光绪初年,进士出身的安溪人林鹤年应业师香山人黄汉石之邀为黄师母张安人作传。据传记记载,张氏生于道光八年十月,原籍东安,祖父芸亭侨寓羊城,遂落籍番禺捕属,三岁丧母,父亲常年在外,她从小被寄养在伯父宜齐家。宜齐治家素严,家中无论长幼皆有操作。所以张氏"惯习勤劳,工针黹",而且"十指所蓄颇有赢余",这个赢余应该是通过交换后的利润所得。她在19岁时由伯父宜齐做主许配给黄汉石,婚后,丈夫在广州设教,"终岁不离讲席,置家事于不问,夙知吾师得内助之贤"。这里的家事应该包括家庭内部与社会的各种事务。黄家大概没有什么兄弟姐妹,所以张氏一个人要操持家庭内外的事务,"亲操井臼烹调,以奉家翁太夫子瑞谷公,暇即治女红以佐家",夜深乃息。公公年老多病,"既无家姑又无妯娌可虑耳,吾师授徒于外,师母左右就养,无少懈,居

---

① 《增城小楼何氏族谱》卷4《艺文志略》。

第五章 明清家族建构的女性形象：以族谱为中心

恒假家翁命，勉吾师发奋上进，故凡家计艰苦不俾吾师知之"。看得出，张氏不仅要照顾年迈的公公，还要不时假借公公的名义督促丈夫上进，更重要的是她要全心维持家庭的经济来源，从而解决丈夫的后顾之忧。尽管很辛苦，但只要丈夫能进步，她就很高兴。咸丰六年丈夫游泮宫，张氏窃喜说："足慰家翁于九京。"她生活简朴，"数岁始制一衣，饔飧必亲料理"。她虽然敬信鬼神，但很少"入庙拈香，只在家供奉，谓敬如在"。家中祭祖所需的物品，也是她亲自挑选，"将先人所嗜者荐之勿缺，事死如生，其孝敬类如此者"。光绪八年九月，只有55岁的她病逝，议叙封安人。①

　　族谱在记载一些女性祖先时，为了突出她们的业绩，总会说刚结婚时，夫家很穷，上述林鹤年撰《例封安人黄师母张安人传略》说，张氏"年十九于归，吾家家素贫"，后来在张氏料理下逐渐好转。南海学正乡黄锡深娶南海大步乡易氏为妻，"初归时，家贫甚"，妻入门后，"节衣缩食，亲族三党庆吊馈问之礼，未尝少衰"。在乡村社会"庆吊馈问"是一笔不小的数目，仅仅靠"节衣缩食"很难完成这一礼数，可以说易氏进入黄家后已转变了丈夫家"贫甚"的局面。黄氏家境的改变，还表现在易氏有足够资源施舍他人，"有如妪性狠恶，儿童见之皆奔避。太宜人待以礼，分以羹，久之妪感激，频称曰菩萨惠我，菩萨惠我"。如果说这仅仅是对个人施舍的话，那么晚年的她施舍对象明显增多，"晚年尤乐善，每出私蓄买棉衣，分送诸贫家。外家一嫂穷老，月给赀供其食，及卒，又赠之棺衾，其平居闾巷，姻戚有困苦者，无不钦恤也"。这些描述显示，由于她的加入，黄家由贫困户变为有一定积蓄的人家，所以才会有资产施舍助人。光绪二十五年，87岁的她去世。②

　　当然，家贫并不代表一无所有，光绪二十九年十二月，应南海学正乡黄道恒的邀请，士人黄荣康为其刚去世的母亲作《黄母梁宜人行状》言："先君家贫，吾母归时，薄田数亩外，无所储蓄"，可见，"家贫"的标准难以界定。但梁氏婚后在原有家庭经济基础上，竭力经营，使家庭经济有所改善也是事实，"凡槁饫酒浆、米

---

① （清）黄鲸文编《香山黄氏家乘续编·事迹》，《北京图书馆藏家谱丛刊》闽粤侨乡卷，第5册，2000，第955~958页。
② （清）黄任恒编《南海学正黄氏族谱》卷11《家传谱·列女》，第893页。

309

盐钱布,大小凌杂,皆操持于吾母一人之手。先君课徒束修微,即其衣袴巾舄之工,亦惟吾母是给,而大母素多病,饮食汤药,扶持抑搔,吾母必躬亲之,少以委叔姒。道恒弟妹八人,乳哺提携,数数以累吾母者又特甚"。可见,梁氏嫁入黄家后,丈夫"课徒"收入微薄,梁氏不仅要赡养高龄的公婆,而且还要面对8个儿女的生活问题,黄家生活的重担由她一肩任之。她在田野劳作之余,还喜欢读书,并为家人讲解,"吾母粗解文字,喜观阴骘文诸书,晨起礼佛诵经,至老不倦。居间好说因果杂事,家人环听,善忻恶怃,为所诱化者实多"。所以传记作者借道恒之口说:"以冢妇持家政,能识大义,不奢不吝,大父母独爱重之。"黄荣康之所以愿为梁氏写传,还与她的责任感有关,女性在晚清社会巨变中,其言行也发生变化,"自女教不行,而闺门之内,其非负姿恃才,哓呹自肆,即呐呐愚憃,一无所赞,成若宜人者可不谓贤欤?"梁氏,18岁成婚,63岁卒。①

  女性结婚后面对家人的生老病死,会全力寻求改变家境的机会,以延续亲人生命。光绪十五年十一月八日,顺德简岸乡族绅简朝亮、族长简子长根据王朝的统一部署,"谨遵谕查覆具结",对族中烈妇简周氏上报旌表。他们在具结中强调对所属事例是"绅等宗族聚居,见闻纪实"。简周氏事实有四,其实就是敬夫、事夫、从夫和殉夫而已。但所有这一切的核心是经济问题,周氏生于道光十二年,虚岁18岁嫁给简子荣为妻,时公婆已去世,家里很穷,婚后二年,丈夫"抱疾称贷求药,不幸夫成废疾者",她每天侍奉丈夫"未尝有慢容"。咸丰初年,地方动荡,"女红未复,无所资得食",她每天拾取水松落下的松子,"市之,乃供夫所嗜物",自己却食不果腹。据说她的母亲也以佣工为活,并竭力省吃俭用接济女儿。丈夫在周氏照料下,在病后的第十个年头去世,她也"遽著布裙雉经以殉",时在同治元年,她只有31岁,无子。② 应该说,其丈夫在病后仍能生存10年之久,其家庭所有经济都由周氏忍饥挨饿换取。鉴于她的行为,简氏家族士绅出面以"甘结"的形式为其

---

① (清)黄任恒编《南海学正黄氏族谱》卷11《家传谱·列女》,第895~896页。
② (清)简宾侯等修,简竹居等纂《粤东简氏大同谱》卷5《荣显谱·旌表》,第858~861页。

第五章　明清家族建构的女性形象：以族谱为中心

申详旌表：

> 具结人顺德县简岸乡廪生简朝亮、族长简子长、左邻简沛、右邻简兆、地保简孙池，今于县宪父师台前与结，为举报事，依奉结得族内烈妇简周氏，系已故民人简子荣之妻，自经殉夫，事迹可嘉，公评悉协，与旌表之例相符，中间无捏，所结是实。①

女性纺绩支撑家庭，粤东简氏谢溪系七世友明娶南海冈头村邓氏为妻，邓氏结婚时17岁，婚后不满一月，友明外出贸易，邓氏在家以女红为生，"夫往北江营生，计七年不返，亦未尝寄家一钱，家贫无所藉，惟以纺织女红度日，未尝或怨。既而夫竟外亡，邓妇年方二十四，闻丧悲甚，艰辛守节"。她守节43年才离世。简氏屏山系十世耕侣与顺德陈村洲涌里吴氏结婚后，族谱没有交代耕侣去向，吴氏"勤绩纺，妇功密时，不离位不作炊，终日一铜罂制粥即为饔飧，盖勤也而俭存焉，所居宅场多由其妇功所积者价受而增之"。吴氏通过纺绩，再经市场交换获利。增城简村系15世简处淡与姚氏婚后"常多外出"，家中生计均由姚氏管理，"姚为有才妇人，知书算明而有济，能以坤道代终其事，凡佃人租谷，先后群纳不紊，皆无敢欺，或偿还子粒孰完孰负，灼然可稽，其它一切所司皆治"。康熙二十四年48岁卒。②

族谱与方志在纂修"人物"时常相互抄袭。当然，能进入方志，要么事迹典型而受到不同级别官员或乡贤赞扬，要么与修志者有千丝万缕联系。但因时间久远，两者对有些人与事不得不相互抄袭。如简氏据《广东通志》《肇庆府志》《新兴县志》等为新兴支系外嫁女作传，国英女许字新兴邓文和为妻，国英死时，女尚未嫁，其兄嫂出资"主嫁之"，21岁时夫亡，遗腹生则尧，有人劝她改嫁，遭拒，嘉靖时，督学蔡克廉旌表其门。简秀聪许聘新兴叶光曾为妻，未归而光曾卒于外，女18岁，闻讣投环自杀，被父亲制

---

① （清）简宾侯等修，简竹居等纂《粤东简氏大同谱》卷5《荣显谱·旌表》，第864~865页。
② （清）简宾侯等修，简竹居等纂《粤东简氏大同谱》卷11《家传谱》，第1852、1860~1861、1885~1886页。

311

止。贞女提出到夫家守节,父亲同意。她以妇代子,"事舅姑,尽礼以敬"。公公去世后,婆婆"老且病"达40年,都由她照料。她为丈夫立嗣,并将其抚育成人。据说,她出嫁时,父家给其嫁妆很丰盛,她将嫁资分给夫家兄弟使用,"初,女奁田八十石悉付伯氏,未几伯氏还之。女曰:举家贫,忍独厚乎?即均之,受四之一"。其嫂潘氏25岁守节,贞女时为周恤,"共饮食,偕操作,辛苦备尝,卒无悔"。雍正十年耆寿岁贡训导李枝荣等报请旌表,朝廷下诏建坊,崇祀节孝祠。①

五 对女性读书识字的赞许

传统女性的读书识字,相互间的交流等,已经引起学术界的极大关注,美国学者高彦颐教授的大作《闺塾师:明末清初江南的才女文化》一书,充分展示了明末清初的江南才女群像。她认为这些闺秀远不是受压和无声的,她们在男性支配的儒家体系中创造了一种丰富多彩和颇具意义的文化生存方式。② 其实,生活在岭南地区的女性,尽管在女性结社上没有江南那样明显,但是广东女性的读书识字也是相当流行的。③

族谱对家族中女性的读书识字记载,一般都比较隐晦,但因为要突出女性尤其是母亲教育子女,又在无意中透露出家族女性的读书识字。道光时期,黄培芳在《香山黄氏家乘》卷5《事迹》中收录了赐进士第、资善大夫、太子宾客、南京兵部尚书、奉敕参赞机务、前礼部尚书兼翰林院学士、掌詹事府事、经筵日讲官、修国史玉牒四明张邦奇撰写的《敕封太孺人黄母陈氏墓志铭》。张邦奇卒于嘉靖二十三年,与黄佐同朝为官,此作是应黄佐之邀而为,以此凸显黄家的人脉。这个陈氏就是黄瑜儿子黄粤洲之妻,陈氏先祖于宋代"自汴梁徙居番禺,宋有讳大震者,官至吏部侍郎,世为岭南

---

① (清)简宾侯等修,简竹居等纂《粤东简氏大同谱》卷11《家传谱》,第1958~1961页。
② 〔美〕高彦颐:《闺塾师:明末清初江南的才女文化》,李志生译,江苏人民出版社,2005。
③ 刘正刚、乔玉红:《清前期广东才女李晚芳探析》,《暨南学报》(哲学社会科学版)2011年第2期。

第五章 明清家族建构的女性形象：以族谱为中心

甲族"。肯定陈氏出身高贵，父陈政号东井，"首举于乡，登进士，改翰林院庶吉士，授御史，董京畿学政，晋山东按察副使，董学如故，忤当道，改云南"。陈氏于成化九年八月生于云南，7岁丧父，"哀慕如成人"。遂由云南回到番禺，继续读书，"诸姊授以《孝经》、《论语》，即了其大义"。这说明明代女儿接受的主要是儒家经典教育。随着年龄的增长，陈氏对儒家著作的理解已能触类旁通，甚至超过姐姐，"稍长，能引伸以及他书，诸姊大异之"。她的母亲秦孺人说："此女不凡，宜归诸儒族。"陈家女儿读书及陈氏聪明进取，大约在乡间社会渐渐传播开来。就在这个时候，还在长乐担任县令的黄瑜正在为儿子黄粤洲择偶，"为其子择俪惟谨"，听说陈氏"明淑"，遂派人到陈家"礼聘"，终成秦晋之好。

弘治二年，17岁的陈氏与黄粤洲结为夫妇。婚后放弃了读书，全力支持丈夫及子女读书进取，时粤洲在外地求学，她将娘家陪嫁"奁资"全部变卖，供丈夫使用，而丈夫一直没有考取功名，即"淹迹如故"，陈氏对此无怨无悔，"居之恬如也"。据说，黄瑜因自己没有考取进士，把希望寄托在儿子粤洲身上，"然粤洲亦竟不第"。不过，儿子没有成功还有孙子，黄瑜见孙子黄佐"早慧，善属文，喜曰：是其能代父负荷也乎？"陈氏听公公之言，鼓励儿子黄佐好好学习，完成"尔祖之志"。粤洲带着儿子黄佐到外地求学，粤洲却在途中"病殁舟次"。黄佐将父亲灵柩送回家乡安葬，准备终身守护父亲庐墓。陈氏却对儿子说："其忍忘尔祖若考之期待乎？"在母亲的督促下，黄佐北上京师，于正德十五年中庚辰科进士，年仅30岁。嘉靖元年授翰林院编修。陈氏闻讯，专门给儿子写了一封家书，要求儿子不要自满，"尔祖若考之志庶几其成乎，励志圣贤无退前休，尚加勖之哉"。儿子的成功，也为陈氏带来荣誉，朝廷"貤恩封太孺人"。她得到这个消息后，捧着朝廷的玺书流泪说："恨尔祖若父不及见今日也。"后来，黄佐在嘉靖"大礼议"之争中，站在皇帝对立面，受到惩罚，族谱含糊地称："佐廉直不阿，忤权贵，改江西按察佥事，未行，改董广西学政。"面对儿子仕途的挫折，陈氏并没有表现出慌张，而是鼓励儿子速速就职。她告诫儿子："夫远近去就何常，惟义之归其端，而规范作人以事君，又何求？"陈氏在儿子困境之中，首先想到的是儒家"义"，于此也可见她对儒家学说的领悟。后陈氏"得热疾"，黄佐

弃官归养母亲 10 年。直到嘉靖十八年，黄佐再次被召入宫。时已 67 岁的陈氏为了不耽误儿子的前程，毅然决定赴京师，与儿子一起生活。一年后，黄佐被派往南京，以翰林侍读掌篆留院，陈氏也跟着到了南京。到了南京刚稳定下来，黄佐又被嘉靖召还京师修玉牒，陈氏再次北上，并宽慰儿子说："吾疾从此愈矣。"不久，黄佐又升南京国子监祭酒，陈氏随儿子再度南下。她在南京过了七十大寿，席间举觞说："国家常治，老身常健。"嘉靖二十三年初夏，南京城炎热难熬，患有"热疾"的陈氏"终苦热毒"，旧病复作，于七月初四日病逝，享年 72 岁。黄佐"扶柩归岭南"，并泣请张邦奇为母作墓志铭。她和粤洲生五儿一女，长子即黄佐，其余四子"皆殇"，女嫁广州府学生何宇勤。黄佐将父母择日合葬在番禺县永泰乡聚龙冈。

陈氏读书识字，知书达理，估计在嫁为人妇之后，仍不时阅读儒家书籍，她博闻强识，对典故出处及用意了然于心，她时常与儿子黄佐讨论明代岭南大儒邱濬和陈白沙的学问，陈邦奇在墓志铭中说她："闻古今事，辄能举其臧否大概，有为寿文及深山大泽，实生龙蛇者，讶曰：此出《左传》，非颂祷语也，引用误矣。其知识类如此。或时为祭酒论出处，曰：为邱文庄通而难，为陈白沙高而易。闻者以为知言。"她凭借深厚的儒学知识，在处理家庭和社会事务时得心应手。据说她的婆婆李氏不是一个很好相处的人，她和婆婆一起生活差不多 20 年，时常受婆婆无端怒责，她均以笑脸相待，"姑李孺人性严重，或颇见嗔责，终无怨咨"。她和丈夫一起悉心料理公婆丧事，在粤洲和弟弟分家析产时，她顺从丈夫"多所逊让"。她支持丈夫割家产田地 76 亩为义田赈济族中贫困者，自己则"不喜绮丽，每制新衣，惟一试辄仍旧服"，告诫家人："吾性所安且毋令浪靡为也。"她对家中的婢仆奖惩分明，一旦他们"言稍涉嫚，必抶之。痛曰：不尔且浸坏我家法"。①

南海九江大族朱氏因硕学大儒朱次琦而闻名海内外。李氏系顺德鹿门人，父为太学生，她"幼读经书，通知大义，最耽风雅，能吟咏，而德范凝然，不以才掩"。后嫁给九江朱莘犀为妻，孝顺公婆，因读书识字之故，对家中"诸子童孺辟咡受书，《论语》诸经

---

① （清）黄培芳纂《香山黄氏家乘》卷 5《事迹》，第 505~511 页。

第五章 明清家族建构的女性形象：以族谱为中心

多由口授。妇工余暇，喜阅古传记，时时征引，以寓箴规"。丈夫莘犁不管家事，她"持家辅以严肃，整齐内外，法行知恩，诸子有文字交必加礼敬，征逐燕辟不敢蹑其门"。长子伯莲为崇祯六年举人，欲赴京师会试，她告诫儿子洁身自好，"京师人海，品流最杂，女曹入乎其中，当时思在我之节，惟圣人为能与世推移耳"。后因子伯莲封太孺人，83岁卒。她的事迹也为《九江乡志》收录。① 朱家八世箕作妻易氏为新会桥头乡人，其父为永昌知府，外甥为礼部侍郎陈子壮。因此之故，她自幼读书，"毓秀名门，才慧为一时冠。工诗歌，善楷法，尤喜读书，至老手不释卷"。她十分关心亲戚邻里生活，"性乐施予，戚里婚丧，诸赖完举，偶直乏匮，辄典质衣钗继之，寻常斗升釜庾之需，取之如寄也"。崇祯十三年，儿子实莲到江南德清县任县令，她和丈夫随之"就养官舍"。时浙西大水，实莲因救灾不力而下诏狱，临行时与父母诀别，易氏流涕对儿子说："不图垂莫之年，复见滂母之事，虽然人谁无死，而矢守官死，死犹生也，且忠孝宁得两全乎？"易氏所说的"滂母之事"，出自《后汉书·党锢传·范滂》，讲述东汉范滂被诬陷入狱事，可见易氏知识渊博。她和丈夫回到故乡后，和外甥陈子壮时有书信往来，得以慰藉。儿子实莲至诏狱，冒死奏地方荒苦状，崇祯帝大悟，遂复其官，擢刑部主事户部郎中。这一消息在崇祯十五年九月传到南海，时66岁的易氏刚去世，"恤典推恩"，被封孺人，后又赐赠淑人，著《名闺吟蓝圃草》行世。其事迹也收录在《九江乡志》。②

同样出身书香和官宦之家的南海赵涌人曾氏，自幼受家庭熏陶，养成读书习惯，"幼聪睿，善鼓琴，通《列女传》、《女诫》、《女论语》，读之辄生远慕"。19岁嫁给朱湛一为妻，夫妻俩时常切磋读书心得，丈夫"考业之暇，辄就孺人讨论书史。庄后有溪流竹林，为公习静读书处，孺人亦时相就，鼓琴自娱"。丈夫因做官，"什九宦游"，曾氏并没有随行，在家乡"创室训子"，应酬家中的

---

① （清）朱次琦等修，朱宗琦纂《南海九江朱氏族谱》卷11《八世莘犁公配李孺人》，《北京图书馆藏家谱丛刊》闽粤侨乡卷，第23册，北京图书馆出版社，2000，第2083~2084页。
② （清）朱次琦等修，朱宗琦纂《南海九江朱氏族谱》卷11《八世箕作公配易淑人》，第2084~2086页。

人情往复。据说她事神不谄不渎,常说:"人能随事尽道,子孙效之必昌,幽有鬼神犹明有圣贤,皆呵护善类。若为不善而佞佛持戒,得罪反深。"万历三十一年被朝廷封为孺人。夫妇长寿,丈夫于崇祯十二年去世,曾氏于顺治三年89岁卒。①

  珠三角地区的女性读书识字,一直持续不断。道光十年黄培芳纂修的族谱,收录其堂兄黄大榦(号临溪)为自己继室伍氏撰写事略,伍氏为增城人,"赋性俭朴,温柔淑慎,恪守妇道,遇事不敢自专,精女工,能剪裁缝纫"。嘉庆十八年,25岁时与39岁的大榦成婚,次年,大榦病,自此连年卧病,伍氏延医侍药,"服劳尽瘁,衣不解带"。大榦因病无法继续"授徒"养家,全凭伍氏"十指所给以为生计"。但大榦时刻提醒"吾宗自双槐、粤洲、泰泉三先生以著述传家",伍氏理解并支持丈夫攻读撰述,丈夫"或漏分始卧,或五夜复起",伍氏则"披衣煎茶进饼饵,怡然色喜"。10余年后,黄大榦去世,留下《临溪集》传世。这篇事略并没有描述伍氏是否读书识字,但事略结尾记述伍氏在《临溪集》完成后曾说过这样的话:"世所谓能者辄能谋生,夫子拙于谋生,世所谓无能而能,固在世所谓能者,往往归于无何有之乡。"此话若真出自伍氏之口,那么她应该是一位受过教育的女性,因为"无何有之乡"出自《庄子·逍遥游》。黄大榦闻言对妻子肃然起敬。正因如此,黄大榦说:"适修家谱小传,例未得列入。因别具孺人事略,俾我后人循览焉。"②

  晚清番禺人陈璞在追念母亲时说,道光十二年,他只有13岁,时41岁的母亲病逝。30年后,陈璞归乡扫墓作《先母灵表》。从中可知,陈璞母为番禺小龙乡曾维新女,"知书识大义",约束子女甚严。陈璞"少时,每夜自塾归,篝灯读,母治女工于旁督之,读少辍即加训责,或未能上口,母重为口授,至三鼓,令背诵一过,乃许就寝,女亦共一灯治针黹,严督如之。璞出户,偶未白,必诘以何往,罚使跽,童儿嬉戏一概禁绝之"。临终之际,她指着陈璞对丈夫说:"能不以贫故,使此子竟读,以副君志,死无恨。"陈璞

---

① (清)朱次琦等修,朱宗琦纂《南海九江朱氏族谱》卷11《八世湛一公配曾孺人》,第2087~2089页。
② 《香山黄氏家乘》卷5《事略附·伍孺人事略》,第557~559页。

评价母亲,"为慈母、为严师,鞠育教诲身兼之"。①

当然,女性读书识字,并不仅限于珠三角地区,广东北部南雄府也有族谱记载女性识字的事例,乾隆十七年十月,赐进士及第、翰林院编修、陕西道监察御史、兵科给事中南雄人胡定就说,他的外祖姑黄氏"生而敏异,幼能识字,训读《内则》,朗朗如玉山上行,父母爱之不啻珠宝"。②乐昌县黄圃镇斗湾白氏在嘉道年间也出了一名会读书识字的祖妣杨氏,"幼读女四书女箴,夙习姆训,归吾祖,相夫警戒,事姑以孝谨,治家俭有制,且勤纺织,老幼着其衣,尤爱读书敬师,至老不衰,手写《女儿经》《闺范》,训女及孙女辈"。道光九年冬,有群盗抢劫其所在的村庄,她的公公衣服财物均被"贼尽解去,寒欲毙",她独抱衣覆之,救活了公公。道光十七年,当地发生大水灾,杨氏带着全家8口在屋顶避水,在汹涌的洪水即将冲毁房屋时,杨氏用刀"砍橡架梯"牵儿女渡邻舍,保全了全家人性命。族谱赞曰:"虽曰天命,岂非智力哉。"③这个"智力"与杨氏自幼读书不无关系。

晚清岭南大儒简朝亮在《读书堂集》卷2《文》中从《礼记》《诗经》出发,论述女子从小接受教育的重要性,"女子生十年,居内不出,女师自是而教之,迨于嫁而教成矣。记曰:古者妇人先嫁三月,祖庙未毁教于公宫。祖庙既毁,教于宗室。教以妇德、妇言、妇容、妇功,教成祭之,盖自十年始姆教,而教成在将嫁之先也"。该家族顺德龙江支系简八姑承父训,"读书知大义,亦工诗"。道光十七年17岁许同乡何应发为妻,"既定聘而夫亡,女奔丧,守贞如礼,孝事君舅若事父"。公公去世时,她以"妇道代子道"服丧,受到人们的好评。30多岁回到母家,"教诸兄之子",59岁去世。她在世时,"与兄铨以诗唱和,凡有所感,每见之歌咏,能为父诗嗣音"。她去世后,家人将遗稿辑为《嗣得到梅花馆诗钞》。其诗关注社会现实,她曾赋诗讽刺咸丰七年战事云:"无故豺狼犯粤闽,死生荣辱验天真。丈夫空诩圭璋器,不及兰闺一妇人。"她自注:是时,闻番禺县令之妻尽节,而县令李福泰事后却

---

① (清)陈璞:《尺冈草堂遗集·遗文》卷3《先母灵表》,光绪十五年刻本,《续修四库全书》集部,第1547册,第638页。
② 民国五年刊本《乐昌楼下邓氏族谱》卷1《宜穀公黄氏孺人节孝传》。
③ 《乐昌黄圃斗湾白氏族谱·颢公妣杨孺人赞》。

317

升为广东巡抚。族谱也按云：同治间，众请朱九江修《广州府志》，九江不答应。有人私问其由，朱先生回答："今为巡抚者，乃前失广州城不殉节之番禺李令也，如何下笔。"① 于此可见，简贞女对社会的关注及见解并不逊于男性士人。

女性读书识字，接受儒家正统教育，反过来又强化了她们的行孝行为，族谱对此会详加记载，《粤东简氏大同谱》将"贞女"分为奔丧、守贞两大类，多赋予"节孝"内容。② 该谱收录光绪十五年十一月八日简岸乡族绅简朝亮、族长简子长为50岁孝女翠蝉请旌。翠蝉为简岸系18世简承达女，生于道光二十年，"以父母未有子孙，终身奉亲不嫁"。光绪十六年获朝廷旌表，"如孝子例建坊，节孝祠内题名设位"。该族谱卷5《荣显谱·旌表孝女》中列"孝女简翠蝉事实五条"，首即为"不字专于孝养"。翠蝉"始生端秀，而右手无掌，父生三女无男"，她7岁时，父向她"授以女孝经，左手学书"；12岁时父又"授以本草医经"。15岁时，父亲准备给她找婆家，翠蝉却对父亲说："女子亦子也，今家贫，两姐于归，若儿又许字，谁为子养乎？"遂发誓不嫁，"资女医"养活父母。

简翠蝉虽身体残疾，但有文化且又有行医的技术，通过行医"供养父母，纤悉必备"，还"时恤"两个出嫁的姐姐，时大姐"夫死子幼而贫"，二姐家"亦贫"，她本人则"敝庐数椽，自奉清约"。父亲劝翠蝉不要"兼顾"两头，但她仍"阴助"姐姐而"不使父知"。她持礼自律，即白天接诊，晚上闭门不出，从没有参观过每年村里举办的"鱼龙百戏"活动，晚上遇乡邻急诊，她"必以媪随，非乡邻不赴"，为的是"旋往旋返"，绝不在外过夜。所以她的父母在其照顾下，"忘无子，颜色泽腴，笑语终日"，光绪十四年86岁的父亲去世，她"殡葬得礼，丧服素食，哭泣惟哀"。年满83岁的母亲仍健康地活着。所以传记说翠蝉之孝，"宗族皆以为有子者弗如也"。族谱说："女子称子，此心亦足千秋，绅等不胜欢忭感激之至"，族绅为此旌表"具结"说：

---

① （清）简宾侯等修，简竹居等纂《粤东简氏大同谱》卷11《家传谱》，第1965~1966页。
② （清）简宾侯等修，简竹居等纂《粤东简氏大同谱》卷5《荣显谱》，第845页。

第五章　明清家族建构的女性形象：以族谱为中心

具结人顺德县简岸乡廪生简朝亮、族长简子荣、左邻简同、右邻简伟生、地保简孙池，今于县宪父师台前与结，为举报事，依奉结得族内孝女简翠蝉，系已故耆民简承达之女，以父母未有子孙，终身奉亲不嫁，事迹可嘉，公评悉协，与旌表之例相符，中间无捏所结是实。①

该族谱对清代旌表制度进行了较详细引述，如守节之妇不论妻妾，自30岁以前守节至50岁或年未五十身故，其守节已及15年（道光间改为10年），果系孝义兼全，准旌表；夫妇未成婚，流离失散，守节至老合卺者，准与旌表，建坊用"贞义之门"字样；孝女以父母未有子孙，终身奉亲不嫁者，如孝子例；未婚贞女合年限者，如节妇例。其有在夫家守贞身故，及未符年例身故者，一体旌表。② 光绪十五年简朝亮及宗人简子长等将她的事状上报官府，光绪十六年十二月礼部奉旨对两广总督张之洞疏称的孝女简翠蝉旌表。该族谱又说她15岁被父亲授占书，"资女医及占为养，得钱共父母甘旨"。她还买一婢女，但只要涉及"事父母"，都是她亲为之，从不假手婢女。有人问她："汝弗使婢，蓄婢奚为？"翠蝉答："父母，我之父母也，而使他人事之乎？吾蓄婢使得色笑，欲吾父母不落寞耳。"她在被旌表后又活了39年，直到1927年88岁才去世，崇祀节孝祠。③

可见，简翠蝉尽管身躯残疾，但她自幼不仅学习儒家经典而且习医学，以行医作为侍奉父母的经济来源。她的行为符合王朝典章中的"孝女以父母未有子孙，终身奉亲不嫁者，如孝子例"，因而受到旌表。而家族对她的事迹如此重视，也可见朝廷旌表可以给家族在地方社会带来一定的社会资源。《粤东简氏大同谱》记载的女性读书除了简翠蝉外，还有郁城系七世简佩典妻廖氏，"习书史，知乐善箫，举止雍容，常叙子妇于庭，陈说孝友节义，证以古今人

---

① 简宾侯等修，简竹居等纂《粤东简氏大同谱》卷5《荣显谱·旌表》，第861~866页。
② 简宾侯等修，简竹居等纂《粤东简氏大同谱》卷5《荣显谱·旌表》，第898~901页。
③ 简宾侯等修，简竹居等纂《粤东简氏大同谱》卷11《家传谱·世传》，第1954~1956页。

事，劝戒周详，不惮烦数，有曹大家女诫之勤"，65 岁卒。[1] 廖氏的知识面较为广博，而且俨然成为家庭"子妇"们的老师，成为真正的闺塾师。

六　太婆崇拜凸显女性在家族的地位

明清时期，随着广东家族组织的发展与完善，各家族对祖先祭拜十分重视，这一点可从地方志记载的风俗中得到印证。乾隆《保昌县志》卷3《舆地志·风俗》记载："清明节，闾阎扶老携幼，或并偕妇女上坟修筑，致祭冢间遍挂纸钱，祭毕餍饫而归。"因为墓祭之需，一些家族开始对祖先墓地重新建设，这些家族在追述远祖时，一般多上溯到宋代。其中不少家族的远祖只有单一的太婆而无太公。换句话说，明清时期，在广东建构家族组织的过程中，女性也可以成为始祖，并形成独特的太婆崇拜现象。

2008年11月，笔者在两广交界的封开县考察，当地文史专家陈楚源先生说，封开乃至粤西地区流行太婆崇拜，祭拜的第一代祖几乎都是太婆，第二代则是太公、太婆合并祭拜。封开的太婆崇拜有两层含义：一是岭南受五岭阻隔，母系社会元素较多，秦朝依然如故；二是战乱较多，丈夫被抽丁在外征战而死。故家族祭祀第一代祖多为太婆，时间以宋元之际为主。封开县杏花村伍家就崇拜太婆，伍家从江西迁福建再迁广东台山、新会、高要，明末时才迁封开杏花，时伍家男性因"役"在外，太婆为寻夫找到杏花，并落籍于此，成为伍家开基祖。笔者在杏花村考察时，向伍姓村民打听祭祖事，他们说太公在高要县一带打仗战死，并埋在高要，是太婆带着家人到杏花落籍，所以只祭拜太婆。类似伍家的情况在封开颇常见，陈家也如此，陈家太公在战争中死去，太婆许氏带着子女来到封开长岗镇大竹涌（大旺村）落籍，至今大旺村仍有许太婆坟，其碑刻为清初立。2009年3月，笔者在罗定市考察罗镜椽梓山张瑞公书院，又称张氏大宗祠，建于明末清初，雍正元年第一次修葺，解放战争时期，曾是罗定县人民政府所在地。张瑞公原为乳源县梅花

---

[1] 简宾侯等修，简竹居等纂《粤东简氏大同谱》卷11《家传谱·世传》，第1845页。

村人，他去世后，其妻郑晚娘于万历三年带领6个儿子由乳源县梅花村迁居罗定州西宁县二都二图砂甲安居落籍。晚娘生于正德四年，卒于万历六年，享年69岁，葬于罗镜墟南门外烧炮岗。罗镜张瑞公后人设立专门的"郑氏太婆诞辰日"并举行祭拜活动。在调查中，张氏后裔说，万历年间，国家在粤西地区平暴后，郑氏率子到此寻找丈夫，并在橡梓山落籍发展。

广东祭拜入粤始祖为太婆的现象，似乎从明清两朝才流行起来。在族谱及田野考察时，笔者屡屡发现太公、太婆分开埋葬的现象，如南海盐步陆佳在明嘉靖二十年秋邀请进士方茂夫为陆家作谱序。序中称陆家祖先为河南开封府祥符县人，北宋天禧间，其祖进士隽"配夫人李族，奉葬于三水仙人岭，而公则葬于罗客岭焉。生二子，长若思，次若谷。佳，若谷之后也。若谷公配陈族，公葬于罗客岭，陈氏葬于仙人岭，附李氏夫人之墓。今称为祖婆山，亦因陪葬家姑而得名也。若谷初官于端州路即今肇庆也，寻升光禄大夫，既而宋当南渡，时开封为金所据，乃卜居肇庆府之高要镇南，而子孙遂族焉。……又徙居南海县盐步堡地名陆边村，兄弟创业……"。[1] 从中可以看出，陆家真正入粤祖应是陆若谷，一开始落籍在肇庆府高要县。有意思的是，若谷的父母亲在肇庆则女葬仙人岭，男葬罗客岭。其后人几乎也是分葬在这两个地方，并且陆家女性的坟山，被后人称为祖婆山。

这些分葬的入粤始祖，一般在时间上都上推到宋代，且入粤始祖都被家族传为高官。光绪二十年刊《恩平岑氏家谱》在追述其祖先来源时也说，其入粤始迁祖祖夫妇墓地距离相当远，"宋上柱国卿始迁粤东祖考号尧俊公墓图，墓在新宁县城南三四里土名横湖，坐未向丑，作飞鹅朝斗形。尧俊公淑配尹氏太夫人墓图，墓在阳江县土名雷公岭，坐癸向兼丑未，作交椅形"。[2] 至于他们夫妇为何分开安葬，族谱没有说明。台山大江镇斗洞伍氏始迁祖为珉公夫人麦氏，宋徽宗时，伍毓圣居汴梁，登宣和五年进士，选殿前校尉，敕上柱国，后扈跸郊祭怀旨，谪岭南，镇守南恩州，卒于官。时二

---

[1] 佛山市南海区地方志办公室收藏影印本光绪《南海盐步陆边陆氏族谱》，抄本，无页码。

[2] （清）岑兆瑞等纂《恩平岑氏家谱》，光绪二十年刊本《北京图书馆藏家谱丛刊》闽粤侨乡卷，第30册，北京图书馆出版社，2000，第830~831页。

321

子尚幼,妣麦氏诰封一品夫人,偕二子扶榇葬公于阳江象山,携二子朝佐、朝凯择居斗洞绿围村。因麦氏太婆插柳围村,柳绿垂荫,故村曰绿围村,其子孙亦称柱国房。① 从 2008 年清明往阳江柱国公陵墓拜祭安排方案中可看出,伍氏族人对始迁祖祭拜分开进行,4 月 13 日(星期日),前往阳江市阳东县东城镇象山柱国公陵墓举行祭祖仪式。下午 1 时 30 分集中乘车往台山大江拜祭麦氏太婆陵墓。

江门市蓬江区杜阮镇三和里有诰封一品夫人米氏太婆墓,为杜阮黄姓始祖。据说,宋代米氏太婆随丈夫黄源深从南雄珠玑巷来杜阮开基。黄源深系南宋淳熙八年进士。米氏太婆精通医术,随丈夫居京城,治愈过帝妃乳疾,被诰封一品夫人。米氏夫妇有 6 个儿子,其中 3 人中进士。如今米氏太婆墓已被列为市文物保护单位。② 而广东罗定市华石镇思廉乡也有一座米氏太婆坟,为陈氏族人开基祖。据罗定陈氏宗亲论坛说,陈通,字培兰,号兴濂,元庠生,在罗城建兴濂书院。与米氏婚后,生三子。咸丰九年九月重修竖碑,定每年农历四月初三日拜祭。罗定人习惯将华石兴濂公与米氏合葬墓,称为米氏太婆墓。但也有兴濂公墓在广西一说,华石兴濂公墓是衣冠冢。

佛山市南海区大沥镇大镇村邝氏后人也是祭拜太婆墓。据悉,邝氏始祖墓位于南海区大沥大镇"太婆山",邝氏太婆墓内合葬宋乾道九年邝氏始祖三七公的两位夫人何氏和冼氏。据邝氏后人说,南宋初,因北方连年战乱,当时年仅 25 岁的三七公逃难到南雄珠玑巷,逗留一年后又南下大沥落脚,子孙繁衍,三七公成了广东邝氏先祖。明成化十年和清道光十七年该墓曾两次重修。每年清明前后,来自开平、花都、从化、河源、广州、江门等地的后人都会到邝氏始祖墓祭拜始祖。③

有家族为了某种需要,而不断追溯远祖,几乎也沿用祖妣分葬的形式,笔者曾在粤北阳山县通儒乡莫氏家族发现一部残谱,据记载,其开基祖为莫秀发,由南雄珠玑迁徙通儒乡,自大明宣德十年承佃入籍,生卒年无考,卜葬于七拱崀仔岗,生五子,名俱遗亡。

---

① 《台山斗洞——岭南伍氏的始居地》,《大江侨刊》2006 年第 47 期。
② 《杜阮有一品夫人米氏墓地》,《江门日报》2005 年 7 月 20 日。
③ 《邝氏始祖墓迎来大祭》,《南方都市报》2008 年 4 月 14 日。

第五章 明清家族建构的女性形象：以族谱为中心

始祖太婆刘氏也是生卒年无考，但卜葬于冠祖乡鸦鹁岩。刘氏墓碑铭云："所生五子，原居七拱，自我始祖卒后，偕同季子迁徙冠祖乡，遂家是乡，寿登古稀。"太高祖锡嘉生卒年无考，但在乾隆年间与太高祖妣李氏合葬于巷口岗，道光九年重修立碑。[①] 莫氏似乎是岭南土著，估计在晚清以后，为了将自己纳入汉人行列才编造祖先故事，因而对所谓始迁祖乃至二世祖均语焉不详。因为既不知始祖生卒年，又能明确讲出始祖承佃具体时间，而从始祖妣刘氏在丈夫死后再次迁徙，以及有刘祖妣墓碑来看，莫氏家族也是祭拜太婆的。

当然，广东流行分葬以及祭拜太婆，可能与家庭多妾现象有关，十三行行商之一的番禺潘仕扬曾任云南盐课司提举诰授直大夫，生于嘉庆十六年，终于咸丰七年，享年47岁，附葬祖坟附近的下山蛇冈。正妻卢氏生于嘉庆十七年，终于道光二十四年，享年33岁，与丈夫合葬；庶室彭氏，生于嘉庆二十五年，终于咸丰十年，享年41岁，葬小北门外大鸿鹄岭；庶室陆氏，生于道光五年，终于光绪三十年，享寿81岁，葬小北门外长腰岭。生三子，长兆明，彭氏出，次兆元、三兆显，陆氏出。[②] 笔者以为，这些分葬的现象，或许随着时间的推移而衍生出许多传说，或者妾之子女因为祭拜生母的需要，最终产生了太婆崇拜。

笔者在广州石牌村及新丰潘氏调研期间，从新修《荥阳潘氏族谱》知，潘氏入粤始祖在翁源落籍，始祖潘伯澜生于明正统三年，卒于弘治十年，配张、陈、何三氏。三位祖妣不仅和伯澜分葬，而且本身也分葬，其中陈太祖婆墓坐落在翁源县南埔祠背岭大坪岭，"飞凤含书"形；张氏、何氏太祖婆墓坐落在新丰县沙田街对面，"老蟹游江"形。[③] 今广州市南沙区甚至出现不少的太婆墓群，如黄阁镇东里村太平山元代麦门莫氏太婆墓群，建于元至治二年，清道光七年重修，后遭损坏，2004年修缮，石碑刻"三世祖妣莫氏太老安人之墓"。左碑刻"四世祖妣吴氏太老安人墓、大明显妣陈氏淑德孺人墓"，右碑刻"五世祖妣雷氏太老安人之墓、八世祖妣

---

① 《阳山县通儒乡七拱莫氏族谱》，第45~48页。
② 《番禺河南龙溪潘氏族谱》，民国九年刊本，第34页。
③ 《荥阳潘氏族谱》，2002年铅印本，第76页。

梁氏太老安人墓",两碑下款均为"道光丁亥重修"。又黄阁镇东里村山塘东岸有清重修明代麦门陈氏、李氏墓,陈氏墓碑正中刻"大明八世祖显妣麦门陈氏淑德安人墓"。上款"陈氏乃八世祖林乔公之德配",下款有"同治六年岁次丁卯"重修。李氏墓碑正中刻"大明八世祖显妣麦门李氏淑德安人墓",上款"李氏乃八世祖林乔公德配",下款与陈氏墓同。黄阁镇莲溪村文笔山则有明崇祯六年修建的麦门黎氏、李氏墓,光绪四年重修,中刻"大明显十二世妣麦母黎氏淑德安人墓"。黎氏乃黄阁麦姓 12 世祖东岭公配室,生永隆、永贵二子。左碑刻"皇清显叔祖妣李氏安人墓",为 14 世叔祖奕相之配;右碑刻"皇清显祖妣李氏安人墓",为 15 世叔祖翰客之配。① 这说明黄阁镇的麦氏家族流行男女祖先分葬的现象。

香山县土瓜岭刘氏也是太公、太婆分葬。据记载,始祖汝贤为宋赐进士,拜南雄刺史,绍兴三十二年由南雄珠玑巷至香山,卜居于土瓜岭,生卒月日未详,葬得能都双合山蟾蜍岭,世名天葬坟,邑志称刘公峰;妣罗氏,葬得能都三角塘山,世名罗婆陂。② 类似这种因安葬某位女性祖先而更改山名的事例,笔者在珠三角地区调研时,时有所闻。如 2011 年 11 月 25 日,在佛山市南海区大沥镇调研太婆山时,村民们经常会反问我们到底要去哪座太婆山。

广东流行多妻妾的婚姻形式,③ 可能会使妻妾之间产生矛盾,从而使某位女性在争斗中带领子女出走,这个可能是后来家族塑造祖婆带着儿女迁徙入粤故事的根源,在今广州市同和街南湖高尔夫球场边一个小山坡上,有许氏家族建于道光二十五年的黄太淑人墓,是广州高第街许氏家族始祖母黄太夫人,墓碑阴刻"皇清晋封淑人显妣许母黄太淑人之墓"。黄太夫人是广州人,与在穗经商的澄海商人许颖圆结婚,生四子。后许去世,黄携子回澄海婆家,始知许在家乡早有妻室,遂携子折回广州,长子祥庭以贩盐为生,不

---

① 陈建华主编《广州市文物普查汇编·南沙区卷》,广州出版社,2008,第 74、81~82、109 页。
② 中山土瓜岭《刘氏本支谱》,誊抄本,光绪八年刘烂芬辑,藏中山图书馆文献部。
③ 刘正刚、刘强:《清代"粤人好蓄妾"现象初探》,《中国社会经济史研究》2007 年第 1 期。

第五章 明清家族建构的女性形象：以族谱为中心

久成为广州一大盐商。其后家族人丁兴旺，不少子弟考取功名，有"四代同堂，七子登科"的美誉，黄氏被朝廷封"淑人"。1999年，黄太淑人墓被公布为广州市第五批文物保护单位。① 许地许氏家族始祖许颖圆约在乾隆二十五年30岁时，离开澄海县沟南乡到广州经营小本生意。乾隆三十六年在广州另娶番禺17岁黄氏为妻，次年生下长子许拜庭，后又生下许赓荣。又过10年，突然病故。时长子拜庭13岁，在舅父帮助下，进入董姓盐商家打工。后独立以贩盐为业，不久成为广州大盐商。其家族由此人丁兴旺，不少子弟考取功名，有"四代同堂，七子登科"的美誉，黄氏也因此被朝廷封为"淑人"。黄氏生于乾隆丙子七月，她在丈夫去世后，带着幼孤回到澄海，后因丈夫在家乡有原配，遂带着儿子在广州另立门户，时年27岁。据《许母黄太淑人墓志铭》记载："颖园公原籍潮州，业卤于会城。祖母蓝太恭人在堂，父慎堂公，母陈太恭人，并迎养焉。而留元配郑太淑人居于潮，以岁时修祀事。太淑人……孝养备至，尤得舅姑欢……"这个说法与传说明显有出入。即黄氏不仅知道丈夫有原配，而且还把公婆接到广州赡养，也许黄氏当年就愿意做妾。至今许氏族人仍认为黄氏在不知丈夫已婚妻子尚健在情况下成婚，后随着儿孙飞黄腾达，故意隐瞒做妾身份，才编造被丈夫欺骗的话。其实，《许母黄太淑人墓志铭》还记载"大夫配四人"，即除郑氏、黄氏外，还有两位侧室。道光二十四年三月二十五日，黄氏病逝，享年89岁，安葬在广州白云山东北麓戙旗峰南向山坡上。② 2013年6月15日笔者在许地族人陪同下考察了许地家庙及黄太夫人墓。黄太夫人墓竖立一通道光二十四年秋九月，翰林院编修曾望颜为之撰《许母黄太淑人墓志铭》，从中可知，黄氏无论是丈夫健在还是独立操持家务时都具有重要地位。广州许地家族在完全清楚入穗祖为许颖圆时，却只祭拜太婆黄太夫人。③

陈忠烈教授认为，华南地区妇女拥有较大的自由度，故寡妇携

---

① 陈建华主编《广州市文物普查汇编·白云山卷》，广州出版社，2008，第121页。
② 伊妮：《千秋家国梦：广州高第街许氏家族》，广东人民出版社，1994，第19~21页。
③ 2013年6月15日，据陪同考察黄太夫人墓的许锡俊先生说，其曾祖父娶四房妻妾，其祖父为最后一房所生，他们这一支在祭祀祖先时也不知道曾祖父墓在何处，只祭祀曾祖母而已。

子再醮或侍妾偕庶出之子离家是平常之事。珠三角地区不少宗族有"太婆"和"太公"各居异地的传说，或只有"太婆山"，没有"太公山"。三水芦苞有大宜岗李氏和莘田李氏在清明前十天合祭"孟氏太婆"的习俗。此太婆据说是妾，原居花县冯村，离家到芦苞寻子，死在路上。另在一些宗族中有"偷太公"的传说，承认其"太公山"的太公遗骨是从原居地的祖坟偷来移葬的，表明这是庶出之子的行为。也就是说，由于正妻和妾之间的矛盾，妾带着孩子出逃，另立家庭。① 笔者以为，也许广东的祭祀文化原本就与中原不同，他们更注重女性的地位，但在中原文化传入后，他们在自身传统的基础上开始向中原文化靠拢，而两者在交流互动的过程中难免会出现矛盾。因而，广东流行的太婆崇拜传说，在时间上几乎都追溯到宋代，而宋代的岭南社会恰恰是"儒家思想打进来"的时候。②

也有一些家族兄弟多，妯娌之间产生矛盾，导致弱者出走，如丰顺县埔丰村上埔队蔡姓，原居福建漳州，后迁广东梅县松源、大埔赤水、丰顺黄金苦竹洞等地。在丰顺黄金传六世，有兄弟4人，老二早逝。他的家人认为是老二老婆即溪北埔丰村蔡姓开基祖婆太"克夫"，对她责骂殴打，时祖婆有孕在身，只好忍气吞声。不久产下一子，带着儿子逃离。途中饥渴难耐晕倒，第二天醒来，见其四周都是田地，遂在此搭棚居住，即为溪北上埔。③ 另据龚火生在紫金县九和镇热水村考察，该村龚氏在明万历后期由祖婆刘氏率儿子伯兴等由福建永定迁入永安，据说刘氏带着家人挑着铁炉来到热水，伯兴是铁匠。刘氏死后葬在邻村南坑村。龚家后因刘氏婆太祖坟还与南坑村伯兴女婿刘氏族人打官司。热水龚氏合族祭祀的祖坟主要有四座，首选为刘祖妣坟，逢刘祖妣生辰二月初二日祭拜，风雨不改。④

---

① 陈忠烈：《珠江三角洲农村实地调查所见的几种族谱资料及有关问题的思考》，载柏桦主编《庆祝王钟翰教授八十五暨韦庆远教授七十华诞学术论文合集》，黄山书社，1999，第384页。
② 科大卫：《皇帝和祖宗：华南的国家与宗族》，第35页。
③ 周建新：《丰顺县留隍镇溪北村的潮客宗族组织与村落文化》，载谭伟伦主编《粤东三州的地方社会之宗族、民间信仰与民俗》，（香港）国际客家学会、法国远东学院，2002，第22~23页。
④ 谭伟伦主编《粤东三州的地方社会之宗族、民间信仰与民俗》，第221页。

第五章 明清家族建构的女性形象:以族谱为中心

笔者于2011年8月在肇庆市属高要、怀集、广宁和四会调研发现,这些地方均流行太公和太婆分葬习俗。广宁江屯镇大连村石桥崀村江氏提供1999年新编《江德旻公世系族谱》,编者为江氏在四会市第十八代裔孙江元亨。谱载江家入粤始祖德旻与妣叶氏生子7人:通一、通二、通三、通四、通五、通六、通七,公生卒年不详。德旻在福建时有兄弟6人,其中二、三、四迁广东,分别在河源、大埔、长宁(今新丰)定居,母叶氏随四子(即通公)在长宁角坡定居,德旻并未迁广东,但后裔建祠还是以他为始祖。传说德旻有8个儿子,明朝动乱时,他从福建上杭避贼迁广东长宁县角坡,娶叶氏为妻,生一子名通(即通公四郎)。后他想念原籍妻儿,遂回原籍而不返,殁葬均不详。还有说德旻在福建时娶林氏生三子(清一郎、海二郎、友三郎),后到广东娶叶氏生子通,因排行第四,称通四郎。叶氏葬祖祠对面山三墓墩中心。所谓三墓墩,中心墓是叶氏太婆与媳妇李氏合墓;左边墓是四世祖琛公与妣曾氏合墓;右边墓是四世祖瑛公与妣张氏合墓。通公四郎娶妻李氏、刘氏,生二子,后在战乱中被杀,葬角坡梅坑罗山;妣李氏与祖妣叶氏合墓葬中心坟,刘氏葬长宁县城西门外丝茅岭。[1] 据调查,江家历代太公太婆为分葬,附近联和镇朱氏由开平迁入,太公、太婆也分葬。据江氏老人说,太公、太婆分葬是当地习俗。高要、怀集、广宁、四会几乎都流行太公、太婆分葬,只有极少数合葬。当地人认为这是传统习俗所致。其中的原因不尽相同。

对太婆或婆太的崇拜,可能是女性在广东社会地位独特的表现。据调查,梅县丙村镇温氏大围屋"仁厚温公祠"中,温氏族人最重视的祭拜是明代十一世"斋婆太"杨氏,每年八月十五日,族人都要将"北楼宫"的斋婆太抬出来巡游,凡是斋婆太裔孙的村落都要去围观祭拜。温氏11世祖斋公39岁离世,其墓规模明显没有斋婆太墓气派。每逢重要节日,族人祭斋婆太而不祭斋公太。族内专门规定有祭斋婆太的纪念日,却未有专门祭公太日。温家这位婆太还有一段失节史,传说杨氏长得颇有姿色,一次在路上偶遇福建"贼兵",被抓去做压寨夫人,前后数年,生育一子。后因"贼主"外出打仗,她遂杀死亲生"贼子",只身向广东逃跑,家丁追赶不

---

[1] 《荥阳潘氏族谱》,第24~25页。

及。回到广东后,婆太因杀子之故,一直吃斋至死。故后裔称其为斋婆太。族人为祭拜这位失贞太婆又附会太婆为观音身的传说。①又如丰顺县建桥镇张氏为当地第一大族,他们最重视祭拜三世祖蓝氏婆太,传说蓝氏曾代夫上京师南京城告御状申冤,历经各种酷刑考验,最终使丈夫冤情得以洗清,"祖业归还,转祸为福"。张氏族人在"祭三祖妣蓝氏祝文"中有"母仪足式,有志有勇……亦女界内之真豪杰"之说。②

梅县东郊张氏的祖上由福建宁化县迁居镇平。明中叶以后,张一弘,字肩一,生于万历八年,妣赖氏,生有五子,又从镇平迁到梅州下市攀桂坊开基。张氏宗族每年秋季要祭七世祖妣和九世祖妣。七世祖妣和九世祖妣称"好命婆太",传下的子孙众多。相传七世婆太是位仙人,肩一公将其骨骸与七世祖公的骨骸同葬在梅县月梅,墓前有一小溪,据说饮此溪水者百病不生。后镇平张氏子孙想将七世婆太移葬蕉岭,就来偷婆太遗骸,不料忙乱中将七世祖公遗骸盗走,因而七世婆太坟墓在梅县月梅,七世祖公坟墓在镇平。九世婆太则是因为平整土地迁葬月梅,坟墓修在七世婆太坟旁边。两主坟后边又有许多后世子孙的小坟墓。张氏宗族祭七世婆太的仪式很隆重,先由礼生宣读祭文,然后众裔孙行三献礼,但祭九世婆太时则没有祭文和三献礼仪式。七世婆太的祭祀礼可与开基祖肩一公的隆重程度相比。③

2008年11月,笔者在韶关考察。据韶关学院曾汉祥教授说,客家人祭拜太婆主要目的是求旺丁,始兴县隘子镇有官姓人家,其祖先在福建叫上官,后兄弟俩由闽经梅州迁粤北,改姓官,弟弟落籍始兴,哥哥迁到翁源。兄弟俩商议将父母骸骨分开安葬,因太婆意味着旺丁,故哥哥要带太婆到翁源,将太公骸骨留始兴,弟弟只好尊重哥哥的意见。由于哥哥存在私心,结果阴差阳错带走了太公

---

① 房学嘉:《客家女性在宗族中的地位:以梅县丙村仁厚祠为例》,载徐正光编《聚落、宗族与族群关系:第四届国际客家学研讨会论文集》,"中央研究院"民族学研究所,2000,第247~261页。
② 文衍源:《丰顺县建桥镇建桥围的宗族与民俗》,载房学嘉主编《梅州河源地区的村落文化》,(香港)国际客家学会,法国远东学院,1997,第199页。
③ 李小燕:《梅县东郊张氏宗族发展史与祭祖习俗》,《客家研究辑刊》2002年第1期。

而非太婆。始兴官姓人财两旺，翁源相对弱些。后来每年官氏祭扫祖先，都要先到始兴祭扫太婆，翁源房支也前往祭拜。据曾先生说，广东客家的太婆和太公祭拜，假如分开祭祀，一般先祭太婆，后祭太公。时任始兴政协副主席说，隘子镇太婆崇拜是因多妻，因官家大婆不能生育，为防止官家绝后，太婆主动为丈夫纳妾，连生四子，官家人口兴旺，家族鉴于大婆宽宏大量，将大婆作太婆祭拜，这一习俗至今流传。

曾汉祥先生说，客家祭拜太婆可能与黄巢起义有关，传说黄巢起义动辄杀人，时有贤妇携二子逃难，路遇黄巢。巢怪其负年长者于背，携幼者并行。妇曰：长者先兄遗孤，父母双亡，惧为贼所获，至断血食，故负于背；幼者吾生子，不敢置侄而负之，故携行。黄巢嘉其贤，劝慰她"速归家取葛藤悬门首，巢兵至不厮杀矣"。妇人归，急于所居山坑迳口挂葛藤，一坑男女因得不死。后人称其地曰葛藤坑。客家各姓家谱多记此传说，地在福建宁化石壁村。

2008年8月，笔者在广州长洲岛考察金花庙时，当地大姓曾氏后裔约70岁的大爷说，他的先祖可追溯到山东，宋时从南雄珠玑巷南下长洲定居。笔者在翻阅近年新修《武城曾氏族谱》时发现书中插图最大者为"春露台"，是长洲岛祭祀宋代始祖妣黄太婆墓。笔者在黄埔船厂职工宿舍附近的小山坡考察了"春露台"，现将"黄太婆墓碑"内容节录如下：

> 祖妣黄太君乃始祖考宗圣鲁子四十七世孙公说祖之配也。……祖父讳植，由江右虞陵播迁入粤，居南雄保昌。祖由保昌入籍广州，居广城甜水巷。祖复回保昌而卒，即葬于保昌口东，太君乃葬于广州之番禺长洲，土名大窖园……太君生一子泉祖，泉祖生四子：长讳柄，广州学庠生，迁居南海盐步堡江南江北乡；次子讳槐，登宋淳熙戊戌进士，擢朝奉大夫，迁居番禺茭塘司南其大唐堡长洲乡，三讳机，登宋绍熙庚戌进士，迁居南海泌冲都大沥堡大范乡；四讳权，于宋祥兴元年迁居顺德都宁司西淋都登洲堡锦里乡，层峦鼎峙，四房孙曾繁衍，迨居其后，枝以分枝，派以分派，如广南、诏、琼、罗平、树、梧、浔、郁等府州，咸（说）祖兴太君之（枝）流

也。溯自太君（相）我公说祖，柔嘉维则，克修内助之贤。祖返保昌后抚孤劬劳，无及圣善之德，则泉祖乃植之孙，公说祖之子，宝太君所生也。继承祖武，佑启后人，太君兴有荣焉。……本山葬于宋乾道三年，今重修于大清嘉庆十六年，期间历代相承，不知所修几，旧碑篆耗，难以摹录，姑纪其所知也，以垂诸后。……

南海、番禺、清远、花县、英德、增城、新安、三水。南雄、万州、东莞、琼州、顺德、肇庆、香山、柳州、粤西玉林等派

嘉庆十六年岁辛未季春十六（大范房、江南房、江北房、长洲房、锦里房）主七孙等重修立石。

很显然，重修于嘉庆年间的祖妣墓有后人虚构的成分，但从中可知，黄氏丈夫死后葬保昌县，她本人葬长洲。以后广东各地的曾氏似乎都发源于长洲，也就都认同黄太婆，至于在保昌县的太公则似乎已被族人淡忘。可见，长洲曾氏家族是只祭拜太婆而不祭拜太公。

2008年9月至12月，笔者数次对广州杨箕村考察，这里在清代属番禺鹿步司石牌堡。[①] 据新修《杨箕村志》记载，宋天禧间有黄姓在此造田，因当时村南临珠江，河滩小墩形似筛米的箕，始有"簸箕里"之称。宋嘉祐间，姚氏由闽入粤，定居簸箕里，与黄氏为邻。北宋末，姚姓势力渐大，遂起意吞并黄姓，迫黄姓人抽签合族改为姚姓，一些不愿改姓的黄氏陆续离开。[②] 从明代开始，相继又有李、秦、梁等姓先后入村开基，形成四社五约，村名改称"簸箕村"。笔者在参观"两山姚公祠"祠堂时发现其祖先牌位有一块破损的木主牌，上写"明五世祖妣樊（梁、黎、黄、龙）氏姚母太老孺人神位"。据姚家70多岁老人说，姚家祠堂在"文化大革命"时遭破坏，他们完全不知道自己祖先的情况，也不知道这个牌位的用意，族谱已不存在。但我们怀疑这块写有5位女性的牌位，

[①] 民国《番禺县志》卷2《建置》记载：石牌堡管辖簸箕村、猎德、石牌、员村等18个村墟。

[②] 按现纂《杨箕村志》说，其实这是个骗局，姚姓人操纵着两签，事先在两签上都画了"姚"，所以在抽签时黄姓才会输了。总之黄姓人数确实较少。

第五章 明清家族建构的女性形象：以族谱为中心

或许是姚氏家族崇拜太婆的证据。

杨箕村李氏"永兴家塾"墙上悬挂着李家祭祖照，其中"温氏太婆墓"最显眼。按新修《李氏族谱》说，温太婆丈夫安政于宋绍兴间在广州任高官，配温氏，封一品夫人。温氏卒于南宋乾道间，葬白云山蒲涧御书阁。安政公则葬从化，比温氏墓矮小。① 据李德铭老人说，温氏家族亦从外地迁来，具体已无考。温氏父亲想将女儿许配给安政，但温氏嫌安政年纪太大，有点不愿意，其父遂决定将白云山一带十亩地给她做嫁妆，她才答应出嫁。而李铭灶老人却说，安政在娶温太婆前已有三个老婆。以前一直主祭太婆，近年来才开始到从化祭拜安政公。广东李姓族人皆祭拜位于白云山的温太婆坟。温氏墓上阴刻"宋诰封夫人李始祖妣温太夫人之墓"，墓前立有同治八年重修太夫人碑记：

> 始祖妣温氏太夫人自宋绍兴年间随始祖承奉大夫安政公来任广州路刺史，遂家于粤，所生四子……由宋迄今，衣冠相继，支派繁衍，子孙罗列星居。殆不可以数计，大半皆在南番增清从鹤各县……始祖考原葬从化纸岗山名海螺滩舌，太夫人于乾道年间葬此，土名永泰乡……越五世孙裕卿公恩赐修葬，遂名御书阁焉。自祖茔以下，子孙左右陪葬者为穴九十有八。自乾隆壬申重修，历有年所，至道光年间，被弥勒寺僧及潘姓迭次侵葬……又被河南黎姓误认拜扫。复集族人理处并议重修及善后事宜……

温太婆墓周围还附葬有98人，可能是温氏所生四子后裔，即同治八年重修落款显示的"登明良丰四大裔孙仝立"。② 据此可以推测，温氏是安政公三个老婆中的一位，也许她死后无法和丈夫葬在一起，所以其所生子单独为她安葬。

民间社会流传太婆崇拜的现象，也被官修的方志记载，在一定程度上代表官府的认同，但方志在表述上和民间社会记忆有所不

---

① 《广东李氏安政公族谱》，内部发行，2003，第29～30页。
② 陈建华主编《广州市文物普查汇编·白云山卷》，广州出版社，2008，第99～100页。

同，民国《开平县志》收录了明初著名士人黎贞为今开平县《古州李氏谱》所作序：

> 岭南之李，惟南雄始兴为盛，宋季有侃、伣、怡兄弟奉母禤氏，由南雄珠玑巷迁广郡之高第街。侃、伣分居南海、香山，怡奉禤氏至新会，初居邑西筋竹坑。禤氏寿终，葬得行里。子孙复散处石步、园背、冲澄、莲塘、鹿峒、泷水及南恩、新兴等处，老幼千余人。居石步者，分军民二籍，有应庚、应奎、应璧、应辰、应箕、应昴诸兄弟，徙居县坊龙兴寺前之中步巷，内外辑睦，富于财多田产。母刘氏故，遍托堪舆家求美地安厝之，乃于良金山之最高处市一地名石榴花……择至正元年季冬二十九日安葬。洪武元年冬，为强党侵占，讼于官得直，抵强党者重罪。时应辰、应璧已故，惟应奎率二子与应璧之子君俸即平林、应辰之子君燧君明为守墓计，迁于近墓乡境，各就产分居。应奎为径头里余氏婿，因妻家居之。君俸居赤坭冈，其后徙独冈。君燧居沙冈天河里，洪武辛亥市白土官地徙古州，由是分为三处，每岁时伏腊，三处子孙会拜刘氏墓，行奠献仪，咸莘莘循礼法。①

李家兄弟奉母禤氏南下先暂居广州高第街，后分徙各地，其中一个儿子和禤氏迁居新会，禤氏死后也独葬在新会。这实际上是太婆崇拜，时间也在宋代。开平李氏族人之所以没有祭拜禤氏，而祭拜刘氏，也与太婆崇拜有关，因为大约在元代，刘氏率一个支系迁居开平中步巷，死后葬石榴花，成为开平三处子孙祭拜的太婆。清代化州城西 50 里谢半凉水井岭有增塘黄氏始祖妣上官氏墓，为宋代乡进士琼州府通判黄云峰妻，墓坐甲兼寅，灰坟。此岭载有垦米，并无别姓坟墓，只二、三、四世祖附葬墓左右。② 另据民国《顺德县志》卷 3《建置》记载，太婆老社在伦教乡北帝庙后。郑氏三世太婆马氏携二子归新会，于此留别，命后人立社志之。两社建于明初，一以志族姓之自来，一以留太婆之纪念也。伦教立社，

---

① 民国《开平县志》卷 38《艺文志》，2009，第 628～629 页。
② 光绪《化州志》卷 12《冢墓》，2009，第 405 页。

此为最古。

广州市番禺区甚至还出现姑婆庙，以祭祀对父家血脉传承有贡献的姑婆。据调查，在石楼镇大岭村三逻庙侧有一座陈姓姑婆庙，传说建于宋淳祐年间为四世祖姑圭姐建。圭姐父文炳，字日南，生子东卿、女圭姐。东卿早逝，遗下寡嫂和3岁遗孤。圭姐向父亲表示终身不嫁，与寡嫂养育侄儿。因此，陈氏后来繁荣壮大，圭姐功不可没，故大岭陈氏子孙建姑婆庙供奉她，圭姐由祖先崇拜提升到"神灵"地位，其功绩在于她使陈族血脉得以延续。这个故事在雍正《广东通志》卷49《列女志》有记载：番禺陈圭姐为宋代淳祐间庠生日南女，哥哥叫东卿。在父母和哥哥去世后，家中只有她和嫂子及年幼侄儿洪懋。当有人上门求婚时，她哭着对嫂子说："陈氏三世惟此一线，我何忍弃寡嫂与孤侄他适耶？遂杜门抚孤，终身不字。"圭姐不嫁是为了照顾寡嫂和侄儿，似乎是她若不这样做，其嫂子就有可能改嫁。番禺区南村镇板桥村流传"姑婆大"的故事，也与姑婆对父家家族发展有功有关。据说，明嘉靖末，有黎姓妃为板桥人，遭严嵩诬告，嘉靖降旨诛杀黎妃九族，当官兵进入板桥村，黎氏一自梳姑婆乔装打扮，背起5岁大侄儿出逃，并将侄儿照料成人，繁衍后代。黎氏族人在姑婆辞世后，将其灵位置于黎家祠内上位供奉，并规定凡黎姓姑婆都可在本村家里百年归老。[①] 因此，从某种意义上来看，广东的太婆崇拜不一定都是外姓嫁入夫家的媳妇，有些则是父家的祖姑，她们对父家血脉的延续具有重大贡献，因而得到后世子孙的立庙或墓祭。

番禺沙湾何氏祭拜的姑嫂坟，位于今广州市白云山云台花园内，葬于南宋。姑为沙湾何氏四世祖何人鉴妹妹，嫂为人鉴妻施氏。传说，何人鉴曾任南容州佥判，因公务常年奔波在外。何父年老患病，由姑嫂二人侍奉。何父身亡后，嫂心力交瘁而殁，姑见状，悲恸至极，与嫂同日亡。人鉴感其孝义，将姑嫂合葬于白云山三台岭何父墓附近。1994年因兴建云台花园迁出，按明代嘉靖年间重修式样重建，碑刻"宋何氏四世祖妣施氏安人、姑贞女季姑姑嫂合葬墓"。沙湾留耕堂还将乾隆年间湖广总督梁国治撰《姑嫂坟

---

① 朱光文：《广府传统的复原与展示——番禺大岭古村聚落文化景观》，《岭南文史》2004年第2期。

碑记》重立。1993 年 8 月，姑嫂坟公布为广州市文物保护单位。据《姑嫂坟碑记》，梁国治于乾隆二十一年赴广东督学，与何氏族人交流得其原委：

> 夫姑嫂从古无合葬之礼，此何以合而名甚著，其以其地显乎？抑以塚中之人显乎？殆不可得而考也。榜发后，番邑学生何全与乡选以师生礼继见，因询向所疑姑嫂坟者。生起而对曰：是寒族四世祖妣姑也，三世茧庵公解组家居而多病，时值乱离，四世祖金判公奔走王事，常外出，姑嫂晨昏奉侍，衣不解带，姑以本生宜报嫂之贤劳，乃撤环瑱，誓贞不字，姑嫂二人相依为命，公亦怡然忘老。越数年公殁，嫂哀毁得病，未几殒身，时姑无恙，一恸而昏，遂与嫂同日弃人间矣。金判公义而怜之，俾合葬于先人墓侧，慰本志也。邑乘只载其姑嫂相得之情，不无缺略云。余曰：异哉！劲节冰操，女中罕见……夫女史流芳，莫高于节孝庸行也，而名教关焉。

另据白云山何氏家族墓群"宋承务郎百五府判何公之墓"碑文知，何人鉴，字德明，南雄保昌何侍御讳昶之后也，生于宋淳熙十五年，初娶施氏，旋丧，与姑合葬于蒲涧念三承事先墓之左。继娶安人叶氏，有子四人……成化二年季冬吉日七世孙云南广南府知府致仕何善承等重修何人鉴墓。①

今增城市新塘镇雅瑶村松柏窿则有一座葬于元代的姑嫂坟，故事与番禺姑嫂坟差不多。元代姑嫂坟安葬的是吴门五世祖妣袁安人墓（嫂）与邓门元贞淑五世祖妣吴氏孺人墓（姑）。明嘉靖丁酉年、清雍正己酉年、1932 年和 1993 年重修。两墓前后相距 40 米。嫂袁氏墓在前，墓碑刻"五世祖妣袁氏安人墓、绥宁瑶溪里吴门墓"。姑吴氏墓在后，墓碑刻"元贞淑五世祖妣吴氏孺人墓"。元朝雅瑶吴氏四世祖（诏封镇国大将军，绰号大力公）吴应雷有一女，许配东莞太平银台青光禄大夫、提督天下军政邓应寅的长子邓知甫为妻。成亲数载，丈夫不幸早夭，时吴氏妊娠六月，矢志柏舟，回娘家守节。与嫂袁氏关系甚密，在遗腹子邓叔真 4 岁时，姑

---

① 陈建华主编《广州市文物普查汇编·白云山卷》，第 93~99 页。

嫂相约入园采摘荔枝，吴氏不幸在荔枝园中被蛇咬伤中毒，嫂袁氏不顾蛇毒，用嘴为姑吮毒，不幸双双身亡。吴应雷悲痛至极，悉心照顾外孙邓叔真，并在雅瑶村松柏窿择地安葬爱女、爱媳。其实，这一姑嫂坟中姑嫂是分葬的，吴、邓两族联手祭拜。邓氏族人后对两墓多次重修。墓前竖雍正己酉年钦赐正一品服、奉命安南册封正使、前敕授承德郎、内阁掌印中书管典籍加二级、癸巳万寿特科顺天乡试同考官、纂修三朝史、甲子科乡进士、十六世侄孙庭哲拜撰并书的《元贞淑吴氏孺人重修墓志》云：

  我邓氏支分派别，散居莞邑者难以指数，而怀德房为最，子孙硕大而繁，衣冠绵延而著，详记家乘，无庸而赘。但其发祥，伊名于全赖外祖吴公存硕果于一线……其四祖讳应寅公，仕宋为银青光禄大夫，提督天下军政。生二子，乃五世祖也，长曰知甫，次曰济甫……知甫公遽去世，祖母吴已有遗娠六月，志矢泊身，归依外家吴公。越四月而呱呱出腹，即六世祖叔真者也。叔真公襁褓多故，母当日而祷曰：女克成立，娱尔祖暮年欢，吾即从而父地下无惧矣。距至四龄，母忽中蛇毒，衿母袁氏姑嫂情笃，口啜患处，与俱殒。吴公痛女苦节而夭，外孙又幼，邓氏只此一脉奄奄，思欲昌大厥后，将其硕卜寿基二垄土名松柏塑山，坐癸向丁兼子午之原，择其上吉者葬女，次吉者葬媳。

  从现存的资料和传说来看，吴氏和袁氏均没有和丈夫合葬。男女祖先分葬，直到明代在增城仍流行，湛若水家族墓群位于今增城新塘镇塘美村关东围自然村厅山，其中湛若水母亲陈太夫人墓，肖氏安人、关氏安人合葬墓，慈淑湛母陈氏安人合葬墓和诰封宜人湛祖母李氏墓等，均没有男女合葬。这一墓群分布为湛若水母亲陈太夫人墓居左，墓右后侧9米处并排为肖氏、关氏安人合葬墓和陈氏安人合葬墓，诰封宜人湛祖母李氏墓在陈太夫人墓右前侧。①
  有意思的是，清代已有家族试图对崇拜太婆现象给予某种解

---

① 陈建华主编《广州市文物普查汇编·增城市卷》，第66~68、70~77页。

释。笔者在 2011 年 12 月赴梅州田野考察时，在嘉应学院客家研究院资料室发现了今人编纂的《梅县松源寺边王氏六世开基祖鉴公族谱》，在该谱后影印了旧谱若干页，其中有道光元年 18 世孙燕辉撰写的祭拜太婆缘由。始太祖妣谢太安人葬永定半迳歇人凹，生蛇桂树形，原称始祖妣，有称太祖妣，也有称始太祖妣。今从玉璘公之子六世宁公祠祖牌写始太祖妣，此墓于乾隆十一年四月安碑竖华表。王燕辉书写的文字如下：

> 始太祖妣原葬武平，盖因先朝鼎革之际，流离迁徙，失太祖墓者有年，二三父老莫能言其故，莫能知其所，后人既无法查明，故止记太祖妣耳。现录《太祖妣谢太安人说略》一文如下：盖自盘古开辟以来，有天地即有阴阳，有阴阳即有夫妇，然后有人伦；未有生于空桑，有母而无父者也。自古王天下者，必崇其始祖而立以庙，又必追尊其所出之祖，而以始祖配之，于是禘行焉。斯理也，创于先王，行于天子，达于庶人，三代之礼一也。此诚孝思不匮，报本必先追远者欤！顾或考之前代，殷人帝喾而郊冥祖契而宗汤，周人帝喾而郊稷祖文王而宗武王，而何以简狄、姜嫄不闻，别上夫尊号意者，夫为妻纲，妣以配考，以故尊于祖而不嫌略于妣乎？我松源王氏不始太祖而始太祖妣者，其何为耶？……后人既不能查太祖系何名，墓何处，又不敢臆揣谓为某祖妣。始乎祖妣者，前人行之，后人继之，非不知万物本乎天，人本乎祖，亦犹夫契出高辛而祀简狄为生商之由，稷祀帝喾而溯姜嫄为生民之始云尔。闽族或曰：妣即某公配也，其先与祖合葬于闽汀之地，后人于转徙之后，大难夷平，家松源者踪迹太祖妣墓所，嗣因道途遥远，跋涉艰难，更迁于半迳之歇人凹，适墓暂置，达旦视之成一大堆。群蚁拥护，向所谓天葬者，是耶？非耶？爰请堪舆评之，佥曰：地灵形胜，此吉壤也，实王氏发祥之地。论其世系，代远年湮，无从稽考，前始乎祖妣者，今亦不敢谬为强合。观乎此，可以知孝思之思油然而生矣。①

---

① 寺边王氏鉴公族谱编辑小组：《梅县松源寺边王氏六世开基祖鉴公族谱》，2001年铅印，第16、32页。

第五章　明清家族建构的女性形象：以族谱为中心

从这份成于道光初年的文献中可以看出，王氏族人至少在乾隆年间就开始为祭拜太婆寻找历史依据，这种慎终追远的愿望原本以男性为始，但由于战乱流离，有关太祖的故事已经无从考查，于是按照传说商周祭母的习俗，从已知的太祖妣开始祭拜。

岭南与中原的全面接触毕竟较晚，但土葬风俗至少在汉代已经出现。唐宋时期，受佛教影响而流行火葬，以致明代广东出现"有宋坟，无唐坟"的说法，原因是"盖自宋南渡后，衣冠家多流落至此，始变其俗，事丧葬也"①。如宋代岭南名丞崔与之在嘉定三年撰《欧阳氏山坟记》中说，绍兴年间，他在番禺管辖的永泰乡为崔家买了坟地，排在被葬第一位的是"祖妣欧阳夫人十四娘，余祖不具"。这里并没有记载欧阳夫人的丈夫，应属于太婆独葬。淳祐二年，崔与之门下温若春在《重修一品朱氏夫人墓志》中说，崔与之的曾大母朱氏墓在古端州，也未提及朱氏的丈夫。② 其实，直到宋明，广东丧葬仍以火葬为主，嘉靖《广东通志初稿》卷12《宦绩》记载，宋代绍兴进士，南海人黄勋"知新州视事，禁火葬，课耕读"。卷18《风俗》描述广州府新宁"大家稍从礼度，小民安于火葬"。潮州地区"田野之民死多火葬"。万历《雷州府志》卷5《民俗志》记载："至殡葬，则略贫者或用火葬"。万历郭棐《粤大记》卷6《宦绩类》记载，正德末年，魏校任广东提学副使，"首禁火葬，令民兴孝"。类似于这种"多火葬""禁火葬"的记载，在明清广东方志中几乎是俯拾皆是。尽管有学者认为，岭南夫妻合葬在汉代已出现，甚至在南北朝时也有存在。③ 但这些合葬墓或许只是贵族阶层所特有。太婆祭拜至少反映了明代以来广东社会对女性祖先仍十分敬重。独立祭拜女性祖先而不是将其依附于男性祖先之中，也反映女性在广东地位的独特。

---

① （明）叶盛：《水东日记》卷14《厉布衣》，上海古籍出版社，1991，第83页。
② （宋）崔与之：《宋丞相崔清献公全录》，张其凡整理，广东人民出版社，2008年，第90、193页。
③ 林强：《岭南汉代夫妻合葬墓有关问题的探讨》，《广西民族研究》2002年第1期；杨清平：《三国两晋南北朝时期岭南合葬墓形制及相关问题的探讨》，《广西民族研究》2003年第2期。

第六章
清代乡村妇女生活实态之考察：以档案为例

明清时期，在王朝主流话语引导下，正史、地方志、族谱等文献记载的妇女形象渐渐出现相同的模式，从前面讨论的地方志、族谱等文献中可见一斑。本章主要通过清代档案来考察广东乡村社会妇女的生活空间，这些大多为刑事案件的档案，在一定程度上真实再现了妇女的生活实态。笔者希望通过对这个主题的描述性分析，来管窥生活在清代商品经济较发达的广东女性对王朝宣传的贞节、孝顺等观念的践行，这些女性多数已为人妻、为人媳、为人母，但她们在生活中因各种原因，与社会、家庭之关系处于一种紧张的状态，甚至不惜走上犯罪道路。从档案中还可看出，广东乡村女性大多从事野外劳作或趁墟，与不同人群打交道，而不是地方志千篇一律所记载的妇女不出闺门，囿于家中从事纺绩的形象。台湾学者利用台湾所收藏的清代内阁大库原藏明清档案，从法律史层面分析清前期犯奸案。[①] 大陆学者则通过中国第一历史档案馆藏档案中的"婚姻奸情类"分析了通奸和奸杀案。[②] 从两者的分析看，清代男女私通属于社会上常见现象。王跃生通过档案讨论清代中叶婚姻关系的冲突情况。[③] 杨晓辉则通过《刑案汇览》《驳案新编》等案例研究清代中期妇女犯罪问题，认为奸情犯罪数量大是清中期妇女犯

[①] 赖惠敏、徐思泠：《情欲与刑罚：清前期犯奸案件的历史解读》，《近代中国妇女史研究》1998年第6期；赖惠敏、朱庆薇：《妇女、家庭与社会：雍乾时期拐逃案的分析》，《近代中国妇女史研究》2000年第8期。

[②] 郭松义：《伦理与生活——清代的婚姻关系》第十二章，商务印书馆，2000；郭松义：《清代403宗民刑案例中的私通行为考察》，《历史研究》2000年第3期。

[③] 王跃生：《清代中期婚姻冲突透析》，社会科学文献出版社，2003。

罪的一个突出特点。① 美国学者步德茂以档案为中心，考察了18世纪中国由财产权而引发的暴力冲突，梳理了在经济与社会变迁中普通百姓的日常冲突。② 由此可见，清代妇女涉及性犯罪案几乎居于所有犯罪的首位。而在具有女强男弱传统的广东，又适逢商品经济的快速发展，乡村女性对欲望的释放也愈益彰显，她们在处理乡村社会复杂的人际关系时又会呈现怎样的面相呢？

一　妇女田野樵薪之劳作

生活在乡村社会的妇女不论是成年还是未成年，几乎都要参加各种田野劳动。乡村妇女从事田野劳作已成为一种普遍的社会日常行为，这在档案反映的民事和刑事案中十分繁多。妇女在田野中劳动，自然会接触男性，因经常性野外劳作，由相识到相熟，可能因此产生情感，遂私订终身，由此发生了一系列刑事案件。官府在审理这些案件的过程中都有较为详细的记录，为我们窥视明清时代妇女在乡村社会中的生活实态提供了一定的依据。

清前期，妇女外出尤其是上山劳动，成为山区妇女的主要职业之一，英德县邓伯祥妻游氏（38岁）因自家税山生长的野草被谢上贵（31岁）等人误割，由大骂到打斗。据乾隆七年广东按察使奏称，邓伯祥祖遗白水寨税山生长茅草，乾隆六年八月二十九日，谢上贵同侄谢得正（48岁）、谢得祥（41岁）、谢得应（30岁）共4人上山割草，经白水寨见山上茅草甚多，即上山采割，正好邓伯祥和妻游氏亦往割草，游氏看见就上前骂阻，但谢家4人并没有停止割草，双方由争吵到打斗，游氏抓扭谢上贵衣领并以头顶撞，谢上贵试图挣脱，情急之下，用手猛推游氏，造成游氏倒地不起，谢上贵等见状惊慌逃走，时有村民巫上礼在山脚劳作，闻声往救，游氏旋即殒命。③ 乡族邻里间有时甚至因误拾取对方柴草发生纠纷，如清远县黄士端（30岁）与族嫂刘氏（死时27岁）"比屋居住，

---

① 杨晓辉：《清朝中期妇女犯罪问题研究》，中国政法大学出版社，2009。
② 〔美〕步德茂：《过失杀人、市场与道德经济：18世纪中国财产权的暴力纠纷》，张世明等译，社会科学文献出版社，2008。
③ 张伟仁主编《明清档案》第111册，乾隆七年四月二十一日之三，广东按察使潘思榘折，"中央研究院"历史语言研究所，1987，第62585~62593页。

素无嫌怨"。乾隆五年八月初二日，士端、刘氏各将砍伐的柴枝放在屋后空地晾晒。当晚，士端先往捡拾柴草，刘氏晚饭后带着幼女黄亚娘也到屋后捡拾柴草。因天黑，刘氏疑心自己的柴草被士端多拿了，遂上前责骂。士端也回骂刘氏。刘氏用头撞士端，并用手"撩士端的肾囊"，士端情急而用手猛推刘氏，导致刘氏跌伤，延至是夜一更殒命。① 这起案件缘起是刘氏误以为黄士端乘黑多拿自己的柴草，因而责骂，并发生打斗，最终导致刘氏死亡。

乾隆十七年广东巡抚岳浚奏疏中提及婆媳两人赴山劳动。乾隆十四年八月初十日，张氏与童养媳吴氏赴山割豆，从早上干到下午，张氏回家"炊爨"，独留吴氏一人在地劳动。时有同村人邹化经过，看见吴氏少艾，"四顾无人，淫心莫遏"，遂将吴氏强行拉到沟内"按地撕裤，强欲行奸"。吴氏拼命反抗，"声言回家诉知其姑，与之讲理"，邹化闻言畏惧，不敢放吴氏回家，随将吴氏强行拉回自己家中，威逼吴氏不要告诉婆婆。② 从案件来看，吴氏既是童养媳又"少艾"，其家中男性并没有一起下地劳作。尽管这里没有交代具体的广东府州县名称，但这一现象在广东较为普遍。乾隆二十年六月，德庆密宸相和弟弟继承了叔父从梁家购买的土地。密宸相错误地臆测另一块梁家新开垦的荒田也属继承遗产一部分，因而将梁家控于官。县令听讼后批令，收获后对土地再行勘查。乾隆十九年五月二十八日，密宸相和弟弟密文相试图阻止梁达德与其妻董氏及梁的父亲收割庄稼。在争吵中，董氏为了保护丈夫，攻击密文相，抓住他的睾丸不放，密宸相过来帮弟弟，用木棍猛击董氏而致死。③

乾隆年间，花县乡村妇女就不时结伴上山割草，据广东巡抚钟音奏称，乾隆三十三年七月二十七日，花县民人钟亚六与黄满两人"在田耘草"，时刘日亮未婚妻胡长妹同郑贵发妻张氏"往山割草"。钟亚六见两个少艾妇女，"顿起淫心"，遂和黄满商量，"各

---

① 张伟仁主编《明清档案》第 100 册，乾隆六年三月十五日之一，广东按察使潘思榘折，第 56477~56484 页。
② 〔清〕白山：《成案续编》卷 10《奸杀下》，杭州同心堂藏，乾隆二十年仲春，日本东洋文化研究所图书馆藏，第 48 页。
③ 〔美〕步德茂：《过失杀人、市场与道德经济——18 世纪中国财产权的暴力纠纷》，第 3、75 页。

拉一人行奸"。钟亚六拉胡长妹，黄满拉张氏，各至旱坑试图奸淫，遭两女反抗，"张氏不允，黄满声言不从便要杀死。张氏害怕，即被推倒成奸"。但胡长妹坚决抵抗，"嚷骂挣扎"，钟亚六遂解下系腰的蓝布裤带堵塞长妹口鼻，"胡长妹不能转动，即被奸污"。待钟亚六行奸完毕，发现长妹已死。钟、黄一边将长妹身尸抬弃水内，一边以言语恐吓张氏保密。二十八日早，胡长妹尸体浮出水面，被村民李亚生看见，到村查访报告，长妹父亲胡伯玉、未婚夫刘日亮一起前往看尸，又找张氏查问，"张氏说出实情"。县衙拘钟、黄到案，判两人死刑。①

上述两个上山割草的妇女都属"少艾"，且当事人之间似乎都是不同村落不同姓氏之关系。这些村落似乎都是杂姓村。其实明清广东宗族社会发展迅速，不少村落由单一姓氏组成，即聚族而居，乾隆六年，广东按察使潘思榘在奏折中称："粤民多聚族而居，各建宗祠，置尝租。"可见，聚族而居是与祠堂、祭田等联在一起，尤其是有"尝租"这一经济基础，对凝聚宗族成员有物质保障。广东乡村社会出现的宗族械斗的开支，也取决于"尝租"厚薄，"偶与外姓睚眦小忿，通族扛帮争讼，一切费用，取给尝租……即一族内亦复分房角胜，嚣陵成习，讼狱滋多，为风俗大害，通省皆然，广潮等府尤甚。"② 到乾隆三十一年，广东乡村宗族扩张土地现象愈益严重，广东巡抚王检奏称："粤民多聚族而居，每族祠置祭田名为尝租，大户多至数千亩，小户亦有数百亩，租谷按支轮收。"这些租谷除部分用于祭祀、完粮外，剩余部分多用于诉讼、械斗时开销。③ 当然，清代广东乡村聚族而居的现象，是明中叶以来广东士绅不断建构的结果，也是广东社会变迁使然。据刘志伟先生对番禺沙湾一些大族关于祖先来历和定居沙湾的传说研究，要组成一个宗族，需要一个能被正统文化传统所认同的历史，这是一个社会成员具有某种社会身份和社会权利的证明和价值来源。同沙湾何氏一

---

① 故宫博物院编《故宫珍本丛刊》子部，第362册，海南出版社，2001，（清）全士潮：《驳案新编》卷29，第307页。
② 《清实录》第10册，中华书局，1985，《清高宗实录》卷一百三十七，乾隆六年二月，第981页。
③ 《清实录》第18册，中华书局，1986，《清高宗实录》卷七百五十九，乾隆三十一年四月，第358页。

样，大多数珠江三角洲宗族都声称他们的血统来自中原，这种"历史记忆"是将自己转化为王朝秩序中具有"合法"身份成员的文化手段。在明清这样一个自我区分的过程中，单姓的社区在珠江三角洲出现了。①

按理说，这些聚族而居的村落，由于有宗族组织的干预，各种社会矛盾似应减少，但实际并非如此。乾隆年间，广宁范陈氏未出嫁时就常上山放牛，其家与范亚佛家邻村，亚佛也常上山砍柴。两人在山上嬉戏玩耍，互生情愫。乾隆五十三年四月十五日，亚佛在山坳与尚未婚嫁的陈氏"调戏成奸"。不久，陈氏被父母许配给范亚佛无服族叔范可华为妻，婚期定在乾隆五十四年十一月初十日。亚佛在陈氏出嫁前夕，偷偷赠送她一支银簪及布裤、头绳等物件。陈氏婚后居夫家，与公公范承传、婆婆龙氏一起生活。陈氏婚后仍每天上山牧牛，并与范亚佛保持通奸关系。乾隆五十五年二月初十日，两人在山坳行奸时，被丈夫范可华发现，亚佛跑开，范可华对陈氏一顿打骂。从此以后，范可华对陈氏管束甚严，时常打骂，并声言一直要将她折磨到死为止。陈氏"起意将夫毒死，免得受苦"，并幻想与亚佛续好。三月初一日，陈氏在村外遇到亚佛，向他讲述谋毒丈夫的想法，两人一拍即合，谋杀时间定在三月初八日，因这一天将在离村不远的松冈岭古庙开演大戏，陈氏公婆"俱欲观看，往返须得一日"。陈氏"嘱令范亚佛寻觅毒药"，亚佛于初七日到山上寻找断肠毒草，回家后将毒草捣烂取汁，用罐装贮，再偷送给陈氏。初八日早饭后，陈氏公婆如约赴庙看戏，范可华往外挑运香粉。下午，陈氏开始炊煮晚饭，将毒草汁与饭汤混在一起。不料，晚上，范可华与公婆差不多一起到家，三人就餐后均中毒发作。时公公已别立门户的胞弟范承钟等闻声赶到，查看罐内所剩饭汤带有青色，知系受毒，遂用茶油灌救，三人因毒重先后殒命。后陈氏说出通奸谋毒之情。② 官府为慎重起见，又将陈氏押赴广州，由按察使张朝缙、督同广州知府张道源、署南海知县史藻、署番禺知县伍礼彬、广宁知县张泳等会审，最终审实，将陈氏判处凌迟。

---

① 刘志伟：《地域社会与文化的结构过程：珠江三角洲研究的历史学与人类学的对话》，《历史研究》2003年第1期。
② 广东巡抚郭世勋折（乾隆五十五年四月十八日），中国第一历史档案馆藏。档案号：04-01-26-0010-073，缩微号：04-01-26-002-2524。

第六章 清代乡村妇女生活实态之考察：以档案为例

故事中的范陈氏未嫁前即常上山放牛，并与亚佛发生性行为，从此可判断她的年龄应属少艾，说明乡村女性即使未进入婚年也常参与野外劳作。从案件描述看，范氏所在村落属聚族而居。一些幼女加入家庭辅助劳动较常见，嘉庆元年五月，大学士阿桂奏称，永安县20岁的黄元爵有童养媳陈氏12岁，未成婚。乾隆五十七年二月二十八日，他叫陈氏往山捡柴，陈氏懒惰不去。后在他威胁下而不得不上山捡柴，到晚不归，才知被人拐卖。① 嘉庆二十一年七月十二日，合浦县林洪谋村8岁的林二姑独自在野外放鸭，被村民陈亚六诱奸。二姑回家告诉父亲，遂报官查验，被奸已成。② 上述范陈氏在婚后劳动量明显加大，不仅上山放牛，还要操持家务，从她屡屡与亚佛保持婚外性关系看，王朝宣传女性贞节观，对她并没有约束作用。不仅如此，在婚外性关系被丈夫发觉后，她不但没有悔意，反而产生报复谋杀亲夫的行为，最后也将自己送上了断头台。

妇女有时也会从事重体力劳作，嘉庆二十一年在南雄州发生何氏与凌氏家族械斗，起因是凌何氏挖取泥土引起纷争。南雄州何五毛与凌石六"各村素识，先无嫌隙"，其中凌石六所在家族有十多个家庭系"无服族人，同院居住"。何五毛妹妹何氏嫁凌石六族人凌复倡为妻。嘉庆二十一年三月初八日，凌何氏至凌石六屋后官地挖挑泥土，被石六看见斥阻。凌何氏不依混骂，凌石六遂扭住其胸衣殴打，被族人凌绍先劝散。凌何氏跑回娘家告知哥哥何五毛，五毛"起意纠众前往理论，欲合凌石六赔礼息事，如不依从，即将殴打泄忿"。初九日，五毛集家族9人各携扁挑、柴棍到石六家。双方因言语不和而混战，凌氏12个族人参战，双方各伤亡多人。③ 笔者关心的是凌何氏在婚后从事挖挑泥土，在争斗中被凌石六扭住胸衣殴打，可见，乡村女性在劳作与争斗中，时常与他人发生身体接触。道光二年曲江县民吴添九与无服族叔母吴何氏，同村居住。四月初十日早，吴何氏挑粪赴田，行至村口吴氏祖祠前停担坐歇，刚巧被吴添九父亲吴东佬路过看见，斥其污秽祖先，勒令赶快挑走。

---

① 王跃生：《清代中期婚姻冲突透析》，第53页。
② （清）朱樟编《粤东成案初编》卷30《杂谳·奸赌私贩》，道光壬辰年刻本；陈建华、曹淳亮主编《广州大典》第37辑第29册，广州出版社，2015，第225～226页。
③ （清）朱樟编《粤东成案初编》卷9《命案·拒杀擅杀》，第338～339页。

343

吴何氏不服，争论各散。午饭后，吴何氏又到吴东佬家门口，与吴东佬撞遇，骂他不应"藉端欺辱"，并扑向殴打吴东佬，结果被吴东佬用拳殴伤左眼。吴添九上前劝阻，被吴何氏斥为帮护其父，她又转而殴打吴添九。在打斗中，吴何氏被吴添九用石尖戳伤倒地，延至二十四日殒命。① 从吴何氏担粪歇息来看，应属于重体力劳动，从字里行间判断她是寡妇。

清代乡村妇女因频繁出入山上劳作，有时难免与他人发生婚外情，可见从一而终的贞节观念在乡村并不牢固。嘉庆二十四年六月，镇平县钟乔三妻邱氏上山割草，恰巧其邻村谢学洸也在山上拾柴，两人遂"调戏成奸"，此后屡次"遇便奸淫"。九月十九日，邱氏又上山采樵，再与谢学洸续奸，被邱氏丈夫族人生员钟濯英撞见，回家告诉钟乔三兄钟乔柏，又转告其祖母钟冯氏。钟家对邱氏严加盘诘，邱氏承认与谢学洸通奸。钟冯氏以邱氏犯奸，起意将她改嫁。十月，由钟冯氏主婚将邱氏转嫁给谢贵的为妻，得受财礼番银10元，谢贵的并不知邱氏犯奸。二十日，钟乔柏与族人子沅、秀栢、人秀、秀二先后到曾在省城捐纳为监生的钟用宾家闲坐，言谈中说出邱氏与谢学洸通奸嫁卖之情，钟用宾以谢学洸有钱怕事，起意吓诈谢学洸钱财分用，6个人一起到谢学洸家恐吓，谢学洸畏惧，给钟用宾等番银140元。后被谢学洸之兄谢学沅知悉，又赴县具控。② 从案件看，邱氏单身上山割草、砍柴已经成为其生活的一部分，她不仅与谢学洸通奸，且在奸情被发现后被迫改嫁，她并没有任何反抗，从一而终在她身上没有体现。而钟家祖母钟冯氏在得知孙媳与人通奸，其惩罚手段竟是改嫁孙媳，谢贵的明知邱氏已婚，也欣然接受，这些都显示，乡村妇女劳作及其性观念的淡漠已成为广东乡村的普遍现象。

如果说上述案件多属于女性单独或结群外出劳作，那么还有妇女与男性一起上山樵采，并成为械斗中的积极参与者。乳源县黎宏淙、黎观会、黎陇文等同族，与邻村邓俊棻家族素识无嫌隙。两村之间有一座土名枫木岗的官山，一直是附近各村"公同樵采"的地

---

① （清）朱樟编《粤东成案初编》卷2《命案·斗杀共殴二》，《广州大典》第37辑第28册，第73~75页。
② （清）朱樟编《粤东成案初编》卷29《控评·本省呈告》，《广州大典》第37辑第29册，第211~213页。

方。嘉庆二十四年四月十八日，黎陇文与黎宏淙、黎观会并族人黎俊朋、黎幅言、黎开付、黎秉污各携挑赴枫木岗割草，时邓浚溁与族人邓为松、邓言士、族妇邓何氏也在山上采割，大家将割下的柴草分堆在路旁。中午时分，邓俊溁在收草时误将黎陇文草收捆，两人发生争吵，双方族人帮同。邓何氏也上前帮殴，被黎秉污用草刀划伤顶心。① 从案件可看出，村妇邓何氏与家族男人一起混合上山砍草，在族人与他人械斗时，也踊跃参与，并受到伤害。

　　在一些拥有妻妾的家庭中，妾身份低于妻，因而参加田野劳作的时间可能较多。罗定州民人陈操沅娶妻陈唐氏、纳妾陈张氏，妻妾在丈夫死后，与无服族伯陈正洗同屋居住。妾张氏时常上山劳作，而与陈正洗产生奸情。道光元年八月，两人"同在山场工作"，调戏成奸，唐氏并不知情。二年正月初七日，张氏告诉陈正洗自己常被唐氏"相待刻薄，难以度日"。陈正洗萌发拐带张氏远走他乡，以做长久夫妻的想法，张氏应允。时陈正洗在罗定州属分界偏僻地方垦种山场，搭有寮房，随带张氏至山寮生活。唐氏因张氏多日未归，报州差缉，也未查获。张氏与陈正洗在山场同居多年，生育一子，被兵役拿获。官府经审讯判决："陈正洗与陈张氏通奸诱拐同逃，因奸生子，该抚将陈正洗拟军，陈张氏拟徒"，两人奸生子原本应责付陈正洗亲属收养，但因"陈张氏系陈正洗已故无服族侄之妾，同宗奸生之子，按律不得混入宗谱"。② 从张氏描述唐氏相待刻薄看，正妻在家庭中拥有支配权。张氏常上山劳作，唐氏似乎没有野外劳作的习惯。而张氏之所以与陈正洗通奸，可能与其年轻守寡有关。

　　有些女性在守节期间，因上山砍柴而被人引诱发生奸情，后又被迫改嫁，但仍与情夫保持关系。道光六年，乳源县发生一起女性受奸夫指使毒毙丈夫案。案犯曾刘氏先嫁傅三招无服族侄傅考古为妻，道光三年丈夫身故，她与婆婆傅叶氏同居孀守。五年九月，曾刘氏与傅三招一同上山砍柴，调戏成奸，以后遇便奸宿，傅叶氏不知情。后因曾刘氏因奸受孕，被婆婆看破，询出奸情。六年三月，

---

① （清）朱樯编《粤东成案初编》卷1《命案·斗杀共殴一》，《广州大典》第37辑第28册，第64~67页。
② （清）朱樯编《粤东成案初编》卷30《杂谳·奸赌私贩》，《广州大典》第37辑第29册，第224~225页。

傅叶氏凭媒将其改嫁给邻村曾会亨为妻，时曾会亨与父母分居各爨。婚后曾会亨发现妻子已孕多月，经盘问知系傅三招奸孕。曾会亨打骂妻子并严加防范。四月初十日，曾刘氏乘出外之际找到傅三招诉称被夫相待刻薄，防范严紧，傅三招起意将曾会亨毒毙，往远处做长久夫妻，曾刘氏应允。傅三招赴山采断肠草给曾刘氏收藏，嘱其乘便下毒。曾刘氏乘丈夫外出，将毒草切碎搅入菜粥内煮熟，结果丈夫曾会亨和公公曾柱石、婆婆曾张氏食后毒发倒地，经邻居曾会亨胞叔曾柱正灌救，曾会亨、曾张氏被救起，曾柱石毒重殒命。①

道光六年，罗定州民陈华漳因发现嫂子黄氏与邻村吴帼华通奸，将黄氏杀死。陈华漳与寡嫂陈黄氏同居共爨，他一直在外做生意，其父陈绍赞与邻村吴帼华素识往来。道光五年四月，吴帼华至陈绍赞家玩耍，正好绍赞与陈黄氏子陈亚城出外探亲未回，遂和独自在家的陈黄氏调戏成奸，以后遇便奸宿，不记次数，陈家并不知情。但不久陈黄氏"因奸受孕"，在道光六年五月初五日"失跌堕胎"，被公公撞见盘问，陈黄氏被迫将自己与吴帼华通奸受孕实情吐露，公公对她严厉训斥，她因羞愧而用剃刀自尽，被儿子陈亚城看见救护。陈绍赞于是派人找陈华漳回家到官府报案。初七日早，陈华漳回家，父亲告之前情，他看见嫂子受伤卧床，也对之斥骂。陈黄氏回嘴顶撞，陈华漳遂气愤用刀狠戳嫂子，致其身亡。②

类似于上述刘氏，乡村妇女第一次偷情场所多在外出劳动山上，广宁县寡妇廖曾氏与公公廖可升、小叔廖相立"久经分爨各居"，其情夫为廖可升共曾祖缌麻服侄廖亚荡。道光十二年七月，廖曾氏与廖亚荡在山场工作，调戏成奸，以后遇便宣淫。十三年九月二十二日，她与廖亚荡在屋后竹林续奸，被公公撞见，受到公公的斥詈。廖亚荡因奸情受阻，起意将廖可升杀死，以长久奸好，廖曾氏应允。她将廖亚荡从山上采摘的胡蔓草潜带回家，三十日初更，公公因患胃热，在门外檐下用瓦罐煎竹叶汤，廖曾氏取胡蔓草

---

① 广东巡抚成格奏折（道光六年六月十九日），第一历史档案院藏。朱批奏折，档案号：04-01-01-0683-023，缩微号：04-01-01-091-1171。

② （清）朱樀编《粤东成案初编》补遗《命案》，《广州大典》第37辑第29册，第557~558页。

熬汁乘机倒入竹叶汤中，导致公公喝后身亡。① 光绪末年，番禺县民妇黄高氏听从奸夫邹贵林之意谋杀亲夫黄丙有。黄高氏与丈夫黄丙有结婚多年，其家邻居为邹贵林。光绪三十二年十二月，黄高氏在邹贵林家田地附近山场割草，与之调戏成奸。后来只要黄丙有外出，两人就在黄家续奸。黄丙有并不知情，直到光绪三十四年冬，黄丙有才风闻妻子的奸情，她除了责骂妻子外，还扬言若捉奸成双定将二人杀害。黄高氏偷偷向邹贵林哭诉这一切，邹贵林遂起意杀害黄丙有，以图长久奸好，黄高氏恋奸情密，当即允从。②

归善李氏（34岁）系刘润清（42岁）妻，其情夫邓云亮系东莞县人，后迁居归善花岗村，与李氏邻村而居。邓云亮时常给李氏"换工力作，彼此熟识"。乾隆六年八月二十五日，李氏独自上山割草，和云亮相遇，两人调戏成奸。随后两人在李氏丈夫外出佣工时，"常往李氏家奸宿"。这一情节反映李氏在其中扮演了主动角色。十一月十五日，李氏丈夫润清因病回家调治，二十二日李氏回娘家探望生病母亲，在村外遇见了云亮，要求晚上到李家续奸，李氏说丈夫在家不方便。云亮遂提议杀死她丈夫，李氏同意。是晚，云亮悄悄进入李氏房内，上床骑压在润清身上，李氏上床压润清两脚，手抓丈夫肾囊。润清挣扎喊叫，被住在隔壁的胞弟刘润德听见，云亮被吓跑，润德入房"呼兄不应，持灯查看，润清项颈、肾囊受伤"。据李氏供，案发时34岁，与丈夫结婚18年，丈夫家贫外出佣工，她与云亮相离不远，常叫他做田工，"云亮也与小妇人犁田，因此熟识"。再以后就有奸情，并被指使谋杀丈夫。③ 李氏与丈夫生活18年，最后却因奸情谋杀丈夫，其中除了贫困外，主要可能还是与情夫的两情愉悦。

佛山米肆某翁年老时娶一"少而艾"的妇人。一日，某翁往外收债，其子在街前与群儿做做饭的游戏。某翁家的工人与少妇"白

---

① 两广总督卢坤、广东巡抚祁贡奏折（道光十五年五月十七日），朱批奏折，档案号：04-01-26-0063-010，缩微号：04-01-26-013-1345。
② 署理两广总督袁树勋奏折（宣统二年四月二十八日），朱批奏折，档案号：04-01-26-0095-062，缩微号04-01-26-020-2747。
③ 张伟仁主编《明清档案》第113册，乾隆七年七月四日之四，广东按察使潘第思桀折，第63607~63618页。

日卧诸床，子入觅母于房，而春宫乐事之图，宛然亲绘其形也"。妇人害怕儿子告诉自己的丈夫，竟残忍地杀死儿子。后此妇与工人皆被官府诛杀。①

乾隆四十八年八月，广东巡抚尚安奏称，阳山县徐氏供：徐亚东为无服族叔，平日在山上放牛，时常戏谑，并不避讳。乾隆四十二年十月，她牵牛到山上牧草，与随后走来的亚东行奸，以后一直保持奸情。乾隆四十七年六月，因通奸怀孕。而夫家择定十一月十二日迎娶，她叫亚东买药堕胎，但因一时却买不到堕胎药。丈夫迎娶当夜，见她肚大查问，她捏说气胀病症，支吾过去。事后，她又催徐亚东买药，约好二十三日在屋后山上等候。至期，她假说上山挖掘薯莨，携带锄头走到竹墩山，亚东把草药交给她，又提出要和她续好。两人正要行奸，不想被其夫跟踪撞见。她见奸情败露，起意将夫致死灭口。徐亚东用锄将19岁的丈夫砍死。② 可见，徐氏婚前与人通奸怀孕，婚后被丈夫察觉，所以要买药堕胎以掩盖事实。而其不忠行为被丈夫发现后，居然杀夫灭口。

二 女性结伙犯罪之考察

清代女性犯罪的问题，近年来也成为学者们关注的议题之一。笔者在2003年曾指导研究生以《清前期女性犯罪研究》③ 为题做过专门研究，研究表明，清前期女性犯罪的类型主要有两种：一是与身体密切相关的性犯罪，女性在性犯罪过程中既有主动者也有被动者；二是因生活琐事而产生的刑事案件。这一研究结论，也被后来的研究者证实。④ 但他们的研究因地域太泛化，因而明显不够深入。一般而言，女性的性犯罪多属个体行为。不过，笔者在档案中发现，清代女性已渐渐出现有组织的团伙犯罪，当然，这里的犯罪是指违反清代法律，显示了女性参与社会的另类特征。

明清时期，妇女已经成为流动人口中的重要组成部分，广东一

---

① （清）欧苏：《霭楼逸志》，乾隆五十九年成书，杨宝霖点校，《明清广东稀见笔记七种》，李龙潜等点校，广东人民出版社，2010，第229页。
② 王跃生：《清代中期婚姻冲突透析》，第135~136页。
③ 王强：《清前期女性犯罪研究》，暨南大学历史学硕士学位论文，2003。
④ 参见杨晓辉《清朝中期妇女犯罪问题研究》。

些地方就出现不少号称来自安徽的"凤阳妇",她们多以抱团乞讨的形式出现,如广州东较场一带就聚集大量的凤阳妇,以"唱凤阳歌乞钱米为生",而在广东西宁县则有三名凤阳妇绑架勒索钱财案。[①] 这些来自外省的乡村妇女有的是跟随丈夫到广东城镇佣工,具有相当大的流动性,尽管她们来自不同区域,有时却因缘际遇,由陌生到熟悉,最终结盟为伍,在城乡百姓家从事强索强要的勾当。嘉庆年间,南海县就发生过数名外来妇女与当地女性结盟犯罪案。这些女性分别是广东高要县的胡汪氏,山东历城县的曾杨氏,广东东莞县的何李氏,她们跟随丈夫在南海县佣工,长期居住南海,与当地民妇李黄氏熟识,并结为团伙,为首者是高要胡汪氏。时汪氏丈夫和兄长先后病故,她一个人在南海度日艰难,遂起意串通曾杨氏、何李氏、李黄氏等作案,"凡遇居民有婚丧事件,即同往强索银钱应用"。后来又有与胡汪氏居住较近的两个"贫不安分"男人加入,一是南海查观成、一是番禺凌亚渣。在这六个男女构成的团伙中,胡汪氏又与查观成于嘉庆十三年十一月初十日在胡汪氏家调戏成奸,曾杨氏与凌亚渣于嘉庆十四年十一月二十六日在曾杨氏家调戏成奸。由于她们之间存在奸情,关系更加密切,她们在犯罪中有明确的性别分工。一般是先由胡汪氏等妇女出面强索,若不成功,再邀查观成等到场嚷闹,"女则撒泼图赖,男则逞凶伤人,或扯破衣衫,或殴毁器物",给当地民众生活带来巨大麻烦。

从档案记载来看,这伙人在短短的两年多时间内所犯的罪行主要有:嘉庆十四年十二月十二日,胡汪氏听说黎亚五家出丧,带着曾杨氏、何李氏、李黄氏四人前往索讨,但遭到黎家的拒绝。胡汪氏遂叫查观成至黎老五家嚷闹,在这一过程中,胡汪氏用石头掷毁黎家的门窗,黎老五被迫给这伙人铜钱600文,才算了事。嘉庆十五年五月十七日,胡汪氏闻知升平街不识姓名之人出丧,带着曾杨氏等四人前往索讨,因欲望没有得到满足,又叫查观成、凌亚渣到场嚷闹,最后诈到铜钱500文。因屡屡得手,她们的犯罪气焰愈益嚣张,嘉庆十六年多次到有红白喜事的民家强索,二月二十八日,

---

① 刘正刚、张家玉:《明清时期安徽沿淮女性的生活选择》,《安徽史学》2009年第2期。

胡汪氏闻知李老大家娶亲，带着曾杨氏等人前往索讨，不遂，胡汪氏撒泼将李老大衣服扯破，并咬伤其左臂，李老大被逼出1元番银了事；三月初九日，胡汪氏闻知黄信家出丧，与曾杨氏等人前往索讨，黄家不允，胡汪氏等拦住棺柩不让出殡，黄家只好给铜钱600文；是月十二日，胡汪氏闻知胡于秦家娶亲，又带着曾杨氏等人前往索讨，胡家只给铜钱200文，胡汪氏嫌少，又叫来查观成、凌亚渣到场嚷骂，胡家畏凶又给铜钱800文；四月初八日，胡汪氏闻知桂香街陆姓娶亲，带同曾杨氏等人前往嚷闹，诈得铜钱600文；是月二十五日，胡汪氏闻知吴伦堂家娶亲，带曾杨氏等人前往索讨不遂，又叫来查观成、凌亚渣到场拦住花轿嚷闹，吴家被诈铜钱700文。

这些由女性为主结成的强索团伙，因频繁作案，搞得民怨沸腾，终于惊动了南海、番禺二县官府，他们派出驻守地方的绿营兵外委钟良宝带兵将胡汪氏、曾杨氏、何李氏、李黄氏四名妇女抓获，然后押发南海县，交地保李元升看管。胡汪氏等在被看押期间，对外委钟良宝拘捕她们十分恼怒，密谋外出寻找钟良宝滋事，六月二十七日，她们用铜钱400文收买了李元升，央求暂时放她们回家筹措口粮，李元升贪利应允。她们出来后立即寻到查观成、凌亚渣商议，由查观成携带刀具，径直跑到钟良宝家，准备殴打钟良宝泄愤。不料，钟良宝外出，这伙人遂对其祖母钟陈氏、妻钟罗氏、女钟亚改大打出手，造成三人受伤。钟良宝弟文朝闻声趋救，也被查观成用刀砍伤。[①] 胡汪氏等人在羁押期间，不仅对所犯罪行没有任何忏悔意向，且胆敢报复拘捕她们的官府人员。这些女性凶悍嚣张已无半点柔弱的形象。

在这个案例中，还有一点值得关注，就是曾杨氏系山东历城县人。案情中没有介绍曾杨氏是如何从山东进入广东的，只是说她跟随丈夫到南海打工而已。嘉庆时期，广州乃是王朝规定的一口通商之地，成为国际贸易中心地。内地商人裹挟着不少人口来到广州，其中就包括内地妇女。这些女性有的类似于扬州女性到广州后在珠江上从事情色生活，因为她们有先来后到之区别，先来者基本保持

---

① （清）朱橒编《粤东成案初编》卷21《盗匪·扰害诈骗（中）》，《广州大典》第37辑第28册，第724~726页。

扬州妓女的风格，人称"大扬帮"，后来者则仿效珠江疍家妓女的做法，人称"小扬帮"。① 嘉庆时《浮生六记》作者沈复系江南苏州人，他在乾隆末年和其表妹夫徐秀峰一起到广州经商，他在卷4《浪游记快》中记述两人处理完生意后，一起到珠江寻妓，秀峰曰："靖海门对渡有扬帮，皆吴妆。"所谓扬帮者系来自扬州。其实，还有不少妓女系湖广、江西人。② 嘉庆末，两广总督阮元抵广州，"泊舟扬帮侧，舟中闻弦索声，问此何地？某对曰：扬帮也。问何以得此名？曰：此妓女所居，妓多扬州人，故名。公哂之。盖忘公为扬州人也"。③ 有的则类似于安徽凤阳女到广东各地以乞讨为生，如嘉庆年间刊行的《粤小记》对凤阳妇在广州以撒泼方式乞讨明显带有厌恶心态，"凤阳妇女恒至粤求食，终日恒抱一猴子，击小铜锣，唱凤阳歌乞钱米。稍逆意，则踞坐庭中诟詈，放猴子攫饮食，怖小儿，满其欲乃去。其党多聚于会城东较场，占地以栖"。④ 作者一连用了两个"恒"字，表明这是一种经常性的行为。乞讨时以乞钱米为主，说明她们乞讨的目的不仅是解决温饱，而且具有某种谋利的性质。这些凤阳妇女不是以个体形式出现，而是一伙有组织的乞讨者，且以广州东较场为据点。我们尚无资料来描述这些外来妇女是如何与广东妇女勾结在一起从事犯罪活动的，但从中可判断，清代外来女与广东女性结伴活动已颇为频繁。道光二年，广东巡抚程含章要求对这些外来人口严加驱逐，"其在省城又有外江无赖游民，遇人婚丧，即呼朋引类百十为群，或妇女结队，假称逃难，直入内室强讨，虽官绅人家亦不畏惧，大为闾阎之害，着地方官严加驱逐，并将流丐为首之人，锁拿递解回籍"。⑤ 这些人是否都属于"无赖游民"尚难以判断，但其中肯定有不少妇女应该属实。

如果说胡汪氏等女性因生活贫困而采取强索的方式改善生活的

---

① 武舟：《中国妓女文化史》，东方出版中心，2006，第221~222页。
② （清）沈复：《浮生六记》，上海古籍出版社，2000，第96页。
③ （清）独逸窝退士：《笑笑录》卷6《扬州人》，《笔记小说大观》第23册，江苏广陵古籍刻印社，1983，第245页。
④ （清）黄芝：《粤小记》，吴绮等撰《清代广东笔记五种》，林子雄点校，广东人民出版社，2006，第396~397页。
⑤ （清）程含章：《岭南续集》卷10《程月川先生遗集》，《丛书集成续编》第133册，上海书店出版社，1994，第236页。

话，那么还有一些女性则因生活困顿而采取卖淫的方式以求改善家庭生活，这一方式也因此受到社会道德舆论的鄙视。道光六年，东莞县民妇梁陈氏、黎凌氏、祁蔡氏，均因夫故，生活无依靠，遂结伴乞讨为生。我们无法判断这些寡妇的家庭状态，但从记载来看，这些寡妇并没有像地方志等文献所宣称的女性们在丈夫死后在家庭之中坚守贞节。她们结伴外出乞讨，进入公众和官府的视线。但乞讨并没有能完全解决她们的"贫苦难度"的生活。在这种情况下，她们和"熟识之船户何挺华商议，在其船上卖奸，俟赚得银两，除去食用外，余银各半均分"。她们的计策得到船户何挺华应允，遂在"何挺华船内住歇，湾大汾河村下，逐日卖奸，先后有不识姓名人到船奸宿，所得银钱，均与何挺华分用，不记数目"。然而，她们的卖淫很快被东莞籍人吴亚洪、刘亚汰、刘九、张亚派、吴亚连等发现，二月十一日，吴亚洪趁墟在路上又遇到素识之刘亚汰、刘九、张亚派、吴亚连等10人，大家也因"贫苦"而在寻找出路，遂提议以"何挺华船内窝藏娼妇卖奸"为由，共同"驾艇前往掳捉勒索，得钱分用"。当日下午，吴亚连驾小艇驶至大汾村外河边何挺华船旁，时何挺华外出，吴亚洪等船将梁陈氏、黎凌氏、祁蔡氏三人掳到自己船上，驶至下屯村吴亚洪素识之张变广家"暂行容留"，将梁陈氏等扣押在村外空屋内，希望借机向何挺华"勒银取赎"。案件很快被东莞官府访闻，缉获了吴亚洪等人，三个寡妇也被官府起出审讯。[1] 从三位寡妇卖淫，且"逐日"均有生意看，她们的年龄应该不大。但她们并没有改嫁，而是与一个男人组成了卖淫团伙。

前文显示，客家妇女几乎成为社会经济主力军，她们从五代的武婆到宋元之际的许夫人，[2] 都具有反压迫的传统，每当利益受侵害，就会奋不顾身地反抗。嘉庆二十五年，嘉应州徐家与萧家因地租发生纠纷，徐家男主人徐振维在打斗中身亡。徐家在州县衙门屡控而未得到满意结果，道光三年徐振维妻徐古氏遭抱林连生"京控"。据林连生提供的徐古氏呈词说，徐、萧两家争斗是因嘉庆二

---

[1] （清）朱樆编《粤东成案初编》卷23《盗匪·发塚窝拐》，《广州大典》第37辑第28册，第807~808页。

[2] 参见本书第一章的相关部分论述。

十五年当地发生天灾,① 绅衿萧晋琏原系云南文山县知县,回乡后勾串族人萧阿任等欺隐本州地粮、霸收税银,徐振维获知后跑到嘉应州呈报。官府不仅没有理会徐家呈报,相反知州田文贵却在萧晋琏要求下带兵到村内抓获徐家男妇13口,徐振维在逃走时被萧家等杀死。徐家因此不断在广东各级衙门呈控,均得不到满意结果。② 徐古氏的京控引起了皇帝注意,道光帝下令两广总督阮元等亲同审讯。据审讯,萧晋琏等族内有祭田88余亩,坐落在州城外耙墇乡,一直由村民李庚三、赖欢柏、徐振维等佃种,每年纳租1200余石。自嘉庆二十五年以后佃户连年抗租,知州田文贵带兵进村捉拿抗租者,遭到村民搁阻而作罢。道光二年十一月二十日,田文贵再次带兵前往拘拿抗租者,在村口遭到李庚三纠同徐振维等男妇手拿刀械抵抗。在官民对抗中,兵丁管国捷用鸟枪打死徐振维,并抓获赖李氏、李相清等13人。在这次对抗官府行动中,耙墇乡妇女站在第一线,"十余妇号称母老虎,手持铁叉、木棍正面拒敌",打伤兵差多名。李庚三和原告徐古氏藏匿山中,抱告林连生在返回途中至安徽境内病故。③ 道光六年六月,躲藏在江西的李庚三被官府拿获,解归广东审办。④ 这个案件显示,嘉应州妇女在农耕经济中具有重要的地位,她们在家庭中是一家之主,"主持家政,农事及家务,概由其包办",男子则大多"餐风饮露于异乡,求事业之成就"。⑤

而在广东西部地区,女性在家族利益受到侵害时,也会不分青红皂白,在男性的指使下,勇敢地起来保护家族的利益。据刑科题本中的"土地债务类"记载,乾隆五十年,德庆县邓胜学和他的族人分割土地,包括几十年前邓胜学祖父原初佃种的18亩土地。乾

---

① 笔者查阅光绪《嘉应州志》卷30《灾祥》发现,嘉庆年间,嘉应州并无天灾记录,据此推测,徐家的京控或另有隐情。
② 步军统领英和等奏折(道光三年七月十七日),录副奏折,档案号:03-3715-022,缩微号:255-1244。
③ 两广总督阮元、广东巡抚成格奏折(道光六年正月十八日),录副奏折,档案号:03-3734-030,缩微号:256-0873。
④ 江西巡抚韩文琦奏折(道光六年八月初三日),录副奏折,档案号:03-3737-017,缩微号:256-1410。
⑤ 罗香林:《客家研究导论》,上海文艺出版社据希山书藏1933年版影印,1992,第242页。

隆四十七年，原业主的孙子将 18 亩土地卖给了潘元会。潘家从一开始就提防邓家时间久了会改变田界私占土地，因此，潘家打算驱逐邓氏并将土地另佃给李华公使用，但邓氏拒绝放弃租佃权。乾隆四十八年邓氏顺利地收割了早季稻，在晚季稻将要成熟时，潘元会要求衙门派遣差役协助其收割庄稼。但邓胜学和其族人又率先收割了稻谷，并将收获物藏在村外。后来，潘家和差役、临时雇工及未来佃户李华公一起到邓家要求他们交出稻谷。时邓家男性除邓胜学外均不在场，邓胜学令邓家妻母等所有 30 多名女性与潘家一干人纠缠。这些妇女向潘家人展开了攻势，一边破口谩骂，一边撕扯他们的衣服。在群殴过程中，潘家一些成员发现并强行没收了此前邓家收割和匿藏的稻谷。邓胜学闻讯后勃然大怒，训斥负责看护稻谷的弟媳何氏。而何氏对邓连骂带打。邓用木棍回击，何氏因头部受伤而死，邓试图构词诬陷潘及其一伙人谋杀了何氏。这起暴力纠纷牵涉邓家 30 多位女性，实非寻常。① 另据道光《阳江县志》卷 1《地理志·风俗》记载，在粤西地区，一旦遇到荒歉之年，人们为了生存，也会男女混合结群，"岁偶不登，贫而悍者率男妇千百为群，沿门告助，以分饥荒为名目，其名不知始自何时，而习为固。然肆扰之害，无异强梁"。

其实，清代由妇女公开出面与官府对抗的事例，并不仅限于广东。笔者从档案中还发现在华北也有妇女因生活艰难而出面与官府对抗。嘉庆十五年房山县秋季遭遇水灾，民不聊生，十一月二十四日有"二位阿哥恭祭"皇陵，路过房山县半壁店，"有民妇百余人跪求赏赈"，后经官府劝谕，各自分散，但二十六日，"又有老幼妇女三四百口复跪道旁求赈，均系妇女，并无一男在内"。② 尽管官府怀疑这两起由单一妇女组成的公开求赈团"必有乡保及该夫男主使刁唆"，但其内幕已无法知晓，这些妇女的行为已经表明，清代一些妇女在涉及自身利益之时会冲锋在第一线，勇敢地出现在各种公众视野之中。

---

① 〔美〕步德茂：《过失杀人、市场与道德经济——18 世纪中国财产权的暴力纠纷》，第 124~125 页。
② 直隶总督温承惠奏折（嘉庆十五年十一月二十九日），中国第一历史档案馆藏。朱批奏折，档案号：04-01-02-0146-004，缩微号：04-01-02-007-1715。

第六章 清代乡村妇女生活实态之考察：以档案为例

乡村妇女有时利用民间信仰作为资源共同从事行骗活动。乾隆五十七年四月十八日，署嘉应州知州李戴春禀称，访得州民巫希敏妻曹氏捏称，供奉观音灵验，以哄骗乡民治病敛财。他立即会同营员驰赴巫希敏家将曹氏拿获，起出观音画像一幅、纸扇二柄，一画观音佛像，一写"善恶分明、铁汉忠臣"字样。据巫曹氏供，她与巫希敏结婚后，租余福郎的空寮居住。乾隆五十六年七月，她患有疯疾，因家内供有观音画像，吃斋祈祷，病即痊愈。八月十五日，其兄曹秉和到家探病，声言乡民有病多求神，起意传扬观音灵验，诱人祈祷治病，骗取钱财分用。巫曹氏允从，其夫巫希敏并未禁阻。曹秉和虑及治病无药难以取信，嘱令用供奉观音的净水调和香灰作药，又买白纸扇三柄，一画观音佛像，一写"善恶分明、铁汉忠臣"，一写"佛法无边"字样，携带在身沿村哄骗。曹秉和又约算命打卦妇女曹黎氏及余福郎、黄云振在外传播，邻村黄亚亮、李礼柏、陈鼎兴、陈温氏及不识姓名数人先后求医，各送给铜钱一二百文、米四五升不等。自八月十五日起至十月初间止，共骗得铜钱1800文，米三斗八升。与曹秉和等均分。乾隆五十七年三月十八日，有邻妇陈邹氏至曹氏家谈及孙女患病，被曹氏哄骗钱70文、米1升。①

这个案件中除巫曹氏外，尚有曹黎氏等参与传教敛财，半年多时间也吸引了不少男女信教治病，可见，妇女在乡村社会中的活跃。粤东地区女性组织传教活动有一定传统，雍正年间，蓝鼎元在潮州为宦，曾处理过一起后天教案件。据他说，"潮俗尚鬼，好言神言佛……世家闺阁结群入庙烧香拜佛，不绝于途"。时潮州有后天教，创建者是詹与参妻林氏，自号妙贵仙姑，"诡言能呼风唤雨，役鬼驱神，为后天教主"。与之狼狈为奸的是另一男人胡阿秋，自号笔峰仙公。后天教主要功能是助人生子，"相与书符咒水，为人治病求嗣，又能使寡妇夜会其夫"。大约因信仰这一宗教就能生育儿子，所以其信众非常广泛，"潮人笃信其术，举国若狂，男女数百辈，皆拜以为师"。与此同时，周边地区的澄海、揭阳、海阳、

---

① 署理两广总督郭世勋奏折（乾隆五十七年闰四月十六日），中国第一历史档案馆藏。朱批奏折，档案号：04-01-01-0451-030，缩微号：04-01-01-05-1380。

惠来、海丰之人，"无不自远跋涉，举贽奉束，牲酒香花，叩其门称弟子者如市"。随着信徒不断增加，后天教于雍正五年冬在潮阳县北关"建广厦，大开教堂，会众数百，召梨园子弟，鼓歌宴庆两日"。当蓝鼎元获知此消息后，急忙派遣隶吏前往缉捕，但这些隶役害怕"得罪神仙，恐阴兵摄己"，又因势豪宦属从中庇护，竟没有捕获到一个人。蓝鼎元只好亲自率领隶役出马，"排其囵，擒妙贵仙姑，穷究党羽"，搜出娥女娘娘木印、妖经、闷香、发髻、衣饰等物，"籍其屋于官"，改为棉阳书院。① 从詹林氏"为人治病求嗣，又能使寡妇夜会其夫"来看，参加者大多数为已婚妇女，所谓"夜会其夫"，大约只能由其他男人代替而已。但从各地妇女涌到潮阳县来看，妇女借宗教信仰远行他乡，乡村社会的人们是认同的。

三 妇女在田地等纠纷中的暴力现象

田土、钱粮等直接关系乡村民众的生存问题，因这类大宗财产问题而引发的纠纷在乡村社会也最突出。三藩之乱后，广东刚进入稳定发展时期，一些乡村社会发生的纠纷就闹到官府衙门，涉事者不乏女性，如广州就有周氏和潘氏为妯娌，后周氏伙同他人打死潘氏。但从口供中可看出妇女在当时社会的角色，据新福供："周氏、潘氏因取布相争，周氏叫奕从、日德用扁挑打，周氏用拳打，鸡唱扛尸下塘。"据日德供："为奸情事。奕从与小的同周氏俱有奸，被潘氏看见，叫奕从用扁挑打潘氏胸前……"奕从供："周氏、潘氏因掌管谷仓锁匙及偷鸡争骂。又四月二十四日有日德进周氏房内在床上，奕从亦进周氏房，看见走出，奕从亦进得去一次。唯恐怕潘氏漏泄。二十五日夜，叫小的同日德用扁挑打死潘氏。"后广东巡抚李士桢亲审，这些人全部都说被屈打成招。② 不过，无论"取布相争"还是"掌管谷仓锁匙及偷鸡争骂"，康熙时广州妇女在生产与生活中均有自主权。妇女因生活琐事而争斗，甚至出现女性打死壮男的案件，"伍氏以妇人而砍死李冕艳，诚凶悍之尤者"。原来伍氏与李冕艳母亲林氏在巷口相争，所争何事不清楚，"斯时手上无

---

① （清）蓝鼎元：《鹿洲公案》卷上《邪教惑民》，《鹿洲全集》，第379~380页。
② （清）李士桢：《抚粤政略》卷8第3册，文海出版社，1988，第954~956页。

刀，若谓入室持刀复往砍杀，则李冕艳乃三十一岁之男子，非同幼稚可比，岂竟立以待毙乎？况有伊母林氏在傍，邻妇陈氏看见，竟不力为救护乎？……再查伍氏供称，冕艳回家拿小刀对命，我亦拿刀对他要见。伍氏系属女流，何以家有腰刀取之？"①

其实，清代前期，乡村社会因为田地问题屡屡发生纠纷，这之中就少不了女性的参与。雍正乾隆年间，茂名县发生一起因土地耕种争执而引起的命案。生员曾日章在雍正六年购买寡妇"袁氏之子甘茂宽冯村峒田，仍批回茂宽耕种"，甘茂宽每年按时向曾家纳租。乾隆元年十二月，曾日章因甘茂宽欠租，将田地另批给徐全仁耕种。次年春，徐全仁前往犁田，被甘茂宽"力阻"，全仁只好"将批帖退回"。曾日章决定自耕，三月十一日，他叫家中佣工杨亚长先到地里耙田，又雇徐全仁挑秧同往插秧。杨亚长在耙田时，被袁氏看见"拦阻"，并与杨冲突，袁氏"向扭亚长衣衫，亚长在袁氏背后用手一推，袁氏站立不稳，覆跌下田"，袁氏乱骂，又被亚长用脚踢伤左后肾，伤重旋即殒命，② 纠纷由此上升到刑事案件。从案件的陈述来看，作为妇女的袁氏首先动手，不仅乱骂而且扭抓，展现了乡村妇女的泼辣形象。

乾隆二年九月，揭阳人23岁的邱灶生将"邻乡而居"的徐阿学戳死也是因土地问题。徐阿学父亲徐日相在雍正三年用银子八两六钱向郑循茂"顶耕"郭阿佑公共祭田4亩，每年纳租8石。乾隆元年因欠租4石，郭阿佑出帖"另行招佃"。邱灶生父亲邱维城"欲承此田耕种"。十二月初四日，维城到阿佑家请批，并代日相清还欠租4石。三十日，徐家与邱家的男人因此发生"争角"，维城老婆蔡氏看见丈夫被打，"出而詈骂"，被徐日高用扁担打伤。蔡氏负痛喊叫，被儿子邱灶生听见，他拿出"防夜铁嘴竹枪"，将徐阿学打死。③ 可见，这次事件是男人之间因耕种田地而引发，但妇女也成为其中的积极参与者。在乡村民众之间争斗中，女性有时更为疯狂，乾隆四年广东发生赵维广致死冯氏案也是因田地耕种引起。

---

① （清）李士桢：《抚粤政略》卷8第3册，第943~944页。
② 中国第一历史档案馆编《清代地租剥削形态——乾隆刑科题本租佃关系史料之一》，中华书局，1982，第20~21页。
③ 中国第一历史档案馆编《清代地租剥削形态——乾隆刑科题本租佃关系史料之一》，第19页。

冯氏儿子邓廷运一直佃耕赵维广父亲赵择卿田地，后因欠租，赵家要求"取田自耕"。而邓家一旦失去田地就难以糊口，于是邓廷运就"偕母冯氏至赵择卿家央求"，但赵家就是不松口。邓廷运就出言辱骂。此时的冯氏更为激烈，"冯氏以头撞倒赵择卿于地"，赵维广见状，赶紧把父亲扶起，"冯氏复行赶打"，被赵维广用拳打倒在地，越日殒命。①

在这类因土地耕种、典当、买卖等纠纷中，妇女作为家庭的成员，往往难以置身事外。乾隆十七年广东巡抚苏昌称，黄三荫父亲在世时曾将自家"田五分当与杨令闻"耕种，乾隆十六年闰五月，黄三荫胞兄黄振创"备价回赎"，杨令闻却"捏称绝卖"，并请黄振夏"冒认中人袒证"。黄三荫母谢氏闻言就责骂振夏袒护杨家，被振夏用锄打伤。黄三荫赶往救护母亲，用刀戳死了黄振夏。② 乾隆十八年广东巡抚苏昌称，陈茂昌将田一亩凭陈丙林作中卖与张谛诚，但田仍由陈茂昌耕种，每年纳租给陈丙林转交田主。乾隆十七年六月，陈丙林前往陈茂昌家讨租，时茂昌"往田工作"，其母陈氏在家。陈氏责骂陈丙林不应包讨，两人争骂并发生打斗，"陈氏拾石掷伤陈丙林左额角，陈丙林拾柴片打向陈氏，陈氏亦拾柴片格伤陈丙林右臂膊。陈丙林打伤陈氏额颅，陈氏又回打陈丙林额颅，陈丙林扭住陈氏衣领，陈氏喊救"，被正回家的陈茂昌看见，遂拾棍戳伤陈丙林。③ 从案情可看出，陈氏在这场男女打斗中首先出手，而且下手毫不逊色于男性。

上述两个案例并没有交代地点，但因是广东巡抚上奏，可以肯定发生在广东。据刑科题本记载，乾隆五年十月，龙门县黄作文从原业主处购买了温文从正在租种的土地。温既拒绝交租又不肯退还土地，黄作文只好到衙门告状并获胜。次年春，黄作文试图去地里耕种，与温文从儿子温观清和其妻庚氏发生打闹，失手杀死庚氏。乾隆十七年七月，番禺罗喜星由于刚施完肥，所以拒绝陈立军从其田间过水，陈立军在争吵中先打罗一拳，但罗很快占上风。陈立军

---

① 中国人民大学清史研究所编《康雍乾时期城乡人民反抗斗争资料》，中华书局，1979，第129页。
② （清）白山：《成案续编》卷8《亲属杀上》，第119页。
③ （清）白山：《成案续编》卷8《亲属杀上》，乾隆二十年仲春镌，第120~121页。

妻子沈氏闻声赶到，对罗大骂，并抓住罗的阳物，罗在剧痛之下猛击沈氏头部，导致她倒地身亡。乾隆十七年阳春县卢瑞喜生前于雍正年间从其舅舅吴鼎永处购买了一块土地，契约明载永不回赎，他去世后，此地由其兄弟耕种，吴鼎永却要求回赎，时其母亲吴氏正在地里锄草，拒绝了吴的回赎要求，并发生殴斗，吴氏受伤。卢家上控知县，但知县一直拖着没有审理。吴鼎永和妻子张氏企图偷割地里庄稼，与卢家又发生冲突。知县判令土地属绝卖不得回赎。①乾隆十七年七月，刑部尚书阿克敦题，茂名县民黄刚打死信宜县民妇任氏。从乾隆十一年正月开始，任氏儿子张宏典就佃耕监生孟继世的田塘，乾隆十五年二月因任氏欠租，孟家决定"取田自耕"。孟家让工人罗英泽前去挖塘放水，但遭张宏典阻挠。时黄刚到孟家看望姐姐黄氏即孟继业祖母。黄刚和孟一起去田地，继业斥责张家无理取闹，任氏赶到向前扑救，黄刚阻拦，任氏即揪住黄刚撒泼拼命，并咬黄刚右手，黄在情急之下起脚将任氏踢倒在地，任氏至夜殒命。②乾隆三十一年十一月，兴宁宋达瑞父亲宋必生在乾隆六年用银18两向黄达礼顶佃曾承祖留新塘尝田耕种，黄达礼立有退字可据。乾隆三十年十二月，宋达瑞和妻刁氏往邻村买谷，在长瑕铺街上撞遇曾承祖，曾说要取回尝田自耕。宋达瑞不肯，两人争闹。刁氏上前帮护，用头撞曾承祖，被曾用手推开，刁氏又用拳打，曾承祖回拳击打，刁氏倒地而死。宋达瑞投明地保控验，但黄达礼畏罪移居四川。③可见，在这个案件中，最先动手的也是女性。乾隆三十四年，新兴县邓霁胜因庄稼未收完毕不肯交租，与田主叶邦怀、叶自聪发生纠纷。叶氏兄弟于十一月初一日到邓家禾场讨租，双方争吵，"经地保郑元清劝散"。但夜里一更，邓霁胜母梁氏和表弟梁亚三抬谷回家，路遇叶家兄弟再次讨要欠租，遭梁氏拒绝。叶氏兄弟用手拉住谷担不放，双方厮打，梁氏在打斗中死亡。④这个

---

① 〔美〕步德茂：《过失杀人、市场与道德经济——18世纪中国财产权的暴力纠纷》，第172、192、214页。
② 中国人民大学清史研究所编《康雍乾时期城乡人民反抗斗争资料》，第131页。
③ 中国第一历史档案馆编《清代地租剥削形态——乾隆刑科题本租佃关系史料之一》，第648~649页。
④ 中国第一历史档案馆等编《清代土地占有关系与佃农抗租斗争》，中华书局，1988，第630~631页。

案例中的梁氏年龄几何,不得知之。但从她和侄儿抬谷物来看,应不大。一个乡村妇女在深夜仍和男人一起劳作,并在纠纷中加入打斗行列,凸显了乡村妇女的另类形象。

据刑科题本记载,乾隆三十年新宁赖建康从陈富柏处以十五两六钱银子购买了两块地,附加条件是9年内可回赎,但要补偿赖家提高地力的成本。赖后来把既有土地围起来并额外垦辟1亩地。9年后,陈富柏居广西做生意,其弟陈魁柏拿着契约要从赖建康儿子赖添受处回赎此地(赖建康已去世),并答应给2两银子补偿投资和工本,赖家没有同意。陈魁柏遂到衙门讼赖添受,知县在检视证据后敦劝双方和解,要求陈家再提高补偿价,土地归陈家所有,但赖仍没有接受调解。赖添受母亲李氏抱怨儿子没有土地又拒绝拿回补偿款。乾隆四十年二月,陈魁柏和其母何氏到田里耕种,李氏带其幼弟李云彬和二子赖阿四上前阻止。两位妇人发生斗殴,并蔓延到男人,赖添受用棍子打伤陈魁柏。次日,官府将赖添受羁押,并责令赖家出资医治陈魁柏腿伤。李氏发现不仅丢了土地,儿子也被关监,她纵火烧了陈魁柏母亲何氏屋舍和圈栏。陈魁柏因伤而死,赖添受被判处死刑。李氏因破坏何氏屋舍圈栏而被罚款。① 嘉庆十年五月,大埔刘何氏供:十八日午后,她在刘谢氏门首经过,刘谢氏因园内粟米被人偷窃而大声嚷骂。时何凌云走过,斥责刘谢氏不该混骂。刘谢氏不服,拿锄头向何凌云殴砍,何凌云用左手阻挡,被锄嘴划伤左手指。谢氏在锄被何凌云夺扔后,又扭住何凌云发辫,何因挣不脱,就用口咬伤刘谢氏右臂膊,刘谢氏仍扭住不放。最后何凌云用刀戳伤谢氏肚脐。时谢氏丈夫刘裕麟赶回将谢氏搀扶进屋,谢氏因伤重至次日午刻死了。②

田土不仅仅是耕种庄稼的地亩,有时还涉及祖坟问题。连平州人陈观石和堂侄陈泳苟、堂侄孙陈丙名长期寄居翁源县,观石父亲在翁源去世。道光四年四月初一日,陈观石在翁源土名林屋坑官荒开挖、构筑坟穴,"欲行营塟父棺"。因坟穴距村民巫伸江家祖坟仅5尺远。巫伸江与妻巫严氏、已出嫁女儿郭巫氏,中午"各携挑路

---

① 〔美〕步德茂:《过失杀人、市场与道德经济——18世纪中国财产权的暴力纠纷》,第209~210页。
② 杜家骥主编《清嘉庆朝刑科题本社会史料辑刊》,天津古籍出版社,2008,第580~581页。

过"坟地,看见陈家坟穴距自家祖坟太近,遂向前斥阻,由争闹到打斗,正好遇到陈泳苟、陈丙名携香火、竹铳赴山捕雀,用竹铳致巫伸江、巫严氏、郭巫氏三人倒地殒命。① 可见,巫家两位"携挑"外出劳动的女性,在家庭利益受损害时积极参与维护家庭利益。

一些妇女因田地纠纷会被自己亲人杀害或自杀,以报复对手。乾隆三十三年二月,茂名李卓梅因与村民钟德茂夺田佃耕,其母陈氏被儿子鼓动参与其中,最后被儿子临时起意杀死图赖。据说,李卓梅父亲在世时用钱 12 千文承佃莫进等尝田 10 亩,交租三年,后因欠租 4 石,业主将田收回,批给钟德茂佃耕。李卓梅不甘心,乘钟德茂在田插秧,遂同母亲陈氏持锄前去滋事,钟德茂见势逃避。李卓梅突发杀死母亲图赖念头,被村民林安杰路过看见,将陈氏扶至田埂,正好遇到陈氏已出嫁的女儿凌李氏挑水路过,将母亲抬回家灌救,不料十五日殒命。② 乾隆五十一年,东莞陈文友失去了已耕作 30 年的佃租土地,因田主何杰万把田地给了愿出更高租金的黄贵奇。陈文友因此与黄贵奇争闹,黄贵奇被他打跑并扬言到县衙起诉。陈回家后告知妻子朱氏,被老婆责骂无能,陈本来因失去土地而心烦,又被朱氏责骂,怨怼不已,遂决定杀妻图诈。他在家中砍死妻子,将她背到黄家门前,大喊黄打死了朱氏。黄起身欲与陈当面对质,但被母亲于氏抓住衣服,黄用力前冲,衣服被扯破,于氏摔倒在地而死。这一案件,造成朱氏、于氏两女死亡。乾隆五十六年十二月十九日,阳江地保冯秀向知县禀报,冯光扬与胞侄冯超胜于乾隆五十四年间,将他们拥有的公共田亩及耕牛 20 头,"批与族人冯居洪同子冯亚成领耕牧养",双方议定"生育牛仔,四六派分"。五十六年四月,冯居洪病故,亚成将父亲葬在土名琴山官山,离冯光扬的祖坟只有 3 丈,光扬等叔侄"恐碍祖坟风水",要求亚成起迁他处,亚成没有答应。超胜要将田收回"起佃"他人,又将"原牛及生育牛仔三只牵回"。四月十三日,亚成母冯李氏"邀同夫弟冯居业",向侄超胜"索分牛仔争闹"。李氏被推跌倒伤及额

---

① (清)朱樘编《粤东成案初编》卷 6《命案·谋故杀人》,《广州大典》第 37 辑第 28 册,第 241~242 页。
② 广东巡抚钟音奏折(乾隆三十三年三月十二日),中国第一历史档案馆藏。录副奏折,档案号:03-1222-007,缩微号:087-1582。

角，冯居业责骂超胜"不该推跌妇女"，并用竹片将超胜打死。李氏因超胜身死系自己挑衅引起，也自缢殒命。[①] 潮阳曾柳氏与无服夫侄曾阿大同村居住，曾三郁系曾柳氏之子。嘉庆二十二年三月，曾阿大父曾阿横向曾柳氏借米4斗，后曾柳氏屡次上门讨要，也未得到偿还。八月初七日，曾柳氏再次索讨斥骂，曾阿大上前劝解。曾柳氏斥其帮护，扑向曾阿大殴打，曾阿大拾取柴棍殴伤曾柳氏。曾柳氏回家向儿子告知，曾三郁慰母亲消解其恨。但她在午后乘儿子外出，又到曾阿大屋前喊骂，时曾家父子俱外出，曾柳氏寻衅不遂，即在其屋前溪河投水溺毙。[②] 农家妇女非常珍惜劳动所得，吴塞鼻系吴乙二古无服族叔，两家对门居住，素睦无嫌，嘉庆二十二年十一月十五日夜，吴塞鼻家的稻谷被贼窃去2石，其妻吴萧氏次早发觉，就在屋外对着吴乙二古家骂窃贼。吴家兄弟出来指责萧氏不应对人家大门混骂，吴萧氏"不依，争闹，并拾取竹片殴伤吴庚二古左右腿"。时吴乙二古从田野回家劝阻，但吴萧氏斥其帮护，"转向殴打吴乙二古"。二古用小刀划伤吴萧氏肚腹，萧氏丈夫吴塞鼻用刀划伤二古左腰，二古移时殒命。"吴萧氏因争闹肇衅，恐到官受累，十七日早，乘家人赴田工作，服食老鼠药而死。"[③] 类似这种以杀害亲人或自杀，其中包括一些试图借尸图赖的现象在华南地区颇常见。[④]

广东地区节妇对家庭田产拥有处分权，乾隆年间，丰顺刘氏和其婶洪氏于乾隆九年以14两银子将一亩二分土地绝卖给刘氏远方同族亲戚监生吴世学。次年，刘氏向吴世学提出找贴要求。据吴世学供，他购买时因可怜刘氏是寡妇，没有在意契约上的条款，所以又给了刘氏6两银子。到了乾隆十六年，刘氏再次要求找贴，遭吴拒绝。后来刘氏在墟市看到吴世学，当面要求找贴。两人争吵，刘氏扯破吴世学衣服。隔日，二人又在村外河边相遇，再次打闹，都

---

① 中国第一历史档案馆编《清代地租剥削形态——乾隆刑科题本租佃关系史料之一》，第 227~228 页。
② （清）朱橒编《粤东成案初编》卷 29《控评·本省呈告》，《广州大典》第 37 辑第 29 册，第 185~186 页。
③ （清）朱橒编《粤东成案初编》卷 3《命案·斗杀共殴三》，《广州大典》第 37 辑第 28 册，第 134~135 页。
④ 参阅段文艳《清代民间社会图赖现象之研究》，暨南大学历史系硕士学位论文，2006。

第六章 清代乡村妇女生活实态之考察：以档案为例

掉进河里，被吴世学妻和邻居救了上来。刘氏回家当晚死亡。吴世学贿赂刘氏女婿和练总，说刘氏是淹死的。尽管吴世学犯了过失杀人和贿赂罪，但知县在审理此案时仍断土地归吴世学所有，即契约中所说的绝卖。曲江县萧锡桓及妻子邱氏年迈无子，收养萧树升作为继嗣。萧锡桓死时，养子树升想卖掉家中土地以解决生计，但邱氏没有同意。乾隆十五年一月，邱氏请哥哥邱儒标，萧树升则请族人萧殿魁（生员）、萧洪宽、萧彩来，共同商议田地处理事。邱儒标严厉责骂萧树升，还揪住萧殿魁大骂。在争斗中，邱儒标受到了致命打击。官府在审理中判定，土地应归邱氏所有，剥夺了萧树升的继嗣权，准许邱氏另立继嗣。① 从化孀妇庾氏有土名西山田四亩八分，原批给李亚能耕种，每年输租谷7石。乾隆十二年，亚能欠谷一石，庾氏遂将田改批给李南举接耕，亚能因曾用粪脚银6钱。乾隆十三年七月初二日，亚能向南举索取，由争吵到打斗，导致南举身死。② 在这个案件中，庾氏对自家田产拥有绝对处分权，可根据自己意愿改佃。从中也可看出，庾氏不改嫁可能与其有足够的经济来源有关。嘉庆十五年，琼山县符沅照家也颇为富裕，符沅照病故后，家产由其妻符王氏照管，家中尚有符沅照已故继孙符沅壁妻符邱氏。符王氏与孙媳符邱氏尚未分产，婆媳将家务委托给丈夫门人黄广云代为照料。但黄广云因经理不善，又转托符沅壁兄符沅珍管理。嘉庆十五年十月，符王氏将丈夫所遗留下的槟榔园一处计地12亩，托符沅珍为中卖与林燕为业，议定园价番银310元，尚未立契交价。符邱氏闻听此消息，恐日后无产资生，即托黄广云从中劝阻。黄广云想起符王氏先年曾委托自己将该园租与邝成锦佃种，遂起意捏作符王氏已将园典与邝成锦为业，伪造典契给邝成锦收执，以达到打消林燕买该园的念头。③ "典"是明清较为流行的一种土地买卖方式，即原来土地所有者因各种原因直接以土地在一定期限内的经济收益抵算利息，交由债主掌管收租。土地在出典期间，典

---

① 〔美〕步德茂：《过失杀人、市场与道德经济——18世纪中国财产权的暴力纠纷》，第194~195页。
② 张伟仁主编《明清档案》第159册，乾隆十四年六月二十八日（之一），广东按察使王景献折，第89293~89300页。
③ （清）朱樘编《粤东成案初编》卷28《控评·募越京控下》，《广州大典》第37辑第29册，第167~170页。

363

主有使用权和处分权,可以自种或召佃收租,或原主耕作纳租,或转典于他人。一般来说,田地出典以后交出使用权者,立有卖契,逾期不赎,即为典主所有。① 乾隆四十四年十一月,琼州定安县莫杨氏丈夫去世,孩子尚幼,其佃农吴奉彩暗中将她的一部分土地卖给沈美玉(监生)。沈美玉把买来的土地租给马土龙佃种。后莫杨氏以120两银子的价格把这块土地中的17.3亩卖给了陈大高,吴奉彩欺诈曝光。乾隆四十三年九月,陈大高雇用三个佣工收割庄稼,与马土龙、沈美玉发生冲突,马土龙被打死。② 这三个案例中的女性在丈夫死后,对家中田地均拥有支配权,可以买卖也可以租佃给他人。

据刑科题本编号4447土地债务类记载,嘉庆三年三月,据民妇高刘氏赴清远县禀称,她有土名新田、高塱等处田57亩,于乾隆五十六年批佃给从增城迁居清远的叶潮湘、叶潮蕃兄弟承耕,每年纳租谷128石。自乾隆五十九年至嘉庆二年,共欠租谷237石,屡讨无偿,请官府追缴。清远衙门通过对叶潮湘等审讯,断令他们"将田退交高刘氏自耕",田里种植的早稻,"听高刘氏收割抵租,余欠高刘氏情愿免追",双方"取具遵依在案"。然而,嘉庆三年五月二十七日,高刘氏雇张亚扬、黄亚日、汤亚妹等六人"往田割禾"时,叶潮蕃却带七个人"到田抢割"。高刘氏上前拦阻,双方发生打斗,高刘氏身负重伤,张亚扬则被打死。③ 也有妇女在丈夫去世后,勇敢地挑起家庭生活的重担,对家庭经济来源精打细算。如灵山县民刘证科"向在王赖氏家佣工,并无主仆名分"。这一说法显示,王赖氏已为寡妇,但仍雇佣男工帮工。王赖氏之夫死后,留下祖遗祭田坐落土名潮铜地方,一直由其夫已分居的伯父王试溁耕管,每年所收租谷,除留存祭扫等外,剩下部分按房均分。道光三年九月,王赖氏因粮食不敷,恳求王试溁借给稻谷一石,并答应从祭田谷内照数扣还,但王试溁不允。王赖氏气愤,起意强行到王试溁耕种田中收割禾稻。二十二日,她带着弟弟赖沅达、工人刘

---

① 杨国桢:《明清土地契约文书研究》,中国人民大学出版社,2009,第27~28页。
② 〔美〕步德茂:《过失杀人、市场与道德经济——18世纪中国财产权的暴力纠纷》,第193页。
③ 李龙潜等点校《明清广东稀见笔记七种》,第325~326页。

证科各携挑刀赴田收割，被王试溁父子斥阻，双方互斗，王试溁被刘证科用刀戳伤殒命。① 王赖氏将祭田租给夫伯父耕管，应签立了契约，立约人为王赖氏。她的强势还表现在当借贷不成时，竟强行带人到人家田里收割稻谷，在发生矛盾时，她也是直接的加害人。

乡村社会亲戚邻里之间有时因借贷问题也会发生纠纷，乾隆十三年广东饶平县孀妇詹氏控告已革生员钱文华捏造诬陷自己一案就是因借贷引起的。据档案记载，詹氏与钱文华及文华堂弟钱阿就分属亲堂叔嫂的关系，钱阿就与詹氏又系姑表兄妹。乾隆四年，钱阿就从詹氏处借银6两，拖了多年都未偿还。乾隆七年十一月二十四日，詹氏上门索讨，正好钱阿就外出不在家，钱阿就的妻子赖氏说家里无银偿还。詹氏听后很恼怒，"出言耻辱"钱家，赖氏随口说詹氏"寡妇怀胎"。两个妇女争闹不休，后詹氏在公公钱伯永的劝慰下回家。但事情并没有到此结束，二十六日，赖氏又乘丈夫钱阿就和钱文华到祠堂祭祖之机，"率同钱文华之妻林氏，并妯娌施氏、张氏及钱文华子钱阿神，施氏子钱阿邹，张氏子钱公松，同往詹氏家中搜检私胎，图泄前忿"。詹氏面对赖氏夫妇借钱不还，还公然诋毁自己名誉，决定走司法诉讼程序，"詹氏被诬不甘，具词控县，未审，遂奔控学院，批县集审，拟将钱文华薄责，详奉批结"。尽管官府想了结此案，但詹氏并不满意，她又继续上控，"詹氏尚以被诬未伸，复令夫弟钱应侍同子钱阿灏赴前督呈控，批府调卷核覆，经府转饬审拟详解"。在上级官府的干预下，钱文华受到了严厉的处罚，"钱文华虽据讯无唆诱妇女同往搜胎情事，但身列士林，平日不能约束其妻，以致附和搜胎，实属治家不严"，最终被革去生员的资格。② 詹氏为了讨回6两银子，尤其是挽回自己名誉，由开始私人间争吵到后来向公领域的诉讼，终于使对手受到惩罚。还有妇女在讨要债务时，其行为比詹氏更过激。据广东巡抚苏昌奏称，乾隆十八年始兴民人钟观二向马儒象借钱1800文，也一直拖着没偿还。马儒象妻饶氏跑到观二家索讨，观二仍不愿偿还，饶氏

---

① （清）朱樯编《粤东成案初编》卷3《命案·斗杀共殴三》，《广州大典》第37辑第28册，第112~114页。
② （清）白山：《成案续编》卷2《吏律·限期》，第2~4页。

于是"欲卷钟观二铺盖作抵",被观二揪住头发扭出门外,饶氏喊骂不绝,引来了丈夫等人,在冲突中致钟观二伤重殒命。①

像詹氏这样在遇到伤害时寻求司法途径解决问题的女性,在广东时有所见,但也有不能坚持到底的。乾隆十七年,广东巡抚苏昌上疏说,乾隆十六年二月内,南海县寡妇杨氏欲将自家书架出卖,委托丈夫戴杨选的外甥王亚新找买家,王亚新找到买家杨亚二并带到舅母家看货,"杨氏令女戴亚积(13岁)点火吃烟而出"。杨亚二被其姿色吸引,要求亚新帮忙"勾引图奸",被拒。杨亚二以事成重谢成功游说了亚新。三月初二日,杨氏迁居,让女儿亚积和外甥亚新先往"新屋照看",亚二跟着亚新一起到杨氏新屋,亚新"会意走出,亚二将门掩闭,拉亚积入室,许以财物,拉裤行奸"。亚积夜间因小腹疼痛,被母亲问出被奸实情,"杨氏以强奸控县",但在审讯时,亚二和亚新串供诬陷杨氏以女卖奸,"杨氏被诬不甘",四月初八日携女亚积投井自杀。② 杨氏在丈夫去世后,家中就母女一起生活,因女儿被强奸,又被诬告,其自杀多少带有以死证明自己清白的意味,同时也可能换取官府严惩犯罪者。

乡村妇女对既得利益受损看得很重,不愿意受到一点损失。如平远县39岁的刘继汉,与56岁的刘达朝"比邻而居",乾隆九年四月二十一日早下大雨,刘达朝妻谢氏因继汉家猪栏檐水冲坏了她家屋后墙,遂私自将人家猪栏拆毁。刘继汉发觉后责骂她,"谢氏撒泼嗔嚷,勒令赔墙,继汉趋避入园"。谢氏又追赶到园外隔墙叫骂,并取瓦片掷打继汉。继汉被迫拾石抛打,刚好打中前来劝架的刘达朝脑门。不久,达朝伤发殒命。③ 谢氏不仅私自将继汉家猪栏拆毁,还一直追打刘继汉;从其夫56岁判断,她也应年过半百。嘉庆元年三月,兴宁县寡妇潘罗氏雇堂侄潘美目(21岁)挑粪肥田,每日许给工钱20文。潘美目只挑数担,潘罗氏骂其懒惰,掌批潘美目腮颊,还不给工钱。潘美目愤恨,采毒草放入潘罗氏粥内,导致潘罗氏同子潘仁集食粥中毒身死。据说,潘美目平日贫苦,常向潘罗氏借贷钱米,潘罗氏没有借给。嘉庆十年十二月,阳

---

① (清)白山:《成案续编》卷8《亲属杀上》,第51页。
② (清)白山:《成案续编》卷10《奸杀下》,第27~28页。
③ 张伟仁主编《明清档案》第137册,乾隆十年四月七日,广东按察使张嗣昌折,第76819~76824页。

春黄邹氏家被贼挖墙入室窃去黄牛二只，后查知为丈夫黄添谓堂侄黄载崃偷窃。十二月初九日，黄载崃由她家门口经过，被丈夫看见拉住欲投保送究，在两个男人厮打时，61岁的邹氏持刀赶至，用刀砍黄载崃，不料却误伤丈夫脑门，次早丈夫身死。① 合浦县毛现勇、红眼四两人一向"合伙贩猪"，嘉庆十六年十月初八日，两人到邻村陈冯氏家买猪一头，议定铜钱8千文，但毛仅带铜钱7960文。陈冯氏不允，双方争闹，冯氏扑向殴打红眼四，被毛现勇拦阻，冯氏又转向扑殴毛现勇，被毛用竹尖挑戳伤右脚倒地。数日后，冯氏因脚溃烂殒命。② 冯氏为了40文钱，先斥骂，后扑打，却因此付出生命代价。档案反映冯氏已为人祖母，受伤后即由孙子扶入屋内。乡村泼辣老妇人形象跃然纸上。

四 妇女在家庭矛盾中的泼辣形象

家庭是中国传统社会最基本的生活和生产单位，也是王朝征收赋税、徭役的重要单位。传统中国乡村社会的家庭要么以夫妇及子女构成核心家庭，要么由父母和两个以上已婚子女以及多个已婚兄弟居住在一起而构成扩大家庭。家庭成员有时也会出现矛盾，清代就有不少案件涉及家庭矛盾，从中可看出妇女在家庭矛盾中所扮演的角色。

传统儒家对女性的理想要求是"三从四德"，其中的"即嫁从夫"是要求妻子服从丈夫，而"夫为妻纲"也要求妻子以丈夫的言行为准则。其实，在乡村社会实际生活中，有些女性因丈夫不顾家，遂对丈夫心生怨恨，进而引发家庭矛盾，如雍正年间，顺德县40余岁的梁依容与陈氏结婚后，不务生业，不顾家计，引起陈氏不满。雍正十年七月十七日夜，夫妻两人拌嘴，陈氏数落丈夫种种不是，"梁依容无言以应，心中积（忿）"。次日早起，丈夫叫陈氏煮饭，"陈氏出言违抗，出至门外"。梁依容恼羞成怒，由动口发展到动手，用拳殴打妻子。陈氏跑到对门梁依容姑母家求救，被丈夫

---

① 杜家骥主编《清嘉庆朝刑科题本社会史料辑刊》，第3~4、113~114页。
② （清）朱樟编《粤东成案初编》卷1《命案·斗杀共殴（一）》，《广州大典》第37辑第28册，第54~55页。

追上，用铁锤、柴刀砍伤，四日后殒命。① 梁氏夫妇家庭状态不太清楚，至少属主干核心家庭，陈氏没有对丈夫言听计从。又乾隆二十年十二月，广东巡抚鹤年题嘉应州 20 岁的童养媳吴氏谋毒丈夫李桂生案。据吴氏供：她因丈夫家里穷苦，人又愚蠢，且时常打骂折磨她，"总是没有出头日子"，于是起意毒死丈夫，好改嫁别人。而从死里逃生的李桂生说："吴氏平日好吃懒做工作，又常怨小的家贫愚蠢，不时与小的吵闹。"② 乾隆五十年议政大臣阿桂奏称，连山县钟亚二（20 岁）与陈氏（22 岁）已结婚两年，平日和睦。乾隆五十五年四月九日，她叫妻往田工作。妻说肚痛，他自赴田耘草。傍晚回家，看见妻子饮食如常，就斥骂她托病躲懒，妻顶撞，他用拳伤其身死。乾隆五十六年六月，议政大臣阿桂奏称，番禺林乔新 22 岁，父母已故，只有他一个儿子，与妻龙氏结婚已两年，没生儿女。乾隆五十五年二月，他借林嗣坚铜钱 300 文。六月二日，他筹好钱放在家里，等林来讨要时给他。不料，五日，林来讨钱，他却找不到钱，原来钱已被妻子用去。他斥骂妻子私用钱，妻子也顶撞他。他气愤地用小刀伤妻身死。③ 曲江民妇朱江氏供：嘉庆十年，她和丈夫朱贱科结婚，后生有一女，平日和睦。嘉庆十四年三月，丈夫因春耕缺乏工本，叫她回娘家借衣服 17 件当银应用，等收割早稻后就赎还。后因丈夫好酒，过期未赎。八月初六日，因母亲江谢氏寄信催赎，她将情况转告丈夫，夫妻俩因此发生争吵，丈夫用拳打伤她的左右腮颊。初七日，她回娘家向母亲哭诉，母亲把她留住。初八日早，她和母亲一起回家找丈夫理论，结果母亲与丈夫厮打。她顺手拿起柴斧恐吓丈夫放了母亲，但丈夫不依，仍把母亲揪住不放，她遂用斧连向丈夫砍去，致丈夫伤重死了。④

夫妻之间有时因为孝敬老人而突生变故，罗定州茶托村成志惠与童养媳黄氏在雍正十一年成婚，次年生育一子。成志惠父亲早死，母亲改嫁，没有伯叔兄弟，他从小由祖母梁氏养大。乾隆三

---

① 张伟仁主编《明清档案》第 73 册，乾隆二年五月二十日之十四，广东按察使王恕折，第 41295~41298 页。
② 郭松义：《伦理与生活：清代的婚姻关系》，商务印书馆，2000，第 297 页。
③ 王跃生：《十八世纪中国婚姻家庭研究：建立在 1781~1791 年个案基础上的分析》，法律出版社，2000，第 9~10 页。
④ 杜家骥主编《清嘉庆朝刑科题本社会史料辑刊》，第 1065 页。

368

年,志惠22岁,子亚孙5岁,祖母85岁,"黄氏是小的妻子,自幼接娶回来养育",婚后夫妻"向来和好"。乾隆二年十月二十二日,成志惠趁墟买了8两猪肉回家,要求妻子煮给祖母吃,自己上山放牛去了。但黄氏把猪肉煮好后自己吃了,并未给祖母吃。志惠很生气,责骂妻子不孝。黄氏也回骂丈夫。夫妻两人由争吵上升到打架。据成志惠说,其妻黄氏"先拾柴棍来打小的,小的顺手执起防夜腰刀抵挡,砍伤妻子额颅;妻子又用柴棍打来,小的闪侧用刀砍着妻子左臁肋……妻子复用柴棍向打小的,小的用刀戳去,不想戳中妻子肚腹倒在地上,过一会就死了"。成氏的说法或许有开脱罪行的意识。保长周君朝、甲长莫仕超、邻居梁文宇、祖母梁氏、岳父黄贵宰等供词基本上附和了志惠的说法。据说,黄氏死时22岁。据祖母梁氏供,"小妇人今年八十五岁,夫亡子死,媳妇出嫁,遗下孙子成志惠,是小妇人抚育成人,那黄氏是小妇人的孙媳,自幼接娶过门,雍正十一年完婚",又说成家"三代单传"。[①] 另有钦州人黄朝明于乾隆八年九月初六日晚,从墟市买了两筒米面回家,叫妻子纪氏煮粥,然后去弟弟黄朝相家将母亲张氏叫来"同食"。纪氏表示不愿叫婆婆来食。丈夫斥责妻子不孝,32岁的妻子回骂丈夫,且用粥泼向丈夫身上。47岁的朝明被妻子的行为激怒,捡起柴棍连打纪氏致死。他与纪氏结婚已有11年。[②]

类似成志惠的案情,差不多同一时间在饶平县也有发生。饶平县邱惟诚(39岁),乾隆四年八月初六日,因父亲到家轮值供饭,与侍奉不周的妻子詹氏(34岁)发生冲突而将妻子致死。据詹氏母亲刘氏"告为打死女命事"称:詹氏父亲早故,母女俩相依为命,詹氏嫁给邱惟诚为妻已18年,夫妻关系一直较好。邱惟诚则供称与詹氏18年"一向和好,只因本月初六日父亲邱扬威轮值小的供膳。是日小的往田(芸)草,傍晚回家肚中饥饿,要请父亲同吃晚饭,不想妻子还没有煮饭,小的恐父亲年老受饿,原责骂了妻子几句,不想妻子撒泼,反把小的臭骂,又埋怨父亲这样年老倒要累人的话。小的听闻气愤,用(手)掌想去打她,她就拾起一条粪

---

① 张伟仁主编《明清档案》第82册,乾隆三年六月十五日之二,广东巡抚王恕折,第46651~46660页。
② 张伟仁主编《明清档案》第131册,乾隆九年五月二十六日之二,广东按察使庞屿折,第73611~73615页。

耙木柄与小的相打，小的情急夺过木柄随手打去"，妻子就倒地死了。① 这个案件暗示，邱杨威"轮值供饭"到第四子邱惟诚家，说明父子析产而居在饶平相当普遍。不过，詹氏对年老公公似乎很不友好，尤其是对丈夫出言不逊以及与丈夫对打等。可见，儒家宣传的孝道观念至少在詹氏对公公的赡养上没有体现出来。

这种兄弟之间轮值赡养父母的做法，广东西部也有，罗定州民廖汶机、廖汶清胞兄弟，"久经分居"，父亲已故，母亲廖林氏"向在廖汶机家居住，与廖汶清轮流养赡"。道光四年七月初三日，廖林氏帮汶机在门外晒谷物，廖汶清挑箩筐经过，"称自家食米不敷，向母亲借谷接济"，没有得到母亲同意，但汶清仍强行取所晒稻谷装筐。廖林氏取田刀喝阻，戳伤儿子左腿。② 可见，清代广东似乎流行兄弟分居、"轮值"赡养父母的形式。不过，有时即使儿子不和父母分家另立门户，也可能是同居分灶的关系，如蓝谭氏与丈夫蓝亚彰在婚后就与公公蓝帼锡、继母婆婆蓝张氏"同居各爨"。因分灶，所以收获的粮食各归各家，嘉庆十九年十一月二十八日媳妇"蓝谭氏窃取蓝张氏房内稻谷，用布袋装贮"，被蓝张氏撞见训斥，蓝谭氏出言顶撞，婆媳争闹。蓝亚彰见状，"用手将蓝谭氏推跌柴堆擦伤，蓝谭氏起身扑向回殴"，被丈夫用柴棍殴伤顶心殒命。③

传统社会强调多子多福，但实际上有时多子不一定能多福。永安县陈聂氏与丈夫生育三个儿子，丈夫死后，三个儿子陈顺振、陈顺盛、陈亚五也"同居各爨"。陈聂氏特别喜欢次子顺盛，就跟着顺盛生活。由于母亲尚有劳动能力，长子认为母亲跟弟弟居住偏心，因而时常出言顶撞母亲。陈聂氏要求丈夫的弟弟陈玉乔将不孝长子送官究治，被顺盛劝止。道光二年九月十四日早，陈聂氏在门前禾场摊晒茶子，长子也挑茶子到禾场摊晒，因场地窄小，母子两人因摊晒发生争执，陈聂氏拾取木耙殴打儿子，被儿子夺过木耙反

---

① 张伟仁主编《明清档案》第 95 册，乾隆五年七月二十九日之四，广东按察使潘思榘折，第 53801~53810 页。
② （清）朱橒编《粤东成案初编》卷 7《命案·杀死亲属上》，《广州大典》第 37 辑第 28 册，第 264~265 页。
③ （清）朱橒编《粤东成案初编》卷 2《命案·斗杀共殴（二）》，《广州大典》第 37 辑 28 册，第 86~87 页。

打。顺盛闻声赶到，喝阻哥哥，兄弟俩在争夺木杷时误伤哥哥肾囊。陈玉乔喊顺振妻陈黄氏将重伤丈夫抬回医治，午后殒命。① 这个案件说明，在多子家庭中，父或母与已分家另立门户的儿子相处是否和睦，直接牵扯到几个同胞兄弟的情感关系。

一些家庭妻妾之间因所生育之子的教养问题也会产生不少矛盾。东莞人陈奋扬妻温氏，生子亚三，妾生子亚二。亚二少时，父亲和生母已死，"亚二与嫡母同居共爨"。也许因从小缺乏教养，亚二"不守本分，常窃蔬菜"，与嫡母温氏"甚不相睦"。亚二成人后，佃耕新安县王姓田，因拖欠租谷50石而被田主控县追究。乾隆六年正月初八日，亚三往新安县佣工，被王家抓送县衙"押候"，目的是引亚二。25日亚二回家，即被温氏责骂，亚二不仅未向嫡母道歉，反而说"日后必要杀死亚三"。温氏为免后患，遂决定杀死亚二。她找到族侄陈钦仲，因他时常训诫亚二，被亚二视为仇人。陈钦仲接受温氏要求，又找了村民陈接孔。在温氏指使下，他们用绳将亚二捆缚到村外牛鼻屈河内淹死。27日，约保陈英相等查知，赴县禀控，温氏惧罪自缢。笔者据供词知，陈亚二死时23岁，温氏死时62岁。不少村民在县衙作证说，亚二确实是惯偷。② 顺德县尤如璋之妾汤氏，"素性泼悍"，不听丈夫训斥，与正妻谭氏矛盾也很深。嘉庆二十三年二月十六日早，谭氏因汤氏贪睡，又辱骂她。汤氏因丈夫外出，儿子肇谟同嫡子肇芳"赴邻村读书，住宿书馆"，家内只有谭氏与7岁幼子肇琨，遂起意将谭氏勒死泄愤。因力独难行，她以酬谢银两为由邀邻居好友尤廖氏相帮。廖氏害怕妇人无力，就叫上丈夫弟弟尤预林等同到汤氏家，"言明事后酬谢番银四十元"。汤氏知道谭氏一向夜晚都虚掩房门睡觉，约定乘谭氏睡熟行事。是夜二更，汤氏同尤廖氏等人进入谭氏房间，正要动手，谭氏突然醒来大声喊叫，幼儿也惊醒哭喊，汤氏一伙被吓跑。③ 可见，汤氏、廖氏等妇人在企图杀死谭氏过程中，始终是主谋者和

---

① （清）朱樟编《粤东成案初编》卷7《命案·杀死亲属上》，《广州大典》第37辑28册，第265~266页。
② 张伟仁主编《明清档案》第109册，乾隆六年十二月二十一日之十四，广东按察使潘思榘折，第61213~61228页。
③ （清）朱樟编《粤东成案初编》卷14《伤人·官长亲属》，《广州大典》第37辑第28册，第491~493页。

实施者。

有的家庭中因妻妾之间的矛盾，最终导致将妾嫁卖，由此可见，妻在家庭中的稳固地位。乾隆四十五年五月，议政大臣英廉等奏称，廉州何氏供：乾隆三十七年因父亲生病，乏银调理，哥哥何善全将她卖给贡生李大行为婢，得身价钱6千文。四十四年一月，李大行见她已长成年，其长子李振邦尚无子嗣，就将她给李振邦做妾。十二月，生育一子。因正妻钟氏与她不和，经常吵闹。四十五年一月，李大行将她捏作婢女托媒嫁卖给张守备为妾。可见，在正常家庭的妻妾争斗中，妻常是胜利者。尽管妾已生子，尚不能摆脱被卖嫁的命运。可见，妾在家庭中的地位不稳定。①

妻妾之间因琐事也会产生各种矛盾，并引发命案，在乡村社会也不乏案例。顺德县杜氏系监生罗绍贤之妾，与嫡妻马氏素不睦。马氏生子罗思明，杜氏生子罗有成。9岁的秋霞是杜氏用"白契"买来的婢女。据说，马氏常打骂罗有成，杜氏心怀愤恨。公公在世时，杜氏与马氏已分居各爨。嘉庆十五年，杜氏见渐渐长大的罗思明资质聪明，心生妒忌，且挟马氏凌虐己子之嫌，起意将罗思明毒死。六月，罗有成头上生癣，杜氏向熟识卖药之梁秉刚买癣药，又让儿子拜梁秉刚为义父。七月十四日，秉刚至杜氏家探望，杜氏说马氏凌虐有成，恳求秉刚代买毒药毒毙思明，秉刚应允，但以砒霜等性烈恐致败露，不如自制蛊毒，药性迟缓一两月方死。杜氏同意并给他药资，以蜈蚣、毒蛇等制作蛊毒。八月，杜氏用这些蛊毒制作面食，让秋霞送给独自在书馆学习的思明吃，但思明吃剩下的小半碗又被秋霞吃了。后两个孩子果然发病黄肿，马氏多次延医诊治，也不见效，十月初五日思明死。马氏私下盘问秋霞，得知吃面原委，遂与丈夫盘诘杜氏，杜氏拒不承认。十月十一日，杜氏见秋霞毒重，与思明相似，遂捏称秋霞染患时症，将她送到姐夫何有孚家调治，但很快也毙命。②从案情看，杜氏和马氏并没有通过丈夫处理两人之间的矛盾，而是以各自方式报复对方，从而酿成血案。

婆媳关系不睦一直是困扰中国人家庭的主要议题之一。在一些

---

① 王跃生：《清代中期婚姻冲突透析》，第92页。
② （清）朱樟编《粤东成案初编》卷6《命案·谋故杀人》，《广州大典》第37辑第28册，第217~221页。

案件中，婆婆因与媳妇有矛盾，因而在与他人发生冲突时，竟指使家人将媳妇打死以图赖，如西宁县民妇范谭氏在丈夫死后，与已婚儿子们同屋居住，范黄氏系长子范源鏧妻，范欧氏系次子范敬鏧妻，家里尚有雇工李展舒，平日"同坐共食，并无主仆名分"。范欧氏右目有疾，"不能工作"，又常顶撞范谭氏，家人对她心生厌恶，"久欲将范欧氏致死"，因其丈夫在家而未下手。嘉庆十八年十二月，范敬鏧外出生理，十九年正月十三日，邻村何佐光家的母猪跑到村人石其修家园内，被范源鏧看见，他起意商同石其修及邻人将猪捉食。闰二月十六日，何佐光获知此事，决定要将石其修和范源鏧送官究治。范谭氏担心儿子到官受罪，起意在何佐光到家捉儿子时，将范欧氏致死诬赖，得到家人同意。二十七日午，何佐光带族邻何水英、何华进、何亚任等到范家捉源鏧带走，范谭氏拿菜刀，嘱李展舒、四子范亚四、长媳范黄氏各带铁锹、柴棍，拉着范欧氏前往救护。在走到村前山坑时，谭氏用刀连砍欧氏脑袋，李展舒用铁锄砍其顶心，黄氏用棍连殴其右肋。欧氏倒地挣扎，又被谭氏用刀连砍，致其殒命。范谭氏向地保罗扬海谎称，何佐光带人将范源鏧拿获带走，儿媳范欧氏赶往救护，被何佐光等用刀棍致伤身死。① 这起有预谋的杀害案，婆婆谭氏不仅是主谋者，还是实施者。

与地方志中记载媳妇对婆婆尽孝相比较，一些档案则反映了乡村社会婆媳关系不和的面相，这或许是清代广东乡村社会的某些家庭生活中婆媳关系的真实侧面。道光二十六年，潮阳县民妇陈郑氏系陈涂源之妻，丈夫一向以小贩营生帮补家计，早出晚归，她因性顽梗，屡被婆婆胡氏训斥。闰五月二十五日午时，胡氏令郑氏煮粥，郑氏因欲浆洗衣服，且灶上正煲煮米汤，就称洗衣后再煮粥。胡氏不依斥骂，郑氏分辨。胡氏在灶前拾取柴片殴打郑氏，郑氏气愤地将盆内沸汤倾泼在婆婆头上，乘间逃出。胡氏因伤重殒命。郑氏被捕后供认不讳。②

有些家庭尽管没有婆媳之紧张关系，却又出现姑嫂的对立关系。道光八年，河源县民妇刘李氏毒毙小姑并伤及公公、小叔子案

———
① （清）朱樟编《粤东成案初编》卷8《命案·杀死亲属（下）》，第298~301页。
② 广东巡抚黄恩彤奏折（道光二十六年九月二十二日），中国第一历史档案馆藏。录副奏折，档案号：03-3904-020，缩微号：264-2706。

即为例证。李氏嫁给刘庭辉子刘亚省为妻,小姑刘氏出嫁前一直和嫂子不和。道光七年十二月,刘氏出嫁给马亚有为妻,哥哥亚省将李氏的两支银簪送给妹妹做嫁妆。次年正月初六日,小姑刘氏回娘家,李氏向其讨要银簪,姑嫂两人冲突。刘氏向哥哥哭诉,李氏被丈夫殴打,姑嫂矛盾因此升级。后李氏乘丈夫外出教书,再次向小姑索讨银簪。刘氏声言等哥回家再与嫂子理论,李氏决定将小姑毒死,遂用4文钱向不识姓名人买了一包毒鼠砒末,乘公公带次子刘恩受"赴馆读书",婆婆黄氏"出外割草",她把猪肉、萝卜煮熟后再放入砒霜,叫小姑先食,她则"出外挑水"。后来,公公和小叔回家一同用餐,均中毒,公公和小姑死亡。小叔被救。[①]

夫妻之间尤其是刚结婚不久的夫妻尚处于情感磨合期,往往会因一些鸡毛蒜皮小事引发矛盾,直至酿成血案。普宁县许耀先与妻罗氏结婚才一年多就发生冲突致罗氏死亡。时耀先20岁,罗氏17岁,两人在乾隆五年八月结婚,乾隆六年十月,罗氏回娘家省亲,直到十二月初才返夫家。十一日晚,丈夫因妻子炊饭太晚而发生争执,被公公许科受骂散,但罗氏仍未煮饭,耀先只好自己煮,同父亲一起吃,"罗氏不食"。夜晚三更,耀先睡醒,见罗氏仍燃灯静坐,就问其因。罗氏说等天亮开寨门就回父家,丈夫劝阻,罗氏却"毒言咒骂",耀先起身用柴棍殴打妻子,罗氏也用头撞丈夫。罗氏在打斗中殒命。所谓"毒言",据耀先在供词中说,妻子骂小的说:"你何不早死等我改嫁"。从罗氏死时仅17岁看,夫妻俩可能尚未生育孩子,罗氏所云是诅咒许家断子绝孙,引起丈夫过激行为。据练总杨慎证言,他与耀先夫妇"邻乡居住"。二十一日,他照例"往各处巡查地方,经过瓦窑湾河边",看见罗氏尸体,立即跑到许家报告,耀先表现很冷淡。他之所以认出是罗氏,是因"瓦窑湾离小的家有四里多路,离许耀先家也有三里多路。小的与许耀先邻乡居住,时常来往巡查地方。他妻子罗氏常在田间做工,都是认得的"。[②] 综合来看,罗氏婚后时常出入田野劳作,她利用农闲季节

---

① 两广总督李鸿宾、广东巡抚成格奏折(道光八年七月二十二日),中国第一历史档案馆藏。朱批奏折,档案号:04-01-26-0054-055,缩微号:04-01-26-011-1246。

② 张伟仁主编《明清档案》第114册,乾隆七年八月二十四日之二,广东按察使潘思榘折,第64291~64301页。

回娘家探亲。夫妻俩因做饭产生争吵,原本也很正常,但因争吵中一句"毒言"而改变了案件性质。

当然,在一些婚龄较长的夫妻之间,有时也会因为生活中的某些变故而导致夫妻关系紧张。据乾隆六年南海县雅瑶村地保冯泽先供,该村冯殿长,今年41岁,与妻陈氏结婚已16年,生育一男亚保13岁,一女5岁,夫妻关系"向来都是和好的"。乾隆三年殿长突然染病,不能做工,"陈氏就嫌贫穷,时常吵闹",直到分居,殿长同儿子"在巷口祖祠居住,陈氏同女儿在巷尾住,分居各爨有四年了"。乾隆六年五月二十九日夜,殿长因病稍癒,跑回家欲与陈氏同宿,遭陈氏拒绝,殿长回祠取菜刀撬门而入,陈氏一边斥骂一边用手将殿长往外推,陈氏在推搡中颔颏受伤,遂摸起柴棍殴打丈夫,殿长用菜刀回击,致陈氏伤重殒命。① 从案情看,陈氏对一起生活16年的丈夫因生病不能做工,表示不满,由吵闹到分居,婚姻生活名存实亡。由此可见,即使到了乾隆年间,在广东乡村社会的某些妇女并没有完全被"夫为妻纲""即嫁从夫"等观念所束缚,她们对生活有着自己的标准。

乾隆时期,阳江县也有女性因夫家贫困而生怨,并产生纠纷。乾隆十四年十月,27岁的梁振奇与妻冯氏结婚仅四年左右,梁家很穷,婚后夫妻"一向借住二妹夫潘尚志家"。十四年九月,两人又搬往大姐夫谢天爵家住,以就近上山砍柴度活。等山上无柴可砍时,十月,丈夫拟带妻子再回二妹夫家。这一次,冯氏开始发脾气了,"怨恨命苦,坐地不起"。丈夫再三劝解,冯氏反而"愈加詈骂,并以头向碰"丈夫,丈夫举脚踢冯氏倒地殒命。② 这个案件发生的首要原因是丈夫始终不能给妻子安全感,生活漂泊,居无定所。在乡村社会实际生活中,夫妻之间有时可能因一点小事也会发生冲突,乾隆元年,化州民人严君仰因脸患疮症,深夜时分,心热口渴,向妻子叶氏索茶水,叶氏没有理会,君仰遂用床上枕箱掷向叶氏,妻子避开詈骂,丈夫恼怒用木棍连殴叶氏,妻子伤重

---

① 张伟仁主编《明清档案》第109册,乾隆七年二月四日(之四),广东按察使潘思榘折,第61561~61569页。
② 张伟仁主编《明清档案》第164册,乾隆十五年六月九日之一,广东按察使石柱折,第91953~91958页。

倒地毙命。①

清代广东乡村妇女泼辣形象并不完全表现在家庭主妇身上，有时家中仆人之妇也敢顶撞主人。信宜县李瑞皖和妻王氏一起被冯士显家"契买但未经盖印"，乾隆十九年六月二十五日，王氏在为主人家收谷时泼洒在地，被冯士显儿子冯骅看见咒骂，"王氏不服，回骂。冯骅持竹片打伤王氏左腿，王氏转身复骂，冯骅又打王氏右腿两下，王氏更加撒泼"。冯骅在拉扯王氏时，王氏用力挣脱，跌坐地下震伤脏腑殒命。② 这个案子如何处理已不属本文研究范围。一个仆人之妇与主人家之妇，在辱骂、撒泼上几乎没有区别。这一现象或许可能暗示，女性在广东地方社会享有一定的地位。

一些女性在婚后因夫妻感情不和，时常受丈夫打骂，遂报复杀死丈夫，从中也可看到乡村女性贞节观的淡化。嘉庆年间，程乡民妇邹陈氏听从母亲朱氏之计谋杀亲夫邹阿齐和夫兄邹陇章。邹陈氏自幼被母亲朱氏许配给邹阿齐童养为妻，阿齐父母俱故，一直与未娶妻的胞兄陇章一起生活。嘉庆十四年三月，邹阿齐与陈氏成婚，并和陇章一起搬到解公赏下搭寮耕种土地，夫妻尚未生育。朱氏因女儿出嫁，生活贫困，常到女婿家食宿，引起邹家兄弟不满，常对之出言不逊。朱氏怀着怨恨离开邹家，陈氏在婚后也因懒惰，常被丈夫责打，陇章也斥骂她，因此她对兄弟俩挟恨在心。嘉庆十六年三月十三日，邹家兄弟回村祭扫祖祠、看望亲友，需数日才回。陈氏乘机回娘家将母亲朱氏接到家陪伴，向母亲哭诉丈夫打骂自己，朱氏新仇旧恨涌向心头，遂起意将邹氏兄弟毒死，捏作病故殓埋，再将女儿改嫁图得财礼。朱氏亲自赴山寻采毒草交给女儿。陈氏在丈夫兄弟外出田工之时，在家煮粥，并乘机投毒粥中搅匀。③ 可以说，陈氏母女之所以要毒毙邹氏兄弟，除了受兄弟俩凌辱外，还与改嫁图财有关。就此而言，陈氏母女心中没有嫁鸡随鸡、嫁狗随狗的观念，说明正统贞节观对之没有太大影响。

---

① 广东巡抚杨永斌折（乾隆元年九月初九日），内阁汉文题本专题档案：刑科婚姻类提要，全宗 20 卷 8 号，http://hanji.sinica.edu.tw/。
② 张伟仁主编《明清档案》第 190 册，乾隆二十年六月十日之三，广东巡抚鹤年折，第 105923 ~ 105925 页。
③ 两广总督松筠、广东巡抚韩崶奏折（嘉庆十六年八月初十日），中国第一历史档案馆藏。录副奏折，档案号：03 - 2308 - 027，缩微号：169 - 0069。

第六章 清代乡村妇女生活实态之考察：以档案为例

咸丰年间，信宜一对夫妻因争吵而引起命案。主犯陆细欲妻谭氏、从犯系谭家无服族兄妻谭曾氏，与谭氏母邓氏同居。陆细欲兄弟三人同居分爨，他排行最小，母亲陆梁氏"挨房按日轮食"。咸丰二年三月，陆细欲凭媒聘定谭氏为妻，三年八月结婚，婚后老婆因"懒惰悍泼，又无陪嫁物件"，常被丈夫打骂。四年正月，谭氏回母家探亲，将自己的遭遇向母亲邓氏及族嫂谭曾氏哭诉。邓氏随着女儿到夫家与其婆婆陆梁氏争骂。陆细欲断定是老婆唆使，遂再次殴打她。谭氏起意将丈夫毒死改嫁，得到嫂子曾氏的支持，姑嫂两人上山寻断肠毒草，邓氏不知情，谭氏乘丈夫趁墟，将毒草混入午餐菜内，自称赴村外挑水，留下丈夫与婆婆同食，二人旋即毒发倒地殒命。谭氏见事败露，跳入鱼塘自杀，被人捞起送官究查。①

有些家庭发生夫妻打架时，妻子反居上风。道光初年，定安县妇女邓氏与丈夫打架，误伤致死丈夫。据案情说，邓氏与丈夫程定位结缡九载，素相和睦，生有二子俱幼。丈夫不务事业，出手大方，几乎把家财荡尽。道光六年九月二十七日晚，邓氏在厨房劈柴煮饭，丈夫在外饮醉回家，声称欲将房屋园地出卖，换取银两使用。邓氏坚决不答应，被丈夫斥骂，她也哭着回骂。程定位拾起柴棍殴打老婆，邓氏也不示弱，顺手捡起砍柴刀与丈夫对峙，并将丈夫柴棍打落。程定位又用头撞向邓氏，时邓氏怀孕在身，为保护腹中胎儿，她情急之下用刀阻止，丈夫受伤倒地死亡。邓氏畏罪，乘夜将丈夫偷偷掩埋在屋外自家园地内，并恐吓目睹这一切的同胞嫂子不要声张，本人则离家出外避风。后来官府发现此情才缉拿收监邓氏，她在狱中生下一女，产期满后，又再次"覆审招解"。② 如果说乡村社会夫妻间因家庭鸡毛蒜皮小事而吵闹属于常态的话，那么邓氏在夫妻打斗中误杀丈夫后，又独自偷偷掩埋丈夫尸体，就有点难以置信了。正统观念中要求女性"三从四德"的理想形象，在此已经荡然无存。

从上述案例中大致可以判断，一些扩大家庭中妇女有时成为家务主管者，因妯娌之间发生矛盾而使大家庭伦理关系在争吵中瓦

---

① 两广总督叶名琛折（咸丰四年六月初四日），中国第一历史档案馆藏，录副奏折，档案号：03－4556－076，缩微号：326－0675。
② （清）朱檀编《粤东成案初编》卷补遗《命案》，《广州大典》第37辑第29册，第555页。

解。阳江林氏自幼许配给阳春李立洪次子李贤荣为妻，属童养媳，"过门抚养，尚未成婚"。李立洪妻子早病故，长子李贤松外出佣工。李立洪同长媳李邵氏、次子李贤荣、林氏在家耕种度日。长媳李邵氏管理家务，林氏因懒惰常被嫂子训斥，心怀愤恨。嘉庆二十三年九月二十八日，林氏回娘家探望母亲，十月初四日返回，在路上遇到无服族伯林志升趁墟，她向林志升捏称家内鼠多，衣服常被咬破，取铜钱12文请他帮忙买毒鼠药末，林志升误信应允，在墟中买毒鼠药末一包交林氏。初七日，李立洪同李贤荣赴田，嫂子邵氏令林氏前往帮工，林氏没有应允，又遭到训斥，林氏愈加愤恨。因见厨房瓦罐内煮有黑豆汤，时家中男人已赴田，林氏预料嫂子先自取食，遂偷将药末放入罐内，自己即赴山捡柴。结果，中午回家，李立洪、李邵氏等食毕豆汤中毒倒地叫喊，经邻人灌救，李邵氏、李贤荣毒轻救愈，李立洪则毒重殒命。①

明清时期，随着商品经济在广东地区不断发展，女性追求利益与幸福的行动也在不断提升，这些档案文献留下了较为丰富的第一手资料。这些档案资料所显示的乡村社会妇女形象，可能更加接近乡村社会男女性别角色的真实面貌。

五 乡村妇女的婚外情及其贞节观

饮食男女，人之大欲存焉。性爱在婚姻中除了繁衍后代的因素，还有成年男女正常的生理需求。宋明以后，理学家对男女大欲进行了诸多规范，力求将性爱限于为后，而非为色。但在现实社会中，为后和为色很难截然分开，清代档案文献记载了不少男女大欲之案例，其中女性在性爱中不乏处于主动地位，甚至为了追求性满足而不惜走上犯罪之路。

乡村妇女不是为了钱财而与丈夫之外男性发生性关系，在某种意义上应属追求性欲的满足。东莞章阁乡村民杨阿新，长大后嫁人，丈夫怒其为石女，就常不回家睡觉。而其邻居少妇的丈夫常"贸易于外，时招阿新同榻，相得甚欢"。一日，阿新重负而导致下

---

① 广东巡抚李鸿宾奏折（嘉庆二十四年四月十一日），中国第一历史档案馆藏。录副奏折，档案号：03-2332-006，缩微号：170-2053。

阴爆裂而变为男子。是夕,"与妇寝,因戏为交媾之状,妇初任之,不意即其真焉"。邻妇问明缘由,仍让阿新"女妆往来伴宿"。一年后怀孕,被丈夫审出实情。阿新也被父母召回娶妇生子。乾隆年间,阿新还在观澜墟卖猪肉,年五十余。① 这个故事看起来有点荒诞,但反映的是贞节观在珠三角地区的松弛。

乾隆十二年广东巡抚准泰在一份奏疏中描述一起乡村妇女因性爱引发的命案,赵才荣的同祖堂兄赵才贵娶田氏为妻,田氏本系邢姓之女,随母转嫁田姓,与异父之弟田可旺"素有奸情"。这里说田氏母是改嫁女,田氏本人在未婚前就与异父弟发生性爱,姑且不论这个弟弟与其是否有血缘关系,以及传统社会要求女性将贞操保留到新婚之夜。问题到此并未完结,在田氏嫁给赵才贵为妻后,她和弟弟可旺仍保持奸情,两人不时在"田氏家内乘间奸好",后被丈夫窥破,并拒绝可旺上门。但乾隆四年赵才贵病逝,田氏与可旺再次旧情复发,可旺时常到"田氏家来往,与田氏同室共寝"。赵才荣因堂嫂是寡妇,感觉他们这样做,有失赵家颜面,所以屡劝嫂子杜绝与可旺往来。田氏却假借姐妹名义不予理睬。赵才荣无奈之下,专门在家中西边小屋内做了一张床,为可旺来田家过宿专用。乾隆十年九月二十七日,可旺又到田氏家内留住,他不愿一个人独宿,"仍与田氏共寝"。次早,赵才荣到嫂子家借农具,见田氏站在床边扒灰,可旺仍赤身仰卧,床上只有一个被子两个枕头并设,不由怒火中烧,即用镢背殴打田氏脑后,又用镢砍可旺头部,致两人死亡。② 从案情看,田氏与弟弟差不多保持了10年性关系,两人同居几乎不避人耳目。

乡村女性对贞节的漠视在档案中屡屡可见,如乾隆十四年广东巡抚岳浚上疏说,乾隆十二年八月十六日,广东西部某地有莫扶学请韦洪贤饮酒,邀何老八相陪,到傍晚才散伙,莫扶学同何老八送韦洪贤到村外归家,看见村民陈元相妻韦氏在竹园边出恭,"何老八见而询问,韦氏起立"。不久,何老八和莫扶学各自回村,"韦氏见人散去,仍在园边出恭"。不料,何老八又偷跑到村外韦氏出恭

---

① (清)欧苏:《霭楼逸志》,乾隆五十九年成书,杨宝霖点校,《明清广东稀见笔记七种》,第157页。
② (清)白山:《成案续编》卷10《奸杀下》,第5~7页。

处图奸,韦氏喊叫,惊动陈元相。两个男人发生互殴,何老八在打斗中倒地殒命。① 案件中韦氏出恭处应距路面很近,她并未因有男人经过而终止出恭,可见她对自己身体隐秘部位并不太在意,又从何老八图奸来判断,韦氏年龄应该也不大。而已婚女轻易接受父或母的改嫁建议,也当属于贞节淡漠之表现,嘉庆十五年,程乡戴金伸、戴杨伸同胞兄弟与戴顺礼、戴达礼系小功堂叔关系,同居分爨。戴杨伸有两个女儿,长女阿日嫁给同村张甲生为媳,次女阿满许配李承淑为媳,尚未过门。正月十二日,整日不务正业的戴杨伸因缺少钱用,竟将"归宁之女阿日并阿满带往广西,欲图另行嫁卖"。两个女儿没有反对父亲的做法。这件事被哥哥戴金伸等获知,他们担心戴杨伸的做法一旦被阿日夫家控官,将会牵连到自己,于是暗中通知张甲生、李承淑在途中将阿日、阿满截回。十九日,戴杨伸回家与哥哥争闹,用木挑殴打哥哥,但最后戴杨伸被叔侄三人联手打死。时戴杨伸妻戴包氏、子阿运赶至与戴金伸等厮打,母子二人也被杀死。在掩埋三人尸体时,被族妇戴钟氏"田工"看见,戴金伸等恐吓她不许外传。② 在这个案件中,戴杨伸带两个女儿去广西嫁卖,其妻戴包氏并没有责怪,已婚女儿阿日和已有婚约的阿满也没有拒绝。

有些女性尽管在特殊场合被逼与他人通奸,却由开始的反抗发展到后来的逐渐适应,从知情的男女反应来看,乡村社会对女性的贞节观似乎并不看重。据乾隆十五年广东巡抚岳浚上疏称,乾隆十二年五月,吴川县何振成和妻子蒋氏带着女儿及其招赘的女婿李荣一起搬到岳父所在村落生活,与表亲蒋采峰为邻。蒋采峰见何氏少艾,"蓄意图奸"。六月十六日晚,蒋采峰乘李荣外出帮工未归,携带着酒到何振成家酗饮,并将何振成灌醉,"用刀撬开何氏房门,吓逼成奸,后复通奸数次"。可见,何氏由被逼成奸发展到默认通奸。李荣风闻妻子奸情后,扬言要杀死蒋采峰,而何氏竟把此告知了蒋。次年正月十五日,蒋采峰决定先下手为强,密邀何振成相商,杀死李荣,然后娶何氏为妻,并答应给何振成养老送终,何振

---

① (清)白山:《成案续编》卷10《奸杀下》,第47~48页。
② 广东巡抚韩崶奏折(嘉庆十五年十月二十一日),中国第一历史档案馆藏。朱批奏折,档案号:04-01-26-0023-046,缩微号:04-01-26-005-1864。

成应允。十六日,蒋采峰让何振成把李荣带到礅头河洲僻静处,用铁锹连击李荣致其当场殒命,两人把李荣用麻绳拴缚扛到江边掩埋。何振成回家后对女儿谎称李荣外出帮工,何氏信以为实,"蒋采峰即在何氏家连宵奸宿"。后来何氏见丈夫久不回家,再三盘问父亲,何振成只好告知实情。蒋采峰又以危言恐吓,何氏没有明显反抗行动。二月初一日,蒋采峰、何振成"吓逼何氏成亲"。在成亲酒席上,何氏将改嫁实情相告亲友。蒋采峰拟斩立决,何氏拟绞监候,何振成拟流放。①

上述已婚妇女何氏与外人通奸,经历了由逼奸到顺奸的过程,对丈夫遇害也曾有过反应,但在被恐吓的情况下,又与杀害丈夫的情夫成婚,这个变化过程得到了其父亲的许可,而在何氏改嫁时也是大摆婚宴,出席的亲友应该不少。可见,社会对女性贞节的开明态度。有的妇女有了相好后,对情夫言听计从,直至亲自动手杀害亲夫。据嘉庆十年两广总督那彦成奏报茂名民妇因通奸谋杀丈夫家三命案,嘉庆九年二月,茂名萧吴氏嫁给萧云现次子萧得城为妻,婚后时常被丈夫打骂,吴氏被迫常归娘家躲避,并与娘家邻村以挑卖猪肉为生的石亚晚产生奸情,四月二十二日,吴氏母亲张氏与兄外出探亲,只留吴氏独自在娘家,石亚晚挑肉经过吴家时进屋借火吃烟,与吴氏"调戏成奸",以后时常幽会。石亚晚前后给吴氏铜钱200文、猪肉数斤,吴、萧两家对此均不知情。九月十二日,萧吴氏因母亲外出探亲,哥哥下田,主动约亚晚进屋复续旧好。石亚晚起意将萧得城毒死,得到吴氏同意。十七日,吴氏在回夫家路上赴山采毒草,回家后,乘公公和丈夫下田、小叔德昭赴馆读书之机,用毒草煎汤作为晚餐,萧家父子三人同食后毒发殒命。吴氏被扭送官府审讯,案情大白,被凌迟处死。②

家庭贫困、丈夫粗暴常导致女性接受婚外情,并因情而杀害亲夫。如龙门李邹氏与卢亚长通奸谋毒本夫案。邹氏于嘉庆元年嫁李林复为妻,与婆婆杨氏、小叔李金生邻居各爨。婚后家贫,且丈夫"性暴",夫妇关系不好,"素不和睦,亦未生育"。邹氏与其家邻

---

① (清)白山:《成案续编》卷9《亲属杀下》,第16~18页。
② 两广总督那彦成奏折(嘉庆十年二月二十四日),中国第一历史档案馆藏。朱批奏折,档案号04-01-27-0018-003,缩微号:04-01-27-001-2156。

村的卢亚长常相来往熟识。嘉庆十三年六月，卢亚长"雇李邹氏到家舂米，与其调戏成奸，以后遇便宣淫"，其夫家不知情。十六年八月十三日早，卢亚长到李家串门，值李林复做完往田工作，李邹氏"向其哭诉家贫乏食，丈夫相待刻薄，难以度日"。卢亚长起意将李林复毒死，捏作发痧病故，娶邹氏做长久夫妻，邹氏同意。卢亚长赴墟向不识姓者买毒鼠药末及六个糖陷米饼，将其中一个米饼渗入药末，暗做记号，携至李家。李林复做完田工回家吃午饭，邹氏将毒饼给丈夫，丈夫食后呕吐卧床。十四日早，邹氏到墟告知卢亚长因毒轻没有药死丈夫，又到山上采断肠草。十六日下午，李林复欲饮糖水，邹氏用黄糖和毒草煲水，丈夫饮后毒发殒命。邹氏后被凌迟处死。[1] 同样在嘉庆十六年海阳县也发生民妇听从情夫计杀死丈夫案。廖阿学妻林氏因与陈阿由通奸而谋毒丈夫。陈阿由平日贩卖杂货生理，与林氏娘家同村，两人自幼熟识。林氏尚未出嫁前，就与阿由发生性关系，时在嘉庆十五年六月十四日，林氏到阿由家买头绳，被调戏成奸，阿由送给她头绳一束、铜镜一面、糖饼一包，林氏父母不知情。十二月二十一日，林氏嫁给廖阿学为妻，与公公廖阿五、嫂子廖陈氏同屋居住。林氏因懒惰，常被丈夫打骂，对丈夫心怀怨恨。嘉庆十六年三月二十六日，林氏在回娘家途中遇陈阿由，并到阿由家续奸，告诉丈夫刻薄之事。陈阿由起意将廖阿学毒死，逃往别处做长久夫妻，林氏应允。陈阿由取旧存毒鼠砒末一包交给林氏，嘱令遇便行事。林氏回夫家后，乘丈夫赴县城买米，将粥煮好给公公和嫂子吃，另用瓦盆贮饭并乘间掺入砒末搅匀，留给丈夫晚上回家吃，食后中毒死亡。[2]

当然，也有一些农家妇女因丈夫不理家务，反而时常责打自己，遂寻找婚外情感慰藉并害死丈夫。嘉庆十四年，广东长乐县即有妻毒毙亲夫案。长乐陈胡氏自幼被父送到陈李氏家当童养媳，后与陈李氏第三子陈端成完婚，尚未生育。端成平日游荡，根本不顾家庭生计，对母亲赡养也不管不问。胡氏每每友善地规劝他，反屡遭他打骂，一家三口人生活，"专靠陈胡氏割草卖草度活"。胡氏可

---

[1] 广东巡抚韩崶奏折（嘉庆十六年十月十八日），中国第一历史档案馆藏。朱批奏折，档案号：04-01-26-0025-056，缩微号：04-01-26-006-0746。
[2] 两广总督松筠、广东巡抚韩崶奏折（嘉庆十六年八月初五日），中国第一历史档案馆藏。录副奏折，档案号：03-2307-019，缩微号：168-2997。

能因此而对家庭失去了信心。嘉庆十二年十二月十六日,她在杨梅坑割草时,遇到端成无服族叔陈五桂在此砍柴,四顾无人,两人"调戏成奸"。次年闰五月二十五日,端成回家吃午饭,因妻子和母亲已吃过饭,他斥骂妻子没有等自己并动手痛打妻子。胡氏觉得丈夫平时既不顾家,自己又屡遭其毒殴,遂起意毒死丈夫。二十六日,她赴山采毒草,傍晚将毒草捣汁和苋菜煮熟,盛给丈夫食,旋中毒倒地毙命。李氏念自己年老家贫,儿子平时又不孝养自己,以后还要靠媳妇卖草度活,于是请侄儿陈柏生帮忙将儿子尸身私埋,胡氏也跪地哀求陈柏生。三个人将陈端成抬到屋后山地掩埋。① 在该案中,胡氏婚后已成为陈家三口人生计来源的重要支柱。也因如此,其婆婆在儿子被媳妇毒毙后,因考虑日后生活问题,主动帮助儿媳掩埋尸体。可见,胡氏在对丈夫完全失去信心后,才与族叔成奸,而杀害丈夫并不是因奸情败露,而是对丈夫屡打自己的报复。但无论从何种角度看问题,婚外偷情都是传统社会主流意识形态所难以容忍的。

一个已婚女人在丈夫之外,又同时和两个男人保持性关系,并在情夫怂恿下杀害丈夫。嘉庆十四年,据茂名知县范光谦详报,茂名县54岁的邱张氏与两名少壮男性吕亚卜五、吴世立同时通奸,并起意谋杀丈夫邱建昭。据档案说,邱张氏与丈夫邱建昭"素不和睦",时被丈夫打骂。邱建昭与吕亚卜五均为道士,吴世立则与邱建昭邻村,一直佃种邱家田地,与邱张氏熟悉。嘉庆九年十一月,吕亚卜五到邱家找邱建昭,恰巧只有张氏一人在家,两人"调戏成奸"。十年七月初七日,邱张氏"赴田工作",时吴世立在田里插种,两人在田旁树林内调戏成奸。自此以后,吕亚卜五、吴世立与邱张氏均保持通奸关系,"彼此均不避忌",只有邱建昭蒙在鼓里。十四年正月二十六日,吕亚卜五到邱张氏家行奸时被邱建昭回家看见,邱张氏被丈夫一顿痛打,丈夫声称要将吕亚卜五送官究治。邱张氏因被毒打,且被看管严紧,不能与奸夫续旧,遂起意杀死丈夫。二月十四日,她密约吕亚卜五、吴世立告知前情,吕害怕被送官而积极响应,吴则"畏惧不从",但最终三个人还是达成协议。

---

① 广东巡抚韩崶奏折(嘉庆十四年三月十五日),中国第一历史档案馆藏。录副奏折,档案号:03-2294-015,缩微号:168-0119。

邱张氏对谋杀分工，因丈夫不知道吴世立与自己通奸，所以让吴以"祈禳"为幌子，将丈夫骗往泷湖尾岭，吕则事先埋伏在此，然后一起下手。三月初五日，邱建昭果然被骗到泷湖尾岭，遭到他们杀害。后邱张氏被凌迟处死。① 在这个案件中，邱张氏不仅与两个男人同时保持奸情，而且是谋杀丈夫的主犯。同时应看到乡村社会男女均参加田野劳动，她与吴世立通奸也发生在田野树林中。妇女在偷情被丈夫发现后，变本加厉地策划杀害丈夫，这类案例并不限于位于茂名县的邱张氏，在广东东部大埔县也有同类案件发生。大埔县民妇黄罗氏与人通奸而毒毙本夫即为例证。罗氏和奸夫李阿河为同村人，常相往来。嘉庆十五年六月，李阿河到黄家玩耍，值罗氏丈夫黄逢科外出，两人调戏成奸，罗氏丈夫不知情。十六年十一月十四日夜，李知罗氏丈夫外出未回，又跑到罗氏房内续旧。不幸的是，这次幽会被黄逢科回家撞见，李阿河慌张跑走。黄逢科喊来弟弟及邻居盘问罗氏，得知两人奸情已一年多，将妻子暴打一顿，并要把她送官究治，妻子跪地求饶才作罢。他禁止妻子再与李阿河往来。自此以后，罗氏常遭丈夫打骂，遂心怀愤恨。十二月十一日，罗氏到村外挑水遇见李阿河，将自己遭遇相告，起意将丈夫毒死，然后与李阿河逃到别处做夫妻。李阿河对罗氏言听计从，马上到附近荒山采毒草交给罗氏。二十日，罗氏趁丈夫外出工作，将毒草煮入菜内，丈夫食毕毒发殒命。②

　　合浦县也发生一起已婚女人与两个男人同时保持婚外性关系案。洪莫氏丈夫洪希照与吴继周等邻村素识无隙，吴继周家尚有佣工吴广才，两人同姓不宗。嘉庆二十四年二月，吴继周、吴广才先后到洪家闲坐，因莫氏丈夫外出，两个男人分别与莫氏"调戏成奸，嗣各遇便奸宿，彼此互知"，洪家均不知情。十月三十日，吴继周探知洪希照外出，"复至其家，与洪莫氏续奸，事毕，甫出房外，适被洪希照转回撞见"，吴继周慌忙逃逸，洪希照疑有奸情，向妻子盘诘，莫氏坚不承认。洪希照责骂妻子不守妇道，扬言"俟农工事毕，将其带至广西寻人嫁卖"。十一月二十七日，"洪莫氏外

---

① 广东巡抚韩崶奏折（嘉庆十四年七月十三日），中国第一历史档案馆藏。录副奏折，档案号：03-2297-022，缩微号：168-0737。
② 广东巡抚韩崶奏折（嘉庆十七年三月十七日），中国第一历史档案馆藏。朱批奏折，档案号：04-01-26-0026-032，缩微号：04-01-26-006-1394。

出工作，与吴继周、吴广才撞遇闲谈"，告知丈夫欲将她嫁卖。吴继周起意将洪希照杀死。因吴广才尚未娶，许诺洪死后，帮吴广才银两娶莫氏为妻，"仍听伊往来奸宿"。三个人"俱各应允"，吴继周采毒草交莫氏下毒。十二月初五日早，洪希照出外工作，晚上回家，莫氏为其准备绿豆烧酒一壶，内放毒草汁，丈夫吃后身亡。①

更甚者，一些乡村女性在婚姻存续期间，甚至同时与多个男人保持性关系。嘉庆末年，罗定州邓十长、梁亚苏、陈蒂水将欧亚得威逼致死案，牵出了邱冯氏淫乱的生活。欧亚得一直在邻村陈启遂家佣工谋生，邱亚冬及其妻邱冯氏与邓十长、梁亚苏、黄亚九俱同村，时常往来。嘉庆二十四年二月及四、五等月，邓十长、梁亚苏、黄亚九先后到邱家闲坐，因邱亚冬与弟弟邱十灶出外生理，邱冯氏分别与这些人"调戏成奸，自后遇便宜淫，均非一次，彼此互知奸情"。邓十长陆续给过铜钱 1000 文，梁亚苏给过铜钱 300 文，邱家兄弟均不知情。二十五年二月，邱亚冬又出外生理，邱冯氏又勾搭上欧亚得，"通奸情密，即将邓十长等拒绝"。邓十长等人查知后十分恼怒。三月二十四日，邱冯氏与欧亚得一同赴山砍柴，并在山上行奸，被邓十长看见。邓十长起意纠众前往捉拿，目的是殴打恐吓欧亚得，让他"不敢复与邱冯氏同奸"，从而使冯氏继续保持与自己的奸情。他喊上梁亚苏、黄四九、陈蒂水等好友帮拿殴逼，考虑到"因无奸妇亲属同往捉拿，恐欧亚得逞凶不服"，所以又叫上邱十灶一同前往，"行至瓦窑塘地方，适欧亚得与邱冯氏在山奸毕，挑柴转回，同在路旁树林内并坐谈笑"。邓十长即斥欧亚得不应与邱冯氏通奸，喝令捉拿，邱冯氏畏惧跑走，欧亚得被邱十灶等人拳殴，后经村民梁本成路过解劝而散。② 在这个案件中，邱冯氏的家庭生活状况如何，并不清晰。但从其接受奸夫的钱财，而丈夫又时常外出生理，自己又不时上山砍柴等细节来看，她与多个男人保持性关系，似乎是为了解决家庭生计问题。但从她与佣工欧亚得的关系来看，似乎又是为了满足情欲，每次与他人偷情，都是在丈夫外出生理之时。

---

① （清）朱樟编《粤东成案初编》卷 6《命案·谋故杀人》，《广州大典》第 37 辑第 28 册，第 230~232 页。
② （清）朱樟编《粤东成案初编》卷 11《命案·酿逼（自尽）》，第 379~381 页。

性的开放还表现在一些男人因为生活所需，甚至公然允许妻子与他人通奸。雍正十一年海康县民王德政因身体残疾，带着妻子郭氏及村民黄三共同佃种梁英烈山园，黄三与郭氏在劳作中因情生奸，德政纵容不问，后来发展到三个人在园内共同奸宿。乾隆元年二月，梁英烈得知此事，害怕贻累自己，遂向德政讨回原园，逼令搬移。这三个人商量后决定到英烈家恐吓，德政叫黄三将自己推车送往英烈家，郭氏备饭带于车中。到了英烈村前，得知英烈外出，深夜三个人就在村外空寮歇息，五更时，黄三醒了，他考虑德政就是一个废人，产生杀死德政图赖英烈的想法，并付诸行动，德政被勒死后移尸英烈村前。[①] 这个案例显示，对郭氏而言，她同时周旋在两个男人之间，王德政因为残疾大约不允许妻子通奸也难，所以才出现两男一女的生活方式，而最终却导致真正的丈夫被杀。

家庭中婆媳和子女生活，因婆媳关系不和睦也会导致媳妇寻找婚外情，若遭到婆婆阻拦，矛盾就会爆发。道光年间，香山刘彭氏丈夫刘秀碧系公公所纳妾林氏所生，彭氏婚后生育一子关兆、一女亚翠，但彭氏与婆婆林氏"素不和睦"。道光十六年刘秀碧因病死去，住在邻村的丈夫好友汤泽培不时到刘家走动。道光二十二年七月初六日，汤泽培又到刘家闲坐，时林氏同亚翠外出探亲，关兆外出佣工。汤泽培与独自在家的彭氏调戏成奸，以后奸宿不计，刘家并不知情。二十三年三月十七日夜，汤泽培又偷入彭氏房内行奸，被林氏撞见吓跑。林氏抱着家丑不可外扬的心态将彭氏臭骂一顿，要求她别再与泽培往来，"如不改悔，定行捆捉送究"。二十五日，汤泽培乘林氏外出，又跑到刘家与彭氏奸宿。不巧被林氏回家听见，林氏悄悄请缌麻夫弟刘协容一同捉奸，汤泽培越墙逃跑，林氏搜查无获。彭氏因婆婆纠人捉奸，心怀愤恨，遂起意将林氏杀死。三十日夜初更，汤泽培又"潜至彭氏家探视"，时林氏已睡熟，彭氏对他说，乘儿子"外出佣工未回"，将林氏勒死埋在磨坊土坑内灭迹，两人做长久夫妻。汤泽培应允。他们乘林氏五更"必到神厅烧香拜神"的习惯，在神厅将林氏按倒捆绑，彭氏令汤用菜刀砍死

---

① 广东巡抚杨永斌折（乾隆元年十一月初四日），全宗23卷1号，http://hanji.sinica.edu.tw/。

婆婆，再拖入磨坊填埋。彭氏后被凌迟处死。① 如果说彭氏在丈夫死后与他人偷情是释放性欲的需要，因为从其子女的年龄判断，她此时大约30岁。从化县小戚李氏两次嫁人，在后夫死后，又与他人通奸，并对阻止其通奸的婆婆进行报复。嘉庆十九年，从化小戚李氏前夫梁亚顺病故，她遂改嫁给戚创光为继妻，未生子女。后戚创光又死，婆婆老戚李氏带回戚创光前妻子戚胜闻及其妻戚冯氏同居生活，与小戚李氏邻屋居住。小戚李氏与无服夫弟戚中和熟识，往来不避。嘉庆十八年八月十五日，戚中和到小戚李氏家闲坐，调戏成奸，以后遇便宣淫，婆婆并不知情。十九年四月十六日，戚中和又到小戚李氏家共坐嬉笑，被婆婆撞见，戚中和跑避，婆婆怀疑两人有奸，遂向小戚李氏盘问，小戚李氏不承认，婆婆要求她断绝与戚中和往来。十九日，小戚李氏在村外遇见戚中和，告知婆婆阻止两人往来，约戚中和帮同杀死婆婆，戚中和允从。二十一日早，小戚李氏得知婆婆患病卧床，戚胜闻往田工作，戚冯氏赴山砍柴。她邀戚中和一起到婆婆卧房，两人用手绞杀了婆婆。② 可见，乡村妇女一旦奸情得不到满足或受到阻碍，她们就会为情欲而失去理性，她们杀害的又多是家庭中的亲人。小戚李氏再嫁，又与无服夫弟通奸。若用儒家标榜的妇女贞洁观来衡量，她活脱脱就是一个荡妇的形象。

在乡村社会的大家庭中，女性因不重贞节，而给双方家庭带来巨大的灾难。信宜黄氏系张升耀妻，过门不久即与丈夫胞兄升儒通奸，丈夫因病死后，她与升儒奸情逐渐公开，"宣淫无忌，丑声外扬"。黄氏父母黄拔选夫妇考虑到家人颜面，在嘉庆八年十一月二十七日前往张家，与张升儒父亲张迁礼商量将黄氏改嫁，张升儒闻此消息，立即将黄氏藏匿。黄拔选夫妇坚决要求张家将女儿改嫁，遂与张升儒发生口角，并被张升儒殴打致伤。张廷礼为了亲家和自己的面子而殴打儿子张升儒，但儿子因父亲在黄氏改嫁问题上帮衬黄拔选夫妇，早已对父亲心怀愤恨，恼怒中取柴刀将父亲砍死。为了逃避法律惩罚，他恶人先告状，捏称是黄拔选儿子黄琦和将自己

---

① 两广总督祁贡、广东巡抚程矞采奏折（道光二十三年六月二十七日），录副奏折，档案号：03-3899-001，缩微号：264-1699。
② 广东巡抚董教增奏折（嘉庆十九年五月十八日），录副奏折，档案号：03-2321-01，缩微号：169-3097。

父亲打死。官府不问青红皂白,就关押了黄琦和。① 此案拖延到嘉庆十年,由两广总督那彦成再审,获得案情为,张廷礼有三子,长子张升士入赘西宁县吴家为婿,与家里联系不多,次子张升儒,三子张升耀。嘉庆五年,张升儒即与弟媳黄氏调戏成奸,张廷礼、张升耀及黄拔选夫妇均不知情。嘉庆八年七月,张升耀病故,黄氏奸情被公公撞破,并告之黄氏父母。黄拔选闻言大怒,与张家商议将她改嫁。随后发生冲突,张升儒殴伤黄拔选夫妇,又用刀砍死父亲,并跑到县衙捏称黄琦和殴死张迁礼。知县唐滋椿听一面之词,将黄琦和收禁。黄琦和之母黄李氏伤愈后赴衙门控告,沉冤昭雪。② 黄氏丈夫张升耀如何死亡,档案没有交代。但黄氏在婚姻存续期间,在乡村社会即与丈夫胞兄有染,在丈夫死后又公开化,导致双方家长决定将她改嫁。可见,黄氏是整个案件的关键人物,所有的变故皆源于她。应该说,她对婚姻、对性爱的态度决定了案件走向,比如她躲避不见自己父母,使得事态走向恶化。

这种族人之间乱伦的行为,在乡村社会并非少见。乾隆元年五月二十五日有大臣奏称,长乐县钟韵采妻刘氏与钟韵采的养侄张法胜私通,估计是嫌丈夫年老,家穷。时钟韵采56岁,刘氏36岁,相差20岁。刘和张论辈分是婶婶和侄子,可依年龄,张法胜37岁,比刘氏还大1岁。相比之下,刘氏选张而嫌弃钟。刘氏与张合谋将钟毒死,双双外逃。③ 乾隆四十九年十二月,议政大臣英廉等奏,鹤山县王亚建供:冯氏丈夫王奉三是其二伯之子,丈夫死后,她与大伯儿子王瑞三"同院居住",并将家事都托夫堂弟王瑞三料理。乾隆四十八年九月初五,王瑞三母亲、妻子外出未归,王瑞三与冯氏调戏成奸,并于乾隆四十九年七月生下私孩,被她丢在水桶内淹毙,叫王瑞三拿去埋掉。王亚建叫母亲到王瑞三家斥骂,并要投族保送官。王瑞三拾砖块砸死其母。④

嘉庆二十四年五月,曲江县叶曹氏的丈夫叶常蚬被其五服族侄

---

① 两广总督倭什布奏折(嘉庆九年十二月二十三日),录副奏折,档案号:03-2280-014,缩微号:167-0334。
② 两广总督那彦成、广东巡抚百龄奏折(嘉庆十年四月二十日),录副奏折,档案号:03-2280-037,缩微号:167-0445。
③ 郭松义:《伦理与生活:清代的婚姻关系》,第543页。
④ 王跃生:《清代中期婚姻冲突透析》,第146~147页。

叶正义殴打致死,叶德茂参与帮助叶正义弃尸。叶曹氏婆婆叶吴氏得知情况后,立即报官,叶正义被抓获,叶德茂在逃。这一年七月,已革监生叶桂馨到叶吴氏家闲坐,恰巧叶吴氏外出,仅有叶曹氏在家,两人"调戏成奸,以后遇便奸宿"。叶吴氏为叶桂馨无服侄媳,又是叶德茂无服族嫂,他们"同村居住"。也就是说,叶桂馨与叶曹氏是族内侄孙媳之关系。不久,叶吴氏发现了叶曹氏和叶桂馨的奸情,于是将此事告诉了自己弟弟吴棕赐和儿媳父亲曹定乡,并向邻居族人"逐处告知"。吓得叶桂馨暂时断绝了与叶曹氏的往来。嘉庆二十五年二月二十五日傍晚,叶桂馨得知叶吴氏外出未归,乘机又跑到叶家"与叶曹氏在床行奸",结果被回家的叶吴氏捉奸在床。叶吴氏拿起桌上菜刀,"上前喊捕,叶曹氏惊起跪地求饶。叶吴氏用刀连砍叶曹氏",致儿媳伤重倒地,叶桂馨夺门逃逸。叶桂馨因担心叶吴氏向官府报案,遂产生杀死吴氏灭口、与曹氏长久通奸的念头。他找来缌麻服侄叶德茂等帮忙,选择村里人外出之际,杀死了叶吴氏,并将尸体弃于水塘,造成"叶吴氏致伤其媳后投水自尽形状"。后由吴棕赐和曹定乡等报案,官府介入调查。二月三十日叶曹氏伤重而死。[①] 这类亲属间的乱伦行为在清代乡村社会似乎难以禁绝,除了档案记载的实例外,在仕宦联手编纂以弘扬正能量为主的地方志中也有隐性披露,同治《石窟一征》卷4《礼俗》记载,客家地区"俗:同姓相奸,无论五服内外,犯出后,投明族长,齐至家庙,申明族禁,男逐女嫁,令奸夫父兄自书犯禁缘由,或族众共立公约,即日逐出,永远不许归宗,谓之写逐单,交房族收执,规制森然。"这至少反映当地发生过这一现象,否则地方志不会明文记载这些不光彩的事。

清代档案还显示,妇女婚外的性对象不仅是异性乡邻,还有不少数家族中的男性。嘉庆初,从化县巢李氏因拒奸而引发家中四人被歹徒砍死的惨案。巢文彩向以堪舆为业,其家与无服族人巢羡居隔村居住,两家常有往来。嘉庆元年十二月初九日,巢文彩赴他乡看地,傍晚经巢羡居住处,因离家路远,遂在巢羡居家借宿。时巢羡居外出,其二儿子巢亚二热情接待,晚上让他在中进廊房睡歇,

---

[①] (清)朱樯编《粤东成案初编》补遗《命案》,《广州大典》第37辑第29册,广州出版社,2015,第548~550页。

自己到父亲书房休息。二更时分,巢文彩起身小便,看见厅门未关,内有灯亮,巢家二媳妇巢李氏独自在厅绩麻,巢文彩借酒起淫念,走近巢李氏身旁求欢。巢李氏不依大叫,巢文彩拾取门旁柴刀吓唬,但巢李氏仍大声喊骂,旋被巢文彩用刀砍伤左额。时巢李氏婆婆巢邹氏、小叔巢亚三、工人陈亚长、丈夫巢亚二、弟媳巢杨氏、工人林亚海、潘陈养,听见喊声先后赶到,徒手与巢文彩搏斗。巢文彩举刀乱砍,巢邹氏、巢亚三、陈亚长、巢亚二、巢杨氏、林亚海、潘陈养等均受伤倒地。巢文彩乘机开门跑匿。巢邹氏、巢亚三、巢亚二、陈亚长伤重殒命。从化知县刘崑勘验并捕获巢文彩。[①] 道光年间,信宜陆小梁氏拒绝邻村甘立来调奸,导致婆婆陆老梁氏被杀。甘立来与陆老梁氏邻村居住,素识无嫌。陆老梁氏之夫陆文广与子陆万营向在墟上开饭店,家中只有陆老梁氏与陆小梁氏二人,分居住宿,陆文广父子每月回家数次。甘立来见陆小梁氏少艾,蓄意调奸。道光二年八月二十八日夜二更,甘立来探知陆文广父子未回,偷跑到陆家,见陆老梁氏房内灯火已灭,又潜入未闭房门的陆小梁氏房间,陆小梁氏大喊,惊醒陆老梁氏。甘立来畏惧跑至院门,被陆老梁氏追及拉住后衣。甘立来转身用拳殴打陆老梁氏倒地,次日殒命。[②] 又如巫胜老系巫什昌无服族弟,向在巫什昌家佣工,并无主仆名分。与巫什昌妻巫包氏见面不避,巫何氏系巫什昌母亲。嘉庆十八年十月,巫什昌与母亲出外探亲,巫胜老乘机与巫包氏调戏成奸,以后遇便宣淫,巫什昌母子不知情。十九年五月十七日,巫包氏在屋后柴房取柴草,巫胜老随后进入掩门在地行奸,被巫什昌推门撞见,巫胜老吓跑。巫包氏被丈夫责打,还被恐吓"拿获巫胜老一并送究"。次日下午,巫胜老携带柴刀赴山砍柴,在笼狮塘地方与巫什昌撞见,巫什昌扑向捉拿,被胜老用柴刀狠砍项颈倒地身死。巫胜老将尸身拖至附近塘内丢弃而逸。巫包氏因丈夫数日不回,央求族人出外查访。二十五日在水塘找到尸身。巫何氏因儿子被杀,痛子情切,在家自

[①] 两广总督吉庆、广东巡抚张诚基奏折(嘉庆二年二月十四日),录副奏折,档案号:03-2270-005,缩微号:166-1168。
[②] (清)朱橒编《粤东成案初编》补遗《命案》,《广州大典》第37辑第29册,第559页。

缢身死。① 又有博罗黄陈保捉奸殴伤无服族弟黄阿罗身死。嘉庆十九年八月初四午,黄阿罗赴土名石头窝蔗园工作,值黄陈保妻黄李氏也携镰刀、禾挑在此割草,因四周无人,两人"调戏成奸,即在园地行奸"。恰巧被黄陈保趁墟回家经过时听闻嬉笑声,进园喝拿,两人起身分路跑走。黄陈保拾取老婆挑草禾挑追赶至园外路旁,用木挑连戳黄阿罗,并用脚踢黄阿罗谷道,造成其伤重倒地殒命。②

还有一些寡妇在丈夫去世后,因生活艰难,自己主动找意中人出嫁,不久却又衍生新的婚外情。始兴县人钟复胜向在曲江县佣工度日,与陈咏青素识无嫌,李氏系赖斗生妻,与钟、陈同村居住,常相往来。道光三年八月,李氏丈夫身故,她"年轻子幼",常邀尚未婚娶的陈帮自己料理家务,主动向他挑明"招赘为夫"。十一月,两人乘家人外出,"苟合成婚,并无媒妁聘礼,亦无主婚改嫁之人"。四年正月,钟复胜至李氏家闲坐,适陈咏青外出,与李氏调戏成奸,以后遇便奸宿,不记次数,陈咏青并不知情。三月十九日,钟复胜得知陈咏青外出趁墟,又潜到李家,"与李氏在床边搂抱说笑,尚未行奸"。时陈咏青转回撞见,取菜刀扑砍钟复胜,反被钟夺刀划伤右肋、右臂。李氏在陈咏青盘问下承认与钟的奸情。陈咏青报县验伤,"差拘李氏到案讯明,发交官媒妇曾邓氏保领看守"。李氏因奸情羞惧自缢死。③

还有拥有妻妾的家庭,在丈夫死后,妻妾在守节时却会发生不同的故事。灵山蒙余氏丈夫早故,她与夫妾蒙罗氏同居守节,住前后屋,邻村吴华生常挑糕饼到她们所在村售卖。嘉庆二十四年六月初六日,"蒙余氏与工人施有恒等均赴田工作",蒙罗氏在家后门见吴华生挑饼,遂唤其进屋买食,调戏成奸,可见蒙罗氏具有主动性。十三日晚,罗氏在屋后又遇吴华生经过,就让他躲到自己卧房内。二更时分,两人考虑到余氏入睡,上床行奸。但此时,后屋有狗叫唤,余氏怀疑有贼行窃,起身持棍前往查看,结果在罗氏卧房

---

① (清)朱樨编《粤东成案初编》卷12《命案·验检弃毁》,《广州大典》第37辑第29册,第427~428页。
② (清)朱樨编《粤东成案初编》卷9《命案·拒杀擅杀》,《广州大典》第37辑第29册,第337~338页。
③ (清)朱樨编《粤东成案初编》卷14《伤人·罪人凡人》,《广州大典》第37辑第28册,第513~514页。

门口听到"房内谈笑,推门进内,房内点有灯火,见两人赤身在床行奸"。余氏用木棍殴打吴华生,家里工人施有恒、吕老二、宁老五、郑逢梆听见动静,一起跑到后屋查看,吴华生已被余氏打伤赤身卧地,承认与罗氏通奸。余氏令施有恒等在次日早晨将其送官究治,不料当晚吴华生就因伤重殒命。余氏畏罪起意移尸灭迹,嘱施有恒等将尸扛出丢弃,许各给制钱 100 文。① 这个案件显示,蒙家应是大户人家,家里雇工就有数名,但即使这样,余氏还与工人一起劳动。从余氏一人就把吴华生打伤致死来看,她的年龄应不大。同时应看出,即使男女通奸,他人也没有剥夺通奸人生命的权利,所以余氏要秘密处理此事。这个案情看不出这两个妇女有无子嗣,以及作为妾的罗氏为何不下地劳作,但不论如何,寡妇是否真的能守节还是值得怀疑的。

其实,乡村社会性爱观念的松弛,还表现在男性娶妻时并不完全在乎初夜权,女性也不完全坚守从一而终的规条。据乾隆二十一年三月茂名邓禹光(38 岁)供:乾隆七年十一月娶陈氏,并让陈氏把与前夫黎斋进所生子亚陈、亚水带到家抚养。亚陈平日懒惰,遭人嫌弃。乾隆二十年八月,邓家用钱 5200 文向李惠清顶耕峒田 14 坵耕种。后因顶耕权问题,与先前顶耕的张玉琼发生矛盾,张家不许邓家耕种。乾隆二十一年三月十五日,邓禹光与妻子商议将亚陈致死图赖。② 邓禹光娶了带着两个儿子的寡妇陈氏为妻,并没有受到来自任何社会和家族的压力。可见,寡妇改嫁在清代的普遍性。更有甚者,一些男性对触犯传统社会"七出"的女性也敢接纳。乾隆年间,海阳县王培与弟王采成家后,分立门户,王采于乾隆七年纳妾曹氏,原为王家仆人曹伦之女,先前已成婚,后因犯奸被夫家休弃,在当地名声很不好,档案用"秽声彰闻"表述。王采父亲受不了闲言碎语,在乾隆十一年做主将曹氏及其所生子女卖逐。王采怀疑是哥哥教唆父亲,在乾隆十三年二月十二日声称王培害他儿女,也要将他家败坏,他乘哥哥和侄儿赴茔栽树之机,于深

---

① (清)朱樨编《粤东成案初编》卷 12《命案·验检弃毁》,《广州大典》第 37 辑第 28 册,第 437~438 页。
② 中国第一历史档案馆编《清代地租剥削形态——乾隆刑科题本租佃关系史料之一》,第 625~626 页。

夜裸露下身调戏嫂子李氏。李氏喊骂，公公持杖追打王采。① 另据咸丰五年正月番禺县茭塘司大石堡猛涌村人68岁的林亚聚供称，他原姓谢，随母嫁林涌，改姓林。② 可见，妇女带着前夫儿子改嫁且将孩子姓也改随后夫。改嫁在笔记中也有记载，东莞梁某中年丧妻，时钟氏女新寡回到娘家待嫁。梁在媒人撮合下在女家见面，双方互有好感。③ 可见，男女丧偶均有再婚之意，大家都无守节意味。一些人家因嫌贫爱富，随意对儿女婚姻毁约，当事女方并没有反抗，东莞怀德邓某与沙头陈某同贾，约为婚姻，"陈子而邓女"。后陈死，家道也衰落，邓家悔婚，将女儿许给"富有钱谷"梁家。梁家之前已与钟女订婚，因贪邓富，"舍而就之"。④ 可见，这些女性完全听从父母之命，丝毫没有地方志记载的贞女形象。

女性对贞节的漠视也无方志表述守贞如一之景象，东莞某生"家蓄一婢，慧美双绝，明示以为妾，虽未充位，而暗雨私云，度阳台不可数计矣"。婢某日外出在途中为疯人奸，不敢再与某生亲近，远嫁一村民生二子。后到主人家探亲，某生见婢更加艳丽，以为她"嫌己清贫"而诡称"疯疾"。婢无奈又与之"复温情好"。后某生果得大麻风病。⑤ 撇开婢女的身份不谈，此女和三个男人之间发生性关系，尤其与主人在婚前互通款曲，婚后又再续前缘，并没有为夫守贞之意味。据说，"粤人多染疯疾"，女子患此，只要和男子交合，"其疾顿移之男子矣，俗呼为过疯"。⑥

清代方志记载了数量相当多的寡妇守节事迹，但档案中则呈另一种态势。嘉庆年间，南海县民妇刘沈氏与丈夫刘嵩环婚后生育二子一女，其邻居为福建上杭人李荣，长期在南海县开纯烟店，李荣妻朱氏与沈氏时相往来。嘉庆八年刘嵩环病故，沈氏因家贫而有改

---

① （清）白山：《成案续编》卷9《亲属杀下》，第42页。
② 广东省文史研究馆等编《广东洪兵起义史料》上册，广东人民出版社，1992，第102页。
③ （清）欧苏：《霭楼逸志》，乾隆五十九年成书，杨宝霖点校，《明清广东稀见笔记七种》，第246页。
④ （清）欧苏：《霭楼逸志》，乾隆五十九年成书，杨宝霖点校，《明清广东稀见笔记七种》，第251页。
⑤ （清）欧苏：《霭楼逸志》，乾隆五十九年成书，杨宝霖点校，《明清广东稀见笔记七种》，第272页。
⑥ （明）王临亨：《粤剑编》卷2《志风土》，中华书局，1987，第75页。

嫁意图。十一月，李荣在广东贩烟同乡袁正幅听说沈氏有意改嫁，遂谎称其妻在原籍病故，愿娶沈氏为继室。经李荣夫妇为媒，沈氏说好携带12岁女儿亚七随嫁，这些都写在"婚书"中。沈氏与袁正幅婚后四日即带着亚七回到福建生活。十二月三十日，袁正幅起意将沈氏母女转卖他人，遭到沈氏强烈反对。① 可见，沈氏在丈夫去世不久就主动要求改嫁，而袁正幅愿意娶一个带着孩子的女人为妻，除了抱着拐卖的目的，至少可看出，贞节观在普通人心中并不强。

一些妇女婚后因和丈夫感情不和，即使丈夫活着，也会私下偷寻合意郎君。嘉庆二十四年，海南感恩县张亚然与母亲老张王氏一起生活，他的弟弟张荣先同妻小张王氏另院居住，其邻居为林翰清、刘妙康，邻里之间相互往来。问题就出在小张王氏身上，她因婚后懒惰，常被丈夫打骂，四月十二日，她在赴田途中撞遇林翰清、刘妙康，三人闲谈之间，她言及丈夫的种种不是。林翰清起意同刘妙康拐逃小张王氏，诱称带她赴昌化县另寻好人家嫁卖，她居然应允。林翰清、刘妙康带着小张王氏立即出发，十三日到了昌化县，刘妙康探知素识之周师计欲取妻室，遂向周师计捏称小张王氏夫亡改嫁，议定财礼15千文。② 小张王氏同意别人为其设计的改嫁主意，而周师计也接受"夫亡贞节"的小张王氏。由此可见，妇女贞节的观念在乡村社会并不像王朝所宣扬的那么神圣。

类似于小张王氏的婚姻情况，并非个案。这些女性在遇到家庭婚姻问题时，多选择偷偷离开丈夫，即使被人再次嫁卖，也不愿通过官府或其他正常渠道解决问题。道光三年，南海刘亚五诱拐钟亚四妻黎氏嫁卖未成，致钟亚四羞忿服毒自尽。亚五籍隶顺德，向在南海佛山佣工度日，钟亚四籍隶龙川，娶黎冯氏女黎氏为妻，也在佛山佣工。亚五与黎冯氏相邻而居，与黎氏一直熟悉。是年二月，黎氏出嫁给亚四为妻，十月十三日早，黎氏回母家，向母亲诉说丈夫相待刻薄，母女俩谈话被亚五路过听见，遂起意拐卖得银花用。他私下向黎氏谎称可给她另寻好处安身。黎氏应允，约定十四日早

---

① 福建巡抚张师诚奏（嘉庆十六年十一月二十四日），中国第一历史档案馆藏。录副奏折，档案号：03-2466-045，缩微号：179-1716。
② （清）朱樜编《粤东成案初编》卷11《命案·酿逼（自尽）》，《广州大典》第37辑第28册，第389~392页。

第六章 清代乡村妇女生活实态之考察：以档案为例

在村外西山角河边聚会。至期，黎氏向母亲谎说回夫家，其实是与亚五到西山角河边，准备雇艇赴广州。此时亚四因老婆当晚未回，而赶到岳母家寻找，得知早晨已回家，亚四在西三角河边看见亚五与黎氏雇艇，当即捉住问出诱拐情由。时亚四邻人钟名海经过，将亚五、黎氏扭赴就近的五斗口司巡检。亚四因妻被诱拐自觉无脸见人，回家后偷偷服毒自杀。① 案件中黎冯氏和女儿黎氏为龙川人，长期在佛山打工。黎氏在婚姻出现问题时寻求私下解决，并对嫁拐给予了积极的配合。

从档案中可看出，清代广东妇女在重组家庭时并没有受到社会的阻力，相反，一些改嫁妇女在家庭中对子女仍有过高要求。嘉庆年间，乐昌县发生一起儿子谋毒母亲案，主犯赖井受、赖六妹。赖邓氏系赖井受母亲，赖六妹、赖蓝养、赖十家保则系赖井受无服族兄，与邓氏同村居住，素无嫌隙。邓氏先嫁赖文仁为妻，生赖井受、赖戊妹兄弟俩。她在丈夫身故后又改嫁给黄铁皮为妻，时赖井受兄弟大约已成年，没有随母到继父家生活。邓氏再婚后也没有生育子女。嘉庆二十年黄铁皮病故，邓氏年老体弱，贫苦无依，又转到儿子赖井受、赖戊妹家度日，虽年老眼盲，且已失去劳动能力，但她对生活要求似乎比较高，时常斥骂儿子赖井受奉养不周，引起儿子不满。就在这时，赖井受、赖六妹一直共同批耕同乡监生叶发魁田地，因历年欠租而被叶发魁收回自行耕管。二月初六日，赖井受与赖蓝养、赖十家保先后至赖六妹家闲坐，说到叶发魁收回田亩，以后生活更加艰难。赖井受起意将母亲致毙移尸图赖银两分用，初九日，他乘弟弟出外，邀请赖蓝养等赴山采割断肠草，又买酒肉回家，将毒草捣烂与肉混煮，对母亲谎称是"村人酬神分送酒肉"。邓氏遂将酒肉食毕，毒发殒命。赖井受等乘夜把邓氏尸体抬到叶家门首安放。② 案件显示，邓氏改嫁显得很平常，而且在后夫去世后，又回到前夫孩子们的身边，也没有受到抱怨与责怪，其子也没有因她改嫁而拒绝赡养，相反，邓氏还时常骂儿子奉养不周。

---

① （清）朱橒编《粤东成案初编》卷11《命案·酿逼（自尽）》，《广州大典》第37辑第28册，第392~395页。
② 两广总督蒋攸铦奏折（嘉庆二十二年五月十一日），中国第一历史档案馆藏。朱批奏折，档案号：04-01-26-0033-041，缩微号：04-01-26-007-2371。

这一现象再次说明乡村社会妇女改嫁属平常事。

道光初年，归善县发生的一起谋杀案，与上述邓氏案几乎相同，被杀者吴林氏也是一位改嫁的母亲，归善人，丈夫早故，她带着年幼儿子吴黄保改嫁到东莞县蔡华昌家。道光四年，后夫又病故，她只好带着儿子回归善归宗，将家中什物寄存在东莞好友谢仁贤家。母子俩回到归善后，与邻居张亚五无服族人张亚群"租屋同居"，吴黄保时常出外游荡，对母亲不管不问。林氏贫病交迫，常抱怨命苦，"不如早死"，已出嫁的女儿张吴氏时常劝慰她。五年五月二十四日，林氏因贫难度，令儿子去东莞谢仁贤家挑取寄存什物回家卖钱使用。在吴黄赴东莞之际，张亚五在村外遇张亚群，谈及贫苦，亚群想到邻村监生叶俊美家有钱又畏事，起意将邻居一人在家的林氏毒死，移尸向叶俊美图诈得银分用。两人上山采毒草，半夜用毒草毒死林氏，又将林氏尸身抬至叶俊美屋旁放下，如叶俊美给银则将尸体抬往别处掩埋，否则报官陷害。[①] 这个案件如何处理暂且不谈。从吴林氏改嫁地点来看，清代女性婚姻圈已被拓展，而且一个寡妇带着儿子改嫁，似乎也得到了社会认可。

乡村社会性观念的松弛，还表现在女性在定聘之后，因为未婚夫长年在外打工，不能迎娶女性过门，而女家往往会将女性改嫁，并且女性也接受这一现实，多数改嫁成功。乾隆五十六年五月，议政大臣阿桂奏称，阳春县袁昌经供：22岁，父故母亲在。乾隆五十三年十月因未娶妻，其熟识的詹亚尘到他家说其堂兄詹荣生女儿詹氏要许人，并说詹氏曾许刘世宝为妻，因刘世宝外出多年，不知生死，故要另许人。两人随到詹荣生家看过詹氏，因她"身体强壮，堪以相帮工作"，袁昌经很满意，议定财礼15千文。詹荣生要他先交钱，等一年之后刘世宝若不回，再迎娶。若刘世宝回家则将财礼送还。袁表示同意。这个案件显示，袁昌经聘妻似乎并没有征求母亲的意见，从相亲到财礼数额确定，都由本人决定。阿桂在乾隆四十九年二月又奏，河源吴华英供：36岁，自幼凭媒用过财礼银6两聘定朱氏为妻。乾隆三十三年他往广西生理，因亏折本钱，在外流落十余年，直到四十八年四月才回家，他请堂叔吴宗煊到媒

---

① （清）朱樨编《粤东成案初编》卷11《命案·酿逼（自尽）》，《广州大典》第37辑第28册，第387~389页。

人家说要择日迎娶朱氏。媒人说因传言他在广西已身死，朱氏已另嫁他人。他心里不甘，到处访求，得知朱氏嫁李亚文为妻，因此想叫李亚文退还财礼。五月十一日，他邀同堂叔、堂弟及媒人到李家吵嚷，在打斗中将李启裕打死。会审意见：朱氏仍给李亚文领回完聚。又嘉庆元年二月，阿桂在奏折中说，永安县22岁的吉达思，父母在，弟兄五人都出外佣工，他排行第四。乾隆四十七年一月，他父亲凭罗钦雅为媒，用银首饰两件聘潘斐章女潘二妹给他为妻。五十三年他外出海丰佣工。五十九年八月，他父亲到海丰找他说，其未婚妻被妻叔潘成章改嫁了王友锦。他和父亲在九月十三日回家，遇见王友锦，斥其他不该娶潘二妹，两人在打斗中，王被打死（38岁）。潘成章供：36岁，二妹为他胞兄潘斐章女。四十七年由哥哥做主许与吉达思为妻。五十五年哥身故，嫂子改嫁，侄女由他抚养。五十九年三月，二妹已长大，吉达思出外多年，他把侄女另嫁图得财礼，托吉新科做媒嫁给王友锦为妻，财礼银16两，已经交足财礼，二妹也被接娶过门。会审意见：该氏后夫已死，前夫现犯死罪，母家又系悔婚之人，不便断令归宗，应归后夫之父收养，仍赔追财礼给还前夫之家。①

　　如果说上述两个案件显示的是男女定亲后，男方长期在外不能按时迎娶，而导致女家变卦将女儿改嫁的话，那么在现实生活中，即使女性已经结婚且已生育，但因为家境贫寒，也会有另行改嫁的事发生。乾隆五十六年四月，广东巡抚郭世勋上疏称，阳江陈名德女儿陈氏原嫁与梁泽晃为妻6年，生有一子，因家贫难度，夫妇常靠出外讨饭为生。乾隆五十四年十一月，陈氏因病不能讨饭而到父家就食，其父因女婿不能谋生，起意将她改嫁，陈氏也表示允从。后经媒人林三奇、李亚长说合改嫁给吴亚虾，议定财礼钱12千文。十二月十五日，吴备足财礼迎娶陈氏过门成亲。后梁泽晃不断上岳父家接妻回家，并威胁说要告官。五十五年三月，陈名德只好说出实情，并答应给女婿钱9千文让他另娶。但梁泽晃随后就和他叔叔一起去吴家索要妻子，在争斗中其叔被吴家打死。初审意见：陈名德因婿家贫将女改嫁，应照逐婿嫁女杖一百律，杖一百，折责四十。陈氏听父主婚改嫁，应照通同律坐杖一百，系妇人照律受赎，

---

① 王跃生：《清代中期婚姻冲突透析》，第11～12、63～64页。

给还前夫梁泽晃领回完聚。广东巡抚郭世勋在乾隆五十六年二月又奏称,英德县梁云引供:38岁,乾隆五十五年一月,因丧妻,托蔡水笼为媒觅娶继室。九月二十七日,蔡说有龙佑吉叔母邓氏丈夫亡故,家贫,情愿再醮,叫他去相亲。十月五日,两人到龙佑吉家看过邓氏出来挑水,觉得合适,议定财礼番银46两,龙佑吉写立婚书迎娶。乾隆五十五年六月,广东巡抚郭世勋奏称,新兴县梁逢均供:李焕是小的继妻谭氏前夫的儿子,自幼跟随过门,经小的抚养长大,并未分居。乾隆五十五年六月,议政大臣阿桂奏称,阳山县白氏供:因夫常打骂小妇,被义父莫佛观劝诱改嫁,卖铜钱10千文。乾隆五十六年二月,议政大臣阿桂又奏称,嘉应州刘氏供:小妇24岁,家穷出外求乞,路遇林亚友,与他成奸。后林寻人将小妇改嫁给钟复运,林亚友得番银10圆。①

甚至还有丈夫因贫穷而出卖妻子的,妻子竟然也同意被出卖。嘉庆十年五月十八日,普宁钟日金向官府禀报:族人钟阿左因贫将妻蔡氏卖与黄车妹为妻,由钟日德与许阿伟为媒,媒钱600文。据蔡氏供:钟阿左是小妇人前夫,嘉庆九年十二月,前夫与小妇人商量,因穷苦难度,要把小妇人嫁卖得钱应用,小妇人应允,得身价番银22元,写立书帖,卖与黄车妹为妻。十二月十八日过门成亲。小妇人父母俱故,并无兄弟,实在无宗可归,是实。官府判词:蔡氏依律应离异归宗,惟无宗可归,前夫钟阿左又无力养赡,若照律离异,势必又将失节转嫁,自应衡情酌断,仍给后夫黄车妹领回完聚。②

家庭贫困也是寡妇改嫁的原因之一。嘉庆元年正月,两广总督朱珪奏称,三水县潘作贤供:45岁,哥已故,嫂梁氏家贫难守。乾隆五十九年三月,母亲叫她改嫁,托何文升为媒,说给南海人杨亚得,议明财礼番银2圆,写有婚书。后因族人潘亚名等认为杨亚得系风丐子,若娶梁氏,有失潘氏族人颜面,并在争斗中,将杨亚得打死。③ 当然,也不是所有的寡妇改嫁都是贫困所致,也有的家境可能还过得去,但寡妇也选择了改嫁,如乾隆五十年三月,议政

---

① 王跃生:《十八世纪中国婚姻家庭研究:建立在1781~1791年个案基础上的分析》,第114、167~168页。
② 杜家骥主编《清嘉庆朝刑科题本社会史料辑刊》,第579~580页。
③ 王跃生:《清代中期婚姻冲突透析》,第28~29、255页。

大臣阿桂奏称，和平县叶北昌兄弟三人，他排行在三，22岁，大哥叶起昌身故无子，嫂子改嫁，遗下土名冷水坑茶山一段归他和二哥叶盛昌共同管业。这至少说明叶家尚有田地供家庭生计，但其嫂子还是改嫁了。①

当然，并不是所有的妇女在婚外情被发现后都会杀害亲夫。乾隆三十一年六月，大埔刘子燕妻邬氏与刘阿秀通奸，刘阿秀为独霸邬氏谋杀了其夫。邬氏知情后，主动到官府告发。据调查：邬氏被刘阿秀哄诱成奸，她看见刘阿秀杀害丈夫时，大声哭喊，被刘阿秀恐吓不许告发。但她还是奔告自己父亲帮助捉拿刘阿秀，并到县衙控告。经官府审判，刘阿秀被判斩监候秋后处决，邬氏因"将奸夫刘阿秀拿获，尚有不忍致死其夫之心"，从宽免死，"照例减等发落"。② 也不是所有的女性在丈夫死后都有婚外性或被迫改嫁。英德邓氏在乾隆五十一年丈夫病故，她带着幼子孀守，和期服侄儿龙石生活。龙石因无力养赡，又贪图财礼，"屡劝叔母改嫁"，遭到拒绝。龙石起意强行嫁卖，议财礼46两番银。邓氏知道后自缢而死。③ 化州莫叶氏之夫莫保峰和胞兄莫祥峰同居共爨，家贫，兄弟同力佣工度日。嘉庆二十三年六月，莫保峰身故，留下莫叶氏和幼子，莫祥峰承担赡养义务。但莫祥峰一人佣工难以支撑三人生活，遂劝叶氏改嫁，叶氏未同意。九月初三，莫祥峰因"连日无处雇工，饔飧不继"，再次劝叶氏改嫁，两人因此发生争闹，随后又发生扭打，莫祥峰失手将叶氏殴伤殒命。④ 叶氏不愿改嫁是否是为了守贞，尚不清楚。从其举止来看，确实有守节之决心。

乡村社会也有妇女在遭遇他人性侵害时，会勇敢反抗。乾隆十二年广东巡抚准泰上疏，王三有与李士起比邻而居，雍正八年李士起窥三有父外出，就跳墙入室拉三有母姜氏求奸，被姜氏喊骂而逸。其父回家后知情，气愤成疾而死。时三有暨兄王遂、王二丑俱

---

① 王跃生：《十八世纪中国婚姻家庭研究：建立在1781~1791年个案基础上的分析》，第92页。
② 中国第一历史档案馆编《乾隆帝起居注》第25册，广西师范大学出版社，2002，第280~281页。
③ 王跃生：《十八世纪中国婚姻家庭研究：建立在1781~1791年个案基础上的分析》，第92页。
④ （清）朱樟编《粤东成案初编》卷2《命案·斗杀共殴二》，《广州大典》第37辑第28册，第104~105页。

幼，姜氏含冤莫诉。乾隆八年七月，三有兄弟送母回娘家，遗妻郭氏独居，李士起子李孔又跳墙拉奸郭氏，被郭氏喊骂奔逸，王家欲到官府控告，经邻人调处完事。乾隆十三年七月二十四日，王氏兄弟在地劳作，李士起又跳墙拉奸姜氏，被拒而返。王家三兄弟于九月初五日将李士起殴死。[1] 徐闻县民妇陈氏系麦圣清妻，与宁四同村。雍正十三年四月初四，陈氏到井边洗衣，宁四用言语调戏，并用左手扯陈氏衣衫，右手摸其左腿，意欲图奸。陈氏喊骂，宁四奔逸，陈氏羞忿，归告其婆婆吴氏，投明保邻梁华等。初六日，又向回家的丈夫告知，愤激自刎死。[2] 嘉应州民李华章系李挺营共曾祖小功服弟，"各屋居住，素睦无嫌"。李华章胞弟李成章外出生理，遗妻李梁氏在家。道光二年十二月初八日夜，李梁氏在室内纺织，李挺营捏称借火敲门而入，用言调戏李梁氏，被梁氏喊骂，其婆婆饶氏喊同邻居族妇李余氏前往捉拿。[3]

一些女性面对丈夫之外的男性挑逗，甚至以死相拼，为守护贞节付出生命代价。普宁罗阿妹妻黄氏因遭李阿仁调戏，羞愤自尽。李阿仁与黄氏对门居住，罗阿妹赴福建佣工，黄氏独处。雍正十三年七月十四日鸡鸣时分，黄氏早起煮办粉粿祀祖，李阿仁也起身打火食，见黄氏开门泼水，顿起淫心，闯入其家搂抱黄氏求奸，黄氏拾菜刀砍伤李阿仁左额角，时邻人林连发等闻声趋看，李阿仁乘间脱逃，黄氏怒犹未平，服毒草至李阿仁家吵闹，李阿仁闭门躲避，黄氏归家毒发殒命。[4] 又雍正十三年六月初九日黎明，广东民人赖阿发赴田工作，遇无服族兄赖阿伟妻廖氏前往溪园剥麻，见四处无人，即搂抱廖氏图奸。廖氏喊骂，时赖旭光妻张氏闻声趋至，赖阿发逃遁。廖氏羞愧忿激，持菜刀到赖阿发家自刎殒命。经官府审查，廖氏因被调戏自刎，"应照例准其旌表"，"给银三十两，听本

---

[1] （清）白山：《成案续编》卷10《奸杀下》，第50页。
[2] 广东巡抚杨永斌折（乾隆元年六月二十二日），全宗12卷11号，http://hanji.sinica.edu.tw/。
[3] （清）朱樘编《粤东成案初编》卷7《命案·杀死亲属上》，《广州大典》第37辑第28册，第270~272页。
[4] 广东巡抚杨永斌折（乾隆元年五月二十六日），全宗13卷7号，http://hanji.sinica.edu.tw/。

家自行建坊"。① 这些现象又凸显了乡村妇女生活的多元性，说明传统乡村妇女生活并非千人一面、整齐划一，而是复杂多变，展现了传统乡村社会真实的具象。

清代乡村妇女改嫁应属于常事，应该说，在乡村社会既有贞节烈女也有改嫁之风。这一行为在《明史·列女传》中已得到肯定，即寡妇人生有三种选择："其一从夫地下为烈，次则冰霜以事翁姑为节，三则恒人事也。"前两者的烈和节，可博得王朝旌表和舆论赞扬，但也可以"恒人事"，即再婚。理解了这一点，也就理解了上述案例中一些寡妇多次嫁人的情由了。嘉庆、道光年间，在广东任职的程含章曾下令严惩妇女随意婚嫁行为，"夫妇为人伦之始，岂如母牛牝马，可以再三嫁卖，乃粤东薄俗，妇人年少，嫌本夫贫老者，辄撒泼横行，再三嫁卖，名曰掉马槽。其父母、兄弟、姊妹贪得财礼，为之教唆，名曰摇钱树。三姑六婆从中分肥，为之勾引，名曰钓金龟。或以归宁为名，或以探亲为名，潜藏于无耻之家，连日卖奸，名曰私门子。本夫或佯为不知，或势弱哑忍，种种淫风，殊堪发指，着地方官严切查禁，若有犯者，尽法处置，力挽颓风"。② 可见，直到清代中叶，广东乡村妇女在婚姻家庭中非如王朝所宣传的恪守妇道，也绝非像地方志所记载的那样足不出户以纺绩为生，她们无论在娘家还是在婆家都有可能从事繁重的田野劳作，她们对"性"的观念也不是绝对的从一而终，相反有时为了追求性满足，还会逾越王朝的种种说教，甚至为了追求肉体和情感的愉悦而走上杀害亲夫的路途。这一现象并非一时一地之现象，在清代广东各地似乎都曾发生过。在乡村社会守贞节妇和追求性满足的"欲女"，作为对应两极的数量可能旗鼓相当。

六 乡村妇女参与商业贸易

清代前期，广州作为中国法定的一口通商城市，吸引了海内外商人到此经商，国内商人有不少因此落籍广州娶妻生子。据嘉庆八

---

① 广东巡抚杨永斌折（乾隆元年五月二十一日），全宗 9 卷 10 号，http://hanji.sinica.edu.tw/。

② （清）程含章：《岭南续集》卷 10《程月川先生遗集》，《丛书集成续编》第 133 册，第 235 页。

年南海知县戴锡纶详报，安徽泾县人潘绍祖酒后图奸蔡冯氏不遂而杀死蔡冯氏一家六命。潘绍祖的父亲潘文祥在南海落籍娶妻袁氏，生下绍祖，尚未娶媳。文祥夫妇年老，在堂弟潘文彩家寄住。潘绍祖日事游荡，常在南海县晓珠里良巷行走，蔡氏一家就住在巷内。嘉庆七年，蔡琳同子蔡振到罗定州盐店帮工，留下妻子蔡杨氏、媳妇蔡冯氏、幼孙蔡亚祥与蔡亚江在家，雇老妇胡氏在家使唤，已出嫁女儿曾蔡氏也常回娘家走动。绍祖平日从蔡姓门前经过，看见蔡冯氏在门口向杂货担购买针线，颇有姿色，遂生图奸之意。嘉庆八年二月初五午时，绍祖从地摊买了一把屠刀，携刀前往蔡家威逼蔡冯氏成奸。他走到蔡家门口，见大门并未关闭，径直走进院内用言语调戏蔡冯氏，冯氏惊慌跑进房间躲避，绍祖也随之闯进，拔刀恐吓图奸，蔡冯氏大叫不依，潘绍祖用刀连砍蔡冯氏及赶来救人的蔡杨氏、曾蔡氏和两个年幼孩子，致五人毙命。时蔡家佣妇胡氏自外携筐买物回家，见状大喊，又被绍祖砍死。[①] 清代落籍广州的徽商不在少数，至少詹天佑祖上就因经营茶叶而落籍南海。又如道光十五年十二月，关天培在一篇奏稿中说，顺德县陈村玉田有一福潮馆，铺主系福建人沈姓，还有一间店铺，系潮顺字号，也是福建客人居住，"并查潮顺铺系一陵水妇人名海南三，招得福建人在店生理"。[②] 可见，陈村的外地商人至少涉及福建、潮州和海南三地，这些商人均属于明清时期的海商系列，与海外贸易关系极为密切。

明清广东商业迅速发展，处于对外贸易中心地的珠三角地区，社会经济发展日益商业化、市场化，从事商业的人愈益增多。乾隆年间，顺德龙廷槐对广州府从商者分析说："南海县地亩十之二，商贾十之六，工作十之二，其大镇为省城、佛山、石湾。……顺德县地亩十之三，商贾十之四，工作十之三。……省会、佛山、石湾三镇。三镇客商，顺德之人民居其三。"[③] 乡村妇女也成为墟市主

---

① 两广总督倭什布、广东巡抚瑚图礼奏折（嘉庆八年四月二十七日），录副奏折，档案号：03-2276-033，缩微号：166-2553。

② （清）关天培：《筹海初集》卷3《闽盗曾武果否溷迹陈村请饬县飞速查覆稿》，沈云龙主编《近代中国史料丛刊》第43辑第422册，文海出版社，1969，第609页。

③ （清）龙廷槐：《敬学轩文集》卷2《初与邱滋畲书》，广西师范大学出版社，2007，第418页。

要参与者,她们出入墟市,买卖各种日常生活用品,东莞石龙镇猪矢洲在商业未兴旺时,为民间百姓晾晒猪粪之所,故名。后因人口繁盛,居民在此建造房屋而变成里巷。村民李某以"负贩梳篦绒线"为生,"此等生理,全与妇女交易。"① 一些乡村妇女常往返于城乡贸易,如宝安南鄙外有村媪,"荷薪诣货于城,晨至食时,迄无问价,媪因往染房取布,藏于薪内,欲归家矣。偶一秀才,低值市之,媪忘其布,置薪而去。半路始悟,往讨不认。媪忿,遂闻于堂。时宝安知县周儒差唤之内署密讯,屡辩不屈。周曰:小户不易得此布,当还之,汝异日亦有斯民之任,将奚以对大廷也。秀才愈不敢招,周乃别叙闲谈,乃密令吏持秀才扇往秀才家讨布。家中见扇以为实,与之。吏持布复命。"② 有的妇女则在墟市置业,如始兴邓蔡二与堂弟邓二老古在墟市有公屋一间,与邓蔡二自置店屋毗连。嘉庆十八年十二月,邓蔡二将自置店屋连公屋一并立契卖与黄汪氏管业,得价番银 73 元。③ 乾隆时,顺德才女李晚芳就教导儿子先贾后儒,"丈夫志在四方,观汝平素非局局乡园者,况吾愿未了,正欲藉汝少壮之力,以报汝祖宗在天之灵,束手敝庐,母子穷死无为也。吾外侄某,汝中表也,贾于吴,汝往从之。或有所获,俟稍毕,吾愿乃与偕隐,随读未尽之书。"④ 她鼓励儿子远赴江南投靠外侄经商,说明她对经商改变家境抱有希望,更何况梁家有经商的传统。据《菽堂分田录》记载,梁炜"伯祖孝廉周士公亦发于阛阓"。梁炜遵母命,"去而逐末东之吴会,往来豫章,所获赢余,归以备述先慈"。自此在外经营十多年,梁炜在《菽堂自纪》中云:"炜少弗学,痛父卒于贫,遂竭力治生,跋涉江湖间者十余载。"咸丰《顺德县志》卷 27《列传七》记载,梁炜幼受教于母,"以孤贫,不能竟学,去而事贾,走豫章、吴会间,遂致巨富"。李晚芳

---

① (清)欧苏:《霭楼逸志》,乾隆五十九年成书,杨宝霖点校,《明清广东稀见笔记七种》,第 182 页。
② (清)欧苏:《霭楼逸志》,乾隆五十九年成书,杨宝霖点校,《明清广东稀见笔记七种》,第 266 页。据民国《东莞县志》卷 42《职官表》记载,周儒,贵州人,乾隆十五年三月至十六年七月,任东莞知县。
③ 杜家骥主编《清嘉庆朝刑科题本社会史料辑刊》,第 264~265 页。
④ (清)李晚芳:《菽堂分田录》,初刻于乾隆三十八年,嘉庆年间补刻,(清)李晚芳:《李菉猗女史全书》,刘正刚整理,齐鲁书社,2014,第 308 页。

还常与梁炜讨论如何经营商业的话题。①

　　清代前期,广东妇女也成为流动粤商的组成部分,笔者曾以广东客家地区为例,讲述了清代广东妇女向四川迁徙的历史。② 其实,清代并不是所有的家庭都是男性外出谋生、女性留守家庭的,也有女性跟随经商的丈夫一起到外地谋生的,与广东边缘毗邻的省份也是客家人频繁活动的区域,如广东人时常进入江西、湖南、福建谋生,有时就是全家出动。据乾隆五十四年护理江西巡抚印务布政使讬伦奏称,广东兴宁县陈见荣、黄阿四、廖应华长期在江西安远县经商,后三个男人因鸡奸而产生矛盾,"向在该县生理之广东兴宁县民陈见荣,因与廖应华鸡奸及黄阿四亦与奸好,将黄阿四及伊妻黄叶氏、子黄望仔三人刀戳身死"。又说,陈见荣"向在安远县挑卖杂货,寓于廖宏云店内"。可见,这个"向"字显示了兴宁民人常到江西谋生的行为。黄阿四"携妻叶氏并六岁义子黄望仔也在彼卖酒生理"。乾隆五十四年四月,廖应华至安远县挑卖烧酒,与陈见荣同寓,即被鸡奸。五十五年五月初五日,廖应华在黄阿四店内闲谈,被陈见荣看见,"随疑黄阿四亦与奸好",遂起意将黄阿四杀死泄愤。初八日,陈见荣携带小刀闯入黄阿四店内詈骂,"黄阿四斥其无耻,欲投乡亲理论",陈见荣用刀戳黄阿四,叶氏见状,"在房喊救",陈见荣用刀戳叶氏和在旁的黄望仔,造成黄家三人当场殒命。③ 从这份档案可知,黄阿四举家在江西经商,当其受侵害时,首先想到找乡亲理论。可见,兴宁县籍人在此并不少。平远县刘梅文与其叔刘伟升一家寄居湖南浏阳以织布为业,一日,刘伟升偕长子刘孔扬赴田,其长媳黄氏在碓房取箩晒谷,两个孙女在房外玩耍。刘梅文见四顾无人,强抱黄氏欲图行奸,黄氏喊叫,被刘梅文用棒棍击晕。两个孙女见祖母受伤晕死,喊叫啼哭,被刘梅文杀死。刘伟升等归家见地三尸,奔报官府。后黄氏苏醒言明一切。④

---

① 刘正刚、乔玉红:《清前期广东才女李晚芳探析》,《暨南学报》2011 年第 2 期。
② 拙文《清前期客家妇女迁徙四川考述》曾在 2009 年 7 月海峡两岸大学生客家夏令营上宣读(未刊稿)。
③ 护理江西巡抚讬伦奏为拿获安远县因疑奸妒忿杀死一家三命重犯陈见荣折(乾隆五十五年九月初四日),录副奏折,档号:04-01-26-0010-097,缩号:04-01-26-002-2704。
④ 湖南巡抚钟保折(乾隆元年六月初七日),全宗 11 卷 11 号,http://hanji.sinica.edu.tw/。

第六章 清代乡村妇女生活实态之考察：以档案为例

潮阳人郑广丰与妻姚氏生育三子，本人一直在广东西部石城县做生意，即"向在治属开张杂货铺生理"。嘉庆十八年七月，凭媒廖亚三用身价番银50元，买石城县陈廖氏义女陈氏为妾。十九年六月初五早，陈廖氏到郑广丰铺内索借番银，因郑广丰无银借给，陈廖氏就在铺内嚷骂，并拿柴棍赶打郑广丰，又扭住郑广丰胸衣拼命，最后被郑广丰用菜刀杀死。①

妇女趁墟在档案在也有记载，嘉庆十五年五月，广东钦州妇女梁黄氏在趁墟归家途中，遭到黄胜排、黄胜贤、黄试祥等拦路抢劫，因反抗而被劫匪杀死。据案情披露，初九日，三名罪犯在途中相遇，黄胜排起意在荒僻的米造岭坳抢劫客商财物，因该地"常有客商来往"。三人携带刀具到该处路旁树林内躲匿窥探，下午，梁志恩妾梁黄氏"肩挑布袋、钱米、猪只，偕幼女梁卜带趁圩"经该处回家，被三人洗劫一空。梁黄氏拼命追赶，抓住黄胜排不放，被黄胜排用刀砍死。三人对抢劫来的钱780文、食米约三斗、小猪两只、布袋两个、装猪竹笼一个进行分赃后，将猪和米带到黄方氏饭店，谎称是在墟市购买，叫店家帮忙宰杀小猪并取米数升煮食，店家收取加工费30文铜钱，劫匪用布袋一个折抵。② 这个案件显示，墟市是乡村妇女光顾的重要场所，梁黄氏带着幼女趁墟购物，从劫匪所分的赃物可知，她购买的均为农家的生活必需品。值得注意的是，梁黄氏是独自偕幼女趁墟，没有家人或乡人结伴同行。与此同时，劫匪吃饭的店家也是由妇女黄方氏开设。广东西部地区的妇女趁墟具有悠久的历史，清初顾炎武在《肇域志》卷48记载说："廉俗淳朴，衣无华彩，虽妇人亦负担贸易，以为活计。"这一现象在与广东交界的广西地区也相当普遍，"地瘠民贫，乡村妇女率大足，肩挑负贩与男子同。柳州来宾一带，有肩舆为生者，如坐客为男，二女肩舆为坎，坐客为女，前女后男，肩舆为震，也统名曰八卦轿。"③ 可见，男女混杂的场面在两广地区颇为常见，案件中描述梁黄氏肩挑手提的形态以及她追赶扭打男性的场面，说明她不仅是

---

① 杜家骥主编《清嘉庆朝刑科题本社会史料辑刊》，第982页。
② （清）朱楷编《粤东成案初编》卷17《盗匪·抢夺财物上》，《广州大典》第37辑第28册，第599~603页。
③ （清）独逸窝退士：《笑笑录》卷6《八卦轿》，《笔记小说大观》第23册，第240页。

天足而且身体颇强健，显示宋明以后士大夫倡导的缠足也没有在这一区域流行。

也有女性留守家庭，让丈夫常年在外贸易，也正因为如此，一些留守女性发生了婚外情。东莞赵帝闰（36岁）与族兄赵尚辉妻邓氏（死时31岁）"素相奸好"。据案情，赵尚辉与帝闰同村居住，一直在竹村墟市贸易营生，"遗妻邓氏在家，与帝闰调戏成奸"。尚辉微有风闻但无确据。乾隆十年正月十四日，尚辉与妻兄邓龙受到石隆镇置货顺路归家，同斥邓氏之非。至晚，尚辉拿了一床被席送龙受到拆房睡宿。而就在当晚一更后，帝闰醉酒归家，路经邓氏门首走进求奸，邓氏未允，并告知被夫责骂情由。帝闰正要离开，正好尚辉回家叩门，邓氏将灯吹灭，令帝闰躲在阁楼上。尚辉闭门就寝后，听阁楼上有声响，就点灯携刀往看，照见了藏身的帝闰，妻子见状，欲开门放走帝闰，尚辉用刀连砍妻子致其殒命，帝闰乘间逃跑。据邓龙受供："邓氏是小的妹子，嫁与赵尚辉为妻，平日妹夫曾向小的说妹子做人不端。"① 乾隆五十年三月，广东巡抚孙士毅奏称，嘉应州林梁氏供：乾隆四十八年一月，丈夫往省城剃头，遗她一人在家。四月，丈夫无服族侄林亚癸到她家，调戏成奸。四十九年三月，丈夫回家，她因怀孕3个月，恐腹大难以抵赖，不时用手揉抓，四月初三产下死胎。②

因为丈夫在外经商，留守家中的女性因为家庭的富裕，有时会成为窃贼偷窃的重要目标。据顺德知县严守田反映，乾隆五十三年二月十二日，县属孀妇梁吴氏报案称，"小妇人丈夫已故，氏男梁达长外出生理，止氏与媳冼氏在家"。可见，梁吴氏家没有男性成员在家守护。乾隆五十三年二月初十日夜二更时分，贼撬开大门入屋盗窃，被吴氏和冼氏发觉，两个女人开门叫喊，反而被贼用竹棍恐吓不许声张，盗贼入房抢劫钱银首饰衣物后，仍由大门逃逸。次早，两个妇人投明地保。③

清代自乾隆年间实行广州一口通商政策，国内外商人云集广

---

① 张伟仁主编《明清档案》第139册，乾隆十年九月六日广东按察使张嗣昌折，第78225~78232页。
② 王跃生：《清代中期婚姻冲突透析》，第133页。
③ 张伟仁主编《明清档案》第253册，乾隆五十三年七月五日广东按察使姚棻折，第142775~142780页。

州,珠三角妇女也开始参与对外贸易,与外国商人做生意。1821年9月,美国船"急庇仑号"在广州黄埔装货时,一名买卖水果的番禺妇女,与美国船上一名叫德兰诺瓦的水手"因买卖水果,价钱讲不成",发生争执,并被打落水死亡。据德兰诺瓦说,"为了摆脱她的啰嗦并叫她将艇开走,不慎将瓦坛投掷打中她的头,以致其坠水淹死"。另据马士说,类似事例在当时颇多,如11月17日,一艘"梅尔维尔夫人号"船也发生船员抛掷石头,"偶然打伤了一个中国妇人",最后以300元付给对方了事;又如1822年1月,"肯特号"停泊在穿鼻,卫士长放长桅,打伤一个坚持留在船旁的一艘小艇上求乞的妇人。① 道光初年编纂的《粤东成案初编》卷3《斗杀共殴》记载说,道光元年八月二十六日,在珠江河面,美国商船水手打死售卖水果时的番禺县妇女郭梁氏,番禺知县汪云任将事件禀报两广总督阮元,最后由县、省和作为美国商船保商的洋商黎光远及总商伍敦元等先后调查,郭梁氏与其女经常在珠江划船售卖水果,郭梁氏"稍谙夷语",在与美国商船水手买卖水果时因价格发生争执,美国水手将瓦坛掷下砸伤郭梁氏,导致郭落水死亡。除了郭梁氏之女郭亚平外,尚有"稍谙夷语之船妇陈黎氏在船目击",并喊同海关差役叶秀捞救。据道光元年十月两广总督阮元上奏称,据广东番禺县知县汪云任禀报,八月二十八日有米利坚国花旗夷人向民妇郭梁氏买果争闹,用瓦坛掷伤郭梁氏落水身死等情。事后,美国商人及其十三行保商不承认为美国商人掷伤致死。但中方调查后认为,"民妇郭梁氏系被夷人掷坛打伤落水溺毙,当时有郭梁氏之女郭亚斗及稍谙夷语之船妇陈黎氏在船目击,喊同粤海关差役叶秀捞救不及,尸夫郭苏娣捞获尸身,报经该县传齐该国大班及夷商船主人等眼同相验,郭梁氏实系受伤落水淹死"。美国水手在珠江河面呼喊郭梁氏等妇女将小船划近夷船,"将钱五十文贮于水桶,用绳坠下指买蕉橙。郭梁氏收取钱文,将蕉子、橙子各十余枚仍贮桶内吊上夷船",美国水手"嫌少索添,郭梁氏稍谙夷语,答称须再给钱方可添果",双方因此争执,美国水手遂顺取船上瓦坛从上掷下,"打破郭梁氏头戴箬帽,伤及偏右翻跌落河"。广东官府根据

---

① 〔美〕马士编《东印度公司对华贸易编年史》卷4,区宗华译,中山大学出版社,1991,第14～16页。

清朝律例做出判决：将打死郭梁氏的美国水手"照例绞决，以彰国宪"；同时指出，夷人在广州买取食物，"向系官给买办，今民妇郭梁氏私将蕉橙卖给夷人，殊属不合。业已被伤身死，应毋庸议"。①有意思的是，在番禺县知县到"急庇仑号"船上公开审讯德兰诺瓦时，美方和中方证人各执一词。中方证人是被溺死妇人的丈夫、碇泊海关艇的妇女及两个8岁至12岁的儿童。而"这个妇女似乎是主要的证人，可以用英语向我们讲，因为她通晓英语远比通事好"。② 女性直接与外国商船打交道，为了能与洋人做交易，她们甚至学会了外语，即"稍谙夷语"。当时并没有专门的外语学校，相信这些女性是在长期与洋人打交道的过程中自学成才的。

历史上的海盗一般都由男性充当，明清广东不少海盗集团如嘉靖时东莞何亚八、饶平许栋、许朝光和张琏、惠来林道乾以及隆庆、万历年间饶平林凤等，他们驰骋海洋，划分与控制海域，向过往商船收取过路费。隆庆《潮阳县志》卷2《县事纪》记载，海盗许朝光在潮州沿海一带"算舟征税"，按照规定："凡商船往来无大小皆给票抽分，名曰买水。"就是说，所有来往海洋的船只都须给他们留下买路钱。海盗通过收取保护费兼营走私，积聚钱财，不断壮大自己的海上力量，纵横南中国海。嘉庆年间，广东海盗不仅有女海盗，还出了海盗女首领郑一嫂。她是新会疍家女，从小生长在海上世界，参与了以海洋谋求生存的各种活动。在华南地区海域，作为一种传统，摇舢板、划小艇的事都由妇女承担，所以在华南海盗中，妇女无处不在，很多海盗都有自己的妻子，在海上战斗最激烈时，她们甚至与丈夫并肩作战。郑一嫂丈夫郑一是华南地区海盗首领之一，控制和指挥着规模最大、力量最强的红旗大帮，其舰队一般保持在200艘帆船左右，人数约2～4万人，规模最大时帆船达到600多艘。1807年，42岁的郑一在越南海域去世。其妻石氏已为他生育了两个儿子，被海盗称为"郑一嫂"，接替了丈夫的位置，成为当时南中国海一带闻名遐迩的"龙嫂"。光绪《广州府志》卷81《前事略七》记载："张保又属于郑一妻石氏。张保

---

① 故宫博物院辑《清道光朝外交史料》第1册，成文出版社，1968，第22～23页。
② 〔美〕马士编《东印度公司对华贸易编年史》卷4，第26页。

者，新会江门渔人子，年十五随父捕鱼，遇郑一为所掳。郑一嬖之。未几使为头目。郑一溺死，石氏领其众贼，谓之郑一嫂。石氏与保通，使领一队。保事石氏甚谨，每事禀命而行。"嘉庆十四年二月，广东提督孙全谋与郑一嫂率领的海盗在广州湾大战，结果被郑一嫂打败，"官军遂不支，失去十四舟"。为了阻止海盗进入内河"滋扰"广州，时两广总督百龄、广东巡抚韩崶支持南海、番禺两县士民在内河扼要口岸捐建炮台多座，以防御郑一嫂和张保之海盗骚扰。①

郑一嫂自始至终都参与了丈夫的海盗活动，她曾协助丈夫将华南零散的海盗组成海盗大联盟，实现了对珠江出海口和伶仃洋的控制，应该说对海盗的习性非常熟悉。在郑一死后，她亲自掌握海盗联盟霸主的领导权，被海盗大联盟尊称为"龙嫂"。她为了使其地位合法化并能有效行使权力，注意培植自己的私人关系，最终物色了丈夫养子张保，并通过性关系控制了张保，后又与张保结为夫妻，纵横南中国海，引起中外关注。郑一嫂是海盗大联盟的总指挥官，处事有条不紊，凡事必须经过她的允许才能进行。嘉庆十四年，郑一嫂领导的海盗大联盟在中外势力联合围剿下分化，郑一嫂遂决定率部归顺朝廷。1810年4月17日，她不顾众人反对，率领一个由17名妇女儿童组成的谈判代表团前往广州，在总督府与两广总督百龄谈判。郑一嫂坚持允许张保保留一队帆船用于贩卖食盐，最终迫使百龄屈服于她的要求。1810年4月20日，郑一嫂率海盗联盟的17318名海盗连同226艘帆船、1315门火炮、2798件其他武器归顺官府。张保归顺后，即被擢升为守备，后因破获鸦片走私重案有功，又荣升副将要职。郑一嫂则在广州度过余生，据说她"开了一间声名狼藉的赌局，过着一种宁静的生活"，在1844年69岁时逝世。②

乾隆时期，马戛尔尼率领英国使团由北京返回广州，爱尼斯·安得逊作为随从人员记录了沿途见闻。他在广州珠江上看到女性生活，"几天来我们从不少船上看到，这些船都是由妇女划船或司

---

① 道光《广东通志》卷125《建置略一》，岭南美术出版社，2009，第2169页。
② 〔美〕穆黛安：《华南海盗（1790～1810）》，刘平译，中国社会科学出版社，1997，第73~74、80、150页。

舵",这种现象在使团所经过中国北部各省从未见过。① 晚清美国传教士卫三畏于1833年抵达广州,在中国生活长达40余年,他在给鲁弗斯·安德森牧师的信中说,"一天我们背着一包书渡河来到澳门对面的岛上……送我们过河的是几位妇女,划船这么辛苦的活她们也干,就像中国其他地方的妇女一样"。② 长期生活在中国的美国牧师丁韪良也说:"我们访问了广州。……一行人坐着一条由一个大脚(即未经缠足摧残的)女人摇橹的小船,穿越密林般的中国式帆船,前往哈巴安德先生的房子。"③ 在他们的记述中,以划船为职业的广州女性不在少数,她们所划的船是一种手工摇橹的船只,而非帆船,要求划桨者有力气。当然,这些女船工是收费作业的。晚清广东珠江上仍有女性船工,"在广州工作的斯文医生说,他曾多次遇到过这样的情况,当他请撑舢板的女船主送他到河对岸时,她却让他等一刻钟或半个小时。在如此短时间内,她已将怀胎十月的孩子生下,放在船角的破布中,并准备将医生送到河对岸!"④ 这些女船主除了渡客外,还兼营水果买卖,19世纪30年代,法国人老尼克描述广州的女船主,"一个女人站在船头大声指挥着水手,她是这艘奇特海船的船长"。在珠江内河,"她们穿着轻便的衣裳,一眼就能看出是女孩。艰辛的工作使女孩们的肌肉过早地出现;蓝色长裤下露出赤裸的双腿……有时女船夫也是出售橘子和香蕉的流动商贩。"⑤ 西方人记录疍家女活跃在江洋之上的生活场景,在中文文献中也有记载,屈大均《广东新语》卷9《事语》记载,端午节"士女乘舫,观竞渡海珠,买花果于疍家女艇中"。乾隆时李调元记载:"广为水国,人多以舟楫为食。……中妇卖鱼,

---

① 〔英〕爱尼斯·安得逊:《英国人眼中的大清王朝》,费振东译,群言出版社,2002,第206页。
② 〔美〕卫斐列:《卫三畏生平及书信——一位美国来华传教士的心路历程》,顾钧、江莉译,广西师范大学出版社,2004,第40页。
③ 〔美〕丁韪良:《花甲忆记——一位美国传教士眼中的晚清帝国》,沈弘等译,广西师范大学出版社,2004,第7页。
④ 〔美〕E. A. 罗斯:《变化中的中国人》,公茂虹、张皓译,中华书局,2006,第20~21页。
⑤ 〔法〕老尼克:《开放的中国:一个番鬼在大清国》,钱林森、蔡宏宁译,山东画报出版社,2004,第5~6页。

荡桨至客舟前，倏忽以十数。"①

当然，广州郊区普通人家的女性所从事的社会经济活动绝不仅限于水上人家，还有不少乡村女性则参与了对外贸易中的加工业生产。据一位英国商人在考察广州河南某制茶场后报告说："我到达广州后得悉全部制茶过程……我们进入工场时，眼前呈现着一种奇异的景象：现场上挤满了妇女和儿童都在忙于从红茶中拣剔茶梗和黄色及棕色的叶子。……在广州茶的制造很普遍，郊外很多地方都有，而茶行最多又最好的都在河南。我们坐船渡过珠江，进入一短程运河，便把我们引到人烟稠密的郊区。很多大的茶行就在眼前，据向导说这正是我们要访问的对象。这些茶行都是宏大而宽敞的两层楼的建筑。下层堆满了茶叶和操作工具，上层挤满了上百的妇女和小孩从事于拣茶和把茶分为各种各类的工作。"②

鸦片战争以后，生活在通商口岸的一些中国女性还与洋人联姻。赫德于1858年初抵广州出任英国领事馆二等副翻译。在1859年至1865年期间，他和中国情人阿姚生育了3个子女，全部送到英国抚养。赫德后来在整理自己的日记时，试图删除与阿姚的那段生活，但仍留下了不少痕迹，如1858年5月20日，两位不期而至的官员进入赫德住宅，"阿姚躲入后堂，未被看见"。7月26日，"派阿志去澳门给阿姚送去20元"。8月15日，"阿姚羞怯地提出要700元，至少得200——不行！！！" 9月16日，"我是看阿姚去的，她于前夜从澳门回来，她向我要200元，我一定要和她断绝关系"。9月19日，"给阿姚125元，我的意思是这就了结了关系"。9月22日，"整个晚间工作都很紧张，到东北门附近去看阿依"（此句划掉）。9月23日，（此行划掉）"已谈妥给阿依100元，给池22元"。9月24日，（此行用交叉线划掉）"把阿依带到宝塔街的住处"。上述记载表明，赫德不仅拥有阿姚，还有情妇阿依等。这些记载也反映了广州女性对婚姻的开放度，但并不排除她们与洋人结合是受家长支配，赫德在1858年9月16日记载："妙哉！巴夏礼先生的密探王某或邢某要把自己的女儿嫁给我做妻子。他说，

---

① （清）李调元：《南越笔记》卷16，吴绮等撰《清代广东笔记五种》，第386页。
② Robert Fortune, *A Residence Among the Chinese*, London, 1857, 转引自彭泽益《中国近代手工业史资料》第1卷，中华书局，1957，第483~486页。

他感到今后洋人在广州一定要高人一等了，他希望能和洋人结成亲戚。"①

应该说，明清时期尽管儒家文化已经在广东逐渐普及，但广东乡村妇女在基层市场的商业活动始终没有改变，尤其是到了清代，随着国内外商人云集广州，广东经济的商业化倾向明显加强，参与市场活动有可能带来更多的发展机会，所以妇女们也积极地利用一切机会，从事着区域内乃至与海内外有关的商业活动，一口通商时期，妇女甚至可以与外国商人面对面地用"夷语"进行商业交易。更有甚者，一些妇女驾舟驰骋海洋，充当海盗头目，加入到中国民间力量与西方商人争取海洋贸易的大潮中。

---

① 〔美〕凯瑟琳·F. 布鲁纳、费正清等编《赫德日记——步入中国清廷仕途》，傅曾仁等译，中国海关出版社，2003，第 197~199、267、279、298~299 页。

第七章
明清庙会中的女性：
以碑刻为例

杨国桢先生在为中国社会经济史学派创始人之一傅衣凌先生论著《傅衣凌治史五十年文稿》一书撰写的"序言"中曾指出："傅衣凌教授对历史学的贡献，主要在于开创了中国社会经济史学派。这个学派，在研究方法上……特别注意发掘传统史料所弃置不顾的史料，以民间文献（诸如契约文书、谱牒、志书、文集、帐籍、碑刻等）证史；强调借助史学之外的人文科学和社会科学知识，进行比较研究，以社会调查所得资料（诸如反映前代遗制的乡例、民俗、地名等）证史。特别注意地域性的细部研究和比较研究，从特殊的社会经济生活现象中寻找经济发展的共同规律。"[1] 强调深入田野观察和挖掘乡土资料，陈春声教授将其称为"走向历史现场"，通过百姓日常活动所反映的空间观念和地域认同意识的变化过程，更好地解释中国的社会历史。[2] 赵世瑜教授把明清以来的庙会与民间社会的活动形象地以"狂欢与日常"进行归纳，并专门讨论了妇女在庙会中的宗教活动。[3] 本章即根据笔者近年来深入乡村社会考察，在庙宇、祠堂中抄录的碑刻资料进行研究。这些碑刻内容相当丰富，涉及村规民约，其中也少不了女性的身影，如博罗县于乾隆三十七年五月二十二日立《奉宪严禁碑》中有"男妇稚童，牧牛毋得携进入山……"。[4] 又在今龙川县贝岭区米贝乡存留的嘉庆十三年四月立的《三乡遵示谕禁碑》说，当地"烟户稠密，山多田

---

[1] 傅衣凌：《傅衣凌治史五十年文稿》"序"，厦门大学出版社，1989。
[2] 陈春声：《走向历史现场》，载"历史·田野"丛书，三联书店，2006。
[3] 赵世瑜：《狂欢与日常：明清以来的庙会与民间社会》，三联书店，2002。
[4] 谭棣华等编《广东碑刻集》，广东高等教育出版社，2001，第802~803页。

少，贫民衣食全靠于山"，出现"妇孺盗砍竹木"的现象。① 光绪五年六月《严禁藉命讹诈以肃法纪事碑》讲述海丰县"又有民间妇女，不明大体，偶因家庭不睦，或因外人口角，抱忿轻生，于是母家夫家因而藉尸混告"。② 光绪二十二年九月海丰县一禁碑说，东清等乡附近海旁，"时有男子采捕，女子拾蚬，藉资生活，来往实多"。但男性水上采捕多"赤身露体，拿向女人轻薄，往往因此启衅，酿成祸端，合行出示严禁"。③ 从这些碑文看，男女都有在野外劳动的习惯。一般而言，碑刻一般都摆放在庙宇、交通要道等公共场所，大有广而告之的意思，目的就是让更多的人了解这一信息。明清王朝一直禁止妇女外出参与庙会活动，担心女性入庙有伤风化。但女性冲破禁令，通过助金活动将自己的姓名刻石于庙，显示其独特的生活面相。为此，我们在引用这些碑刻时，将尽可能全面展示这些女性的名字。

一　女性祭拜神灵的习俗

广东人好巫已有悠久的传统，明清时期随着儒家文化在广东的不断推广，但重巫作为地方传统不可能完全销声匿迹。当然，好巫的传统本身会随着王朝的更替而有所不同，从文献记载以及笔者田野访谈来看，至少从五代开始，广东各地庙宇碑刻中就能看到各色人等对庙宇的关注，其中女性在庙宇碑刻中的出现，似乎主要与都市或其周边的庙宇有关，也就是说，明代之前庙宇的修建，一般都建在人口相对较多的都市之中或其周边地区，而且这些碑刻铭文大多镌刻于金属器皿上。到了明代以后，一方面可能因为读书识字的人越来越多，并逐渐深入到乡村社会；另一方面乡村庙宇建立十分普遍，女性成为祭拜神灵中的活跃分子，也是捐助庙宇或神像、法器的积极参与者，所以在庙宇碑刻中女性出现的概率越来越大。换句话说，女性因外出烧香拜神的机会越来越多，她们有机会将平日积攒的钱财不断投入庙宇建设，为家人祈求平安幸福，同时也将自

---

① 谭棣华等编《广东碑刻集》，第866页。
② 谭棣华等编《广东碑刻集》，第857页。
③ 谭棣华等编《广东碑刻集》，第859页。

第七章　明清庙会中的女性：以碑刻为例

己的活动范围由家庭向外部世界不断延伸。道光《恩平县志》卷末《拾遗》记载，广东人随处立庙祭拜的故事，恩平县的石神山有一块石头，据说妇女祭拜石头可以生子，"祈嗣辄应"，所以吸引很多妇女前往，万历中叶，知县李奇英为这块石头建了一座庙，"至今妇女祀祷不绝"。说明一直到清代，妇女仍祭拜不止。

　　明清广东庙宇中将铭文篆刻在类似于太平钟等器物上的现象较为少见，更多出现以石材为主的碑刻。石材与铜、铁等铸造的大钟相比，不仅经济实惠，而且不需要更多的铸造技术。明末，广东因科举人数不断增多，因竖立坊碑之需，南海西樵山石材被大量开采，以致有人发出要禁止开采的声音，"及隆万时，凡登会榜必采石以竖坊，石塘一开，入公用者十一，私橐者十九，遂视樵石为利薮"。① 尽管这里描述的不是针对庙宇竖立碑刻的，但相信在明末以后，因庙宇的大量增多，用石块竖碑的现象也与此情景差不多。嘉靖中后期，海瑞在江南淳安任县令期间，对该县的寺观有如下描述："淳安寺观院庵计有二十二处，其余小神屋杂置于民间山麓者，不可计数。僧每寺院约有十余人，私居道士以数百计。"② 广东的情况似乎更为严重，嘉靖《广东通志》卷20《风俗》记载，广东"习俗尚鬼，三家之里，必有淫祠庵观，每有所事，辄求珓祈签，以卜休咎，信之惟谨。有疾病不肯服药，而问香设鬼，听命于师巫僧道，如恐不及"。咸丰《顺德县志》卷32《杂志》记载，仅在大良就有七八所天后庙，"惟东门外青云路第一桥外最灵显，妇女皆以金线绣鞋献，制极精巧，每年三月二十三诞日，各村赛神演剧"。在如此密切的寺观建设中，若再用金属铸造器物铭文，已经不太现实。再说一些乡村的"小神屋"也无法放置庞大的金属钟。通过这些石刻的碑记记录，为后人了解明清时期女性参与庙宇活动提供了重要的证据。

　　明清广东方志均设"风俗"栏，多会描述各地游神祭祀活动，如乾隆《镇平县志》卷2《风俗》记载，当地每年正月二十日会流行"妇女礼佛"，名曰"结大人缘"，当地竹枝词中有"女伴相呼

---

① （清）刘子秀：《西樵游览记》卷6《台石（采石）》，广西师范大学出版社，2012，第273页。
② 陈义钟编校《海瑞集》上册，中华书局，1962，第96页。

作队行，齐向梵王低语祝，大人缘愿结来生"的语句。这一活动几乎一直在乡村社会持续，只不过祭拜日期略有变化而已，咸丰《兴宁县志》卷10《风俗志》记载，元宵夜"结彩张灯，有鱼龙、走马、牡丹、莲花诸灯，各寺庙街坊鼓乐群饮，烧吐珠花爆紫烟火，喧阗之声，达旦不绝，村落男女走二三十里入城聚观，自十一夜至十七夜，郭门弛禁……"这里尽管描述的场所主要在城内，但观看者大多来自二三十里外的乡村男女。同治《石窟一征》卷4《礼俗》记载，"旧志：妇女以正月初八日，赴观音庵，结大人缘"。编修者添加的按语说，根据《白衣经》的说法，"是日，南无华严众意甘露苦王观世音菩萨示现，故妇女皆相约赴会也。然佞佛之事，究非所宜。是日俗称谷生日，乡村妇女常于早晚两季插种后，至五谷神庙作禾福，若以佞佛之心，易而为重农之意，则以正月初八日为谷神作生日，较之奉大士犹为当也"。可见，在结大人缘和谷神生日中，妇女是主要参与者。有些妇女甚至行走百里入城观看表演，光绪《嘉应州志》卷17《祠祀》记载：每当城隍诞，"当出会时，或陈古玩以炫富，或饰冶容以导淫，不惜百家之产供一日之观，其于居民生计实为大蠹……乡村妇女尤甚，往往离家百里之遥，敛钱聚会兼引少年妇女，百十成群聚集州城，弊端百种由此而起"。从之前的二三十里到现在的百里，妇女距离家庭所在地越来越遥远。

在各类神灵信仰的活动中，女性不仅是重要的参与者，而且有时还是神灵仪式中的代言人，同治《石窟一征》卷3《教养二》记载，"俗妇女多信仙姑，平民妇忽有神附其体，其神名曰仙姑，殆女流也"。而仙姑所托之人也被民众称之为仙姑，"仙姑平时饮食言语一如常人，有延之请仙者，用线一绺、米一升，于室中焚香纸设酒脯，仙姑伏于桌间，少顷喉中咯咯有声，仙姑来矣"。这些仙姑通过歌唱的形式，"叙家常闲话，或病人请仙姑，则仙姑所歌，皆论其病之所从来，及须祈禳与否"？若因病治疗或消灾之类，仙姑"破一卵，视其中黄白若何，以审其病之轻重；或令其剪纸，叠于床席之间压之，或令其施衣纸，按方向送之；或曰宜召师巫；或曰当祷社庙；或曰疾不可为也"。据说仙姑的这些行为相当灵验，受到妇女吹捧，"往往有验，妇人以为灵"。也可能正是因神灵的灵验，所以才会吸引她们不断地捐金。

第七章 明清庙会中的女性：以碑刻为例

明清广东妇女时常出现在各种神灵祭祀场所，南雄位于连接广东与中原的重要通道上，据康熙《保昌县志》卷2《风俗》记载，每年八月十五日，城乡民众"以纸面造长和尚，沿街戏耍，唱木鱼歌，妇女列坐而观，或邀茶会，粉黛成行，由城内外出入，虽远亦步行"。九月九日重阳节，"请茅山教师建王母会，妇女求嗣者聚，数巫师皮冠绯衣，唱舞吹牛角，谓之海角"。所谓"木鱼歌"又名"摸鱼歌"，是广东乡村社会流行的歌谣，道光《开平县志》卷10《外纪志》云："俗喜唱摸鱼歌，如唐人连昌宫词琵琶行等，至数千百言，以三弦檀板合唱，或以筝，有男瞽女瞽。妇女岁时聚会则使唱之，其事或有或无，大抵孝义贞烈之事为多，竟日始毕一记。可劝可戒，令人感泣。"而聚会往往与好巫连在一起，乾隆初，张渠在《粤东闻见录》卷上"好巫"记载："粤俗最喜迎神赛会，凡神诞，举国若狂，台阁故事，争奇斗巧。……历数昼夜而后已，计一会之费，可抵中人数家之产。"戴璟《广东通志初稿》卷18《风俗》记载："惠州为商者少，务农者多，市井交易，早聚晚散，其细民妇媪则有担负蔬薪出于市者，乡落之民，每当月夜，男女聚于野外浩歌，率用俚语。"元宵节期间，妇女成群结队外出，引起官府颁布《禁扮春色》禁止，"查往年迎春之日，各街坊游闲好事、不务生理之人，往往聚集。多装扮台阁，填街塞巷，举国如狂。其间争斗滋兴，盗贼窃发，为祸不小。况当民穷财尽、米珠薪桂之日，以有用之财供无用之费，岂不可惜？合行禁止"。[①] 但官府的禁令难以抵挡民间习俗的传播，番禺神诞赛会期间，到处活跃着妇女的身影，尤以南海神庙为"极盛"，每年二月"四远云集，珠娘花艇，尽归其间，锦绣铺江，麝兰熏水，香风所过销魂荡心，冶游子弟弥月忘归，其縻金钱不知几许矣。他则华光、先锋、白云、蒲涧及端午竞渡，所称会者，无月无之。他小神祠之会不可备书"。[②] 当然，在南海庙中活动的不仅仅是"珠娘花艇"的妓女，应有各色妇女的参与。而那些分布乡村的"小神祠"，或许为名不经传的神灵，或是祠庙规模较小，但它们都应是妇女参拜的重要场所。

[①] （明）颜俊彦：《盟水斋存牍·公移》，中国政法大学法律古籍整理研究所整理标点，中国政法大学出版社，2002，第339页。
[②] 光绪《广州府志》卷15《舆地略七·风俗》，2007，第274页。

每逢元宵节,妇女外出游玩更成为一大风景,如花县"十六之夕,妇女出游采青,谓之走百病"。① 四会县"元夜,妇女步月至人家,撷菜少许,曰偷青。或撕取人家门前春联,曰偷红。或到神庙摘灯带怀归,置床簀下,云宜男。二十六日为禁日,妇人停针线,相约出游,曰耍禁"。② 高明"立春前一日迎春,装戏剧鼓吹。是日,礼房雇夫役扛彩舆,迎土牛,于县东门外塔脚,观者塞途。各妇女以谷米粟豆撒掷土牛,以兆丰年"。③ 揭阳"上元张灯树,放烟花,扮八景,舞狮子。坊间表谜,士民集而猜之,中者有赏。妇女儿童度桥投块谓之渡厄,或采青,拾瓶嘴以归,取义宜男"。④ 咸丰《琼山县志》卷2《风俗》记载,"元宵,满城妇女尽到总镇衙前折取榕叶,谓之偷青,或燃香城门祝之,以祈有子。"

广东妇女于元宵夜外出偷摘人家蔬菜,名"采青",目的是求子。有的妇女因生不出儿子,又特意偷人家园中莴苣吃,"云能生子。盖粤人呼莴苣为生菜也"。⑤ 由此发展成广东特色的"生菜会",同治《南海县志》卷5《建置略·祠庙》记载,官窑墟观音庙"岁正月二十五日,村人夫妇多诣赛神,礼毕,登凤山小饮,啖生菜,名生菜会,是岁多叶梦熊之喜"。所谓梦熊之喜即贺人生子。宣统《南海县志》卷4《舆地略三》记载较清晰:"金利司官窑乡有白衣观音庙,前临河后倚岗,俗传正月廿六日为观音借库之期,故该庙每年以是日开库,庙前雇梨园一部,灯火连宵……远近到庙祈祷者络绎不绝。士女云集,画舫塞河。祷毕,借藁坐地,以蚬肉拼饭,生菜作包食之,云取生子之兆。故俗人多挈眷往祷。"粤人食生菜始于何时已不详,但嘉靖《广东通志初稿》卷18《风俗》已有记载,"迎春日,竞看土牛者,老少奔走盈路,啖春饼生菜",并说是全省风俗。以后历代方志均有记载,并云生菜即莴苣。⑥ 晚清《点石斋画报》专门刊有描述南海官窑观音庙的"生菜盛会"

---

① 康熙《花县志》卷1《舆地志·风俗》,光绪十六年重刊本,2007,第149页。
② 光绪《四会县志》编一《舆地志》,2009,第115页。
③ 光绪《高明县志》卷2《地理志·风俗》,2009,第445页。
④ 乾隆《揭阳县正续志》卷7《风俗志》,2009,第275页。
⑤ 徐珂:《清稗类钞》第10册,中华书局,1986,第4661页。
⑥ 白海英:《传统的再生与复兴——"生菜会"源流考》,《广西民族大学学报》(哲学社会科学版)2008年第6期。

第七章　明清庙会中的女性：以碑刻为例

场景。①

潮州地区迎神赛会也一样繁华，雍正年间蓝鼎元描述潮州迎神赛会情形："鬼怪盛而淫邪兴，庙祀多，而迎神赛会一年且居其半，梨园婆娑，无日无之，放灯结彩，火树银花，举国喧阗，昼夜无间。拥木偶以邀游于道，饰装人物，肖古图画，穷工极巧，即以夸于中原可也。妇女入庙烧香，朔望充斥，然皆中年以上者。及岁时应节，踏青步月，观剧赏灯，少艾结群，直排守令之阃，拥挤公堂，沸若鼎溢。遨游寺观，跳叫无忌，不复知人间有男女之别矣。"② 乾隆《潮州府志》卷25《祀典》记载，潮州韩公祠建于宋代，一直受历代官府重视，不时加以修葺，也是民众祭拜的重要场所，康熙年间，在韩公祠左奉大士像，每逢"朔望，妇女焚香络绎"。随着节庆活动的增多，女性参与的积极性也高涨，"元夜结彩张灯……各寺庙街坊鼓乐群饮，烧吐珠花爆紫烟火，喧阗之声达旦不绝，村落男女走二三十里入城聚观……"。③ 嘉庆、道光时期，程含章在《岭南续集》描述广东各地赛神演戏的盛况，"春祈秋报，礼之常经，建醮酬神，原所不禁，乃粤东风俗，每年秋后挨户勒收银钱，分街设坛，穷工极巧，并不洁诚拜祀，但闻锣鼓喧闹，歌唱作乐，三日之后拆铺搭抬唱戏，无非图热闹耳。其有数年一会者，搭盖殿宇，绚烂辉煌，顾倩幼女装扮台阁，迎神游街，执事陈设，金彩耀目，男女杂遝，盗贼兹多，每一会费银数千两及数万两不等，奢靡极矣"。④ 除花巨资建醮酬神外，还有就是"男女杂遝"的不雅场景，从而成为官宦抨击之口实。

妇女外出拜神与游玩，一直是明清官府整治的重要对象，但妇女出游仍十分活跃。⑤ 尽管一些地方志编纂者有时会回避这一话题，但又总想以妇女的言行来表达地方风俗的淳厚，"莞俗之善者，妇

---

① 《点石斋画报》第6辑第30册，亥集，广东人民出版社，1983，第52～53页。
② （清）蓝鼎元：《鹿洲初集》卷14《潮州风俗考》，2009，第630页；《鹿洲全集》，第297页。
③ 咸丰《兴宁县志》卷10《风俗志》，第630页。
④ （清）程含章：《岭南续集》卷10《程月川先生遗集》，《丛书集成续编》第133册，上海书店出版社，1994，第234页。
⑤ 陈熙远：《中国夜未眠——明清以来元宵、夜禁与狂欢》，载蒲慕州主编《生活与文化》，中国大百科全书出版社，2005，第309页；赵世瑜：《狂欢与日常——明清以来的庙会与民间社会》，三联书店，2002，第268～278页。

419

女不巷游，不入市，俗尚俭素"，但接着又说，"莞妇女不出游，向惟士夫家，然女奴婢妾群行街市，而尼僧尤甚，其以诱略贩卖，闻及为桑中之期者往往而是"。① 这里强调具有身份的士大夫家女眷属不会到人多嘴杂、光怪陆离的"市"或"街市"中去。而普通人家的妇女则会"群行街市"，因此或被"诱略贩卖"，或被骗奔赴"桑中之期"发生奸情。这一记载因为是地方风俗，相信其历史应该较为长久，从中可以看出清初官府推行儒家"男女之防"的思想不遗余力。《盟水斋存牍》中有《奸情何传芳绞议矜疑》描述说，广州回龙庙神像整修后，村民何传芳用厚资贿邻妇何氏，让她哄骗名叫晚娇的女孩一起去看神像。后来晚娇"披发泣回"，向母亲褟氏哭诉自己被传芳强奸。官府接到报案后立即展开调查，但并"未见行奸实证，血裙递出不见"。且妇人何氏在严讯时，"亦止言苦拖晚娇是的，不供强奸何所，不供已成未成"。据大明律中的强奸律注，"须有人知闻，及据其损伤肤体，毁裂衣服之属方坐。又奸幼女，须令稳婆验，已成者绞，何可以披发泣诉，便为铁案也？"② 这个案件至少反映出明末乡村社会男女间的交流并不完全授受不亲，乡邻间男女结伴外出是存在的。

清初，珠三角地区女性借口礼佛，成群结队从广州府出发奔向粤北韶州府六祖开创的禅宗祖庭丹霞山附近的佛寺，这些女性多出身普通人家。为此，时高僧成鹫和尚作《代示尼众》加以劝阻，全文节略如下：

丹霞僻处山中，远在天末，非若附近有道场，可朝发而夕至也，汝等尼众，不远千里，结伴买舟，冲冒滩泷，齐持资重，特来本山设供，此种好事，世称稀有。然在老僧视之，则谓庭前生瑞草，好事不如无。何以故？夫斋供求福，乃在家善信，积聚财帛，增长悭贪，故我佛权教劝令布施，种有漏因，结无为果。然究竟三轮体空，四相无住，方称极则。汝等出身巾帼，既与丈夫异相，辞家学道，剃发染衣，为如来弟子，为大爱道儿孙，自当禁持常物，不蓄秽财，无悭贪之可舍，无痴

---

① 雍正《东莞县志》卷2《风俗》，2007，第48页。
② （明）颜俊彦：《盟水斋存牍》，第630~631页。

第七章　明清庙会中的女性：以碑刻为例

福之可修，奈何舍却自己家珍，向外驰求，穿州过郡，作此饶益之事乎？丹霞自澹归和尚开山，即勒石山门，禁绝妇女，至今数十年，未尝有尼众入山问道者，何况斋僧！昨因念汝等精诚，恳求摄受，是以权开此禁，受汝供着，可一而不可再也。本山大众，老实修行，棲心澹薄，不求利养，不喜攀援。佛制，比丘不得遣尼劝化得食，不得受尼指示食。今特为汝等受供，纵无过犯，未必欢喜。且广、韶二郡，相去辽远，半月程途，中间不无风波之险、意外之虞。幸而水陆平安，往还无事，实受龙天之庇。一旦不测，万一强暴侵凌，虎狼躯逐，众中有一不如意，回家便谓求福无验，退息信心，大不可也。又律制，比丘不得与尼同船，所以明微别嫌也。以此类推，则尼众亦尔。今同舟之人与操舟之人未必尽是妇女，半月之内，男女混杂，虽清白无玷，易生讥嫌，大不便也。今闻汝等各各还家，毫无恐怖，不招物议，不可谓非三宝加护之恩，大众修行所致也。事属已往，不妨戒之，将来慎毋再蹈前辙，重来决不纳受也。并为传语省会尼众，咸使闻之，各守本分，修行辨道，持律参禅，闭门少出。出见大僧，须恭敬避路，切勿高帽广履，装扮江湖，招摇作态，破坏大爱道家风。如是修行，胜过斋僧十倍。倘欲求福设供，须就附近道场，如法供养。①

大爱道是西域比丘尼之始，据说是释迦的姨母摩诃波波，释迦出生七天后，母亲谢世，由姨母代为养育。② 澹归和尚，俗名金堡，浙江仁和人，明崇祯十二年进士。明亡后不久，入广州海幢寺为僧，康熙元年到丹霞山营建别传寺。澹归和尚原先就规定"禁绝妇女"到丹霞山礼佛，以此判断珠三角等地女性涌向丹霞山应从明末就开始了，到了康熙年间，面对大批珠三角妇女的到来，只得"权开此禁"。不过，广州至韶州"相去辽远，半月程途"，水陆兼程，难免"男女混杂"。因此，澹归和尚告诫："将来慎毋再蹈前辙，重来决不纳受也。并为传语省会尼众，咸使闻之，各守本分，修行辨道，持律参禅，闭门少出。"这些高僧不赞同女尼外出，明显受

---

① （清）成鹫：《咸陟堂集》，广东旅游出版社，2009，第225~226页。
② （梁）释宝唱：《比丘尼传》，王孺童校注，中华书局，2006，第12页。

儒家男女授受不亲影响，故以"大不可""大不便"为由，要求女尼"须就附近道场如法供养"。但也反映明清广东女性佞佛的热情，以致置礼教于不顾。

至少从明代开始，官府不断禁止妇女入庙烧香，道光《直隶南雄州志》卷6《名宦》记载，同安人黄伟于嘉靖二年出任南雄知州，"禁妇女嬉游，毁淫祠"。清代各地官府以各种形式禁止妇女入庙烧香，如江南地区"禁妇女入寺烧香示，为吴中陋习，妇女入寺烧香，而虞邑尤甚，每乘佳晟佛日，则空城而出，陆舆水舫，新妆丽服，殊犯冶容诲淫之戒，违者必究"。① 实际上广东妇女每逢神诞也纷纷外出，雍正《丹霞山志》卷2《建置志》记载"山门三禁"中就有"妇女不得入山"之禁。② 光绪《香山县志》卷12《人物》记载，乾隆十三年暴煜出任香山知县针对"俗尚祈禳，妇人入庙礼神，积习成风。煜示禁谕，旧俗为之一变"。当然，所谓"旧俗"有所变化似是赞誉之词。光绪七年官府在广州光孝寺、海幢寺内立《禁妇女入寺烧香示碑》，由广东布政使、按察使共同颁布，内容显示晚清广州观音山庙宇中出现"男女混杂""男女成群""无知妇女相率艳服冶容"之景象，且"省城内外，凡有寺院丛林无不如是"。为此告示："嗣后妇女各宜静守深闺，恪遵女诫。如敢于各寺丛林仍前游冶，托为礼忏还愿烧香者，妇坐其夫，无夫即坐本妇，女坐其父，无父坐其伯叔弟兄。僧道尼姑不行拒绝，敢于招引者，该地方官一并锁拿到案，按律惩处，决不宽待。"③

广东女性祭拜神明至今仍保持不衰，2009年8月26日即农历七月初七日，我们参加了广州天河区珠村举行的广州乞巧文化节。该村有陈、潘、钟等大姓，在"元德陈公祠"，60多岁的欧婆婆说，每逢七月初七日，村里妇女都举行拜七娘活动，祭拜仪式由女人主持，结婚与没结婚的都可参与，也有些男人帮忙干重活。在"以良潘公祠"，一位70多岁的陈婆婆说，珠村原来有很多神庙，

---

① 康熙《常熟县志》卷9《风俗》。《中国地方志集成·江苏府县志辑》第21册，江苏古籍出版社，1991，第169页。
② 白化文等主编《中国佛寺志丛刊》，广陵书社，2006，第213页。
③ 李仲伟、林子雄、崔志民编著《广州寺庵碑铭集》，广东人民出版社，2008，第65~66、207~208页；冼剑民、陈鸿钧编《广州碑刻集》，第189页。

其中观音庙内有七娘、金花庙里有十二奶娘。这两个庙都是女人在生育子女时所拜的。观音、金花二庙在"文革"破四旧中被毁。据她说，新中国成立前珠村还有"七娘会"。现在村里的七娘会是四年前恢复的，由女性参与，会员要交50元会费，但若帮忙照看和打理祭拜活动则不用交。此时坐在陈婆婆周围的几位阿婆，有的说不了解七娘会，也有说七娘会是上年纪的老太婆发起的，新中国成立前就有人组织，破四旧时被中断了。会员一定要交钱，否则没份。在"梅隐潘公祠"，一位60多岁的潘婆说，村里之前有姑婆，她们有的家里有钱，有的则没钱，有的因家里需要她维持生计，有的因看不上别人。她说村里很多庙在"文革"时拆掉了，现在只有北帝庙、洪圣庙。她说七娘会只是一个自发组织，由上了年纪且聊得来的女性在农历五月底、六月初商议乞巧相关事宜。仪式结束后，"有份"的人可聚餐吃饭，最后还可分到花生，但55岁以上不交钱的女性可吃饭，分不到花生。

二 南汉至明代女性捐施寺庙

岭南地区的庙宇至少从隋唐开始已经遍布于乡村社会，正史以及民间社会关于六祖慧能的故事，几乎都与庙宇有关。笔者在广东封开、高要、怀集、新兴、四会、南雄等地考察时，几乎每个县都有关于唐代慧能经过该地庙宇或因慧能经过而建立庙宇的故事。不过，由于南方气候潮湿等缘故，有关隋唐岭南地区庙宇的碑刻流传并不多见。现今所见岭南庙宇碑刻多在南汉时期，而且碑刻中已有女性助金者的芳名出现。清人吴兰修辑录《南汉金石志》中记载，南汉乾亨寺有一大铜钟，[1] 上有落款："维大汉大宝四年岁次辛卯九月辛酉朔二十五日乙酉，铸造铜钟一口，重一千五百斤，于乾亨寺内，永充供养。"吴兰修所加按语云：这口"钟款"上有众多人名，涉及职官37人、耆寿9人、众缘173人、工匠8人、女子25人、僧21人。幸运的是，这25位在"钟款"中被称为"女弟子"的姓名，经过史书的记载一直被流传至今。据吴兰修

---

[1] 雍正《广西通志》卷44《古迹》记载："铜钟在（贺县）三乘寺，重千五百斤，声闻数十里。上有大汉大宝四年九月辛酉制数字。"

整理记录如下：

女弟子：蒋氏六娘、黄二娘、徐十四娘、李十四娘、虞二十一娘、陈二娘、欧阳十八娘、陶五娘、李二十八娘、冯一娘。

铸造匠人：梁道崇 颜位 邓珠

书人：区煜

镌字匠人：齐公延 齐公握 阮仁兴 田从训

女弟子：陈三娘、区四娘、宋九娘、李八娘、陈二娘、任八娘、简十娘、王一娘、刘二娘、李九娘、廖二娘、赵十六娘、徐九娘、何一娘、陈一娘。[1]

从这些女性的名字来看，南汉时期，岭南地区习惯以"娘"来命名女性。南汉时，佛教造像也在岭南地区流行，其中也不乏女性参与，如广东省立中山文献馆藏宣统二年《岭南金石拓本》"王氏造像记"说："粤维大宝二年七月十五日，王氏为亡夫敬造药师佛像一区，愿亡魂早登仙界。"又如"梁怀义造佛像碑"中就有"女弟子邓怀贞、邓廿三娘等"等。[2] 在今广州市博物馆收藏的后梁吴存锷墓铭中可以看出，女性也有其他命名，吴存锷系后梁岭南东道、清海军随使、泷州刺史、御史大夫、上柱国的身份，娶妻黄氏，生育二子，长子延曾，次子虫子，有一女"娘珠"，嫁陆氏。其子延曾娶霍氏，生二女，长名胡娘、次名小胡。吴存锷于南汉乾亨元年九月葬于南海县地名大水岗。[3] 从"公娶于黄氏""延曾娶霍氏"以及"娘珠嫁陆氏"看，男女似乎都可被称为"某氏"，而作为家庭子女，不管男女，又都有自己的姓名。女性不仅有名，而且可能还有字，南宋末年，增城县李肖龙在家乡创里德祠，祀乡贤崔清献公、古令尹宾佛、何仙姑等，又筑李氏家庙行祠，"拨田赡僧以奉香火，迁诸祖考伯叔于凤凰岗，仿伊川族葬，图班以昭穆，

---

[1] （清）吴兰修辑，陈鸿钧、黄兆辉补征《南汉金石志补征》，广东人民出版社，2010，第54~55页。

[2] （清）吴兰修辑，陈鸿钧、黄兆辉补征《南汉金石志补征》，第141~142页。

[3] 李仲伟、林子雄、崔志民编著《广州寺庵碑铭集》，广东人民出版社，2008，第99~102页。

每岁寒食重九率妻子孙妇侄素服器墓下致祭"。据记载,他一生二娶,"初娶邑顾氏六八娘讳道贤,先公二十三年而没,再娶东莞尹氏三娘名妙真"。①

南汉大宝六年,朝中权臣龚澄枢在广州光孝寺建造了一个铁塔,并在四面留下了相同内容的落款:"玉清宫使、德陵使、龙德宫使、开府仪同三司、行内侍监、上柱国龚澄枢,同女弟子邓氏三十二娘,以大宝六年岁次癸亥五月壬子朔十七日戊辰铸造,永远供养。"② 清道光年间,刘应麟在《南汉春秋》卷7《邓氏三十三娘》云:"邓三十三娘,乃宦者龚澄枢妻,大宝六年同澄枢铸铁塔于光孝寺之西廊。"

宋代儒家文化已经逐渐在岭南地区传播开来,儒佛道交融并存愈益深入,佛教世俗化在唐末基础上走得更远,时高州刺史房千里《投荒杂录·南中僧》记载:"南人率不信释氏,虽有一二佛寺,吏课其为僧,以督责释之土田及施财。间有一二僧,喜拥妇食肉,但居其家,不能少解佛事。土人以女配僧,呼之为师郎。或有疾,以纸为圆钱置佛像旁,或请僧设食,翌日宰羊豕以啖之,目曰除斋。"③ 这些"师郎"表面上是僧人,但基本不受佛教"清规戒律"约束。僧人娶妻在岭南较多,唐人郑熊《番禺杂记》说:"广中僧有室家者,谓之火宅僧。"④ 宋代这一现象更加普遍,宋人庄绰曾以"广南僧率有室家"为题说:

> 广南风俗,市井坐估,多僧人为之,率皆致富。又例有室家,故其妇女多嫁于僧。欲落发则行定,既剃度乃成礼。市中亦制僧帽,止一圈而无屋,但欲簪花其上也。尝有富家嫁女,大会宾客,有一北人在坐,久之,迎婿始来,喧呼"王郎至矣"。视之乃一僧也。客大惊骇。因为诗曰:"行尽人间四百州,只应此地最风流。夜来花烛开新燕,迎得王郎不裹头。"

---

① 李春叟撰李肖龙墓志铭,嘉靖《广州志》卷33《陵墓》,嘉靖六年刻本,2007,第431~432页。
② (清)吴兰修辑,陈鸿钧、黄兆辉补征《南汉金石志补征》,第66~67页。
③ (唐)房千里:《投荒杂录》,《说郛》卷23,《文津阁四库全书》第290册,商务印书馆,2005,第556页。
④ (元)陶宗仪:《南村辍耕录》卷7,中华书局,1959,第86页。

如贫下之家，女年十四五，即使自营嫁妆，办而后嫁。其所喜者，父母即从而归之，初无一钱之费也。①

这段记录反映广东市井做买卖者多为僧人，他们致富后多有娶妻现象，形成"例有家室"的普遍现象，较唐代"间有一二僧"不可同日而语。为此，制帽行特制"僧帽"，以便僧人娶妻插花成礼。"富家"和"贫下之家"之女争嫁僧人，反映佛教世俗化已相当深入。佛教世俗化对民众生活影响较大，佛教化缘修桥筑路等善行的"劝首"多为僧人，北宋天圣元年四月潮州地区"买石座题记"就记载了劝捐"买石座三十个，与往来集善坐起"，其中施舍钱者就有林二十娘、李一娘、许十四娘等女性，她们捐施的数额甚至超过男性。又天圣七年三月"建桥题记残刻"记载捐施第一人就是女性郑二十六娘，数额400文，其余女性还有郑十二娘、谢二十四娘等。② 有学者在潮州市开元寺考察时，发现一口宋代政和四年三月铸造的大铜钟，上面镌刻的铭文多为施舍者，兹将女性姓氏罗列如下：

> 散岗住弟子林保同妻谢四娘舍钱二十贯文，祈乞平安。
> 韩庙前住女弟子刘八娘男曹赞舍钱五贯文，乞平安。
> 钟首黄和为在堂母亲郑九娘舍钱十贯文，乞平安。……
> 顺德邝一娘舍钱五贯文，祈平安。……
> 弟子王欢同妻舍钱五贯文，荐考妣二亲生界。
> 弟子林旺同妻方五娘舍钱五贯文，祈乞合家平安。③

潮州开元寺建于唐玄宗开元二十六年，宋代政和四年潮州金刚经社铸造的这口大铜钟，至今完好如新。政和六年，潮州金石塔下乡石井圈则由住信女许七娘独立舍钱结砌，劝首者为沙门以觉。洋乌王十娘、吴全女十一娘、马十六娘等施舍修造潮阳灵山寺石槽。④ 宋治平三年九月至熙宁二年八月，潮州刘用、刘扶、刘育祖孙三代

---

① （宋）庄绰：《鸡肋编》卷中，中华书局，1983，第667页。
② 黄挺、马明达：《潮汕金石文征》，广东人民出版社，1999，第15~17页。
③ 谭棣华编《广东碑刻集》，第231~232页。
④ 黄挺、马明达：《潮汕金石文征》，第76~77、91页。

祈福而"发心塑释迦牟尼佛,永充供养",其中刘用妻李二十娘、刘扶妻陈氏十五娘、刘育妻陈三娘共同参与,而且在丈夫死后,又率同子女塑造佛像。① 从上引资料来看,宋代岭南地区女性的姓名仍多取"娘"字,她们或与丈夫一起施舍或独自施舍,目的大多是祈求家庭平安。笔者推测,这些施舍人应该经常往来于庙宇与家庭之间,也说明宋代潮州地区佛教的兴盛。

上述潮州女性大多是受佛教影响,向寺庙捐施钱,发愿做善事。其实,潮州女性还向寺庙捐施田产,以保持父家及自己百年之后永生。据元代至元三年释大䜣撰《南山寺记》说,潮州南山寺建于唐初,一开始并没有业产。唐开元二十二年"有揭阳冯氏女,以父母卒,无他昆季,终丧。持田券归于寺,得租千二百石有奇"。数年后的八月二十六日,冯氏卒,"寺之人至今以是日为追思,供设甚盛,并冯之先祠之如生焉"。元朝延祐五年"里陈媪亦以田若干亩来施,祝曰:'吾施不多,愿寿终与冯同'。日后果符其言。于是兴祠祭于无穷也"。② 女性对佛寺的施舍田产,说明女性对父家财产享有处置权,而捐施给寺庙则可以获得寺僧永久的追思。

今广州城内的六榕寺塔刹宝珠,宋代因雷雨季节,"往往被雷震去",各方人士不断对之补铸重修,其中宋代淳熙十年有"女弟子黄氏念六娘舍钱铸造铁盖"。③ 宋代广州城内的光孝寺不断接受各方施主施舍田宅,女性是其中重要的组成部分。据乾隆《光孝寺志》卷8《檀越志》记载,宋度宗咸淳九年南海女子吴妙静捐大量田地给光孝寺,"妙静生于宋嘉熙三年,龙江吴道遗女也。绍定初,许嫁新会李氏子,亲迎之夕,李覆舟死。妙静誓不再适,捐家赀于李溺死处,造大石桥五所,题曰:贞女桥。所有奁田舍入光孝寺,资夫冥福,寿七十八卒"。该志还收录了宋咸淳九年释诏海撰写的《檀越吴氏舍田记》说:"夫在家出家,本非二法,贪爱即断,缘累自无。非见之卓而守定者,不能也。吴氏女妙静者,舍诸饰好,离众恶,示有眷,乐解脱,示有贤,则财而乐布施。乃罄已奁,示

---

① 黄挺、马明达:《潮汕金石文征》,第236~239页。
② 黄挺、马明达:《潮汕金石文征》,第293页。
③ 余庆绵主编《广州六榕寺志》,内部资料,1999,第22页。

田宅增益，供养大众……"① 万历《新会县志》卷 6《仙释传》记载了一个与吴妙静施田寺庙差不多版本的故事："宋黄道姑，归德都人，生于皇祐己丑（元年），其父母富而无子，惟道姑承之。性少慧，因看芭蕉有感，遂不适人，工纺绩，买田万顷，旋于广之光孝、韶之南华及开元、东禅、西禅、仁王、龙兴等寺，而光孝尤多。绍兴元年卒，年八十三。光孝寺僧为立祠墓左，即圆明庄聚宝庵也。"吴妙静与黄道姑皆为宋代女性，皆不嫁，家皆富厚，皆奉佛，皆施田。②

宋代女性向寺庙大量施舍，在珠江三角洲地区颇为流行，据乾隆《光孝寺志》记载，"宋朝施田捐赀檀越居士十一位，德媛十七位"，女性明显多于男性，并将黄道姑列在首位，"道姑生于宋皇祐元年，其父富而无子，惟姑承业。少慧，因有所感，遂不用纺绩，指海成田万顷，施于光孝、南华，及开元、东禅、仁王、龙兴诸寺，而光孝尤多。绍兴元年卒，年八十三。光孝为立祠墓，在江门都会村之旁。宝祐元年义都寺僧重修其墓"。③ 这 17 位女性为：

> 宋朝施田捐赀檀越居士十一位，德媛十七位列左：
> 徽宗大观二年，新会黄氏女道姑一位。
> 政和六年赖氏一位。
> 高宗绍兴三年番禺沙溪居士李锦同室杜氏二位。
> 宁宗开禧年间韩氏、徐氏二位。
> 嘉定十年孙氏、何氏名妙常二位。
> 理宗宝庆元年居士张道兴同林氏二位。
> 瑶平三年增城沙贝村黄氏名妙清同卢氏、陆氏三位。
> 淳祐二年刘孺人一位。
> 同时，女妙惠一位。请其姓乃寺僧隆仁姊也。
> 宝祐元年，居士罗道受同徐氏二位。

---

① 乾隆《光孝寺志》卷 10《艺文志》，白化文等主编《中国佛寺志丛刊》，广陵书社，2006，第 270～271 页。
② （清）罗天尺：《五山志林》，吴绮等撰《清代广东笔记五种》，林子雄点校，广东人民出版社，2006，第 132 页。
③ 乾隆《光孝寺志》卷 8《檀越志》，白化文等主编《中国佛寺志丛刊》第 113 册，第 199 页。

第七章 明清庙会中的女性：以碑刻为例

同时山河步尾朱孀人一位。

景定五年居士徐意受同室简氏二位。

度宗咸淳九年顺德吴女士名妙静一位。①

宋代岭南女性在家有余资之时，往往会将资产捐助寺庙，宝庆元年进士侯安石在给韶州南华寺撰写的《长生库碑记》中记载："处子文三娘，幼无父母，与女兄三八娘、妹四十娘、弟文通檀栾共居，营造生理，相守五六十年，始终以不适人为愿，亦不以出家为是。岁时攒积，自常膳衣服之外，一无妄构，由此家道稍完。一日姐妹相谓曰：我与若小孤，父母之德未报，今幸有余，欲以囊橐所有作良缘，聊伸追远之义，并以修我姐妹兄弟来生之福，道不亦美乎？"姐妹商议后，"舍钱二佰贯足入南华长生库内"。②也有信佛的女性为修功德而从事公益活动，如广州"城南厢信女傅二娘，舍钱造石水笕，祈保平安者，绍定二年七月中元题"。这说明南宋时期作为佛教信徒的傅二娘通过建造"笕"，为居民解决用水问题。③

从上述地域看，宋代潮州、韶州以及珠三角地区都流行女性捐助寺庙的现象，具有地域的广泛性。其实，宋代女性给寺庙助金在长江以南地区可能普遍流行过。2010年1月，笔者在浙江云和县考察，在云和县图书馆内摆放的一口宋代云和大庆寺大铜钟，落款为"大宋绍兴四年甲寅岁十二月十六日，钟匠婺州华怀，弟宗斧手楼收"。从檀越姓氏看，主要是当地梅、叶、项、赵、徐、王、吴等，以女性居多，她们是王运妻刘氏五娘舍钱三十贯省、汤氏七娘、沈氏五娘、吴氏大娘以上各舍五贯省；鸬鹚：吴三娘舍二贯足，刘大娘、叶大娘、叶三娘、吴大娘、柳三娘、叶四娘、叶十娘、龚大娘、马十娘、柳五娘、谢十七娘、季九娘、黄五娘、柳四娘，以上各舍一贯足；七尺梅坊界头：汤大娘、汤二娘、汤三娘、梅九娘、吴一娘、王六娘、柳五娘、王四娘、郑五娘、柳七娘、刘三娘、刘

---

① 乾隆《光孝寺志》卷8《檀越志》，白化文等主编《中国佛寺志丛刊》第113册，第198~199页。

② 道光《曹溪通志》卷3，白化文等主编《中国佛寺志丛刊》第111~112册，第317~319页。

③ 冼玉清：《广东文献丛谈》，广西师范大学出版社，2014，第183页。

四娘，以上各舍一贯；桑溪：周大娘、孙一娘各舍一贯足；君溪：赵一娘、陈七娘各舍一贯足；青田沐溪：林伯肱妻毛五娘、黄三娘、梅二娘、苏四娘、罗十二娘、王十八娘、张大娘，以上各舍一贯足，郑氏三娘拾二贯足。此在光绪《续栝苍金石志》卷 1 有收录，编者按云："大庆寺在云和县迎恩门，唐宣宗大中二年建，钟为宋高宗绍兴四年寺僧希胜铸。"因钟上有"天下太平"四字，俗称太平钟。据统计施舍者共 208 人，女性 46 人，这些名字相互穿插，没有男女有别的迹象。① 上述女施主多以"娘"的名字出现，施舍钱财则以"贯"为单位。相信潮州开元寺应与此一致。

元代女性施主也不时出现在庙宇铸造的大钟上，多数也是以施主的面貌出现。笔者在地方志中发现在广东西部与广西接壤的封开县，大元至元六年庚辰岁二月望日，由"奉议大夫封州达鲁花赤兼劝农事月鲁帖木儿主缘鼎建"铸造的"元妙观钟款存"，钟上的文字除了讲述铸造缘由外，尚有"皇帝万岁、天下太平、五谷丰稔、万姓歌声、观门清吉、元亨利贞"。可见，铸造大钟是为了祈求平安。至于捐助者，除了州县书吏、吏目、县尹、主簿、州仓、州吏、县吏、务官等外，女性施主有"信安陈氏丙娘、叶氏二姐，各舍钞十五两""信女李氏妙珍，同男谢佛生、女谢佛保，共舍钞二十五贯"。该钟原在封开县西厢仁寿坊元妙观内，道光时移置城隍庙。② 可见，元代庙宇中类似于太平钟上的铭文，也是男女混杂排列，没有一定的规律可循。

东莞资福寺在元代至正六年十二月二十七日铸造铜钟一口，永镇寺门，"钟高五尺余，口径三尺余，文分四面，正书。每面分十七行，行字数不等，多或二十七八字，少或十一二字"。从中也可在"善男信女、僧尼道俗"中了解女性情况：第一面女性有信士李安道同室杨氏秋娘助钞十锭，杨氏一娘、陈氏三娘、刘氏一姐、张氏福奴娘、姚氏大姐，各助钞十两。第二面女性有信士黎子安同室吕氏助钞两定，信女王一姐助钞二十两，信女雷一姐、罗一姐、詹四姐各助钞十两，信女刘三姐助铜钱一贯。第三面女性为信女黎一

---

① 刘正刚、张少青：《大山中的女神信仰：浙江省云和县考察记》，《田野与文献：华南研究资料中心通讯》2011 年第 2 期。
② 道光《封川县志》卷 9《古迹·金石》，2009，第 454~455 页。

第七章 明清庙会中的女性：以碑刻为例

姐助铜二十七斤，真乘寺住持妙瓄、妙坚、妙宝各助钞一定，自贤、觉闻、觉意、觉余各助钞半定，圆明寺住持圆性、佛隐、法端各助钞半定。传说观音也参与了捐助，"钟外面又有参错三钱文。资福寺志称，当时大士化为贫婆施三钱投炉中，钟遂成云"。① 值得注意的是，真乘寺和圆明寺为尼寺，成化《广州志》卷25《寺观》记载，圆明尼寺在东莞县城西登瀛坊，宋咸淳二年彻公和尚创，有田三顷六十亩；真乘尼寺在□□□土冈，宋咸淳间绍庵应公东堂同乡人陈华甫创，有田六顷一亩。元代至正十八年，广州六榕寺因黄氏念六娘舍钱铸造的铁盖"年深破坏"，于是在这一年又"化到十方善男信女，以铜易铁，重新铸造"，其中"信女"有冯妙田、龚二姐、孟一姐、程妙坚四人。② 广州光孝寺释悟传于元代至元二十四年撰《檀越郑氏舍田记》说："广州城南信女郑氏念八娘，同夫居士林伯彰，用铜钱千缗，置龙冈坊蔡天兴土名石砚田涌底田共八十七亩……"③ 元朝给光孝寺施田捐资檀越居士三位，德媛四位，分别为：

  世祖至元廿一年，李氏名妙荣一位。
  廿四年，居士林伯彰同室郑氏二位。
  乙酉年，城南杨氏一位。
  成宗大德六年，古冈总管骏山黄公同室成氏二位。④

  元代女性尽管仍以"娘"命名，但比起之前已有变化，即女性名字多样化。自此以后，女性名字多样化就一直在广东被传承。1956年在广州市东山区梅花村象栏岗明代戴缙墓内出土有"大明敕封戴孺人周氏墓志"，撰于弘治十八年。"周氏，南海城北双井街旧族，周晚清次女……大明正统十二年适于广城纸行街戴缙，勤俭治家，克相夫子。以夫任监察御史受敕封孺人。……孺人生于永乐

---

① 民国《东莞县志》卷91《金石略三》，2007，第968~969页。
② 余庆绵主编《广州六榕寺志》，第138页。
③ 乾隆《光孝寺志》卷10《艺文志》，白化文等主编《中国佛寺志丛刊》第113册，第272页。
④ 乾隆《光孝寺志》卷8《檀越志》，白化文等主编《中国佛寺志丛刊》第113册，第199页。

癸卯五月初九日巳时，终于弘治壬戌五月二十三日，寿八十，子男二：长曰昊……次曰昱。女三：长天娘，适官窑耀子岭邹仁，次智娘，适广城蒲宜巷陈阶，次凤娘，在室。孙男玄德等七人，女亚实等七人。"① 这些女性几乎都有自己的姓名。从明代后期开始，女性结婚以后就失去名字，在碑刻中多以丈夫姓加父姓构成自己名字。崇祯九年，广州光孝寺竖立了一通《重修六祖殿拜坛题名记》，收录了"信官秀士"321人，又专列"信女"67人。这些女性名单如下：

> 唐妙容、唐真元、刘妙圆、何妙法、罗善慧、谭妙雄、卫门屈氏、覃氏、邵门赵氏、陈真元、杨善相、周门王氏、陈门霍氏、陈门冯氏、卫氏、周妙慧、李善元、卫门潘氏、徐敬海、黄善缘、谈门霍氏、谈门陈氏、蒙门李氏、陈妙德、唐妙泰、龚门冯氏、李照福、陈门黄氏、易氏、邓善松、谈如法、陈善柏、彭门谢氏、周门麦氏、何妙聪、陈门林氏、陈门卫氏、冯门林氏、侯门凌氏、张志玄、黎妙贤、陈氏、麦门何氏、方善庆、熊妙清、陈门曾氏、陈门张氏、方门李氏、陶门林氏、李海断、谈善果、钟门黎氏、陈真广、杨妙贵、胡善记、董妙良、林门徐氏、洪妙福、刘心乐、高善富、袁妙乘、赵氏、侯妙诚、邵门黎氏、蒙宗贤、锡悟智、卢门□□。②

这份名录中以某门某氏出现的女性，肯定是已婚女性。而那些拥有全名的女性是否进入婚姻，我们难以判断。因为一些女性即使婚后，也可以拥有自己的名字，如万历四十六年广州六榕寺立《重修塔上佛像报本碑记》，其中"助缘檀越题名"就有信女34人，她们是：王门黎妙静六钱，邓门周真定、郭门招氏各五钱，何门袁氏、赵门萧氏、黄门赖妙道、姚门张妙聪、陈门曾深修、邓门胡善清各二钱，陈门赵氏、赵门黄氏、陶门薛海吉、冯门黄妙清、叶门黄真照、刘门何海缘、张门李氏、聂门周智元、梁门黎妙实、梁门麦氏、周门王善靖、关门梁妙印、柯门黄妙清、柯门苏智明、董门

---

① 冼剑民、陈鸿钧编《广州碑刻集》，第569~570页。
② 李仲伟、林子雄、崔志民编著《广州寺庵碑铭集》，第38~40页。

陈妙静、梁门王氏各一钱，梁门徐氏、楼门廖氏、楼门钟氏、朱善华、王法顺、邹妙福、胡妙寿、曾妙能、胡明进各一钱。此外，尚有 33 位比丘。① 可见，至少在明末的广东，女性在结婚之后仍可以保留父家时的名字，而且这些女性名字用字的多样化，也显示出她们有权拥有完整的姓名权。

明代女性对光孝寺的施舍人数比宋元时期有所下降。据记载，明朝施田护法檀越 26 位，德媛 13 位。就德媛施舍的时间来看，明英宗天顺年间 1 位黄氏，与丈夫邵遥率三个儿子共同进行。其余的 12 位均在明崇祯年间，分别为福海梁安人、仇氏太夫人、善果李夫人、室隐刘舆持、智超方夫人、福远梁安人、智修麦斋人、智净陆斋人、陈氏安人、霍氏安人、周氏安人、曾氏安人。② 明代女性对庙宇的捐助，不仅仅表现在广州地区，在肇庆地区也有出现，尽管不像广州地区那么多，但也确实出现了。万历二十一年肇庆《石峒庙香灯田碑记》记载，该庙建于唐代贞观年间，万历十八年时，有李门梁氏施舍田地。③ 在今广州市番禺区石碁镇官涌村的古庙中有一通崇祯十三年《官涌通乡伍显关帝禾华等神庙堂碑记》，内有"原建庙宇……迄今年久颓圮，众议重建……谨将本庙香灯田地、土名及信士、信女助金姓名逐一胪列于后，以并垂不朽"。其中"诸门信女题金姓名"为：郭门张氏，银一钱五分；麦门罗氏，银一钱；郭门姚氏，银五分；郭门陈氏，银五分；郭氏，银五分；麦门郭氏，银三分；麦门黄氏，银三分；麦氏，银三分；麦氏，银三分；侍奉信女岑氏，银一钱；戴氏，银三分；麦门黄氏，银五分七厘。④

从上述所罗列的碑铭来看，至少从南汉时期开始，广东女性就有对寺庙捐助的传统。而且在男女两性的捐助中，女性有时还占据上风。这一传统到清代并没有因为王朝在意识形态上严禁女性入庙而中断，相反，女性参与寺庙的活动相当活跃。

---

① 李仲伟、林子雄、崔志民编著《广州寺庵碑铭集》，第 90~92 页。
② 乾隆《光孝寺志》卷 8《檀越志》，白化文等主编《中国佛寺志丛刊》第 113 册，第 199 页。
③ 谭棣华等编《广东碑刻集》，第 674~675 页。
④ 黎志添、李静编著《广州府道教庙宇碑刻集释》，中华书局，2013，第 714~722 页。

三 清前期女性捐施庙宇的多样化

明清广东乡村庙宇种类繁多,几乎所有庙宇都成为女性热心祭拜的场所。从现今留存的庙宇碑刻中可知,清代妇女祭拜的神灵呈多样化趋势,康熙三十年新兴《洪圣大王殿洪钟铭文》有"沐恩信庠里人梁国骏缘王氏偕男梦西候阁虔心铸造洪钟一口,重一百五斤",[①] 这是一家人祭拜洪圣王时捐助铸造的大钟。今广州市光孝寺在康熙四十一年立《重建六祖殿宇拜亭碑记》记载助银信士61人、信女13人,分别是荆门王氏五钱,童女元惠四钱,刘门张氏三钱,张门戴氏二钱,张门黄氏二钱,柏门陆氏、赵门耿氏、张门张氏、贾门孙氏、闫门伍氏、戴门刘氏、廖门李氏、钱门梁氏各一钱。[②] 雷州半岛海康县《天宁无量寿佛宇记》记载,该寺始建于唐代,"为雷阳第一古刹",率五六十年更茸一次,乾隆二十四年六月,雷州知府孙庆槐率海康、徐闻等官员"各捐俸钱",修缮无量寿佛,地方绅民"一时乐助者接踵焉",其中"遂邑信妇彭门宋氏捐银三十两",其数额在捐助者中居第三。[③] 肇庆鼎湖山于乾隆三十八年立《新建戏台碑记》,显示捐助者多为店铺,也有个人,其中女性14位,多以"某门某氏"出现在碑记末尾。这个戏台应建在某个寺庙内或周围,碑记中有"每当神诞之期,不但远乡士庶烹羊炰羔,奔走祠下,而远乡城市之人亦莫不具鸡豚酒醴,恭祝神前。此人心之尊崇,有不约而同者也。岁在癸巳,岩前四乡共议,签银筑台演戏。……故一时捐金,城市远乡之人咸乐助为,人心踊跃,众力易举,而台遂已成矣"。[④] 南海佛山镇《重修丰宁寺后续收工金厨房助金并支数开列碑记》讲述了嘉庆十九年季冬重修丰宁寺时助工金的店号、宗祠及捐金者名单,其中不乏女性参与,如霍何氏助工金一大元、苏陈氏助工金三钱六分、霍何氏助工金一钱正、潘程氏助工金二钱正等。[⑤] 海丰县人和市的灵医祖庙在道光十

---

① 谭棣华等编《广东碑刻集》,第734页。
② 李仲伟、林子雄、崔志民编《广州寺庵碑铭集》,第46~47页。
③ 谭棣华等编《广东碑刻集》,第557页。
④ 刘伟铿主编《肇庆星湖石刻》,红旗出版社,2005,第275页。
⑤ 谭棣华等编《广东碑刻集》,第356~357页。

第七章　明清庙会中的女性：以碑刻为例

八年立《人和市碑》记载，"我社草街，地占五中，衢通八达，诚四方贸易之区，为众志会归之所。今岁开端，翕然成市，远迩称快便焉。时有彭光彩、陈会天、叶黄氏等均愿将耕地税，奉送灵医祖庙为油灯祀业……因名其市曰人和"。① 其中的叶黄氏当为女性。

有关女性对庙宇的捐助，根据我们在珠三角地区的田野考察，几乎涉及各类寺庙。在番禺县练溪村三圣宫内的天井墙体至今还保留着不少碑刻。据乾隆四十八年七月《重修公正堂助金题名碑记》记载，练溪三圣宫建于宋，"迄今七百有余岁矣，沧桑几历，兵燹几经，而神之威灵赫濯"。但现存碑刻最早为顺治十三年丙申夏《重修三圣堂助金题名碑记》记载，此次重修是因"自来矣迄今，年所多历，栋宇宜新，圣像应饬，父老集议，捐金聚材，幸如心禅师喜为主持"，有乡民霍业廷、霍敬宾、关沧洲、关伟芳、洪廷芳、关叶谷、潘渐磐、陆有恒作为首事，"以董其事"，于顺治十三年五月二十一日鸠工，未几而功告厥成。此次助金名单中没有出现女性。到了乾隆二十四年十月十九日立《助金开列》分为两栏，碑的前半部分全是女性，后半部分才是男性，男性"缘首"只有关应聪一人，助金者45人。而女性"缘首"三位，分别是霍门关氏、关门朱氏、容门霍氏，助金者多达181人，现整理如下：

　　霍门曾氏、霍门曾氏、霍门陈氏、霍门宋氏、霍门冯氏、霍门关氏、霍门曾氏、萧门黎氏、萧门薛氏、萧门卢氏、关门蒋氏、关门黄氏、凌门关氏、洪门霍氏、陆门冯氏、霍结娇、霍凤仙、霍凤清、霍观迁、霍悦仙、霍门容氏、霍郭氏、萧门简氏、萧门刘氏、陈门萧氏、关门凌氏、冯门关氏、关门黄氏、洪门卫氏、陆门曾氏、霍观乙、霍门关氏、霍门李氏、霍连英、霍观景、霍二妹、霍门陆氏、萧门林氏、萧观润、萧观清、关门冯氏、关门凌氏、洪门朱氏。

　　霍门林氏、凌门霍氏、霍社润、霍门黎氏、屈门霍氏、霍门黎氏、霍观二、萧观仙、萧门曾氏、萧门陈氏、关门曾氏、关门冯氏、关门林氏、洪门黄氏、陆门关氏、霍门关氏、黄门霍氏、谭门霍氏、霍门曾氏、霍月珍、霍门黎氏、霍门李氏、

---

① 谭棣华等编《广东碑刻集》，第848页。

435

萧明娇、萧门黄氏、萧门黎氏、关观廉、关观氏、关门李氏、洪门颜氏、陆观齐、霍门林氏、霍门崔氏、霍门张氏、霍门黎氏、霍观英、霍门冯氏、霍门许氏、霍观足、霍观桂、萧观尘、关门陆氏、关门凌氏、冯观。

霍门林氏、霍门陆氏、霍门冯氏、霍门张氏、霍门梁氏、霍门李氏、霍门宋氏、萧门麦氏、宋门萧氏、曾门萧氏、关门李氏、关门陆氏、关门黎氏、洪门凌氏、陆门黎氏、霍门冯氏、霍癸清、霍丙清、霍门李氏、霍门梁氏、霍门关氏、霍门严氏、霍门林氏、萧门黎氏、郭门萧氏、萧门郑氏、关观乙、关门容氏、关门黄氏、姚门观柳、胡门霍氏、霍门李氏、霍门黄氏、霍门关氏、霍门黄氏、霍观溪、霍观香、萧门黄氏、黄观貌、萧门黄氏、关门凌氏、关观兴。

霍门林氏、霍门宋氏、霍门崔氏、霍观芝、宋门崔氏、霍门陈氏、霍观清、黎门萧氏、萧门潘氏、萧门苏氏、关门黎氏、关门曾氏、关门冯氏、洪门黎氏、陆门郑氏、霍观元、霍观四、霍观颜、霍门朱氏、霍门郭氏、霍门林氏、霍门关氏、霍门陈氏、萧门林氏、邓门萧氏、关门曾氏、关门曾氏、关门罗氏、洪门刘氏、霍门黎氏、霍观元、霍观俏、霍观锡、霍门黄氏、霍观勉、霍门黄氏、霍门郭氏、霍门冯氏、霍门陆氏、郭门霍氏、霍门崔氏、霍观锦、霍玉桂、霍观仙、关门林氏、关门黎氏、关观彩、关门凌氏、关观善、关观英、关门霍氏、关门陈氏、吴门朱氏。

很明显，这次对三圣宫的重修主体是地方村落中的妇女，她们由练溪村不同家族中的妇女组成"缘首"，这些"缘首"应出自于当地大族人家，或者在女性社会中有某种声望。碑刻中涉及的家族妇女相当凌乱，并没有统一按照某家族单一排列，既说明当地各家族妇女都对神灵祭拜有浓厚兴趣，也显示女性对自己的社会身份认同并不可以追求。从碑刻中妇女名字的书写可知，女性已婚者即某门某氏占绝大多数，未婚者即碑中全名者及"花女"也占有相当的比例。乾隆四十八年七月练溪村又对三圣宫进行重修，女性仍是其中重要的参与者，重修竣工后，村民们又立了《重修公正堂助金题名碑记》，其中又专门立了《重修公正堂信女碑记》，以彰显女性

436

第七章 明清庙会中的女性：以碑刻为例

的贡献。笔者将其整理如下：

霍可将女□□，六分；霍月长母冯氏、霍茂吉母陈氏、霍进朝母陆氏、霍南长妻刘氏、霍裕咸妻陆氏、霍玉新妻凌氏、霍荣裔妻何氏、霍维恟妻朱氏、霍彩华妻梁氏、霍门花女观清、霍标汉妻陈氏、霍茂吉妻钟氏、霍朝德女凤真，以上五十文；霍近木女结先、关习恒妻陈氏、关大英妻黄氏、关宪英母屈氏、关述宜妻梁氏、关述元妻凌氏、关述升妻容氏、关宪英妻黄氏、关爵高妻林氏、萧明湛妻潘氏、萧门信女观清、萧元习女近娇、关恒万女观焕、关高就妻陈氏、洪门花女平仙，以上七十文。

霍门花女观金、霍门花女观月、霍天福妻关氏、霍灿京妾刘氏、霍瑞爵妻陈氏、霍显仪妻文氏、霍门花女亚秀、霍显高妻罗氏、霍承桃妻邵氏、霍灿君女观透、霍瑞宽妻关氏、霍瑞贤妻黄氏、霍灿国女瑞娥、关述华妻梁氏、关端佩妻凌氏、黄远兴妻曾氏、关亚乔母谢氏、关述英妻黎氏、陈汝天妻卢氏、关门花女引娣、关习展妻凌氏、萧魁士妻李氏、萧先士妻梁氏、萧英士妻姚氏、关秀万女客清、关法伟女亚焕、洪门花女妹仔，以上六十文。

陆门花女观英、霍显胜妻黎氏、霍华长妻谭氏、李门霍氏、陆门霍氏、霍玉书妻凌氏、霍文法妻宋氏、霍瑞结妻朱氏、霍可盆妻冯氏、霍维嵩妻罗氏、霍如法妻何氏、黎门屈氏，以上六十文；关述图女观润、关习有女观六、关门信女观根、关门信女观□、关炳士妾廖氏、关杰妻曾氏、陆云清妻林氏、关江士女观仙、萧门信女观六、萧元略妻苏氏、萧门花女观琦艮，以上七分；关志万妻区氏、关法章女偶清、陆门关氏、陆门信女观苏，以上八分。

乾隆四十八年这通记载有83位女性的碑刻与前次最明显的不同在于，乾隆二十四年的碑刻只是表述了妇女为某门的媳妇，但其在家庭中的身份并不明确，而且女性与男性家庭成员的关系很不清楚。乾隆四十八年的碑刻不仅标出了妇女的家庭身份，而且还表达了她们与家庭男性的关系，即某某某母、妻、女等，从中可见，妇

女以妻子、女儿身份参与祭拜庙宇者最为积极。其中的"花女""信女"已不仅仅属于家庭身份，更具有社会意义的成分。稍后再做讨论。

练溪村三圣宫经历40年风雨之后，道光三年又一次重修，据此次《重修三圣公古庙碑记》统计，捐助者多达680人以上，以关、霍、萧三姓男性为主要参与者，但妇女并没有退出捐助行列，此次碑刻中专门立《信女助金总录》，女性人数161人，分六行排列，除练溪村外，还出现石楼、省城、官洲、员岗、新造、南亭等外村妇女参与。现整理如下：

第一行（32人）霍茂吉妻钟氏，霍瑞辉妻胡氏，关瀚昇母黄氏，关松万妻叶氏，关时泰母易氏，关湛文女运清，萧守仁妻区氏，萧桃贵妻黎氏，（石楼）陈沛霖母萧氏，霍瑞辉妾李氏，霍奉爵母李氏，霍振麒妻凌氏，霍门邬氏，霍门龙氏，萧守进妻曾氏，萧桃裕妻黎氏，萧杨士妻李氏，萧程湛母刘氏，萧凌高妾麦氏，萧门黎氏，关法宗母凌氏，关瀚胜妹月清，关瀚珍妻崔氏，萧荣福妻黎氏，陆则法妻关氏，黄士桢妻谭氏，（省城）朱门冯氏，（官洲）陈门霍氏，（员岗）崔门凌氏，（新造）黎门罗氏，霍彰兴妻李氏，霍门关氏。

第二行（32人）霍淑英，关湛文妻崔氏，霍瑞辉女紫云、次女紫霞、三女雪弟、四女间开，霍刚炳妻简氏、妾李氏、女焕弟、女翠薇，霍润木妻梁氏、妾刘氏，霍正光妻崔氏，霍奉高妻崔氏，霍刚成妻崔氏，霍彰法妻崔氏，霍胜恒妻曾氏、女悦月、女彩霞，霍刚沛妻刘氏、霍炽蕃妻苏氏，霍评华妻郭氏，霍才贵妻陆氏，霍英魁妻冯氏，霍彰拔妾廖氏，霍盈华妻邵氏，霍正泽妻郭氏、女奉箕，霍奉泰妻黎氏，霍瑞积妻陈氏、女亚何，霍炳璁妻曾氏。

第三行（31人）霍彰秀黎氏，霍奉爵妻林氏，霍端木妻关氏，霍瑞缵妻黎氏、女亚二，霍凌辉妻李氏，霍瑞清妻梁氏，霍刚锐母关氏、妾朱氏、女送意，霍瑞尧妾李氏、女阿细、二女阿丽、三女阿格，霍泰华妻邵氏，霍显悦妻梁氏，霍景魁妻关氏，霍盛骥妻凌氏、妾陈氏，霍显标女二明，霍门冯氏，霍门黎氏，李门霍氏，萧守进女五贵，萧桃裕妾吕氏、二

第七章 明清庙会中的女性：以碑刻为例

妾陈氏，萧应堂妻凌氏，萧作候妻李氏，萧荣寿妻林氏，萧吕仁妻李氏、女瑞娥。

第四行（32人）萧昌礼妻林氏，萧开湛妻崔氏，萧鹏湛妻梁氏，萧近候妻李氏，萧金士妻黎氏，关法规妻凌氏，关法宗妻黎氏，妾邬氏，关尧昆妻凌氏、女金清，关锦章妻梁氏，关定章妻曾氏，关炳云妻蒋氏，关鸣燕妻卫氏，关春燕妻曾氏，关雅燕妻凌氏，关光宗妻林氏，关松万女美仙，关瀚珍妾刘氏，关瀚胜妻黎氏，关英泰妻简氏、姐三妹，关时泰姐亚有、妹亚妹，陆则法女美暇，陆润文妻曾氏，陆宏彰妻邵氏，陆宏开妻谭氏，陆润雄妻曾氏，霍士桢女月娥、月观、自爱。

第五行（32人）霍燕屏，（新造）黎门霍氏，霍彰维妻黎氏，霍天好妻简氏，霍瑞波妻黎氏、女凤爱，霍显琰妻梁氏，霍胜骥女燕观、二女燕足、三女燕弟，霍渐魁母凌氏，霍显佳妻郭氏，霍刚成女定观、二女琼英，霍显坤母凌氏、妻周氏，霍彰秀女阿四、阿五，霍显吉女曾氏，霍彰再妻李氏、女润娇，霍彰恒妹阿平，霍智福母黎氏，霍仁魁母黄氏，霍振麒女玉颜、二女玉平、三女玉凤，霍清魁妻黎氏，霍桃枝妻关氏、女阿平，关法有妻陈氏，关门陆氏。

第六行（2人）许绍基妻陆氏，（南亭）关门萧氏。

此次捐助女性的家庭身份与乾隆四十八年一样，似乎仍以男性作为主角，这些女性只是作为男性的母亲、妻妾、女儿等家庭身份出现的，尤以妻子的身份最多。笔者推测，碑刻中以某某某妻某氏和某门某氏的表述，前者可能表述丈夫尚在世，后者则为守节妇女。但碑记把这些女性单独列出，也显示篆刻人对女性身份的重视。而且碑刻中出现了非练溪村女性的参与，除了说明三圣庙神灵的灵验和名声大外，恰反映了女性的生活空间被扩大。

练溪村妇女参与地方庙宇建设，在清代至少从康熙、雍正年间即已开始，上述顺治年间三圣宫捐助碑中没有出现女性，可能与当时广东仍处于战乱有关。笔者于2009年12月在练溪村考察时，发现华光古庙内一通雍正十一年仲秋立《华光古庙助金题名碑记》，共收录助金者477人。从人名姓氏来看，霍家人数多达171人，关家居次之114人，其余为萧、陆、陈、吴等多个姓氏。从碑刻统

计，此次仅有11位女性助金，分别是萧门邓氏、萧门黎氏、萧门黄氏、萧门梁氏、萧门陈氏、萧门潘氏、霍门刘氏、霍门林氏、霍门黄氏、萧门梁氏、吴门霍氏。与众多男性相比，几乎可忽略不计，但毕竟出现了女性助金，而且这一书写模式被乾隆二十四年的三圣宫碑刻所继承。

  应该说，清代乾隆、嘉庆、道光年间，珠三角地区妇女参与庙宇的建设热情较高。练溪村的华光庙在嘉庆十年重修时就仍保持了乾隆时期该村庙宇修建的固定模式，即妇女作为信众在碑记中均专门立碑呈现。笔者在今华光庙内发现嘉庆十年仲冬所立的两块碑，一为《重修华光庙碑记》，讲述重修缘起及其店铺、祠堂、个人助金情况，据统计男性助金者743人；另一为《重修华光庙女信碑记》专列了"女信氏题助金芳名"，共计209人，现整理如下：

霍门关氏银二大圆正	霍显硕妹阿妹一钱五分
霍彰玉母乌氏一钱五分	霍近木妻凌氏一圆半
陈门霍氏银一钱五分	霍彰贵母关氏一钱五分
霍刚炳妻简氏九钱正	霍显丰妻冯氏一钱五分
霍彰秀妻黎氏一钱五分	霍灿芝妾黄氏一大圆
霍显堂妻林氏一钱五分	霍定华妻凌氏一钱五分
霍灿孔妻黄氏一大圆	霍显科妻凌氏一钱五分
霍门陆氏银一钱五分	霍衍成母宋氏一大圆
霍显胡妻凌氏一钱五分	霍麟占母凌氏一钱五分
霍刚锐母关氏一大圆	霍显云妻简氏一钱五分
霍可仁女尧珍一钱五分	霍彰振母曾氏五钱两分
霍灿登妻屈氏一钱五分	霍显照女朱门一钱五分
霍盈华妻邵氏三钱九分	霍胜华女莫桃一钱五分
霍开照妻潘氏一钱五分	霍近木女黎门一中圆
霍显任妻刘氏一钱五分	霍显登妻林氏一钱五分
霍瑞尧妻陈氏、妾李氏一中圆	霍彰述妻黎氏一钱五分
霍彰兴妻莫氏一钱五分	霍瑞锦妻冯氏一中圆
霍彰联妻梁氏一钱五分	林门宋氏银一钱五分
霍瑞积陈氏一中圆	霍彰恒妻屈氏一钱五分
霍大昌妻林氏一钱五分	霍衍昂妻屈氏一中圆

第七章　明清庙会中的女性：以碑刻为例

霍彰恒女阿姚一钱五分	霍茂达女阿似一钱五分
霍瑞波妻黎氏一中圆	霍彰恒女阿好一钱五分
霍茂达女阿齐一钱五分	霍衍成妻凌氏一中圆
霍彰才妻宋氏一钱五分	霍文法崔门一钱五分
萧桃贵母高氏四大圆	霍绣金花女一钱五分
霍朗华女悦意一钱五分	萧台士妻曾氏两大圆
萧田长女凤姬一钱八分	萧爵侯妻陈氏一钱八分
萧杨士妻李氏两大圆	萧锐侯女观玉一钱八分
萧桃昌妻卫氏一钱五分	萧桃郁妻黎氏一圆半
萧锐侯女观帝一钱八分	萧宪章庶母黎氏一钱五分
萧田长妻刘氏一大圆	萧则士女妹女一钱八分
萧瑞公女月齐一钱五分	关翰彩妻易氏一中圆
萧宗信妻刘氏一钱八分	萧宪章妻黎氏一钱五分
洪恒德母李氏一钱八分	关述光女义金一钱八分
关述光女意一钱八分	陆则裕母廖氏一钱八分
关瀚彩女辛酉一钱五分	关炳云妻蒋氏一钱八分
黄远兴妻彭氏一大圆	霍显德女阿四一钱四分
霍彰法妻李氏一钱四分	潘天吉妻梁氏一钱八分
霍意木女彩容一钱四分	霍灿安女聚好一钱二分
霍灿安女癸妹一钱二分	霍卓华妻陆氏一钱二分
霍顺球妻黄氏一钱二分	霍彰炳母林氏一钱二分
黎门宋氏银一钱一分	霍上水女月彩一钱正
霍卓华女凤桂一钱正	霍卓华女璧蟾一钱正
霍卓华女婷安一钱正	霍瑞胜妻□氏二钱正
萧金士女淑珍一钱二分	萧金士女炽珍一钱二分
萧金士女六珍一钱二分	关门萧氏银一钱三分
萧宪章女福清一钱二分	关爵辉女林门一钱八分
关法宗妻黎氏一钱八分	关法宗女绣颜一钱二分
霍如法女阿改一钱八分	陆昌举妻文氏一钱八分
霍显德妻冯氏一中圆	霍门黎氏助银二钱正
霍刚锐妹宽容一钱八分	霍瑞结妻宋氏一中圆
霍赐弟花女银二钱正	霍瑞尧女阿细一钱八分
霍瑞俸妻曾氏一中圆	霍彰振女淑莲二钱正

441

明清地域社会变迁中的广东乡村妇女研究（下册）

霍瑞锦女观闲一钱八分　　霍瑞俸妾曾氏一中圆
霍意木妻陆氏二钱正　　　霍评华女致弟一钱八分
霍胜骠妻邵氏一中圆　　　霍瑞辉妻胡氏二钱正
霍胜驱女莫桂一钱八分　　霍评华妻郭氏一中圆
霍茂达妻李氏二钱正　　　霍显登女观俭一钱八分
霍茂通妾关氏一中圆　　　霍就华母曾氏一钱八分
霍阿珍花女一钱八分　　　霍彰振妻李氏一中圆
霍就华妻彭氏一钱八分　　霍上木妻容氏一钱八分
霍门冯氏银一中圆正　　　霍显勋母黎氏一钱八分
霍端木妻关氏一钱八分　　霍赐馨花女银一中圆
霍显朝母李氏一钱八分　　霍显意妻关氏一钱八分
霍秀珍花女银一中圆　　　霍瑞结妾陈氏一钱八分
霍显意女桂彩一钱八分　　霍茂通女凤结一中圆
霍刚锐妻凌氏一钱八分　　霍彩华妻梁氏一钱八分
霍球华母林氏二钱一分　　霍彰达妻凌氏一钱八分
霍彩华女自好一钱八分　　霍彰焕母黎氏二钱正
霍敬魁妻郭氏一钱八分　　霍志礼妻朱氏一钱八分
霍彰球罗氏二钱正　　　　霍灿孔女李门一钱八分
霍渐魁母凌氏一钱八分　　霍显岳妻邬氏二钱正
霍近木女观伍一钱八分　　霍显文妻梁氏一钱八分
霍闰木妻梁氏二钱正　　　霍灿孔女锦开一钱八分
霍显文女金容一钱八分　　萧开湛妻崔氏一大圆
萧昌仁妻李氏一大圆　　　萧田长妾麦氏一中圆
萧云湛妻梁氏一大圆　　　萧桃贵庶母曾氏一大圆
萧门黎氏银一中圆正　　　萧振公妻林氏一大圆
萧桃裕妾吕氏一中圆　　　萧锐侯妻曾氏一中圆
萧金士妻黎氏一大圆　　　萧桃裕妾陈氏一中圆
萧则正妻崔氏一中圆　　　萧作侯妻李氏一大圆
萧杨士女聘　一中圆　　　萧金正妾洪氏一中圆
关述光妾陈氏一中圆　　　关绍麟妻屈氏一中圆
关法宗母凌氏一中圆　　　关高秀妻梁氏一钱正
关佐万妻刘氏一钱八分　　关瀚富妻周氏一钱八分
洪恒显妻郑氏一钱五分　　李门洪氏银一钱二分

第七章 明清庙会中的女性：以碑刻为例

邵门关氏银一钱五分　　　　陆则法妻关氏一钱八分
陆闰昇母罗氏一钱五分　　　关门陆氏银一中圆正
黄远盛妻宋氏一钱八分　　　黄远兴媳林氏一钱二分
黄远兴女陈门一钱二分　　　关门陈氏银一钱五分
韩闰光妻黎氏一钱三分　　　长洲曾宽长妻洪氏一钱八分
霍彰图妻邓氏一钱八分　　　霍琼华妻宋氏一钱八分
霍门李氏银一钱八分　　　　霍瑞光妻雷氏一钱八分
霍瑞辉女柏青一钱八分　　　霍业昌妻曾氏一钱八分
霍桂华妻苏氏一钱八分　　　霍显勋女黎门一钱八分
霍朗华妻宋氏一钱八分　　　霍显岳妾龙氏一钱六分
霍仁魁母黄氏一钱六分　　　霍胜骡女英霞一钱五分
霍彰焕妻吴氏一钱五分　　　霍彰焕女赛金一钱五分
霍显勋妻梁氏一钱五分　　　霍渐魁妻黎氏一钱五分
霍显硕妻曾氏一钱五分　　　萧凌高妻关氏一中圆
蒋门萧氏助银二钱正　　　　萧桃裕女自红一钱八分
萧桃裕女自满一钱八分　　　萧田长女阿燕一钱八分
关法辉妻凌氏一中圆　　　　关接骝妻刘氏一钱八分
关国清花女一钱五分　　　　关门陆氏银一钱八分
黄远盛女闰炽一钱二分

　　从嘉庆十年的碑刻中所显示的女性姓名来看，女性在婚后几乎都失去了自己的姓名，她们只能以某某某妻某氏的形式出现在碑刻中，婚前即在父家待字时却都有自己的名字。碑刻中出现的"花女"、妾等女性，与珠三角地区流行"不落家""自梳女"有关。

　　2008年9月至12月，笔者在广州市"城中村"杨箕村北帝庙参观，庙内墙体镶嵌数通碑刻，从碑刻可以看出，清代从康熙开始到光绪年间，当地民众不断修葺北帝庙，几乎每次修葺庙宇都有女性参与，但人数不多，如康熙六十年季秋立《重建玄帝古庙碑》中有李门伍氏助金三钱、姚门董氏助金一钱、姚门范氏助金一钱；乾隆十九年季冬立《玉虚宫重修碑记》出现"信童姚谒达助金一两四钱四分……花女秦亚兼一钱、花女姚亚玉一钱"，以及姚门梁氏三钱六分、潘门苏氏二钱、姚门梁氏二钱、姚门钟氏一钱三分；嘉庆四年《重修北帝庙碑记》助金芳名中则有"花女"李灵清、李

443

亚业以及节妇李门钟氏。这些对女性身份的表述在不同的地区有所不同。而位于今广州天河区三元里三元古庙内的几通碑刻也有女性捐助，如乾隆五十年仲冬谷旦所立《重修三元古庙碑志》称当地南北"二庙之在吾乡，聚族老少千百年来香火敬事不息。……举凡士农工商，蒙其泽者莫可殚名焉"。在重修时有凌陈氏、李谢氏，工金一大圆；李萧氏、李戴氏、李冯氏、童女李亚银，各工金一中圆。这里的"童女"，与"花女"应是相同身份。到了道光二年《重修三元古庙碑记》中的女性助金则放在碑刻最后，分别为李赖氏、李余氏、李余氏、陶李氏、李添姑、李陈氏，各助工金一中圆。另有谭李氏"喜认上帝、金花、文帝、禾花纱神帐三堂"，说明三元古庙设有金花夫人、禾花夫人之神位。①

2008 年 11 月，笔者在广州海珠区黄埔村考察，这一地域在明清时期属番禺县茭塘司管辖。黄埔开村可上溯北宋，村中大姓有冯、梁、胡、罗等，还有关、黄、卫、陈等小姓。其中罗氏祖先于北宋嘉祐年间迁此开村，胡、冯两姓在南宋淳祐年间迁入，梁家在明代迁入。传说该村原名凤浦或凰洲。② 黄埔在广州一口通商时是中外贸易的重要基地，其得名大约是因外国商船汇集时，船员讹读"凤浦"而来。据 70 多岁的胡大爷介绍，黄埔古村有北帝庙、华佗庙、天后宫、玉虚宫、三圣庙、洪圣宫等众多庙宇，现除北帝庙幸存外，其余均已毁灭。北帝庙位于村北凤凰古树后，建于宋代，墙体有不少碑刻。在黄埔村历史陈列馆和村文化中心的展览中陈列着多通碑刻，有两通碑刻全为女性芳名，一为乾隆四十年的《重新碑记》，一为嘉庆十八年的《重修洪圣宫殿碑记》。估计这两块碑文应放在当时番禺县茭塘司黄埔村洪圣宫内。两通碑文原是竖写，为了阅读方便，笔者将两通碑文改为横排罗列如下：

重新碑记

胡门郑氏二两六钱二分　　　胡门伍氏二钱六分
胡门黄氏二钱　　　　　　　胡门凌氏二钱

---

① 黎志添、李静编著《广州府道教庙宇碑刻集释》，第 13~25 页。
② 广州华侨研究会等主编《凤浦古今：古黄埔港寻踪》，广州出版社，2000，第 16 页。

第七章 明清庙会中的女性：以碑刻为例

胡门曾氏一两五钱五分	胡门凌氏二钱六分
胡门霍氏二钱	胡门黎氏二钱
胡门陈氏一两五钱	庞门胡氏二钱六分
胡门凌氏二钱	胡门黎氏二钱
胡门黎氏九钱正	梁门胡氏二钱六分
胡门徐氏二钱	胡门梁氏二钱
胡门崔氏九钱正	胡门彭氏二钱六分
胡门严氏二钱	黄门胡氏二钱
胡门梁氏七钱八分	胡门卫氏二钱六分
胡门梁氏二钱	胡门张氏二钱
胡门莫氏四钱七分半	胡门吴氏二钱五分
胡门凌氏二钱	胡门梁氏二钱
胡门高氏四钱七分	胡门罗氏二钱五分
胡门郭氏二钱	胡门卫氏二钱
胡门杨氏四钱七分	胡门凌氏二钱五分
胡门黎氏二钱	简门胡氏二钱
胡门莫氏四钱七分	胡门邵氏二钱五分
胡门张氏二钱	陈门胡氏二钱
胡门谭氏四钱七分	胡门梁氏二钱四分
胡门吴氏二钱	徐门胡氏二钱
胡门郑氏四钱七分	胡门简氏二钱二分
胡门黄氏二钱	区门胡氏二钱
胡门谭氏四钱七分	胡门李氏二钱二分
胡门潘氏二钱	胡门关氏二钱
黎门胡氏四钱七分	胡门霍氏二钱
胡门关氏二钱	胡门梁氏二钱
胡门简氏四钱七分	胡门梁氏二钱
胡门梁氏二钱	胡门黎氏一钱
胡门陈氏四钱二分	胡门梁氏二钱
胡门邓氏二钱	胡门陈氏一钱
胡门伍氏四钱二分	胡门吕氏二钱
胡门崔氏二钱	胡门曾氏一钱
胡门李氏三钱六分	胡门李氏二钱

445

胡门关氏二钱　　　　　胡门曾氏九分
胡门陈氏三钱六分　　　胡门黎氏二钱
胡门黄氏二钱　　　　　胡门黎氏九分
胡门梁氏三钱六分　　　胡门张氏二钱
胡门崔氏二钱　　　　　胡门罗氏五分
胡门徐氏三钱六分　　　胡门郑氏二钱
胡门邵氏二钱　　　　　胡门伍氏五分
胡门郭氏三钱六分　　　胡门凌氏二钱
胡门曾氏二钱　　　　　胡门冯氏五分
胡门张氏三钱一分　　　胡门周氏二钱
胡门凌氏二钱　　　　　胡门梁氏五分
胡门莫氏二钱六分　　　胡门凌氏二钱
胡门曾氏二钱　　　　　胡门郝氏五分
胡门黄氏二钱六分　　　胡门张氏二钱
胡门黎氏二钱　　　　　胡门邓氏四分
胡门曾氏二钱六分　　　胡门邵氏二钱
胡门邵氏二钱　　　　　胡门凌氏四分
胡门陈氏二钱六分　　　胡门邓氏二钱
郑门胡氏二钱　　　　　胡门刘氏五分
胡门邵氏二钱六分　　　胡门冯氏二钱
胡门伍氏二钱　　　　　胡门黎氏五分
胡门凌氏五分　　　　　胡门黎氏四分
胡门陈氏四分　　　　　郑门胡氏五分
陈门胡氏四分　　　　　信女阿接三钱六分
信女凤鹅二钱　　　　　胡门曾氏三钱五分
胡门林氏四分　　　　　信女阿节三钱六分
信女观定二钱　　　　　胡门黄氏二钱
胡门林氏四分　　　　　信女阿未三钱六分
信女观好二钱　　　　　胡门梁氏二钱
胡门梁氏四分　　　　　信女瑞莲二钱四分
信女阿看一钱　　　　　胡门凌氏二钱
胡门陈氏四分　　　　　信女阿珍二钱四分
信女阿令一钱　　　　　胡门颜氏二钱

446

第七章 明清庙会中的女性：以碑刻为例

胡门陈氏四分　　　　　信女阿在二钱四分
信女凤清一钱　　　　　胡门简氏一钱一分
胡门尤氏四分　　　　　信女阿保二钱四分
信女阿多四分　　　　　胡门黄氏一钱一分
胡门曾氏三分　　　　　信女阿二二钱四分
信女凤娇四分　　　　　信女阿笔二钱六分
关门吴氏三分　　　　　信女阿三二钱四分
信女细妹四分　　　　　信女观来六分
胡门黎氏三分　　　　　信女凤莲二钱
信女六娇四分　　　　　信女观有六分
冼门胡氏六分　　　　　信女阿聪二钱
信女凤意四分　　　　　崔门胡氏六分
信女瑞意二钱　　　　　信女阿美三分
胡门黄氏六分　　　　　信女联珍二钱
信女凤贵三分　　　　　信女观寺四钱一分
信女凤珍二钱　　　　　胡门徐氏三分
信女凤金四钱一分　　　信女阿娇一钱
胡门郑氏三分　　　　　信女观鱼四钱一分
信女阿四二钱　　　　　信女观诞四分
信女凤葵四钱一分　　　信女阿美二钱
信女观笑三分　　　　　信女瑞琼四钱一分
信女阿严二钱　　　　　信女瑞环三钱六分
信女悦仙二钱　　　　　信女瑞瑢三钱六分
信女奇仙二钱

以上共捐银四十二两九钱四分五厘
乾隆四十年岁次乙未季冬吉旦

重修洪圣宫殿碑记

梁族各信士妇女签题捐银芳名开列于后福有攸归

命妇梁□□□□□□□　　　梁伦焕室简氏一大圆
梁佐恩母陈氏一钱八分　　　命妇梁□□□□氏八大圆
梁显□母关氏一中圆　　　　梁瑞阶室曾氏一钱八分
命妇梁□□□黄氏四大圆　　梁国正母陈氏一中圆

447

明清地域社会变迁中的广东乡村妇女研究（下册）

梁瑞合室潘氏一钱八分　　梁□曾祖母余氏二圆
梁瑞泰室区氏一中圆　　　梁佐悦室陈氏一钱八分
梁□□□黄氏二大圆　　　梁国友室曾氏一中圆
梁国禄室陈氏一钱八分　　命妇梁□□□高氏二大圆
梁其松嫡母徐氏一中圆　　梁国珮室简氏一钱八分
梁□□妾霍氏二大圆　　　梁国炳室潘氏一中圆
梁佐耿室陈氏一钱八分　　梁怀熊庶祖母余氏二大圆
梁□文室凌氏一中圆　　　梁显贵室李氏一钱八分
梁□凤妾邓氏二大圆　　　梁其□室麦氏一中圆
梁显光室郑氏一钱八分　　梁□□祖母罗氏一圆
梁其□屈室一中圆　　　　梁显堂室伍氏一钱八分
梁□松生母邓氏一圆　　　梁允文室刘氏一中圆
梁显旺室冯氏一钱八分　　梁锦文庶母周氏一圆
梁其松庶母区氏一中圆　　梁显相室崔氏一钱八分
梁经国□□氏一大圆　　　梁门京□□□一中圆
梁经通室黎氏一钱八分　　梁纶□□□氏一大圆
梁□□室吴氏□钱正　　　梁经叶室潘氏一钱八分
梁伦□室郑氏一大圆　　　梁□□□祖母□氏一钱八分
梁国辉室邵室一钱八分　　梁其镒室李氏一钱八分
梁汝辨室李氏一钱正　　　冯门钟氏助工金一钱
梁汝湖室何氏一钱八分　　梁士能室徐氏一钱正
花女梁玉藏助金一圆　　　梁门黄氏助金一钱八分
梁汝贤室凌氏一钱正　　　花女梁观平助金一圆
梁门李氏助金一钱八分　　梁达权室林氏一钱正
花女梁配莲助金一圆　　　梁门凌氏助金一钱八分
梁懋恩室陈氏一钱正　　　花女梁观容助金一圆
梁经达室黄氏一钱八分　　梁门林氏助金一钱正
花女梁观晃助金一圆　　　梁瑞合妾沈氏一钱八分
梁门陈氏助金一钱正　　　花女梁蕊姑一中圆正
梁伦骥室霍氏一钱八分　　梁门凌氏助金一钱正
花女梁英姑一中圆正　　　梁经达妾王氏一钱八分
梁士能妾唐氏一钱正　　　花女梁洁贞一钱八分
梁佐思妾凌氏一钱八分　　梁左耿氏李氏一钱正

448

第七章 明清庙会中的女性：以碑刻为例

花女梁杏仙一钱八分　　　梁佐思妾刘氏一钱五分
梁经通妾樊氏一钱正　　　花女梁亚渐一钱八分
梁汝雄母凌氏二钱二分　　何门杜氏助金一中圆
花女梁自娇一钱八分　　　梁士传室陈氏一钱正
苏门苏氏助金二钱正　　　花女梁悦宽一钱八分
梁瑞英室陈氏一钱正　　　花女潘观平一钱八分
花女梁秀英一钱八分　　　梁佐勋室黎氏一钱正
罗门冯氏助金一钱正　　　花女梁琼金一钱八分
花女梁琼娇一钱五分　　　钟门梁氏助
花女梁清霞一钱二分　　　吴门梁氏
花女梁亚二一钱一分　　　潘门梁氏
花女梁亚胜二金一钱　　　凌门梁氏
花女梁燕平二金一钱　　　蒋门梁氏
花女梁焕改二钱一钱　　　简门梁氏
花女梁合意二金一钱　　　凌门梁氏
花女梁碧金二金一钱　　　林门梁氏
花女梁闰清二金一钱　　　梁门许氏
花女梁亚金二金一钱　　　徐门梁氏助工金一圆
陆门梁氏助工金一圆　　　霍门梁氏助工金一圆
刘门梁氏助工金一圆　　　屈门梁氏助工金一圆

胡族各信士妇女签题捐银芳名开列于后福有攸归
胡应龙室陈氏二大圆　　　胡延辉室梁氏一钱八分
胡观沛花女一钱八分　　　胡□□母曾氏一大圆
胡应龙妾黄氏一钱八分　　胡美珍花女一钱八分
冯门凌氏助金一大圆　　　卫门胡氏助金一钱八分
胡绪龙室□氏一钱八分　　胡绍相室□氏一大中圆
李门胡氏助金一钱八分　　胡秀娇花女一钱八分
冯礼铸母□氏一中圆　　　胡绍伦室凌氏一钱八分
胡秀平花女一钱八分　　　胡宏华室卫氏一中圆
胡绍南室谭氏一钱八分　　胡文彬妾帅氏一钱六分
胡宏伍关氏一中圆　　　　胡绍坤母陈氏一钱八分
胡宏珍室曾氏一钱六分　　关凤叶母吴氏二钱正

449

胡绍廷室李氏一钱八分　胡藻佐母□氏一钱五分
胡宏笋室郑氏二钱正　　胡文彬室李氏一钱八分
胡绍门室陈氏一钱五分　关凤升妾简氏二钱正
胡降玉花女银一钱八分　胡绪春室关氏一钱五分
关凤章室冯氏二钱正　　胡宏续室藩氏一钱八分
胡延辉妾杜氏一钱二分　胡绍伦媳梁氏二钱正
胡宏住妾何氏一钱八分　胡绍广室陈氏一钱二分
陈绍觐室胡氏二钱正　　胡宏坤室郑氏一钱八分
胡绍亨室邓氏一钱二分　胡宏根室林氏二钱正
胡宏栋室陈氏一钱八分　胡观雪花女一钱二分
冯颖雄室陆氏一钱八分　胡宏□室霍氏一钱八分
胡□□花女一钱二分　　胡文彬庶母陈氏一钱八分
陈门胡氏助金一钱八分　胡宏昂室曾氏一钱一分
胡绍禹室梁氏一钱一分　胡绍西室林氏一钱正
胡宏秀室简氏一钱正　　胡宏辉室莫氏一钱一分
胡绍忠室凌氏一钱正　　胡宏玉室林氏一钱正
胡京士室刘氏一钱正　　胡宏耀母凌氏一钱正
胡绍儒媳陈氏一钱正　　胡殿超庶母刘氏一钱
胡绍瑞室莫氏一钱正　　胡宏远室梁氏一钱正
胡绍裕庶母关氏一钱　　胡绍利室徐氏一钱正
胡宏端室张氏一钱正　　胡藻禄室郑氏一钱正
胡绍嘉室崔氏一钱正　　胡宏子室李氏一钱正
陈朝珍室梁氏一钱正　　崔□裕室冯氏一钱正
胡宏广室梁氏一钱正　　胡藻祥室黄氏一钱正
胡肇恭室郑氏一钱正　　胡宏笋妾关氏一钱正
胡履亨母简氏一钱正　　胡乐显室胡氏一钱正
胡大志室苏氏一钱正　　胡藻英室林氏一钱正
胡文瀚室凌氏一钱正　　关凤华室陈氏一钱正
胡绍敬室张氏一钱正　　胡殿超室崔氏一钱正
胡宏燕室黄氏一钱正　　胡绍礼室叶氏一钱正
胡肇瓒室徐氏一钱正　　卫广达室陈氏一钱正
胡绍贵室郑氏一钱正　　胡阿娣花女银一钱正
胡宏浩室□氏一钱正　　胡宏吉母黎室氏一钱正

450

第七章 明清庙会中的女性：以碑刻为例

胡秀英花女银一钱正	冯门钟氏助金一钱正
胡绍德室关氏一钱正	胡美清花女一钱正
胡殿丙室郑氏一钱正	胡绍德妾关氏一钱正
胡宏肇妾樊氏一钱正	卫广祥室苏氏一钱正
胡绍熄庶母张氏一钱	胡绪潼母崔氏一钱正
卫广厚室谭氏一钱正	黄门胡氏助工金一钱
李门胡氏	曾门胡氏助工金一钱
胡阿日花女	崔礼裕室胡助工金一钱
胡成□花女	胡凤娥助工金一钱
胡爱娇花女	胡阿融助工金一钱
胡洁清花女	卫阿细助工金一钱
胡凤金花女	胡卓平助工金一钱
胡月清花女	胡秋芬助工金一钱
胡爱好花女	胡瑞英花女助工金一钱
胡阿□花女	胡就英花女助工金一钱
胡容珍花女	胡阿娇花女助工金一钱
胡阿美花女	胡阿遵花女助工金一钱
胡爱姬花女	郑绍流室胡氏助工金一钱
胡宏德室陈	崔积黄室胡氏助工金一钱
胡亚水花女	徐符棠室胡氏银一钱
胡石花女	胡凤清花女助工金一钱
胡二花女	胡阿娣花女助工金一钱
胡成花女	

嘉庆岁次癸酉仲冬重修吉旦立

上述两通竖立在黄埔村洪圣宫中的碑刻，全部为女性捐助者。从乾隆四十年碑记判断，这通碑刻似乎是胡氏家族中的女性所为，包括已婚者和未婚者共计 183 位女性参与捐助。嘉庆十八年碑记中的女性则几乎均以男性眷属面貌出现，其中与梁氏家族相关的女性 114 人，与胡氏家族相关的女性 133 人，两者合计达 247 人。两块碑记中的女性身份既有男性配偶（包括妾），也有男性母亲，还有男性的姐姐与妹妹、女儿等角色。此时广东恰好是朝廷规定广州一口通商政策时期，黄埔村处于中外贸易的必经地和进入广州城外的

重要港口，社会经济繁荣。而碑文中的梁家和胡家都是村里大族，梁家后来创办了十三行之一的天宝行，胡家则出了胡泽璇这样一位在新加坡一身兼三国领事的人物。由于两通碑记均没有一般碑刻的"缘起"或"序"做开头，因此，对这些女性为何捐助等问题已无法知晓。但从捐助数额看，应该是神诞时为举办某项活动而捐助的款项。

碑文中的洪圣宫是广东乡村分布最多的庙宇之一，民间流传洪圣本名洪熙，是唐朝人，曾出任广利刺史。在任期间，廉洁爱民，精通天文地理，能准确预测天气变化，对以水为生的渔民以及出海经商的人助益良多。传说洪圣死后仍庇佑广东沿海民众，在人们的心目中成为一个能使水不扬波而又能镇鬼治邪的海神。从唐代开始，王朝就不断对此神予以封号，唐天宝年间封其为广利王，宋代加封其为洪圣威显，元朝尊为广利灵孚王，明代封为南海神，清代封为南海昭明龙王之神。民间则称为广利洪圣大王。明清时期，珠三角各地乡村建立了大小、名称不一的洪圣庙、广利庙、南海神庙，最大者则位于今广州市东郊黄埔区庙头村的菠萝庙，每年农历二月十三日都会举办隆重的南海神诞庙会。

上述为洪圣宫捐助的女性主要为黄埔村的梁家和胡家，也有其他家族的女性。从碑文的内容来看，捐助的女性既有年老者也有年轻者，既有已婚者也有未婚者。从"梁族各信士妇女签题捐银芳名开列于后福有攸归"的芳名来看，多数女性为梁家男性配偶，这些女性是否亲自到庙宇内捐施已难知晓。碑文中的女性多以男性家庭成员身份记录，说明尽管受到中西贸易交流影响，但当地士大夫的书写仍以传统为主导。碑文中的"命妇"，说明梁家此时已出现男性进入仕宦行列，其母或妻因此受到官府封号，据《清史稿》卷114《职官一》记载："命妇之号九：一曰一品夫人，二品亦曰夫人，三品曰淑人，四品曰恭人，五品曰宜人，六品曰安人，七品曰孺人，八品曰八品孺人，九品曰九品孺人，不分正从。因其子孙封者加太字，夫在则否。一品封赠三代，二、三品二代，四品至七品一代，以下止封本身。……凡嫡母在，生母不得并封。又两子当封，从其品大者。"由于碑文中关键的字迹无法辨认，我们无法根据这些"命妇"受封赠号与男性成员的代际关系，来判断男性出任官员的官爵高低，但梁家在嘉庆年间有男性出任官职则是事实。而这些女性即使取得了王朝的封爵,也依然保持原来的生活习惯,该入庙时依然入庙。

从碑文中还可以了解到清代黄埔村的婚姻家庭状况,碑文中出现最多的是男性配偶"室",同时出现了"祖母""庶祖母""嫡母""生母""庶母"以及"妾"等。嫡母,即妾的子女称父之正妻为嫡母;庶母,即子女称父亲的妾为庶母,显示在黄埔村梁家存在着纳妾现象,这一现象与清代广东流行"粤人好蓄妾"的习俗相吻合。① 从碑文中还可以看出,清代梁家男性的婚姻对象涉及了当地超过 20 个姓氏家族;而梁家女性的婚配对象也涉及地方 10 个以上的姓氏家族。碑文中简单以"梁门某氏"记录,与整个碑文有所不同,笔者理解应该为守节的寡妇。而以"某门梁氏"表示的则不一定是寡妇,应该理解是指梁家已经出嫁到另一家族的女儿。

清代黄埔村女性为庙宇捐助香火钱,并在庙宇中刻石留名的现象,并不限于洪圣宫。一些碑刻的名录全为女性,如黄埔村玉虚宫有一通镶嵌在墙体内,时间和碑头均不清楚,碑文开列的名单全为女性,现抄录整理如下:

各信女助金开列

冯门简氏二两□□六分　　□□□□
□□□氏　　　　　　　　信女冯□云
冯门何氏　　　　　　　　冯门黎氏
□□□□　　　　　　　　冯门林氏
信女冯凤□　　　　　　　冯门郝氏
冯门莫氏　　　　　　　　□门邵氏
冯门简氏　　　　　　　　信女冯□□
□门崔氏　　　　　　　　冯门莫氏
冯门麦氏　　　　　　　　冯门□氏
信女冯□□　　　　　　　冯门梁氏
冯门□氏□□□分　　　　冯门关氏
冯门黄氏　　　　　　　　信女冯凤□

---

① 刘正刚、刘强:《清代"粤人好蓄妾"现象初探》,《中国社会经济史研究》2007 年第 1 期。

明清地域社会变迁中的广东乡村妇女研究（下册）

冯门李氏　　　　　□门□氏二钱
冯门□氏　　　　　冯门郑氏
信女冯凤□　　　　冯门陆氏
□□□□□□分　　□门□氏
□门□氏　　　　　□□六分
冯门□氏　　　　　□□□氏
冯门黎氏　　　　　崔门冯氏
黄门冯氏　　　　　□门林氏
□□□氏　　　　　冯门梁氏
崔门冯氏　　　　　□□□氏
冯门□氏　　　　　□□陆氏
冯门黄氏　　　　　信女冯亚爱
冯门黎氏　　　　　冯门黄氏
冯门李氏　　　　　冯门麦氏
潘门冯氏　　　　　冯门□氏
□门李氏　　　　　冯门黄氏
冯门刘氏　　　　　信女冯亚戴
冯门□氏　　　　　冯门梁氏
冯门黎氏　　　　　冯门伍氏
信女冯□　　　　　冯门□氏
冯门梁氏　　　　　冯门李氏
冯门关氏　　　　　信女□□
冯门关氏　　　　　冯门□氏
冯门霍氏　　　　　冯门□□
□□□□
以上各□□
冯门凌氏　　　　　冯门陆氏
冯门□氏　　　　　信女冯□
冯门简氏　　　　　冯门□氏
冯门简氏　　　　　冯门□氏
信女冯□　　　　　冯门李氏
冯门简氏　　　　　冯门袁氏
冯门姚氏　　　　　信女冯遂平

454

第七章 明清庙会中的女性：以碑刻为例

梁门冯氏	冯门张氏
冯门何氏	冯门□氏
信女冯□申	冯门冼氏
冯门□氏	冯门曾氏
冯门□氏	信女□□
冯门许氏	冯门□氏
冯门曾氏	冯门黎氏
信女□□	冯门□氏
冯门□氏	冯门郭氏
冯门□氏	□□□□
冯门梁氏	冯门林氏
屈门黄氏	信女冯罗□
信女冯贵济	
以上各九分	
冯门朱氏	信女冯亚聪
信女汉连娇	陈氏
冯门关氏	信女冯亚戴
信女冯连仙	黄氏
冯门□氏	信女冯亚□
冯门关氏	
以上各三分	
冯门麦氏	信女冯□□
冯门□氏	姚氏
冯门□氏	信女冯亚红
冯门孟氏	何氏
冯门李氏	信女冯亚欧
冯门洪氏	□□
冯门□氏	信女冯亚□
冯门钱氏	黄氏
冯门黄氏	信女冯亚娟
□□□□	仆妇
□□□氏	信女冯亚□
以上各六分	

□□□□	信女冯亚祝
信女□门苏氏	信女冯亚魂
信女□□	信女□□□
信女冯□□	冯门房氏
信女□□	信女冯亚金
信女冯贵平	信女□□
信女冯亚闰	信女冯亚眷
信女冯□	信女冯见娇
信女冯结英	分流□充
信女□□	□□□□
以上各九分	信女冯□
信女冯□琼	冯门苏氏八分
信女梁给时	信女冯会□
以上各七分	信女□□□
信女□□□	信女□□分
信女□□□	信女冯慧□
信女冯会娇	信女冯□
信女冯□定	信女冯凤娇
信女□□	信女冯燕娇
信女冯贵娇	信女□□
信女冯云客	冯门郑氏

玉虚宫其实就是北帝庙，是广东民间供奉玄天上帝的场所。北帝崇拜在珠江三角洲地区极为常见，是广东民间信仰主要神灵之一，不仅北帝庙遍及各乡，村民家中也普遍供奉北帝神位。我们在广州市区及其郊区的杨箕、石牌、冼村、天河、珠村、练溪、黄埔、车陂等村考察时，村里均有一个甚至多个北帝庙。很显然，上述这通碑刻是由黄埔村冯氏家族女性修葺玉虚宫的助金者名录，共计180人以上。此碑前尚有两碑记，时间分别为乾隆十年丙寅季冬吉旦立《重建北帝庙碑记》、乾隆三十年乙酉季冬吉旦立《重修北帝神庙碑记》，缘首冯开盛、万辰、万创、万翼等仝立石。据此推测，冯氏女性捐助应为乾隆三十年。碑文中出现的大量"信女"，均有完整署名权，若结合上面洪圣宫的"花女"来判断，这些

第七章 明清庙会中的女性：以碑刻为例

"信女"或许也是"花女"。我们在考察时发现，黄埔村柳塘大街1号即为清代的姑婆屋，坐西南朝东北，三间两层一院，硬山顶，碌灰筒瓦，青砖花岗石脚墙，人字山墙，硬山顶门廊，门头博古脊，花岗石夹门，杉木大门，13横趟栊，首层三房一大厅，木楼梯，楼面木结构，木地板，二楼五房一厅，每个房门门头套以精美花卉灰雕图案。姑婆屋为古黄埔村终身不嫁的单身妇女聚居之所，属集体所有，现为出租屋。

笔者曾就碑文中不断出现"花女""信女"等现象，请教广东省社会科学院陈忠烈研究员，他是研究广东区域史权威专家之一，曾纂修广州市海珠区《小洲志》。他说，"花女"是未婚小女孩，其未婚原因大致有三：一是未到结婚年龄，二是不愿意结婚，三是想结婚而找不到婚配对象。有意思的是，所有"花女"都有较明确的姓名，而进入婚姻的女性则失去名字。从碑文捐金芳名来看，梁家的"花女"达26人，胡家的"花女"29人。清代番禺、顺德等珠三角地区流行女子不愿结婚的自梳女现象，并演化为一种独特的婚姻习俗。按当地传统礼俗，未婚少女蓄辫，婚后始束髻，以辫和髻作为女性婚否的标志。在珠三角地区的一些女子却通过特定仪式自行束髻，以示不嫁，独身终老，俗称"自梳"或"梳起"。女子要成为自梳女须进行"梳起"仪式，一经"梳起"则终身不得反悔。① 她们一般都是结伴而为，同治《番禺县志》卷6《舆地志·风俗》记载："女子在室相订为契姐妹者，不得他约，有他约则共起逐之，谓之打相知。"即使不得已而出嫁，也不能和丈夫有性生活，婚后数日即返回娘家，这就是所谓的"不落夫家"。嘉庆时人黄芝在《粤小记》中对此种现象亦有记录："广州村落女子多以拜盟为姊妹名曰相知，父兄不能禁。出嫁后即归，恒不返夫家，至有未成夫妇礼，必俟同盟姊妹嫁毕，然后各返夫家。若促之过甚，则众姊妹相约自尽。此等弊习，南（海）、顺（德）两邑乡村居多。昔贤县令曾禁之，众女闻知，以为闺阁私事扬之公庭，殊觉可耻，一时相约自尽无算，弛其禁乃已。"② 据后来人回忆说，在当地一

---

① 陈通曾、黎思复、邬庆时：《"自梳女"与"不落家"》，《广东文史资料》第12期，1964，第172页。
② （清）黄芝：《粤小记》，载吴绮等撰《清代广东笔记五种》，林子雄点校，广东人民出版社，2006，第442页。

般女子长大不嫁，长居母家，乡俗便认为不祥，但自梳女则另作别论。自梳女一经梳起后，即有权视母家为己家，以母家之事为自己的事，且可为母家操持家务，虽兄嫂、弟妇辈亦不敢非议，俗称为"把家姑婆"。自梳女居住在合营一屋的"姑婆屋"，在生计、生活上相互关照，甚至因此产生同性恋爱，俗称"契相知"，俨同夫妇，严格限于一对一，出入相随。乡俗对之从不干预。①

清代乡村女性参拜地方庙宇并向庙宇捐施而刻石留名在番禺很常见。我们在距离黄埔村不远处小洲村考察，在现存的各类庙宇碑刻中也发现善男信女捐舍的碑文。小洲村在明清时属番禺县茭塘司范围。乾隆二十三年《重修北帝庙碑记》记载该庙在康熙二十九年已进行过重修，"于今几七十载，仰观庙宇，材木朽，墙壁欹，风雨飘摇，不无倾圮之虞"，于是在乾隆二十二年三月初三即上巳日"里居长幼"，以及"异乡人士"，到庙宇祭拜之时，值事者倡议捐资修庙，很快得到响应，据碑刻姓名统计有440人左右捐助，除不到20人非简氏外，绝大多数都是简氏家族男性，捐助数额较小。女性仅有4位，即何门简氏、简门凌氏、简门卫氏、曾门简氏，均与简家密切，或是简家媳妇，或是简家外嫁女儿。乾隆二十七年季冬吉旦《重修天后庙碑记》在缘起中说，珠三角地区水乡社会基本上都有祭祀妈祖的天后庙，小洲村称为娘妈庙，"自城都迄诸村落，悉皆尸祝为虔，祷求每应呵之护……免于洪涛巨浸、蛟蜃鱼鳖患者，神之功尤著焉。吾乡四周皆水，东庙之建由来久矣，今踊跃新之，仍其址而拓分两座，前后中间添设天井回廊"。捐助者的名录达300多人，排第一位的是"娘娘会"，从名称判断应是女性组织，捐助者绝大部分仍是简氏家族成员，其中女性捐助者有何门简氏、简门卫氏、简门陈氏、简门陈氏、花女简凤真、花女简观娇、花女简观学、花女简观秀、花女简观引。这些以"花女"出现的女性都有自己的姓名，而结婚者则省略了名字。

2011年4月，笔者在海珠区官洲岛考察，岛上最大庙宇为华帝庙，位于官洲小学旁，面对珠江，建于明代，清乾隆、同治重修，坐北朝南。神台上供华光帝、医宁菩萨、财神、千里眼、顺风耳五

---

① 陈遹曾、黎思复、邹庆时：《"自梳女"与"不落家"》，《广东文史资料》第12辑，1964，第186页。

第七章 明清庙会中的女性：以碑刻为例

神。东偏厅为村民议事处，西偏厅是庙祝住所。正堂内东侧墙镶有历代重修石刻碑记4方，其中1方为乾隆年立，已断为两截，字迹模糊，难以辨认。清理后将两块残碑拼在一起，勉强读出碑头为《华帝古庙重修碑记》："……斯其由来远矣，近自康熙辛巳重修正殿暨两厢，左□里闱，庙之环海面山，巍焕肃穆，而乡之绅士耆英丕承亘曜，以贲人文者，前碑所勒备矣。迄今六十载，两厢（第一列）渐坏，合众助金，鸠工庀村，首事郎筹力肩其任，自季口越孟秋，不数年而告竣……（第二列）。"碑的前8行记男性捐款姓名，第9~13行记女性捐款姓名。而女性助金也有"缘首"，第4列第9行开头即为"徐成之母陈氏，缘首"，后有"陈门罗氏捐金三钱二分"。后面的字完全看不清，小块残碑下部仅能看清一点。从康熙四十年辛巳，到此次重修为六十年，碑文落款处有"岁在庚辰"的模糊字样，应为乾隆二十五年庚辰。此距上次重修六十载说法一致。估计乾隆二十五年重修一直持续到乾隆三十年，华帝古庙有乾隆乙酉（三十年）仲秋残碑《华光古庙重修碑记》，碑上有捐助者姓名19排，每排大约43人，前9排完整，后10排残缺。前12排为男性，后7排为女性。我们费尽心力辨认第13排之后的女性助金者名录如下：

> 信妇缘首：冯门简氏、陈门冯氏、陈门黄氏、陈门吕氏、陈门萧氏，助银二钱四分；茂成母罗氏，助银一钱八分；升旦母林氏、济德女亚巧，助银一钱六分；徐门陈氏，助银一钱五分；升旦妻李氏、福上妻黎氏、谭门霍氏、林门陈氏，以上助银一钱二分；梁门陈氏、升博妻卫氏、成茂妻梁氏、宽德妻吴氏、聪德女灵英，以上助银一钱一分；济德妻冯氏、升有妻黄氏、升楷妻郑氏、升纪母林氏、升寅妻黄氏、绍清妻梁氏、绍齐妻梁氏……
>
> 雅德妻凌氏、升典妻郑氏、升石妻黎氏、荣宗妻冯氏、升顺妻冯氏，以上助银一钱；绍多母冯氏、绍规女连仙、绍荣妻曾氏、胡门陈氏、陈门吴氏、女连英，以上助银九分六□；汉上妻高氏、妾简氏、升腾妻宋氏、绍麟母冯氏、妻黄氏、绍祥妻林氏、维上女凤平、升宝女秀平、统德妾谢氏、启贵妻吴氏、富千妻梁氏、礼平妻陈氏、德贵妻刘氏、绍邦妻黎氏、茂

成妻梁氏、妾赵氏、升聚妾谭氏、升安妻林氏、雅德女雪英、绍口妹会珍……

茂辉母彭氏、升荣妻冯氏，以上助银六分；升南妻梁氏、升植妻黄氏、绍南妻凌氏、陈门钟氏、升也妻莫氏、升济妻潘氏、升调妻梁氏、聰德女英仙、文贵妻崔氏、升纪妻霍氏、升勋妻胡氏、绍似妻梁氏、升绪妻利氏、务德女月平、莫门陈氏、升鳌女会仙、升尧妻曾氏、升统妻梁氏、性富女亚小，以上助银六分；铨德女瑞连、提德母严氏、雅德女亚纯、升节妻黄氏，以上助银五分；升乔女亚乖、女会娇、德金母崔氏……

升始母杨氏、妻梁氏、绍英妻梁氏、绍华母梁氏、绍金妻关氏、绍显妻关氏、左德妻苏氏、学有妻陈氏、女亚娇、升允妻崔氏、茂喜母李氏、谦德妻李氏、女雪清、绍俊妻蔡氏、升多妻霍氏、升辉妻黎氏、颂德妻莫氏、女雪连、次阿五、升约女雪琼、升循妻简氏、绍攀妻梁氏、女观平、妹瑞琼、升甜妻冯氏、升甲女亚妹、升琼妻崔氏、升根妻邵氏、性秋母林氏、升宽妻车氏、献朝妻郭氏、女亚足……

升□□□、元改□□□、升苑妻□□、升仰妻邵□、便德女亚念、绍能女亚妹、坤德妻黎氏、升祺妻简氏、升略妻梁氏、升周妻霍氏、升幹妻黎氏、升庶妻莫氏、升溪妻邓氏、拔德妻莫氏、周门陈氏、腾至女齐仙、升可女桂仙、瑞苑女结仙、添德女碧仙、恒贵妻邵氏、升满妻李氏、升佳妻邓氏、富千女凤清、裕贵妻陈氏、茂容母梁氏、姐述兰、升祖妻黎氏、升赛妻黎氏、升善妻黎氏、好德妻吴氏、学胜母李氏、妻萧氏、绍基母严氏……

□□□□、英满女□□、升恪妹清甜、宽德媳郑氏、绍文妻谭氏、升格妻曾氏、升邦妻简氏、凤照母周氏、妹观洁、绍拱母冯氏、绍秀妻尹氏、升锦妻林氏、升堂女观伍、绍始妹观四、升载妻梁氏、佐瑞妻梁氏、献先妻霍氏、升宏妻李氏、献杰妻林氏、献聪妻黄氏、献能妻冯氏、女亚彩、绍苑妻梁氏、信女陈观妙、升津母冯氏、妻姚氏……

□□□□、绍堂妻□□、绍满妻□□、绍荫妹观□、□□□□□、成茂女亚□、升容女观□、□□□□□、绍和女观□、茂松妻简氏、升骥妻谭氏、升容妻简氏、绍恒妻简氏、

460

第七章 明清庙会中的女性：以碑刻为例

升用妻李氏、升用妻□□、升阜妻□□、绍勇妻□□、绍坤妻□□、绍达妻□□……

可见，乾隆年间，女性是官洲岛重修华帝庙的重要力量之一，她们不仅捐助银两，而且出现了"信妇缘首"的字样。这一现象似乎说明妇女已有组织地开展捐助。有意思的是，这些女性助金者都是以男性的眷属身份出现，而这些男性之所以省去姓，估计与岛上大姓陈氏有关，也就是说，这些碑刻中没有标出姓氏的男性，均为陈氏家族男性。

官洲岛的女性不仅在对华帝庙捐金者中设有"缘首"，而且在其他庙宇中也有女性"缘首"，如位于官洲居仁外街的水月宫，也面向珠江，岸边即为码头，建于嘉庆三年，同治二年重建，坐北朝南，门额阴刻"水月宫"花岗石匾，题字及落款难辨，隐约有11个字。门联阴刻"清静有缘同登彼岸，慈悲无量普度迷津"。大堂内镶有两通碑，一为嘉庆三年岁次戊午仲夏丙申日吉旦众信弟子诚心所立《新建天后宫碑记》；二是同治二年岁次癸亥仲冬吉日合乡立日《重建水月宫碑记碑》。广州地区的水月宫一般祭拜观音，天后宫则祭拜妈祖。官洲岛两者混淆，或许是两位神灵都是女性的缘故。嘉庆三年《新建天后宫碑记》缘起中讲创建天后宫的缘由，首事由陈铨德、冯世盛、陈眷德、陈达发组成，庙地由"陈公象祖送出庙地一座"。从助金的200多男性成员名单看，基本为陈氏家族，也有冯氏等家族，还有黄圃梁氏、大塘秦氏等人。该碑刻女性助金者人数相当可观，且有"缘首"召集人，现整理如下：

缘首：陈茂波母冯氏

陈门梁氏、陈门伍氏，以上银一中圆；陈绍始妻黎氏、陈绍韬妻黄氏，以上银一钱半；陈升旦母林氏银一钱三分；陈升旦女秀金、陈升旦妾梁氏、陈升旦女观柳、陈畅德女观金、陈茂松妻简氏、陈绍坤妻宋氏、陈升函妻周氏、陈升业妻简氏、陈升论妻梁氏、陈绍带妻郑氏、陈绍嵩妻林氏、陈绍恒妻简氏，以上银一钱一分；陈升聪妻黄氏银八分；陈升优妻黄氏银七分；陈升锦妻林氏、陈升柱妻李氏、陈升群妻苏氏、陈升佔妻黄氏、陈升聪女、陈畅德妻凌氏、陈升纯母周氏、陈升纯妻

简氏、陈升谦妻冯氏、陈绍达妻卫氏、陈绍全母黄氏、陈绍田妻莫氏、陈绍隐妻关氏、陈升业女闰娇、陈升高女、陈鼎赐女观绅、陈献公女观凤、陈茂松女三妹，以上银六分；陈茂贤妻凌氏，银五分。

缘首：陈来享母萧氏

陈文桓妻郑氏、陈茂蕴妻郭氏、陈茂蕴母谭氏、陈茂蕴妹赛仙、陈茂辉母彭氏、陈文博妻曾氏、陈京锐妻吴氏，以上银一钱一分；陈文锡女凤仙，银八分；陈文明妻黄氏，银七分；陈文贺女闰钱、陈绍南女赛朋、陈维上女凤朋、霍瑞苑女赛英、陈尚昭女芙仙、陈升顺女瑞霞、陈升提女赛珍、陈觐上女观朋、陈章信女赛莲、陈尚柱女瑞贵、陈绍基女连英、陈贯德女瑞冠、陈贯德女、陈升可妻伍氏、陈章辉妻郑氏、陈茂恩女、陈尚柱妻黎氏、陈升光妻莫氏、陈升略妻梁氏、陈文锡妻简氏、陈文定妻冯氏、陈文材妻冯氏、陈文安妻关氏、陈文广妻冯氏、陈京满母霍氏、陈京满妻伍氏、陈茂恩妻梁氏、陈门霍氏、陈绍邦妻黎氏、陈茂辉妻冯氏、陈绍南妻凌氏、陈京锐妻吴氏、陈显文妻卫氏、陈绍基妻郑氏、陈绍周妻冯氏、陈绍满妻屈氏、陈茂锦母梁氏、陈茂锦妻崔氏、陈茂大妻容氏、陈来享母萧氏、陈来享妻凌氏、陈裕享妻胡氏、李门吕氏，以上银六分。

缘首：陈升任妻邓氏

简门陈氏，银三钱九分；冯世盛妻梁氏、陈达千母曾氏、冯裕贵妻陈氏、冯成贵妻曾氏，以上银一钱二分；陈宽德妻吴氏、陈达千妻梁氏，以上银一钱一分；陈升佳妻邓氏、陈升提妻黄氏、李润容花女、陈达坤妻梁氏，以上银一钱；简门陈氏，银九分；陈英达妻卫氏、谭门陈氏，以上银六分半；陈升统妻梁氏、陈升以妻梁氏、陈升邦妻简氏、陈绍宽妻关氏、陈绍起妻林氏、陈绍秋妻徐氏、陈升坤妻郑氏、简帝祯、冯德贵妻刘氏、陆门冯氏、花女亚问，以上银六分；冯广富妻朱氏、梁门陈氏、陈升盛妻简氏，以上银五分半；陈升屑妻胡氏、陈升布妻黎氏、冯世能妻简氏、陈升左妻梁氏、陈绍齐妻司氏、陈绍科妻黄氏、陈绍提妻冯氏、郭门陈氏、仆胜福妻梁氏、仆敬瑞妻冯氏，以上银五分；陈升茂妻梁氏、陈觐秋妻凌氏，银一钱一分；陈务德妻崔氏、陈升似妻宋氏、陈升强妻简氏、陈

第七章 明清庙会中的女性：以碑刻为例

开裕妻冯氏、陈作兴妻邓氏、陈廷昌妻谭氏、陈升两妻郑氏、陈茂维妻黎氏、陈茂起妻霍氏、曾门陈氏、陈门宋氏，以上银一钱；冯成茂妻梁氏、冯启昌妻陈氏、陈觐秋女赛琼，以上银九分；陈作兴母梁氏、陈绍灿母霍氏、陈升向妻何氏、陈童辉女亚盛、陈绍容妻曾氏、陈绍显妻关氏、陈茂起母李氏、陈茂恒女亚平，以上银六分；陈耀维妻宋氏、陈升偶妻崔氏、陈升初妻赵氏、陈升望妻崔氏、简门陈氏、陈升烈女亚改、陈绍伦妻黄氏、陈绍清妻梁氏、陈绍祥妻林氏、陈绍显女亚清、陈英达妾谢氏，以上银五分。

缘首：陈升仰母林氏

陈世享妻黎氏、陈献秋妻梁氏，以上银一钱二分；陈显高妻梁氏、陈显耀妻林氏，银一钱一分半；陈升威妻冯氏、陈升威女秀容、陈绍聪妻梁氏、陈升仰妻邵氏，银一钱；陈绍能女亚秀、陈惟秋母林氏、陈绍财妻梁氏、陈门崔氏，银六分半；姚门陈氏、陈升琼妻崔氏、陈绍财母卫氏，银六分；陈绍建妻郑氏、陈祚德女亚意、陈有上妻林氏、陈祚德妻冯氏、陈升汤妻简氏、陈迥妻郑氏、陈绍成妻张氏、花女秀奇、花女秀仙，以上银六分；陈升梅女亚容、陈升津妻姚氏、陈升津女秀琼、陈升载妻梁氏、陈升引妻郑氏、陈升笔妻吴氏、陈显茂妻简氏、陈显顺妻冯氏、陈绍好妻关氏、陈升根妻邵氏、陈升禧妻霍氏、花女秀英，以上银六分；陈升结妻黎氏、陈茂成母罗氏、陈茂成妻梁氏、陈秀发妻冯氏、陈耀宗妻李氏、陈学宗妻简氏、郭光瑞妻黄氏、郭显茂妻霍氏，以上银一钱一分；郭显仲妻蔡氏，银一分；陈秀发妾林氏，银一分；赵环妻陈氏，银一分；陈升石女，银五分；陈绍英妻梁氏，银五分；陈绍来妻伍氏，银五分。

在4位妇女缘首中，有3位已为人母，1位为妻子。妇女捐助者几乎均是陈氏家族的媳妇、女儿辈，且全以男性眷属身份出现，其中不乏"花女"。官洲是珠江航道上一个江心岛，南与番禺区小谷围一水相隔，北与仑头村隔江相望。相传隔江相望的小谷围古代设有海关，检查出入船只。当时规定海关官员在江心岛上居住，该岛故称为官洲。岛上有一山冈名官山。官洲岛上大姓陈家在南宋年

463

间由南雄珠玑巷迁此开村，主要从事农业、渔业，村北江堤一带（今官洲北约）曾称缯棚，原是水上居民聚居的地方，以捕鱼为业，家家户户都挂着鱼缯，故称为缯棚，今已成为村落。官洲村位于官洲岛中南部，村口临江有渡口。全村现有 2 座庙宇、4 间祠堂和 3 个门楼。

类似于官洲岛以家族成员建设庙宇的现象在清代广州各地颇为常见，这可能与各地聚族而居有着极大的关联。今广州市萝岗区水西元贝村的玉虚宫建于清雍正年间，乾隆五十年、嘉庆十八年、道光二十七年重修。现镶在玉虚宫内东侧墙上碑文有 6 通，乾隆五十六年《重建上帝祖庙碑记碑》说："神不恃人而存，而村每依神而立，故南方乡落莫不各奉神以为之主。"元贝村玉虚宫开始在雍正壬子"塑帝像而祀之"，到乾隆己未才"立庙于乡之下关"。后因乡运中衰，堪舆家咸谓庙位不好，"遂迎神归祀乡间"。乾隆庚子，"乡人复起重建之议，然以所贮无多，未递兴役。乃先请集百益会银，积放生息，迄今垂十余年，而又为之设簿题助以充其工费，于是就旧庙之前地数丈外，相其阴阳，度其高下，砌石为基，结砖为墙，灰瓦材木，靡不俱备，计经始于辛亥二月，而落成于九月"。题助金芳名中的男性均为钟姓，另有"信妇"和"信女"栏：前者有钟门黄氏、钟门周氏，以上一两四钱四分；钟门徐氏一两正；关门卢氏七钱二分；钟门陈氏三钱六分；钟门潘氏、钟门谢氏，以上三钱；钟门禾氏、钟门陈氏、钟门刘氏、钟门李氏、钟门崔氏、钟门周氏、钟门简氏、钟门潘氏、钟门徐氏、钟门区氏、钟门陈氏，以上二钱；钟门谢氏、钟门徐氏、钟门徐氏、钟门关氏，以上一钱五分；钟门湛氏、钟门秦氏、钟门刘氏、钟门陈氏、钟门秦氏、钟门陈氏、钟门龙氏、钟门梁氏、钟门唐氏、钟门徐氏、钟门秦氏、钟门徐氏、钟门欧阳氏、钟门黄氏、钟门徐氏、陈门钟氏，以上一钱；钟门戴氏六分、妾钟门利氏二钱；钟门黄氏、钟门吴氏，以上一钱；钟门罗氏一钱正。后者则为钟真三钱六分；钟近、钟琼音、钟兰弟，以上二钱；钟彩、钟二姑、钟雪英、钟桂、钟焕，以上一钱；钟壬带一分。[①] 据此可以推测，该玉虚宫为钟氏家

---

① 陈建华主编《广州市文物普查汇编·萝岗区卷》，广州出版社，2008，第 155~158 页。

第七章 明清庙会中的女性：以碑刻为例

族所建。

同样在广州黄埔区长洲岛上的金花庙也为曾氏家族主修。2009年5月，笔者有幸参加了长洲岛首届金花诞活动，再次考察了金花庙。金花是在广府人中流行的一位掌管生育与养育的女神，祭拜者也多为女性。金花庙占地面积不大，为两进屋宇。在庙内天井两边墙壁上镶嵌四通石碑，廊柱上镌刻光绪二年地方名人撰写对联。笔者在金花庙旁结识了讲广州话的邓姑婆（生于1932年），她正在金花庙前做纸钱、纸衣，作为祭祀物品售卖给参加神诞的善男信女。据她说，长洲岛过去至少有上百名姑婆，差不多每个姓氏都有姑婆，大多住父母家，不继承财产，通过打工、耕田营生。一些姑婆因家里穷而没有出嫁，父母赞成女儿做姑婆。"花女"就是没有结婚的女孩。人们拜金花庙是为求子，由妻子前往祭拜。姑婆做工攒钱，关系好的会集钱买屋。从外表看，姑婆在穿着上和普通人没什么区别。外人叫"姑婆"，家里小辈叫"姑妈"，家里长辈叫"姑姐"。

据岛上居民曾永坚（生于1923年）说，长洲岛有下庄、上庄，曾姓为大姓。他本人是下庄人，下庄曾、邓两家有祠堂，其他则没有祠堂。上庄、下庄曾氏各自在重阳节到广州南湖祭祖，清明在长洲拜山。金花庙的四通碑刻记述了清代历次修葺助金人，最早为道光九年《重建金花古庙各家乐助碑记》，名单分12行上下排列，最后两行为女性，整理如下：

花女：曾桂香、曾悦好、曾金凤、曾瑞好、曾并仙、曾瑞珍、曾闰容、曾凤娇、曾美好、曾观碧、曾翠仙、曾翠霞、曾翠琼、曾凤霞、曾容清、曾美年、曾观银、曾聘娇、曾翠仙、曾秀珍、邝应龙、邝亚叶、邝成就、邝社佑、黄作锦。

信妇：曾门冯氏、曾门姚氏、曾门梁氏、曾门苏氏、曾门梁氏、曾门李氏、曾门钟氏、曾门梁氏、曾门凌氏、曾门刘氏、曾门屈氏、曾门关氏、曾门郭氏、曾门凌氏、曾门凌氏、曾门关氏、曾门李氏、曾门梁氏、曾门冯氏、曾门黄氏、曾门莫氏、曾门梁氏、曾门凌氏、曾门简氏、曾门麦氏、曾门罗氏、曾门刘氏、曾门梁氏、曾门陈氏、曾门陆氏、曾门罗氏、曾门冯氏、曾门凌氏、曾门梁氏、曾门黎氏、曾门罗氏、曾门文氏、曾门彭氏、曾门潘氏、曾门陈氏、曾门梁氏。

另外则有道光十七年《金花重光乐助碑记》中有曾门黄氏、曾门陈氏、曾门吴氏、曾门吴氏等妇女助金。这些碑文中尽管没有重修金花庙的缘由及相关信息，从这些名单中可以推测，长洲金花庙与当地曾氏家族之间的某种必然联系。

2015年1月27日，笔者和研究生黄学涛同学一起在广州市南沙区塘坑村考察，在天后古庙内发现有嘉庆三年《重修天后古庙记》。从中可知位于濒海地带的塘坑在明清海洋经济发展过程中存在崇拜天后的现象，碑刻由2通组成，后一通全为捐资芳名。从碑文看，捐助人绝大多数为朱氏族人。第一通捐助人共计8列，每列22人，其中上半部的5列几乎全为朱氏族人，下半部3列则交叉出现朱氏族人、黎氏族人、钟氏族人等。后一通碑记的上半部3列的捐助人，每列26人，主要是黎氏族人，中间1列15人，以黎、朱两姓为主。碑中还出现了不少同名的人，显示了丈夫和妻子分别以个人名义捐助。后4列为各信女捐助名单，每列15人，共计60人。

今将各信女助金列后：朱赞培母黎氏五大元，黎晟汉妻朱氏□大元，朱□初妻□氏一大元，朱□□妻陈氏三大元，朱□安母□□一百文。朱品昭妾林氏二百文，朱畅如妻郑氏二百文，赵平安母黎氏二百文，王干邦妻朱氏二百文，黎绍文妻朱氏二百文，黎□定妻朱氏二百文，朱静初妻谭氏二百文，朱靖波妻郑氏二百文，朱翰昇妻郑氏二百文，张绍英妻朱氏二百文，黎灿朝妻朱氏二百文，黎晟□妻朱氏□大元，朱致□妻王氏一百八十文，朱阿九母罗氏一百八十文，□□□□氏一百五十文，朱□□妻黎氏一百五十文，朱□□母王氏一百文，朱汉波妻刘氏一百五十文，黎旭汉妻朱氏一百文，朱允昭妻王氏一百文，黎冲汉妻朱氏一百文，梁英杰妻□氏一百文，黎灿公妻朱氏一百文，朱声远妻王氏一百文，朱辉远妻郑氏一百文，朱□容妻郑氏一百文，□□□□□□□，朱赞培妻邓氏一百文，朱静初媳王氏一百文，朱元三妻罗氏一百文，朱占元妻蒋氏一百文，朱壮瞻妻潘氏一百文，朱□功妻罗氏一百文，朱平任妻林氏一百文，朱兆通妻罗氏一百文，朱□□妻郑氏一百

466

第七章 明清庙会中的女性：以碑刻为例

文，郑精斯妻朱氏一百文，朱□民妻罗氏一百文，朱□□妻张氏一百文，朱配义妻黎氏一百文，朱奠邦妻尹氏一百文，朱声夫母张氏一百文，朱□□母黎氏一百文，□□□□陈氏一百文，朱馨尚妻钱氏一百文，朱曰坚妻黎氏一百文，朱英彰妻陈氏一百文，朱品远妻陈氏一百文，朱进朝妻罗氏一百文，袁丙修妻陈氏一百文，朱门梁氏助钱一百文，朱门麦氏助钱一百文，王门黎氏助钱一百文，朱感苍妻郑氏一百文。

由妇女组成的庙产管理机构在粤西吴川的梅菉墟也有出现，清代以西江为纽带将广州与肇庆、高州等粤西地区紧密联系在一起，吴川县的梅菉镇成为广州商人聚集的重要地区。康熙年间，广州商民在梅菉之南建金花夫人庙，凡三层，各三间。据光绪《吴川县志》称"梅菉商贾多广州流寓，庙之建由此"。① 金花庙在梅菉墟建立后迅速流播，以致出现以"金花"命名的金花庙村、金花岭地方，"金花岭在金花村金花庙"。② 此后梅菉金花庙分别在乾隆十年、嘉庆十二年、同治七年重修，光绪《梅菉志》卷4《金石》保存了两份重修碑文及契约，从中可了解梅菉金花夫人信仰已完全融入地方社会，如嘉庆十二年关中高发《增修金花古庙碑志》称："神之有功德于民者，皆册列祀典。……梅菉金花夫人之为灵昭昭也，惠福吾民，庇其禄嗣。"可见，金花夫人俨然已成为地方的保护神。梅菉金花庙保存的道光十四年有关金花庙商铺的契约最具特色：

盖广嗣会之兴也，昉自嘉庆丁卯年倡捐之始，氏偕王、黄两姓妯娌，相邀镇内信女四十人，捐出会本根，继得喜获弄璋者加助，几经孳息，凑成百员置铺，原吾侪集腋成裘，祀金花夫人之意，无非厚期神灵久远默佑，永集螽麟之祥焉。阅三十年来，果沐神光之普照，常愧沾恩有自报答，无由所藉，告虔稍庆，葵私者仅凭数椽之瓦铺耳。兹值宝诞，赴庙公议条款，铺既设为公产，非与私业可比，自后倘有图卖分肥，以违制

---

① 光绪《吴川县志》卷3《建置·坛庙》，2009，第347页。
② 光绪《梅菉志》卷1《地理·山川》，国家图书馆出版社，2011，第8页。

论，以铺契恭对案前焚化，永勒诸石，庶垂不朽，今而后将现存之女友三十四份，派为春夏秋冬四股，轮流值理，周而复始收租，每逢首夏备设嘉筵，跻堂称觥，恭祝夫人千秋之庆。愿我同人有初克终守之勿替，庶奕世饮福，吾侪手泽如新，斯不负当年捐资经会之至意云，一断受邓君义之铺一间，西向，坐落本镇大新街后望楼开门对面。

恩职黄君荣之妻王氏

龙飞道光十四年岁次甲午四月首倡捐首事：举人龙图光之妻□氏 仝刊立

国学李森之妻黄氏[①]

这份完全由妇女组成的祭拜契约在传统社会并不多见，该契约凸显了妇女在区域祭祀中的特殊角色。该契约显示，梅菉墟金花庙的庙产商铺由妇女管理，且规定商铺为公产，将信女分 34 份，分成春、夏、秋、冬四股轮流管理收租。无论是王、黄氏及镇内信女 40 名置商铺，还是道光年间黄君荣之妻王氏、举人龙图光之妻、国廪李森之妻黄氏共同签订管理契约，这些参与者和管理者均为妇女，且与商业有密切关系。

在粤东澄海县城隍庙中保存有五通碑记，据康熙五十二年《重修两庑碑记》记录的助金者多为家族或商号，还有"金砂乡船户众弟子"等名称；乾隆二十五年《捐修城隍庙碑》则为"城内外干果行众弟子喜捐拜亭"；乾隆三十六年《捐修城隍庙碑》，也是"城内外干果行众弟子喜捐大殿拜亭"。笔者关注其中两通女性捐资碑记，一是康熙二十一年《重修佛厅碑》记载的女性芳名：

陈门许心耀	辛门陈顺良	王门蔡敬成	谢门蔡万金
李门吴淑副	杜门黄顺良	侯门陈明如	刘门蔡士金
蔡门洪善坤	高门廖勤贤	陈门邹淑金	唐门蔡清尚
陈门何常喜	郭门芮孝德	陈门蔡义顺	黄门郑惠成
郭门蔡瑞贤	陈门郭得贵	郑门黄成敬	蔡门张修明
陈门杨勤富	柳门庄贞兵	陈门郭德慈	黄门叶静俭

---

① 光绪《梅菉志》卷 4《金石》，第 541~542 页。

第七章 明清庙会中的女性：以碑刻为例

陈门黄宝明	蔡门林和福	张门蔡德和	陈门谢淑吉
杨门吴顺发	陈门杨从德	杨门王顺胜	陈门茅福文
王门陈淑贵	黄门蔡静存	陈门杨镇禄	柳门黄庭玉
林门周贤明	林门杨淑金	林门陈克信	黄门郑孝慈
邱门陈智玉	林门陈英禄	卢门王孝顺	方门杨妙金
陈门林克贞	沈门陈和贵	许门李克盛	许门陈受福
蔡门陈实钦	陈门黄喜发	姚门黄上辉	黄门陈淑高
陈门黄贤贵	林门吴英全	陈门李淑坤	侯门郑淑贵
侯门陈淑德	侯门陈淑贤	姚门陈惠连	陈门蔡淑敬
许门邱素香	许门曾素玉	许门曾淑兴	王门许明香
黄门林慈义	陈门马淑兴	杜门陈明理	杜门王修福
杜门杨智勤	杜门陈纯明	陈门郭慈福	林门王心成
赖门萧富嘉	李门彭德仁	叶门魏修德	黄门林贵庭
陈门林妙修	沈门陈兹爱	黄门陈淑修	吴门卢淑副
王门黄信旺	王门芮士福	郭门黄敬禄	王门陈尚明
王门周肖隆	陈门王孟枝	蔡门许如金	陈门洪会宜
林门魏明修	朱门蔡智禄	叶门朱明悟	

二是乾隆六年，当地民众再次对城隍庙进行重修，并留下了《城隍庙重修三官堂碑》，通碑记载的全部为女性捐助者的芳名：

蒋门邱贞美	黄门陈盛发	黄门陈盛禄	林门黄六平
黄门陈淑静	蒋门蔡贞毛	陈门李顺义	黄门陈盛金
蔡门郑裕富	郭门黄智全	谢门蔡万金	王门许明香
黄门李盛慈	杜门黄顺良	林门林友瑞	蔡门陈崇贞
蔡门陈富嘉	陈门吴德如	林门陈崇贵	李门陈净发
蔡门林瑞贵	王门蔡敬成	黄门陈淑修	陈门王慈勉
王门吴升禄	洪门柯惠禄	郭门陈修慈	林门郭慎馥
张门陈信寿	翁门蔡如顺	许门张信达	郭门蒋氏
陈门杨敬顺	李门黄顺合	蔡门郭成发	许门陈信道
林门张爱全	蔡门张智福	朱门陈德思	蔡门张顺明
林门□成惠	吴门林福明	陈门周淑兴	陈门卢得贵
陈门李慈惠	蔡门陈锦德	姚门杨如金	林门周贤明

469

林门蔡氏	陈门许氏	蔡门谭慈涂	林门朱如盛
陈门沈慈智	刘门沈文月	陈门林瑞禄	王门陈慈金
王门周尚隆	陈门王克宜	陈门王和贵	蔡门林王孝
王门黄慈贵	郭门周淑钦	陈门王进金	吴门杨妙□
陈门刘得大	蔡门赖善嘉	陈门蔡成发	陈门张福敬
吴门陈慈添	陈门谢妙裕	黄门谭贤成	蔡门林进贵
林门许氏	曾门魏氏	何门徐妙修	许门陈得福
王门蔡纯叶	刘门黄智旺	陈门周□琳	邱门林淑清
蔡门张休潮	王门辛纯	邱门黄端禄	黄门陈慈仁
林门黄得福	王门林济锦	王门蔡纯发	黄门蔡心泽
林门蚁士高	黄门黄得禄		

澄海城隍庙两通女性助金碑记显示的芳名，与珠三角地区明显不同。这里的女性尽管在名字前面加上某门的字样，表明其家庭和社会身份是已婚者，但她们自己的名字则完整地出现在碑文中——只有极少数例外。另外在这些女性中并没有珠三角地区的"花女"出现。①

广州自古以来就是我国对外贸易基地，唐代广州就居住着不少大食人和波斯人，"乾元元年，波斯与大食同寇广州，劫仓库，焚庐舍，浮海而去"。② 另据梁启超引九世纪阿拉伯人所著《中国见闻录》说，黄巢起义在广州"杀回耶教徒及犹太波斯人等十二万"，以致中外贸易一度停止。③ 广州的怀圣寺就是伊斯兰教信徒朝拜地，该寺内保存有多通女性捐助碑，如嘉庆十三年九月《永远断送房屋东营清真寺碑》记载，"李丁氏，中年孀守，积蓄锱铢，置有房屋二间，凭租度活……自叹乏嗣，身后此业必落于无名之手，有负一生减口积蓄，故举敬善之念，将自置小屋二间，当众送入东营寺内，作三位师长养廉，永远收租，以为供养之费，亦为蒸尝之业。其屋契纸即交与寺中乡老收管，无得异言"。道光七年五

---

① 新修《澄海县文物志》，澄海县博物馆，1987年印行，第120~123页。对碑刻中人物性别问题，笔者曾请教中山大学历史系陈春声教授，谨此致谢！
② 《旧唐书》卷198《西戎》，第5313页。
③ 梁启超：《中国历史研究法》，东方出版社，1996，第84~85页；又参见《中国印度见闻录》，〔日〕藤本胜次译注，黄倬汉译，中华书局，1983，第96页。

第七章 明清庙会中的女性：以碑刻为例

月《撒卜氏敬送房产碑》记载："撒门卜氏，身故后自叹无嗣，有自置房屋一间，……今送入四坊公箱内使用。每年逢氏之忌日，从公箱内支银一中圆作经资，敬请四坊师长、各坊轮流到氏墓前念做都阿，借沾主上回赐无涯矣。"道光十年四月《脱门杨氏敬送房产碑》记载，"脱门杨氏身故后，送入自置房屋二间……每年逢氏生死忌日，在公箱内每忌支出银一大圆，做经资香气……"道光二十年腊月《羽马氏敬送房产碑》记载："氏先夫讳大经有遗下屋二间，是其自置。……将其所遗房屋二间敬送于南城清真寺及先贤古寺，以为尝产。"道光二十一年《金张氏捐屋碑》记载："氏夫讳圣超所遗，加以年月积蓄，置房屋一间……敬送于先贤古寺为尝业，恳求轮值者妥为经理。"① 尽管伊斯兰教的女信徒在捐助方式上没有像其他宗教信仰中的女信徒那样，以集体的名义捐助留名，但这些女性捐助的资产无疑较为庞大。

明清女性不仅参与庙宇修葺，也参与地方公共工程建设。在今番禺区石碁镇新桥村有两通清代重修跨龙桥碑刻，在康熙五十二年《重修拱桥碑记》中说，该碑位于新桥村天后宫门外，"今考吾乡洪武十九年自江右南来始建村落，乡以新桥名，则桥之新想在乡前，明矣。传隆庆间，桥方圮坏，父老议修"。康熙二年桥又毁，"越明年卜日将修，会迁徙不果。己酉（康熙八年）展界，合乡筑石坝、跨木梁，旋坏旋易，群知非久远计也。癸巳（康熙五十二年）春，乃谋弃木就拱石"。此碑所录捐助者有庙宇、祠堂等民间组织，也有各乡民众，尤以沙头乡为主。参与的女性分别为傍江乡陈门程心亚，潭边乡劳门胡心欢，卢边乡黄门胡□□，傍江乡罗门劳氏、罗门曾氏，黄心乡古门曾缘善、陈门罗氏；东林乡陈门罗氏，市桥乡许门黄氏；本乡□门曾心秀、胡门郭心聚、王门罗氏、胡门吴心悦、梁门曾心英、周门黄心准、周门张心真、梁门曾心慧、严门陈心妹、梁门陈心洁、冯门陆心上、梁门张□法、胡门张氏、胡门□心善、胡门曹心诚；宫后乡郭门徐心□、叶门蔡氏、谭门蔡氏、罗门蔡氏、胡门戴心亚、胡门黄氏、罗门曾氏、王门冯氏、罗门陈氏、蔡门曾氏、胡门梁氏、胡门罗心昌、胡门陈心□、胡门丘氏、黄门刘心悦、刘门陈心艺、胡门□心情、胡门卢氏、胡

---

① 冼剑民、陈鸿钧编《广州碑刻集》，第 284~285、289、291~293 页。

门林氏、胡门丘氏、王门黎氏、□门曾心缘、司徒氏、罗门梁氏、汤门黄氏；东村乡□门陈□□、□□乡林门胡□□。而这一记述女性姓名的形式又与澄海城隍庙一致。而在今番禺区石碁镇官涌村的华光古庙内有一通乾隆十七年《重修乡约亭题名碑记》讲述乡民众志成城捐资重修位于华光古庙边的乡约亭，其中专列"今将各门信女金资开列"栏，第一列即为"缘首彭法善、孔心护、陈心广"。以下具体为捐金名单：姚门陈心广，七钱二分正；郭振高母陈心活，五钱正；郭门孔心护，三钱二分正；麦士杰母彭法善，一钱二分五厘；庞门潘氏，一钱二分五厘；郭千石内鲁奇仙，一钱二分；姚启达母黄氏，一钱一分；江超霞母郭凤仙，一钱一分；郭佩石母凌法松，一钱一分；郭学斐内高氏，一钱一分；郭平再母杨氏，一钱一分；郭学连母孔氏，一钱零五厘；郭观贡母张月娇，一钱正；郭观举母谭容仙，一钱正；郭振高妹凤娇，一钱正；姚门梁善友，八分八厘；姚启集内孔氏，八分八厘；姚门陈氏，八分八厘；郭镇京母江佛心，八分五厘；郭斐石母鲁法坚，八分五厘；郭学斐妾曾氏，八分五厘；郭佩石内梁奇仙，八分五厘；郭杰元母陈善兴，八分二厘；郭平参内陈月莲，八分二厘；姚门陈心海，八分一厘；梁门邱氏，八分一厘；姚门陈法惠，八分一厘；郭门吴氏，八分正；朱门劳氏，八分正；郭门邓氏，八分正；高门梁氏，八分一厘；姚门郑氏，五分九厘；郭冠石母何氏，五分；郭跃道母戴氏，五分；高灿京母孔氏，五分。① 由此可见，清代由男性书写的这些碑刻，对女性名称的表述并没有固定的模式可言。

四 开埠后女性助金的活跃

鸦片战争以后，随着五口通商的开放，西方工业品大量涌入，严重冲击了中国传统的社会经济。广东因在工业化方面先行一步，女性在其中扮演了重要角色。传统的男女性别分工在此时已越来越模糊，但女性祭拜神灵的活动并没有受到太多的影响。她们依然活跃在各种宗教场所，虔诚祭拜各种神灵，积极参与庙宇建设。而由男性士人书写的碑刻文献，在记载庙宇助金者的名录时，并没有像

---

① 黎志添、李静编著《广州府道教庙宇碑刻集释》，第 770～771 页。

清前期那样刻意把男女分开罗列,有时将女性名字混夹在男性中,有时仍在碑文中将男女分开。

2008年11月,我们在黄埔古港历史陈列馆看见今人临摹的道光二十三年十月《重修南海神碑》,其助金者分两通石刻,一为"乡客喜助工金芳名列左",罗列了117个店号及少数个人,仅有2位女性即卫冯氏、凌屈氏。另一为黄埔村"胡族喜认重修神像工金并神前供器芳名",涉及胡家225人,其中男性162人,女63人。该碑文的上部为男性成员,下部为女性成员,女性的身份大多为妻子,既有嫁入胡门的外姓女性,即碑文中的"胡门某氏",涉及的女性姓氏有郭、何、黎、陈、萧、关、韩、郝、黄、邵、曾、梁、潘、冯、简、卢、郑、陆、苏、凌、莫、林、徐、彭、崔、李、钟27个姓45位女性,也有胡家出嫁外姓的女性,即碑文中的"某门胡氏",涉及的女性婆家姓氏为黄、曾、郑、梁、左5姓6位女性。此外尚有12位为胡家女儿辈,她们具有完整的姓名,即胡悦好、胡玉芝、胡爱宽、胡阿环、胡贵龄、胡玉琼、胡赐冠、胡金利、胡燕琼、胡阿苏、胡阿清、胡结清。这些具有完整姓名的女性应该是胡家尚待字闺阁的女儿辈,或者是少女,或者是自梳女,只是碑文没有详明。

距离黄埔村不远的练溪村,道光二十七年孟冬立《重修华帝庙碑记》,在这次重修庙宇中,女性仍是积极的助金者,但这次没有专立女性助金栏,也是将男女合在一通碑上,且女性也放在最后三排。据笔者统计,该碑录入助金者人数500左右,其中女性78人,兹据碑刻将女性助金者抄录如下:

霍胡氏瀚魁祖母银一中圆　关霍氏汉兴次姊银一中圆
霍李氏月升伯母银二钱正　霍黎氏京魁母助银二钱正
萧守规妻容氏银二钱正　　萧黎氏凤翔母助银二钱正
霍简氏进明母一钱八分正　霍崔氏进派母一钱八分正
霍屈氏进口母一钱八分正　霍刚浩妻罗氏一钱八分
霍宋氏进勋庶母一钱八分　霍进勋妾方氏一钱八分
霍进亨妻邬氏一钱八分　　冯霍氏时贤妹一钱八分
林霍氏汉兴姊一钱八分　　霍衍雄妻屈氏一钱八分
霍炳杰妻李氏一钱八分　　霍显悦妻梁氏一钱八分

明清地域社会变迁中的广东乡村妇女研究（下册）

霍高华妻洪氏一钱八分	霍振盛妻崔氏一钱八分
霍友氏彰成庶母一钱八分	林霍氏瀚魁季姑一钱八分
霍瀚魁妻朱氏一钱八分	霍瀚魁妾邬氏一钱八分
霍高魁妻黎氏一钱八分	霍聚魁妻黎氏一钱八分
霍崔氏秀芳母钱一钱八分	霍母璠妻黎氏一钱八分
霍泰英妻陈氏一钱八分	霍泰英妾冯氏一钱八分
霍泰英女赐月一钱八分	关法宗妻黎氏一钱八分
关秩洲妻曾氏一钱八分	关启尚妻梁氏一钱八分
关福燕妻凌氏一钱八分	关诚燕妻罗氏一钱八分
关玉燕妻李氏一钱八分	关平燕妻凌氏一钱八分
黄关氏泰英姊银一钱八分	关英泰妻曾氏一钱八分
关雄泰妻曾氏一钱八分	关容彬妻陈氏一钱八分
关崔氏清泰母银一钱八分	关清泰妻邵氏一钱八分
关瀚德妻崔氏一钱八分	关瀚辉妻黎氏一钱八分
萧区氏英松母银一钱八分	林萧氏英松季姊一钱八分
萧日侯妻曾氏一钱八分	萧殷氏胡辉母银一钱八分
萧秀逃妻林氏一钱八分	萧俊辉妻李氏一钱八分
陆广仁妻林氏一钱八分	黎霍氏刚浩姊银一钱五分
关霍氏进琚姊银一钱五分	李霍氏进琚妹银一钱五分
陈霍氏进阳姊银一钱五分	霍进琚妻赵氏一钱五分
霍进琚长女紫葵一钱五分	霍进琚次女影娥一钱五分
霍进琚季女影桃一钱五分	霍进明妻屈氏一钱五分
霍进明妾谢氏一钱五分	霍衍雄妾简氏一钱五分
霍正琼妻林氏一钱五分	霍正琼女善金一钱五分
霍奉泰妻黎氏一钱五分	霍刘氏汉兴庶母一钱五分
霍汉明妻梁氏一钱五分	霍振麒季女黎霍氏一钱五分
霍溢金妻崔氏一钱五分	霍锡金崔氏一钱五分
关福洲妾蒋氏一钱五分	关功燕妻陈氏一钱五分
关开容妻殷氏一钱五分	关瀚德长女月娥助银一钱五分正
关瀚德次女月开一钱五分正	萧荣德妻梁氏一钱五分

从碑刻中可以看出，凡是长辈以及平辈间居长者，均以某某氏的形式出现在开头，夫妻之间以及家长与子女之间则以男性放在女

第七章 明清庙会中的女性：以碑刻为例

性之前，且所有未婚女均有完整姓名。从碑刻还可看出家庭女性的助金情况，如霍进琚姐关霍氏、妹李霍氏、妻子赵氏、长女紫葵、次女影娥、三女影桃，又如霍瀚魁祖母霍胡氏、季姑林霍氏、妻朱氏、妾邬氏，霍汉兴次姐关霍氏、姐林霍氏、庶母霍刘氏，关瀚德妻崔氏、长女月娥、次女月开等。从女性姓氏看，有些女性是以娘家兄弟的名分出现在碑文中，可能属不落夫家女。

练溪村三圣宫在咸丰六年重修，咸丰十一年又新建后楼，每次都有热心男女助金，同治五年立重修碑记中专设"信妇女工金列"栏：黄关氏、萧淳秀副室陆氏、贯秋母容氏、霍汉兴姐、霍文光内罗氏、永泰内简氏、睿贵内朱氏、关和内凌氏、炽昌内邵氏、仪天内姚氏、英泰女从林、霍崔氏带睎母、碧华内妹、萧东秀内崔氏、关福洲副室蒋氏、雄泰女从林、荣添内黎氏、翼臣内何氏、霍黎氏兆平母、兆平内李氏、兆平副室何氏、霍屈氏进阳母、进阳副室简氏、霍梁氏彰湛母、彰湛内崔氏、霍屈氏正琼母、霍简氏正琼庶母、正琼内林氏、正琼女善金、霍刘氏汉兴母、汉兴内梁氏、萧瑞汉内崔氏、荣爵内黄氏、官卫氏国光母、汉辉内黎氏、耀洲内林氏、应泰何氏、与德氏内崔氏、与光内简氏、与德继室卫氏、翼臣内妹姚兴、荣添妹月娥、荣添妹月开、仪添副室叶氏、彩燕内李氏、霍昌内方氏、进安内邬氏、进瑛内林氏、带睎副室林氏、霍郭氏瑞图母、霍崔氏赐金母、聚魁内黎氏、霍彰廷女、睿贵副室邬氏、元标内陈氏、洪文芳内钟氏、文芳副室李氏。

练溪村宣统二年立《重修天后碑记》说，该庙为陆氏家族专用，原来没有庙宇，只是放在"始祖厨房供奉"，后来才改建为庙。同治六年，"族众惑于浮言"，将庙移建村后，后经风水师勘验，移建没有成功。光绪三十一年再议"毁旧庙"，移建村后，结果次年村里就"疫疠大作，死亡相继，行人避道，为开族来未有之奇灾"。族众不得已，选吉日，"迎神像回村内，暂借始祖厅东西两廊安奉"，疫疠顿息。光绪三十三年"绅耆会商，众情金同，重于旧址复建庙宇"。是年十二月与始祖祠一起落成。在"乐助芳名"的118人中女性有28人，分别是陆洗氏、信女陆趣儿、陆关氏、陆罗氏、陆苏氏、陆屈氏、陆李氏、陆冯氏、陆古氏、陆林氏、陆潘氏、陆黎氏、陆凌氏、信女陆贡初、陆关氏、信女陆洁宽、陆钟氏、信女陆三女、陆唐氏、信女陆森叶、陆何氏、陆凌氏、陆关

475

氏、陆冯氏、信女陆润平、陆曾氏、陆陈氏、陆卢氏。练溪村有冰玉堂，即姑婆屋，又称"斋堂"，是自梳女居住的地方。

番禺小洲村村民在同治三年仲夏五月吉日立《重修天后庙碑记》，分为四通碑文，其中第四通为女性，计116人，分为20列如下：

（第1列）简冯氏、简李氏、简尧观、梁简氏、简曾氏、简倚云

（第2列）邵麦氏、简黎氏、简梁氏、简郭氏、简冯氏、简奀姑

（第3列）简卫氏、简青云、简碧云、简瑞宽、简带宝、黎影如

（第4列）简刘氏、简邵氏、简亚森、简丽清、黎杏如

（第5列）简美顺、简结云、冯闰清、简林氏、简贵好、简潘氏

（第6列）简美卓、简妙珍、简胡氏、简焕崧、简燕茹、简贵元

（第7列）简桂珍、简郭氏、简婉容、简桃英、简何氏、简贱姑

（第8列）简何氏、简梁氏、简带珍、简李氏、简巧先、简宽容

（第9列）简邵氏、简树姑、简伍氏、简妙宜、简美蝉、简邵氏

（第10列）尼姑悟顺、简黎氏、简巧英、简巧艳、简燕荷、简杜氏

（第11列）简黎氏、简美霞、简贵仙、简梁氏、简曾氏、简梁氏

（第12列）简美清、简清桃、黄简氏、简林氏、简银馨、黎简氏

（第13列）简影姑、简谭氏、简翡聚、简香玉、王念宜、梁简氏

（第14列）简妙能、简胡氏、简翡兰、简仙姑、简锦珍、凌简氏

（第15列）简邱氏、简翡云、简润意、简瑞心、冯简氏

476

（第16列）简桂桃、简陆氏、简自爱、简瑞环、简换弟、简郭氏

（第17列）简秀梅、简秀田、简自碧、简贵仙、值事眼姑、简黎氏

（第18列）简桂如、简观洁、简劳氏、简润葵、简妹姑、简福艳

（第19列）简润桃、邵晋合、简秀眉、简翡容、卫秀宏、简桂结

（第20列）简黎氏、简陈氏、简亚息、简崔氏

这些女性除邵麦氏、邵晋合、冯闻清、王念宜、卫秀宏、黎影如、黎杏如7人，与简氏家族看不出有直接关联外，其余109人都与简家有直接的关系，要么是媳妇，要么是女儿。以简某氏、某简氏表示的应为媳妇，计44人；剩下65人属未婚者，即"花女"、"姑"。而"姑"应是自梳女，且简眼姑还是"值事"。2011年4月，我们在天河区车陂村访谈，村中一位70岁简大爷说，车陂村大姓有王、黎、苏、梁、黄，均有宗祠。简氏大约在南宋由珠玑巷迁至中山，后迁至车陂。简太公葬吉山，清明节拜祭，没有太婆墓地。村里至今尚有姑婆屋。简氏家族有不少女孩是姑婆。

小洲简氏家族于光绪五年仲春吉旦立《三帝庙重修碑记》，由该家族赤沙房和车陂房联合捐助，其中女性捐助者以简门某氏或某门简氏出现，但也夹杂"姑"，如趣能姑、莲笔姑、配云姑、翠金姑、翠颜姑、翠联姑、瑞如姑、翠冠姑、彩华姑、焕仪姑、映仙姑等。据广东社会科学院陈忠烈研究员在小洲村长期田野考察，这些"姑"即是珠三角地区流行的自梳女。而在道光二十四年《重修三帝庙碑记》记载，该庙供奉玉皇大帝、水神北帝和火神南帝，建于何时不详，乾隆三十一年改创，嘉庆六年重修，道光二十四年再修。重修碑记的女性捐助仅以简门某氏或某门简氏出现，并没有以"姑"出现。而小洲村在光绪二十三年仲冬吉旦立《重修天后庙碑记》，分两通，第一通记载重修缘起及商号、庙宇、个人捐助名单，只有50多家（人），既有国外新加坡，也有国内新安县等地，数额相对较大；第二通名曰"各妇女签题名列"，笔者将排在第一位的新加坡简门郑氏作为非当地村民排除，另外309位女性捐助均为当

地人，除33人以简门某氏出现外，其余276人均有完整姓名。在276位女性中，除33位为非简姓女性外，其余243人全部是简家女性。兹截取碑记前10列女性姓氏如下：

（第1列）陈滔利、崔善骥、简泰星、简泽深、简应秋、简兴检、简瑞煊、简赞江、曾团、简幸宜、简配云、简吴氏、

（第2列）简江林、简传彬、简茂旸、简泽林、简日发、简就检、简作燊、简显球、简惠勋、简陈氏、简荫容、简胡氏、

（第3列）简烛明、简家机、卫汝杰、简昭和、简志佳、简寿昌、简锦之、简开枝、简苏女、简妙环、简美兴、简曾氏、

（第4列）简兆昌、简荣根、简广珍、简湛分、简绍洪、简秋如、简锦生、简怡滔、简炎培、简桂仙、简焕带、简影仙、

（第5列）简景松、简荣卓、简阿廉、简铸分、简教嵩、简成基、简浩昭、简辉谦、简本乐、简冯氏、简漠氏、简廉棣、

（第6列）黄月熙、简步云、简秋德、简赞铿、简运林、简金屏、简家声、简占元、简茂登、简黄氏、简张氏、简关氏、

（第7列）简伯星、简守恒、简朝星、简阿仲、梁维翰、简俊源、简东华、梁号彬、林牛根、简锺氏、简李氏、简劳氏、

（第8列）简祖铭、锦记店、简九根、简雄嘉、简明中、简殿佐、简家荣、林永扬、林广仪、简笑味、简丽荷、简阿苏、

（第9列）祥记店、邵树昭、简日葵、简贵堪、简凤祥、简殿湖、简禺锡、林光仁、简海群、简陈氏、简徐氏、简子敬、

（第10列）简宗能、简鸣华、简士荣、简茂樖、曾大苏、简奕炯、简圻垲、林光义、简金平、简冯氏、简凌氏、简月兴

长洲岛金花庙在晚清曾进行过重修，咸丰七年《金花古庙重光乐助碑记》记载的女性有：曾门黎氏、曾门冯氏、曾门凌氏、曾门冯氏、曾门李氏、曾门凌氏、曾门郭氏、曾门郑氏、曾门殷氏、曾门冯氏、曾门冯氏、花女曾秀奇、曾闰齐、曾门罗氏、赖广文、林逢春、曾社容、曾应槐、曾应茂、曾锦昌、曾锦财、曾亘任、曾亚北。从名录看，曾氏家族女性占了绝大多数。曾氏家族女性直到清末仍在金花庙中占据重要位置，光绪二年《重建金花古庙乐助碑记》记载助金者：邝门邓氏、邝门王氏、邝门见好、曾门冯氏、曾

第七章 明清庙会中的女性：以碑刻为例

凤齐、曾门周氏、曾门林氏、陈秋娣、陈馨鐠、凌门邓氏、罗门凌氏、曾门梁氏、曾门梁氏、曾门梁氏、曾门梁氏、曾门梁氏、曾门冯氏、曾门冯氏、曾门冯氏、曾门冯氏、曾门黎氏、曾门黎氏、曾门黎氏、曾门凌氏、曾门凌氏、曾门陈氏、曾门陈氏、曾门周氏、曾门张氏、门刘氏、曾门简氏、曾门简氏、曾门蒙氏、曾门罗氏、曾门林氏、曾美莲、曾根容、曾闰齐、曾鹿英、曾桂女、曾惠珠、曾聘蟾、曾苏娣、曾馨园、曾存妹、曾旺好。如结合前述该庙在道光九年、道光十七年两通碑记看，这里的"曾门某氏"显然是指曾家的媳妇，而以完整姓名出现的"花女"则是未婚女性。

官洲岛的华帝庙在同治年间重修，正门额为花岗石，阴刻"华帝古庙"，落款为"同治癸亥孟冬吉日"，两侧石雕蝙蝠门联："历显四朝声灵懿铄，永垂百代德泽醍醐。"同治二年孟秋吉旦立《重修华帝古庙碑记》有"今将信妇、花女喜助工金芳名列开"如下：

陈美扬妻冯氏、陈凤扬妻郑氏、陈辉扬妻崔氏、陈凤扬母胡氏、陈凤扬妾简氏、陈辉扬妾李氏、陈辉扬妾郭氏、陈辉扬妾苏氏、陈辉扬妾彭氏、陈美扬女群英、冯千齐妻陈氏、陈聚泰嫂黎氏、陈浩泰妻凌氏、陈绍璇其关氏、陈天宗妻卢氏、陈厚宗妻宋氏、陈斌宗妻郭氏、陈斌宗妾周氏、陈熙宗妻邵氏、陈义泰母冯氏、陈聚泰母梁氏、陈聚泰（庶母）邬氏、陈荣泰母梁氏、陈金胜妻汪氏、冯景秀母关氏、陈挺宗妹癸未、陈凤扬女瑞□、陈凤扬女□□、陈凤扬女□□、陈凤扬女□□、陈宏章妻梁氏、陈绍璇妾覃氏、陈绍璇媳谭氏、陈绍银女满霞、陈基宗妻崔氏、陈璋宗妻卫氏、陈坚泰母林氏、陈坚泰妻梁氏、陈领宗妾曾氏、陈好宗□徐氏、陈镒宗妻黄氏、陈客宗妻卫氏、陈定宗妻徐氏、陈湛宗母黄氏、陈湛宗妻潘氏、陈美宗母黎氏、陈□宗□卫氏、陈□□□莫氏、陈绍芳女庄卉、陈阶泰妻何氏、陈荣泰妻黄氏、陈孚泰妻邵氏、陈经乐母卫氏、陈均参母黎氏、陈□宗妻卫氏、陈会高□□□、梁启祥妻陈氏、黎门陈氏、信女莫□、冯□妻莫氏、冯□妻黎氏、冯□妻简氏、冯门陈氏、陈礼□母梁氏、陈礼□妻邵氏、陈□□□冯氏、□□□□关氏、□□□□邱氏、陈邵□妻关氏、陈邵□妻

479

李氏、陈绍党妻郭氏、陈绍党妾曾氏、陈绍党女亚携、陈绍党女亚珍、陈绍益女丽珍、陈绍篇妻魏氏、陈绍银妻李氏、陈绍银妾徐氏、陈绍迪妻徐氏、陈绍迪女闰苏、陈绍迪女连娣、陈财□妻黎氏、陈球宗妻李氏、陈天宗母谭氏、陈天宗妻黎氏、陈天宗女定瑶、陈天宗女荣棣、陈天宗女佩玉、陈社宗妻魏氏、陈贴宗母梁氏、陈贴宗妻谭氏、陈昌宗妻吴氏、陈统宗妻宋氏、陈雪宗妻关氏、陈雪宗女□茹、陈雪宗女凤微、陈亮宗妻冯氏、陈亮宗妾梁氏、陈亮宗女焕燕、陈亮宗女□□、陈用宗妻崔氏、陈用宗女带娣、陈用宗女亚斗、陈□宗妻□□、陈□宗女□花、陈□宗妻曾氏、陈海宗妻简氏、陈海宗女柳凤、陈恩宗妻关氏、陈恪宗妻黎氏、陈恪宗女赛蓉、陈调宗妻罗氏、陈调宗女兴爱、陈渐宗妻崔氏、陈熙宗妻梁氏、陈齐宗妻简氏、陈杭宗妻黄氏、陈效宗妻徐氏、陈效宗女娣娣、陈容宗妻梁氏、陈容宗媳萧氏、陈容宗女合丽、陈派宗妻郭氏、陈焕宗妻莫氏、陈焕宗女丽怀、陈沔宗妻谢氏、陈溢宗妻刘氏、陈溢宗女就宽、陈基宗女钧琼、陈铎宗母李氏、陈铎宗妻卫氏、陈学意妻钟氏、陈定宗妾李氏、陈湖宗妻梁氏、陈湖宗妾杜氏、陈赏宗妻霍氏、陈炳宗女亚容、陈□宗女杏余、陈湛宗女杏连、陈湛宗女杏光、陈□宗妻梁氏、陈焰宗妻邵氏、陈始宗妻简氏、陈拖宗妻梁氏、陈桃宗妻罗氏、冯门梁氏、陈永静女瑞能、陈永静女瑞金、陈均泰妻崔氏、陈养泰母郭氏、陈扳泰妻邓氏、陈美泰女群带、陈美泰女碧祺、陈启泰妻崔氏、陈俦泰妻凌氏、陈耀泰妻□□、陈照泰妻莫氏、陈照泰母梁氏、陈英泰女宴娥、陈锦泰妻徐氏、陈洁泰母徐氏、陈洁泰妻刘氏、陈洁泰女凤□、陈□泰妻叶氏、陈□泰女□□、陈□泰妻黄氏、陈□泰妻卫氏、陈宝泰妻梁氏、陈□泰妻郑氏、陈福泰妻黄氏、陈周泰妻梁氏、陈周泰女□官、陈华海女凤莲、陈恒海妻梁氏、陈恒海女月□、陈贤海妻梁氏、信女陈月□、花女陈物兴、花女陈珠还、陈光裕母□氏、陈廷扬女焕改、陈锦佳母梁氏、花女陈锦平、潘门陈氏、冯门陈氏、关门陈氏、冯国昌妻林氏、花女吴杏桂、冯著辉母宋氏、冯著辉妻梁氏、冯著辉妹亚环、冯景秀妻孔氏、冯景华女亚配、冯景华女亚女、冯景华女配克、冯著龙妻白氏、简门冯氏、邵门冯氏、林茂昌母陈

第七章 明清庙会中的女性：以碑刻为例

氏、林茂昌妻伍氏、花女东彩、郭门陈氏、梁门陈氏、□门孙氏、□门孙氏、陈□记母莫氏、冯□端妾□氏、冯□女亚妙、陈门冯氏、陈近瑞母屈氏、陈炳由妻胡氏、花女陈紫云、花女陈焕娣、陈启杨母冯氏、陈启杨妻崔氏、陈门郭氏、信女陈凤联、花女陈汴□、花女陈瑞珍、信女陈亚国、信女陈亚姜、花女林润彩、花女黎紫娟、花女潘启梁、信妇陈门区氏、信女李门陈氏、信女卫门陈、陈升浴母瑞意、陈恒□妾区氏、陈会英、陈会英妻陆氏、陈会后妻简氏、花女梁翠□、陈有昌妻□氏、陈升派妻邵氏、陈升晏妻邵氏、陈绍旋女瑞金、陈绍旋女瑞□、陈绍旋女增□、花女陈润好、郭门陈氏、陈廷杨妾郭氏、陈□宗妻邵氏、陈养□妹亚王、陈熙宗女□□、简门陈氏、陈廷□妻简氏、陈门曾氏、陈□□妻□氏、陈□□妻白氏、陈桭宗妻李氏、花女陈彩云、花女李瑞竞、陈亚根妻莫氏、陈门卫氏、陈门□氏、陈门张氏、花女陈亚女记、陈氏、花女陈杏棠、花女陈□□、花女陈瑞燕、陈光宗妻区氏、陈汤宗妻林氏、孙门白氏、何门孙氏、花女何明、陈湖宗妻□氏、花女□□、花女陈□□、陈□雪、□徐女、陈逸□、陈□九、陈兆启、陈贵华、陈逸伟妻梁氏、信女陈□□。

据该碑记统计，官洲岛有 276 名女性参与助金。从碑记中男性名字可知，不少女性属于一个家庭，出现一家数名女性的现象。碑文中的"花女""信女"，与自梳女和不落家有关。陈大爷说，他的祖上就有姑婆。在他的记忆中，村里大约有二三十个姑婆，她们年轻时住在自己家里，没有受到家人排斥；年长后，便到姑婆屋度过最后时光。姑婆屋有的是自梳女出资共建，有的是家族或家庭为女儿提供。他小时到官洲村对岸的官山墟，看见多处姑婆屋。姑婆死后可葬在祖坟上，接受其家族后代拜祭。村里姑婆一般以绣花谋生，也有到新加坡、中国香港、马来西亚等地打工，返乡后多和自己亲戚住在一起。

据陈大爷说，华帝古庙供奉二郎神，官洲村所有姓氏村民均可拜祭。华帝庙建在村前，水月宫也是如此，村民住屋建在庙宇后。出外归来的村民首先要拜祭华帝。华帝庙有行宫仪式，一般在每年农历十一月初举行，由男性村民抬着游神，行宫路线是出庙后往左

边开始，绕着华帝庙后面村屋游行一圈，中途停歇一次，游完一圈后抬回庙中。在行宫中设童男女的行色，邀请喃嚤佬助庆，华帝行宫为村中一重大活动，村中男女老少均参加。官洲村因四面环水，出行须渡船，外人称官洲村民为"水上人家"，村里男女大多会撑船。以前村里有两个码头，一为下步头，凡结婚等喜事均从此进村；另一为上步头，凡白事等则从此出村。

2011年10月11日，农历九月十五日，课题组一起考察了广州市天河区猎德村的几座庙宇。[①] 今天的猎德村已经成为广州城市中心的一部分，高楼林立，完全没有乡村社会的任何踪迹，但原来村里的庙宇基本保存下来，不过，除了龙母庙在原址重修外，其余诸如华光庙和天后庙都从他处迁移到龙母庙周围新建。龙母庙内的墙上镶嵌着几块碑文，最早为康熙三十二年《重建龙母庙碑记》，据该碑记载，庙至少建于明代，捐助者多为李氏族人，全为男性。但到乾隆三十八年《龙母宫重修碑记》时则出现女性助金者，该碑33列、12排。第1~9排为男性，主要是李姓，第10排以后为"信妇开列"，现整理如下：

（第10排）李门苏氏，李门黎氏，林门凌氏，李门宋氏，李门钟氏，李门莫氏，李门卫氏，李门蔡氏，李门陈氏，林门黄氏，李门姚氏，李门罗氏，梁门黄氏，□□□□，□□□□，李门□□，李门钟氏，李门卢氏，李门莫氏，李门崔氏，简门李氏，李门苏氏，李门何氏，李门崔氏，李门卫氏，李门董氏，李门卫氏，邵门李氏，李门曾氏，李门刘氏，李门叶氏，李门薛氏。

（第11排）李门简氏，李门邓氏，李门莫氏，李门□□，李门董氏，李门董氏，李门梁氏，李门池氏，李门凌氏，李门莫氏，李门郑氏，李门冼氏，李门袁氏，李门何氏，□□□□，李门邓氏，□□□□，李门冼氏，□□□□，李门林氏，李门潘氏，李门徐氏，李门董氏，李门卢氏，□□□□，□□□□，

[①] 广东各地民众至今仍保持着每月初一、十五拜神上香的传统，我们的调研差不多在这两天进行。

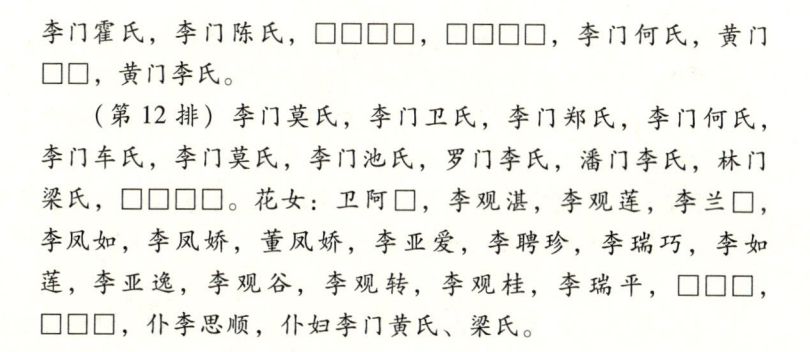

第七章　明清庙会中的女性：以碑刻为例

李门霍氏，李门陈氏，□□□□，□□□□，李门何氏，黄门□□，黄门李氏。

（第12排）李门莫氏，李门卫氏，李门郑氏，李门何氏，李门车氏，李门莫氏，李门池氏，罗门李氏，潘门李氏，林门梁氏，□□□□。花女：卫阿□，李观湛，李观莲，李兰□，李凤如，李凤娇，董凤娇，李亚爱，李聘珍，李瑞巧，李如莲，李亚逸，李观谷，李观转，李观桂，李瑞平，□□□，□□□，仆李思顺，仆妇李门黄氏、梁氏。

从碑文看，这些女性绝大多数为"李门"的媳妇，而李氏家族为村中大姓。而碑文中的"花女"，即未婚者，也绝大多数是李门的女儿。猎德村的龙母庙在咸丰年间有两次修建，一在咸丰六年《重修龙母宫碑记》，计32列16排。从碑记中可看出，该庙内供奉的神祇有龙母娘娘、金花夫人、禾花仙女等女神，捐助者仍以李氏为主，另有梁、林、董、莫、崔、苏、黄等姓。女性助金者没有专门单列，而是与男性混合，从第四排开始出现女性，但女性助金者身份比康熙时更为复杂，现将女性助金情况整理如下：

（第4排）林冼氏
（第5排）花女李焕珍、花女陈静女，李黄氏，信女李金兴，信女李少娘，黄姚氏，李黄氏
（第6排）李霍氏，花女李桂芳，李伍氏，李王氏，李黄氏
（第7排）李池氏，郑李氏，花女郑艳姿
（第8排）李郑氏，李雷氏
（第9排）信女李雪颜，李潘氏，信女李凤兰，李陈氏
（第10排）李池氏，信女李凤鸣，李崔氏
（第11排）信女李焕金，信女李凤兴，信女李桂颜，李徐氏，李家氏，净女李菜焕，李梁氏
（第12排）李谭氏，李黄氏，李姚氏，李陈氏，花女李惠珮，李钟氏，李樊氏，李潘氏，李潘氏，李邓氏，李黄氏，花女李鹿和，净女李敬和
（第13排）信女李瑞结，李池氏，李樊氏，信女梁过□，

李卢氏，李高氏，黎李氏，黎何氏，李梁氏，花女李伯直，李梁氏

（第 14 排）信女李碧兰，李凌氏，信女李凤龄，钟李氏

（第 15 排）花女李锦钗，花女李金住，花女李飞延，花女李信苑，李莫氏，信女李金玉，李陈氏，李何氏，信女李亚展

（第 16 排）无法辨认

从这些女性名录中可以看出，某某氏者表示已婚，她们在康熙碑记中被称"信妇"，但乾隆时没有标明。碑文中"花女""净女""信女"等，且具有完整姓名，应是未婚者，但其中区别何在？我们采访当地老人，几乎无人知其含义。或说信女就是信徒；或说净女指不结婚、不出家的姑婆；或说花女就是年纪小的女孩或尚未结婚少女。笔者推测，这些称谓与珠三角地区流行的自梳女或不落家有关。因根据村中老人说法，猎德及其附近村落都有姑婆厅（屋），在龙母庙旁就有一个，是不结婚女性居住的地方，面积不大，由姑婆们自己出资建设。未结过婚的女性被称为姑婆，结过婚的女性被称为姑太。猎德村现在还有两位 70 岁以上健在的姑婆。尽管我们难以知晓花女、信女、净女的准确含义，但估计它们是这种特殊婚姻的产物。

猎德村的龙母庙在咸丰十年又重修，立《重修各庙碑记》，共 39 列 14 排，值事为李德光、李祖倩、林粤党、李嘉腾、李嘉就等男性。可见，李氏仍是主修者。在第 1 排喜认神物中有梁李氏喜认天后元君一尊，自第 6 排开始出现女性助金者，自第 11 排 31 列起，捐助者大多为女性，达 130 余名，涉及姓氏李、林、郑、范、崔、梁、曾、伍、莫、冼、麦、简、董、杨、钟、张、陈、苏、凌、何、黎、周等，以李家为主，但也可看出猎德村男性联姻对象的多元。此碑文中女性没有任何身份标注。光绪十五年《重修龙母宫碑记》共 16 排 42 列，无碑序。第 1 排全部为李家男性，从第 2 排开始出现女性姓氏，现整理如下：

（第 2 排）林李氏，列李氏，董李氏，李陈氏，李简氏。

（第 3 排）李林氏，李周氏。

（第 4 排）李廖氏，李梁氏，净女李端妹。

（第 5 排）林冯氏，信女李焕意，花女李焕容。

第七章 明清庙会中的女性：以碑刻为例

（第6排）李梁氏，李黄氏。

（第7排）花女李凤群，李吴氏。

（第8排）李黄氏，李梁氏，徐李氏，净女李焕英，李罗氏，李黄氏，梁黄氏，李黄氏。

（第9排）顾李氏，李周氏，董黄氏，李姚氏，欧阳冯氏，冯吴氏，林池氏，信女林会容。

（第10排）梁钟氏，黄刘氏，李冼氏，李钟氏。

（第11排）李潘氏，花女冯翠金，信女李观闲，李梁氏，李韩氏，康邓氏，邓吴氏，李董氏。

（第12排）李钟氏，李董氏，李樊氏。

（第13排）李□□，李吴氏，李樊氏，李谭氏，李卫氏，李梁氏，李潘氏，李董氏，李冯氏，李袁氏，李冼氏。

（第14排）李梁氏，李潘氏，李陈氏，李莫氏，李黄氏，李梁氏，李罗氏，李梁氏，花女李杏改，李周氏，李杜氏，林李氏，林高氏，林樊氏，池李氏。

（第15排）花女李赛鹅，花女李金鸾，麦富氏，简李氏，花女李翠玉，花女李□□，花女李怀玉，李陈氏，李容氏，邓冯氏，钟谭氏，钟吴氏，刘钟氏。

（第16排）戴钟氏，信女刘绮川，花女钟云开，花女钟云定，花女钟云姬，慕容氏，冯陈氏，杨氏，林邓氏，林李氏，林彭氏，李陈氏，李何氏，李袁氏，何郑氏。

这里再次出现了花女、信女、净女等名称，说明自梳女或不落家在有清一代一直存在着，而且在修建庙宇的过程中，这些女性始终都是积极的参与者。

另外，在与猎德村毗邻的杨箕村有一通光绪二十七年《重修玉虚宫碑记》，记录村民捐修玉虚宫的情况，其中也有女性的参与，她们是姚徐氏、关陆氏、姚刘氏、姚陈氏、姚细妹、李冼氏、秦区氏、何洪氏、□卢氏、李梁氏等，数量明显没有猎德村女性多。

孙中山故乡翠亨村在清代属香山县永宁乡大字都管辖。在孙中山诞生前后，全村居民共70户左右，以杨姓最多，孙姓仅六七户。孙中山祖父孙敬贤是佃农，父亲孙达成32岁从澳门鞋店返回翠亨，与附近隔田乡（今崖口乡）杨胜辉女杨氏结婚，此后一直务农，也

485

是佃农，生下孙眉、孙妙茜、孙中山和孙秋绮4个孩子。缠足的杨氏和年轻的孙眉也参加了辅助性农业劳动。翠亨村在康熙年间修建了北极殿，又称祖庙，每年元宵举办游神仪式，用竹制炮筒燃放火药，以祈丰年，名曰炮会。北极殿在道光八年、咸丰六年和光绪二十二年三次修缮，均有碑记。道光八年仲冬《重修翠亨村祖庙碑记》记录重修值事为杨达勋、陆爵车、冯辑鹏、孙德（按排列先后顺序），捐款77人均为男性，其中陆、杨、冯三姓人数最多，捐款数额也最多，孙中山祖上有6人捐助，但数额很少。咸丰六年仲秋《三修翠亨村祖庙碑记》值理为孙尊贤、杨业勋、陆达聪、冯辑照（按排列先后顺序），捐款121人，孙中山祖上有4人捐助，数额不等。但这次捐助出现34位女性，其身份均为人妇。在34位女性丈夫除陆达新、陆谦广、陆达荣3人没有出现在碑刻中，其他31位女性配偶均出现在前面55位捐助者中，而之后的32位男性应属家庭较贫困者，不仅捐款数额少，且他们的妻子均未出现在捐助者中。可见，女性捐助受家庭经济状况影响。笔者将这些女性捐助者姓氏罗列如下，她们在碑刻中与丈夫同时出现，只不过丈夫的名字单独出现在碑刻前半部分，而她们则以丈夫名字加自己姓氏出现在碑刻后半部分，如下所示：

杨启文程氏喜助工金银十大圆；杨启操郑氏喜助工金银五大圆；杨启彰李氏、杨启焕黄氏，以上喜助工金银二大圆；杨启怀程氏喜助工金银一两正；杨启垣谭氏、杨礼明母李氏、杨礼贤母谭氏、杨礼中程氏、杨仁辉卢氏、杨启荣谭氏、杨启宽许氏、杨锦初卢氏、杨启昌陆氏、冯建彰谭氏、陆用才程氏、陆廷津母卓氏、陈谦容孙氏，以上喜助工金银一大圆；杨元勋卢氏、冯建和母谭氏、冯建南谭氏、冯建儒谭氏、陆廷芳许氏、陆庆怀卢氏、陆英怀王氏、杨启懿卢氏、杨启泰陈氏、陆久怀卓氏、陆达新许氏、杨义辉程氏、杨奕初程氏、杨瓒初程氏、陆谦广梁氏，以上喜助工金银一中圆；陆达荣卓氏喜助工金银二钱正。

光绪二十二年季冬《四修翠亨祖庙碑记》值理为杨启文、陆庆怀、杨义辉、陆廷深、杨礼谦（按排列先后顺序），捐款中的孙中山家族成员有孙德彰捐三十圆,孙拔贤捐二圆,孙德修、孙集贤各捐一圆五毫,孙德修捐一圆,孙胜捐一中圆。捐款人数167人,但女性人数明显下降,只有15人,分别为杨启文正室程氏捐银五十圆、杨启文副室郭氏捐银四十圆、杨启文副室梁氏捐银四十圆;杨德初程氏捐银五圆;杨广文谭氏、陆树昌方氏、杨礼铿母程氏、苏沛庸陈氏、杨万胜母程氏、冯建周谭氏、杨礼权母林氏、杨礼权刘氏、杨礼铿梁氏、陆植怀程氏、梁配祥詹氏,各捐银一中圆。这些女性的男性家庭成员捐助为杨启文捐银九百七十七圆七毫,敬送花草人物香案台一张;杨德初个人捐银三十圆,再以下为"每户捐银一圆五毫",包括杨启文、杨德初、杨广文、陆植怀、杨礼铿、陆树昌、梁配祥、杨万胜、苏沛庸等共计71户人家;而冯建周、杨礼权俩人各捐助一圆。①

在增城县北帝古庙有一通立于同治十三年《重修小迳墟北帝古庙碑记》记载,小迳墟"有廛市三百余户,其路四达,环墟皆水",该墟"百货所辐辏,商贾所会集,趁墟人往来如织焉"。就在这个墟市中有一座北帝古庙,同治十三年"众议重修,……我乡及异境之人亦皆感神大德,乐助以成其美"。在所列的捐助者名录中就有女性至少27人,多为某某氏的字样。②

美国学者萧凤霞教授在考察明清珠三角妇女婚姻时指出,无论在精英家庭还是普通家庭,自梳女和不落家的妇女都得到了家庭成员的支持。女性对婚姻形式的这一选择说明在传统中国社会的大传统中,仍有地方小传统生存的空间,至少在珠三角地区呈现出的妇女并不是完全受男人操纵的棋子。③ 碑刻资料也支持了萧凤霞的论点。上述碑刻显示,妇女在家庭中的角色明显多元,仅就婚姻形态看,她们既遵守传统婚姻文化"男大当婚,女大当嫁"的训诫,但也有执意于地方婚姻习俗的自梳与不落家,乾隆《番禺县志》卷17《风俗》记载:"国朝百年来,番禺一邑,其所称贞女者志不绝书,而其甚者,相约不嫁,联袂而死,城峭则崩,岸峭则随,其俗

---

① 孙中山故居纪念馆编《孙中山的家世资料与研究》,中国大百科全书出版社,2001,第66~73页。
② 黎志添、李静编著《广州府道教庙宇碑刻集释》,第1122~1127页。
③ 〔美〕萧凤霞:《妇女何在?——抗婚和华南地域文化的再思考》,《中国社会科学季刊》(香港)1996年春季卷。

厉之使然也。"这一说法至少体现了女性在婚姻上拥有选择权，碑文中的"花女""姑""净女""信女"等反映珠三角女性对婚姻选择的自主意识，把这些终身不嫁的女性刻石放在庙宇公共场所，说明这一现象得到社会普遍认同，而这些终身不嫁的女性与已婚妇女的差别还在于她们都有自己的姓名，这一点也显示了女性在传统社会可享有独立姓名权和署名权。这一点与傅衣凌先生主张中国传统社会呈多元结构之观点是一致的。

五 港澳及海外华人女性的助金

明清时期，广东通过海洋与海外联系日益密切，广东人漂洋过海到海外谋生愈益增多，女性也是其中重要的组成部分。澳门、香港地区由于与西方接触最早，自宋明以来也有越来越多的大陆人口迁入，他们将内地的神灵信仰也陆续带到这里。日本学者田仲一成先生在香港地区所做的田野考察中就发现大埔头的天后庙、锦田的大王庙、南头的北帝庙、碗窑的关帝庙、粉岭的三圣宫、河上的洪圣庙等，都由移民进入后建立并开展祭祀活动。[1] 在港澳和海外地区的广东人聚居地，女性仍积极参与当地的民间信仰活动，这在碑刻中也有记录。

澳门是通过海路与西方文化接触最早的地区之一，民间信仰也最为活跃，留下的碑刻也较为丰富。乾隆十七年香山卢文起撰《重修观音殿碑记·观音大士殿宇记》，其中的"宰官绅士各行众善男信女喜题工金"，以店号为多，在碑记结尾处有数位女性：何母朱氏（大花钱五圆）、钟母郑氏（大花钱五圆）、李母容氏（大花钱四圆）、张母林氏（大花钱一圆）。乾隆二十六年辛巳《重修观音殿题名碑》在"众信签题工会开列于后"中，第一个也是唯一一个女性就是"诰封恭人李门容氏喜装通金身"。嘉庆六年辛酉《重修莲峰庙题名碑记》，由17栏构成，绝大多数仍为店号，在第17栏末尾有"信氏助工金开列"专栏，记载的女性有：钟门刘氏、钟门张氏、钟门郭氏、钟门李氏、钟门郑氏、赵门杨氏、李门陈氏、李门王氏，以上诸信女各捐"工金银三大圆"。嘉庆二十二年冬季

---

[1] 〔日〕田仲一成：《中国的宗族与戏剧》，钱杭等译，上海古籍出版社，1992。

《重修先锋庙碑》，在"众信捐签开列于左"中有数位女性，她们的排名也是按数额多少穿插在男性之中，梁门李氏、郑门谢氏，"以上一大圆"。杨门吴氏、梁门信女、冼门信女、梁门信女、李六妹、陈门曾氏、黄门郭氏，"以上一中圆"。①

咸丰九年十二月《沙梨头新建医灵大帝宝殿刊碑》按捐助多少罗列助金者名单，男女混杂，其中女性有郭门陈氏、梁门郭氏、黄张氏，"以上捐银二大圆正"，郭潘氏、黎兴氏、添喜嫂、信女亚四……（以下碑记模糊不清）。光绪三年季冬《重修妈祖阁碑记》"捐工金银芳名"多为堂、厂、行、号、店、当、按、馆、栏、栈等明显具有工商性质的机构，也有少量个人捐助，女性有"张门王氏捐银十一大圆""懋李氏捐银四大圆""伍张氏捐银二大圆"。从碑记来看，这些捐助者牵涉澳门、泉州、漳州、潮州、香港、孟加锡等地。这些女性均为澳门本地信众，她们的名字并没有像一般流行的碑记将女性名字放在碑尾，而是根据捐助数额多少与男性或店铺一起排列。光绪二十四年季冬《倡建柿山古庙蘦亭劝捐小引》将"各善士乐捐芳名列左"，其中女性有：林陈氏助银二大圆，黎陈氏助银二大圆，黎吴氏助银一大圆，黎苏氏助银一大圆，黎张氏助银一大圆，花女安助银一大圆，叶王氏助银一大圆，郑华氏助银一大圆，郑容氏助银一大圆，陈王氏助银一大圆，宋花女助银一大圆，郑陈氏助银一中圆，郑谭氏助银一中圆，郑刘氏助银一中圆，妙姑助银一中圆，陈梁氏助银一中圆，陈高氏助银三毫正，郑陈氏助银一钱八，王刘氏助银二毫，王徐氏助银二毫。光绪三十四年《倡建城隍庙碑志》也有不少女性参与，她们是：

> 鲍梁氏助银十二大圆、周赵氏助银十大圆、叶氏助银十大圆、陈容氏助银十大圆、陈氏助银五大圆、黄胡氏助银五大圆、余氏助银五大圆、陈氏助银五大圆、刘叶氏助银五大圆、郭梁氏助银五大圆、卢花女助银二大圆、叶氏助银二大圆、何氏、黄叶氏、黎氏、冯郭氏、黄氏、陈容氏、李高氏、郑容氏、郑刘氏、郑蔡氏、郑梁氏、赵黄氏、赵钟氏、张黄氏、张

---

① 谭世宝：《金石铭刻的澳门史——明清澳门庙宇碑刻钟铭集辑研究》，广东人民出版社，2006，第84～92、131～134、138～141、148～168、282～283页。

489

氏、陈冯氏、游赵氏、周氏、罗冯氏、陈周氏、陈梁氏、苏沈氏、张卢氏、司徒张氏、司徒冯氏、杨黄氏、吴氏、刘氏、李氏正女、阮陈氏、杜氏、叶朱氏、黄氏、郭唐氏、陈温氏、卢氏、陈蔡氏、陈宋氏、张李氏、李陈氏、李陈氏、陈王氏、陈花女、张吴氏,以上各助银一大圆,沈钟氏、谭余氏、梁大姑、吴氏、连好姑、温氏、周氏、七姑、李陈氏、谭氏、何梁氏、高黄氏、梁黄氏、宋胡氏、吕李氏、黄苑氏、陈郑氏、陈区氏、何吴氏、黄氏、蔡卢氏,以上各助银一中圆,何氏、何陈氏、黄关氏、陈杨氏、官氏、江张氏、赵氏、柯氏、张区氏、梁谭氏、徐谭氏、韦梁氏、古叶氏、古杜氏、古杨氏、胡曾氏、黄李氏、韦曾氏、罗氏、卢氏、黎氏、黄赵氏、陈花女、冯陈氏、陈花仔、李吴氏、钟彭氏、吕氏、鲍梁氏、黄大姑、何梁氏、关氏、何梁氏、何余氏、颜黎氏、周高氏、卢黎氏、郑黄氏、杨韦氏、仇葵兴妻、陈古氏、李黄氏、蔡吴氏、张黄氏、杨张氏、卢黄氏、张杨氏、孙氏、陆氏、叶郭氏、郭氏、林杨氏、杜马氏、杜吴氏、梁氏、洪氏、容氏、陈氏、高氏、韩氏、何氏、叶刘氏、彭氏、卢刘氏、王周氏、林叶氏、刘苏氏、胡徐氏、陈王氏、郑氏、刘氏、黄卢氏、冯袁氏、陈杨氏、赵何氏、叶邱氏、何司徒氏、叶王氏、陈黄氏、钟黄氏、刘戴氏、梁周氏、陈任氏、王赵氏、姚氏,以上各助银一中圆。[1]

香港在鸦片战争以后被割让给英国,但华人的民间信仰并没有消失,尤以天后信仰最为兴盛,据咸丰《大坑天后古庙》记载,该天后庙自道光二十四年重修,碑记前面捐助者全部为商行,后面才出现捐助个人,涉及的女性有:黄钟氏、吕氏、林氏、余宅陈氏、蔡洪氏、朱信女、谭氏、何妹、叶宅何氏、钟信女、梁氏阿五、李叶氏、郑李氏、杨黄氏、许氏阿带、吴氏阿细、梁杜氏、何氏女、黄杨氏、朱氏阿银、梁信女、杨氏阿莲、黄曾氏、吴陈氏、曾陈氏、潘陈氏、布细妹、马氏、叶信女、胡谭氏、王谭氏、黄氏阿尊、刘氏净女、苏信女、梁何氏、雷氏、方氏、郭妹、余梁氏、钟

---

[1] 谭世宝:《金石铭刻的澳门史——明清澳门庙宇碑刻钟铭集辑研究》,第285~286、292~293、384~388页。

第七章 明清庙会中的女性：以碑刻为例

门信女、李昌何氏、陈欧氏、陈谭氏、刘林氏信女、吴氏信女、李氏弟子、洪谭氏、蔡黄氏、余陈氏、何严氏、林氏、黄李氏、叶罗氏、郭陈氏、关郭氏、黎氏娘、梁胃家何氏、周梁氏、朱吴氏、张郭氏、马氏、陈杜氏、郑信女、刘氏、钟简氏嵩、吴信女、黎氏乃、尚氏三、麦区氏、潘氏金容、郑氏三妹、郭氏、永和堂罗氏、罗郑氏、刘阿妹、黄妹仔、刘三妹、李氏。这些女性全部穿插在男性和店号之中。

光绪元年香港重建油麻地天后庙，立《重建天后古庙碑记》，助金者前面基本是店号，后面则有梁门陈氏、冯氏、霍氏、冬姑、凤金姑、四妹姑、新连姑、贵善姑、贵凤姑、亚彩姑、温亚姑、冬好姑、冬菊姑、银连姑、爱好姑、亚四姑等女性，俱助中圆。这些女性多以"姑"的形式出现，应是自梳女。碑刻中出现的单一某氏，在珠三角地区并不多见，而在香港则一直到民国初仍较流行，如民国九年在大埔水窝村《长春桥永志碑》记载捐助姓名男女穿插，女性多以某氏出现。她们是李陈氏捐银九十元，宋氏捐银五十元，梁氏捐银十元，莫宴娥捐银十元，谢何氏捐银十元，陈周氏、陈氏、陈苏氏、梁江氏、陈梁氏、邵氏，各捐三元；陈黄氏捐二元；温氏、周氏、邝氏、陈氏、陈周氏、陈氏、孔氏、欧氏、陆氏、陈梁氏，各捐一元；二妹、梁氏、麦氏、郭亚奶、三姑、四姑、罗氏，各捐五毛；三奶、郭氏、郭氏、雷氏、何氏、郭氏、梁氏、古氏、张氏、陈氏、刘氏，各捐二毛；包氏、余氏、陈三姑、陈娅、陈氏、李氏、何氏、陈氏、大姑、罗氏，各捐一毛。①

明清时期，广东人通过海洋移民至世界各地，最早到达的应是南洋一带，他们也把家乡的神灵信仰带到海外，如在移民较多的新加坡，光绪六年《新建万寿山观音堂壬辰年重修两次碑记》记载，共有199个商号及个人捐银。在碑刻中按捐银数量男女混排，没有专列信女栏，有些妇女可能是以商号的名义捐银。笔者统计只以中国传统的女性无名进行，对于有名字的女性难以识别。"兹将顶上一座以下一间，自光绪六年创建佛堂，此地系杨鸿泰头家玉合娘陈氏发愿，将此地送出佛祖起庙，随持斋之人住歇，往来西边车路通

---

① 科大卫、陆鸿基、吴伦霓霞合编《香港碑铭汇编》，香港市政局，1986，第129~139、157~162、453~455页。

行"。女性名录如下：林门何氏喜捐银贰佰四十元，林门黄氏喜捐银贰佰元，薛门林氏喜捐银五十元，张门黄氏喜捐银五十元，全昌何氏喜捐银三十六元，刘荣丰（胡、李、黄）氏喜捐银三十元，益隆栈朱、梁、佘氏喜捐银三十元，信女宋氏喜捐银三十元，佘门陈氏喜捐银三十元，佘门李氏喜捐银三十元，佘门许氏喜捐银三十元，信女许、宋、林氏喜捐银二十五元，佘门卢氏喜捐大银二十元，林门叶氏喜捐大银二十元，信女谢氏喜捐大银二十元，陈门李氏喜捐大银二十元，信女陈氏喜捐银二十元，林门杜氏喜捐银二十元，杨门梁氏喜捐银二十元，区门刘氏喜捐银二十元，陈门王氏喜捐银二十元，李门黎氏喜捐银二十元，纪泰隆林氏喜捐银十七元，陈门洪氏喜捐大银十五元，信女陈氏喜捐大银十五元，钟门王氏喜捐大银十五元，林门黄氏喜捐银十五元，万丰栈陈、薛氏捐银十五元，信女陈氏、郑门王氏、信女钟氏，以上各捐银十四元；佘女孙、陈门梁氏，各捐银十二元；陈门林氏、信女梅兰、信女陈氏、苏门潘氏、陈门佘氏、林门庄氏、信女郑氏、盛合沈氏、杨清娘、黄锦娘、信女黄氏、信女李氏、信女吴氏、佘门林、陈氏、永成张氏、信女许氏、信女许氏、梁阿姐、沈门郭氏、信女林氏、梁门叶氏、黄氏阿革、简门罗氏，以上各捐银十元；沈妙英、卓亚宝、李氏、陈门杨氏、李瑶珍、信女陈氏，各捐银八元；陈门江氏、林门蔡氏，各捐银七元；和记蔡氏、两成许氏、佘门信女，以上各捐银六元。在光绪二十年《同善堂碑》中记载的女性多以某某娘出现，分别为李氏娘、林珠娘、黄氏娘、吴氏娘、陈氏娘、佘氏娘、谭氏娘、杨氏娘、陈氏娘、潘氏娘、王氏娘、蔡林娘、杨潘氏、邱凤娘、陈氏娘、李氏娘、陈氏娘、黄氏娘、林英娘、黄蕊娘、曾氏娘、曾氏娘、杨氏娘、卢氏娘、王氏娘、陈氏娘、□氏娘。但在光绪十年秋月《广惠肇重修利济桥道碑》中又多以某氏出现，除朱门钟氏、马陈氏、刘门林氏、何门罗氏、何氏、陈氏、周氏等外，还出现李大姑、陈姑、九大姑、四姑、陈大姑以及桂妹、梁七妹、阿妹等捐助者。①

上述港台地区及海外碑刻中以"花女""姑"等名称出现的女

---

① 陈荆和、陈育崧编《新加坡华文碑铭集录》，香港中文大学出版社，1973，第145～150、239～240页。

性，应该是珠三角地区流行的不落家或自梳女。从我们在田野考察的访谈中可知，清代珠三角地区有不少自梳女到海外谋生，她们在海外生活，自然也会参与这些具有浓郁家乡风味的神灵庙宇建设。

上述历代碑刻资料显示，自佛教在广东传播后，女性就与之结缘，她们入庙烧香、虔诚祈福，响应佛教向善的号召，捐施金银和田产，积极参与各种善事活动。这一风气的形成可能与岭南流行巫觋传统有渊源，说明传统的地方文化习俗不可能在大传统进入后就完全退出历史舞台，具有较强地方文化的习俗会在大传统文化范围内不断调适自己，以各种隐性的形式存在，至少岭南的重巫信神传统一直到今天仍保持着旺盛的生命力。而岭南历史上的重巫拜神之传统，又始终和女性紧密联系在一起，除了说明女性是这一传统中必不可少的要素外，也说明历史上岭南女强男弱的习俗在传统大文化的浸润下，仍有着自身的生命力。本章的分析表明，自唐代以后，广东妇女对庙宇的助金活动，既显示了她们在乡村社会中具有较为独立的经济能力，有权利支配自己的私有财产，可以随心向自己心目中所崇拜的神灵庙宇助金，以显示自己虔诚拜神的心态，也说明女性的生活空间并不完全限于家庭，她们利用乡村社会的祭拜神灵习俗，不断地扩张自己的社会活动空间。她们对庙宇的助金并不完全附着于男性，而是以自己独立的身份出现在庙宇碑刻中。而妇女踊跃地参与乡村社会的神灵祭拜活动，也极大地丰富了乡村社会的文化生活。

第八章
晚清乡村妇女的职业取向

1840年鸦片战争爆发,中国被迫打开了国门,广东在早已受到欧风美雨浸润的历史进程中,再次被狂风骤雨般地卷入到近代化的浪潮中。西方工业化源源不断地向广东推进,广东乡村社会受到了巨大的冲击,广州这个作为清代前期唯一合法通商的国际大都市,受到了来自上海、香港等口岸城市的挑战。在晚清工业化和城市化的社会大背景下,广东乡村妇女也被卷进了这一社会巨变之中,她们不断调适自己的社会形象,或走进以机器生产为主的工厂,成为流水线上的一名工人;或踏进城市家庭从事今日所说的家政服务业;甚至漂洋过海向海外谋求发展。在珠江三角洲地区,随着民族工业的兴起与发展,出现了庞大的产业女工群体,大量的女性走进城市家庭接受他人雇佣,"广州梳佣""顺德妈姐"成为这一时期广东乡村女性从事新式职业的代名词。女性职业的变化,带来了整个社会某些风气和观念的变化。近年来,有关晚清妇女职业问题已经引起学界的关注。[①] 中外学者在研究近代华南地区早期现代化时,都将妇女的参与纳入他们的分析视域,在以缫丝业为代表的工业化进程中,以自梳女为主体构成的女工群体不仅创造了社会财富,而且改变了女性的社会经济地位,并积极争取婚姻自由,出现了抗婚浪潮。[②] 而18世纪至19世纪生活在广州的洋人家庭雇用了不少包括女性在内的中国佣人,这些佣人与洋人之间由于身份与文化的差异,不可避免会产生隔阂甚至冲突,但由于朝夕相处,

---

[①] 何黎萍:《中国近代妇女职业的起源》,《妇女研究论丛》1997年第3期;郑永福:《中国近代产业女工的历史考察》,《郑州大学学报》1992年第4期;陆德明、王乃宁:《社会的又一层面——中国近代女佣》,学林出版社,2004。
[②] 〔美〕苏耀昌:《华南丝区:地方历史的变迁与世界体系理论》,中州古籍出版社,1987。

"这些小人物在日常生活的各个方面，从西方人那里学习一套新的知识、技能、词汇和语言，在中西文化交流史上，扮演着应该得到重视的角色。"① 从某种意义上讲，广东乡村妇女在中国工业化进程中充当了得风气之先和开风气之先的先行者。

一　珠三角地区缫丝厂中的女工

晚清以来，机器缫丝业和纺织业率先在广东发展起来，这些行业使用的工人主要为乡村妇女。同治十一年，南海人陈启沅从海外回到家乡，经反复考察后认为，珠江三角洲产桑区不仅有丰富的原料资源，而且有廉价的劳动力资源，比较适合建立机器缫丝厂，遂决定将工厂建在自己的家乡——南海县西樵简村。经过一年的准备，同治十二年正式创建继昌隆缫丝厂，采用机器缫丝，机车运转仍用脚踩，但轴架经过改革，运转起来相当灵活，实际上是半机械化而已。尽管只是半机械化，但可以提高出丝率，"容女工六七百人，出丝精美，行销于欧美两洲，价值之高倍于从前，遂获厚利。"② 然而，机器缫丝对传统的普通织机工造成冲击，引起了他们的强烈反对。光绪初年，南海知县徐赓陛在处理普通织机工对南海县学堂乡裕厚昌缫丝厂"滋事"时，经过调查得出结论，新式缫丝厂中所雇佣的女工，"列坐斛前，用筯拨动蚕茧，挑起丝头上轮，听其周转，自能成丝，每一女工可抵十余人之工作。"③ 清末广东缫丝工厂大约有一百七八十家，"这类工厂所使用的女工人数，每一厂至少二三百人，多者达七八百人，总人数达六七万人之多……女工大部分是农民的女儿，或者是远走外乡工作的人的妻女。"④ 由此可见，乡村妇女对珠江三角洲地区工业化的进程所做贡献的巨大。

---

① 程美宝、刘志伟：《18、19世纪广州洋人家庭里的中国佣人》，《史林》2004年第4期。
② 宣统《南海县志》卷21《列传八·陈启沅》，1911年刊本，第437页。
③ 徐赓陛：《不慊斋漫存》，河北教育出版社，1996，第478页。
④ 《清国事情》（1906），转引自汪敬虞主编《中国近代工业史资料》第2辑下册，科学出版社，1957，第1195页。

光绪六年，南海县的机器缫丝厂迅速发展到10余家，宣统时已有缫丝工厂35家，大致分布如表8-1所示。

表8-1 宣统年间南海县机器缫丝厂分布一览表

设立地点	厂号名	设立地点	厂号名
石湾	广纯 华纶 安记	溶州	北栈 亨栈 广纯亨
上圆	锦纶章 均和兴	陈坑	广盛
黎冲	广同泰	水边	悦英
湾头	广纯昌	奇槎	妙栈
石头	新普利 同安	沙头	裕鸿祥 均栈
大同	义和昌 纬记	贺丰	广信经
理教	和栈	吉利	同和兴 安和兴
苏溠	和记	吴村	恒和昌 继纯昌
上淇	绵泰长	河溠	庆丰成
吉水	广和生 萃纶	简村	世昌纶 利贞
官山	纶昌	斗头	绍兴和 蕴成章

资料来源：《广东省志·丝绸志》上册，广东人民出版社，2004，第290页。

可见，南海县35所机器缫丝厂分布于县内22个乡村中。这些乡村拥有的缫丝厂数量不一，其中石湾、溶州各设3家，上圆、石头、大同、吉水、沙头、吉利、吴村、简村、斗头各有2家。这样的分布格局吸引了众多乡村妇女放弃传统的农业生产，走进缫丝厂，成为近代化工厂中的女工。

随着机器缫丝厂在效率和收益上的可观，珠三角"各处闻风兴起，纷向南海、顺德产茧地方，竞相设立，桑蚕区域亦逐渐扩充"。同治十三年，顺德县首家机器缫丝厂在龙山堡开办。光绪初，顺德大良北关创建怡和昌汽机缫丝厂，"有女工四五百人，由九江、大同招女工教习，特其时未盛耳"。[①] 1881年以后，顺德出现创办机器缫丝厂的高潮，据民国元年十一月农商部的调查报告，有明确创办时间的共有86家，兹列表8-2如下。

---

① 民国《顺德县志》卷1《舆地·物产》，1929年刊本，第25页。

第八章　晚清乡村妇女的职业取向

表 8-2　清末顺德县机器缫丝厂开办情况

厂　　名	设立年份	资本（元）	女工数（人）	年产量（斤）
永昌泰栈丝厂	1881	20000	320	30000
巧经昌丝厂	1882	32000	560	48700
协三才丝厂	1883	36000	540	36150
永贞祥丝厂	1884	30000	560	48750
永同昌丝厂	1884	20000	380	30000
经利丝厂	1885	30000	540	48750
美伦昌丝厂	1886	30000	560	43000
广纯昌丝厂	1886	36000	600	41250
广和祥丝厂	1886	40000	620	60000
公和祥缫厂	1887	60000	600	60000
妙成昌丝厂	1888	40000	620	60000
广亨丝厂	1888	18000	360	33750
协纶和丝厂	1888	22000	560	56250
瑞和纶丝厂	1888	20000	420	37500
永兴纶丝厂	1888	40000	620	60000
广利和丝厂	1889	30000	500	40000
宏记隆丝厂	1889	36000	500	40000
广元丰丝厂	1889	20000	380	31900
忠兴泰丝厂	1889	30000	560	41250
经盛丝厂	1890	35000	600	40000
广昌丝厂	1890	20000	340	30000
永昌纶丝厂	1890	25000	600	37500
兴利丝厂	1890	40000	500	60000
永贞和丝厂	1891	20000	320	30000
巧经纶丝厂	1891	38000	500	56000
巧元丝厂	1891	24000	400	30000
巧利丝厂	1892	38000	440	37000
阜经纶丝厂	1892	30000	560	45000
悦经纶丝厂	1892	19000	360	30000
永昌成丝厂	1892	30000	500	37500

续表

厂　　名	设立年份	资本（元）	女工数（人）	年产量（斤）
瑞记丝厂	1893	30000	560	49000
广纯亨丝厂	1893	18000	370	30000
利源祥丝厂	1893	30000	500	56250
广隆和丝厂	1893	24000	380	30000
广兴和丝厂	1894	25000	560	52500
德昌纶丝厂	1894	30000	580	56250
美和丝厂	1895	20000	550	45000
福记丝厂	1895	16000	380	31875
宏经丝厂	1895	20000	540	48750
普其昌丝厂	1895	30000	540	49000
永成纶丝厂	1895	20000	380	33750
盛昌丝厂	1896	34000	600	41250
协昌丝厂	1896	30000	560	43000
同记丝厂	1896	35000	420	35600
永昌泰丝厂	1896	17000	360	35600
颂维坤丝厂	1896	20000	380	33700
广德和丝厂	1896	16000	380	31875
麟经丝厂	1898	20000	350	30000
钿利丝厂	1898	20000	340	60000
广和兴丝厂	1898	18000	360	33700
永盛纶丝厂	1898	20000	340	30000
合纶丝厂	1898	40000	620	52500
纶盛丝厂	1898	18000	360	35625
妙纶丝厂	1898	20000	420	41250
裕盛丝厂	1898	24000	520	56250
致兴纶丝厂	1898	20000	360	30000
冠经丝厂	1899	30000	450	40000
同栈丝厂	1899	20000	440	46875
明昌利丝厂	1899	28000	560	47500
细丝纶丝厂	1899	30000	390	31875

第八章 晚清乡村妇女的职业取向

续表

厂　　名	设立年份	资本（元）	女工数（人）	年产量（斤）
泰西恒丝厂	1899	40000	800	75000
颂维亨丝厂	1900	33000	600	36150
永贞祥丝厂	1900	24000	600	37500
永利丝厂	1901	40000	600	60000
永昌兴丝厂	1901	18000	300	30000
忠信恒丝厂	1902	30000	560	45000
永源丝厂	1902	20000	560	48700
同和丝厂	1902	19000	420	37500
盛利丝厂	1902	19000	420	37500
同德丝厂	1902	30000	440	37500
生记丝厂	1904	30000	500	49000
德昌成丝厂	1904	26000	560	48750
忠栈丝厂	1905	24000	400	33750
钜经丝厂	1905	26000	400	33750
永和纶丝厂	1906	18000	400	26000
永贞祥丝厂	1906	25000	480	35625
广和纶丝厂	1906	18000	420	31875
永纶昌丝厂	1906	16000	380	31875
锦记和丝厂	1906	17000	300	31875
贞栈丝厂	1907	20000	350	32000
裕隆兴丝厂	1909	20000	320	31875
美经丝厂	1909	14000	300	32000
德昌纶丝厂	1909	20000	300	24375
利恒昌丝厂	1910	18000	400	26250
顺昌丝厂	1910	17000	300	31875
美经成丝厂	1911	12000	300	30000
合计		2226000	39880	3494950

资料来源：农商部编《第一次农商统计表》，1914；程耀明：《清末顺德机器缫丝业的产生、发展及其影响》，载广东历史学会编《明清广东社会经济形态研究》，广东人民出版社，1985，第240～247页。

从表 8-2 可以看出,清末自 1881 年至 1911 年的 30 年间,顺德境内的缫丝厂达 86 家,所有这些机器缫丝厂均招收了数量不等的女工,从表 8-2 来看,一般的缫丝厂的女工至少都在 300 人,多者达到 800 人以上,女工总数接近 4 万人。有学者统计,1894 年之前,顺德地区的机器缫丝业女工已经达到 17210 人。而此时整个中国的机器缫丝产业女工只有 2 万人左右(包括顺德在内),可见顺德女性在中国机器工业化进程中扮演了弄潮儿的角色。[①]

清末顺德县机器缫丝厂除了上述 86 家有较为确切的建立年代外,尚有 56 家建立年代不详的机器缫丝厂,这 56 家缫丝厂雇佣的女工达 21700 人。详见表 8-3。

表 8-3　清末顺德县缫丝厂雇佣女工列举表

厂名	地址	女工数(人)	厂名	地址	女工数(人)
怡和昌丝厂	大良	800	永安纶丝厂	古楼	400
怡和栈丝厂	大良	300	和记丝厂	黄连	400
显记丝厂	大良	400	裕和安丝厂	黄连	400
万年丰丝厂	大良	300	如意祥丝厂	大晚	700
广忠纶丝厂	大良	400	巨纶亨丝厂	大晚	400
福昌丝厂	大良	400	怡纶昌丝厂	大晚	300
建合丝厂	鸡洲	400	致中和丝厂	大晚	300
广恒昌丝厂	桂洲	300	怡纶安丝厂	大晚	400
联发祥丝厂	桂洲	400	广同丰丝厂	龙江	300
普天行丝厂	大门	500	广和昌丝厂	龙江	300
利昌丝厂	大门	300	绎记丝厂	龙江	300
广经元丝厂	小湾	400	协成昌丝厂	龙江	400
敬生丝厂	小布	300	大宝行丝厂	新隆	400
锦经昌栈丝厂	平布	300	东盛源丝厂	大罗村	400
锦经昌丝厂	沙宁	400	永经纶丝厂	大罗村	400
妙经纶丝厂	良滘	500	广义泰丝厂	大罗村	300

---

① 郑永福:《中国近代产业女工的历史考察》,《郑州大学学报》(哲学社会科学版)1992 年第 4 期。

第八章　晚清乡村妇女的职业取向

续表

厂　名	地址	女工数（人）	厂名	地址	女工数（人）
昌栈丝厂	马摆	300	华盛纶丝厂	大罗村	300
广兴纶丝厂	葛岸	300	祥记丝厂	羊滘	300
广和泰丝厂	沙滘	400	中西和丝厂	羊滘	400
巧成纶丝厂	小罗村	300	均栈丝厂	荷村	300
奥成兴丝厂	龙山	400	妙丝纶丝厂	荷村	300
慎如纶丝厂	龙山	700	昌利丝厂	不详	400
怡如亨丝厂	岳步	500	经德安丝厂	大洲	400
广纯贞丝厂	西滘	300	和栈丝厂	大都	500
妙和昌丝厂	小涌	400	妙经纶栈丝厂	陈村	300
妙经盛丝厂	小涌	400	兴和昌丝厂	登洲	400
富记丝厂	小涌	300	经纯泰丝厂	道滘	600
瑞谦和丝厂	大熟	400	联和昌丝厂	小罗村	400
			合计		21800

资料来源：《广东省志·丝绸志》上册，广东人民出版社，2004，第 284～289 页；程耀明：《清末顺德机器缫丝业的产生、发展及其影响》，载广东历史学会编《明清广东社会经济形态研究》，第 248～249 页。

从表 8-3 可看出，在这些建设年代不详的清末顺德县缫丝厂中，雇佣女工最多的缫丝厂为大良怡和昌，有女工 800 人，最小的也有女工 300 人，合计 21800 人。我们将表 8-2 和表 8-3 合并在一起进行考察，清末顺德县共有缫丝厂 142 家，雇佣女工超过 6 万人。清末机器缫丝以顺德最盛，女工也最多，"粤省业丝，以顺德为尤盛，其厂内纺茧缫丝，皆全用女工，其数常至数百人"。[①] 顺德缫丝厂发展表明，清末生活在珠三角的乡村妇女在更大的地域范围内都被卷入到机器生产的工厂，加入到机器缫丝行列，一些地区的经济性质也由农业种植区逐渐向养蚕缫丝转变，如三水县西南一带农民广泛地种植桑树，妇女也学着如何养蚕，当地因此设有三家大的茧行和五家手工缫丝作坊，还有两家使用外国机器的蒸汽缫丝厂，雇工人数超过 300 人。西南市场上出售的蚕茧，有三分之二都

---

① 胡朴安：《中华全国风俗志》（下），河北人民出版社，1986，第 389 页。

是本地生产的，每年价值银三十万两。① 大量女工进入缫丝业，由此产生了与传统农业完全不同的新型职业——产业女工，这一现象被后人称为"打工妹"。1925年秋，徐珂在一篇名为"在粤之打工妹"文中称："有自粤至者言，粤东近有丝厂一百六十七所，男女工人可万七千，工资日得银币六角五分。缫丝者皆南海、番禺、顺德、香山之女子。若辈大率守志不嫁，即俗称不落家者，盖即昔之所谓十姐妹也。"② 从"守志不嫁"来看，这些进入工厂的乡村女性多为单身女性。

"打工妹"的出现是新式经济的产物，在晚清社会变革中，广州地区以缫丝业为代表的新式工业的建立与扩展，吸纳了众多的乡村女性，形成了一个规模可观的打工妹群体。众多的女性从分散的乡村家庭集中到现代化的工厂，经过技术和操作规程的简单培训，在严格的规章制度和劳动纪律的约束下，进行有组织的分工协作，成为具有新型劳动方式的女性人群。

晚清以来，机器缫丝业已发展为珠三角地区的经济支柱产业之一，珠三角也因此成为中国近代缫丝工业的中心，"粤省得风气之先，顺德一县用机器缫丝者闻有三四十家，新会亦有三家，以销洋庄极为畅旺……查机器价大者，每座需银一千二三百两，小者只数百两。大机器一座用女工七百余人，设有工人座位，每位需用各项器具约银七两有零；小机器有用一百三十人者，有用八十人者，其利颇厚"。③ 另据光绪《新会乡土志·物产》记载，江门缫丝厂有两家，共有女工约700人，"缫法：用足踏器械，构造甚粗略，且不合法度。工女自幼练习，熟极生巧，敏捷异常"。光绪十九年，华侨回乡投资办厂者逐渐增多。表8-2显示，1893年以后，顺德县境创办的机器缫丝厂就有56家，招募了数量不等的打工妹进场劳动，这既为乡村妇女的就业提供了机会，也解决了不少贫困家庭的生计问题，"计每丝偈以五百位为率，每年发出女工银约二万六

---

① 《海关十年报告》（1892~1901），中国第二历史档案馆、中国海关总署办公厅编《中国旧海关史料》第154册，京华出版社，2001，第278页。
② 徐珂：《康居笔记汇函》，"在粤之打工妹"条，山西古籍出版社，1997，第313~314页。
③ 《劝办机器缫丝》，《申报》1887年12月5日，第31册，上海书店出版社影印，1982，第1019页。

第八章　晚清乡村妇女的职业取向

七千元，贫家妇女均蒙其利"。① 在继昌隆缫丝厂之后，"继起者遍及数县，业此者获利亦厚，妇女借此觅食者以数万计"。② 到清末，机器缫丝已经在珠三角地区普及起来，"从前丝厂以顺德为多，南海次之，新会亦有约近百家。近数年日更多设，其大厂有用至八九百工人者，大率以四五百居多"。又云"邑中丝厂均用女工，每工每日缫丝约二两零至三两零之谱，其工资视乎缫丝之多寡及丝之粗细约一毫以上至三毫零不等"。③ 正如苏耀昌所言："广东的南海、顺德、三水一带，原来是手工缫丝的一个集中地区。这里有大量的、以家庭女工为主体的手工缫丝工人。她们有长期的生产经验。这些都是这个地区较早地出现缫丝工厂的历史条件。"④ 应该说，晚清以后，珠三角民众职业发生最大变化的莫过于妇女，她们从以前的家庭手工缫丝、纺织业中走出，迈进以机器生产为动力的缫丝工厂，成为新式工人和具有独立经济收入的职业人群。

随着机器工场的逐年增加，对女性劳动力的需求也愈益增大，妇女们离开传统的农业生产场域进入机器工场作业，在清末已经成为一股潮流。有人统计，到宣统年间，"全省缫丝均用机器，多至百数家，妇女之佣是营生者十数万人"。⑤ 在珠三角的边缘地带也出现不少缫丝厂，雇佣大量女工进行生产，如江门"埠中丝业甚少，只有缫丝厂两间，各乡又有数家。每厂雇佣妇女约三百人，每日出丝约一百斤，尽往省城发售"。⑥ 即使不是机器生产的行业，也开始雇佣女工，据《点石斋画报·元集》中的"天理循环"说，肇庆开平县属水东乡以生产烟叶为大宗，每年春末夏初，正处于成长阶段的烟叶虫害较严重，"业此者多雇女工为之捕捉"。其法先煮糯粉为糊，诱杀害虫。一些女工在中午靠偷吃糯米糊充饥。同属肇庆府的鹤山县，"茶烟之利，岁获巨资。然其耕种之劳，竟至家人妇子日夕不遑，胼手胝足，比力穑而倍甚。近各乡有接踵者，盖利

---

① 民国《顺德县志》卷 24《杂志》，1929 年刊本，第 28 页。
② 陈蒲轩：《蚕业指南》，"自序"，转引自彭泽益编《中国近代手工业史资料》第 2 卷，三联书店，1957，第 44 页。
③ 宣统《南海县志》卷 4《舆地略三》，1911 年刊本，第 39~40 页。
④ 〔美〕苏耀昌：《华南丝区：地方历史的变迁与世界体系理论》，第 156 页。
⑤ 宣统《南海县志》卷 21《列传八·艺术传序》，1911 年刻本，第 6 页。
⑥ 《光绪三十年通商各口华洋贸易论略》，《中国旧海关史料》第 40 册，第 95 页。

503

之所在，人必趋之也"①。

　　妇女走进丝厂，打破了传统的男女同工有伤风化的习俗，众多的女性在一个厂区工作，使得女性间相互交流、相互帮助有了很多机会，并进而提高了女性的自主自立意识。汪敬虞先生认为，"在这些女工的脸上，明显地流露出一种要求独立的心理状态。在一个丝厂中，管理者很难制约这些女工。罢工的意识，已经深入缫丝女工的心中，她们已经懂得用罢工来对付实际存在的或她们所设想的不公平"。② 这一结论在清末的报章上多有反映，1906 年刊行的《赏奇画报》以"女工滋事"报道了顺德县缫丝厂女工罢工之情形：

>　　吾粤蚕桑之利，首推顺德容桂一带，丝厂林立，缫丝均靠女工，每厂用数百人不等，亦妇女辈一大利权也。迩来女工忽停工，要挟加价，连日纠众滋扰，凡同类有照常工作者，即行截殴，廿一日截广昌号，廿三日之截永昌成，尤为汹涌，歹类因而丛集，辄思乘间掠夺，各丝偶势颇岌岌。……顺邑妇女多能自食其力，本绝佳事，而每缘此酿成归宁不返恶习。此次肇事，尤望贤有司亟行解散，毋使丝偶停工，影响及于银业也。③

　　这些乡村女工已经完全摆脱了传统农家女性逆来顺受的形象，她们在劳动中逐渐觉醒，并通过自己的行动来争取和保障自己的权益，她们敢于和丝厂主人——男人们叫板，这种集体性的女性抗争行动，还显示了她们在社会经济发展中具有重要的位置。上述报道的编者按说："此次肇事，尤望贤有司亟行解散，毋使丝偶停工，影响及于银业也。"可见，女工罢工影响的不仅仅是缫丝业，甚至影响到整个地方社会经济的运作。女工罢工在清末的广东已屡见不鲜，1906 年《赏奇画报》又以"女工又闹"为题报道了三水县纺织女工集体反抗布行老板克扣工钱之情形：

---

① （清）佚名：《岭海丛谭》，（清）关涵等著《岭南随笔：外五种》，广东人民出版社，2015，第 651 页。
② 汪敬虞：《关于继昌隆缫丝厂的若干史料及值得研究的几个问题》，《学术研究》1962 年第 6 期。
③ 《女工滋事》，《赏奇画报》第 15 期，1906，第 10 页。

第八章 晚清乡村妇女的职业取向

西南布行违例克扣女工,娘子军大愤,月之初二日,纠集数百人,群起与布店为难,各皆手持扁担,身怀利剪,先向均泰店司事理论,该司事出言稍亵,女工随剪其辫,并将各布店毁拆,人声汹涌,异常震动。巡警出而干涉,女工即当头棒喝。卒无如之何。现下事尚未了,听候调处云。①

这里与其说是女工们自发性的罢工反抗工厂克扣工钱,还不如说手持原始的武器进行武装反抗,连警察对她们的行为也无可奈何。而女工反抗布店的原因是"布行违例克扣",可见,女工对自身的权益愈益重视,也可见女工在工业化过程中已经形成了较强的组织意识和团队精神,这是女性自主意识的全面觉醒。

伴随着机器缫丝业的发展,珠三角地区的传统纺织业也不断向规模化方向发展,女工们集中在工厂操作,其薪水多是计件付酬,1897 年广州织布工人状况:"这种职业本身被认为很低下。织工全都是女工,每天工作 12 小时,工资按一定的工价论尺论匹支付,工价以布的品质为准。手艺好的织工每月可赚到 5 元,其中要支出本人伙食费约 2 元至 2.5 元。"② 尽管这种劳动力相当廉价,但毕竟为妇女提供了与以往不一样的劳动方式,女工们之间的横向间交流不断加强,改变了以往妇女局限于家庭或家族间的垂直社会交流网络。南海县佛山镇的"巧明火柴厂在缸瓦栏,多用机器制作,工人执业,如切纸、染药各有专职。制火柴盒多用女工,附近敦厚乡妇女多业此者,每成盒一千,工值一角,日可获一二角,亦女子家庭职业之一种也"。③ 又如佛山的染织毛巾工厂在麟角里,编者按说:"毛巾用机织成,现省城业此者几及百家,闻此中人言,获利颇厚。每购纱十圆织成毛巾出售,平均可得十二三圆之赢利,多用女工,每织巾一打,得工值三角,日可获四五角。惟初学时需费数圆。"④ 这些来自乡村社会的女性在机器工场作业,通过计件获取薪水,她们通过出卖自己的劳动力,获得了经济上的报酬,也解决了各自的

---

① 《女工又闹》,《赏奇画报》第 19 期,1906,第 5 页。
② 果鸿孝:《中华近世通鉴·经济专卷》,中国广播电视出版社,2000,第 195 页。
③ 民国《佛山忠义乡志》卷 8《实业》,1923 年刻本,第 8 页。
④ 民国《佛山忠义乡志》卷 6《实业》,1923 年刊本,第 9 页。

家庭生计。据学者研究,晚清珠三角地区缫丝厂的女工们一年若能工作250天左右,就可以挣到200元的工钱。而在20世纪初,平均五口的农家,每年维持生计约需195.8元,所以一个女工的工资不仅养活自己绰绰有余,而且足以养活全家。①

晚清以来,以机器为主的工业化进程,使女性脱离了传统的农耕经济,也改变了乡村生产的散漫习性,女性在身心上都受制于工业化的制约。继昌隆缫丝厂非常重视强化女工上班的时间观念,规定女工每天早出晚归,上午7时至下午5时为工作时间,一天工作8~9个小时,中午只有12时至1时为吃饭休息时间。每天早晨厂方鸣放汽笛3次,第一次是起床号,第二次是通知来厂,第三次则是封闭厂门,迟到者不准入门,作旷工处论。设女管工二人,于每天下午放工时,对出厂女工依例进行身体检查,以防女工偷取碎丝。女工操作熟练者每天可缫丝三两左右,生疏的每天可缫丝二两多些。工厂没有专门培训制度,多通过熟练女工介绍熟人或亲戚进厂做工,并向新手传授缫丝技术。② 晚清顺德县的机器缫丝厂被称为"鬼缢",缫丝厂的女工则被称为"鬼缢女",由于当地气候的炎热,这些女工一般都穿着木屐上下班,当时流传的"鬼缢女"穿着木屐上下班的竹枝词:"四更笛响要返工,耳畔鸡啼赶路匆。彳亍屐声如雨骤,满街鬼女气忡忡"。据说,当时女工上班的时间为早上6时到下午6时,中午自己带饭在工厂吃,当时工厂以鸣放汽笛为号,通知女工上班,第一声汽笛响起是早晨四点半,第二次是5点,第三次是五点半。响完第三次后,工厂就关上木闸,迟到的就不能进场了。因为是走路上班,大多数女工天蒙蒙亮就要起床,带上午饭赶往工厂。③

随着缫丝业的发展,一些缫丝厂还设立宿舍,专门留宿熟练的技术女工,清末顺德机器缫丝厂一般在厂设有工人宿舍,有经验的熟练女工多住于厂内。机器缫丝厂生产具有连续性,从正月十五至十二月二十日期间,工厂极少停工,女工每天日出而作,日落而息。机器缫丝厂除缫丝女工外,还有女杂工,约占工人总数的1/6,

---

① 〔美〕苏耀昌:《华南丝区:地方历史的变迁与世界体系理论》,第183页。
② 林金枝、庄为玑主编《近代华侨投资国内企业史资料选辑》(广东卷),福建人民出版社,1989,第224~225页。
③ 林德荣:《中国千亿大镇》,广东人民出版社,2010,第21页。

第八章　晚清乡村妇女的职业取向

负责为缫丝女工搬运原料蚕茧,及把蚕蛹、屑丝等搬出车间。[1] 缫丝厂的女工劳动强度较之于以前的家庭手工纺织,明显增加。光绪初年,南海县曾发生因机器缫丝而导致"失业佣流借端肇衅"的事件,参加者估计多为男工,时任南海知县徐赓陛在处理此事件时,"详加考察"得知,珠三角俗称缫丝机器为"鬼濩,又名丝偈",招收男女工,但女工远远超过男工,"每偈约用女工四百余人,男工一百余人,无论男女混杂易生瓜李之嫌,且一工之作,可抵十工之用,统计江浦一带,共有机器一十一座,应用四千四百余工,以一敌十,较之实夺四万四千余人之生业。夫以十一家殷商之攘利,而失数万家贫户之资生。"[2] 从他的言语中可以看出,以女工为主体的机器缫丝业确实极大地提高了劳动效率,但也因此而导致更多的手工缫丝者的失业,进而引发社会矛盾,正因如此,他下令关闭机器缫丝厂。实际上,工业化的步伐不以人的意志为转移,女性们已经进入到了工业化的轨道。

鸦片战争以后,西方机器生产的纺织品源源不断地输入中国,对中国传统纺织业带来了毁灭性的打击。广东的苎麻和棉纺织向来较发达,咸丰《顺德县志》卷3《物产》记述"布之属"中的"苎"时,引用了乾隆时罗天尺《五山志林》卷7《辨物》云,"近数十年,吾顺德织苎者甚多,女织于家,而男则具麻易之,亦有男经而女织者,名大良苎麻。通贸江浙,岁取数千金,亦开财源,而地无游民一征也"。但这一现象在道咸年间发生了变化,因西方机织布的大量倾销,原先由"女布遍于县市"渐渐转变为"自西洋以风火水牛运机成布,舶至贱售,女工几停其半"。[3] 宣统《东莞县志》卷15《物产下》记载,东莞棉纺织也出现萎缩,女工失业成为普遍现象,"六十年前,邑中妇女尤以市棉纺织为生计,观石龙有布行会馆之设,其业之盛可知。逮洋纱出而纺事渐疏,洋布兴而织工并歇。虽贫瘠乡间,尤从事机杼,为大布之衣,然获利既微,所存亦硕果矣。邑中士夫悯妇女之失业,特为之设工艺厂,

---

[1] 程耀明:《清末顺德机器缫丝业的产生、发展及其影响》,载广东历史学会编《明清广东社会经济形态研究》,第260~261页。
[2] (清)徐赓陛:《不慊斋漫存》卷6,光绪三十年刊本,河北教育出版社,1996,第488页。
[3] 咸丰《顺德县志》卷3《舆地略·物产》,岭南美术出版社,2007,第79页。

欲借以收回利权。然成本既高不能贱售，卒以不振，盖人工不敌机器，事势使然，非绵力所能挽也"。这里特别强调洋纱涌入中国市场后，对以纺织为主业的乡村妇女产生了巨大影响。即使部分妇女仍坚持以织布出售以养家糊口，但所用棉纱又不得不利用外国原料，光绪八年"琼州洋纱大量进口，土纱纺织几乎完全停止。文昌女工既失其业，于是转移她们的力量来织布，以为补偿"。① 三水县"棉纱一宗，毋论价值多寡，系在三水地方，其民间之所以不能不买者，乃缘城乡各处妇女约逾数万人，咸用此纱织造土布出售，谋斯微利，恃以糊口耳"。②

二 城市家政服务业中的女佣

女佣在中国历史上曾以各种形式存在过，历史上大户人家役使的婢女、丫鬟等是晚清女佣的最初表现形式。换句话说，晚清女佣的诞生可能经历了从"婢"到"佣"的渐进过程。婢，原为家中的女奴，后统指受役使的女子，显示的是一种人身依附关系；佣，本义指受雇佣，以出卖劳动力换取报酬，显示的是一种劳动经济关系。不过，要想清晰地区分出晚清广州人家役使的女性是"婢女"还是"女佣"，可能比较困难。因为有的女佣是以自由身受雇于东家，但也有是以人口买卖进入东家，但她们在东家的服务项目应大同小异。不管是婢女也好，女佣也罢，她们在主家均是服务者，必须听主人使唤和管束，基本上是主仆关系。

关于广州女佣的来源，咸丰六年新会籍进士罗天池在他创作的《昙白薇红仙馆笔存》长卷的结尾处留下了一段很长的文字，描述了他在道光二十六年归广州后至咸丰六年期间对自梳女佣工的所见所闻，现将全文抄录如下：

> 余自弱冠服官京师，离家二十载。道光丙午初，归羊城，所见有足异者：从前嫁娶甚俭，今则奢甚；从前妇女皆自栉

---

① 果鸿孝：《中华近世通鉴·经济专卷》，第134页。
② 《光绪二十八年通商各口华洋贸易论略》，《中国旧海关史料》第36册，第280～281页。

沐，今则雇妇服侍，呼为梳头妈，又名为近身；髻后之发曰鬓，长几近尺，如船舵然。有遵旧式者，则群哗笑之；从前妇女衣服冬蓝夏白，今则纯黑。夫五色以黑为死，为其不可复变它色也，不祥孰甚焉。近身之妇日众，骄淫矜夸日甚。婢女羡之，因而不嫁，以近身为归宿，引诱少妇观戏剧、游寺院，在家则只知吸水烟、打纸牌，不知中馈针黹为何事。其尤甚者，两妇相契，名曰朋友，合欢如夫妇然。初犹隐讳，今则于初欢时，张筵招客，两妇之相对若合卺。然既有朋友，则不知翁姑丈夫为何人。夫以四海九州未有之事而羊城独有之，羲皇以来未闻之事而羊城独有之，羲皇以来未闻之事而羊城独开之。此亦五行志中之大不祥者。妇女阴象也，而纵横若是，其所感召则外夷也，盗贼也，刀兵也，水灾也，四者皆阴象也。有斯民之责者，宜何如正本清源哉！故曰：治国在齐其家。黄河以北风俗朴俭，缙绅士大夫家无不以耕种为业，妇女少壮无闲民。若山东孙相国世代华袭，而归田后犹巡阡陌，课督子弟甚勤。有出负未入横径之遗意，于田功首推焉。余同年贾筠堂相国、黄石琴中丞，亦山东人，均以课耕为业。贾云：其家妇人虽多子，从不雇乳母。黄云：其胞兄恩霱已举孝廉，犹担酒食饷彼南亩。后恩霱成进士，分发四川，与余弟宣卿相同官，相交莫逆，尝言耕事甚详。曰：岂有日成其粒而不知其所以生成者？以此刑于其妇女安有骄纵？以此诒谋其子孙乌有游惰？故曰齐家在修其身。①

罗天池在文中首先说广州流行梳头妈和近身之女佣，也有大量婢女的存在，并说"近身之妇日众，骄淫矜夸日甚"，由此而导致"婢女羡之，因而不嫁，以近身为归宿"。换句话说，"婢女"与女佣"近身"原本是有区别的，但婢女是可以转化为女佣的，即"婢女"多以"近身"为归宿。罗天池所说的"婢女"有可能是指奴婢，再次说明，广州早期女佣有一部分来源于奴婢的身份转变。对于婢女和女佣的关系，民国初年徐珂在《清稗类钞》中专门给予

---

① 广东省博物馆、广州市美术馆、香港中文大学文物馆合办展览专刊：《明清广东法书》，1981，第 211 页。

了记载:"粤人蓄婢者极多,视其稍可造就而面目不甚怪丑者,多加意教之,教以烹饪、刺绣、治家细务,且教之识字,即文理不甚通顺,亦必能缮录账目,如此乃为上乘。俟其年长,即售与人为妾,价昂者,自五百金至千金;次者亦必能烹饪、缝纫,方为合格,身价自二三百金至五百金;下者一二百金。旧家之中落者,每多蓄婢,俟其长而卖之,得金殊不赀也。"① 广东人家的"蓄婢",其与东家的关系纯粹是人身依附关系,与近身等女佣同东家是被雇佣与雇佣的关系比较起来,这些被蓄养的婢女与东家有人身依附关系,是东家积蓄财富的一种手段,东家为此投入了一定的精力对她们进行某些职业的培训,然后售卖给第三方从事家政服务,这种"售与人为妾",其实是广东流行婚姻论财传统的延续。

　　罗天池所说的"婢女"不嫁而为女佣中的"近身"或梳头妈,这一现象正是珠三角地区流行的自梳女,也说明广州女佣大多由自梳女构成。婢女不嫁也是自梳女风气为其撑腰的结果。这些婢女升格为"近身"后,人身有了相对的自由,"引诱少妇观戏剧、游寺院,在家则只知吸水烟、打纸牌",一些自梳女可能因感情而走向同性之爱,"两妇相契,名曰朋友,合欢如夫妇然。初犹隐讳,今则于初欢时,张筵招客,两妇之相对若合卺"。说明道咸时广州的金兰契已非常活跃,在某种意义上也说明以自梳女为主的女佣在这一时期颇为流行。

　　清代珠三角地区广州、顺德、番禺、南海、中山等地流行的自梳女和不落家现象,是特有的一种婚嫁习俗。自梳女,又称"梳起"、义结金兰,或称金兰契、契相知、识朋友,即女子决意不嫁之意,是对传统婚姻文化的一种反叛。一般来说,女子未婚时梳辫,结婚后束髻。而珠三角一些决定独身不嫁的女子,则通过一种特定仪式自行易辫为髻,以示不嫁,此为"自梳女"。另有一些少女迫于父母之命,不得不进入婚姻,但她们在婚姻中从不与丈夫履行两性生活,婚礼之后即归母家居住,名曰已婚,实亦独处,"不落家之风,与金兰契实有连带之关系,既结金兰契,遂立约不适人,后迫于父母之命,强为结婚,乃演成不落家之怪剧"。② 到了

---

① 徐珂:《清稗类钞》第11册,中华书局,1986,第5289页。
② 徐珂:《清稗类钞》第5册,中华书局,1986,第2210页。

第八章　晚清乡村妇女的职业取向

清末,随着机器缫丝业的发展,女人充当缫丝女工或纺织女工,经济上可以独立,更加强化了这一独特婚姻的形式。康有为在《康子内外篇·人我篇》云:"守寡不已,则有守清,守清不已,则有代清者,余乡比比皆然。余周旋于乡党中,目几未见再嫁妇人者。"而所谓"守清""代清",前者可能是为求死后有个牌位受人祭祀而嫁给已死去的人,名义上嫁给了某人,实际是守活寡;也有说是女性订婚后丈夫便死去,仍要过门守寡。后者则是指女性为求死后有个牌位受人祭祀,名义上嫁给某人,自己在名义上是"大婆"(正妻),实际上无夫妻之实,由自己出钱为男方另娶他人,生前不到夫家,死后才把神主牌安放到夫家。"守清""代清"女多出现于南海、番禺、顺德等县,她们认为生前不结婚,死后会变成孤魂野鬼,为求死后有个牌位供人祭祀,而甘当"守清""代清"女。康有为的说法显示,清末南海"守清""代清"女是一个颇为普遍的社会现象。① 民国《续番禺县志》不分卷《风俗》在"采访"之后得出的结论是:"女子出阁后,除过年过节,以在母家之日为多,或并年节不回夫家,必俟有子始肯乐家,否则迟至十年八年者有之。若逼之太甚,往往轻生服毒死,故为翁姑者每托词姑病,接妇回家,妇留二三日,又常托词送妇仍返母家。谚曰:家婆多病痛,新妇多嫁送。所谓多者非真多也,皆托词耳。"方志编纂者试图给这一现象做出解释:"俗谓弟妹嫁娶先于兄姐者为跨头,兄姐不能嫁娶致误弟妹婚期者为阻头。阻头不便,夸头不祥。故通常十二三岁即订婚,然有因拣择过严,致成阻头者,谓之拣大,父母心急,辄草草为之结婚。谚曰:千拣万拣,拣只烂灯盏。盖谓此也。女子自梳(梳髻自同成人)多于此时为之,亦有伺他家男子夭折,往为执丧者,谓之冒贞。总之自梳、冒贞以及归宁不返之俗,皆阻头不便、跨头不祥之说,有以致之也。"

这些金兰姐妹死后,其木主不能入家族祠堂,被随意放置野外。嘉庆年间,香山小黄圃司翟小尹"见石岩上、树荫下,类多木主,风雨飘零,蝼蚁剥蚀",询之甲长曰:"谁家木主,虽无子孙,亦有族姓,胡为任其抛掷郊里也?"甲长曰:"此乃金兰会中之女也。一誓千金,之死靡他。当其死时,结盟姊妹以其有义而隆祀

---

① 陈华新:《关于"守清"与"代清"》,《学术研究》1989 年第 4 期。

之。追后姊妹俱亡,岁时伏腊,谁记忆之?其兄弟子侄皆厌恶之,于是弃诸郊野。日积月累,故有如是之多也。"翟小尹于是"损廉创建小祠",命人将这些野外的木主"尽检而入之于祠,名曰普依"。又为普依祠置产,添设春、秋、腊底三祭。① 其实,金兰契的风俗,"以顺德为最盛。故不落家之风,亦以顺德为独多"。② 笔者在顺德考察期间,除了看见专门陈放自梳女的相公庙、百姓公婆祠、百姓姑婆祠外,还在其他庙宇之中也附祭这些自梳女的灵位,如龙江镇的如胜庵,又名水月宫,其内部的墙上张贴的神牌上,就书写着无数"静女"的名字。③ 可以想象,在清代乃至民国初年,自梳女在珠三角地区是相当流行的。当然,这一社会现象也引起一些官员的不满,并设法加以制止,嘉庆二十五年曾任广州知府的程含章即说:"男以女为室,女以男为家,此乃至当不易之礼,乃顺德县恶俗,每有女子自幼三五成群,结拜姊妹名曰金兰,誓以生死相守,如迫于亲命遣嫁,仍不与其夫成婚,三日回门,即抵死不返,甚至联袂投江,岂非反常怪事。着地方官剀切劝化,并责成父兄于女子十岁以上,即严加管束,毋许结拜姊妹,倘仍有于出嫁后,不回夫家及联袂自尽者,即将该父兄严加惩治,并榜其门曰金兰门第,以示众。"④ 宣统《南海县志》卷4《风俗》通过"采访"获得的信息是:"归宁不返之风,以主簿、江浦、黄鼎为最多,近十年来稍稍改革,然亦非三四年不能服从也。"

不过,从后来的历史来看,无论是程含章的做法还是后人的说法,基本上没有得到落实。光绪末,珠三角不少官员都曾试图阻止此风蔓延,据1907年《时事画报》登载"不落家者看"的报道,"归宁不返,各县多有此恶习,番禺沙茭两司,此风最盛。刘明府为改良风俗起见,特出示严禁,略谓妇之归宁不返者,准其夫另娶妻室,该妇不得争论嫡庶,若因此滋闹,则拘该妇及其父兄到案严

---

① (清)古吴靓芬女史:《女聊斋志异》卷3《普依祠》,齐鲁书社,2004,第103~104页。
② 徐珂:《清稗类钞》第5册,"粤有不落家之俗",第2210页。
③ 2009年1月18日,在顺德博物馆李健民馆长的陪同下,笔者与广东省社科院陈忠烈研究员、华南农业大学历史系吴建新教授一起,在龙江进行考察,访问了众多的庙宇,看到了各庙宇摆放的大量自梳女灵位。
④ (清)程含章:《岭南续集》卷10,《程月川先生遗集》,《丛书集成续编》第133册,第236~237页。

惩，以挽恶习"。也就是鼓励男人对妻子长年居住娘家不返可另娶妻室的规定。顺德也对"向不落家"妇女开战，搞了一个叫"轿心姑婆"的办法，即让不落家妇出私蓄，"购一婢与己年相若者，嫁时，己坐彩舆，别有青衣轿置婢随后，一行交拜礼，即乘青衣轿返母家，留婢以媵其夫，己则与夫家断绝矣"。实际上就是让不落家女子买婢代嫁而已。面对男性的步步紧逼，女性尤其是自梳女和不落家妇女也进行了抗争，同样在1907年，《时事画报》记载"姑婆祠"则描述南海龙畔乡一群自食其力的女性集资建造姑婆祠的情形，据说，该乡"素多女子出嫁不返夫家，而求自食其力者，经计大约有二百余口。此等陋习，实为乡中大患。今竟胆敢在龙畔沙起一姑婆祠，每人科银五十两，经于去岁落成。凡有愿入祠内去世者，则收回费用银一十两，以为尝典"。① 李宁利详细解读了近代以来顺德自梳女文化就是例证。②

广州自梳女佣多来自顺德乡村，"其人多从顺德容奇、桂洲各乡而来"③。这些女性在广州受雇佣之后，随着经济生活的独立，进一步导致金兰会的盛行，光绪《广州府志》卷15《舆地略七·风俗》记载说："广州女子多有结金兰会，相为依恋，不肯适人。强之则归宁久羁，不复归其夫家，甚至习为巫蛊，新婚夕瘗土偶于床帐间，持髑髅以诅其夫，立使昏迷，旬日多死，了无证验。此风顺德为最，沙头各堡与相毗连间亦染其颓风。守土者亟宜严禁。"为了达到"自梳"或"不落夫家"的目的，珠三角妇女还发明了咒骂丈夫速死的"迷夫教"，1907年《时事画报》第6期对此有记载："粤俗有所谓迷夫教者，教行于乡，南属尤多。据此中人说，谓受其教者，必广其教，不传则于身不利；习其教者，必行其教，不行亦于身不利云。其术多剪纸作人，书其夫八字于上，或置门楣，或置床头及席底，妖术果灵，不死其夫不止，然亦有术足以解之云云。此等邪说，愚人惑焉，亦可痛也。"④ 自梳女作为珠三角

---

① 广东省立中山图书馆编《旧粤百态》，中国人民大学出版社，2008，第126、190、191页。
② 李宁利：《顺德自梳女文化解读》，人民出版社，2007。
③ 徐珂：《清稗类钞》第11册，第5288页。
④ 广东省立中山图书馆编《旧粤百态：广东省立中山图书馆藏晚清画报选辑》，中国人民大学出版社，2008，第205页。

地区特殊的女性群体,是广州等城市女佣的重要来源。晚清广州地区流行的竹枝词对此也有反映,"自家梳起古今无,眉黛风流与中殊。羞说梧桐待栖凤,阿侬原不似罗敷"。作者在竹枝词后注曰:"广州婢女有不愿嫁,积资自赎开脸佣工者,谓之自梳妹,实为物色未属也。"① 这些自梳的婢女其实就是女佣,她们终身不婚,长期在都市之中谋生,"婢女有三四十岁无夫家者"。② 自梳女原本在珠三角地区的缫丝厂从事缫丝工作,后来因为缫丝业的不景气,她们为了生计而流入广州大户人家充当女佣。一些"不落家"妇女也流入城市,加入到城市女佣中的妈姐行列。晚清广州女佣多来自自梳女和不落家的女性,"此种人以一般青年寡妇居多,间或罗敷有夫,而为穷所迫者,亦有乡村少妇,既嫁而不肯归夫家者"。她们多在广州充当富家大户的女佣,"粤俗:中人之家,有所谓妈姐者,即佣妇之称,如苏沪之所谓杜姐是也"。妈姐的着装打扮也十分独特,"常见有时装革履者,浑身黑服,头发光鲜",时人谓之"妈姐装"。③

晚清随着城乡差别日益明显,乡村女性越来越多地流向城市谋生,受雇于城市家庭从事家务劳动。表面上看,这是传统乡村妇女从事家务劳动的一种延伸,但本质上是通过出卖自己劳动力,换取养家糊口之薪水,催生了女佣行业在城市的发展。晚清近代化发展最快的城市——上海,凡中人以上之家,无不雇佣女佣照料家务,"合城内外,洋场南北,岁有百金,家有三四口者,无不雇用佣妇"。④ 广州作为华南地区的中心城市,也吸引了周边乡村妇女进入佣工,1882 年清远妇女张氏,"丈夫以剃头为业,因家境贫困,又遭水灾,家姑去世,去年十月到羊城十八甫人家为佣"。丈夫过世也迫一些妇女替人作佣,顺德桂洲陈氏年 22 岁结婚,丈夫去世不久,她就到"羊城第十甫陈宅作佣"。另一居羊城东门雄元街吉里的寡妇王氏,因丈夫去世"与人家为佣"。⑤ 这里屡屡提及的羊

---

① 雷梦水:《中华竹枝词》,第 4 册,北京古籍出版社,1997,第 2840 页。
② (清) 张渠:《粤东闻见录》,广东高等教育出版社,1990,第 52 页。
③ 胡朴安:《中华全国风俗志》(下),河北人民出版社,1986,第 375 页。
④ 顾炳权:《上海洋场竹枝词》,上海书店出版社,1996,第 424~425 页。
⑤ 〔日〕可儿弘明:《猪花——被贩卖海外的妇女》,孙国群等译,河南人民出版社,1990,第 176~180 页。

第八章 晚清乡村妇女的职业取向

城第几甫位于西关,清代以来一直是商业交易中心地,因而也是女佣较为集中的地区。一些女佣因家道中落而沦为婢女,顺德某富绅家有婢女秋燕,"貌婉丽,年十二,善吟咏"。某日,富绅之幼子在私塾学诗,秋燕代他写出"月好人何在,离情竟夕生。遥怜千里隔,同是十分明"的佳句,引起塾师注意,富绅之子供称是秋燕所作。富绅询问秋燕后,才知道她"家世书香,因失怙恃,飘零至此"。富绅爱惜其才华,"欲为次子纳作媳"。① 南海某甲性柔懦,因其妻蛮横而素畏之,于是在外"私娶一妾,别贮金屋",结果很快就被妻子发现,跑到小妾的住处,"挞而逐之"。不久"夫故,贫不能守,再醮于人,不数年而又寡。时妾为某商继室,生三子,家拥厚资,欲觅一佣妇。适某氏妇为贫所迫,倩人荐往"。由于两人十多年没有见面,彼此并不认识。某日,两人聊天,谈及家世,"某氏哭前夫姓氏及居址",女主默然。第二天"即与工金辞之去"。②

珠三角地区各乡不落家妇女,大多离开乡村进入城市从事女佣,"广东顺德各乡,每有已嫁之女不返夫家,或母族本系赤贫,则宁佣于大姓家亦所不悔,故有娶妻数载而春风娇颜未能省识分明者。某日有某甲者行抵南关新堤畔,徘徊瞻顾,忽有肩舆如飞儿至。舆中坐一佳丽明珠耀首,固知为大家闺媛,所带佣妇亦圆姿替月。正当花信年华。甲注视之,若有所思,旋见停舆戏院前,丽人降舆欲入,甲呆立半响,若有忍俊不禁之状,突前执佣妇之袂,谓契阔数年,不料尔甘为人下,今亦毋庸多说,可由兹买棹同归,佣妇怒斥之,大有不肯干休之势,旁观者令其各陈履历,自不难立判是非。甲即大言曰:我为顺德大良人简姓,妻张氏娶已数载,久知其潜逃来省,今始相值,倘疑我指鹿为马,岂有面貌同、年纪同、而乡音亦同者乎?妇亦向众陈说,谓身为龙姓婢,出嫁数年,所天早逝。去岁始来省为佣。众恐妇或巧为脱卸,复令其舆甲互质家世,果如秦越人之视肥瘠格格不相入,乃知甲诚眼花缭乱……甲至是红涨两颊,连称不是不是,抱头鼠窜而去。妇导其主人入院观

---

① 《诗婢》,《点石斋画报》第42册,广东人民出版社,1983,第17页。
② 《雌虎无威》,《点石斋画报》第24册,第33页。

剧，亦不复与之计较。"①

女佣的主要职责是承担各种家庭杂务，"粤人好蓄妾，仅免饥寒者即置一姬，以备驱使，且以其出身率为侍婢，而烹调、浣濯、缝纫等事皆所惯习，一家既无多人，于是令其兼任梳头、烹饪二事，甚者洁除圊涿之役，亦令为之，自可不雇女佣，以节糜费。"②这说明广州各类家庭根据自身的状况均雇佣人数不等的女佣，这些女佣除了从事繁杂的家务外，可能还负责看护幼孩，《点石斋画报》对此有所报道，《乐集》中的"鬼护节妇"记载说，广州某村有一妇人，17岁结婚，21岁守寡，"遗腹生一子，幸家尚小康，抚孤守节"，家中雇一老妪为婢侍侧。26岁那年，有盗贼数人闯入其家，因劫掠财物太少，盗贼遂决定绑架其子，又因"妇颇有姿色，婢年已长，售以为娼，数百金可立致也"。③最终妇人与老婢机智联手逃脱了盗贼的劫持，全家得以保全。《礼集》中的"庸医奇遇"记载说，粤人陆某"无赖也"，略读一点医药书籍，靠行医为生。某日，"一乳媪负孩而来。缘孩系某幕友之少子，年甫数龄，忽得奇疾，医巫莫能治。主妇早置度外。适媪抱孩出游，见陆口角风生，进而请治"。结果孩子真的"起立如常，风疾若失"。④这两个故事中的"婢""媪"，应该都是受雇于主人的女佣。

晚清乡村妇女进入城市充当女佣，她们的角色大致可以分为"梳佣""近身""大衿姐""厨娘"、奶妈等。厨娘专门替人烧饭做菜、料理饮食，充当厨娘角色者以顺德妇女为主，因此有"顺德妈姐"之称谓，顺德烹调素以精美驰名，大良的炒牛肉、炒水鱼、水蒸鸡、野鸡卷、炆风鳝、切鱼生、炆狗肉等别有风格，顺德妇女多继承了这些传统的烹调技巧，且做事小心、体贴入微，很受雇主欢迎。广州人将乳娘称作"湿妈"，将保姆称作"干妈"，把全部家务都委托给"顺德妈姐"照料，雇佣"顺德妈姐"成为显贵人家的风尚。⑤

---

① 《穗石谈资》，《申报》1894年3月31日。
② 徐珂：《清稗类钞》第5册，第2208～2209页。
③ 《鬼护节妇》，《点石斋画报·乐集》，第23页。
④ 《庸医奇遇》，《点石斋画报·礼集》，第55页。
⑤ 陈通曾、黎思复、邬庆时：《"自梳女"与"不落家"》，《广东文史资料》第12辑，第179页。

第八章　晚清乡村妇女的职业取向

　　女佣长期料理主人饮食,在实践中推陈出新,创制出新的美味佳肴。广东名点"小凤饼"和"娥姐粉果"都是由在广州佣工的"顺德妈姐"发明的。传说,小凤饼问世于清代咸丰年间,广州珠江南岸漱珠桥畔的成珠茶楼,由富豪伍紫垣经营。他家有一顺德婢女叫小凤,常到成珠楼看师傅制作点心,学得一手好厨艺。某年中秋前夕,伍家来了几位贵客,主人吩咐下人端出点心待客。谁知刚巧家中点心已吃完,家厨偏又外出未归。幸亏小凤姑娘急中生智,急忙下厨把平时常储的惠州甜梅菜,连同新买的五仁月饼馅搓匀,加入面粉,捏成椭圆形小饼,烤脆之后送上厅堂。客人一尝,大声赞好,并问饼名,主人一看,也未见过,知是秀外慧中的小凤所制,遂答道:此乃吾家独创的小凤饼。从此,小凤饼成了伍家待客的必备点心,并在成珠楼推广,成了广州的名点心。① 娥姐粉果也是广东餐桌上一道历史悠久的点心,由顺德女佣娥姐创制。光绪二十年左右,在广州繁华的商业闹市——西关上九甫路上九记食铺,铺主一开始以卖粥粉为招牌,后因附近陆续开了不少粉面店铺,相互之间的竞争,使得铺主的生意日益下滑,不得不解雇一些店员。时店中一个叫娥姐的女佣聪明伶俐,她将众姐妹集合起来为店铺共谋出路,娥姐试着将米煮成熟饭,把饭晾干后,再磨制成细粉。然后以细粉搓作外皮,上面散放一些芫荽等调料,做出了一张绿白相间的粉果皮,里面再放入瘦猪肉、冬笋、蟹黄的内馅,包好蒸熟,成为色香味俱全的好点心。上九记食铺的生意因此再度兴隆,铺主邀请了顺德名流探花李文田品尝,并题字。从此,娥姐粉果名声远扬。②

　　晚清广州的女佣市场,除了在一家长期服务外,还有一些女佣是临时受人雇佣,这在婚庆期间最为常见,这些女佣大多是一些口齿伶俐、头脑灵活的中年妇女,广州竹枝词云:"洞房一曲奏求凰,大衿风流为底忙。袖出白绫秋水洁,今宵灯下细端详。"作者注云:"广州伴嫁妇媪,谓之大衿,有力之家辄用多人。"③ 这些为婚礼服

---

① 廖锡祥:《雅俗共赏的鸡仔饼》,《烹调知识》2005 年第 6 期。
② 梁达:《广州西关古仔:西关风味趣闻》,广州出版社,1996,第 14～15 页。
③ 雷梦水:《中华竹枝词》第 4 册,第 2840 页。

务的"大矜"分为贴身大矜和打杂大矜两类。贴身大矜一般是在洞房铺床叠被、替新娘梳妆打扮,间亦替女方的妯娌姑嫂梳辫结髻、更裙换衣、席间斟酒献茶、递巾打扇、为新婚夫妇代念时文（新郎一般由堂倌代替）;同时在闹新房时,替新娘招架解围,代饮敬酒,默示新娘解答难题,起着保护新娘的作用,"俗间才女大矜姐,能言会道是好者。新娘若遇人刁难,全凭大矜一手遮"。① 打杂大矜则是随新娘花轿进入男家,从事扫地、装香、点神灯、递槟榔、做糍糕、盛喜盆、侍候宾客、拾掇台椅桌凳、打点杯盘碗碟等工作。倘遇新娘在闹新房时受到刁难,她们也会挺身而出,与贴身大矜通力护卫新娘。闹洞房是对新娘的一种身心考验,广州旧俗:"新妇见舅姑时,必膝行,庭置方桌,膝行于桌之前方,须叩首数次,膝行至桌之后方,亦叩首数次,如是周而复始约数时,曰跪茶跪酒,新妇多有不胜其苦而当堂痛哭者。闹房之际,俗有所谓会友者,盖以未冠者数人,联合一小团体,专备娶时之相互扶助也。是时,会友毕集,新妇立于庭,会友乃多方调笑,或迫令新妇为不能为之事,稍不如命,则多烧爆竹,新妇面目手足衣服常为所伤,且不令新郎在侧也。"② 因此之故,在婚礼开始前的头一个月,男女当事人的家庭就开始物色"大矜",以便在新婚之夜,帮助新娘解决各种难题。

晚清以来,广州大户人家多雇佣贴身女佣,替家中女性梳洗,谓之近身,"富贵家则专雇一人名曰近身,即贴身伺候者也"。③ 时有竹枝词云:"衣裳楚楚悄风流,生小温柔不解愁。恰喜近身能会意,时新髽样替梳头。"作者注云:"广州少妇受雇为闺人梳头者,谓之'近身'。"④ 这些女佣既然是贴身服务,与女主人关系自然不一般,诸如整理床铺、装烟递茶、摇扇盛饭、熨衣整履、出入随侍、送礼请安等事务均由女佣料理。最有意思的一个例证就是,1872年,番禺举人金某乃贵家巨族,"前十余年择婿于顺德勒楼乡

---

① 梁达:《广州西关古仔:西关七十二行》,第 79 页。
② 徐珂:《清稗类钞》第 11 册,第 2003 页。
③ 徐珂:《清稗类钞》第 11 册,第 5827~5288 页。
④ （清）陈坤:《岭南杂事诗钞笺证》卷 7,吴永章笺证,广东人民出版社,2014,第 542 页。

麦某，亦缙绅殷户也。女嫁才一月，闺房之内夫妇戏语。夫云尔非白璧无瑕者。此戏谑之词，不足为外人道。讵意婢媪为之飞语，谤于妻家，是祸根起矣。金某夫妇听其谗言，始则登堂辱骂，继则俟麦某之母寿辰宾朋聚集，金某竟率亲属数十人肩舆至麦府将其婿殴打……"。① 可见，这里所说的婢媪应该就是近身，否则不可能听到夫妇私密之语。在晚清大商人、大买办云集的香山县，富裕人家雇佣的女佣数量更多，"县城富家妇女，出必肩舆，亲串遣婢媪随行，多者二三十人，笼灯灼烁，履声橐橐喧坊里……婢长纳赀尼庵受戒，名曰斋姑，出入富贵家，妇女给赀倩之梳头，亦有婢长自赎而雇工者，要皆流荡无家，诲淫滋事"。② 富家小姐出行也带着贴身女佣随侍，1904 年夏，顺德女子梁保屏"偕偕仆妇阿三等往县城艳真居拍照小影"。③ 女主人与近身之间虽然存在主仆的身份差别，但相互间关系默契，一些隐秘私情也会与近身同行，据《点石斋画报》记载，广州河南歧兴里某氏妾，"年未花信，性嗜赌博"，差不多输掉家里的所有积蓄，"遂动求鬼之思"，她听说乌龙冈乱坟岗上的孤魂有灵，"乃于夜间，携同仆妇焚香祈祷"。结果回到家后，因"寒热交作"而生病，家人只好"召医巫治之"。④

广州传统女性婚后大多留有发髻，发髻的梳洗及其式样随时代而变化，据道光《南越游记》记载，广州"十年前，妇女装饰平髻垂鬓，头面光净。近则浓脂厚粉，颈后大鬃长尺许（粤俗呼妇女燕尾曰"鬃"），以纤妍女子而为此态，彼炫其美"。⑤ 广州华洋杂处，妇女衣饰打扮往往追求洋化。1859 年，英国人呤唎在广州目睹妇女衣着，"我在街上散步，看见很多中国姑娘的天足上穿着欧式鞋，头上包着鲜艳的曼彻斯特式的头巾，作手帕形，对角折叠，在颏下打了一个结子，两角整整齐齐的向两边伸出。我觉得广州姑娘的欧化癖是颇引人注目的。这些年轻的姑娘在结婚前，留着短短的前刘海，给人的印象是介乎伦敦街头的宣教师和刚从禾堆里爬出

---

① 《中外新闻》，《申报》1872 年 6 月 10 日，第 1 册，第 133~134 页。
② 光绪《香山县志》卷 5《舆地下·风俗》，第 60 页。
③ 《婚姻奇案》，《大公报》1904 年 9 月 7 日。
④ 《妄想招邪》，《点石斋画报》第 26 册，第 57 页。
⑤ （清）陈徽炎：《南越游记》卷 2《风土物产》，广东高等教育出版社，1990，第 164 页。

来的人之间的光景。她们后面的头发扎在一起,编成一条长辫……据我所知,中国妇女从不剪发,她们这种风俗值得外国人模仿,因为她们的发髻比较欧洲妇女的发髻长得多也密得多"。① 广州为此出现了专门为人梳头的女佣,名之为梳佣,又称梳头妈。梳佣能梳出各种社会流行的发髻,很受大户人家太太小姐的欢迎,"梳头佣,手段工,替人说头真玲珑,又光又快又时路,梳好西家又梳东,中国妇女真懒惰,说起梳头暗叹苦,自己有手不肯梳,情愿出钱把人雇"。② 梳佣有的受大户人家雇佣为太太小姐梳头,有的包月走街串巷为几户人家太太小姐梳头,有的则无固定的雇主,临时被雇佣为出嫁的新娘、做客赴宴的女子梳头,"广州有梳头妈受佣于人,以梳髻为职务。西关多巨室,若辈遂群趋之"。③ 梳佣不仅会梳头,还会绞面——除去女性脸上细细的汗毛。通常做法是梳佣"以左手两个手指执白面纱线,右手两个手指把线扯成挑'绷绷'状,然后双手一扯一拉,线即如同剪刀口似的一松一紧,这样就可以把新娘子面腮上、额头上几乎难以发现的汗毛全部绞光"。④ 绞面之后会使脸上更加光洁,人也会变得更加美丽。这些梳佣"为主人梳髻也,每日一次,或间日一次,或三日一次,五日一次,月终给资若干"。⑤

晚清乡村社会的女性进入广州城市家庭,成为家政服务中的重要人员,她们受雇于主人,有一定的人身自由,通过自己的劳动换取月薪,属于有固定收入的阶层。她们的收入情况如何?中山图书馆收藏有一份《道光家用收入簿》记载了道光二十二年至二十九年一户人家支付女工工钱的情况,这些女工包括厨婆、梳头婆,尤其厨婆最多。⑥ 兹据此列表8-4。

---

① 〔英〕呤唎:《太平天国亲历记》上册,王维周译,上海古籍出版社,1985,第7页。
② 《图画日报》第4册"营业写真·梳头佣",上海古籍出版社,2002,第80页。
③ 徐珂:《清稗类钞》第11册,第5286页。
④ 参见陆德阳、王乃宁《社会的又一层面——中国近代女佣》,学林出版社,2004,第61页。
⑤ 徐珂:《清稗类钞》第11册,第5827页。
⑥ 《道光家用收入簿》,桑兵主编《清代稿钞本》三编第129册,广东人民出版社,2010,第9~96页。

表8-4　道光后期广州女佣工钱一览

年　份	日　期	工　种	工　钱	备　注
道光二十二年	三月初一日	厨婆工	银2元	
	四月初四日	厨婆工	银1元	
	六月初八日	厨婆工	银2元	
	七月初十日	厨婆工	银1元	
	八月初四日	厨婆工	银1元	
	十月十八日	厨婆工	银1元	
	十一月初五日	厨婆工	银1元	帮办过年工钱
道光二十三年	正月十九日	厨婆工	银1元	
	正月二十九日	厨婆工	银1元	
	三月初四日	厨婆工	银2元	
	三月二十日	厨婆工	银2元	
	四月二十日	厨婆工	银2元	
	十一月二十日	厨婆工	银3元	其中亚月1元，亚连2元
	十一月二十一日	厨婆工	银1元	厨婆葵卉
	十二月初一日	厨婆工	银3元	
	十二月十九日	厨婆工	银2元	
道光二十四年	正月十五日	厨婆工	银1元	
	正月二十九日	厨婆工	银1元	
	三月二十九日	厨婆工	银2元	
	六月初二日	厨婆工	银1元	厨婆彩花
	七月初八日	厨婆工	银1元	
	十月十六日	厨婆工	银2元	厨婆亚玩
	十二月初三日	厨婆工	银1元	厨婆亚玩
	十二月十三日	梳头婆工	银1元	梳头婆不在家食宿，日中但来梳一髻，年工银4元
道光二十五年	正月二十七日	厨婆工	银2元	亚玩
	二月二十七日	梳头婆工	银1元	亚雅
	三月十九日	厨婆工	银2元	亚玩
	五月二十日	厨婆工	银2元	亚玩
	九月初一日	厨婆工	银1元	如宽，系二姨之婢女

续表

年　份	日　期	工　种	工　钱	备　注
道光二十五年	十一月十四日	厨婆工	银1元	召彩
	十一月三十日	梳头婆工	银1元	倚琴
	十二月二十五日	厨婆工	银1元	召彩
道光二十六年	正月二十一日	厨婆工	银1元	召彩
	三月初三日	梳头婆工	银1元	
	三月二十七日	厨婆工	银2元	
	八月初五日	厨婆工	银2元	
	八月初八日	厨婆工	银1元	
	八月初九日	厨婆工	银1元	
	十月初六日	厨婆工	银1元	
	十一月十八日	梳头婆工	银1元	倚琴
道光二十七年	二月二十八日	厨婆工	银5元	因她住30余日扣银一元
	八月初八日	梳头婆工	银1元	
	十一月十七日	厨婆工	银1元	
	十二月二十一日	梳头婆工	银1元	
道光二十八年	一月	杂用	银2元	厨婆工
	四月	杂用	银3元	厨婆、梳头婆、玉香各1元
	五月	杂用	银2元	厨婆、梳头婆各1元
	八月	杂用	银1元	厨婆
	十二月	杂用	银4元	厨婆2，梳头婆、玉香各1
道光二十九年	闰四月	厨婆工	银1元	莲英
	七月	梳头婆工	银1元	亚齐
	八月	厨婆工	银2元	柳眉
	十二月	杂用	银2元	梳头婆1元，缝衣女1元

表8-4显示，道光后期，随着中国在鸦片战争中的失败，国门被列强用炮舰打开，但广州市民家庭，估计为大户人家，仍不间断地雇佣包括厨婆、梳头婆在内的女工，而这些女工大多不定期为东家服务，领取一定的报酬，这些收入是否固定，她们是否为固定的女佣等，这份文件没有能够真切地反映出来。从表8-4可以看出，这些女佣大多为临时性雇请，最明显地表现就是东家按天付

酬，有些可能是固定的家庭女佣，表现为按月付酬。这些女佣一旦在东家吃住，薪水报酬就会减少。当然，这些女佣因为属于临时性雇佣，所以她们可能出入于不同的东家，因而她们的收入应该是比较客观的。

晚清女佣在城市家庭从事家政服务业，极大地改善了她们的生活境况，其收入不仅能保障她们的日常开销，而且还多有盈余，她们将这些节余的工钱集中起来放债收取利息，然后购置产业，以备养老之需。1898年3月2日的《申报》在"粤谚"中报道说，珠三角地区的"乡间妇女之守贞不字者，每至省垣学做梳佣，为富家香闺梳掠云鬟，月得工金，或充义会，或权子母。及至腰缠既富，即买屋僦居，或为娱老之谋，或作从良之策，计殊得也"。① 这种集会放债的现象，一直延续到民国年间。据1912年6月《时事画报》报道："广州市为梳佣荟萃之区，其中有终身不字者，有已嫁而早失所天者。故若辈无家庭之累，无儿女之苦，晚年无归则出赀购宅，招其平日之契男、契女同居，或蓄青衣一二，颇不寂寞也。彼辈擅积铢之术，佣值而外，又有集会及嫁婢等入息，故不十年间，所蓄不菲，死后赀财则分赠其生平昵爱之人，颇有遗产归公之义焉。"② 这一记载说明了梳头妈们通过佣工获得的报酬，有一部分被用来"充义会""权子母""集会"等方式生息求利。

家庭女佣的基本收入，在1882年至1891年之间有了一定程度的提高。粤海关报告集提供了佣工收入增长的数据，除去物价因素，其实际收入还是有一定的增长幅度。

表8-5 1882年至1891年家庭佣人月收入列举表

单位：元

年　份	女　仆	保　姆	男侍从
1882	1.80	1.00	1.00
1883	1.80	1.00	1.00
1884	2.00	1.20	1.00

---

① 《粤谚》，《申报》1894年3月2日，第46册，第349页。
② 转引自杨秋《试论广州地区的自梳习俗及其在近代的表现》，《妇女研究论丛》2005年第3期。

续表

年　份	女　仆	保　姆	男侍从
1885	2.00	1.20	1.20
1886	2.00	1.20	1.20
1887	2.50	1.50	1.50
1888	2.50	1.50	1.50
1889	3.00	1.60	1.60
1890	3.00	1.80	1.60
1891	3.00	1.80	1.60

资料来源:《粤海关十年报告1882~1891》,《近代广州口岸经济社会概况——粤海关十年报告集》,暨南大学出版社,1995,第874页。

从表8-5可以看出,在1882年至1891年间,无论是女仆还是保姆,她们的工资水平都高于男侍从工资,而且所有佣人的收入都随着时间的推移而不断增加,但男女佣人的工资水平一直有别。由此可见,在晚清以来,女佣在城市家政服务业中具有相当重要的地位,至少在家政服务业中,她们具有男性不可替代的优势。但她们实际工资增长是有限的,物价水平的提高和城市生活高成本对工资增长起到了一定的抵消作用,作为华南地区的中心城市,广州的生活水平相对较高,"粤省与外人通商最早,又最盛,地又殷富,故其生活程度,冠于各省。……粤人自奉颇厚,虽编氓之户,食必有肉,米必上白,为他省所罕见。其佣为人男女仆人者,每月工饭亦在五元左右,盖非此不能自生活也。此外,舆夫则每名上三、四元,车夫亦在十元以上,街车街舆,价亦甚贵,大抵必倍于海上也"。①

清末,广州地区人家在婚宴喜庆时,往往都会临时雇请厨婆、梳佣等女散工,这些女散工在婚庆之时,其收入也有所增加,如光绪二十四年戊戌广州一户人家娶媳妇,全年支付女散工包括厨婆、帮厨、使婆、女童、花婆等工银达15两以上。② 光绪二十九年癸卯另一户广州人家举行婚宴,请了三名女散工,包括厨婆亚如、帮厨

---

① 胡朴安:《中华全国风俗志》(下),第371页。
② 《光绪戊戌年娶媳妇支用簿》,桑兵主编《清代稿钞本》三编第129册,第189~211页。

亚宽、跟随亚平，自初十日起至二十五日止，计15天，共支付工银六两四钱八分。① 以此来看，表8-5中的女性佣人工资已明显偏低，或者"每月工饭"为主人家包揽，然后再支付固定的工资。一些女佣通过积攒起来的佣金，在都市之中购置物业，成为女佣中的佼佼者，"此中不无饕餮者，有师傅，有别馆，其香巢多在西关"。② 清末下九甫梁氏（其祖曾任浙江布政使，告休后在广州下九甫置产甚多，仅铺房一项即逾百栋，复强霸万顷沙的沙田百顷，夙称巨富，有"下九甫梁"之称）有一"近身姐"名莲姑，侍其寡媳数十年，积资逾万，晚年在广州华东路置屋娱老。③

据陈翰笙先生在民国初年的调查，广东农村也流行女工，她们的工作效率低于男工，若无别的原因，工资也相应较低。番禺的妇女工资平均只有男子的五分之三，而且这个比例不论在平时还是在特别忙碌的季节，都没有多大的变化。这些农村的女工并不是全部从事农业生产，而多是以乡村工商业为主，如梅县一群年龄在10岁至50岁的妇女，常受雇从事肩挑煤炭、柿饼、石灰等劳动，因而当地的农业生产遭到了损失。陈翰笙称这些从事工商业行为的乡村女工为"农业工人"。④

三 女佣市场和团体的出现

晚清以来，广州劳动力市场对女佣的需求量颇为巨大，吸引了更多乡村妇女进入城市。当时，在珠江三角洲地区的一些市镇已经出现了专门的人才雇佣市场，顺德有竹枝词描述地方女佣市场说："买办朝来入市中，纷纷小婢出陈涌。有人笑问年多少，欲语含羞面带红。"⑤ 而在广州长寿寺一带已形成了雇工和雇主沟通接触的雇佣市场，"广州乡人，初至城市佣工，俱集长寿寺前，任人选雇，

---

① 《光绪癸卯年娶媳妇支用簿》，桑兵主编《清代稿钞本》三编第129册，第242页。
② 徐珂：《清稗类钞》第11册，第5827~5288页。
③ 陈遹曾、黎思复、邬庆时：《"自梳女"与"不落家"》，《广东文史资料》第12辑，1964。
④ 陈翰笙：《解放前的地主与农民：华南农村危机研究》，冯峰译，中国社会科学出版社，1984，第112~115页。
⑤ （清）赖振襄：《顺德龙山竹枝词》，古经阁刊本，1899。

长年服役,谓之住年仔"。时有诗云:"长寿门前列百廛,谋生偶合有前缘。无多佣值还多事,辛苦年年作住年。"①

大量的乡村妇女进入女佣市场,有时不免鱼龙混杂,一些人乘机在富裕人家雇请女佣时进行行骗活动。江西人何某侨居广州南关,"家小康,娶一妻一妾"。后其妾生子,"何大喜,至弥月,大张筵宴,宾朋毕集。忽有乘肩舆而来者,一婢相从,另一干仆肩礼物。及门问此为何某家否?"何某莫名其妙,问其来由。从婢答曰:"主妇某氏为府上表姑",特备厚礼来访。何某不疑,留在家里住下。第二天,来者中的主妇"托言参神,挈婢乘舆以去,竟日不返"。何疑之,急令妻妾查房才知屋中金银首饰均不翼而飞,方知中计。② 这一记载应该是团伙作案,其中有抬轿者、女主人、婢女等组成,行骗的对象多是富裕人家。因此,在女佣市场的发展过程中,一方面是社会存在较大的需求量,另一方面是女佣市场出现混乱的迹象,于是就渐渐地出现了一些行业性的中介组织。

清末广州一些富贵家庭在某种特别的喜庆场合中,有时会临时雇佣很多女佣以显示身份,1897年底,广州城内白、周、邓三姓富豪举行婚礼,"迎娶仪仗之盛,固不待言。所奇者,前导有美女十余人,戎装执刀,花团锦簇;中队更有女顶马,明装艳服,高跨连钱桥,旁复用艳婢十余人,扮作旗装,手持玉唾壶、五彩花瓶、白玉如意、宣德铜炉之类;后则女郎四十余辈,均芳年三五,姿首绝伦,较之大观园晴雯、袭人、雪雁、紫鹃,当亦不相上下"。③ 这次盛大婚礼雇佣的女性达70人左右,这些女性盛装出场,似有职业专门化的味道。这一现象不独广州这样的大都市,在香山也有婚礼迎娶日,男家"选乡中艳婢装扮各色故事",女方"亦如之"。④ 这些"乡中艳婢"应是临时性受雇者,显示晚清乡村女性越来越喜欢抛头露面。清末广州已经有从事特殊喜庆介绍女性的商行——仪仗铺,专门介绍女佣进入婚庆等特殊家政服务业,仪仗铺也因此要从女佣所得的佣金中提成,一般的婚庆礼仪中雇佣的大矜

---

① (清)陈坤:《岭南杂事诗钞笺证》卷7,吴永章笺证,广东人民出版社,2014,第535页。
② 《女贼谲计》,《点石斋画报》第25册,第13页。
③ 《阅报纪姻亲靡费一则有慨而书》,《申报》1898年1月1日。
④ 《催妆佳话》,《点石斋画报》第18册,第58页。

姐即由仪仗铺介绍，大矜姐要将主家付给自己佣金的20%分成仪仗铺，剩下的80%归自己所有。而一般的婚庆礼仪中多会有多个大矜姐，她们之间再根据在婚礼仪式中担任的角色再分配佣金，其中贴身大矜姐可分得60%佣金，打杂大矜姐得40%的佣金。至于红包利市，则各分各得，不必再重新分配。① 广州仪仗铺就是一种为婚庆丧礼提供专门服务而收取佣金的民间组织，"光雅里的仪仗铺，多过满街猪肉佬"，这些仪仗铺多集中在富裕人家聚集区的广州西关一带，富裕人家多通过仪仗铺介绍女佣，仪仗铺从中收取20%的佣金。②

女佣尽管来自于乡村，但随着她们在城市中生活的时间延长，也渐渐地见多识广，从前面的分析中还知道，一些女佣还曾经受过一定的教育，加上女佣身份较为自由，且又流行自梳女、不落家的社会风气。正是在这些因素的共同作用下，女佣们为了维护自身的权益，开始建立起自己的团体，如当时流行的女佣组织——妈姐妹，即是一个具有相当大影响的女佣组织，"闻此等妈姐，尝自立一行，其团体力甚大。有以月得之工资，储蓄为会，或畜少婢，以为货殖者，名之曰妈姐妹"。③ 妈姐妹作为女佣团体，她们共同集资，"储蓄为会"，或收养少女加以职业训练。因是以月集资，故又称"埋月会"。这些女佣通过此会获利生财，以保障年老后的生活。

奶妈渐渐成为乡村妇女的一项职业，一般指受雇给人家专门哺育、照看幼孩的妇女。雇佣奶妈是中国传统社会始终存在的现象，不仅在民间的富贵人家流行雇用奶妈习俗，而且官府也流行创办育婴堂招雇奶妈的习俗。据道光《两广盐法志》卷34《杂记》记载，广州的育婴堂建于康熙三十八年，时任两广总督石琳率盐商在广州西门外购买钟氏废园所建，并拨有专门的田租，"以给乳妇人役工食之费"。乾隆七年，因房屋不够，又在广州东门外购地建立新的育婴堂，有房屋300多间，雇用了大量的有夫之乳母和无夫之乳母，到了嘉庆八年因乳母人数不断增加，还专门制定了乳妇的条

---

① 李松庵：《广州几种光怪陆离的行档》，《广东风情录》，广东人民出版社，1987，第59~63页。
② 李松庵：《广州几种光怪陆离的行档》，《广东风情录》，第61页。
③ 胡朴安：《中华全国风俗志》（下），第375~376页。

例，其中规定："乳妇工食，有夫同居者，每名每月给银七钱五分，乳妇独居者，每名每月给银九钱，遇闰加增，俱以次月初三日散给，如不足一月者，按日给工。每名给麻布帐一顶，棉布被一床，无乳出堂之时，仍著交明本堂，以备添用。其婴儿自三周岁以上停止工食，另发常川乳妇抚育。"后来又规定："婴堂乳妇工食宜随米价平贵增减也。盖单身乳妇月给工食银九钱，未免分半寄回养家，止存一半自为度活，如遇米贵，买米实属不敷，安有余钱，以资油盐柴蔬等项之用。"这些规定显示，所有的奶妈都是靠出卖劳动来换取一定的报酬，然后用这些劳动报酬去养家糊口。尽管官办育婴堂中的奶妈收入比较低，有时在遇到物价波动时，她们的收入甚至不能使全家"度活"。晚清时，有人统计说："粤省育婴堂，设立已久，每年由卤务筹备经费银二万余两，计住屋九百八十间，乳妇九百八十多名，分六栅。六栅之外，又有摇篮所。凡各处送婴入堂，先付摇篮所，俟六栅内有空号，乳妇来领，始拨交抚养。"[1] 育婴堂经费主要由盐商筹集，乳妇则应是招募受雇而来。

晚清以来，从乡村进入广州的奶妈所从事的工作已经不仅仅是照看、哺育幼孩，而是泛指一切与家政相关的服务，从某种意义上讲，其实奶妈就是家庭女佣的代名词而已。清末广州奶妈业的从业人员成立了一个奶妈联行组织，并初步《拟奶妈联行章程》，对会员有较明确的约束，其内容为：

一、（命名）奶妈联行。

二、（宗旨）我荐你，你引我，我条你扯，你皮我条。

三、（会所）择干净温地，咪咁区，捞净水前面。

四、（公款）入城标会抽一半，跟二奶去睇戏，抽七成。

五、（资格）分上中下三等，（上等）十八、廿二，靓到勾魂，专服侍少爷少奶，做近身者为上等；（中等）年纪半老，都有的风韵，养得几个妹仔，执得几分大会，做得几个大媒人为中等；（下等）五六十岁，周身娇气，好死唔死，走去大住家，奶小少爷为下等。

---

[1] （清）陈坤：《岭南杂事诗钞笺证》卷3，吴永章笺证，广东人民出版社，2014，第229页。

第八章　晚清乡村妇女的职业取向

六、（装束）黑绸衫裤，通心髻，过水磨脚跸，通天油遮，乌纸扇。①

从这个章程的内容来看，清末广州的奶妈行已经有了固定的办公地点。奶妈联行几乎掌控了在广州的各类女佣服务人员，奶妈联行根据这些乡村女性的年龄、长相、身材等条件，将女佣们分为前面所说的"近身""大矜""乳妇"等不同角色，所有女佣的穿着打扮也必须服从奶妈联行的规定。奶妈联行的出现，一方面说明生活在城市中的乡村妇女们已经意识到团结起来的必要性；另一方面也使得原来比较混杂的女佣市场走向规范化，最终推动了女佣这一行业的职业化和专门化。而奶妈联行从这些不同角色女佣佣金中所收的提成，积累起来的"公款"，可能有相当一部分会用在以自梳女为主体的女佣们的集体项目上。

乡村妇女离开田野走进城市，在城市中招雇女佣者多是富贵人家，当然也会有普通人家，但富贵人家支付的佣金应比普通人家要高。某些大户人家在雇佣女佣时也带有炫耀身份的考量，因此，进城从事女佣的妇女除了天生的容貌、身材较好外，还必须要注重衣着打扮。因为只有这样才有可能被雇主早日选中，顺德竹枝词对就说："梳佣光洁小鬟妖，短短衣装窄窄腰。娜步湛华园外过，花香人影共娇娆。"② 可见，梳头女佣不但穿着尽显女性美丽的身姿，而且从头到脚也有修饰。这些来自乡村女性年龄多在二三十岁左右，"业此者之年龄大率为二三十，虽来自田间，而面目白皙，体态轻盈，赤足拖鞋，身着薯莨衣裤。其出也，手中往往持伞，为蔽日御雨之用，少年子弟颇有瞩之者。"③ 说明这些生活在城市中的乡村女性已渐渐融入城市生活，其行为举止已经显露出城市女性的特色。而城市女性抛头露面相对较少，所以当这帮乡村妇女以城市女性的样子穿行在大街小巷时，自然会引起人们的极大关注。

女佣的穿着打扮已经成为当时社会上一道亮丽的风景线，她们的穿着打扮因为能引起世人的注意，因而成为引导当时女性时装潮

---

① 《拟奶妈联行章程（并序）》，《南越报》1910年4月4日，转引自蒋建国《广州消费文化与社会变迁》，广东人民出版社，2006，第106页。
② （清）赖振寰：《顺德龙山竹枝词》，光绪二十三年古经阁刊本。
③ 徐珂：《清稗类钞》第11册，第5286页。

流的先锋,妈姐装"相沿既久,甚至有大家闺秀,亦效其装束,盖以其能惹起旁观者之特别注意也"。① 应该说,妈姐装已经摆脱了传统乡村社会女装实用朴素的特色,成为城市社会女性喜欢的流行装饰,并因此也改变了乡村社会女性原本给人以木讷、杂遝的形象,她们不仅服饰时尚,而且语言也犀利,完全是以一种崭新的面貌出现在社会大众面前,"衣服之整洁,语言之尖厉,真足令人销魂也"。② 因此,一些媒体往往多以猎奇的心态报道女佣,如"艳婢伤脸"报道说:

> 在十三行迥澜桥地,本通衢,行人如织。昨十七日,有某家侍婢,年甫及笄,行到该处,适值某男子背荷重物迎面而来,婢猝不及避,芙蓉薄脸竟被碰伤,痛极仆地,血如泉涌。某砖瓦店伴见而怜之,赠以丸药,使敷患处,婢称谢而去。③

西关奶妈的装束也很时髦,《岭南即事》记载,"西关奶妈者,不染纤尘,犹有本色,自有姿容,无烦粉饰,岂是脚踭搽粉,因何水磨咁光,非关头上戴花,净使油梳唔益气"。④ 她们穿着的"妈姐装"已经成为都市中的一种时尚,"每当黄昏,或夜阑人静,则常见有时装革履者,浑身黑服,头发光鲜(此等装束,粤谓之妈姐装),或三五成群,或独行踽踽,于西濠长堤十八甫一带出没其间"。后来只要她们有空闲,一帮女佣就会结伴漫游在人气旺盛的商场中,其装饰更引起世人的惊叹,"至若公余饭后之时,盛服靓妆,漫游于洋场僻道之中,一般轻薄者,或以语言调笑,作自荐之机,或明讥暗讽,为挑引之资,果属俊俏风流,不难另眼垂青"。⑤ 妈姐的衣装常以黑胶绸(香云纱)制作:短大襟衣,无领,右衽布扣,前襟有椽饰,黑衣黑裤,大裤裆,裤脚稍宽,裤头配以银链裤缰。胸前别一梅花形银牌,戴一对精巧玲珑的耳环,银手镯雕龙刻

---

① 胡朴安:《中华全国风俗志》(下),第375~376页。
② 徐珂:《清稗类钞》第11册,第5288页。
③ 《艳婢伤脸》,《安雅书局世说编》,广州安雅书局,1901年8月31日。
④ 《改良岭南即事》,周郁浩校,大达图书供应社,1935,第19页。
⑤ 胡朴安:《中华全国风俗志》(下),第375页。

第八章　晚清乡村妇女的职业取向

凤,所以她们又被称为"乌衣队"。①1935年4月20日《广州共和报》记载说,顺德"凤城特产之乌衣队,历来持不嫁主义,自食其力。日与少奶小姐耳鬓厮磨,研究靓妆,颇具潜力。惟自妇女界兴起短发后,拢鬓梳头,皆可自理,不必烦梳佣手,梳佣于是大受影响,顷兼充打杂,或转营手工业"。这些因装束独特的女佣,在当时又被人称为"妈姐",她们走上这条路或许别有缘由,有人用广州话记述说:

> 妈姐因由:你闹乜靓溜,整乜风流,想起你番来真正愧羞,自幼父母双亲辞世后,暂时不嫁学梳头,伏侍少奶随左右,衣裳浆洗更重要梳头,但係出入时常跟佢背后,有时轿尾跑得你汗流流,但係朝晚两餐如果废手,待至主人食罢正到你轮流,夏天掌扇唔停手,但逢天冷要你叠好床头,晨早要在房中来等候,斟茶倒水两头游,论起你番来真正贱透,讲乜风流美貌闹排头,我劝你少年趁早寻佳偶,指望百年有靠免咁含愁,大抵打工下贱唔堪受,到底寻君配合免担忧,续尾不妨将字扣,市近门前口,书名叫造闹绝妈姐情由,日月相连真秀茂,听过光明到白头。②

这里描写的是妈姐们的不幸出身,以及她们在雇主家从事各种劳动的艰辛,言下之意,对自梳女们不嫁也饱含劝谕之情。另一首流传在清末的《西关妈》民谣,也描述了妈姐生活的不易,告诫女性不要轻易做梳佣:

> 西关妈:如果係着数,点怪得你学梳头,梳完头后,重有的什碎钱兜,想你自小卖去做妹,咸苦都受够,若话槟榔想食嗜,都有十把个年头,一自自咁生心,就比係菩萨都有救。灯前月下,就把的野味来偷,凑着的姐妹,与及跟班。又容易唵口,拉埋的靖捉。咁就乱叹风流。我想佢年纪渐高,唔嫁亦丑。个阵主人监住,日夜担忧。又怕烧猪,唔得重唅,弄到声

---

① 叶春生、施爱东主编《广东民俗大典》,广东高等教育出版社,2010,第64页。
② 《岭南即事·妈姐因由》,周郁浩校,1935,第38~39页。

名臭，况且嫁着个的呆人，都係自己摆嬲，不若拉债赎身，係头一着好走，食人茶饭，你咁几休由，不过梳杖吓謦前兼共謦后，浆完衣服又试好另去求搜。你睇佢打过的算盘无镚漏，思量充会又好去抽头。计到佢尾会收清还债亦够，重话几多标，家人客共佢事事相周，不若揾个知心来同佢赖后。若然唔係又好早日番头，想佢契妈及赚钱头路熟透，唉唔怕丑。重话食斋全系假柳，睇佢的勾人手段重惨过文牛。[①]

女佣除了从事家务劳动外，也跟随女主人参加拜佛上香等公共活动，"妇女入庙烧香，本干禁例，而佞佛之性牢不可破，往往衣香鬓影，错杂于稠人广众之中，以致品足评头，任人调笑，亦何乐而为此也。广州某寺素称香火鼎盛，大士诞日，士女云集"，寺庙内外人山人海，"后至者即就庙外膜拜，忽一少妇轻移莲步，姗姗其来，雏鬟扶侍之，翩若惊鸿，互相目送。有恶少于人丛中蹑其足，只履脱焉。恶少拾之飞奔而去，妇半跣其足不能行。……妇羞颜晕颊，俯首灵庙檐下，自言愿出洋二枚，以赎只履，有老妪讶而问其故，则言此履绣双蝶而缀明珠，每一珠值价数金，今珠已失，恐不能复还合浦矣。遂遣婢雇肩舆乘之半跣而归"。[②] 这里讲述的是一位"雏鬟"服侍女主人逛庙会的实例。

四 走出国门"打洋工"的女性

晚清以来，越来越多的乡村妇女涌向城市，在城市产生了一种独特的行业——女佣。这些妇女伴随着在城市生活阅历的丰富，她们中的一些人开始将目光转向海外发展。广东自明代中叶以来就通过海洋在自家门口和洋人打起交道，而十三行贸易时期，世界各国都涌进广州从事国际性的贸易交流，广东女性得地利之便，最先了解了西方人，也最先进入在澳门、广州的洋人家庭或洋行充当女佣。所以，晚清时期，随着国门被列强打开，一些女性勇敢地漂洋过海走出去。

---

① 《岭南即事·西关妈》，第33页。
② 《莲瓣孤飞》，《点石斋画报》第20册，第80页。

第八章 晚清乡村妇女的职业取向

广东乡村妇女移民海外始于何时,我们无法给出一个准确的答案。但广东人口移民海外,至少在明代已经出现。女性的出洋,大约一直都是和男性混同进行。晚清以来,随着国运的衰败,广东地区的男子作为苦力和商人大量移居海外,广东成为华工出洋的重要基地之一。1860年代,清政府允许中国男女出洋合法化,据陈翰笙主编的《华工出国史料汇编》第1辑第10至11页记载,1860年正月,两广总督劳崇光拟出"外国招工章程十二条"的第五条规定:"如有工人携眷来公所暂住,听候下船,一同前往外国,由公所外国人另设僻静房屋,令一家居住,以示男女有别,不得混杂。"这是中方官府公开承认男性携带女性出洋的合法化。

1860年10月,清政府被迫与英法签订《北京条约》,其中有关于中国公民出洋的规定:"凡有华民情甘出国……无论单身或愿携带家眷,一并赴通商各口……毫不禁阻。"[①] 根据这一条约,女性和男性一样获得了自由出洋的法律认可。这之后出洋的女性可能越来越多,1868年2月14日,在一艘从广东出发开往美国的轮船上,就装载有"华人男女老幼一千二百三十七名,多是粤东者"。[②] 这一记载很难辨别这些出洋女性的身份,但从"男女老幼"来判断,应有不少女性属于男性眷属。从官府的角度来看,他们一般仍把女性出洋看作是男性眷属,在官府颁发的出洋"照单"文书样本中可见一斑,据1868年三月初九日的"照单"显示的内容有前往何国、船上男人数、眷属及其幼孩数等,并规定必须有合同,且是"甘心愿往"。[③]

由于单身男性华工出洋,其家庭仍在中国,所以他们时常返回中国,可能因此会影响所在国的用工,于是英国殖民者就绞尽脑汁地在中国招引女性出洋,以稳定华工扎根移居国的决心,1851年英属殖民者在中国张贴的招工传单称:"(华工)如有愿意携带妻子儿女的,一概免收船费……到达口岸以后,他的妻子儿女都能劳

---

① 《筹办夷务始末(咸丰朝)》,《续修四库全书》第418册,上海古籍出版社,2002,第15页。
② (清)张德彝:《稿本航海述奇汇编》第1册,北京图书馆出版社,1997,第441~442页。
③ 《国家图书馆藏清代孤本外交档案》第12册,全国图书馆文献缩微复制中心,2003,第4626页。

动,他们的劳务将付给工资。"① 这些对女性出洋的优惠措施,对传统观念极强的中国人而言,估计并未收到实效。1853年7月,有殖民者无奈地宣称:"招致中国女性移民出洋的困难无法克服。……她们只有从香港、澳门和广州的糜烂堆里去找。"② 对殖民者来说,这是一个两难的选择,因为中国百姓不愿意将女儿送到国外,而英国人到娼妓市场购买妓女移民,又担心有伤本国风化。于是拐卖、诱骗华人女性出洋就开始猖獗,中国的一些人口贩子也加入到贩卖女性出洋的罪恶行列。据1866年10月20日人口贩子三顺说:"在广州装运出洋的妇女移民,大部分都是采用中国农村的习惯办法,花钱购买来的。……这种买卖一般都经妇女们本人的同意……这种买来的妇女多数是些寡妇。……这是从中国向英属西印度、荷属苏利南和夏威夷移送妇女的基础。"③

1874年3月30日《申报》报道人贩子携带23名粤籍女企图从上海出洋前往美国,"粤人梁华、粤妇单眼二,携带年轻粤妇二十三人来沪,由沪复附轮船往旧金山,被巡捕查获,解送会审公堂。盖知梁、单二人,皆系平日积惯贩佣著名也。……二十三人均系三旬左右之年轻妇女耳。……通商各埠皆有粤东妇女,坠落于烟花之场者"。④ 这里强调人贩子拐带女性出洋是以"贩佣"著称。1874年10月15日《申报》报道,有粤女从香港乘坐"东洋"号轮船赴圣弗朗西斯科,"船中载有美女二十人,到埠之时,各皆粉白黛绿,翠袖红衫……此种妖姬来埠何干,殆将为倚门卖笑之举者耶"。由于赴圣弗朗西斯科是中美间重要的贸易港口,"粤东人士实繁有徒,旅行寂寞时,方盼到苏小同乡藉可排遣"。⑤ 自主出洋做工的妇女大多出身于乡村下层家庭,在家乡谋生艰难,于是怀着希望而远涉重洋,她们中的一些人出洋后继续充当帮佣,成为华人社会最早的职业女性,这在自梳女群体中表现最为明显。很多自梳女在国内就自食其力,或在缫丝厂上班,或在城市家庭充当女佣,有较强的独立性。叶汉明在对顺德沙头乡冰玉堂姐妹的调查表明,她们并

---

① 陈翰笙:《华工出国史料汇编》第3辑,中华书局,1981,第3页。
② 陈翰笙:《华工出国史料汇编》第2辑,中华书局,1981,第42页。
③ 陈翰笙:《华工出国史料汇编》第6辑,中华书局,1981,第52~53页。
④ 《申报》第4册,上海书店影印,1983,第277页。
⑤ 《申报》第5册,上海书店影印,1983,第367页。

非都是由于经济理由而远赴新加坡，有些是为了要"自主自立"，她们表示自己很好胜，要自食其力，又渴望见世面，故坚持出国独立谋生。①

事实上，晚清以降，顺德沙头自梳女赴南洋持续发展。最早赴新加坡谋生的沙头女子是沙路坊的少女黄银欢、黄润金和黄就。②她们闻说新加坡华侨生活较好，并有余力汇款资助乡亲，遂于1886年乘木帆船至新，抵达后以当家佣谋生，每月约有7元报酬，倒也够维持生计。由于同乡、同族在海内外的呼应、联系、引荐，以及在外的互相照顾，旅居新加坡的沙头女佣日多，该乡遂成为均安侨乡的佼佼者。据估计在1886年至1934年间赴新的沙头女子有500人之数。③自梳女的自立能力和较少受家庭羁绊也使她们更容易出洋。初入境的自梳女大部分担任家佣工作，当家内仆人、保姆、厨子等，加入著名的"顺德女佣"行列，以厨艺、干净、勤快、尽爽、有纪律著称。

在晚清广州移民海外的女性中，女佣群体占有较大比重，日本学者可儿弘明利用香港保良局的资料，统计了16岁以上从香港出发移民海外的妇女身份构成，其中随家人迁移的妇女、女佣和妓女是三大主要人群，详见表8－6。

表8－6 清末民初女性出洋职业构成一览

身　份	1906年人数	1907年人数	1920年人数	合　计
与丈夫、亲属同行	2468	1698	2839	7005
去丈夫、亲属处探亲	3588	2539	4286	10413
妈姐	3533	2619	2833	8985
妓女	822	577	1198	2597
裁缝师	616	626	732	1974
结发师	14	19	54	87

资料来源：〔日〕可儿弘明：《猪花——被贩卖海外的妇女》第215页的表格。

---

① 叶汉明：《华南家族文化与自梳风习》，载李小江等主编《主流与边缘》，三联书店，1999，第95页。
② 叶汉明：《华南家庭文化与自梳风习》，载李小江等主编《主流与边缘》，第94页。
③ 叶汉明：《权力的次文化资源：自梳女与妨妹群体》，载马建钊等主编《华南婚姻制度与妇女地位》，广西民族出版社，1994，第87页。

从表8-6统计来看,"妈姐"在清末民初的女性出洋中,位居第二。从字面上理解,去海外探亲的女性并不属于真正意义上的移民,如果除去这一群体,那么"妈姐"的移民数量就跃升为第一,而且妈姐出洋本身就是为了工作,也即充当女佣。事实上,裁缝师、结发师等也不排除女佣的性质。这些出洋的女佣,可以判定绝大多数是自梳女,她们与随迁、探亲的女性移民不同,基本上是作为独立的个体出洋寻求发展,无论在国内还是在国外,对自己的前途都有较大的自主性;出洋以后充当妓女的妇女所占比重并不是主流。女佣作为一个流动的职业阶层超越了地理空间的限制,到香港、南洋发展。

五 新式职业女性观念的变化

中国传统社会的男女职业分工的理想模式是男耕女织,由此带来的社会性别格局是男主外女主内的理想模式。传统观念认为,女子的本分应是闭门在家,事夫奉姑,生养子女,操持家务,而到男人活动的场所去抛头露面,混杂其间,则被认为有悖妇道。晚清以来,当一大批女性离开乡村涌进缫丝厂,成为新式职业中的第一批女工,自然会受到社会的不理解,1874年,有富翁张某在广州附近开设机器缫丝厂,"厂中用妇女为剥茧,用男子为供役",这种男女混杂的场景,立即被一些人指责为有伤社会风化,女工进厂因而受到家人等的阻拦,"夫家闻妇赴厂操此抽丝之业,弥觉怒发冲冠,或迁怒寻仇,移祸于厂,以其男女混杂,乱俗败常,泾渭不分,祸胎所有伏也"。[①] 光绪七年11月,继昌隆缫丝厂迫于当地手工缫丝者的反对,在当地政府的压力下遂决定迁移澳门,"惟仍有女工一项,尚未解决。因乡村女工年少者多,突然去澳门,乡村风气未开,妇工本身有问题,女工的家长亦有问题,启沅为赴澳门前,这些女工多表示不想随同去澳门的。后几经商谈,许女工们先借若干工资和备办寝具的费用,始有十五六个女工,愿意同去,其家长亦不反对。依照启沅计划,似要三十至四十个女工同起的,至此仍差

---

① 《机器近事》,香港《华字日报》1874年5月29日,转引自刘志琴主编《近代中国社会文化变迁录》第1卷,浙江人民出版社,1998,第617~618页。

十多人。不得已,乃转向顺德之勒流、香山之石岐两处物色。结果在勒流找得七八人,石岐找得约十人,也许以相当利益,才能解决。在石岐所请的女工,因近在澳门,在勒流所请的女工,则稍明缫丝工作,因此得在澳门复工"。① 但是从缫丝厂的发展来看,这些女工没有完全受制于家人的阻拦,而是有越来越多的女性奔赴缫丝厂,这一现象至少说明女性对新式职业的向往,她们的行为已经表明其观念的超前。

女性走出家门,进入工厂做工,表明她们在思想观念上已经发生了变化,传统社会"男主外女主内"的性别分工模式在女性不断进入缫丝厂的步伐中慢慢解体,女性在社会家庭经济中的作用愈益显得重要。在男性养家糊口的同时,妻子或女儿的工资也成为家庭经济收入必不可少的来源之一。这些家庭中的女性生活已经不再完全依赖丈夫或父亲,其通过自己在工厂中的劳动收入甚至成为家庭生活的重要支柱,为她们改变传统女性在家庭中的地位提供了最基本的经济条件。女性在家庭经济结构中的变化也影响了社会风尚的变化,她们外出打工谋生的路子越来越广,在缫丝厂、茶场、烟馆等场所都有女性劳动的身影。新式机器缫丝工业的发展为女性职业的流动提供了一定的机会,"当鬼緪起源之初,规模甚小,每间只可容数十至二三百緪丝女工不等。嗣后渐次扩充,每间可容三四百至八九百人,平均每间约有五百人。当广东蚕丝业极盛时,全省共有鬼緪三百多间,即共约有緪丝女一十五万人,可谓盛极一时。但在鬼緪创办之初,乡人以其为西洋鬼子的机械文明,皆存歧视的心理,并认为不祥之物,此为鬼緪名称之由来。故初时,鬼緪之招致及训练緪丝女,颇多困难,而乡人更以鬼緪内男女工人混集,认为有伤风化,诸多留难。惟当鬼緪发展到相当时期,乡人皆知鬼緪原为可以兴旺蚕桑繁荣农村及养人之所,而一般观念都认缫丝工作为一种正当的职业,緪丝女的地位由是得到社会的承认。且每当鬼緪开工,此等緪丝女工皆争先恐后到厂,务求占得一位置为荣幸矣。"② 丝厂女工的逐渐增多,一方面同女工自身意识的觉醒不可

---

① 陈天杰:《广东第一间蒸汽缫丝厂及其创办人陈启沅》,《中华文史资料文库》第12卷,中国文史出版社,1996,第790页。
② 吕学海:《顺德丝业调查报告》,载彭泽益编《中国近代手工业史资料》第2卷,中华书局,1962,第53页。

分,另一方面社会上也逐渐接受了这一事实,认识到了女性在某些工业行业中的地位。也就是说,机器工业的发展,为女性争取了独立获得经济财富的可能性,并进而改变着整个社会风气。

晚清以来,广东乡村女性走进工厂、进入城市,加入到新式的职业劳动大军之中。在广州等商业化大都市环境中,女性的生活方式渐渐发生变化,其家庭伦理和贞洁观念也有所变化。在城市家庭中充当女佣的一些女性,因与雇主家人员长期接触,有时会充当男主人的侍妾,"若其主人年尚轻,而或有少主人者,妈姐必曲意奉承其主人或少主人,日久月累,于是桑间濮主,月夕花晨,而主人不可一日无此妈姐矣。甚或有名为佣妇,而阴为侍妾者。"① 由此可见,女性在贞洁观念上已无传统社会保持贞节的观念。女佣与男主人的私情有时会造成悲剧,《点石斋画报》中有一则"惩淫速祸"的故事,粤人伍建昌,登徒子之流也,到处寻花问柳,"内嬖为夫人者三人。年六十始得一子,宠爱若掌上珠。伍偶因催租下乡,见佃户妻而悦之,虽令到家以乳其子,实则志在渔猎也。妇亦乖巧承意旨,以博主人欢。一日独坐小斋,温习各种淫书。妇挈篋送茗。伍见左右无人,推至壁间,恣情调笑,二人情不自禁,竟忘其背负婴儿,闻呱呱声方始知觉,急抚之,已双眼白翻,口流鲜血,莫可救药矣。"② 此处的伍建昌因时常下乡催租,以奶妈的名义雇请乡村妇女进城喂养其子,实则为渔猎女色。这些进城的农村女性在贞洁观念上也明显发生变化,有时还屈意承欢男主人,并没有发现她们有任何反抗的举动。由此也可见,当这些乡村妇女进城之后,随着社会环境的改变,其道德观念也相应发生变化。

一些佣妇因与男主人发生过私密关系,甚至敢在日常生活中对男主人指手画脚,俨然以女主人的身份出现。《点石斋画报》中的"桃李争春"故事,讲述的是番禺大石街有一酒店老板某甲,与附近某庵中的尼姑"结欢喜缘",但行踪秘密,无人知晓。后来某甲又与某姓佣妇阿英勾搭。阿英善于打扮,虽然年龄已过二十岁,但仍是"未嫁之身",她认识甲后,原本想与之白头偕老。她在与某

---

① 胡朴安:《中华全国风俗志》(下),第375~376页。
② 《惩淫速祸》,《点石斋画报》第16册,第57页。

第八章 晚清乡村妇女的职业取向

甲相处期间，渐渐风闻某甲与尼姑暗中往来之事，于是悄悄跟踪某甲来到尼姑庵中，抓住正与尼姑通奸的店主，责备他们在佛堂之中行男女之情，玷污了佛堂。"某甲不敢为左右袒护"，逃出尼姑庵。阿英与尼姑相争不休，两个女人一路吵闹来到酒店，要与某甲对质，引来无数路人观看。"尼始含羞而去，英则已雇肩舆要甲同返私室。"① 这个女佣不仅敢于把自己与男主人的情事公开于众，而且还敢在公开场合责骂男主人，由此可见，某些女佣的贞节观念已经完全冲破了传统藩篱。还有一些女佣生活在城市社会，可能因为各种因缘机遇而结识其他男子，并进而发展到同居的地步，据《点石斋画报》记载，广州某女佣因与一男人长期姘居，被姘夫老婆发现后上门兴师问罪，并将男人领回家，女佣因此竟以投河自杀相要挟，后被本夫发现制止，"大桥之北，有粤人赁屋以居婢，婢体矮而肥，年才十六七，为大妇所知，登门问罪，见粤人系其辫，令实供，勒与俱归，矮妇失所欢，遽投河以为要挟，计而不虞，其本夫亦适遇于此"。②

男女大防是正统伦理的一个基本观念，私通、姘居与传统婚姻家庭伦理的理想模式相悖，历来为社会所不容，但这一现象在未婚或已婚的女佣中不时发生，反映了城市生活环境和生活方式确实影响了或改变了女性的贞洁观念。女性离乡进城，进入另一个陌生的家庭做佣工，她们脱离了乡村常态的家庭生活，除了女佣之间的友好往来交流外，几乎得不到亲情的关爱，因此她们需要别人的感情慰藉。与此同时，城市社会的快速发展，人与人之间的关系已不完全属于传统乡村"差序格局"所构筑的关系网的小圈子，③ 因而社会监督和舆论约束有所减弱，在城市的新天地有时会表现得无拘无束。当然，还有一个重要的因素就是，女佣有着独立的经济收入和较自由的行动支配权，她们中的一些人因此敢大胆追求个人正常的情欲世界。1899 年，广州城内九如坊某家的婢女同店员幽会，被坊众发觉，"乃牵之集庙"论处，④ 另一个婢女原打算与情人私奔，

---

① 《桃李争春》，《点石斋画报》第 19 册，第 40 页。
② 《劳燕分飞》，《点石斋画报》第 17 册，第 88 页。
③ 费孝通：《乡土中国》，北京大学出版社，1998，第 25~27 页。
④ 《柜电青衣》，（广州）《博闻报》1899 年 9 月 29 日，转引自刘圣宜《近代广州社会与文化》，广东高等教育出版社，2004，第 304 页。

539

被女主人发觉后,也被"传各坊人集庙"处置。① 一些女佣出入洋人家庭服务,因此而皈依上帝,获得新的社会身份,1858年11月22日,英国循道公会驻广州的俾士牧师家中的女佣黎杨望受洗入教。② 黎杨望得到了接触西方文化的机会,她诵读圣经,参加定期的宗教集会,进入了一种全新的社会空间。

女佣以外人身份进入雇主家做佣工,通过自食其力的劳动换取报酬,但面对东家的富裕生活,她们难免会在心理上产生落差。她们一方面讨好逢迎雇主;另一方面也会投机钻营,进而成为雇主家不稳定的因素,"需索赏犒,挑拨是非,只有相妨,毫无所益"。③ 有些女佣甚至干起偷窃雇主家财物的勾当,1898年,西关丛桂坊富室高姓被辞退的梳佣,原因是其偷去高家一颗珍珠被发现,"经坊人集庙公议,将佣缚而挞之于市,然后释之"。④ 雇主家一旦出现财物丢失,女佣往往会在第一时间成为被怀疑的对象,"前日,司后街陈姓失去小箱一件,内藏金银珠宝,约值千金,查察情形,似系门内人所窃,遂将佣妇某氏送县押追"。⑤ 有些女佣"一入主人之家,莫不殷勤侍奉,逾于仆婢,务得主人之欢心。若主人年纪老迈而有少妾或小姐者,则必深得少奶妈及小姐之欢。于是由恋爱而信任,往往有席卷而逃者。否则多方引诱其少奶奶出外为非作歹,一般登徒子多借为引线"。⑥ 有些跟随主人家小姐出嫁的婢女,自小服侍小姐而成为小姐贴心人,虽名为主仆,实则情同姐妹,据《申报》报道,广州某婢秋香自14岁跟随方家小姐出嫁到柯家,侍奉小姐14年,某日却裹挟首饰并鼓动家中另一婢出逃,内容如下:

> 西门外芦荻巷柯某颇雄于财,佛镇、仙城均有设肆。某近行贾汉镇,颇有羽翼风云之势。而其内人方氏尤为好行其德者

---

① 《拐案详述》,(广州)《博闻报》1900年6月15日,转引自刘圣宜《近代广州社会与文化》,第304页。
② 汤开建、张照:《英国循道公会澳门档案中的早期传教士活动》,《中国文化研究》2004年第3期。
③ 雷梦水:《中华竹枝词》第4册,第2840页。
④ 《梳佣窃珠》,(悉尼)《东华新报》1898年12月14日,转引自邱捷《清末广州居民的集庙议事》,《近代史研究》2003年第2期。
⑤ 《粤事杂志》,《申报》1885年8月9日,第27册,第235页。
⑥ 胡朴安:《中华全国风俗志》(下),第375~376页。

第八章 晚清乡村妇女的职业取向

也。先是某家道寒微，氏以奁赀助某经纪。而氏勤俭居积，无不各擅其长。数年之间，家道蒸蒸日上。然氏性慈惠，婢女有过，绝不加以厉色，惟勉以自改，再三犯者，虽以家法从事，但施责后仍为殷勤语，使其悔悟。婢秋香，氏媵婢也，自以年稍长不愿嫁人，终身相倚，氏亦任其意也。讵虞月之二十二日，竟诱其僚婢桂香私逃，窃去首饰约三百余金，氏不为所动也，既而谓银物不足道，所惜者桂香姿品颇淑，今为人所诱，难保不堕落青楼。秋香幼在吾母家，年十四随予出阁，距今十有四年，平昔任劳能耐，固不意其有此变也。随使人招所亲王某至，使为侦访或得回桂香，免落奸人之局，实属阴德事。王某领诺去后，旋有佣妇亚三至。三尝佣氏母家，因是日至西关黄沙媪王氏家，媪固与三通家旧好，纤悉不隐，低语谓有私货二件……

后得到曾在方氏母家佣工的佣妇亚三帮助，终于找到了秋香等人，并被送到柯家，方氏不但没有惩罚她，反而为其择偶。我们接着看报道的内容：

及归柯宅，氏色仍不遽厉，但问秋香，汝何变心至此。秋香以所盗首饰呈回，叩头求死。氏泣曰：名虽主仆，然吾待汝不啻妹也，汝倘不欲在吾家相伴，何不直告而乃为此诡行，乃叩其所欲，秋不敢言。氏曰：汝曾行此乖僻，难再留汝，但汝母家已无人，今念前情，以三十金授汝，而使三为尔择配以了终身。秋泣而谢，氏薄惩桂香使为改悔，遂置此事于不论焉。①

主人的信任和平日的恩赐，也会让女佣忠心耿耿，用以图报。广州宝源坊某富户人家，祖上留下一份家产，但小辈不善经营，坐吃山空，生活渐渐贫困，连生病求医的钱都没有，仆人纷纷离开。某日，"有某媪，前曾佣于其家者，行经其门，窥知窘状"，便以五两银子相赠。后来，主人病愈重振家业，找到老仆妇，见她老态龙

---

① 《逃婢可谈》，《申报》1872 年 12 月 27 日。

钟，独自生活，遂"厚酬之"，以表达她之前的相助。[①]

前文所说的罗天池通过比较广州城市前后几十年的社会面貌，对女性在社会生活中角色的变化感到不安，认为这些变化仿佛都是女佣带来的，所谓"近身之妇日众，骄淫矜夸日甚"，至少他认为，女佣的新潮发式和着装引导了社会上的女性跟风求新；社会上出现女性"观戏剧、游寺院，在家则只知吸水烟、打纸牌，不知中馈针黹为何事"的现象，也是女佣们引诱的结果；而女佣中的自梳到金兰契、不落家等现象又与传统婚姻观格格不入，更成为他诟病女佣的理由。他甚至荒诞地认为，若任这些女佣在社会上"纵横若是"，必会招致"外夷""盗贼""刀兵""水灾"等不祥事件发生，他强调必须对此现象"正本清源"，从而达到修身齐家治国的目的。罗氏的说法再次显示，生活在都市中的女佣们，其观念行为确实和传统社会要求的女性形象不一样。

晚清新式机器工业的产生不断扩大，自梳女成为工厂首先招揽的对象之一，导致自梳之风更加炽热，以顺德均安和大良、南海西樵和简村分布最为集中，几乎所有的女子都在缫丝厂工作，她们因经济独立，又想摆脱家庭的束缚，进一步导致自梳风气的流行，"雇工丝厂之缫丝者，其年龄自十三岁以至廿五岁，而以二十岁者为多，多持独身主义，不返夫家（俗称不落家），或者贮蓄余款还归夫家，以免家庭束缚之苦。各女工多具自立之性"。[②]缫丝业发展使女性有了独立工作的机会，自主性增强，更加强化了女工们的独身观念，"大抵主张女子之不嫁者，当以女子之生计为重要问题。盖女子确能自立生活，不需男子之扶助，即父母之力亦无依赖之必要，夫然后可言不嫁。……以此自给，绰然有余，彼辈既有所恃，又以嫁人为人间最羞辱之事，于是遂相约不嫁，即为父母所强嫁，亦必不落家"。[③]她们可以不必像传统社会的女性那样唯男性是从，生儿育女，遵从"妻以夫贵、母以子贵"的旧式伦理，对"女大当嫁"的习俗造成了强烈的冲击。

缫丝业的高度发展为自梳女开创了一条崭新的生活道路。自梳

[①] 《仆妇仗义》,《点石斋画报》第 44 册，第 49 页。

[②] 〔美〕考活、布土维：《南中国丝业调查报告书》，黄泽普译，岭南农科大学，1925，第 131 页。

[③] 胡朴安：《中华全国风俗志》（下），第 387 页。

女进入蚕丝厂工作,获得了独立的谋生方式。她们获得了独立的经济地位,摆脱了男性的束缚,自主意识开始觉醒,逐渐摆脱传统婚姻的束缚。托普莱在研究19世纪中叶以来以顺德为中心的抗婚时,曾提出一种解释,认为以"自梳女"形式出现的抗婚乃是与此时华南机器工业(尤其是丝织业)的兴起密切相关,后者不仅使女工逐步取得经济独立,而且加强了缫丝女工内部的团结,从而导致抗婚的兴起。[①] 这一说法已经受到学人的质疑,他们认为自梳女和不落家是一种相当古老的遗俗。[②] 但晚清工业化的发展,在某种程度上强化了自梳女的风气,应该是没有异议的。

18、19世纪广州洋人家庭里的中国佣人就包括广州的女性,1840~1850年曾在广州旅游过的奥地利女士艾达·瑞芬记载说,在广州,"一个男仆每月收入4~8元,女仆9~10元,因为中国女人不肯侍候欧洲人——除非薪水特高"。驻广州的美国商人威廉·亨利·洛的侄女哈丽特·洛,19世纪20年代至30年代长期居住在澳门,她在1833年10月17日的日记中说,刚从一位外国太太处得知,近日官府有令,所有在外国人家庭打工的女佣都要离开,而这些在外国人家庭的女婴大多是奶妈。1839年4月19日,美国商人罗伯特·本尼茨·福布斯在其信件中称,4月18日,他家的厨子、负责杂务的管房和负责收拾房间的侍女终于获准归来。[③] 广东女性不仅进入广州的洋人家里佣工,甚至走出国门,这一点从第七章中可略知一二。事实上,这一现象一直持续不断,20世纪初,珠三角的缫丝女工因国际丝业凋敝,遂大量流向城市富家做"妈姐",有些则远涉重洋到海外做佣工。[④] 民国初年,南洋各国因橡胶制造需要廉价劳动力,遂鼓励广东妇女移居。女性进入都市成为趋势,

---

① 李宁利、周玉蓉:《珠江三角洲"自梳女"兴起背景探析》,《云南社会科学》2004年第4期。

② 刘志伟:《开放的历史及其现代启示——读〈华南丝区:地方历史的变迁与世界体系理论〉》,《农村经济与社会》1988年第5期;萧凤霞:《妇女何在?——抗婚和华南地域文化的再思考》,《中国社会科学季刊》(香港)1996年春季卷。

③ 程美宝、刘志伟:《18、19世纪广州洋人家庭里的中国佣人》,《史林》2004年第4期。

④ 陈通曾等:《"自梳女"与"不落家"》,《广东文史资料》第12辑,第180~181页。

时顺德、番禺、中山和新会各县农村有近 2 万名农家姑娘被带到香港，以妹仔的身份做婢女。①

这些女性在空间和职业上的变化，具有重要的社会意义，诚如李长莉所云，晚清最早走出家庭、登上上海社会舞台的"职业女性"，并不是我们过去常说的产业女工，而是从事微贱行当的女佣、女堂倌、女艺人，尽管这些行业以前或多或少地存在过，但在中西交汇、五方杂处的近代新兴城市环境里亮相，具有新的社会角色与伦理意义。② 当然，本章的分析表明，李长莉的说法或许仅适用于晚清的上海社会，而在具有与外国人长期打交道的广东沿海地区，尤其是珠三角地区，最早登上"职业女性"舞台的应该还是进入缫丝工厂的产业女工，并逐渐蔓延到其他行业。在这一过程中，更有不少女性随同男性一起漂洋过海到异国他乡谋生。

---

① 陈翰笙：《解放前的地主与农民：华南农村危机研究》，冯峰译，第 120～121 页。
② 参见李长莉《晚清上海社会的变迁——生活与伦理的近代化》，天津人民出版社，2002。

结　语

　　本书运用中国社会经济史学派的理论与研究方法，把广东妇女置于明清地域社会变迁的脉络中考察，分析妇女在社会经济变迁与传统习俗影响下的角色演变。通过对各种历史文献的解读以及在田野历史现场的考察，试图重现在王朝力量、区域传统和海外贸易等背景下，广东妇女在乡村社会变迁中所扮演的重要角色，以及在国家正统与区域传统的交互作用下妇女形象被适时调适和塑造的过程。

　　尽管明清中文文献汗牛充栋，且记载内容也多涉及乡村社会的方方面面，但这些记载仍没有系统可言，因而面对如此丰富的文献，中国历史学者还是因史料缺乏而难以写出像法国学者埃马纽埃尔·勒华拉杜里的《蒙塔尤：1294～1324年奥克西坦尼的一个山村》[1]这样精细的村庄史，毕竟700年前的中文文献没有如此详细记录中国村民日常生活的完整细节，更不要说精确到一个小山村的文献资料。而有关中国乡村社会研究的经典著作，又大多不属于历史学的范畴，如费孝通先生《江村经济》属人类学，讲述了江南开弦弓村的故事；林耀华《金翼》则属社会学，讲述了福建一个村庄中的两个家族故事。[2] 对于史学研究来说，史料无疑是研究的核心和关键所在。本书一方面试图从大量的历史文献中找寻与乡村社会尤其与乡村妇女有关的史料；另一方面则根据近年来学界"走向历

---

[1] 〔法〕埃马纽埃尔·勒华拉杜里：《蒙塔尤：1294～1324年奥克西坦尼的一个山村》，许明龙、马胜利译，商务印书馆，1997。
[2] 费孝通：《江村经济：中国农民的生活》，商务印书馆，2001；林耀华：《金翼》，三联书店，1989。

史现场"的理论与方法,通过实地的田野考察,搜集民间文献。[①]也就是说,本书通过文献和田野考察相结合,试图以材料为依据,分析明清广东乡村社会变迁中的妇女形象。

本书通过八章来阐释主题,尽可能地拼写出明清广东乡村社会中的妇女形象,笔者在选择史料上除了按照传统史学研究重视文献搜集外,还多次带领课题组成员深入田野进行考察,试图发掘隐藏在乡村社会的第一手的原始资料,以此反映乡村社会变迁轨迹,借以观察乡村妇女在社会变迁中既被动又主动地吸收并创造新的文化传统等话题。妇女作为乡村社会人口构成的重要组成部分,她们在明清广东区域社会经济发展、贸易国际化、文化传统的国家化、士大夫化等大背景中,其生存状态、社会角色与社会地位、文化传统等的演变,反过来又可以帮助我们进一步理解和认识明清广东社会变迁。

早期岭南历史上的女性形象因为地域文化的独特,颇引起中原士大夫的好奇,岭南女性好讼争强与儒家观念下应有的娴静完全不同,诸如本书第一章分析的冼氏、赵氏、冼夫人、虞氏、宁国夫人、武婆、许夫人、蔡九娘等不仅在政治上叱咤风云,而且在维护地方社会稳定中也处于支配者的地位。即便与上阵杀敌无缘的龙母,也因其神异传说而成为区域性女神。这些迹象表明,妇女在早期岭南社会发展中处于主导地位,并因此在政治上有相当大的控制权,形成了宋代中原士大夫笔下岭南社会"妇人强男子弱"的"蛮风陋俗",成为早期岭南社会独特形象的佐证。正因为如此,由宋至明的外来士大夫与本地士人通力合作,不断在岭南推展儒家文化,明代以后,广东经济开始快速发展,凭借科举入仕的士大夫阶层出现,他们在朝野均能发出自己的声音,并能左右时势的走向。嘉靖年间"大礼议"的轩然大波给岭南带来发展契机,宗族制度渐渐建立,"孝"的观念被普及到乡村社会。正如刘志伟所说,为了提倡纲常名教、倡导"节孝友爱"的主题,那些努力在地方推行教化的士大夫们重新塑造出了合乎正统礼教规范的女性形象。这种文化的创造,既是对国家道统的认同和归化,也被利用在国家权力体系中作为争取地方利益的手段;在地方文化士大夫化的同时,士大

---

① 陈春声:《走向历史现场》,三联书店,2006年。

结　语

夫文化也深深地刻上了地方传统的印记。[1]

第一章的研究表明，宋代及其以前，生活在岭南地域内不同族群的文化与习俗和中原大异其趣，唐宋时期，北方士人南下在岭南社会看到的是"妇人强男子弱"的社会现象，这一传统习俗到明清时代尽管有所变化，但仍有延续的痕迹，成为后来广东妇女身份与角色的传统渊源，诚如萧凤霞在研究华南妇女抗婚（不落夫家）时所说，"这一婚姻策略经过几个世纪，由在各种经济和政治环境中的不同群体所维持并改变"。[2] 其实，何止是婚姻策略，广东社会的历史变迁本身就一直有过去几个世纪的文化印迹。明初广东作为独立的行省架构基本形成，明中叶以后，广东社会经济发展的商业化氛围愈益浓厚，乡村族群经过分化、调整、融合，不同族群的女性均有机会进入士人的视野，妇女文化传统愈益多元和复杂，妇女投身于社会经济诸方面的传统在延续和强化，虽然存在着内部的区域差异，但人明以后妇女在乡村生产中的主要劳动形象仍在加强，妇女在乡村经济生活中扮演了多重角色。明代广东重商逐利的社会环境，导致各类诉讼案件明显增多，方志屡用"好讼""斗讼"来记载明中叶以后社会风气。本书第二章以崇祯《盟水斋存牍》为例，分析了妇女在珠三角地区各类诉讼中的角色，妇女的言行明显继承了唐宋时期健讼、好讼之习俗，她们为了捍卫自己在财产继承和处分，以及继嗣选择等方面的权益，有时亲自上阵求助于司法渠道进行解决，甚至不惜自杀，以此借助官方力量保护家人权利。为了生活或追求幸福，寡妇改嫁、妇女婚外性行为等现象屡屡可见。就文化发展来看，珠三角地区无疑是儒家文化最普及、最深入的地区，但囿于传统习俗的力量和商业化的大势，女性在社会中的角色依然十分令人瞩目。第三章的主题是描述性地分析清代广东妇女仍继承前代妇女利用国家成文法和地方习惯法维护自己权益的传统，大量的契约文书本身就反映了人们的法律意识增强，而妇女在立约买卖土地、财产等过程中的表现，凸显了她们在因应新社会环境时的能动性。广东妇女在契约文书中的体现，既有寡母等尊长者，也

---

[1] 刘志伟：《女性形象的重塑："姑嫂坟"及其传说》，载苑利主编《二十世纪中国民俗学经典·传说故事卷》，社会科学文献出版社，2002。

[2] 〔美〕萧凤霞：《妇女何在？——抗婚和华南地域文化的再思考》，《中国社会科学季刊》（香港）1996年春季卷。

有与丈夫一起的妻子,她们在契约文书中角色尽管不一,但契约的生效须由她们在场参与才能得到执行。

明初广东社会在王朝国家力量的强势介入下,几乎扫清了元代乡豪控制地方社会的局面。[①] 明中叶,广东社会动乱一度动摇了国家的统治秩序,但随后在以霍韬、方献夫等一批南海籍士人的介入下,又使广东进一步纳入了王朝体系。在这一过程中,广东妇女形象被士大夫不断重塑,本书第四章、第五章主要通过地方志和族谱等文献,讨论了经士大夫的努力,广东妇女由宋代之前传统习俗中的"女强男弱"形象向追求贞节等儒家文化形象的转变,但社会上又同时存在着自梳女、不落夫家等特殊的婚姻模式,显示了传统习俗和儒家文化并存的现象。清代珠三角地区流行自梳女和不落夫家等妇女抗婚现象,与一般士人心目中儒家传统的婚姻模式明显相悖。过往的学者大多认为,这一现象与广东社会变迁引起女性经济地位独立自主增强有关。[②] 也有一些学者受"五四"以来妇女史观的影响,把这一现象看作是女性受压迫而反抗不幸婚姻的举措。[③] 本书第四章分析表明,自梳女和不落夫家在广东具有很悠久的历史,至少自唐宋以来已出现贞女不嫁的故事,萧凤霞教授甚至认为,这一风俗应从华南地域更久远的传统文化包括土著婚俗文化中去理解,未婚守节"虽然被文人用含糊的措辞粉饰为儒家理想中妇女守节的范例,但是,考虑到当地的婚俗,把它们归于'自梳女'和'不落家'恐怕更为贴切"。[④] 因此,从婚俗文化来看,明清广东乡村流行儒家正统婚姻模式和地方习俗自梳女、不落家等模式多

[①] 汤开建:《元明之际广东政局演变与东莞何氏家族》,《中国史研究》2001年第1期;刘志伟:《从乡豪历史到士人记忆——由黄佐〈自叙先世行状〉看明代地方势力的转变》,《历史研究》2006年第6期。

[②] 〔美〕苏耀昌:《华南丝区:地方历史的变迁与世界体系理论》,陈春声译,中州古籍出版社,1987;吴凤仪:《"自梳"与"不落夫家"——以广东顺德为例》,载马建钊、乔健、杜瑞乐主编《华南婚姻制度与妇女地位》,广西民族出版社,1994。

[③] 叶春生:《珠三角的"自梳女"》,《西江大学学报》2000年第4期;王丽:《近代广东女子的独身现象:自梳和不落夫家》,《广西民族学院学报》(哲学社会科学版)2001年第3期。

[④] 〔美〕萧凤霞:《妇女何在?——抗婚和华南地域文化的再思考》,《中国社会科学季刊》(香港)1996年春季卷。

结 语

元共存的现象。这一现象的存在是儒家礼教和岭南传统习俗冲突调适后达成的特殊现象。

广东历史上女性不嫁而为父家效力的习俗,与儒家追求的"孝"吻合,但不嫁又与儒家倡导男婚女嫁的婚姻模式发生矛盾。在广东地方志中屡屡可见的贞女、节妇传记中,多有描写未婚或已婚女与父母、亲戚因守节而引发的种种冲突,这些细节或许有士大夫故意修饰的情节,但也不排除是广东传统文化习俗的再现,毕竟广东历史上流行的女强男弱现象已彰显了女性可以通过劳动养活自己甚至全家。在广东地方精英的书写中,"自梳""不落家"往往和"贞女"混淆不清,这既是广东女性对原有地方传统习俗的继承,也是士大夫根据儒家正统需要的精心建构,尤以经济文化发达的珠三角地区贞女现象最鼎盛,卢苇菁对《大清一统志》贞女分布统计发现,广州府贞女数位列全国第一。① 珠三角女性抗婚的习俗,既是对岭南妇人强势习俗的继承,又是对国家提倡贞女或节妇的响应。

明清广东宗族组织的兴起,是儒家文化和国家意识形态在乡村社会不断渗透的重要标志,也是乡村权势利用国家话语重构乡村社会的一个表现。在士大夫推行儒家文化的影响下,广东出现大量烈女和贞节牌坊,士大夫十分注重妇女形象的儒家化塑造,从第四章和第五章的描述性分析看,士大夫在地方志和族谱中刻画的贞节烈女形象时,又泄露了乡村社会大多数妇女与之不同的生活面相,第六章所反映的乡村妇女生活实态更有异于儒家规范的妇女形象。而以"太婆"为主的女性祖先崇拜,也反映了广东宗族组织对女性在家族传承过程中所起作用的认同,女性在明清广东宗族发展过程中起到了不容小觑的作用。

明清时期,王朝力量在向广东社会的渗透过程中,大力整合广东乡村社会"好鬼神"的信仰传统,民间社会除了流行王朝正统的天后、观音等女性神明外,本土具有重要影响的冼夫人和龙母也进入国家正祀神明行列。与此同时,广东民间社会出现的诸如金花夫人等地方女性神明,尽管不时成为官府打击的淫祀对象,但这些神明仍顽强地占据着乡村妇女的生活空间,在正祀与淫祠之间摇摆不

---

① 〔美〕卢苇菁:《矢志不渝:明清时期的贞女现象》,秦立彦译,江苏人民出版社,2010,第101~104页。

定，妇女是奉祀这些本土神明的主要力量，士大夫应对这一形势不断进行调和，使这些地方神明渐渐向正统靠拢。民间信仰在与国家正祀之间的博弈与互动过程中，体现了妇女在这一过程中的明显不同于既有知识体系所表述的特征。本书第七章显示，明清广东妇女在祭拜神灵方面继承之前习俗，不时出现在各种庙会场合，除了参拜神明外，还不断向神庙捐助资金，或用以装扮神像，或用于修葺庙宇，现今保留下来的碑刻说明，广东乡村妇女向神庙助金的传统历史悠久，但像明清这样大规模，且出现类似"七娘会"的松散组织，或"缘首"的现象，是以前所没有的，说明女性总是用自己的方式参与到区域文化的创造中。

广东因为特殊的地缘环境，历来呈现陆海社会经济并重发展的趋势，汉代王朝以徐闻、合浦为始发港开辟的海上丝绸之路，成为之后广东经济发展的重要指向，海洋经济在广东从未中断过。明中叶以来，广东区域经济发展被渐渐卷入国际市场，乡村经济商业化取向日益浓厚。清代前期，广东更成为中国与世界进行海洋贸易的最重要区域，在这一过程中，广东妇女积极参与乡村市场活动，不仅投入到种桑养蚕、缫丝纺织等与市场相关的经济活动，而且直接投身市场交易活动，"市多妇女"屡见文献，对乡村社会变迁发挥了一定作用，她们甚至与男性一起以海为生，女海盗首领郑一嫂就曾控制华南广大海域的贸易。妇女的纺织与儒家提倡的"女红"吻合，士人开始形塑广东妇女爱"女红"的儒家形象，地方志屡屡描述节妇多通过纺织养家糊口。晚清以后，随着广东市场的发育与成熟，不少妇女自愿迁移由乡村进入城镇的缫丝厂"打工"，也有妇女跨省流动或移民海外从事家政等劳动，广东妇女进入世界舞台，成为中国女性形象的代表。广东妇女参与市场活动，导致乡村经济在一定程度上的女性化倾向，这一论点在第八章有所体现。

明清时期，程朱理学在思想上占统治地位，宣扬女性从一而终；但也出现反礼教、反传统的妇女观。除大量女教书籍问世外，与主流话语截然相反的市井书籍也在市场流行，对儒家宣扬的伦理秩序有所冲击，促使妇女走向叛逆。[①] 在国家大环境的影响下，又

---

① 赵崔莉：《明代妇女的二元性及其社会地位》，《辽宁大学学报》（哲学社会科学版）2004年第5期。

结 语

加上广东有女强男弱的习俗,士大夫对此忧心忡忡,他们在塑造女性重"孝"的过程中更重视"贞",希望借助对节烈女性的表彰来挽救"颓风"。士大夫的策略有成功之处,广东确实出现了大量贞节烈女。广东一些女性在被士人塑造的过程中,开始自觉地将礼教作为穷其一生的主动追求,如李晚芳就专门总结历代女训著作并编辑女教书,以律己束人。女性对以礼教为核心的价值观的认同,也从侧面反映了明清时期国家文化的高度整合效果。

对宋代以后逐渐成长起来的广东士大夫来说,摆脱中原士人对岭南"蛮荒"与"不开化"的印象,就是借助儒家文化打造岭南接受教化悠久的形象,于是广东早期出现的才女、女仙都以诗书满腹的形象登场。无论这些女性故事的真实与否,她们在广东士人的眼中代表的都是那个时代本地儒家化和文明进步的程度。宋明以降,由于儒家文化的深入传播与普及,广东确实涌现出一批具有才华的女性。但学界对才女的研究大多以江南为研究对象,尽管早在20世纪40年代冼玉清就对广东才女进行研究,之后几乎处于寂静状态。本书依据地方志、笔记文集以及族谱研究发现,女性读书识字乃至著书立说,在明清广东已有了一定的发展,而且这一风气几乎延续不断,广东女性著述已不单纯限于诗歌,她们对男性垄断的史学领域提出挑战,李晚芳《读史管见》是代表之一。美国学者魏爱莲指出,当乾隆盛世走向尾声,江南才女文化难以维系时,广东才女文化却走向高潮。[①] 广东才女在清代的涌现,反映的不仅仅是地区经济、文化的发达,而是深层次展现了儒学在广东推广的成效,也表现了广东妇女对儒家文化的自觉接受。

可以说,明清广东妇女在经济、社会等方面所扮演的重要角色,既有广东传统习俗文化代代传承的元素,也有王朝制度引导的社会变迁的因素,进而造成广东妇女在国家历史与区域历史的互动中不断调适和塑造自身形象的特色。

[①] 〔美〕魏爱莲:《18世纪的广东才女》,赵颖之译,《中山大学学报》(社会科学版)2009年第3期。

参考文献

一 历史文献

（汉）司马迁：《史记》，中华书局，1982。

（汉）班固：《汉书》，中华书局，1983。

（南朝宋）范晔：《后汉书》，中华书局，1973。

（北齐）魏收：《魏书》，中华书局，1974。

（唐）李延寿：《南史》，中华书局，1975。

（唐）魏征、令狐德棻等：《隋书》，中华书局，1973。

（后晋）刘昫等：《旧唐书》，中华书局，1975。

（宋）欧阳修、宋祁等：《新唐书》，中华书局，1975。

（元）脱脱：《宋史》，中华书局，1977。

（明）宋濂：《元史》，中华书局，1976。

（清）张廷玉：《明史》，中华书局，1974。

（汉）刘向、（晋）皇甫谧：《列女传》，刘晓东校点，辽宁教育出版社，1998。

（晋）干宝：《搜神记》，《唐宋传奇集》，上海古籍出版社，1998。

（晋）刘欣期、（清）曾钊辑《交州记》，《丛书集成初编》第3255册，中华书局，1985。

（唐）戴孚：《广异志》，陈尚君辑录，载车吉心总主编《中华野史》，泰山出版社，2000。

（唐）房千里：《投荒杂录》，《古今说部丛书》第2册，上海文艺出版社，1991。

（唐）刘恂：《岭表录异》，《丛书集成初编》第3123册，中华书局，1985。

（唐）苏鹗：《杜阳杂编》，《丛书集成初编》第2835册，商务印书馆，1939。

（唐）王勃：《王子安集注》，（清）蒋清诩注，上海古籍出版社，1995。

（宋）范成大：《桂海虞衡志校注》，广西人民出版社，1986。

（宋）胡寅：《斐然集》，《文津阁四库全书》集部第380册，商务印书馆，2005。

（宋）江少虞：《事实类苑》，《文津阁四库全书》子部第289册，商务印书馆，2005。

（宋）李昂英：《文溪存稿》，杨芷华点校，暨南大学出版社，1994。

（宋）崔与之：《宋丞相崔清献公全录》，张其凡等整理，广东人民出版社，2008。

（宋）刘斧：《青琐高议》，三秦出版社，2004。

（宋）吴处厚：《青箱杂记》，中华书局，1985。

（宋）李昉等编《太平广记》，中华书局，1961。

（宋）王象之：《舆地纪胜》，中华书局，1992。

（宋）周去非：《岭外代答》，张智主编《中国风土志丛刊》第61册，广陵书社，2003。

（宋）朱彧：《萍洲可谈》，广东人民出版社，1982。

（宋）庄绰：《鸡肋编》，中华书局，1983。

（宋）方信孺：《南海百咏》，张智主编《中国风土志丛刊》第62册，广陵书社，2003。

（明）张诩：《南海杂咏》，《四库全书存目丛书》集部第43册，齐鲁书社，1997。

（明）陈邦彦：《陈岩野集》，（清）温汝能校辑，马以君校点，顺德县志办公室排印，1987。

（明）顾玠：《海槎余录》，《明代笔记小说》第25册，河北教育出版社，1995。

（明）郭棐：《粤大记》，黄国声点校，中山大学出版社，1998。

（明）黄瑜：《双槐岁钞》，中华书局，1999。

（明）海瑞：《海瑞集》，陈义钟编校，中华书局，1962。

（明）王佐：《鸡肋集》，王中柱校注，中山大学出版社，1995。

（明）黄佐：《广州人物传》，广东高等教育出版社，1991。

（明）黄佐：《泰泉乡礼》，《文津阁四库全书》经部第 48 册，商务印书馆，2005。

（明）金堡：《岭海焚余》，江苏古籍刻印社，1981。

（明）郭青螺：《郭青螺六省听讼新民公案》，1990。

（明）梁储：《郁州遗稿》，梁丝纶堂重刊，1912。

（明）陆应阳：《广舆记》，（清）蔡方炳辑《四库禁毁书丛刊》史部第 18 册，北京出版社，2000。

（明）王世贞编《艳异编》，陈洪宜校点，《中国古代禁毁小说文库》第 3 辑，太白文艺出版社，2000。

（明）沈德符：《万历野获编》，中华书局，1985。

（明）魏校：《庄渠遗书》，《文津阁四库全书》集部第 423 册，商务印书馆，2005。

（明）叶春及：《石洞集》，《文津阁四库全书》集部第 429～430 册，商务印书馆，2005。

（明）湛若水：《湛甘泉先生文集三十二卷》，《四库全书存目丛书》集部第 57 册，齐鲁书社，1997。

（清）成鹫：《咸陟堂集》，广东旅游出版社，2009。

（清）陈恭尹：《独漉堂集》，郭培忠校点，中山大学出版社，1998。

（清）陈微言：《南越游记》，谭赤子校点，广东高等教育出版社，1990。

（清）程秉钊：《琼州杂事诗》，《丛书集成初编》第 3128 册，中华书局，1985。

（清）陈坤：《岭南杂事诗钞》，广东人民出版社，2014。

（清）黎简：《五百四峰堂诗钞》，梁守中校点，中山大学出版社，2000。

（清）仇巨川：《羊城古钞》，陈宪猷校注，广东人民出版社，1993。

（清）丁柔克：《柳弧》，中华书局，2002。

（清）樊封：《南海百咏续编》，张智主编《中国风土志丛刊》第 62 册，广陵书社，2003。

（清）范端昂：《粤中见闻》，汤志岳校注，广东高等教育出版社，1988。

参考文献

（清）关天培：《筹海初集》，沈云龙主编《近代中国史料丛刊》第43辑第422册，文海出版社，1969。

（清）杭世骏：《岭南集》，学海堂重刻本，光绪七年。

（清）何大佐：《榄屑》，广州中山图书馆，1987年复印本。

（清）计六奇：《明季南略》，中华书局，1984。

（清）李调元：《粤东笔记》《粤风》《南越笔记》，《中国风土志丛刊》第56、57册，广陵书社，2003。

（清）刘应麟：《南汉春秋》，四川大学图书馆编《中国野史集成续编》第2册，巴蜀书社，1993。

（清）吴任臣：《十国春秋》，中华书局，1983。

（清）梁廷枏：《南汉书》，林梓宗校点，广东人民出版社，1981。

（清）龙廷槐：《敬学轩文集》，北京师范大学图书馆编《北京师范大学图书馆藏稀见清人别集丛刊》第12册，广西师范大学出版社，2007。

（清）罗元焕：《粤台征雅录》，南海伍氏刊本，道光三十年。

（清）罗云山：《广东文献》，江苏广陵古籍刻印社，1994。

（清）屈大均：《屈大均全集》，欧初、王贵忱主编，人民文学出版社，1996。

（清）钮琇：《觚剩》《觚剩续编》，顾廷龙主编《续修四库全书》子部第1177册，上海古籍出版社，2002。

（清）彭定求等编《全唐诗》，中州古籍出版社，2008。

（清）钱以垲：《岭海见闻》，《四库全书存目丛书》史部第250册，齐鲁书社，1996。

（清）青城子：《志异续编》，《笔记小说大观》第27册，江苏广陵古籍刻印社，1983。

（清）阮元等：《学海堂初集》，陈建华、曹淳亮主编《广州大典》第57辑第33册，广州出版社，2015。

（清）沈德潜编《清诗别裁集》，上海古籍出版社，1984。

（清）沈起凤：《谐铎》，上海古籍出版社，1994。

（清）施鸿保：《闽杂记》，来新夏校点，福建人民出版社，1985。

（清）谈迁：《枣林杂俎》，中华书局，2006。

（清）刘世馨：《粤屑》，上海申报馆印，光绪丁丑年。

（清）温汝能：《粤东诗海》，吕永光整理，中山大学出版社，

1999。

（清）吴荣光：《吾学录初编》，顾廷龙主编《续修四库全书》史部第 815 册，上海古籍出版社，2002。

（清）吴震方：《岭南杂记》，《丛书集成初编》第 3129 册，中华书局，1985。

（清）伍元薇：《粤十三家集》，伍氏诗雪轩刻本，道光二十年刻本。

（清）张渠：《粤东闻见录》，程明校点，广东高等教育出版社，1990。

（清）张心泰：《粤游小志》，（清）王锡祺辑《小方壶斋舆地丛钞》第 10、11 册，杭州古籍书店，1985。

（清）郑昌时：《韩江闻见录》，吴二持校注，上海古籍出版社，1995。

（清）程含章：《岭南集钞》，咸丰辛酉刻本（暨南大学图书馆藏）。

（清）邓淳：《岭南丛述》，清道光十五年刻本。

（清）李文藻：《岭南诗集注》，栾绪夫注，大连海事大学出版社，1994。

（清）蓝鼎元：《鹿洲全集》，厦门大学出版社，1995。

（清）邵晋涵：《南江诗钞》，《续修四库全书》集部第 1463 册，上海古籍出版社，2002。

（清）佚名：《粤东例案》（不分卷），抄本，陈建华、曹淳亮主编《广州大典》第 37 辑第 30 册，广州出版社，2015。

（清）梁庆桂：《式洪室诗文遗稿》，文海出版社，1984。

（清）王定安编《曾忠襄公（国荃）批牍·年谱》，《近代中国史料丛刊》第 11 辑，文海出版社，1970。

（清）陈澧：《东塾集》，《近代中国史料丛刊》第 461 册，文海出版社，1966。

（清）简朝亮：《读书堂集》，《清代诗文汇编》第 774 册，上海古籍出版社，2010。

（元）马端临：《文献通考》，浙江古籍出版社，1988。

（明）万历《明会典》，中华书局缩印本，1989。

（明）陈子龙选辑《明经世文编》，中华书局，1962。

（清）贺长龄等编《清经世文编》，中华书局，1992。

参考文献

《明实录》,"中央研究院"历史语言研究所印行,1962。
《清实录》,中华书局,1985、1986。
(清)李士桢:《抚粤政略》,文海出版社,1988。
(清)陈梦雷:《古今图书集成》,中华书局,1934。
《大清律例》,海南出版社,2000。
《钦定大清会典事例》,文海出版社,1992。
(清)龙文彬:《明会要》,中华书局,1998。
(清)李桓:《国朝耆献类征初编》之《贤媛类征初编》,民族图书馆古籍室据清光绪湘阴李氏藏版影印,1984。
(清)徐松辑《宋会要辑稿》,中华书局,1997。
(明)颜俊彦:《盟水斋存牍》,中国政法大学出版社,2002。
(清)佚名:《成案续编》,乾隆乙亥刻本(日本东洋文化研究所藏)。
(清)朱橒:《粤东成案初编》,道光年间刻本,陈建华、曹淳亮主编《广州大典》第37辑第28、29册,广州出版社,2015。
(清)陈广逊:《静斋小稿》,清乾隆刻本,陈建华、曹淳亮主编《广州大典》第56辑第30册,广州出版社,2015。
(清)虫天子:《香艳丛书》,人民文学出版社,1992。
(清)施淑仪:《清代闺阁诗人征略》,文海出版社,1991。
(清)古吴靓芬女史:《女聊斋志异》,齐鲁书社,2004。
(清)黎春熙:《静香阁诗存》,顺德龙氏螺树山房刊,光绪二十四年。
(清)李晚芳:《李菉猗女史全书》,刘正刚整理,齐鲁书社,2014。
(清)刘慧娟:《昙花阁诗钞》,光绪十六年刻本,方秀洁、〔美〕伊维德主编《美国哈佛大学哈佛燕京图书馆茂明清妇女著述汇刊》第3册,广西师范大学出版社,2009。
(清)龙唫芗:《蕉雨轩稿》,光绪三十四年。
(清)邱掌珠:《绿窗庭课吟卷》,龙山邱园刊本,光绪二十二年。
(清)叶逢时:《历代女师表》,光绪二十八年。
(清)恽珠等:《国朝闺秀正始集续集补遗》,红香馆刻本,道光十六年。

（清）周曜云：《幽兰轩诗选》，光绪二十年梁鼎芬未定稿。

黄海、黄任恒辑《粤闺诗汇》6种，清光绪刊本（中山大学图书馆藏）。

《明清广东稀见笔记七种》，李龙潜等点校，广东人民出版社，2010。

《清代广东笔记五种》，林子雄点校，广东人民出版社，2006。

张涴祥、杨宝霖主编《莞水丛书》第4种，东莞乐水园印行，2003。

《点石斋画报》，广东人民出版社，1983。

《申报》，上海书店出版社，1983。

中山图书馆编《旧粤百态：广东省立中山图书馆藏晚清画报选辑》，中国人民大学出版社，2008。

北京大学文献古籍研究所：《全宋诗》，北京大学出版社，1992。

中山大学中国古文献研究所编《全粤诗》，岭南美术出版社，2008。

黄佛颐：《广州城坊志》，广东人民出版社，1994。

雷梦水等编《中华竹枝词》，北京古籍出版社，1997。

魏小平、肖敬荣、王跃年主编《百年记忆——清代广州》，中国档案出版社，2009。

程美宝等编《18~19世纪羊城购物》，上海古籍出版社，2003。

广东文征编印委员会编《广东文征》，香港中文大学出版社，1978。

台北故宫博物院编《宫中档雍正朝奏折》，台北故宫博物院，1978。

台北故宫博物院编《宫中档乾隆朝奏折》，台北故宫博物院，1985。

张伟仁主编《明清档案》，"中央研究院"历史语言研究所，1986~1995。

中国人民大学清史研究所等编《康雍乾时期城乡人民反抗斗争资料》，中华书局，1979。

中国第一代历史档案馆编《清代地租剥削形态》，中华书局，1982。

中国第一历史档案馆编《清代土地占有关系与佃农抗租斗争》，中华书局，1988。

参考文献

中国第一历史档案馆编《清嘉庆朝刑科题本社会史料辑刊》，天津古籍出版社，2008。

广州海关志编纂委员会等编《近代广州口岸经济社会概况——粤海关报告汇集》，暨南大学出版社，1995。

黄挺、马明达：《潮汕金石文征》，广东人民出版社，1999。

谭棣华等编《广东碑刻集》，广东高等教育出版社，2001。

冼剑民、陈鸿钧编《广州碑刻集》，广东高等教育出版社，2006。

陈建华主编《广州市文物普查汇编》，广州出版社，2008。

科大卫、陆鸿基、吴伦霓霞合编《香港碑铭汇编》，香港市政局出版，1986。

陈荆和、陈育崧编《新加坡华文碑铭集录》，香港中文大学出版社，1973。

谭世宝：《金石铭刻的澳门史——明清澳门庙宇碑刻钟铭集辑研究》，广东人民出版社，2006。

广东省社会科学院历史研究所编《明清佛山碑刻文献经济资料》，广东人民出版社，1987。

黄永豪主编《许舒博士所辑广东宗族契据汇录》，东京大学东洋文化研究所，1988。

蔡志祥编《许舒博士所藏商业及土地契约文书》，东京大学东洋文化研究所，1995。

罗志欢、李龙潜主编《清代广东土地契约文书汇编》，齐鲁书社，2014。

《道光家用收入簿》《光绪戊戌年娶媳妇支用簿》，桑兵主编《三编清代稿钞本》，广东人民出版社，2010。

陈通曾、黎思复、邬庆时：《"自梳女"与"不落家"》，《广东文史资料》第12辑，广东人民出版社，1964。

张玉法、李又宁：《近代中国女权运动史料》上、下册，龙文出版社，1995。

胡朴安：《中华全国风俗志》，河北人民出版社，1986。

徐珂：《清稗类钞》，中华书局，1984。

彭泽益编《中国近代手工业史资料（1840~1949）》，三联书店，1957。

〔英〕C. R. 博克舍编注《十六世纪中国南部行纪》,何高济译,中华书局,1990。

〔法〕伊凡:《广州城内——法国公使随员1840年代广州见闻录》,张小桂、杨向艳译,广东人民出版社,2008。

〔美〕威廉·C. 亨特:《广州"番鬼"录》,冯树铁译,广东人民出版社,1993。

〔美〕威廉·C. 亨特:《旧中国杂记》,沈正邦译,广东人民出版社,1992。

王利器:《颜氏家训集解》,中华书局,1993。

(明)霍韬:《霍渭崖家训》,《涵芬楼秘笈》第2集,北京图书馆出版社,2000。

(清)胡琛纂修《胡氏族谱(顺德)》不分卷,序思堂刻本,光绪二十五年。

(清)胡寿荣纂修《胡氏四房谱(顺德)》,述德堂刻本,光绪二十六年。

(清)黄廷畅修《黄氏族谱(顺德)》不分卷,光绪二十三年。

(清)简朝亮:《粤东简氏大同谱》,《北京图书馆藏家谱丛刊》第42~44册,北京图书馆出版社,2000。

《南海学正黄氏家谱》,《北京图书馆藏家谱丛刊》第4册,北京图书馆出版社,2000。

《南海鹤园陈氏族谱》,《北京图书馆藏家谱丛刊》第10册,北京图书馆出版社,2000。

(清)朱次琦等修《南海九江朱氏家谱》,《北京图书馆藏家谱丛刊》第21~23册,北京图书馆出版社,2000。

《南海吉利下桥关树德堂家谱》,《北京图书馆藏家谱丛刊》第29册,北京图书馆出版社,2000。

《恩平岑氏族谱》,《北京图书馆藏家谱丛刊》第30~32册,北京图书馆出版社,2000。

(清)罗凤华纂修《罗氏族谱(顺德南门)》不分卷,光绪二十二年。

(清)顺德李龙榜、李配英纂修《李氏族谱(顺德)》不分卷,抄本,同治九年。

(清)冼宝干:《南海鹤园冼氏家谱》,宣统二年刊本。

参考文献

（清）林梁：《林氏昭兹堂族谱》（不分卷），道光二十二年。
《林罗冈祖族谱》（残谱），清末刻本。
关文絧编《关世泽堂家谱（顺德容奇）》，铅印本，1927。
刘兆铿编订《刘氏家谱（顺德）》不分卷，又名《刘铨宏公家谱》，广州文华美术图书印刷公司铅印本，1934。
《广东李氏安政公族谱》，广州市杨箕村李氏家族内部印，2003。
戴国雄主编《戴氏岭南乾公天则世系番禺赤山房史考》，2003。
新修《荥阳潘氏族谱》，2002年铅印本。
《番禺河南潘氏谱》，民国九年刻本。
《番禺黄埔梁氏家谱》，光绪刻本。
《乐昌黄圃斗湾白氏族谱》（第九次重修），刻印本，1999。
《乐昌楼下邓氏族谱》，民国五年刊本。
新修《乐昌黎氏族谱》，2003。
新修《乐昌蓝氏族谱》，1999。
光绪《乐昌华氏族谱》。
光绪《南海盐步陆边陆氏族谱》。
《恩平岑氏家谱》，光绪二十年刊本。
《阳山县通儒乡七拱莫氏族谱》，光绪刻本。
寺边王氏鉴公族谱编辑小组：《梅县松源寺边王氏六世开基祖鉴公族谱》，2001。
《续修增城何氏族谱》，同治七年刻本。
《永乐大典方志辑佚》，马蓉等点校，中华书局，2004。
（明）陈天资：《东里志》，万历刻本，饶平县地方志编纂委员会办公室、汕头市地方志编纂委员会办公室印行，1990。
乾隆《光孝寺志》，白化文、张智主编《中国佛寺志丛刊》第113册，广陵书社，2006。
雍正《丹霞山志》，白化文、张智主编《中国佛寺志丛刊》第107~108册，广陵书社，2006。
道光《曹溪通志》，白化文、张智主编《中国佛寺志丛刊》第111~112册，广陵书社，2006。
光绪《梅菉志》，国家图书馆出版社，2011。
顺治《南海九江乡志》，旅港南海九江商会重刊，1998。
（清）毛维骐、陈炎宗纂《佛山忠义乡志》，乾隆十八年刻本。

（清）吴荣光：《佛山忠义乡志》，道光十一年刻本。

嘉庆《顺德龙江乡志》，《中国地方志集成·乡镇志专辑》第31册，江苏古籍出版社，1992。

此外，岭南美术出版社于2006年至2009年影印出版的《广东历代方志集成》，是本书最重要的参考文献之一，因数量繁多，故略。

二　学术论著

（一）专著

阿风：《明清时代妇女的地位与权利——以明清契约文书、诉讼档案为中心》，科学文献出版社，2009。

陈东原：《中国妇女生活史》，商务印书馆，1998。

陈寅恪：《柳如是别传》，三联书店，2001。

陈永正选注《岭南历代词选》，广东人民出版社，1993。

陈高华、童芍素主编《中国妇女通史》，杭州出版社，2011。

陈翰笙：《解放前的地主与农民：华南农村危机研究》，冯峰译，中国社会科学出版社，1984。

蔡鸿生：《清初岭南佛门事略》，广东高等教育出版社，1997。

胡文楷：《历代妇女著作考》，上海古籍出版社，2008。

黄昏：《岭南才女》，广东人民出版社，2002。

贺喜：《亦神亦祖：粤西南信仰构建的社会史》，三联书店，2011。

曹大为：《中国古代女子教育》，北京师范大学出版社，1996。

陈鹏：《中国婚姻史稿》，中华书局，1990。

程美宝：《地域文化与国家认同：晚清以来"广东文化"观的形成》，三联书店，2006。

董家遵：《中国古代婚姻史研究》，广东人民出版社，1995。

邓小南主编《唐宋女性与社会》，上海辞书出版社，2003。

邓小南、王政、游鉴明主编《中国妇女史读本》，北京大学出版社，2011。

段塔丽：《唐代妇女地位研究》，人民出版社，2000。

杜芳琴、王政主编《中国历史中的妇女与性别》，天津人民出版社，2004。

杜芳琴：《妇女学和妇女史的本土探索——社会性别视角和跨学科视野》，天津人民出版社，2008。

参考文献

范若兰:《移民、性别与华人社会——马来亚华人妇女研究(1929~1941)》,中国华侨出版社,2005。

方燕:《巫文化视域下的宋代女性——立足于女性生育、疾病的考察》,中华书局,2008。

费孝通:《乡土中国 生育制度》,北京大学出版社,2007。

顾颉刚:《孟姜女故事研究集》,上海古籍出版社,1984。

黄国信:《区与界:清代湘粤赣界邻地区食盐专卖研究》,三联书店,2006。

黄志繁:《"贼""民"之间:12~18世纪赣南地域社会》,三联书店,2006。

林耀华:《金翼:中国家族制度的社会学研究》,庄孔韶、林余成译,三联书店,1989。

冯尔康等:《中国宗族史》,上海人民出版社,2009。

郭松义:《伦理与生活——清代的婚姻关系》,商务印书馆,2000。

王跃生:《十八世纪中国婚姻家庭研究:建立在个案基础上的分析》,法律出版社,2000。

王跃生:《清代中期婚姻冲突透析》,社会科学文献出版社,2003。

瞿同祖:《清代地方政府》,法律出版社,2003。

李健明:《顺德自梳女》,中国妇女出版社,2006。

李宁利:《顺德自梳女文化解读》,人民出版社,2007。

李银河主编《妇女:最漫长的革命》,三联书店,1997。

刘正刚、乔玉红:《与正统同行:明清顺德妇女研究》,人民出版社,2011。

李小江、谭深主编《妇女研究在中国》,河南人民出版社,1991。

李小江等:《历史、史学与性别》,江苏人民出版社,2002。

李景汉:《定县社会概况调查》,上海世纪出版集团,2005。

刘宁元:《中国女性史类编》,北京师范大学出版社,1999。

刘圣宜:《近代广州社会与文化》,广东高等教育出版社,2004。

刘士圣:《中国古代妇女史》,青岛出版社,1991。

刘志伟:《在国家与社会之间——明清里甲广东赋役制度研究》,中山大学出版社,1997。

刘纬毅:《汉唐方志辑佚》,北京图书出版社,1997。

刘志文:《广州民俗》,广东省地图出版社,2000。

柳素萍：《晚明名妓文化研究》，武汉大学出版社，2008。
罗苏文：《女性与中国近代社会》，上海人民出版社，1996。
罗一星：《明佛山经济发展与社会变迁》，广东人民出版社，1994。
罗志欢：《岭南历史文献》，广东人民出版社，2006。
马建钊、乔健、杜瑞乐主编《华南婚姻制度与妇女地位》，广西民族出版社，1994。
毛泽东：《毛泽东农村调查文集》，人民出版社，1982。
倪根金主编《传统农业与乡村社会研究》，万人出版有限公司，2008。
乔素玲：《教育与女性——近代中国女子教育与知识女性觉醒（1840～1921）》，天津古籍出版社，2005。
沈海梅：《明清云南妇女生活研究》，云南教育出版社，2001。
孙康宜：《文学经典的挑战》，百花洲文艺出版社，2002。
苏禹：《历史文化名村碧江》，广东人民出版社，2007。
汤志岳：《广东古代女诗人诗选》，广东人民出版社，1997。
唐力行主编《国家、地方、民众的互动与社会变迁》，商务印书馆，2004。
王金玲、林维红主编《性别视角：文化与社会》，社会科学文献出版社，2009。
王铭铭：《社会人类学与中国研究》，广西师范大学出版社，2005。
王日根：《明清民间社会的秩序》，岳麓书社，2003。
王小健：《中国古代性别结构的文化学分析》，社会科学文献出版社，2008。
王晓丽：《中国民间的生育信仰》，社会科学文献出版社，1999。
王兴瑞：《冼夫人与冯氏家族（隋唐间广东南部地区社会历史的初步研究）》，中华书局，1984。
王子今：《中国女子从军史》，军事谊文出版社，1998。
温春来：《从"异域"到"旧疆"——宋至清贵州西北部地区的制度、开发与认同》，三联书店，2008。
吴存存：《明清社会性爱风气》，人民文学出版社，2000。
吴茂梁：《怪体诗趣谈》，湖南文艺出版社，1990。
夏晓红：《晚清女性与近代中国》，北京大学出版社，2004。
谢重光：《客家文化与妇女生活：12～20世纪客家妇女研究》，

上海古籍出版社，2005。

熊秉真：《童年忆往——中国孩子的历史》，广西师范大学出版社，2008。

冼玉清：《广东女子艺文考》，商务印书馆，1948。

肖文评：《白堠乡的故事：地域史脉络下的乡村社会建构》，三联书店，2011。

杨念群主编《空间记忆社会转型："新社会史"研究论文精选集》，上海人民出版社，2001。

张敏杰：《中国古代的婚姻与家庭》，浙江人民出版社，2004。

张在舟：《暧昧的历程——中国古代同性恋史》，中州古籍出版社，2001。

赵春晨主编《岭南宗教历史文化研究》，天津古籍出版社，2002。

赵世瑜：《狂欢与日常——明清以来的庙会与民间社会》，三联书店，2002。

赵世瑜：《小历史与大历史》，三联书店，2006。

郑惠生：《上古华夏妇女与婚姻》，河南人民出版社，1988。

吕美颐、郑永福：《中国妇女运动（1840~1921）》，三联书店，2004。

郑振满、陈春声主编《民间信仰与社会空间》，福建人民出版社，2005。

郑振满：《明清福建家族组织与社会变迁》，中国人民大学出版社，2009。

杨国桢：《明清土地契约文书研究》，中国人民大学出版社，2009。

杨国桢、陈支平：《明史新编》，人民出版社，1993。

王有英：《清前期社会教化研究》，上海人民出版社，2009。

王雪萍：《16~18世纪婢女生存状态研究》，黑龙江大学出版社，2008。

《近代中国妇女史研究》（1~13册），"中央研究院"近代史研究所，2005。

张妙清、叶汉明、郭佩兰合编《性别学与妇女研究——华人社会的探索》，稻乡出版社，1997。

陈其南：《家族与社会——台湾和中国社会研究的基础理念》，联经出版事业股份有限公司，2004。

鲍家麟编《中国妇女史论集》，牧童出版社，1979。

毛文芳：《物·性别·观看——明末清初文化书写新探》，台湾学生书局，2001。

陈弱水：《隐蔽的光景：唐代的妇女文化与家庭生活》，广西师范大学出版社，2009。

费丝言：《由典范到规范：从明代贞节烈女的辨识与流传看贞节观念的严格化》，台湾大学出版委员会，1998。

科大卫：《皇帝和祖宗——华南的国家与宗族》，卜永坚译，江苏人民出版社，2009。

卓意雯：《清代台湾妇女的生活》，自立晚报社文化出版部，1993。

衣若兰：《史学与性别：〈明史·列女传〉与明代女性史之建构》，山西教育出版社，2011。

衣若兰：《三姑六婆——明代妇女与社会的探索》，稻乡出版社，2006。

简瑞瑶：《明代妇女佛教信仰与社会规范》，稻乡出版社，2007。

卢建荣主编《性别、政治与集体心态——中国新文化史》，麦田出版社，2001。

李又宁、张玉法编《中国妇女史论文集》第一辑，台湾商务印书馆，1981。

李贞德、梁其姿主编《妇女与社会》，中国大百科全书出版社，2005。

李贞德：《女人的中国医疗史——汉唐之间的健康照顾与性别》，三民书局，2008。

李贞德：《性别、身体与医疗》，联经出版事业股份有限公司，2008。

李贞德主编《中国史新论——性别史分册》，联经出版事业股份有限公司，2009。

游鉴明、胡缨、季家珍主编《重读中国女性生命故事》，五南图书出版股份有限公司，2011。

陈玉女：《明代的佛教与社会》，北京大学出版社，2011。

吕芳上主编《无声之声（Ⅰ）：近代中国的妇女与国家》，"中央研究院"近代史研究所，2003。

游鉴明主编《无声之声（Ⅱ）：近代中国的妇女与社会》，"中央研究院"近代史研究所，2003。

罗久蓉、吕妙芳主编《无声之声（Ⅲ）：近代中国的妇女与文化》，"中央研究院"近代史研究所，2003。

叶汉明：《主体的追寻——中国妇女史研究析论》，香港教育集团公司，1999。

赵凤喈：《中国妇女在法律上之地位》，稻乡出版社，1993。

〔荷〕高佩罗：《中国古代房内考：中国古代的性与社会》，李零等译，上海人民出版社，1990。

〔美〕白馥兰：《技术与性别——晚期帝制中国的权力经纬》，江湄译，江苏人民出版社，2006。

〔美〕高彦颐：《闺塾师——明末清初江南的才女文化》，李志生译，江苏人民出版社，2005。

〔美〕卢苇菁：《矢志不渝：明清时期的贞女现象》，秦立彦译，江苏人民出版社，2010。

〔美〕曼素恩：《缀珍录——十八世纪及其前后的中国妇女》，定宜庄、颜宜葳译，江苏人民出版社，2005。

〔美〕白凯：《中国的妇女与财产：960～1949年》，刘昶译，上海书店出版社，2003。

〔美〕曼素恩：《兰闺宝录：晚明至盛清时的中国妇女》，杨雅婷译，左岸文化事业有限公司，2005。

〔加〕宝森：《中国妇女与农村发展：云南禄村六十年的变迁》，胡玉坤译，江苏人民出版社，2005。

〔美〕明恩溥：《中国乡村生活》，陈午晴、唐军译，黄兴涛、杨念群主编《西方的中国形象》，中华书局，2006。

〔美〕施坚雅：《中国农村的市场和社会结构》，史建云等，中国社会科学出版社，1998。

〔美〕史景迁：《王氏之死——大历史背后的小人物》，上海远东出版社，2005。

〔美〕苏耀昌：《华南比区：地方历史的变迁与世界体系理论》，陈春声译，中州古籍出版社，1987。

〔美〕韦思谛：《中国大众宗教》，陈仲丹译，江苏人民出版社，2006。

〔美〕高彦颐：《缠足——"金莲崇拜"盛极而衰的演变》，苗延威译，江苏人民出版社，2009。

〔法〕葛兰言：《古代中国的节庆与歌谣》，赵丙祥译，广西师范大学出版社，2005。

〔美〕何炳棣：《明初以降人口及相关问题（1368～1953）》，葛剑雄译，三联书店，2000。

〔美〕李中清、王丰：《人类的四分之一：马尔萨斯的神话与中国的现实（1700～2000）》，三联书店，2000。

〔美〕马格丽特·金：《文艺复兴时期的妇女》，刘耀春、汤美艳译，东方出版社，2008。

〔美〕梅里·E. 威斯纳-汉克斯：《历史中的性别》，何开松译，东方出版社，2003。

〔美〕黄宗智：《长江三角洲小农家庭与乡村发展》，中华书局，2000。

〔美〕黄宗智：《华北的小农经济与社会变迁》，中华书局，2000。

〔美〕伊沛霞、姚平主编《当代西方汉学研究集萃》妇女史卷，上海古籍出版社，2012。

J. F. Stockard, *Daughters of the Canton Delta: Marriage Patterns and Economic Strategies in South China, 1860-1930* (Stanford: Stanford University Press, 1989)。

〔日〕可儿弘明：《猪花：被贩卖海外的妇女》，孙国群等译，河南人民出版社，1990。

〔日〕田仲一成：《明清的戏曲：江南宗族社会的表象》，云贵彬、王文勋译，北京广播学院出版社，2004。

（二）论文

刘正刚、乔玉红：《宋明仕宦建构的岭南文化：以张九龄为中心》，《中华文化论坛》2010年第1期。

刘正刚、乔玉红：《在清与明之间徘徊：顺治时期广东社会考察》，载《暨南史学》第6辑，暨南大学出版社，2009。

刘正刚、乔玉红：《"贞女遗芳"与明清广东仕宦塑造的女性形象》，《史学月刊》2010年第3期。

刘正刚、王潞：《明代家族建构中的性别位移：以增城女官为例》，《中国社会经济史研究》2010年第3期。

刘正刚、罗彧：《明清边疆社会的习俗互化——以海南女性生活为例》,《中国边疆史地研究》2008年第4期。

刘正刚、魏霞:《清代广东妇女社会角色探析》,《广东社会科学》2002年第2期。

刘正刚:《清代广东乡村妇女在社会经济中的角色》,《学术研究》2003年第6期。

刘正刚、侯俊云:《明清女性职业的商业化倾向》,《社会科学辑刊》2005年第3期。

刘正刚、付伟:《黄道婆问题再研究》,《海南大学学报》(人文社会科学版)2007年第5期。

陈春声、陈树良:《乡村故事与社区历史的建构——以东凤村陈氏为例兼论传统乡村社会的"历史记忆"》,《历史研究》2003年第5期。

陈春声、刘志伟:《理解传统中国"经济"应重视典章制度研究》,《中国经济史研究》1996年第2期。

陈春声:《信仰空间与社区历史的演变——以樟林的神庙系统为例》,《清史研究》1999年第2期。

科大卫、刘志伟:《宗族与地方社会的国家认同——明清华南地区宗族发展的意识形态基础》,《历史研究》2000年第3期。

李伯重:《从"夫妇并作"到"男耕女织"——明清江南从家妇女劳动问题探讨之一》,《中国经济史研究》1996年第3期。

李伯重:《"男耕女织"与"妇女半边天"角色的形成——明清江南农家妇女劳动问题探讨之二》,《中国经济史研究》1997年第3期。

刘志伟、陈春声:《历史学本位的传统中国乡村社会研究》,《中国历史学年鉴(1997)》,三联书店,1998。

刘志伟:《从乡豪历史到士人记忆——由黄佐〈自叙先世行状〉看明代地方势力的转变》,《历史研究》2006年第6期。

刘志伟:《地域社会与文化的结构过程——珠江三角洲研究的历史学与人类学对话》,《历史研究》2003年第1期。

刘志伟:《女性形象的重塑:"姑嫂坟"及其传说》,载苑利主编《二十世纪中国民俗学经典·传说故事卷》,社会科学文献出版社,2002。

刘志伟:《神明的正统性与地方化——关于珠江三角洲北帝崇拜的一个解释》,《中山大学史学集刊》第2辑,广东人民出版社,1994。

贺喜：《编户齐民与身份认同——明前期海南里甲制度的推行与地方社会之转变》，《中国社会科学》2006年第6期。

贺喜：《土酋归附的传说与华南宗族社会的创造——以高州冼夫人信仰为中心的考察》，《历史人类学刊》第6卷第1、2期合刊，2008。

刘文锁：《南汉〈高祖天皇大帝哀册文〉考释——兼说刘氏先祖血统问题》，《汉学研究》2008年第2期。

刘永华：《清代广东"不落家"史料一则》，《民俗研究》2000年第2期。

覃圣敏：《秦至南朝时期岭南民族及民族关系刍议》，《广西民族研究》1987年第1期。

欧阳婉娆：《珠江三角洲"自梳女"风俗初探》，《广西民族研究》1999年第2期。

陈凤贤：《冼夫人与民族团结》，《中央民族大学学报》（哲学社会科学版）2002年第2期。

陈摩人：《悦城龙母传说的民族学考察》，《华南师范大学学报》（社会科学版）1987年第1期。

陈剩勇：《理学"贞节观"、寡妇再嫁与民间社会——明代南方地区寡妇再嫁现象之考察》，《史林》2001年第2期。

安介生：《清代山西重商风尚与节孝妇女的出现》，《清史研究》2001年第1期。

邓前成：《明代妇女的贞节问题》，《四川师范大学学报》1989年第6期。

杜芳琴：《明清贞节的特点及其原因》，《山西师范大学学报》（社会科学版）1997年第4期。

邱仲麟：《不孝之孝——唐以来割股疗亲现象的社会史初探》，《新史学》1995年第6卷第1期。

李飞：《中国古代妇女孝行史考证》，《中国史研究》1994年第3期。

刘筱红：《中国古代妇女的经济地位》，《中国史研究》1995年第4期。

郭松义：《清代的妇德教育》，《清史论丛》2007年号，中国广播电视出版社，2007。

参考文献

宋立中:《明清江南妇女"冶游"与封建伦理冲突》,《妇女研究论丛》2010 年第 1 期。

宋清秀:《清代才女文化的地域性特点——以王照园、李晚芳为例》,《浙江师范大学学报》(社会科学版) 2005 年第 4 期。

王健:《近年来民间信仰问题研究的回顾与思考:社会史角度的考察》,《史学月刊》2005 年第 1 期。

张涛:《被肯定的否定——从〈清史稿·列女传〉中的妇女自杀现象看清代妇女境遇》,《清史研究》2010 年第 3 期。

赵秀丽:《明代女性教化体系的建构》,《山西大学学报》2008 年第 2 期。

杜荣佳:《明代中后期广东乡村礼教与民间信仰的变化》,《中国社会经济史研究》1992 年第 3 期。

李国彤:《明清妇女著作中的责任意识与"不朽"观》,载《燕京学报》新 20 期,北京大学出版社,2006。

林丽月:《孝道与妇道:明代孝妇的文化史考察》,《近代中国妇女史研究》1998 年第 6 期。

叶汉明:《明代后期岭南的地方社会与家庭文化》,《历史研究》2000 年第 3 期。

萧凤霞:《文化活动与区域社会经济的发展:关于中山小榄菊花会的考察》,《中国社会经济史研究》1990 年第 4 期。

萧凤霞:《妇女何在?——抗婚和华南地域文化的再思考》,《中国社会科学季刊》(香港) 1996 年春季卷。

施振民:《祭祀圈与社会组织——彰化平原聚落发展模式的探讨》,《中央研究院民族学研究所集刊》第 36 期,1975。

〔美〕魏爱莲:《18 世纪的广东才女》,赵颖之译,《中山大学学报》(社会科学版) 2009 年第 3 期。

〔日〕井上彻:《魏校的捣毁淫祠令——广东民间信仰与儒教》,载唐力行主编《国家、地方、民众的互动与社会变迁》,商务印书馆,2004。

〔日〕藤田丰八:《南汉刘氏祖先考》,何健民译,载《中国南海古代交通丛考》,商务印书馆,1936。

〔英〕科大卫:《祠堂与家庙——从宋末到明中叶宗族礼仪的演变》,《历史人类学学刊》2003 年第 2 期。

〔英〕科大卫：《告别华南研究》，载华南研究会编《学步与超越》，文化创造出版社，2004。

〔英〕科大卫：《国家与礼仪：宋至清中叶珠江三角洲地方社会的国家认同》，《中山大学学报》（社会科学版）1999年第5期。

〔英〕科大卫：《明嘉靖初年广东提学魏校毁"淫祠"之前因后果及其对珠江三角洲的影响》，载周天游主编《地域社会与传统中国》，西北大学出版社，1995。

陈熙远：《中国夜未眠：明清时期的元宵、夜禁与狂欢》，《中央研究院历史语言研究所集刊》第75本2分，2004。

简又文：《南明民族女英雄张玉乔考证》，《大陆杂志》第41卷第6期，1970。

安碧莲：《明代妇女贞节观的强化与实践》，中国文化大学史学研究所博士学位论文，1995。

陈瑛珣：《明清契约文书中的妇女经济活动》，厦门大学历史学博士学位论文，2004。

魏霞：《传统中的抗争——清前期广东女性角色探析》，暨南大学历史学硕士学位论文，2002。

夏坤：《晚清广州女佣研究》，暨南大学历史学硕士学位论文，2006。

王丽娃：《晚清广东新式机器工业发展及其社会变迁》，暨南大学历史学硕士学位论文，2006。

段文艳：《清代民间社会图赖现象之研究》，暨南大学历史学硕士学位论文，2006。

王强：《清前期女性犯罪研究》，暨南大学历史学硕士学位论文，2003。

张家玉：《明清安徽沿淮地区女性生存状态探析》，暨南大学历史学硕士学位论文，2006。

罗彧：《明清海南社会经济中的女性研究》，暨南大学历史学硕士学位论文，2007。

韩健：《清代广东女性经济权益探析》，暨南大学历史学硕士学位论文，2008。

乔玉红：《明清顺德知识女性探析》，暨南大学历史学硕士学位论文，2008。

郭文宇：《宋元以来社会变迁过程中的神灵塑造——以增城何仙姑为例》，暨南大学历史学硕士学位论文，2010。

黄建华：《明清广东金花夫人信仰研究》，暨南大学历史学硕士学位论文，2010。

乔玉红：《传统性别内化中的岭南社会研究》，暨南大学历史学博士学位论文，2011。

后 记

本书是我主持的"明清地域社会变迁中的广东乡村妇女研究"（编号：08BZS012）最终研究成果。自2008年6月获得国家社科规划办批准立项以来，经过四年的努力，书稿于2012年夏季申请结项。由于经费问题，本书一直拖到今天才得以出版。尽管我一直在断断续续地修改，但限于学识，根本无法有质的提升。需要说明的是，因书稿在2011年底完成，因而对前人成果的参考也以此为止。书中注释的文献版本，原来多为线装书。为了便于读者查阅，现多改换为近年重新影印的版本。

本书能够完成并得以出版，我必须对以下曾经给我提供帮助的人，表达我的感激之情。

首先要感谢中山大学黄国信教授和温春来教授，我在从事课题研究的过程中时常向两位教授请教，他们精深独到的学术见解，给了我许多启发。

其次要感谢广东省社科院陈忠烈先生和嘉应学院房学嘉先生、韶关学院曾汉祥先生和王焰安先生、中山大学吴滔先生、南昌大学黄志繁先生，以及台湾的黄子尧先生，他们或带领我进行田野考察，或帮我抄录、拍摄碑刻，或代为复印资料，或提供重要资料的线索。在课题研究期间，我恰好受邀为两届广东省政协文史专员，感谢省政协文化和文史资料委员会的领导和同志们在每年考察过程中给我的帮助。

再次要感谢我指导的2008年至2012年在校学习的研究生，尤其是乔玉红、王潞、曾繁花、黄建华、李贝贝等几位同学，他们为我的课题研究投入了不少时间和精力，书中的许多碑刻资料都由他们在田野抄录，有些同学甚至直接参与课题研究。乔玉红博士就参与了第一章的研究撰写工作。书中的某些内容也吸收了我近年指导

后 记

的硕博士学位论文的成果。实际上，他们也是本课题研究的合作者。在此一并感谢！

复次是感谢我年迈的父亲、母亲，他们至今仍生活在乡村，是地道本分的农民。我之所以研究乡村女性史，在一定程度上是对我母亲的报答。我在研究客家文化时，感受到罗香林先生对客家妇女的赞美，这些赞美之辞在我母亲身上都有体现，于是我产生了研究女性史的念头。

这本书出版之时，我已经跨过了"知天命"的年龄。回顾涉足于史学研究的路，我对两位业师——黄启臣教授、杨国桢教授——感激不尽。正是他们长期以来对我的教导和督促，使我一直坚持行走在史学研究的道路上。

本书的第二次清样校对，我的研究生黄学涛、张启龙、杨宪钊、钱源初、王熳丽同学参与通读，在此表示感谢！

最后要感谢广州市社会科学界联合会的慷慨资助，才使我的书稿列入"羊城学术文库"出版。也特别感谢社会科学文献出版社黄金平和陆彬两位编辑的多次认真审读，使本书错误进一步减少。当然，书中所有的错误，则由我负责。

刘正刚
2016 年 3 月 15 日
暨南大学文学院 306 室

图书在版编目(CIP)数据

明清地域社会变迁中的广东乡村妇女研究：全2册/刘正刚著．－－北京：社会科学文献出版社，2016.9
（羊城学术文库）
ISBN 978－7－5097－9451－7

Ⅰ.①明… Ⅱ.①刘… Ⅲ.①农村－妇女－研究－广东省－明清时代 Ⅳ.①D442.865

中国版本图书馆CIP数据核字（2016）第163046号

·羊城学术文库·
明清地域社会变迁中的广东乡村妇女研究（上、下册）

著　　者／刘正刚

出 版 人／谢寿光
项目统筹／王　绯
责任编辑／黄金平　陆　彬

出　　版 /	社会科学文献出版社·社会政法分社（010）59367156
	地址：北京市北三环中路甲29号院华龙大厦　邮编：100029
	网址：www.ssap.com.cn
发　　行 /	市场营销中心（010）59367081　59367018
印　　装 /	三河市尚艺印装有限公司
规　　格 /	开　本：787mm×1092mm　1/16
	印　张：38.25　字　数：618千字
版　　次 /	2016年9月第1版　2016年9月第1次印刷
书　　号 /	ISBN 978－7－5097－9451－7
定　　价 /	128.00元（上、下册）

本书如有印装质量问题，请与读者服务中心（010－59367028）联系

▲ 版权所有 翻印必究